Peter Hinchliffe • **Luftkrieg bei Nacht**

Motor
buch
Verlag

Peter Hinchliffe

Luftkrieg bei Nacht 1939 – 1945

Motor buch Verlag

Einbandgestaltung:
Andreas Pflaum unter Verwendung einer Vorlage von Carlo Demand.

Die englische Originalausgabe erschien 1997 unter dem Titel *The other Battle* bei
Airlife Publishing Limited, 101 Longden Road, Shrewsbury SY3 9EB, Shropshire, England.

Ins Deutsche übertragen und bearbeitet von **Wolf Westerkamp**.

ISBN 3-613-01861-6

1. Auflage 1998

Lektorat: Wolfgang Dierich / Susanne Höpfner
Herstellung: IPa, Vaihingen/Enz
Druck: Maisch und Queck, Gerlingen
Bindung: Riethmüller, Stuttgart
Printed in Germany

Inhalt

Danksagung

Die Quellen für ein derartiges Buch sind vielfältig und breitgestreut. Da sind zunächst einmal die Bücher, die ich als Hintergrund-Information gelesen habe; einige von ihnen sind im Kapitel »Literaturhinweise« angeführt. Drei von ihnen möchte ich hier hervorheben. Einmal das unentbehrliche offizielle *The Strategic Air Offensive Against Germany 1939 - 1945* von Sir Charles Webster und Noble Frankland. Gleichermaßen unverzichtbar – ich bin versucht zu sagen »noch unverzichtbarer«, aber das wäre ein Fauxpas und sprachlich inkorrekt – für die Zusammenstellung dieses Buchs war *The Bomber Command War Diaries* von Martin Middlebrook und seinem akribischen Ermittler Chris Everitt. Und auf deutscher Seite war *Geschichte der deutschen Nachtjagd* von Gebhard Aders hilfreiche Grundlage.

Nachforschungen betrieb ich darüber hinaus beim Public Record Office in Kew und bei der National Archives and Records Administration in Washington DC, zudem besuchte ich eine Reihe von Stadtarchiven in Deutschland, darunter die von Düsseldorf, Köln und Hamburg – auch deren Personal bin ich zu Dank verpflichtet.

Die Masse meiner Informationen allerdings stammt direkt von Kriegsteilnehmern, sowohl von Briten wie auch Deutschen, entweder aus persönlichen Gesprächen oder aus Korrespondenz, und von anderen, die am Luftkrieg über Deutschland interessiert waren. Ich nenne hier diejenigen, denen ich ganz besonders Dank schulde, nicht nur wegen der Kenntnisse, die sie mir vermittelten, sondern auch, weil sie mir halfen, das Geschehen ganz zu verstehen – fehlbar jedoch, wie Menschen nun einmal sind, könnte ich jemanden vergessen haben. Dafür möchte ich schon jetzt um Vergebung bitten. Dabei habe ich mich dafür entschieden, auf Dienstgrade, Auszeichnungen und dergleichen zu verzichten und Briten wie Deutsche zusammen anzuführen. Ich bin mir sicher, daß all diejenigen, die an diesem Kampf teilgenommen haben, damit einverstanden sind, denn schließlich waren sie alle Menschen, die ihre Pflicht erfüllten und nur das taten, was damals notwendig erschien:

Gebhard Aders, Herbert Altner, Hans Angersbach, Günther Bahr, Heinz Bärwolf, Martin Becker, Terry Bolter, Heinz Bönsch, Hermann Brandt, Franz Brinkhaus, Oliver Brooks, Willi Brünig, Karl Buschmann, John Chaloner, John Cox, Horst Diener, Wolfgang Dierich, Manfred Dieterle, Wolfgang Falck, Frank Faulkner, Otto Fries, Hermann Greiner, Ernst Güse, Walter Heidenreich, Friedhelm Henning, Hajo Herrmann, Werner Hoffmann, Jack Hyde, Hans-Joachim Jabs, Lothar Jarsch, Karl-Ludwig Johanssen, Wilhelm Johnen, Erich Jung, Ivan Kayes, Charles Kern, Walter Knickmeier, Fritz Krause, Josef Krinner, Erich Kubetz, Herbert Kümmritz, Otto Kutzner, Kurt Lamm, Gunter Lauser, Michael Moores LeBlanc, Hector Macdonald, Kurt Matzak, Ludwig Meister, Hermann Möckel, Johannes Mohn, Emil Nonnenmacher, Peter Oberheid, Peter Osborne, Fritz Ostheimer, Horace Pearce, Jean-Louis Roba, Lothar Sachs, Otto Schindler, Harry Shinkfield, Herbert Scholl, Daniel Schulz, Wilhelm Seuss, Peter Spoden (besonders für seine Hilfe bei der Fahnenkorrektur), Alfred Staffa, Gerd Stamp, Rudolf Szardenings, Thomas Terry, Herbert Thomas, Gerhard Wagner, Günther Wolf und Paul Zorner.

Und schließlich danke ich meiner Frau Irene – ich lernte sie kennen, als ich 1944 bei meiner Einsatzstaffel eintraf, und heiratete sie auf den Tag genau ein Jahr später: Sie überprüfte das Manuskript und war mir die ganze Zeit eine unerschütterliche Hilfe. Zu meinem Kummer starb sie, bevor *Luftkrieg bei Nacht* erschien.

Peter Hinchliffe

Vorwort

von *Marshal of the Royal Air Force* Sir Michael Beetham,
Präsident der *Bomber Command Association,*
ehemals *Chief of the Air Staff.*

Die strategische Bomberoffensive des Zweiten Weltkriegs - der Autor nennt sie *Luftkrieg bei Nacht* - war einzigartig, denn eine derartige Form der Kriegführung war vorher nie ernsthaft in Erwägung gezogen worden und wird sich in dieser Form und diesem Ausmaß wohl auch nie mehr wiederholen. Nach dem Krieg - nicht während des Krieges - waren die Bombenangriffe jahrelang umstritten, vor allem wegen ihrer Auswirkungen auf die deutsche Zivilbevölkerung. Daher ist es unerläßlich zu verstehen, warum er geführt wurde.
Zum ersten, und das war ausschlaggebend, war es die feste Absicht, den Krieg so zu führen, daß die furchtbaren Verluste des Grabenkriegs im Ersten Weltkrieg vermieden wurden; die Fortentwicklung des Flugzeugs bot jetzt diese Möglichkeit. Zum zweiten hatte Deutschland Westeuropa 1940 einschließlich der Kanalhäfen fast völlig besetzt, und wir standen mit dem Rücken zur Wand. Jetzt gab es keine wirksame strategische Alternative mehr. Wenn wir überleben wollten, konnten wir nicht in der Defensive verharren. Wir mußten gegen Deutschland zurückschlagen und der englischen Bevölkerung, die ja selbst unter dauernden und wahllosen Luftangriffen litt, eine gewisse Hoffnung auf einen späteren Sieg geben. Zum dritten war das Bomberkommando bis Ende 1944 einfach nicht in der Lage, Punktziele in Deutschland bei Nacht - noch dazu bei schlechtem Wetter und gegen starke Luftabwehr - zu finden und anzugreifen. Es konnte nur Flächenziele wie Industriegebiete bombardieren. Regierung und Volk in Großbritannien hatten damals absolut keine Skrupel, Industriestädte anzugreifen - einfach deshalb, weil die deutsche Zivilbevölkerung ja schließlich hart daran arbeitete, ihre Kriegsmaschine am Laufen zu halten.
Die Bombenangriffe wurden all die Kriegsjahre hindurch kontinuierlich fortgesetzt. Es war ein blutiger und bitterer Kampf, bei dem mehr als die Hälfte der alliierten Bomberbesatzungen ihr Leben verlor. Die deutsche Jagdwaffe war dabei ihr Hauptgegner, und auch sie hat schwere Verluste hinnehmen müssen.
Dieses Buch gibt den Kampf so wieder, wie er von beiden Seiten geführt wurde. Sorgfältig recherchiert, beschreibt es die Fortentwicklung von Flugzeugen und Bordgeräten, vor allem von Radargeräten, beschreibt die Pendelschwünge, wenn die eine oder die anderen Seite durch neue Technik oder Taktik die Oberhand gewann, und das menschliche Element, die Belastungen, Anspannungen und auch die Tapferkeit derjenigen, die daran teilnahmen. Am Ende dann gewannen die Bomber diesen »Luftkampf im Dunkel« und trugen so entscheidend zum Sieg bei - durch unnachgiebigen Druck. Ich hoffe, daß diese objektive und realistische Darstellung des Kampfes Sie genauso beeindruckt wie mich.

Michael Beetham
Fakenham, Norfolk
Juli 1994

Geleitwort

von Oberst a.D. Wolfgang Falck
ehemals Kommodore des Nachtgeschwaders 1

Wenn ich darum gebeten worden bin, für das Buch von Peter C. Hinchliffe ein Vorwort zu schreiben, so fasse ich das als große Ehre auf. Es ist symptomatisch für das vorliegende Werk, daß sich Hinchliffe um eine objektive Darstellung des mörderischen Kampfes zwischen RAF und den deutschen Nachtjägern - »sine ira et studio« - bemüht, was ihm in vorbildlicher Weise gelungen ist. Es ist sicher schwierig, über ein derartiges Problem sachlich zu berichten.
Die deutsche Nachtjagd war ein typisches Kind des Krieges. Wohl haben einzelne Piloten im 1. Weltkrieg auf eigene Faust versucht, Nachtjagd zu betreiben. Auch vor dem 2. Weltkrieg wurden in Deutschland einzelne Versuche durchgeführt, jedoch ohne erkennbare Konsequenzen. Man konnte sich damals noch keinen Luftkrieg bei Nacht vorstellen. Erst die Nachtangriffe einzelner Bomben-Flugzeuge der RAF beziehungsweise kleiner Verbände auf Ziele in Deutschland führte zwangsläufig zu Überlegungen, wollte man nicht kampflos die nächtlichen Zerstörungen hinnehmen.
Nach der Besetzung von Dänemark und Norwegen im April 1940 lag ich mit meiner Zerstörer-Gruppe in Aalborg, Dänemark. Fast jede Nacht flogen die Bomber über uns hinweg auf ihre Ziele - und wir Jagdflieger sprangen in die Deckungsgräben, da auch unser Platz, zum Teil im Tiefangriff, mit Bomben und MG-Feuer belegt wurde, anstatt zu fliegen und zu kämpfen. Diese deprimierenden Erfahrungen führten zu Überlegungen, wie dem fliegerisch, taktisch, organisatorisch zu begegnen wäre.
Im Laufe der Zeit nahmen die Stör-Angriffe der RAF zu, Hauptziel war das Ruhrgebiet. Hier erinnerte man sich am Ende des Feldzuges gegen Frankreich meines Berichtes und ich erhielt von Göring den Befehl, das Nachtjagdgeschwader 1 aufzubauen und Nachtjagd zum Schutze der westdeutschen Industriegebiete durchzuführen. Dies war die Geburtsstunde der deutschen Nachtjagd.
Die Lösung der Aufgabe war mehr als problematisch: Die Besatzungen hatten keine Nachtflugerfahrung, die Flugzeuge entsprachen nicht den Voraussetzungen für einen erfolgreichen Nachteinsatz, die Verbindung zur Flak war kümmerlich und das Nachrichtenwesen noch völlig unterentwickelt; Radar war weitgehendst unbekannt. Aber Krieg macht erfinderisch und zwingt den Menschen zu entsprechenden Aktivitäten. So wurden auch diese Probleme im Laufe der Zeit größtenteils gelöst, neue Verbände zugeführt und die Nachtjagd wurde zur modernsten und neusten Waffengattung der Luftwaffe.
Die RAF war anfangs hinsichtlich der Durchführung eines Nacht-Luftkrieges der deutschen Luftwaffe, speziell den Nachtjägern, weit überlegen. Unter dem Druck der Verhältnisse wurde der Entwicklung und Herstellung entsprechender Ausrüstung sowohl für die Flugzeuge als auch vor allem der Entwicklung von Radargeräten am Boden sowie auch der Bordgeräte höchste Dringlichkeit seitens Forschung und Industrie eingeräumt. So gelang es in relativ kurzer Zeit, auf diesen Gebieten das Versäumte nachzuholen und die Nachtjagd erfolgreicher zu gestalten.
Die RAF war praktisch für uns der einzige Gegner. Der Schwerpunkt der Verteidigung lag beim Schutz des Reichsgebietes und damit automatisch in den besetzten, Deutschland im Norden und Westen vorgelagerten Gebieten. Zeitweise wurde auch mit einzelnen Einheiten in Italien, Sizilien und sogar Nordafrika Nachtjagd geflogen. Aber auch hier war der Gegner die RAF. An der Ostfront hingegen wurde nur eine Art »Behelfs-Nachtjagd« entwickelt. Nur in einem Ausnahmefall wurde eine Nachtjagdstaffel, ausgerüstet mit entsprechenden Radar- und Führungs-

Systemen auf einem Eisenbahnzug, eingesetzt, allerdings mit außerordentlichen Erfolgen.
Nach dem bekannten Motto »Angriff ist die beste Verteidigung« kamen wir auch zu der Erkenntnis, daß man sich bemühen müßte, die startenden Flugzeuge bereits im Land des Gegners anzugreifen, den Nachtflugbetrieb und die Nachtausbildung zu stören und auch den zu ihren Heimathäfen zurückkehrenden feindlichen Flugzeugen aufzulauern. So entstand die Fernnachtjagd. Wie wir heute wissen, waren diese Einsätze außerordentlich wirksam und für die RAF unangenehm. Zahlreiche Abschüsse konnten erzielt und der Flugbetrieb spürbar gestört werden. Doch die deutsche Führung wollte uns diese Erfolge nicht glauben, und damit wurden von heute auf morgen die Einsätze der Fernnachtjagd verboten - wie wir heute wissen, war das, vom deutschen Standpunkt aus gesehen, ein kapitaler Fehler!
Die Nachtjagd-Besatzungen kämpften aber nicht nur gegen die RAF. Das erste Problem ist die Tatsache, daß der Nachtjäger ein Einzelkämpfer ist, d.h. er kämpft nicht wie der Tagjäger im Verband, wo man sich gegenseitig sieht, nein, allein auf sich gestellt in der Dunkelheit. Hier muß oft zuerst der »innere Schweinehund« überwunden werden, und dann hängt es ganz vom Können und dem Einsatz- und Kampfwillen des Einzelnen ab, wie weit er, mit der nun einmal notwendigen Portion Glück, erfolgreich ist. Das nächste Problem ist das Wetter, mit Nebel, Vereisung, schlechter Sicht. Dazu kommen noch die technischen Probleme durch Ausfall des Funkgerätes, des Bordradars usw. Es gab Zeiten, in denen wir durch diese Umstände, oft schon beim Start und vor allem bei der Landung, größere Verluste hatten als bei manchen Einsätzen durch den Feind. Es ist auch noch zu erwähnen, daß es überhaupt kein speziell für die Nachtjagd entwickeltes Flugzeug gab. Wir kamen von den Zerstörern, d.h. von der Tagjagd. Die Bf 110 wurde somit zunächst zum Standardflugzeug der Nachtjagd. Auf Grund der gemachten Erfahrungen wurden laufend Verbesserungen und Änderungen durchgeführt, bis endlich der »Nachtjäger« daraus wurde. Weiter kamen dann die entsprechend geänderten und umgebauten Ju 88 und Do 17, später die Do 217 bei uns zum Einsatz. Diese Muster wurden auch in der Fernnachtjagd eingesetzt, da sie über die entsprechende Reichweite und Flugzeit verfügten. Erst 1942 erfuhren wir, daß bei Heinkel ein neues leistungsfähiges Flugzeug als Aufklärer in Entwicklung stand. Nach entsprechenden Besichtigungen und Verhandlungen, zunächst mit Heinkel, dann mit dem Luftfahrtministerium, gelang es, die Führung zu überzeugen, daß dieses Flugzeug nacht relativ geringen Änderungen der Nachtjäger der Zukunft sei. So wurde die He 219 der erste wirkliche Nachtjäger, der sich auch bestens bewährte.
Es gibt meines Erachtens keine andere Szenerie, bei der der Krieg der Hochfrequenz eine derartige Rolle spielte wie beim nächtlichen Luftkampf. Hier denke ich nicht nur an die Radargeräte, die durch Abwerfen von Aluminiumstreifen ausgeschaltet wurden, oder an das gegenseitige Abhorchen der einzelnen Frequenzen, bei denen sich der jeweilige Gegner einschaltete und versuchte, durch Falschmeldungen oder Erteilen falscher Befehle die Besatzungen irrezuführen, sondern vielmehr an die Verwendung zahlreicher Bordgeräte verschiedenster Art. Zum Beispiel führte die RAF einen Sender mit der Freund-Feind-Kennung ein. Nachdem unsere Funkaufklärung die Frequenz dieses Greätes herausbekommen hatte, konnte es unsererseits als »Zielanflugfeuer« benutzt werden. Das gleiche gilt für das eingebaute Nachtjagdwarngerät. Auch das wurde nach Bekanntwerden der Frequenz nun zum Anflug auf das Ziel benutzt. Dieser Hochfrequenz-Krieg war ein ganz entscheidender Faktor im Kampf am nächtlichen Himmel und gab mal der einen, mal der anderen Seite wesentliche Vorteile.
Beim Kampf gegen die RAF waren natürlich für die Nachtjagd die »Pathfinder« die »Nummer 1«! Konnten sie erfolgreich bekämpft werden, war die Wirkung des Groß-Angriffs in Frage gestellt. Wurden für diese Aufgabe Mosquitos eingesetzt, war die Bekämpfung wegen ihrer Geschwindigkeit nur selten erfolgreich. Um so erfreulicher ist es, daß heute, rund 50 Jahre nach

Ende des Krieges, zwischen den Mitgliedern der »Pathfinder«-Organisation in England, Australien, Neuseeland usw. und den ehemaligen deutschen Nachtjägern nicht nur eine kameradschaftliche Verbindung, sondern echte Freundschaften von Mensch zu Mensch, ja sogar von Familie zu Familie mit gegenseitigen Besuchen bestehen.
Wie bei allen Dingen ist der Mensch der Kern des Problems, und so war es auch im Kriege. Die Jugend Europas kämpfte verbissen gegeneinander. Aber das Ziel in diesem nächtlichen Kampf war nie der einzelne Mensch, sondern das Flugzeug, das seine Bombenlast über der Heimat des Nachtjägers abladen wollte, besonders wenn der Nachtjäger unten die brennenden Städte sah, in denen vielleicht seine Angehörigen lebten. Auf der anderen Seite stand die gegnerische Besatzung, die genauso für ihr Vaterland kämpfte. Daß aber in diesen Flugzeugen Menschen saßen wie »Du und ich«, konnte man feststellen, wenn Angehörige einer fliegenden Besatzung in Gefangenschaft gerieten und das Glück hatten, ebenfalls von einem fliegendem Verband aufgenommen zu werden. Dann war alles, was sich noch vor Kurzem abgespielt hatte, wie weggewischt und man stand sich sozusagen von Mensch zu Mensch gegenüber.
Es gibt nach meiner Ansicht nichts Negatives im menschlichen Leben, das nicht doch irgendwo einen positiven Kern hat. So auch dieser schreckliche und sinnlose Krieg. Heute sind unsere Völker unter dem Schutzschild der NATO in einem gemeinsamen Verteidigungs-System eingebettet, die Luftwaffen arbeiten in engster Gemeinschaft für die Sicherheit unserer Völker, und wir »Alten«, die den Krieg miterlebt haben, reichten uns schon vor vielen Jahren die Hand zur Versöhnung, über die Gräber unserer Gefallenen hinweg. Und aus diesem gegenseitigen Verstehen, Versöhnen, Verzeihen ist in unendlich vielen Fällen echte menschliche Freundschaft geworden, die sichtbar wird in der gegenseitigen Teilnahme der »alten Recken« an gemeinsamen Veranstaltungen und in vielen persönlichen familiären Freundschaften über die Grenzen und Meere hinweg.
Möge Peter C. Hinchliffe mit der Veröffentlichung dieses Buches dazu beitragen, daß künftige Generationen aus dem Vergangenen lernen und die Erkenntnis gewinnen, daß sich internationale Konflikte, gleich welcher Art, nicht mehr durch Gewalt lösen lassen. Es geht darum, daß wir alle unseren Beitrag dazu leisten, eine friedvolle Zukunft zu gestalten.

Wolfgang Falck
ehem. Kommodore NJG 1
St. Ulrich am Pillersee
Februar 1994

Einführung

Die Luftschlacht um England war kurz und - was ihre Auswirkung auf den Zweiten Weltkrieg anbetrifft - klar definiert und überzeugend. Das Jägerkommando der Royal Air Force (RAF) gewann sie, und die Luftwaffe verlor, allerdings nur äußerst knapp. Die unmittelbare Bedrohung einer Invasion war damit vorüber. Sie hatte ungefähr vier Monate gedauert und nahezu 600 RAF-Piloten das Leben gekostet. Die andere Luftschlacht, die zwischen dem Bomberkommando und der Luftwaffe hauptsächlich am nächtlichen Himmel über Deutschland ausgefochten wurde, dauerte im Westen die vollen fünfeinhalb Kriegsjahre an. Zehntausende Besatzungsmitglieder aus Großbritannien, dem Commonwealth, dem British Empire und alliierten Ländern verloren dabei ihr Leben.

In welchem Ausmaß das Ergebnis dieser anderen Luftschlacht zum endgültigen Sieg beigetragen hat, war lange umstritten, mehr noch seit die Jahre vergehen, die Erinnerung schwindet und die Einstellung sich ändert. Heute gibt es nur noch wenige, die sagen würden, daß nur ein toter Deutscher ein guter Deutscher sei - während des Krieges jedoch war das ein geläufiger Spruch, und er war es auch, wenn auch nicht in der Schärfe, in den 21 Jahren unsicheren Friedens vom Ende der Feindseligkeiten zwischen Großbritannien und Deutschland 1918 bis zum erneuten Kriegsausbruch 1939. Auch war diese andere Luftschlacht nicht so kompakt und klar abgegrenzt wie die, die am Himmel über Großbritannien von Juli bis Oktober 1940 tobte: Was immer die Bomber zum Sieg beigetragen haben mögen - ihre Schlacht war Teil eines strategischen Kampfes, der am Boden, zur See und in der Luft gegen Deutschland geführt wurde, ein massiver Beitrag zum Sieg.

Und der war in der Tat massiv: Über 1.300.000 Tonnen Bomben wurden im Zuge von fast 400.000 Einsätzen abgeworfen, dabei gingen weit über 10.000 Bomber verloren, und mehr als 70.000 Besatzungsmitglieder wurden verletzt - 55.500 davon tödlich. Statistiken sind allerdings oft kalt und dringen nicht ins Innere: Eine bessere Vorstellung vermittelt vielleicht die Aussage, daß diese 55.500 Besatzungsmitglieder, die bei den Einsätzen ihr Leben verloren, fast genau fünfzig Prozent all derer ausmachten, die an den Einsätzen überhaupt teilnahmen. Eine andere Zahl, die die Frage des Beitrags der Bomber - kontrovers wie sie ist - erhellt, ist, daß vom Tag der Landung in der Normandie bis Kriegsende ein Jahr später annähernd 40.000 britische Soldaten im Kampf fielen: 1916 kamen allein am ersten Tag der Schlacht an der Somme mehr als 20.000 um. Die schrecklichen Verluste der Grabenkämpfe zwischen 1914 und 1918 hatten die Nation bewogen, derartiges Blutvergießen der Jugend der Nation nicht noch einmal aufzuerlegen. Das Konzept des Bombers als strategische Waffe bot hier eine Lösung.

Als die alliierten Streitkräfte 1944 in Frankreich landeten, wagten sie sich auf ein europäisches Festland, das durch die unbarmherzigen Bombenangriffe der britischen und amerikanischen Luftflotten bereits geschwächt war. Als sie dann vorrückten, wurden sie - direkt oder indirekt - genauso gnadenlos von ihren Bombern unterstützt. Es ist unbestritten: Der Beitrag der Bomber kann nicht so einfach bemessen werden wie der des Jägerkommandos 1940. Viele werden behaupten, daß seine Wirkung noch größer gewesen wäre, wenn man die Bomber anders eingesetzt hätte. Das kann stimmen, kann aber auch falsch sein, denn es ist natürlich sehr leicht zu sagen, was man hätte tun sollen, nachdem alles vorbei ist und man Zeit hat, zurückzublicken, nachzuforschen, alle Aspekte zu untersuchen und dann nachzudenken - aber es ist nicht so leicht, unter unerhörtem Druck vorherzusehen, auf welche Weise man seine Kräfte am wirksamsten einsetzen kann: Es gibt leider keine »rückblickende Voraussage«. Aber wie wäre der Krieg verlaufen und wie hätte er geendet ohne die Bombereinsätze? Oder wenn man eine andere Strategie – zum Beispiel das Bombardieren von ausgewählten Punktzielen anstelle von Flächenzielen – versucht und diese versagt hätte? Dann gäbe es zweifelsohne wiederum viele, die sagen würden: »Wir hätten ihre Städte flächendeckend angreifen sollen – denn für Angriffe auf Punktziele hatten wir weder die Ausrüstung noch die erforderliche Ausbildung.«

In einem Punkt allerdings, was die Bomberoffensive anbetrifft, sind sich alle einig: Die teilnehmenden Besatzungsmitglieder waren tapfere Männer. Es war eine andere Tapferkeit als die der Jagdflieger, die Großbritannien 1940 gegen deutsche Bomber verteidigten – ein verbissener Mut, mit dem sie hinnahmen, daß jeder Einsatz, an dem sie teilnahmen, stundenlanges Fliegen bedeutete, daß sie schließlich durch einen stark verteidigten Luftraum flogen, bei dem ihre Maschine jeden Moment von einem nicht erfaßten deutschen Nachtjäger oder von der Luftabwehr getroffen werden konnte und dann in Flammen aufging oder ganz einfach explodierte, und die Chancen, nach einem Treffer noch auszusteigen, standen gegen sie. Mit Sprüchen versuchten sie, ihren Einsatz zu verharmlosen: »Press on Regardless!« (Vorwärts – ohne Rücksicht auf Verluste!) war einer von ihnen. Aber genau das traf ja auch auf sie zu, und die Wirklichkeit war kein Spaß. »Vorwärts« trotz des Wissens, daß diese Nacht die letzte sein konnte: Du hast schließlich schon zwanzig Einsätze, und seit du bei der Staffel bist, hat noch keiner dreißig erreicht. »Vorwärts« trotz der Tatsache, daß letzte Nacht fünf Flugzeuge der Staffel nicht zurückgekehrt sind und über dem, was ein leichtes Ziel sein sollte, Mailly-le-Camp in Frankreich, 42 Lancaster von insgesamt 346 abgeschossen wurden, was aller Wahrscheinlichkeit nach bedeutete, das nahezu 300 Männer einen grausamen Tod starben. »Vorwärts« trotz des Vorfalls vor ein paar Wochen, als dein Heckschütze Chalky ein deutsches Bordwaffen-Geschoß ins Gesicht bekam und du seinen Körper, noch warm und blutbesudelt, aus dem Heckstand ziehen mußtest, während der Skipper wilde Ausweichbewegungen machte, um weiteren Attacken eines deutschen Jägers zu entgehen, möglicherweise desjenigen, der Chalky getötet hatte; vielleicht aber war's auch ein anderer. Und denk' daran, wenn du dich traust, daß diese 42 Lancs, die fortblieben, mehr als zwölf Prozent aller Flugzeuge ausmachten, die an dem Angriff teilnahmen, und du hast noch zehn Einsätze zu fliegen: Wenn die Verluste ab jetzt vergleichbar hoch bleiben, stehen die Chancen für deinen Tod zwölf zu zehn. Und erinnere dich an die Nacht vor fünf Wochen, als du nach Nürnberg flogst und die Deutschen gerade eine Übung flogen – sie schossen fast hundert Bomber vom Himmel, und jeder davon hatte sieben Mann an Bord. Aber trotzdem: »Press on Regardless!«

Beim Angriff auf Nürnberg, in der Nacht vom 30. auf den 31. März 1944, waren die deutschen Nachtjäger am erfolgreichsten; die deutschen Maschinen fanden den Bomberpulk frühzeitig und machten freie Jagd mit verheerender Wirkung. Es war die Nacht, in der Hauptmann Martin Becker – »Tino«, um ihn von dem anderen As, Ludwig Becker, der damals schon gefallen war, zu unterscheiden – sieben britische Bomber abschoß, womit er seinen bisherigen Rekord von sechs in einer Nacht, er lag erst eine Woche zurück, brach. Ein Jahr später sollte Tino Becker neun Bomber in einer Nacht zerstören, die höchste Quote, die ein deutscher Nachtjäger in so kurzer Zeit je erreichte.

Fast 800 viermotorige Bomber des Bomberkommandos nahmen an dem tragischen Angriff auf Nürnberg teil, und trotzdem war er ein Fehlschlag – nicht nur hinsichtlich der erlittenen Verluste, sondern auch im Hinblick auf den erzielten Schaden. Die Geschichte der fragwürdigen Routenplanung, der unzulänglichen Wettervorhersage und der navigatorischen Irrtümer, die dann folgten, ist schon oft erzählt worden. Es bleibt der Einsatztyp, den Kritiker des Bomberkommandos gern erwähnen, um ihre *post-facto*-Erkenntnisse und -theorien zu untermauern, wenn sie behaupten, die Einsätze des Bomberkommandos seien Verschwendung gewesen. Und doch hatte acht Monate zuvor, im Juli 1943, das Bomberkommando sein fürchterliches Potential überzeugend vorgeführt, als es den Hamburger Hafen weitgehend zerstörte – mit einer kurzen Serie von Angriffen, die die Stadt nahezu verwüsteten und mehr Zivilisten töteten, als in Großbritannien 1940 und 1941 umkamen, als die deutschen Luftangriffe am intensivsten waren. Über diesen Angriff schrieb Albert Speer, der deutsche Rüstungsminister, später:

»In Hamburg war das erste Mal eingetreten, was Göring und Hitler sich 1940 für London ausgedacht hatten ... Hamburg hatte mich auf das höchste alarmiert. In der Zentralen Planung, die am Nachmittag des 29. Juli tagte, führte ich aus: "Wenn die Fliegerangriffe im jetzigen Ausmaß weitergehen, sind wir nach zwölf Wochen einer Menge von Fragen enthoben, über die wir uns zur Zeit noch unterhalten ..." Drei Tage später teilte ich Hitler mit, daß die Rüstung auseinanderbreche, und erklärte ihm gleichzeitig, daß Angriffsserien dieser Art, auf sechs weitere Großstädte ausgedehnt, Deutschlands Rüstung zum Erliegen bringen müßten... Am nächsten Tag teilte ich den Mitarbeitern Milchs ähnliche Befürchtungen mit: "Wir sind nahe an der Grenze, wo die Zulieferungsindustrie ... restlos zusammenbrechen kann."«[1]
Wenn der Angriff auf Nürnberg den Höhepunkt des Erfolgs der deutschen Nachtjäger darstellte, dann markierten die Luftangriffe auf Hamburg einen ihrer Tiefpunkte. Die Nachtjagd war zu Beginn der RAF-Bomberoffensive aufgebaut worden und seitdem ziemlich erfolgreich gewesen – aber sie versagte, als die RAF in der Nacht des 24./25. Juli 1943 beim ersten Angriff auf Hamburg Funkmeß- (oder Radar-) Störstreifen aus Aluminiumfolie, Düppel genannt, abwarf. Das Versagen der Luftwaffe war jedoch nur von kurzer Dauer: Schon vier Wochen später zerstörte die Nachtjagd 40 von 596 Bombern, die das deutsche Versuchsgelände für ballistische Raketenwaffen in Peenemünde angriffen, obwohl sie zunächst durch einen Scheinangriff auf Berlin getäuscht worden war. Hierher war die Masse der Nachtjäger zunächst dirigiert worden – und nicht zum wirklichen Ziel rund 120 km weiter nördlich. In der kurzen Periode seit der Katastrophe von Hamburg hatte die Luftwaffe neue Nachtjagd-Verfahren entwickelt, die dieser Truppengattung weit mehr Schlagkraft und Flexibilität verliehen, als sie vor Hamburg gehabt hatte. In Hamburg bewies das Bomberkommando sein Zerstörungspotential, und in Nürnberg zeigte die Nachtjagd ihre Effektivität. Hier stießen zwei gewaltige Kräfte aufeinander, setzten Können gegen Können, Technologie gegen Technologie, Tapferkeit gegen Tapferkeit. Denn auch die deutschen Nachtjagdbesatzungen waren sehr tapfere Männer, die ihre Aufgabe genauso hingegeben erfüllten wie die Bomberbesatzungen der RAF. Sie sahen die Zielmarkierungen der Pfadfinder über ihren Städten niederschweben und mußten mit ansehen, wie die Städte unter ihnen brannten und im Feuersturm zu Asche wurden. Sie wußten, daß da unten Menschen starben, oft unter unsäglichen Qualen. Sie hatten diese Luftangriffe selbst durchlitten, und viele von ihnen hatten Familienangehörige verloren. Sie wußten, daß jeder Bomber, den sie abschossen, einer weniger war, der seine Spreng- und Brandbomben auf ihr Land und seine Menschen abwerfen konnte, und dieses Wissen verlieh ihrem Handeln Stärke. Aber sie wußten auch, daß der Tod auf sie wartete – jedesmal, wenn sie zu einem Einsatz vom Boden abhoben. Die Verluste unter den deutschen Nachtjagdbesatzungen waren hoch, besonders unter den Neulingen. Abgesehen von den Abwehrwaffen der Bomber, die sie angriffen, stellten sie sich den Gefahren schlechten Wetters und – mehr noch im Verlauf des Krieges – der schrecklichen Vergeltung, die eingedrungene und marodierende Beaufighter und Mosquito der Royal Air Force ausübten, wenn sie – scheinbar aus dem Nichts – urplötzlich auftauchten und ihre Flugzeuge mit einer tödlichen Mischung aus panzerbrechender Spreng- und Brandmunition durchsiebten. Die Luftwaffenbesatzungen kannten keine Höchstzahl an Einsätzen, nach denen man ausgetauscht wur-

[1] Aus ***Erinnerungen*** von Albert Speer, Propyläen Verlag Berlin, 1969.

de, wie das bei der RAF der Fall war. Sie flogen, bis sie entweder starben, verwundet wurden, sich bei Flugunfällen schwer verletzten oder – äußerst selten – auf einen ruhigeren Posten versetzt wurden.

Ende 1943 umfaßte die deutsche Nachtjagd rund 800 Flugzeuge, von denen die meisten Zweimotorige waren, während das Bomberkommando, das zu diesem Zeitpunkt in etwas verwickelt war, was dann »Luftschlacht um Berlin« genannt wurde, Nacht für Nacht 500 bis 900 Viermotorige einsetzen konnte, die jeweils drei bis fünf Tonnen Bomben trugen. Dabei darf man nicht vergessen, daß beide Kontrahenten in den vier Jahren, die seit Kriegsausbruch im September 1939 vergangen waren, buchstäblich aus dem Nichts aufgestellt worden waren: Damals hatte die RAF praktisch keine Nachtangriffs-Fähigkeit und die Luftwaffe keine spezialisierte Nachtjagd. Es sah aus, als ob beide Seiten sich bei Kriegseintritt nicht vorstellen konnten, daß auch nachts Bomben fielen, obwohl sich dieser Trend bereits in der zweiten Hälfte des Ersten Weltkriegs abgezeichnet hatte – immerhin ein Vierteljahrhundert zuvor. Die ersten deutschen Nachtjäger des Zweiten Weltkriegs waren die Antwort auf britische Bomber, die in den deutschen Luftraum eindrangen, und nachdem sie ihre ersten Erfolge errungen hatten, folgte rasch die Entwicklung eines verbundenen Luftverteidigungs-Systems. Als die zunehmende Gefahr, die von diesen Nachtjägern ausging, offensichtlich wurde, begann das Bomberkommando, seine Taktiken und Techniken zu ändern. Die Elektronik wurde mit einbezogen, wobei jede Seite mit der anderen um technische Überlegenheit rang und den taktischen Vorteil, der damit einherging; jede Neuentwicklung der einen Seite wurde mit einer der Gegenseite beantwortet. Auf beiden Seiten kämpften und starben mutige Männer. Dieses Buch befaßt sich nicht nur mit den Taktiken der Bomber und Nachtjäger, den Flugzeugen und den elektronischen Wundern, die sie mitführten, sondern auch mit den Männern beider Seiten, die die Flugzeuge flogen, die Elektronik bedienten und den Luftkampf im Dunkel kämpften und dabei starben.

Den Gefallenen beider Seiten gewidmet.

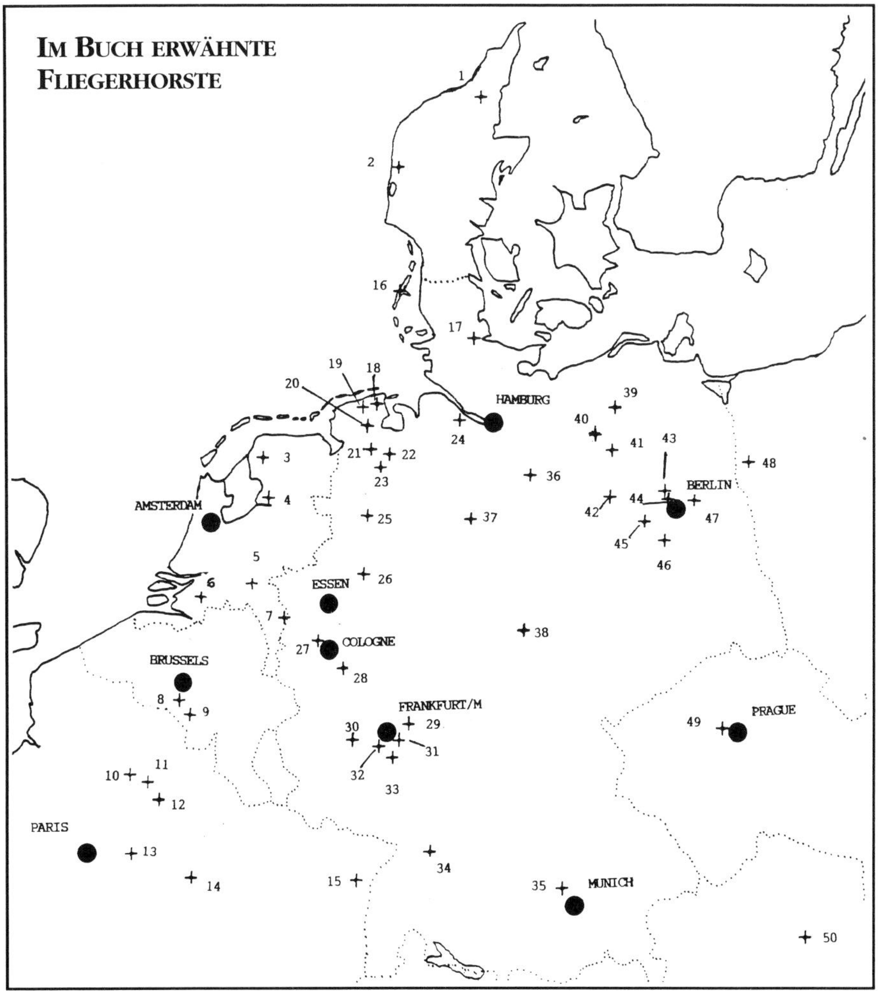

Schlüssel

Dänemark:
1. Aalborg
2. Grove

Holland:
3. Leeuwarden
4. Deelen
5. Eindhoven
6. Gilze-Rijen
7. Venlo

Belgien:
8. St.Trond
9. Florennes

Frankreich:
10. Tergnier
11. Athies/Laon
12. Juvincourt
13. Coulommiers
14. St.Dizier
15. Hagenau

Norddeutschland:
16. Westerland
17. Schleswig
18. Jever
19. Wittmundhafen
20. Marx
21. Zwischenahn
22. Oldenburg
23. Vechta
24. Stade
25. Rheine

Ruhrgebiet:
26. Münster/Handorf
27. Köln/Butzweilerhof
28. Bonn/Hangelar

Süddeutschland:
29. Langendiebach
30. Mainz/Finthen
31. Zellhausen
32. Rhein/Main
33. Darmstadt
34. Echterdingen
35. Schlei?heim

Mitteldeutschland
36. Lüneburg
37. Wunstorf
38. Erfurt/Bindersleben

Ostdeutschland
39. Rechlin
40. Parchim
41. Neuruppin
42. Stendal
43. Döberitz
44. Staaken
45. Brandenburg/Briest
46. Jüterbog
47. Werneuchen
48. Königsberg
49. Prag/Ruzyn
50. Wien/Schwechat

Kapitel 1

Und wieder Krieg
1939 bis 1940

Es war eine einzigartige Luftschlacht, ein blutiger Kampf - ein Kampf, in dem nicht um Gnade gefleht und auch keine gewährt wurde, und er dauerte von der ersten Nacht des Zweiten Weltkriegs bis fast zur letzten. Nach abschließenden Analysen war sein Ausgang äußerst knapp. Zwei große Luftstreitmächte - das Bomberkommando der britischen Royal Air Force (RAF) und die deutsche Nachtjagd - bekämpften einander in einer Konfrontation von zunehmender Komplexität und Schärfe. Es war eine Schlacht, in der Zehntausende von Männern beider Seiten umkamen. Höher noch waren die Verluste unter der deutschen Zivilbevölkerung. Doch als der Krieg ausbrach, war die RAF nicht in der Lage, bei Tage oder bei Nacht effektiv zu navigieren oder Bomben ins Ziel zu bringen, und die Luftwaffe verfügte über keinerlei Nachtjagdkräfte. Die Gründe für diesen Sachverhalt sind zahlreich, unterschiedlich und komplex. Es würde zu weit führen, sie hier aufzulisten. Trotzdem war dieser Mangel ziemlich unverständlich, wenn man ihn im Zusammenhang mit der Militärgeschichte und den Erfahrungen des Ersten Weltkriegs sieht, in dem die Angriffe auf Ziele hinter der Front damit begonnen hatten, daß die Deutschen ihre Luftschiffe mit Bombenlast und später ihre vielmotorigen Flugzeuge gegen England zum Einsatz brachten. Beide Seiten, Briten wie Deutsche, waren offensichtlich zu unterschiedlichen Schlußfolgerungen gekommen in der Frage, wie ein künftiger Krieg wohl geführt werde. Es ist unbestritten, daß die Deutschen - wenn auch halbherzig und ergebnislos - das Abfangen von Bombern bei Nacht geübt hatten, und zwar mit reinen Tagjägern wie vor allem der Bf 109 (Bf steht für Bayerische Flugzeugwerke, Vorläufer der Messerschmitt AG); aber die planlose Art ihrer Experimente legt den Verdacht nahe, daß ihr Oberkommando sich nicht ernsthaft vorstellen konnte, daß ihr Land einmal nachts aus der Luft mit Bomben angegriffen werden könne. Deutschland begann den Krieg ohne Nachtjäger und ohne Vorstellungen über die Nachtjagd.

Die Briten andererseits hatten durchaus eine Streitmacht, die nominell Bomben werfen konnte, und man hatte sich auch - wenn auch nicht sonderlich realistisch - mit den Problemen des Bombenwurfs bei Nacht beschäftigt. 1936 war die RAF in funktionale Kommandos umgegliedert worden, und es gab jetzt Bomberkommando, Jägerkommando, Küstenkommando und Transportkommando als Einsatzkomponenten. Als Frankreich und England Deutschland am 4. September den Krieg erklärten, verfügte das Bomberkommando über 33 Einsatzstaffeln, die in fünf Geschwadern zusammengefaßt waren, von denen eines, das Bombergeschwader 1, vom Kommando unverzüglich nach Frankreich verlegt wurde, wo es die Masse der Vorgeschobenen Luftangriffskräfte stellte. Bombergeschwader 1 war mit dem leichten Bomber Fairey Battle ausgerüstet, einem einmotorigen Tiefdecker mit drei Mann Besatzung, der aber zu schwach motorisiert und bewaffnet war und sich für die Rolle, Heeresunterstützung durch Bombenwurf zu leisten, nicht eignete: Er war für Bombenwurf jeglicher Art untauglich. 1940 mußte er - nach dem verheerenden Kriegsausgang in Frankreich - von der Front abgezogen werden, hatte bis dahin aber schon vielen jungen Flugzeugführern, Beobachtern und Bordschützen den Tod gebracht. Von den verbliebenen 23 Staffeln wurden sechs mit dem mittleren Bomber Bristol Blenheim ausgerüstet, sechs weitere mit Vickers Armstrong Wellington, fünf mit Armstrong Whit-

worth Whitley und sechs mit Handley Page Hampden, die alle als schwere Bomber eingestuft waren.
Von den zweimotorigen Bombern der RAF war die Blenheim der schnellste und wendigste, aber selbst sie war – mit einer Höchstgeschwindigkeit von rund 400 km/h und leichter Bewaffnung – leichte Beute für die noch schnellere Bf 109, die am Tage ihr Hauptgegner war. Sie trug nur eine geringe Bombenzuladung und hatte keine große Reichweite. Die Unterbringung der Besatzung war so, daß selbst unter Idealbedingungen genaues Navigieren schwierig war: Der Beobachter – die Besatzung hatte noch keinen Spezialisten eigens für Navigation – saß so verkrampft neben dem Flugzeugführer, daß selbst Kartenlesen nicht einfach war. Die Hampden konnte mehr Bomben über eine größere Entfernung transportieren, war aber viel langsamer und hatte, wie die Blenheim, nur relativ leichte Abwehrwaffen. Auch sie bot dem Beobachter nur beengte Arbeitsverhältnisse. Whitley und Wellington waren wirkliche schwere Langstreckenbomber mit einem angemessenen »Büro« für den Navigator und einer beachtlichen Bombenzuladung, eigneten sich aber kaum für Tageinsätze, wie sich im Einsatz herausstellen sollte: Sie waren langsam, schwerfällig in ihren Flugbewegungen und verwundbar. Die Bordwaffen, mit denen sich alle Bomber der RAF verteidigen sollten, waren Maschinengewehre (MG) des Kalibers 7,7 mm und damit den Bordwaffen der deutschen Jäger in Reichweite und Durchschlagskraft unterlegen: Die Bf 109 E zum Beispiel trug zwei 20-mm-Bordkanonen und zwei Maschinengewehre, die alle nach vorne feuerten, und der schwere Jäger Bf 110 hatte ebenfalls zwei 20-mm-Kanonen und sogar vier Maschinengewehre im Bug sowie eines, das nach hinten gerichtet war. Die Bordwaffen der RAF-Bomber wurden bei Kriegsausbruch von Bodenpersonal in Zweitfunktion besetzt, dessen praktische Ausbildung für die Verteidigung eines Bombers nur oberflächlich war. Wohl am schlimmsten war, daß sich die Kraftstofftanks der britischen Flugzeuge nicht selbst abdichteten: Schon ein kurzer präziser Feuerstoß mit Spreng- oder Brandmunition konnte den Kraftstoff des Bombers entflammen und führte häufig dazu, daß das Flugzeug explodierte oder zum Feuerball wurde.
Wenn die RAF schon hinsichtlich ihrer Flugzeuge schlecht für den Bombenkrieg gerüstet war, dann war sie noch schlechter dran, was Navigation und Bombenzielgeräte anbetraf. Das wirkte sich besonders auf Nachteinsätze aus, und zwar dermaßen, daß man das blinde Vertrauen in die Schlagkraft der Bomber nur bewundern kann, das bei allen Debatten über ihre Verwendung vor dem Krieg vorherrschte. Hellstes Tageslicht und geringe Feindgegenwehr einmal ausgenommen, waren die Besatzungen kaum in der Lage, ihr Ziel zu finden – und selbst wenn sie es fanden, konnten sie nicht darauf hoffen, es auch zu treffen. Einige Piloten und Beobachter waren besser qualifiziert – oder begnadet –, was Flugnavigation anbetrifft, aber generell sahen sich die Piloten damals einem wirklich unlösbaren Problem gegenüber. Die meisten Überlandflüge, die sie während ihrer Ausbildung absolviert hatten, führten über ländliche Gegenden Englands, wo sie – wenn sie die Orientierung verloren, was häufig geschah – Funkpeilungen vornehmen und so annähernd ihre Position bestimmen konnten. Wenn sich der Flug dann seinem Ende näherte, konnten sie sich über Sprechfunk einen Kurs durchgeben lassen, der sie zum Flugplatz zurückführte. Aber selbst das war noch Fliegen aufs Geratewohl – man traf oder verfehlte sein Ziel, aber solange sie noch zum Flugplatz zurückfanden, wurde der Flug als Erfolg gebucht, und niemand kümmerte sich wirklich darum, ob sie ihrer geplanten Route gefolgt waren oder nicht. Man hatte damals so wenig Vertrauen in die Navigation, besonders bei Nacht, daß Staffelkapitäne ihre Flugzeuge nur selten nachts in die Luft schickten, wenn die Wetterbedingungen nicht nahezu ideal waren. Eine Analyse der Flugstunden von 1937 zum Beispiel beweist, daß das Bomberkommando 17mal mehr Tagflugstunden als Nachtflugstunden durchführte, und 1939 lag das Verhältnis noch immer bei zehn zu eins.

Navigation verlief damals nach dem Motto »treffen oder verfehlen« – auf Bombenzielen dagegen traf »eher verfehlen als treffen« zu. Wenn eine Bomberbesatzung trotz aller Widrigkeiten ihr Ziel dennoch gefunden hatte, blieb immer noch das Problem, die Bomben auch genau ins Ziel zu bringen, selbst bei idealen Sichtverhältnissen – und die herrschten sehr selten vor. Es war Aufgabe des Beobachters, den Piloten beim Anflug auf das Ziel einzuweisen und den Bombenauslöser im richtigen Moment zu betätigen. Dazu legte er sich bäuchlings in den Flugzeugbug, visierte sein Ziel durch ein Bombenzielgerät an und versuchte dann, das Fadenkreuz des Visiers mit dem Ziel am Boden in Deckung zu bringen. Zielen nach Sicht konnte allerdings auch zu großen Ablagen führen. Bei Vorkriegsübungen war die gesamte Bombenwurfausbildung unter günstigen Bedingungen und meist am Tage auf Bombenübungsplätzen durchgeführt worden, und natürlich ohne Feindeinwirkung, die den Piloten ja davon abhalten könnte, waagerecht und geradeaus zu fliegen – oder aber den Beobachter nervös machte, so daß er den Bombenauslöseknopf ein oder zwei Sekunden zu früh betätigte. Wenn das Flugzeug zum Beispiel 370 km/h über Grund zurücklegt, bedeutet eine Sekunde eine Strecke von 108 m am Boden. Trotzdem waren die Ergebnisse generell nicht zufriedenstellend. Einige Staffeln hatten unbestritten bei Bomberwettbewerben einen hohen Grad an Präzision nachgewiesen, aber dabei waren die Bedingungen so ideal, daß man die Ergebnisse auch nicht im entferntesten auf irgendeine Einsatzlage übertragen konnte, der sich das Bomberkommando dann im Krieg gegenübersah.
1941 veröffentlichte das Büro Seiner Majestät eine Broschüre namens *Bomber Command*; es war ein Bericht des Luftfahrtministeriums über die Bomberoffensive vom September 1939 bis Juli 1941. In dessen Präambel wurde behauptet, daß die Bomberflotte zu Beginn des Krieges »obwohl an Zahl dem Feind weit unterlegen, gefestigt, einsatzbereit und mutig« gewesen sei. Daß die Besatzungen mutig waren, ist unbestritten: Das hatten sie bei den gefährlichen, manchmal sogar selbstmörderischen Einsätzen, zu denen man sie befahl, als das Schießen losging, nachgewiesen.
Ob die Bomberstreitmacht gefestigt war, ist eine Frage der Definition des Begriffs »gefestigt«; aber zu behaupten, das Bomberkommando sei einsatzbereit gewesen, war schlichtweg falsch. Am Sonntag, dem 3. September 1939, sprach Neville Chamberlain, der Premierminister, über Rundfunk zur Nation und stellte fest, daß Großbritannien sich mit Deutschland wieder im Kriegszustand befände. Unmittelbar darauf heulten die Sirenen in London und im übrigen Land auf – der damit angekündigte Schlag aus der Luft blieb dann aber aus, und die Menschen, die ihre Luftschutzkeller aufgesucht hatten, verließen sie wieder, als kurz darauf die Entwarnung erscholl. London blieben zunächst größere Luftangriffe erspart. Mittags startete eine Bristol Blenheim der 139. Staffel in Wyton, Huntingdonshire, und flog den ersten Einsatz des Bomberkommandos im Zweiten Weltkrieg. Der Pilot hatte den Auftrag, nach deutschen Schiffen zu suchen, und er machte auch Luftaufnahmen von etlichen Schiffen nördlich von Wilhelmshaven. Am selben Tag flogen später auch Hampden und Wellington derartige Einsätze, aber von 27 Maschinen, die insgesamt zu See-Aufklärungseinsätzen aufstiegen, bekam keine ein deutsches Kriegsschiff zu Gesicht.
Es waren dann die Whitley der 51. und der 58. Staffel des Bombergeschwaders 4 in Linton-on-Ouse, Yorkshire, die die ersten Nachtangriffe gegen Deutschland flogen; zehn Maschinen starteten in dieser Nacht in Richtung Hamburg, Bremen und das Ruhrgebiet. Jede Whitley konnte über drei Tonnen Bomben mitführen – auf diesen Flügen allerdings warfen sie nichts Gefährlicheres ab als Propagandamaterial: insgesamt über fünf Millionen Flugblätter.
Im ersten Monat der Feindseligkeiten war die Mehrzahl der Flugzeuge der deutschen Luftwaffe gegen Polen eingesetzt, wo die Deutschen, die Warschau im direkten Angriff nicht nehmen konnten oder wollten, am 24. September schwere Luftangriffe auf die Stadt flogen. In Großbri-

tannien gab es damals Stimmen – und der Planungschef des Luftfahrtministeriums, Air Commodore (Brigadegeneral) J.C. Slessor, zählte dazu –, die darauf drängten, die Bindung der Deutschen im Osten zu nutzen und zwei strategische Bombenangriffe zu fliegen, die bereits vor dem Krieg festgelegt waren: »Ruhr Plan« (»Unternehmen Ruhr«) und »Oil Plan« (»Unternehmen Öl«). Beide Pläne verkörperten die Überzeugung, daß das Bomberkommando wirkungsvolle, vielleicht sogar tödliche Schläge gegen Kraftwerke und Fabriken im Industriekomplex um Essen sowie gegen Raffinerien und Lagerhallen austeilen könne. Andere Ansichten jedoch, sowohl militärische wie politische, setzten sich durch, und so wurde nichts unternommen, obwohl die Diskussion um beide Pläne noch anhielt, als der Polenfeldzug schon längst vorüber war. Zum einen hegte der Oberbefehlshaber des Bomberkommandos, Air Chief Marshal (General) Sir Edgar Ludlow-Hewitt, Zweifel, ob seine Kräfte überhaupt stark genug und in der Lage waren, die Ziele ausreichend genau zu treffen, um den gewünschten Schlag mit dem erhofften Ergebnis führen zu können, zum anderen aber – und das mag die Entscheidung stark beeinflußt haben – gab es in der Frage einer Bombardierung Deutschlands beträchtliche Meinungsverschiedenheiten zwischen Frankreich und Großbritannien: Die Franzosen bestanden darauf, daß die Alliierten ausschließlich taktische Angriffe flogen – direkt gegen Truppenansammlungen, Verkehrswege und Nachschublinien an der Front und in ihrer Nähe. Wie im Ersten Weltkrieg fürchteten sie nämlich Vergeltungsschläge gegen ihre Städte, die die Luftwaffe geographisch leichter angreifen konnte als Ziele in Großbritannien.
Die Deutschen sagten, die Bombardierung Warschaus sei taktisch notwendig gewesen, um eine verteidigte Stadt einnehmen zu können, die ihren vorrückenden Armeen im Weg stand. In Großbritannien allerdings sah man das als wahllosen Angriff auf ein ziviles Ziel – damit konnte man nun billig künftige Angriffe auf Ziele in Deutschland rechtfertigen. Vorerst jedoch richtete die RAF ihre Angriffe ausschließlich gegen »legitime« Ziele. Dabei wurden Marineziele bevorzugt: Zum einen brauchte man, um sie anzugreifen, nicht weit in den deutschen Luftraum einzudringen, und zum anderen konnten ungenau geworfene Bomben kaum nichtmilitärische Ziele treffen.
Bevor das Jahr um war, hatte man einsehen müssen, daß Tagangriffe auf Deutschland hohe Verluste und wenig Erfolg brachten; sie lohnten sich nicht. Schon am Tage nach der Kriegserklärung gegenüber Deutschland waren sieben Blenheim und Wellington aus einer Formation von 30 Bombern herausgeschossen worden, während sie bei Wilhelmshaven und Brunsbüttel deutsche Kriegsschiffe angriffen. Den größten Schaden richteten dabei die deutschen Flugabwehrkanonen (Flak) an; es scheint aber auch möglich, daß zwei Wellington bei Brunsbüttel Jagdfliegern zum Opfer fielen. Die Schwierigkeiten mit der Flugnavigation beleuchtet die Tatsache, daß eine Wellington fälschlich ihre Bomben auf die Küstenstadt Esbjerg im neutralen Dänemark warf – ein Navigationsfehler von rund 175 km und zudem ein großer Kartenlesefehler der Besatzung: Brunsbüttel liegt am Ausgang des Nord-Ostsee-Kanals und kann daher aus der Luft leicht identifiziert werden. So waren die ersten zwei Zivilisten, die bei Luftangriffen des Bomberkommandos ums Leben kamen, nicht Deutsche, sondern Dänen.
Das Bomberkommando führte in dieser frühen Periode des Krieges eine Reihe von Tagangriffen auf Kriegsschiffe in der Nordsee durch, die aber kaum Schäden anrichteten; die Verluste der Deutschen waren minimal. Handelte es sich jedoch um Landziele, waren die Verluste auf britischer Seite hoch: Im Oktober und November flogen Blenheim des Bombergeschwaders 2 Aufklärungsflüge über Deutschland und verloren dabei 20 Prozent ihrer Flugzeuge, meist durch deutsche Jäger. Am 29. September kamen fünf von 16 Hampden, die Seeziele im Gebiet von Helgoland angegriffen hatten, nicht zurück. Alle fünf gehörten zur 144. Staffel und wurden von Jägern abgeschossen. Am 14. Dezember schossen deutsche Jäger fünf von zwölf Wellington, die

einen Schiffskonvoi nördlich von Wilhelmshaven angriffen, vom Himmel. Nur vier Tage später, am 18. Dezember, zerstörten deutsche Tagjäger zwölf Wellington – genau die Hälfte der 24 Wellington, die gestartet waren, um Schiffe zu bombardieren, ebenfalls im Seegebiet vor Wilhelmshaven. Das Bomberkommando hatte jetzt gelernt, was sowohl die Deutschen als auch die verbundene franko-britische Bomberstreitmacht im Ersten Weltkrieg hatten lernen müssen: Bombenangriffe bei Tag brachten dem Angreifer zu hohe Verluste – ab sofort sollten die Bomber überwiegend bei Nacht eingesetzt werden.

Während die verlustreichen Tagangriffe noch liefen, hatten die Whitley des Bombergeschwaders 4 pflichtgemäß – allerdings auch frustriert – ihre nächtlichen Propagandaeinsätze fortgeführt. Im Vergleich zu den Tagangriffen waren ihre Verluste gering: Nur vier Maschinen kamen bei 113 Einsätzen bis Jahresende nicht zurück. Der Vergleich der Verluste spielte eine große Rolle bei der Entscheidung des Bomberkommandos, überwiegend in die Nachtstunden auszuweichen. Die Natur der Propagandaflüge ließ allerdings keinen Vergleich der Genauigkeit von Bombenabwürfen bei Tage wie bei Nacht zu. Bombenangriffe auf eine größere deutsche Stadt zum Beispiel würden sicherlich Artikel in der neutralen Presse hervorrufen, während Flugblätter, die weit verstreut über derselben Stadt niedergingen, kaum eine Zeile wert waren. Es scheint paradox, aber wahrscheinlich gab es noch einen weiteren Faktor, der zu den geringen Verlusten beitrug: die ungenaue Navigation der britischen Besatzungen. In dieser Phase des Krieges gab es noch keinerlei Nachtjägereinsätze; die Hauptgefahr ging nachts von der Flak aus. Die aber war um die größeren Städte konzentriert, und wenn die Whitley diesen nicht zu nahe kamen, wurden sie auch nicht beschossen. Ein Beispiel: Startet ein Bomber mit dem Ziel Ruhrgebiet und verstreut dann aufgrund fehlerhafter Navigation seine Flugblätter über der Ebene nördlich davon, lockt er kaum Abwehrfeuer hervor – wenn er sein geplantes und stark verteidigtes Ziel jedoch gefunden hätte, hätte es für ihn viel schlimmer ausgehen können. Es gibt keinen Hinweis darauf, daß die vier Whitley, die in dieser Periode nicht zurückkamen, Opfer deutscher Jäger geworden wären.
In dieser Zeit machten die Bomberbesatzungen ihre Erfahrungen mit Nachteinsätzen, und diese Erfahrungen waren nicht beruhigend. Die Flugzeuge verflogen sich häufig, das Wetter stellte eine größere Gefahr dar als die deutsche Abwehr, und die Erfolge waren nicht meßbar. Im Februar wurden die Propagandaflüge in größerem Umfang wieder aufgenommen, zu den Whitley stießen Wellington und Hampden als Verstärkung. Dabei wurden zwar gelegentlich deutsche Nachtjäger – meist Bf 109 – gesehen, aber es gibt keinen Hinweis auf deren etwaige Erfolge. Bis April gingen nur sechs der 228 Propagandaflugzeuge, die jetzt sogar bis nach Polen hinein operierten, verloren.
Für die RAF-Bomber war es Glück, daß es zu dieser Zeit noch keine nennenswerte Nachtjagdtätigkeit der Deutschen gab. Die britischen Flugzeuge waren schlecht ausgerüstet und die Bordschützen zu schlecht ausgebildet, um sich wirksam verteidigen zu können. Die Whitley IV mußte sich bei der Selbstverteidigung auf ihre vier 7,7-mm-MG verlassen – zwei in einem Waffenturm unter dem Rumpf, eines im Bug- und eines im Heckwaffenstand. Larry Donnelly war damals Funker/Bordschütze bei der 10. Staffel in Dishforth. Sein Dienstgrad war Leading Aircraftman (Gefreiter) – es sollte noch einige Zeit dauern, bis diese Männer den Rang eines Sergeant (Feldwebel) oder mehr erreichen konnten.
Er beschreibt, wie er die Maschinengewehre auf seinem ersten Propagandaflug überprüfte: »Ich konnte mich nur unter Schwierigkeiten in den Waffenturm zwängen, dazu war meine Fliegerkombi zu unförmig. Ich ließ den Turm allein durch Berührung nach unten und lud die beiden 7,7-mm-Brownings. Dann richtete ich die MG auf die See und lud durch, schaltete das Reflek-

torvisier ein und entsicherte. Jetzt blickte ich durch das Visier und feuerte: Die zwei MG blitzten auf, und ich schaute fasziniert zu, wie Leuchtspur- und Brandgeschosse in einem feurigen Strom davonjagten – es war schließlich mein erstes Schießen bei Nacht... Zu jener Zeit hatten wir noch keine Informationen über die Fähigkeiten der deutschen Nachtjäger, also wußten wir auch nicht, was uns erwarten würde. In der Zwischenzeit überprüfte Freddy im Heckstand sein MG. Ich beneidete ihn nicht. Turm und MG unter dem Rumpf wurden hydraulisch betätigt, aber Heckstand und Heck-MG der Whitley bis einschließlich der Whitley IV mußten manuell bedient werden ...

Der Turm war mit einer durchsichtigen Plexiglaskuppel abgedeckt, die auf der MG-Lafette saß und sich mit ihr drehte. Sie hatte eine Öffnung für das MG, durch die die Elemente – Wind, Regen, Schnee oder was immer – reinkamen, wenn der Turm seitwärts gedreht wurde. Vom Turm in den Rumpf zu kommen, wenn man seine gesamte Fliegerausrüstung anhatte, war fast unmöglich: Damit war der Heckschütze für die Dauer des Fluges in seinen Waffenstand verbannt. Und da die meisten Flüge über Deutschland sieben bis zehn Stunden dauerten, mußte der unglückliche Heckschütze – neben allem anderen Verdruß – zeitweiliges Einschlafen seiner unteren Körperteile hinnehmen.«[1]

Beim Navigieren verließen sich die Besatzungen auf das Kartenlesen, was – wie schon erklärt wurde – nur von geringem Wert war, auf Koppelnavigation, unterstützt durch Funkpeilungen, und, zumindest theoretisch, auf Astronavigation. Das Funkgerät des Bombers war recht primitiv, und die Peilungen, die es hervorbrachte, waren häufig falsch. Hector Macdonald war Funker auf der Hampden, in der die Unterbringung der Besatzung – milde ausgedrückt – nicht sonderlich komfortabel gelöst war. Er schreibt:

»Zu Beginn des Krieges benutzten wir den Vorkriegssender und -empfänger R1082/1083. Er war ganz gut, aber in der Kälte der Hampden froren die Spulen für die verschiedenen Frequenzen fest, und da sie von Hand ausgetauscht wurden, konnte das Probleme machen. Beim Start gaben wir noch ein Signal ab, aber dann folgten Funkstille und Horchen, ob vom Heimatplatz eine Nachricht durchkam. Mit der nächsten Nachricht gaben wir durch, ob wir das Hauptziel oder das Ausweichziel bombardiert hatten. Peilungen mit der Rahmenantenne waren meist zufriedenstellend, aber noch besser waren sie, als wir das neue R1154/1155 von Marconi bekamen.

In der Hampden war der Navigator erst Zweiter Pilot und wurde später Erster Pilot. Wenn der Pilot im Einsatz verwundet oder getötet wurde, gab es für die Besatzung kaum Hoffnung. Zwar konnten die Piloten im Flug die Plätze tauschen, aber das war ein gefährliches Unterfangen. Ein Freund von mir, ebenfalls Funker, kam mit der gesamten Besatzung ums Leben, als die Piloten solch einen Tausch versuchten...

In der Hampden hatte der Funker zwei mit Gasdruck arbeitende Vickers-Maschinengewehre zusätzlich zu seinen Funkerpflichten zu bedienen. Der zweite Funker saß etwas tiefer und hatte nur wenig zu tun – er mußte, falls erforderlich, die Leuchtsignale abschießen und war im übrigen der Lakai der ganzen Besatzung.«

Die Bomber waren damals unzureichend beheizt, und der Sauerstoffvorrat reichte nicht aus oder war nur schwer zugänglich, um in den Höhen zu arbeiten, in denen sich die Maschinen bewegten: oft über 6000 m. Wenn der Sauerstoff ausfiel, und das kam nicht selten vor, dann wurden die Arbeitsbedingungen geradezu unerträglich. Über einen Propagandaflug in die Gebiete um Düsseldorf und Frankfurt im Oktober 1939 schreibt die Broschüre *Bomber Command* des Luftfahrtministeriums 1941:

[1] *The Whitley Boys* von G.L. Donnelly, 1991 von Air Research Publications veröffentlicht.

»... die Umstände waren für Navigator und Funker jetzt so schlecht, daß sie sich alle paar Minuten auf den Rumpfboden legen und ausruhen mußten. Die Beheizung der Pilotenkanzel war wirkungslos. Jeder fror, und sie hatten keine Möglichkeit, das abzuändern. Pilot und Navigator stießen mit den Köpfen auf den Boden in dem Bemühen, mal eine andere Form von Qual zu empfinden als dieses entsetzliche Frieren, verbunden mit Sauerstoffmangel... [Dann sank das Flugzeug auf 2400 m]... und man hörte, wie sich Eis von den Propellerblättern löste und an die Flanken des Bugs knallte. Die Steuerflächen mußten ständig bewegt werden, damit sie nicht festfroren.«

Zu dieser Zeit gab es noch keine vergleichbaren Aktivitäten der Luftwaffe über Großbritannien. Wahrscheinlich glaubten die Deutschen, daß Propaganda-Flugblätter den Willen der Briten zu kämpfen, ohnehin nicht schwächen könnten. Beide Seiten zögerten zudem, den ersten Schritt zu tun, der dann zu allumfassenden Bombardements führen konnte. In den ersten Nachtstunden des 16. März 1940 griff eine kleine Gruppe deutscher Flugzeuge ein völlig legitimes Ziel an: Den britischen Marinehafen Scapa Flow auf den Orkney-Inseln. Einige Bomben der Angreifer fielen an Land auf die kleine Siedlung Bridge of Waithe auf der Insel Hoy, wo sie einige Häuser trafen, einen Zivilisten töteten und sieben verletzten. Sie trafen aber auch ein Kriegsschiff, die HMS *Norfolk*, wobei 13 Mann der Besatzung verwundet wurden, sechs von ihnen tödlich. Die britische Regierung ordnete daraufhin einen Vergeltungsschlag an, und eine Formation von 50 Maschinen des Bomberkommandos – 30 Whitley und 20 Hampden – griff drei Tage später den Seeflugstützpunkt Hörnum an der Südspitze von Sylt an, ein Ziel, in dessen Nähe man keine zivilen Wohnsitze vermutete. Wie es damals üblich war, war jeder Pilot verantwortlich für seine Route zum Ziel und zurück, für die Angriffszeit sowie Kurs und Höhe seines Angriffs. Der Mond schien in dieser Nacht sechs Stunden, und man gab den Whitley vier Stunden für den Angriff, den Hampden, die nachfolgten, zwei. Bei der Rückkehr behaupteten 41 Besatzungen, sie hätten die Bomben ins Ziel geworfen. Ein Kommuniqué, des Luftfahrtministeriums stellte fest, daß »die Besatzungen viele Treffer gemeldet« hätten. Danach erfolgte Luftbildauswertungen zeigten jedoch nur leichte Schäden.
Hörnum war ein Ziel, das für einen Bombenangriff nach Sicht geradezu ideal war. Die lange und schmale Insel Sylt vor der Küste Schleswig-Holsteins erstreckt sich von Norden nach Süden und ist gut 35 km lang. Die Südspitze hat die Form eines etwa 15 km langen Fingers von einem Kilometer Breite und mußte aus der Luft bei dem in der Angriffsnacht herrschenden Mondlicht leicht auszumachen sein. Und tatsächlich hatten auch alle Bombenschützen, die behaupteten, ihr Ziel getroffen zu haben, berichtet, daß es leicht zu erkennen gewesen sei. Die RAF-Besatzungen hatten einmal mehr ihre Schwierigkeiten mit der Flugnavigation und dem Bombenabwurf demonstriert, und sie hatten auch ihren Hang zum Übertreiben der Präzision ihres Angriffs bewiesen, der leider charakteristisch für die Bomberbesatzungen war. Bedenklich war auch, daß beim Vergleich des deutschen Angriffs auf Scapa Flow und des RAF-Angriffs auf Hörnum erstmals zutage trat, was sich später auf alarmierende Weise beim Angriff der Luftwaffe auf Coventry und andere Industriezentren bestätigen sollte: Im Bombenwurf waren die Deutschen den Briten überlegen. Sie hatten in Scapa Flow zumindest ein Kriegsschiff getroffen, während die viel größere Formation des Bomberkommandos auf dem deutschen Seeflugstützpunkt offensichtlich nur minimalen Schaden angerichtet hatte.
Ein ermutigendes Merkmal allerdings hatte der Angriff auf Hörnum: Nur ein Bomber – eine Whitley – war verloren gegangen. Gegenüber den Verlusten bei Tagangriffen im selben Gebiet sah das sehr günstig aus und schien – wie die Propagandaflüge ja schon vermuten ließen – zu bestätigen, daß nachts weniger Verluste drohten als bei Tage.

In der Dämmerung des 9. April 1940 begann mit der Besetzung Dänemarks und Norwegens durch deutsche Truppen der Norwegenfeldzug. Das Bomberkommando verlegte sich jetzt auf die taktische Unterstützung der alliierten Expeditionstruppen, die in Narvik an Land gingen. Dabei mußten die Bomber bald eine ernste Schlappe einstecken: Am 12. April griff eine Formation von 83 Wellington, Hampden und Blenheim am Tage Schiffe in Stavanger an und verlor durch schweres Flakfeuer und Jagdflugzeuge neun Maschinen. Die Luftwaffe verlor fünf Jäger, und die Erkenntnis, daß Tagangriffe teuer zu stehen kommen, war einmal mehr unterstrichen worden. Ab jetzt fanden Agriffe des Bomberkommandos auf Ziele in Norwegen - meist Flugplätze - hauptsächlich bei Nacht statt, desgleichen die Minenabwürfe vor den Küsten von Dänemark und Norwegen. Am 1. Mai begann das alliierte Expeditionskorps seinen Rückzug aus Norwegen; damit verblieb das Land in Händen der Deutschen.

Irritiert - wenn nicht sogar schon alarmiert - durch die Propagandaflüge des Bomberkommandos in ihrem Luftraum, begannen die Deutschen sich damit zu befassen, wie ihre Flak durch Jäger ergänzt werden könne. Ziemlich bald nach Kriegsausbruch wurden zwei Jagdstaffeln aufgestellt und zu Nachtjagdstaffeln erklärt: die 10./(N)JG 26 in Bonn-Hangelar, die das Gebiet um Köln schützen sollte, und die 10./(N)JG 53 in Heilbronn für den süddeutschen Raum. Beide Staffeln verfügten über Bf 109.
Die Staffel war die grundsätzliche Einsatzkomponente der Luftwaffe. In englischsprachigen Werken wird sie häufig mit »squadron« übersetzt, tatsächlich aber war sie - mit meist neun Flugzeugen - kleiner als die »squadron« der RAF; es gab aber auch Ausnahmen.

Das nächsthöhere Element war die Gruppe, die drei Staffeln umfaßte und im Englischen häufig mit »wing« gleichgesetzt wird; über der Gruppe stand dann das Geschwader, das aus drei Gruppen bestand. Gruppen und Geschwader verfügten über Stäbe und zugewiesene Stabsflugzeuge: den Stabsschwarm. Die Bezeichnungen der fliegenden Verbände waren nach deutscher Logik ausgelegt. Basiselement war der Geschwadertyp: In den oben erwähnten Bezeichnungen steht JG 53 für Jagdgeschwader 53. Gruppen trugen die römischen Ziffern I, II und III mit einem Punkt dahinter; III./JG 53 stand also für die dritte Gruppe des JG 53. Die einzelnen Staffeln waren arabisch beziffert, mithin war 10./JG 53 die 10. Staffel des Jagdgeschwaders 53. Um ihre Nachtjägerrolle zu verdeutlichen, trugen die 10./(N)JG 26 und die 10./(N)JG 53 das »N« vor dem JG. die Zahl »10« weist darauf hin, daß es sich auf eine zusätzliche Staffel - üblich waren neun Staffeln pro Geschwader - handelte oder eine vierte Gruppe aufgestellt werden sollte. Die Nachtjäger flogen aber nicht bei Dunkelheit, sondern in der Morgen- und Abenddämmerung, wobei sie hofften, auf Patrouille RAF-Bomber zu entdecken. Es überrascht nicht, daß sich diese Hoffnung nicht erfüllte.
Der eigensinnige und pragmatische Oberbefehlshaber der Luftwaffe, der damalige Generalfeldmarschall Hermann Göring, der erst im Juli 1940 den einmaligen Dienstgrad des Reichsmarschalls von Hitler verliehen bekam, ließ sich nicht davon überzeugen, daß ein Bedarf an Nachtjägern bestehe, daher wies er den Inspekteur der Jagdflieger an, die bestehenden Nachtjagdkräfte nicht weiter auszubauen. Trotzdem aber wurde zum Jahreswechsel 1939/40 eine Nachtjagdgruppe als Teil des JG 2 aufgestellt, dessen Stab in Jever in Ostfriesland lag. Einige dieser Jäger lagen in Jever selbst und einige auf der ostfriesischen Insel Langeoog; sie sollten Kriegsschiffe in der Bucht von Helgoland vor Angriffen schützen. Der Verband, IV./(N)JG 2, war mit dem Einsitzer Bf 109 D-1 ausgerüstet, einer Version der Bf 109, die zugunsten der Bf 109 E ausgemustert werden sollte, da ihr DB-600A-Motor von Daimler-Benz zu unzuverlässig war. Um besser sehen zu können und Spiegelungen der Flakscheinwerfer auszuschalten, flogen die Flugzeugführer ihre Maschinen ohne Kabinenhauben.

Der Erfolg stellte sich nur langsam ein. Oberfeldwebel Schmale meldete am 21.April 1940 den nächtlichen Abschuß eines RAF-Bombers in der Nähe von Wismar an der Ostseeküste, aber in der fraglichen Nacht operierten in dem Gebiet gar keine Maschinen des Bomberkommandos, und von denen, die tatsächlich flogen, die meisten davon nach Norwegen, kehrten alle wieder zurück. Zwei weitere Abschüsse, am 25.April und am 14. Mai und beide durch Oberfeldwebel Hermann Förster, wurden dagegen bestätigt. Der erste Abschuß erfolgte bei einem Angriff auf eine Formation von 28 Hampden, die vor der Küste von Schleswig-Holstein Minen legten. Wahrscheinlich war es ein Flugzeug der 49. Staffel, geflogen von Pilot Officer (Leutnant) A.H. Benson, und es scheint, als sei es das erste von Tausenden von Flugzeugen des Bomberkommandos gewesen, das den Kanonen deutscher Nachtjäger zum Opfer fiel zwischen dieser Nacht und der Nacht des 14./15.April 1945, als eine Lancaster, die Potsdam angriff, das traurige Los ereilte, das letzte der vielen Opfer zu sein. Försters Erfolg vom 14. Mai war vermutlich ebenfalls eine minenlegende Hampden. Beide Maschinen stürzten in der Nähe der Insel Sylt ab.
Zur selben Zeit, als die einmotorigen Bf 109 des JG 2 ihre ersten Erfolge verbuchen konnten, versuchten auch die zweimotorigen schweren Jäger des Typs Bf 110, Zerstörer genannt, herauszufinden, wie sie die nächtlichen Besucher des Bomberkommandos bekämpfen konnten. Ihre Experimente waren die ersten zögernden Schritte auf dem Weg, der dann schließlich zur gefürchteten Nachtjagd führte, die so grausame Rache nahm an den RAF-Bombern, die die deutschen Städte in Schutt und Asche legten. Der Offizier, auf dessen Initiative diese ersten Schritte unternommen wurden, war der damalige Hauptmann - später wurde er noch Oberst - Wolfgang Falck. Er war Kommandeur der I./ZG 1, die in Aalborg in Dänemark lag, und er sollte noch eine der legendären Figuren der Luftwaffe des Dritten Reichs werden.
Der im August 1910 geborene Falck war einer der Offizieranwärter der Reichswehr, die 1932 für die Ausbildung zum Jagdflugzeugführer in Lipetsk in der Sowjetunion ausgewählt worden waren. Er schreibt:

»Damals wählte das Reichswehr-Ministerium jährlich von den etwa 250 Offizieranwärtern, die bereits von den Regimentern angenommen worden waren, 30 zur fliegerischen Ausbildung aus, also bevor man bei seinem Regiment zum Dienst antrat. Diese Ausbildung war schwarz, da ja Deutschland keine Luftwaffe haben durfte. Die Regimenter andererseits waren nicht sehr glücklich, wenn sie dem Ministerium mitteilten, welche Anwärter sie nehmen und dann vom Ministerium erfuhren: "Den bekommt ihr zunächst nicht, der kommt erst mal zum Sonderkommando." Nun fehlte dem Regiment in der Mobilmachungs-Planung ein Offizieranwärter, bzw. später ein Offizier. Erst nach einem Jahr fliegerischer Ausbildung kamen 20 zu ihren Regimentern, um nun die normale Ausbildung zu erhalten, und 10 gingen für ein halbes Jahr nach Rußland zur Jagdflieger-Ausbildung. Danach kamen wir dann auch zu unseren Regimentern. Welch ein Sturz: vom Jagdflieger zum Rekruten beim 100.000-Mann-Heer«

Nach seiner Rückkehr aus Rußland diente Falck zunächst in der Infanterie, bei Enttarnung der Luftwaffe jedoch wurde er Fluglehrer an der Jagdfliegerschule Schleißheim nördlich von München. Danach wurde er als Staffelkapitän zum JG 2 »Richthofen« versetzt, das mit Bf 109 ausgerüstet war. Kurz vor Kriegsausbruch jedoch wurde die III./JG 2, zu der Falck gehörte, aus dem Geschwader herausgelöst, um die I./ZG 76 zu bilden und auf den neuen schweren Jäger, den Zerstörer Bf 110, umzuschulen. Beim Angriff auf Polen am 1. September 1939 führte Leutnant Falck seine Staffel in den Krieg. Als der Polenfeldzug beendet war, wurde die I./ZG 76 an die Westfront verlegt, zunächst in die Nähe von Stuttgart und dann an den Unterrhein. Von dort verlegte sie am 17. Dezember 1939 nach Jever, und Falck wurde wieder in Kämpfe verwickelt, als seine Gruppe tags darauf einen verheerenden Angriff auf Wellington der RAF flog und neun von insgesamt zwölf abgeschossenen Bombern in die Tiefe schickte; Falck beanspruchte einen Luftsieg. Der Rest fiel Bf 109 zum Opfer. Dieser Erfolg war teilweise zwei Freya-Funkmeß- (oder Radar-) Stationen zu verdanken, die den Anflug der RAF-Formation gemeldet hatten: einer Marinestation auf Helgoland und einer Versuchs-Frühwarnstellung der Luftwaffe auf Wangerooge unter der Führung von Leutnant Hermann Diehl. Es waren Funkmeßgeräte, die schließlich die Lösung für Abfangansätze bei Nacht aufzeigten, und Falck sollte eine führende Rolle bei deren Einführung spielen.

Im Februar 1940 wurde Falck, der inzwischen zum Hauptmann befördert war, die Führung einer Gruppe, der I./ZG 1, übertragen: Als Gruppenkommandeur hatte er jetzt drei Staffeln unter sich, und unter seinen Flugzeugführern waren Männer, die sich später einen Namen als Nachtjagdasse machen sollten, so zum Beispiel Werner Streib, damals noch Oberleutnant: Er beendete den Krieg als Oberst mit 66 Luftsiegen - 65 davon errang er bei Nacht. Der Begriff »Vater der Nachtjagd« wurde sowohl auf Wolfgang Falck als auch auf Werner Streib angewandt.

Mit Beginn des Norwegenfeldzugs im April 1940 wurde die I./ZG 1 nach Aalborg im Norden der Halbinsel Jütland verlegt, und hier war der Flugplatz häufig Ziel von Nachtangriffen der RAF. Aus eigener Initiative - und in Gesprächen mit seinen Untergebenen, Streib im besonderen - begann Falck zu überlegen, was man gegen die ungebetenen Gäste des Bomberkommandos unternehmen könne. Er erinnerte sich der Erfahrungen des 18. Dezember 1939 und bat die Soldaten einer nahegelegenen Küsten-Funkmeßstation unter Leutnant Werner Bode, seinen Einsatzgefechtsstand in Aalborg per Telefon zu informieren, wenn sie anfliegende britische Bomber auffaßten. Das Funkmeßgerät Freya konnte ein Flugziel in 3000 m Höhe, der typischen Höhe der anfliegenden Bomber, über 100 km auffassen: Je höher ein Bomber war, um so eher wurde er erfaßt, je tiefer er flog, um so später wurde er - wegen der Erdkrümmung - entdeckt. Wenn er in 3000 m anflog, hatte Falck etwa 15 Minuten Vorwarnung, bevor der Bomber die Umgebung von Aalborg erreicht hatte.

Falck ermutigte seine Flugzeugführer, nachts zu fliegen, und in Absprache mit Leutnant Bode und den für die örtlichen Flakregimenter und Scheinwerferabteilungen zuständigen Kommandeuren - keine so einfache Aufgabe, da er als Hauptmann im Dienstgrad unter den Majoren und Oberstleutnanten stand, die diese Verbände führten - schuf er ein Verteidigungssystem, das er zunächst mit drei Besatzungen zusätzlich zu seiner eigenen erprobte. Er teilte eine Karte des Gebiets in Planquadrate ein, die jeweils zwei eigene Buchstaben trugen. Wenn ein von Westen anfliegendes Flugzeug aufgefaßt war, gab der Funkmeßoffizier die Buchstaben des Planquadrats, in dem es entdeckt wurde, telefonisch an Falcks Einsatzgefechtsstand durch, woraufhin die Bf 110 starteten. Da dieses Vorgehen aber keinen Erfolg brachte, war der nächste Schritt, daß seine Jäger nach dem Start in größerer Höhe in vorher festgelegten Warteräumen patrouillierten und dabei Sprechfunkkontakt zur Funkmeßstation hielten. Wenn der Funkmeßoffizier dann anfliegende Bomber und deren Planquadrat durchgab, nahm der Zerstörer Kurs auf dieses Quadrat. Zwar brachte auch das noch keinen Erfolg, aber sie gewöhnten sich an das Fliegen bei Nacht und machten eine einfache, aber bedeutsame Entdeckung: Andere Flugzeuge konnte man nachts am besten gegen den nördlichen Himmel entdecken, besonders wenn man selbst etwas tiefer flog. Daher war es taktisch vorteilhafter, einen Bomber von Süden und von unten anzufliegen. Das, stellte man fest, hatte zudem den Vorteil, daß die Bordschützen der Bomber den Jäger gegen den dunklen Boden kaum erkennen konnten.

In der Nacht vom 30. April auf den 1. Mai 1940 griffen 50 Whitley, Wellington und Hampden Flugplätze in Norwegen und auch Falcks Flugplatz bei Aalborg an. Hauptmann Falck, Oberleutnant Streib, Oberleutnant Radusch und Feldwebel Thier starteten und verfolgten die Bomber, die kurz vor der Morgendämmerung auf Westkurs nach England zurückflogen. Falck, Streib und Radusch fanden sie, eröffneten das Feuer und wurden selbst beschossen, aber ihre Ziele verschwanden im Sinkflug in den Wolken, so daß keine Luftsiege bewiesen werden konnten. Raduschs Bf 110 landete in Aalborg mit einer Anzahl von Einschußlöchern. Drei Bomber der RAF kehrten in dieser Nacht nicht zurück, aber ob sie infolge dieses Luftkampfs verlorengingen, ist unbekannt. Wie auch immer: Der Vorfall hatte Falck und seine Nachtjagdpioniere ermutigt, und er legte dem Reichsluftfahrtministerium (RLM) eine detaillierte Studie über seine Ideen, Versuche und Erfahrungen vor, die beträchtliches Interesse erweckte. Fast unmittelbar danach besuchte ihn in Aalborg Generaloberst Erhard Milch - Staatsekretär der Luftfahrt und als General der Flieger Vertreter Görings; er befehligte damals vorübergehend die Luftflotte 5 in Norwegen - und besprach Falcks Ideen mit ihm persönlich. »Ich habe nie wieder erlebt, daß ein Erfahrungsbericht aus der Truppe eine derartig schnelle und positive Reaktion bei den oberen Bossen auslöste, denn die wissen doch alles besser als die Truppe an der Front!« sagt Falck. Direkt nach diesem Treffen erlahmte das Interesse höchster Dienststellen an der Nachtjagd: Deutschland hatte am 10. Mai Belgien und Holland besetzt. Aber obwohl Falcks Bemühungen keinen greifbaren Erfolg gebracht hatten, zeichneten sich jetzt doch erste vorsichtige Konturen dessen ab, was einmal die Grundlage für Nachtjagdeinsätze im Dritten Reich werden sollte. Falck hatte den Wert von Frühwarn-Funkmeßgeräten erkannt sowie die Notwendigkeit von Fernmeldeverbindungen zwischen Funkmeßstation und fliegendem Einsatzverband. Er hatte die Idee gehabt, die Positionsmeldungen der Funkmeßstation in geographische Positionen zurückzuverwandeln, so daß die Jäger in die Nähe der Bomber gebracht werden konnten, und er und seine Flugzeugführer hatten damit begonnen, geeignete Taktiken für die Nachtjagd zu entwickeln. Noch wichtiger war, daß er mit seinen Theorien und praktischen Experimenten offiziell Aufmerksamkeit erregt hatte zu einem Zeitpunkt, zu dem - wie die strategische Entwicklung bald zeigen sollte - die Existenz einer starken Nachtjagd bald sehr wichtig werden würde.

Das wesentliche Element in Falcks Konzept war natürlich Radar - obwohl dieser Begriff damals noch kaum verwendet wurde. Die Briten nannten es »radiolocation« (»Funkortung«), und die Deutschen sprachen von »Funkmeßtechnik«, aber diese Technik war eine sehr viel präzisere Methode, ein feindliches Flugzeug zu entdecken, als etwa Funkpeilungen, Schallortungsgeräte oder Abhören von Sprechfunk - so war man im Ersten Weltkrieg vorgegangen. Diese älteren Techniken spielten zwar auch im Zweiten Weltkrieg noch eine sehr wichtige Rolle bei der Verteidigung des Dritten Reichs gegen alliierte Bomber, besonders als die britischen und später auch die amerikanischen Angriffe zunahmen - aber es war die Funkmeßtechnik in ihren vielen Formen, die die Präzision aufwies, ohne die die Abfangjagd niemals ihren hohen Grad an Wirksamkeit entwickelt hätte, für die sie bekannt wurde. Die Funkmeßtechnik sollte nebenher auch noch die Mittel der Flugnavigation und des Bombenwurfs revolutionieren. Sie war weitgehend dafür verantwortlich, wie sich die Bomberoffensiven und auch die Nachtjagd weiterentwickelten. Für beide Seiten war sie einsatzmäßig ein Segen, gleichzeitig aber war sie auch eine starke Fessel beim Ringen um Überlegenheit.

Grundlage der Funkmeßtechnik - oder heute: der Radartechnik - ist das Messen der Zeit, die ein abgestrahlter elektromagnetischer Impuls benötigt, um zur abstrahlenden Antenne zurückzukehren, nachdem er von einem festen Objekt reflektiert wurde: Im Falle eines Luftverteidigungsradars ist das ein Flugzeug. Der Impuls hat eine konstante Geschwindigkeit von 300.000 km pro Sekunde. Sobald die »Hin-und-zurück-Zeit« gemessen wurde, ermittelt die simple Formel »$\text{Entfernung} = \frac{\text{Zeit} \times \text{Geschwindigkeit}}{2}$« die Entfernung zum Ziel. Der Antennenwinkel bei

der Abstrahlung gibt dabei – bezogen auf Nord – die Richtung zum Ziel an. Man wird sicherlich verstehen, daß mechanische Geräte wie Stoppuhren viel zu langsam wären, um die extrem kurze Laufzeit der Impulse zu messen, aber mit der Kathodenstrahlröhre hatte man damals ein Mittel der Darstellung gefunden: In der einfachsten Form war das ein runder Bildschirm, der grün oder gelblich leuchtete und dem Radarbeobachter die Impulse zurückgekehrter Echos entlang einer waagerechten oder senkrechten Linie anzeigte, Zeitlinie genannt. Der Abstand auf der Zeitlinie entsprach genau der Laufzeit, und mit einer entsprechenden Skala konnte die Entfernung zum Objekt genau abgelesen werden.
Mit Seitenwinkel und Entfernung hat man die Position des Flugzeugs über Grund ermittelt – was dann noch fehlt, ist die Höhe. Hierfür gab es damals besondere Höhenmeßgeräte, die ebenfalls die Entfernung, aber nicht den Seitenwinkel, sondern den Höhenwinkel maßen: Damit ließ sich die Höhe ermitteln. Heute verwendet man dreidimensionale Radargeräte, die eine Vielzahl von Radarkeulen abstrahlen.
Die Deutschen lagen in der Funkmeßtechnik vorn, obwohl sie damals offiziell gar keine Luftwaffe hatten. Etwa 1930 untersuchte ein gewisser Dr. Rudolph Kühnold, ein Zivilangestellter in der Forschungsabteilung der deutschen Marine, die Möglichkeit, Schiffe und Flugzeuge mit Radiowellen aufzuspüren. Eine Firma namens GEMA wurde gegründet, um seine Ideen fortzuentwickeln, und im März 1934 lief Deutschlands erstes Funkmeßgerät in einem Gebäude, das einen Blick über den Hafen von Kiel hatte. Nachdem man das Potential der Funkmeßtechnik erst einmal erkannt und ein brauchbares Gerät hergestellt hatte, gingen die Dinge rasch vorwärts. 1936 hatte GEMA die Prototypen von zwei Funkmeßgeräten gebaut, die im Krieg noch eine wesentliche Rolle spielen sollten: »Seetakt« und »Freya«. Seetakt war ein schiffgestütztes Schieß-Funkmeßgerät, während Freya – das Gerät, das Wolfgang Falck später auf die anfliegenden britischen Bomber aufmerksam machen sollte – ein mobiles Flugmeldegerät war, das gegen Schiffe wie Flugzeuge eingesetzt werden konnte und in großer Stückzahl von Kriegsmarine und Luftwaffe bestellt wurde. Freya konnte Ziele, die nur 50 m hoch flogen, auf 20 km auffassen – flog das Ziel jedoch 8000 m hoch, erhöhte sich die Erfassungsreichweite auf 120 km; es konnte mechanisch um 360° gedreht werden. Es arbeitete auf einer Frequenz von 125 MHz, was bedeutete, daß seine Wellenlänge 2,40 m betrug. Da nun aber die optimale Größe einer Funkantenne bei der halben Wellenlänge liegt, bedeutete diese vergleichsweise hohe Frequenz, daß – verglichen mit dem britischen Frühwarnradar CH, das später noch beschrieben wird – Freya nur eine kleine Antenne benötigte, was der mobilen Rolle zugute kam. Freya verfügte zwar über keine Höhenmeßkomponente, aber wie aus dem vorangegangenen Bericht über Falcks frühe Bemühungen auf dem Gebiet der Nachtjagd zu ersehen ist, konnte man die Höhe eines Bombers aufgrund der Entfernung, in der er zuerst aufgefaßt wurde, durchaus einschätzen. Freya bekam die Bezeichnung FuMG (Funkmeßgerät) 80. Es erscheint mir angebracht, hier auf die Methoden einzugehen, wie die Deutschen ihre Geräte bezeichneten: Wir werden diesen Fachkürzeln in diesem Buch immer wieder begegnen.
Die Deutschen haben – ich muß das so ausdrücken – einen starken Hang zu Abkürzungen, und sie benutzten Akronyme (aussprechbare Abkürzungen) schon lange, bevor sie in Großbritannien Mode wurden. Flak und Stuka (Sturzkampfbomber) sind gute Beispiele: Die Deutschen verwenden nicht nur die Anfangsbuchstaben der Begriffe – von denen manche mit anderen zusammengesetzt werden und ein noch längeres Wort bilden –, sondern manchmal auch die ersten Vokale, so daß die Abkürzung auch ausgesprochen werden kann. Die Bezeichnungen der meisten Funk- und Funkmeßgeräte beginnen mit Fu, so auch bei Freya: FuMG 80.

Am 10. Mai 1940 besetzte die Wehrmacht Belgien und Holland, um die Nordflanke des Reiches zu schützen. Es war ein Bilderbuchangriff, eindrucksvoll in seiner Wirkung und Schlagkraft, und

das deutsche Heer und die Luftwaffe einschließlich der Fallschirmjäger arbeiteten eng zusammen. Drei Tage später setzte Generalleutnant Guderian, General der Panzertruppen und Befehlshaber des XIX. Armeekorps, über die Maas und stieß bei Sedan durch Frankreich mit dem Ziel Kanalküste vor; am 20. Mai erreichte er Abbeville und drei Tage später Boulogne und Calais, wo Hitler ihm Einhalt gebot. Der Masse des britischen Expeditionskorps gelang es dadurch, in einer Evakuierungsaktion, die am 26. Mai begann und am 4. Juni abgeschlossen war, Dünkirchen zu verlassen. In der Zwischenzeit hatten Belgien und Holland kapituliert, und Frankreich suchte Mitte des Monats um Frieden nach. Der Blitzkrieg dauerte weniger als sechs Wochen und die deutschen Armeen erholten sich, bevor sie zu weiteren Angriffen ansetzten.
Die Rolle der Luftwaffe bei den Angriffen auf Holland, Belgien und Frankreich war vorrangig taktisch geprägt. Die Stukas und andere Erdkampfflugzeuge - Schlachtflieger - unterstützten die vorrückenden Bodentruppen, und schwerere Bomber griffen Punktziele wie Flugplätze an. Während des Vormarsches durch Holland führten schwere Bomber der Luftwaffe dann allerdings einen Luftangriff durch, der - wie der auf Guernica im Spanischen Bürgerkrieg und auf Warschau im Polenfeldzug - bis heute noch als Rechtfertigung für die späteren britischen uneingeschränkten strategischen Luftangriffe auf deutsche Städte genannt wird: Rotterdam war ein weiterer Schritt ins Unvermeidliche.
Die Stadt war eingeschlossen, und die Holländer verteidigten sie hartnäckig, aber aussichtslos. Am 13. Mai entsandten die deutschen Truppen unter dem Schutz der weißen Fahne zwei holländische Zivilisten, die den Stadtkommandanten aufforderten, zu kapitulieren und damit noch mehr Verwüstungen und Verluste unter den Menschen der jetzt schon arg mitgenommenen Stadt zu verhindern. Die Holländer jedoch weigerten sich, mit Zivilisten zu verhandeln - also wurden zwei deutsche Offiziere entsandt. Auf diese und noch andere Weise verstrich die Zeit, und die Frist der Deutschen - 15.00 Uhr - rückte näher. Einhundert deutsche Bomber des Typs He 111 starteten von ihren Fliegerhorsten Delmenhorst, Hoya und Quakenbrück, um zur gesetzten Zeit über Rotterdam zu sein - der Plan sah aber auch vor, daß der Angriff nicht stattfinden solle, wenn die deutschen Bodentruppen mit roten Leuchtraketen signalisierten, daß Aussicht auf eine Übergabe der Stadt bestehe. Als die Verhandlungen noch andauerten, beorderten die Deutschen per Funk ihre Flugzeuge zurück, aber dieser Befehl wurde nicht empfangen - möglicherweise weil die He 111 zu tief flogen und ihre Schleppantennen eingezogen hatten. Die Bomberflotte teilte sich in zwei Formationen, und der Führer der einen Welle sah die roten Leuchtraketen und brach den Angriff ab. Die andere Welle jedoch bombardierte die Hafenanlage und die Stadt mit verheerender Wirkung: 53 He 111 warfen fast 100 Tonnen Sprengbomben auf die Stadt, und ein Flammenmeer breitete sich aus. Um 17.00 Uhr ergab sich Rotterdam. Der Preis war hoch: 20.000 Gebäude waren zerstört, und 78.000 Menschen waren obdachlos. Nahezu 1000 Menschen verloren ihr Leben. Eine weitere schreckliche Tat belastete das Ansehen der Deutschen, aber es war eine Tat, die - Objektivität erfordert diese Richtigstellung - damals weit übertrieben der Öffentlichkeit in Großbritannien und anderswo präsentiert wurde: Die Zahl der Getöteten wurde auf 30.000 hochgerechnet, und es wurde behauptet, daß Rotterdam eine offene Stadt gewesen sei, die trotzdem gnadenlos durch einen brutalen und allumfassenden Angriff zerstört worden sei. Beide Einlassungen jedoch sind falsch: Der Luftangriff auf Rotterdam war kein strategischer Angriff, sondern eine taktische Luftunterstützungs-Maßnahme im Zuge des militärischen Vorrückens. Das rechtfertigt sie aber nicht: Die Belagerung Rotterdams war Teil der nichtprovozierten Besetzung eines neutralen Landes.
Nach dem Angriff der Wehrmacht auf die Niederlande und bis zum Angriff auf Rotterdam hatte das Bomberkommando Flugplätze und Verkehrswege - Brücken, Schienenwege, Straßen und dergleichen - angegriffen, um das Vorrücken der Deutschen zu verzögern. Die ersten Bomben

auf eine deutsche Stadt fielen in der Nacht vom 11. auf den 12. Mai, als 37 Hampden und Whitley, von denen drei nicht zurückkehrten, Straßen und Gleisanlagen bei Mönchengladbach, dicht hinter der deutsch-holländischen Grenze, angriffen. Luftnahunterstützung fand vom 12. bis 14. Mai auch im Raum Aachen statt, wo Deutschland, Belgien und Holland aneinandergrenzen. Nach dem deutschen Luftangriff auf Rotterdam jedoch trat das britische Kriegskabinett unter Premierminister Chamberlain zusammen und ermächtigte das Bomberkommando, seine Luftangriffe auch auf Ziele östlich des Rheins auszudehnen. Was dann in der Nacht vom 15. auf den 16. Mai stattfand, war keine Vergeltungsmaßnahme wie der Angriff auf Hörnum am 19./20. März, sondern eine De-Facto-Kriegserklärung durch strategische Luftangriffe.
Die Verlautbarung, daß in der vergangenen Nacht eine starke Formation von Bombern der RAF verschiedene Raffinerien und Verkehrswege im Ruhrgebiet angegriffen habe, wurde von der Öffentlichkeit Großbritanniens weitgehend begrüßt. Nach Wochen ununterbrochener schlechter Nachrichten war hier endlich einmal ein positives Signal. Jetzt werden wir den Hunnen ihre eigene Medizin in den Hals zurückwürgen! Jetzt werden die Boches erfahren, was Luftangriffe sind – sie werden sie lieben lernen! Die Entscheidung wurde auch von Führung und Besatzungen des Bomberkommandos begrüßt: Sie hatten unter den politischen Beschränkungen gelitten, die ihnen auferlegt worden waren, denn sie waren sehr wohl überzeugt, daß sie Deutschland in die Knie zwingen konnten. 99 Bomber – Wellington, Hampden und Whitley – wurden aufgeboten, und das Kommuniqu, des Luftfahrtministeriums, das diesen Luftangriff kommentierte, klang ermutigend: »Jeder Besatzung wurden bestimmte militärische Ziele vorgegeben mit der Weisung, die Bomben nicht wahllos abzuwerfen. Einige wenige Flugzeuge fanden ihr Ziel nicht und warfen ihre Bomben auch nicht ab, aber die Masse fand und bombardierte ihre Ziele mit großem Erfolg; sie verursachten hohen Schaden und viele Explosionen.« Unter den Zielen, die die RAF angriff, waren Namen, die bis zum Kriegsende in zahllosen Flugbüchern immer wieder auftauchen sollten: Dortmund, Kastrop-Rauxel, Sterkrade und Dormagen/Köln zu Beispiel – aber trotz der optimistischen Behauptungen der Besatzungen war nur geringer Schaden angerichtet worden, und zwar auch in Gebieten, die gar nicht auf der Ziellliste der Besatzungen standen. Eine Wellington ging verloren. 53 deutsche Bomber hatten mit einem Tagangriff das Zentrum Rotterdams verwüstet, während fast einhundert RAF-Bomber bei einem Nachtangriff ihre Bomben – weitgehend wirkungslos – über hunderte von Quadratkilometern in Deutschland verstreut hatten. Das war ein erneuter Hinweis darauf, daß Nachtangriffe kaum Erfolg bringen konnten. Nach all den Jahren ist es schwierig zu entscheiden, ob die euphorischen Behauptungen des Luftfahrtministeriums absichtlich gefälscht waren oder in dem unbegründeten Glauben gemacht wurden, sie seien wahr. Wie auch immer: Die strategischen Luftangriffe gegen Deutschland hatten begonnen – der Fehdehandschuh war geworfen! Weitere Luftangriffe folgten. Am 17./18. Mai beispielsweise griffen 72 Bomber Hamburg, Bremen und Köln an – diesmal mit mehr Erfolg. Es muß an dieser Stelle gesagt werden, daß zu diesem Zeitpunkt noch keine deutsche Bombe auf England gefallen war.
Die deutschen Verluste begannen zu steigen: In Hamburg und Bremen wurden mindestens 47 Menschen getötet und 127 verletzt. Hans Brunswig, damals im Führungsstab der Hamburger Feuerwehr, beschreibt diesen Angriff auf seine Stadt:

»Draußen war inzwischen "die Hölle los": Über die Dächer von Harburg zischen kreuz und quer die Leuchtspur-Geschoßbahnen der 2-cm-Flak. Dumpfe Detonationen sind zu hören, die 8,8-cm-Flakbatterie an der Autobahn-Auffahrt Harburg schießt Salven, und andere schwere Flakbatterien nah und fern fallen ein. Am Himmel blitzt und kracht es von detonierenden Flakgeschossen – aber auch auf der Erde von Sprengbomben-Einschlägen und grellweiß aufleuch-

tenden Brandbomben. Zahlreiche Fallschirm-Leuchtbomben machen die Nacht zum Tage...«
»Sie hatten bei etwas diesigem Wetter rund 80 Spreng- und 400 Brandbomben auf die durch Fallschirm-Leuchtbomben angestrahlten Ziele - vornehmlich im Harburger Industriegebiet - geworfen und damit neben zahlreichen Sprengschäden 6 ausgedehnte Großfeuer, 1 Mittelfeuer und 29 Kleinfeuer verursacht. Den Sprengbomben waren außerdem 34 Menschen (24 Männer, 9 Frauen und 1 Kind) zum Opfer gefallen, 72 Menschen hatten mehr oder minder schwere Verletzungen davongetragen.«[1]

Der Krieg begann jetzt, die deutsche Bevölkerung - im Wortsinne - einzuholen. Die strategische Offensive gegen Deutschland hatte begonnen, im Moment allerdings hatte der Führungsstab der RAF andere Ziele und zusätzliche Aufgaben für das Bomberkommando. Die deutschen Panzer rückten durch Nordfrankreich und Belgien vor und schossen jeden Widerstand zusammen, während die Luftwaffe den französischen und britischen Flugzeugen, die ihr Vorrücken aufzuhalten versuchten, hohe Verluste zufügte. An dem Tag, an dem Rotterdam kapitulierte, wurden 70 britische Battle und Blenheim sowie 40 französische Maschinen vom Himmel geholt, als sie versuchten, Brücken über die Meuse zu bombardieren. Die 82. Staffel, die in Watton in Norfolk lag, schickte am 17. Mai 1940 zwölf ihrer Blenheim nach Gembloux südöstlich von Brüssel, um durchgebrochene deutsche Truppen anzugreifen: Nur eine kam zurück - die anderen elf wurden von Jägern der Luftwaffe zerstört. Die schweren und mittleren Bomber des Bomberkommandos - Whitley, Wellington und Hampden - stießen in der Nacht hinzu und griffen Truppenansammlungen und Verkehrswege im Frontgebiet an, aber sie belegten auch Raffinerien und Bahnlinien im Reich mit Bomben. Ihre Verluste waren hinnehmbar, und es gab nur wenige Meldungen über Zusammenstöße mit Nachtjägern. In der Nacht des 27./28. Mai griffen 120 Hampden, Whitley und Wellington Ölziele im Raum Bremen und Hamburg sowie Bahnziele bei Neuss, Dortmund, Duisburg und anderswo an - ohne Verluste. Die britischen Bomber griffen ihre Ziele noch immer einzeln an, und deutsche Aufzeichnungen belegen, daß der Luftalarm in Hamburg am 18. um 01.15 Uhr ausgelöst wurde; Entwarnung folgte erst zwei Stunden und 35 Minuten später. Der Luftangriff auf Hamburg verursachte in Deutschlands zweitgrößter Stadt nur geringe Schäden, aber eine der Whitley der 10. Staffel, die an der Ruhr Angriffe flog, konnte sich rühmen, den ersten deutschen Nachtjäger des Zweiten Weltkriegs abgeschossen zu haben: Sie war, geflogen von Squadron Leader (Major) Pat Hanafin, in Dishforth in Yorkshire gestartet und auf dem Rückflug vom Ziel angegriffen worden. Der hintere Bordschütze, Aircraftman (Flieger) Stan Oldridge, schoß den Angreifer bei Utrecht ab. Wahrscheinlich war die Maschine eine Bf 109 D der IV./(N)JG von Major Blumensaat.

Nach diesem Muster liefen auch die übrigen Einsätze des Bomberkommandos ab, bis am 22. Juni die Schlacht um Frankreich vorüber war. Bei Tage griffen die Blenheim Ziele im Frontgebiet an in dem vergeblichen Versuch, das Vorrücken der Deutschen aufzuhalten, und bei Nacht teilten sich Hampden, Whitley und Wellington taktische Ziele in Frankreich, Belgien und Deutschland sowie strategische Ziele in Deutschland. Tagsüber gingen 92 Flugzeuge bei 1601 Einsätzen verloren - nachts nur 53 bei 3484 Einsätzen: 5,75 versus 1,5 Prozent. Und noch immer war es schlechthin unmöglich, die jeweilige Treffgenauigkeit der Bombenangriffe zu vergleichen. Noch immer verfügten auch die Deutschen nur über eine Nachtjagd in Anfängen, und die hatte noch nicht einmal Erfolge vorzuweisen. Aber für das deutsche Volk und seine Führung waren das ja Tage im Siegestaumel, und auf dem Weg zum Endsieg stand jetzt nur noch Großbritannien im Weg. Dennoch: Die durch den Erfolg entstandene Euphorie wurde überlagert von Unruhe, und dieses Unbehagen wurde ausgelöst von britischen Bombern, die fast jede Nacht

[1] Aus *Feuersturm über Hamburg* von Hans Brunswig, Motorbuch Verlag, Stuttgart 1987.

ungestört, wie es schien, nach Deutschland einflogen. Das Bomberkommando flog auch Genua, Turin und Mailand an, nachdem Italien Großbritannien am 10. Juni den Krieg erklärt hatte. In der Pause zwischen dem erfolgreichen Abschluß des Frankreichfeldzugs und der Eröffnung der Luftschlacht um England machte man sich auf deutscher Seite – trotz der Tatsache, daß man für Großbritannien alle Kräfte bündeln mußte – ernsthaft Gedanken um die Nachtjagd und stellte hierfür Maschinen zur Verfügung, wenn auch zunächst nur in kleiner Stückzahl.
Hauptmann Falck, der in Aalborg seine eigenen Nachtjagdversuche durchgeführt hatte, führte im Frankreichfeldzug seine Zerstörergruppe, und nach dessen Ende wurde er in die Nähe von Le Havre verlegt: Der Angriff auf Großbritannien stand bevor. Die Gruppe hatte Verluste hinnehmen müssen, und er erwartete Flugzeuge und Besatzungen für diesen Angriff – aber da kam urplötzlich ein Telefonanruf, der nicht nur Falcks Laufbahn verändern sollte, sondern auch die Geburt der deutschen Nachtjagd markierte, die im Zweiten Weltkrieg so heroisch, aber letztendlich vergeblich, gegen das Bomberkommando kämpfte. Es war der 22. Juni 1940, der Tag, an dem Frankreich in Compiègne den Waffenstillstand unterzeichnete, und am Apparat war General Kesselring.
Kesselring unterrichtete Falck, daß die Aufstellung eines Geschwaders für die Nachtjagd beschlossen worden sei und man ihn, Falck, ausgewählt habe, die vorbereitenden Maßnahmen zu treffen. Er mußte noch am selben Tag mit zwei Staffeln seiner Gruppe, die mittlerweile aus dem ZG 1 herausgelöst und dem ZG 26 als IV./ZG 26 angegliedert worden war, nach Düsseldorf verlegen. Für Falck und seine Männer war dieser Befehl wenig erfreulich: Voller Erwartung auf die bevorstehenden Kämpfe fanden sie sich plötzlich und unwiderruflich vom Frontgeschehen mit seiner Aussicht auf glorreiche Teilnahme am endgültigen Sieg über den damaligen Hauptgegner, England, ferngehalten und zu der undankbaren, vielleicht sogar gefährlichen und – wie sie glaubten – kaum lohnenden Aufgabe verdammt, in der weiten, undurchdringlichen Schwärze des Nachthimmels über Deutschland Bomber aufzuspüren. Es war die Zeit, in der man Auszeichnungen errang, von denen jeder Einsatzpilot der Luftwaffe seinen Anteil erträumte – und die Nachtjagd schien diese Aussicht nicht zu bieten. Falck trug dies Kesselring vor, aber ohne Erfolg. Tatsächlich hatte die Entscheidung, ihn und seine Piloten in die Nachtjagd zu überführen, ihre Lebenserwartung verlängert, für gewisse Zeit zumindest: Die Bf-110-Zerstörer mußten während der Luftschlacht um England schwere Verluste durch Spitfire und Hurricane der RAF hinnehmen.
Nur vier Tage nach seiner überstürzten Verlegung nach Düsseldorf wurde Wolfgang Falck nach Wassenaar, nördlich von Den Haag an der Küste des besetzten Holland, zitiert. Darüber schreibt Falck:

»An der Besprechung nahmen teil: Göring, General Loerzer, Staffelkamerad von Göring im 1. Weltkrieg, Pou-le-mérite-Träger, jetzt Schatten von Göring, den ich als Leutnant und Jagdlehrer 1935 in Schleißheim in die Geheimnisse der modernen Jagdfliegerei einweisen mußte. Eine zweifelhafte Ehre! Ferner die Generale Kesselring, Udet, seiner Zeit Inspekteur der Jagdflieger, Kastner, Chef des Personalamtes, Schmidt, Befehlshaber Luftgau VI Münster, und General Christiansen, Wehrmachts-Befehlshaber Niederlande. Die Besprechung fand in seinem Gästehaus in Wassenaar statt, das angeblich vorher dem jüdischen Waffenhändler Wolff gehört haben soll.
Im Vorraum saß Leutnant Teske, Luftnachrichtentruppe, Nachrichten-Offizier im Stab Schumacher, JG 1 in Jever. Zunächst wurde ich hereingerufen. Göring hielt einen längeren Monolog über den Kriegsverlauf, daß wir natürlich siegen, lediglich die vereinzelten Nachtangriffe einzelner Flugzeuge der RAF seien lästig, und ich hätte mir ja Gedanken über deren Bekämpfung gemacht,

und er hat sich entschlossen eine neue Truppe, die Nachtjagd aufzubauen. Er ernennt mich hiermit zum Kommodore des ersten aufzustellenden Geschwaders, N. J. G. 1, mit meiner Gruppe, und als 2. Gruppe unterstellt er mir die Jagdgruppe des Major Blumensaat und beauftragt mich, Blumensaat mitzuteilen, daß er abgelöst sei, er die Gruppe zunächst dem ältesten Staffelkapitän übergeben soll, das war Steinhoff, und die Gruppe mir als II./NJG 1 unterstellt sei. Jetzt folgen in der Militärgeschichte einige außerordentlich ungewöhnliche Anordnungen. Einsatzmäßig unterstehe ich direkt der Luftflotte 2, in Brüssel, truppendienstlich dem Luftgau VI und fachlich dem Inspekteur der Jagdflieger! Außerdem soll ich nicht größenwahnsinnig werden, weil ich nun Geschwaderkommodore sei, in Kürze würden noch einige andere Jüngere folgen. Das waren dann Lützow, Mölders und Galland. Bis dahin waren nur Offiziere des 1. Weltkrieges in dieser Position. Außerdem soll ich beim Personalamt namentlich einen Mann meines Vertrauens für den Kommandeur der II. Gruppe anfordern und mir namentlich geeignete Fachoffiziere zur Flak, Luftnachrichtentruppe usw. aussuchen. Ein erstmaliger Vorgang! Als Luftnachrichtenoffizier erbat ich Oberleutnant Teske. Göring lachte, lehnte ab und beauftragte mich, Teske hereinzurufen und ernannte ihn zu seinem persönlichen Berater in allen Radar-Fragen. Darauf erbat ich dann Leutnant Bode von der Freya-Stellung bei Aalborg. Da die Gruppe Blumensaat bisher einsatzmäßig dem Flakscheinwerfer-Regiment 1 unterstand – eine absolute Unmöglichkeit! – bat ich nun Göring das Regiment mir zu unterstellen, was er lachend ablehnte, aber doch meine Argumente anerkannte und entschied, daß das Regiment und ich auf Zusammenarbeit angewiesen sei. Gleichzeitig beauftragte er mich, dies dem Oberstleutnant Fichter mitzuteilen. Man stelle sich nun unter den damaligen Verhältnissen vor, da kommt ein kleiner Hauptmann in das Büro des allgewaltigen und sehr selbstbewußten Regimentskommandeur und teilt ihm im Auftrage des Feldmarschalls mit, daß ich Geschwader-Kommodore bin, die Jagdtruppe jetzt mir untersteht und das Regiment nunmehr auf Zusammenarbeit mit mir angewiesen sei. Es ist ein Wunder, daß Oberleutnant Fichter nicht einen Herzinfarkt bekam!«

Wolfgang Falck übergab dann seine alte Gruppe mit der neuen Bezeichnung I./NJG 1 an seinen Aalborger Kameraden Werner Streib. Er benannte Hauptmann von Bothmer als Nachfolger von Blumensaat; so wurde von Bothmer Kommandeur der II./NJG 1 mit ihren Bf 109. Nach Düsseldorf hatte Falck noch als Gruppenkommandeur mit drei Staffeln verlegt – jetzt war er Geschwaderkommodore, ein prestigeträchtiger Posten, der normalerweise von einem Oberst oder Oberstleutnant besetzt wurde. Nie zuvor war jemandem mit dem niedrigen Rang eines Hauptmanns derartige Verantwortung übertragen worden. Zwar muß man einräumen, daß junge Offiziere in der Luftwaffe generell Dienstposten größerer Verantwortung ausfüllten als ihre Gegenspieler in der RAF, aber das war immerhin so, als ob ein Flight Lieutenant (Hauptmann) eine Gruppe der RAF mit mehreren Staffeln führte.
Indem er Falck für die neue Aufgabe auswählte, hatte Göring wieder einmal getan, was seine Führung der Luftwaffe während des gesamten Krieges kennzeichnete. Göring war ein Mann schneller und furchtloser Entscheidungen: »Ich will eine Nachtjagd« – und dann gab es die Nachtjagd. Zum Nachteil für die Luftwaffe war Göring nicht unfehlbar, und sehr viele seiner impulsiven Befehle hatten verheerende Konsequenzen. In diesem Fall jedoch kann man die Wahl Wolfgang Falcks durchaus als gewinnbringend bezeichnen.

Kapitel 2

Suche nach Lösungen 1940 bis 1941

Die Bedrohung Großbritanniens war jetzt allen klar, besonders dem neuen Premierminister Winston Churchill: »Was Général Weygand die Schlacht um Frankreich nannte, ist jetzt vorbei. Ich denke, daß die Schlacht um England bevorsteht. Die ganze Wut und Macht des Feindes wird sehr bald über uns hereinbrechen. Hitler weiß, daß er uns auf der Insel in die Knie zwingen muß, oder er verliert den Krieg.«

In der Führung der RAF hatte man noch immer keine genaue Vorstellung, wie man die schweren Bomber – Großbritanniens einziges Mittel, den Krieg nach Deutschland hineinzutragen – einsetzen sollte, um die Bedrohung abzuwenden. Am 19. Juni 1940 hielt der Führungsstab der RAF eine Konferenz ab und beschloß, daß man das Bomberkommando am besten dazu benutzte, Ziele zu zerstören, wenn man damit »möglichst schnell den Druck der Luftangriffe reduzieren« könne. Eine Weisung, die tags darauf herausgegeben wurde, forderte von Air Marshal (Generalleutnant) Portal, der im April das Bomberkommando als Oberbefehlshaber übernommen hatte, Ziele anzugreifen, die mit der deutschen Flugzeugindustrie zu tun hatten, auch »Gerätelager«. Als weitere Ziele wurden Verkehrswege angeführt, vor allem Bahnlinien und inländische Wasserwege, und besonders um Schleuse und Kanal bei Minden sollte er sich kümmern. »Wenn diese Ziele erst einmal zerstört sind«, lautete die Weisung, »brauchen wir zunächst einmal keine weiteren Angriffe gegen das Kanalsystem zu fliegen.« Es wurde nicht darauf eingegangen, wie die nötige Navigations- und Treffgenauigkeit erzielt werden sollte. Raffinerien und Lager in Westdeutschland und den besetzten Gebieten sollten ebenfalls angegriffen werden, und das Verminen der See sei fortzusetzen. Die Weisung nannte noch zwei weitere »strategische« Ziele, von denen man sich zunächst einmal kaum vorstellen kann, daß sie den Druck der Luftangriffe auf Großbritannien mildern konnten: Getreidefelder und Nadelwälder. Man erwarte eine schlechte Ernte, sagte die Weisung, daher erscheine es durchaus wahrscheinlich, daß im winterlichen Europa die Ernährung äußerst knapp werden könne. Getreide solle daher mit Brandbomben angegriffen werden. Nadelwälder, die in Deutschland weitverbreitet seien, hielt man für besonders anfällig für Brände: Einige von ihnen lagen in unmittelbarer Nähe von wichtigen militärischen Objekten und Flughäfen, und Waldbrände könnten »mit gutem Erfolg die militärischen und industriellen Pläne der Deutschen erschüttern – von den moralischen Auswirkungen einmal abgesehen«.

Wenn man heute, nach mehr als einem halben Jahrhundert, derartige Papiere liest, kann man sich kaum vorstellen, daß sie geschrieben wurden, als Großbritannien einer Invasion und einer vernichtenden Niederlage entgegensah; sein Heer war nach Strich und Faden jämmerlich durch Frankreich gejagt worden. Und hochrangige Offiziere, dafür verantwortlich, die Anstrengungen der Luftstreitkräfte des Landes zu bündeln, schickten ihre Besatzungen allen Ernstes zu Angriffen auf Ziele, von denen sie wissen mußten, daß sie sie nicht treffen konnten, und ließen sie Brandwaffen wie »razzles« (»Rummel«) abwerfen – die Wälder sollten von diesen »razzles« entflammt werden, Sandwiches aus Zelluloid und Phosphor –, um die Feindindustrie zu erschüttern und die Moral der deutschen Bevölkerung zu beeinträchtigen. Aber das war schließlich immer noch besser, als nur Propaganda-Flugblätter zu verstreuen.

Zögerlich zunächst, dann aber mit zunehmender Schlagkraft, begannen die Deutschen ihre Luftangriffe auf Großbritannien, die der Invasion – »Seelöwe« – vorausgehen sollten. Das Bomberkommando setzte seine nächtlichen Angriffe auf Deutschland und seine Verminung der See fort, und langsam begann sich ein lohnenderes Ziel als Getreidefelder und Wälder herauszuschälen: Die Deutschen zogen Schiffe in den Kanalhäfen Hollands, Belgiens und Frankreichs zusammen, um ihre Invasionstruppen übersetzen zu können, wenn die Zeit dafür reif war – sie brachten sie über die ausgedehnten Wasserwege in Norddeutschland und Holland nach vorn. Den ersten Tagangriff flog die RAF am 3. Juli gegen Schiffe in Rotterdam, und dann folgte eine Serie ähnlicher Luftangriffe, mal bei Tag, mal bei Nacht, die ihren Höhepunkt im September erreichte und im Oktober dann ausklang. Jetzt war die Gefahr einer Invasion gebannt, da es den Deutschen nicht gelungen war, die Luftherrschaft zu erkämpfen. Die aber war Voraussetzung für die Durchführung des Unternehmens »Seelöwe«. Doch noch immer starteten die schweren Bomber des Bomberkommandos Nacht für Nacht und drangen auf der Suche der ihnen zugeordneten Ziele weit nach Deutschland ein. Gleichzeitig – aber meist bei Tage – benutzte das Kommando seine Blenheim, um taktische Ziele in Frankreich, Belgien, Holland und Deutschland anzugreifen, und hierzu zählten auch Fliegerhorste der Luftwaffe. Wie vorauszusehen, erlitten die Blenheim des Bombergeschwaders 2 weit höhere Verluste als die Nachtbomber.

Die Luftschlacht um England nahm an Schärfe zu, und die Deutschen gaben im September stillschweigend ihre Niederlage zu, als sie von Tagangriffen auf Nachtangriffe übergingen. Der Beitrag, den das Bomberkommando dazu leistete, daß die Deutschen ihren Invasionsplan aufgaben, ist nie richtig eingeschätzt worden – das jetzt noch zu tun, ist unmöglich. Einen Vergleich kann man jedoch ohne Voreingenommenheit nennen: Während das Jägerkommando bei der Luftschlacht um England weniger als 600 Piloten verlor, verlor das Bomberkommando – vorsichtig geschätzt – in der gleichen Zeit mehr als 1000 Besatzungsangehörige.

Noch immer stellten die deutschen Nachtjäger keine wirkliche Bedrohung für die Whitley, Wellington und Hampden dar, die nachts immer häufiger in den Luftraum des Dritten Reichs eindrangen. In einer typischen Nacht konnten bis zu 100 Bomber verschiedene Ziele anfliegen. In der Nacht des 25./26. Juli griffen 166 Bomber Ziele im Ruhrgebiet und Flugplätze in Holland an. Und einen Monat später griff etwa die Hälfte der 103 Maschinen, die in dieser Nacht gestartet waren, Berlin an, während die anderen sich auf Köln, Bremen und Hamm konzentrierten.

Die Entscheidung, daß das Bomberkommando die Hauptstadt Deutschlands am 25./26. August erstmalig angreifen sollte, hatte das Kriegskabinett getroffen, nachdem Bomber der Luftwaffe in der Nacht zuvor London, Birmingham, Bristol und Liverpool bombardiert hatten. Als Vergeltung war dieser Angriff ein Fehlschlag: Die wenigen Bomben, die die Stadt trafen, richteten keinen nennenswerten Schaden an; der Rest fiel irgendwo ins Umland. In London waren deutsche Bomben auf Bethnal Green, East Ham, Stepney und Finsbury gefallen. Es hatte den Anschein, als ob die Deutschen ihre Luftangriffe auf Zivilisten ausdehnten, obwohl ihre Besatzungen tatsächlich angewiesen waren, nur besondere Kriegsziele anzugreifen, wie auch die Besatzungen der RAF eindringlich vergattert waren, in Deutschland nur »legitime« Ziele anzugreifen. London war aufgrund der Entfernung und seiner geographischen Lage für die Luftwaffe ein viel einfacheres Ziel, als es Berlin für die RAF war, und es kann nicht überraschen, daß die Bombenangriffe der Kampfgeschwader denen des Bomberkommandos weit überlegen waren. Trotzdem muß die RAF allen Ernstes geglaubt haben, daß ihre Leistungen besser waren als die des Feindes. In Erwiderung einer Anregung von Winston Churchill, die RAF solle eine weniger selektive Zielpolitik anwenden, schrieb der Stellvertretende Stabschef des Führungsstabes, Sir Richard Peirse, der dagegen war: »Grund für die Wirksamkeit unserer Nachtangriffe ist, daß sie geplant sind und unnachgiebig, bis ein Ziel entweder zerstört oder teilzerstört ist, wohingegen die Deutschen nachts nur sporadisch Störangriffe fliegen.«

Als Berlin bombardiert wurde, war Hauptmann Falcks NJG 1 erst drei Monate alt, hatte aber schon erste Erfolge zu verzeichnen. In der Nacht vom 8. auf den 9. Juli hatte das Bomberkommando 64 Bomber auf Häfen in Norddeutschland und Flugplätze in Holland angesetzt, andere legten Minen auf See. Eine Whitley war nicht zurückgekommen - es war möglicherweise die, die Oberfeldwebel Förster vor Helgoland abgeschossen haben will. In den frühen Stunden des 20. Juli zerschoß Oberleutnant Streib eine andere RAF-Maschine. In der folgenden Nacht gelang Streib der zweite der 65 Luftsiege, die er bis Kriegsende noch erringen sollte: Er schoß eine Whitley der 78. Staffel aus Dishforth ab, die Sergeant (Feldwebel) V.C. Monkhouse flog; sie stürzte brennend bei Münster ab. Bis Monatsende gab es noch weitere Luftsiege des NJG 1. Man bediente sich dabei einer Technik, die Helle Nachtjagd (Henaja) genannt und erstmals bei den Luftmanövern von 1936 angewandt wurde: Ungeführte Nachtjagd mit Hilfe von Scheinwerfern.

Als er Ende Juni in Düsseldorf ankam, um eine Methode zu entwickeln, wie man britische Bomber nachts abfangen und zerstören könne, hatte Falck eine Zerstörergruppe aus Standard-Bf-110, die I./NJG 1. Kurz darauf wurde ihm eine zweite Gruppe unterstellt, die IV./(N)JG 2 mit Bf 109, die so zur II./NJG 1 wurde. Jede Bf 110 C hatte einen Flugzeugführer und einen Funker, der zugleich Bordschütze war. Die Bf 110 war ein schweres Flugzeug, dem die Wendigkeit der kleineren, einsitzigen Bf 109 fehlte, aber sie war eine sehr stabile Waffenplattform. Es erschien vernünftig, die Messerschmitt für Nachteinsätze schwarz zu lackieren, und das wurde auch getan. Außerdem wurde damit begonnen, die Maschinen mit passenden Dämpfern (»Flammrohren«) auszurüsten, um die verräterischen Flammen an den Auspuffenden zu verbergen, obwohl diese Dämpfer die Geschwindigkeit der Maschinen deutlich herabsetzten. Noch nicht qualifizierten Flugzeugführern wurden Nachtflugübungen verordnet.

Bis entschieden war, sich ernsthaft mit der Aufstellung einer speziellen Nachtjagdwaffe zu befassen, hatten alle Versuche einer Nachtjagd unter dem Kommando von Oberstleutnant Fichter gestanden, dem Kommandeur des Flak-Scheinwerferregiments 1. Wie vorher schon erwähnt, war diese Unterstellung nun beendet. Falcks Geschwader war einsatzmäßig gleichgestellt. Zwar herrschte zunächst ein gewisser Grad an Unsicherheit, weil Fichter Falck um zwei Dienstgrade voraus war, und es gab weitere Komplikationen, weil Falck der Luftflotte 2 unterstand, während Scheinwerfer den Luftgaukommandos unterstanden - aber schließlich bekam Falck die notwendige Zusammenarbeit, und die Helle Nachtjagd bewährte sich bald.

Bislang waren die Bf 109 der IV./(N)JG 2, die freie Jagd machten, den Flakscheinwerfern gefolgt, hatten also in der Nähe eines zu schützenden Gebietes patrouilliert in der Hoffnung, einen Bomber in einem einzelnen Lichtstrahl oder einem Strahlenbündel aufzuspüren. Aber Flak wie Scheinwerfer waren um Gebiete konzentriert, auf die man Angriffe der RAF erwartete, vornehmlich Großstädte und Industriegebiete, was bedeutete, daß man bei der Verfolgung eines Bombers Gefahr lief, in das eigene Abwehrfeuer zu geraten. Damals gab es für einen Jäger keine Möglichkeit, sich der Flak gegenüber zu identifizieren: Er konnte höchstens ein Leuchtsignal bestimmter Farbe abfeuern in der Hoffnung, daß die Flak von ihm abließ - aber das war allzuoft vergebens, weil die Flak-Kanoniere weit mehr Vertrauen in ihr eigenes Können als in das der Jäger hatten; zudem stellten sie sehr ungern das Feuer ein, wenn sie ein Ziel erst einmal aufgefaßt hatten.

Die Luftangriffe der RAF deckten ein riesiges Gebiet ab, und Falcks Kräfte waren nur begrenzt. Es war damals noch völlig unmöglich, eine Art Verteidigungsriegel aufzubauen, der das Gebiet abdeckte, durch das die RAF einfliegen mußte: Von Schleswig-Holstein im Norden bis zur Normandie im Süden. Nach sorgfältiger Überlegung beschloß Falck, seine ersten Verteidigungskräfte

in einem Raum aufzubauen, von dem aus er folgenden Objekten den besten Schutz gewähren konnte: Berlin im Osten, dem Ruhrgebiet im Süden und den Hafenstädten im Norden. Als seinen ersten taktischen Schwerpunkt wählte er Münster in Westfalen und verlegte die I./NJG 1 nach Gütersloh, etwa 40 km weiter östlich; sein Geschwaderstab blieb in Düsseldorf. Nordwestlich von Münster errichtete er einen Scheinwerfergürtel – Scheinwerfer, die vom Objektschutz der Städte abgezogen worden waren und seinen hellen Gürtel bildeten.
Bis die Freya-Flugmelde-Funkmeßgeräte in sein Meldesystem integriert werden konnten, mußte sich Falck auf Schallortungsgeräte verlassen, die ihn vor anfliegenden Feindbombern warnten. Seine Jäger hatte er absichtlich von Münster abgesetzt, damit ihr Motorenlärm nicht das Bombergeräusch überlagerte. Wenn Feindangriffe erwartet wurden, wurden die Jäger mit dem Kennwort »Fasan« alarmiert: Sie starteten und patrouillierten hinter dem Scheinwerfergürtel in einer Höhe, die leicht über der vermuteten Höhe der RAF-Bomber lag; jetzt wartete der Nachtjäger darauf, einen Bomber im Scheinwerferlicht zu erfassen. Sah er einen, dann ging er in den Sturzflug und versuchte, sich in eine Position zu manövrieren, aus der er den Bomber von hinten unten anfliegen konnte – dann zog er hoch, feuerte und brach den Angriff nach einer Seite hin ab in der Hoffnung, dem Abwehrfeuer des Bomber-Heckstands zu entgehen. Der Flak war es streng untersagt, im Scheinwerfergürtel zu feuern. Generell war das ein undankbares Geschäft: Die Besatzungen kreisten endlose Stunden in der Dunkelheit in der vagen Hoffnung, ihre Waffen auf eine dicke Wellington, Whitley oder Hampden abfeuern zu können. Was Abschüsse anbetraf, schlugen sich die Bf 110 besser als ihre Kameraden in den einsitzigen Bf 109 der II./NJG 1 unter Hauptmann von Bothmer, die über Norddeutschland und Holland freie Jagd machten und erfolglos Bomber suchten. Ende Juli 1940 hatte die I./NJG 1 sechs Bomber in Heller Nachtjagd abgeschossen, und zurückkehrende Bomberbesatzungen der RAF berichteten jetzt immer häufiger, sie hätten Nachtjäger gesehen.
Bevor der Juli vorüber war, wurde die Sorge, mit der die deutsche Führung jetzt die Bedrohung durch die Bomber betrachtete, unterstrichen durch die Aufstellung einer Nachtjagddivision. Als Kommandeur dieser Division wählte Hermann Göring den 44jährigen Oberst Kammhuber. Kammhuber hatte im Ersten Weltkrieg in der Infanterie gedient und war danach in der dezimierten Reichswehr verblieben. 1933 war er zur Luftwaffe übergewechselt und zum Jagdflieger ausgebildet worden. Bei Kriegsausbruch 1939 war er Stabschef von General Hellmuth Felmys Luftflotte 2. Felmy verlor diesen Posten jedoch, nachdem eines seiner Flugzeuge eine Notlandung bei Mechelen-sur-Meuse in Belgien machte und die Pläne für die Offensive im Westen, die ein nichtermächtigter Passagier bei sich trug, den Belgiern in die Hände fielen. Hitler entließ Felmy umgehend, und Kammhuber bekam einen neuen Dienstposten. Nach kurzer Verwendung als Stabschef des Fliegerkorps V übernahm er das KG 51, das Edelweiß-Geschwader. Als seine Ju 88 am 3. Juni 1940 bei Paris abgeschossen wurde, überlebte er, geriet aber in Gefangenschaft. Zwei Wochen später jedoch war er wieder frei – Frankreich hatte kapituliert. Am 1. Juli wurde Kammhuber Kommodore eines anderen Bombergeschwaders, des KG 1, aber bereits drei Wochen später wurde er erneut versetzt: Er wurde Kommandeur der neuaufgestellten Nachtjagddivision.
Kammhuber fehlte zwar persönliches Charisma – er war aber als brillanter Organisator und dynamischer Führer bekannt. Erst unter seiner Führung begann die Nachtjagd schlagartig zu wachsen. Den beiden bereits bestehenden Gruppen wurde eine dritte hinzugefügt, die aus einer Staffel von Ju-88-C-2-Zerstörern des KG 30, dem Adlergeschwader, entstanden war. Andere Flugzeuge – Do 17 – wurden der Gruppe zugeführt, die jetzt zur II./NJG 1 wurde, während von Bothmers Gruppe, die zuvor diese Bezeichnung trug, nunmehr III./NJG 1 hieß. Hauptmann Graf von Stillfried wurde Kommandeur dieser neuen II./NJG 1.

Schnell wurde klar, daß in der neuen Nachtjagd-Organisation für die Bf 109 kein Platz mehr war, und nach und nach schulten die Flugzeugführer der III./NJG 1 auf die Bf 110 um; nur eine Staffel Einsitzer blieb noch bis Oktober, dann wurde sie aufgelöst.
Sobald er die NJ-Division übernommen hatte, richtete Kammhuber seinen Divisionsstab in einem prächtigen Schloß in Zeist östlich von Utrecht ein – eine vorgeschobene Position, von der aus er den künftigen Kampf gegen die RAF führen wollte. Kammhuber vertrat nicht die Ansicht, Verteidigung hieße, auf den Feind zu warten, bis er kommt, um dann erst zu versuchen, ihn aufzuhalten – er wollte ihm mutig entgegentreten, sich in die Höhle des Löwen wagen. Daher entwarf er eine offensive Rolle für seine Ju 88 und Do 17 Z der II./NJG 1: Sie sollten in den britischen Luftraum eindringen und wurden Fernnachtjäger, und Kammhuber benutzte sie mit der Bezeichnung I./NJG 2 als Keimzelle seines zweiten Geschwaders. Er verlegte sie zunächst nach Schiphol bei Amsterdam und dann zum Flugplatz Gilze-Rijen zwischen Breda und Tilburg – bestens geeignet, um offensive Einsätze gegen Großbritannien zu fliegen.
Die Ju 88 C-2 und die Do 17 Z der Fernnachtjagdgruppe trugen starke nach vorn feuernde Bordwaffen. Als Zerstörer verfügte die Ju 88 C-2 bereits über drei 7,9-mm-MG und eine 20-mm-Kanone in einer Bodenlafette unter dem Rumpf. Die Do 17 Z-6 war ein umgebauter mittlerer Bomber; ihr früher verglaster Bug wurde jetzt gegen den Bug der Ju 88 C-2 ausgetauscht, der nunmehr die gleichen drei MG und die Kanone der Ju 88 C-2 trug. Eine weitere Version, die Do 17 Z-10, bekam einen eigenen, speziell für sie konstruierten Bug mit den gleichen Bordwaffen – und das war der Typ, mit dem dann die meisten Fernnachtjagd-Einsätze gegen Fliegerhorste der RAF-Bomber geflogen wurden. Die Fernnachtjäger von Dornier trugen den Spitznamen »Kauz«; der Grund für diese Bezeichnung ist nicht bekannt.
Es ist oft interessant, zu untersuchen, warum bestimmte Tarnbezeichnungen gewählt wurden. Eine wirkliche Tarnbezeichnung soll die Natur des geheimen Objekts/Projekts schützen und sollte – losgelöst vom Objekt/Projekt – völlig frei gewählt werden. Häufig ist aber die Versuchung, einen dem Objekt/Projekt sinnverwandten Begriff zuzuordnen, zu groß, und es wird eine potentiell verräterische Tarnbezeichnung gewählt: Einige der Nachtjäger zum Beispiel trugen eine sogenannte »Spanneranlage«. Nun kann ein Spanner ein Hosenbügel, aber auch ein heimlicher Beobachter sein: Und das paßt hervorragend auf die Spanneranlage – sie war ein Versuchsgerät für die Sicht im Dunkeln, ein Vorläufer der heutigen Bordradargeräte. Moderne Infrarotgeräte sind üblicherweise passive Anlagen, was bedeutet, daß sie nichts aussenden, sondern Abstrahlungen anderer Objekte – Triebwerkhitze von Bombern zum Beispiel – passiv empfangen. In den 30er Jahren jedoch, als man glaubte, daß Infrarot-Hitzesensoren die Lösung des Problems seien, Flugzeuge im Dunkeln zu entdecken, waren diese Geräte sehr viel weniger empfindlich: Spanner I war ein aktives Gerät – ein Infarotsender im Bug suchte nach dem Ziel, und ein IR-Empfänger empfing die reflektierte IR-Energie. Spanner war nicht sehr erfolgreich: Die Nachtjäger berichteten, daß sie, wenn Spanner den Bomber aufgefaßt hatten, normalerweise ihr Ziel auch mit bloßem Auge sehen konnten.
Die Fernnachtjagdgruppe I./NJG 2 operierte bis Oktober 1941 von Gilze-Rijen aus. Obwohl die Stärke einer Gruppe normalerweise 30 Flugzeuge betrug, verfügte die I./NJG 2 nie über mehr als 21 Ju 88 und Do 17; zeitweise lag sie sogar beträchtlich darunter. Im Januar 1941 beispielsweise hatte sie nur sieben Maschinen im Bestand.
Nachfolger von Graf von Stillfried als Gruppenkommandeur war Hauptmann Karl Huelshoff, und ab Herbst 1940 wurde er sehr gut vom Funkhorchdienst der Luftflotte 3 bedient, der das tat, was Nachrichtenoffiziere der britischen Admiralität bereits im Ersten Weltkrieg getan hatten – den Funkverkehr zwischen den Bombern und ihren Bodenkontrollstellen abzuhören, so daß sie schon vor dem Start sagen konnten, wieviele Bomber im Anflug auf das europäische

Festland waren und wo sie herkamen. Sobald er diese Informationen vom Funkhorchdienst bekommen hatte – manchmal eine Stunde, bevor der erste Bomber in der Luft war –, schickte Huelshoff die erste Welle seiner Fernnachtjäger zu den betreffenden Fliegerhorsten in der Hoffnung, die Beute noch über dem Platz zu erwischen. Kurz danach folgte eine zweite Welle, die versuchte, die Bomber im Anflug über der Nordsee abzufangen. Dann konnte er noch versuchen, seine Jäger unter die heimfliegenden Bomber zu mischen in der Absicht, sie beim Anflug auf ihre Fliegerhorste – mit eingeschalteten Landescheinwerfern – abzuschießen.

Obwohl die Fernnachtjäger in erster Linie das Bomberkommando bekämpfen sollten, hatten ihre Einsätze tatsächlich breiter gestreute Auswirkungen, da sie häufig auch Gelegenheitsziele angriffen. Jeder Flugplatz, von dem aus Nachtflüge durchgeführt wurden, was hieß, daß er beleuchtet war, eignete sich für Angriffe mit 50-kg-Splitterbomben oder Beschuß mit Bordkanonen und -MG; und genauso wurden in der Luft abgefangene Flugzeuge beschossen. Nicht nur Bomber, sondern auch Schulflugzeuge wie Oxford oder Tiger Moth zum Beispiel wurden gnadenlos unter Feuer genommen, und manch ein Flugschüler beendete seinen Flug, der als Routine-Nachtflug begonnen hatte, in einem Feuerball. Die I./NJG 2 meldete viele britische Flugzeuge als zerstört. Aber wie das so oft auf beiden Seiten geschah, überstiegen die Angaben die tatsächlichen Erfolge. Trotzdem waren die Fernnachtjäger nicht ohne Erfolg: Sie zerstörten zwischen dem 24. Oktober 1940, als sie ihren ersten Luftsieg meldeten, und dem 12. Oktober 1941, ihrem letzten Erfolg knapp zwölf Monate später, fast 100 Maschinen der RAF. Sie beschädigten noch viele weitere RAF-Maschinen, verwundeten Bodenpersonal wie Flugzeugbesatzungen, richteten Schäden an Gebäuden und anderen Flugplatzeinrichtungen an, und zudem brachten sie die Nachteinsätze in Großbritannien völlig durcheinander. Diese Erfolge waren aber nicht billig erkauft: 26 Flugzeuge verloren sie über Großbritannien oder der Nordsee, einige wurden von den kampfstarken Beaufighter der RAF abgeschossen, die 1941 in zunehmender Zahl in den Einsatz gelangten, und doppelt so viele schlugen auf holländischem Boden auf – teils aus Einsatzgründen, teils aus anderen.

Wenn man Verluste und Erfolge sowie den Störungs- und Abschreckungswert ihrer Einsätze über der Insel nüchtern abwägt, haben sich die Feindflüge der I./NJG 2 zweifellos ausgezahlt. Zu Recht betrachteten sich ihre Besatzungen als Elitesoldaten, die den Krieg erfolgreich auf das Gebiet des Gegners ausgedehnt hatten. Daher konnten sie kaum verstehen, warum ihr Verband im Oktober 1941 – als die Luftangriffe des Bomberkommandos unvermindert andauerten – überraschend vom Luftkrieg im Westen entbunden und für den Einsatz im Mittelmeerraum nach Sizilien verlegt wurde. Offensichtlich war Hitler persönlich zu dem Schluß gekommen, daß der Einsatz der Fernnachtjagd sich nicht auszahle – ein fragwürdiges Urteil, wenn man sich die geringe Zahl der Fernnachtjäger vor Augen hält. Man könne, wurde angeführt, nicht überprüfen, ob die vielen Flugzeuge, die nach Angaben der Besatzungen über der Insel zerstört worden sein sollen, auch wirklich zerstört waren. Zudem wolle die deutsche Zivilbevölkerung die Erfolge der Nachtjagd in Form von abgeschossenen Feindbombern auf eigenem Boden sehen: Berichte über Wellington und Whitley, die irgendwo auf der Insel brannten, würden die Moral des deutschen Durchschnittsbürgers kaum heben. Was die Stimmung wirklich beeinflussen werde, sei der Anblick brennender Bomber, die über Berlin, Hamburg und Köln vom Himmel fielen. Daher werde es keine Fernnachtjagd-Einsätze mehr geben. Wie Göring neigte auch Hitler zu willkürlichen Entscheidungen, und es bleibt offen, ob die Auflösung von Kammhubers Fernnachtjagdverbänden ein vernünftiger Entschluß war.

Aber das lag alles noch in der Zukunft. Während die Fernnachtjagdgruppe begann, die Bomber auf der Insel zu bekämpfen, verfolgte Kammhuber sein Konzept der Nachtjagd energisch weiter: Dabei hörte er vor allem auf Flugzeugführer aus dem Einsatz. Falck gehörte dazu. Zweifellos war die Helle Nachtjagd keine befriedigende langfristige Lösung: Als die RAF erst einmal festgestellt hatte – und das dauerte nicht lange –, daß in Westfalen ein Scheinwerfergürtel aufgebaut worden war, umflogen sie ihn natürlich einfach. Daher erweiterte Kammhuber diesen Gürtel nach Norden und Süden, bis er sich von Schleswig-Holstein bis nach Liège erstreckte: eine Barriere von 486 Scheinwerfern, 30 km tief und rund 900 km lang. Dahinter lag ein kürzerer Gürtel westnordwestlich von Berlin zwischen Gardelegen und Güstrow. Um diese Gürtel aufbauen zu können, mußte Kammhuber um eine vermehrte Zuweisung von Scheinwerfern kämpfen: Als Folge wurden Scheinwerferbatterien von den Städten abgezogen.

Da es fast ein Jahr dauern würde, bevor diese Arbeit abgeschlossen war, konzentrierte man sich auf eine wirksamere Methode, die Jäger an die Bomber heranzuführen: mit einer Kombination von Funkmeßgeräten, einer Flugmelde- und Führungsorganisation am Boden und Fernmeldeverbindungen innerhalb der Bodenorganisation sowie zu den Jägern in der Luft, zu den Scheinwerfer- und den Flakbatterien. Ein Luftverteidigungssystem (LV-System) zu entwerfen, aufzubauen und zu erproben, während die Angriffe andauern und unvermutet ihre Form wechseln können, ist keine Aufgabe, die leicht und schnell gelöst werden kann. Natürlich gab es dabei viele Experimente und auch Rückschläge. Obwohl die Fairneß gebietet zuzugeben, daß die Deutschen den Briten im Funkmeßwesen technisch überlegen waren, lagen sie bei seiner praktischen Verwendung in der Luftverteidigung weit zurück. Schon 1935 hatte eine Gruppe britischer Wissenschaftler unter Robert Watson-Watt in Bawdsey an der englischen Südostküste an einem LV-System getüftelt, das auf »radiolocation«, später »Radar« genannt, aufbaute. Ihr noch primitives Radar arbeitete auf der Zwölf-Meter-Welle, was bedeutete, daß die Antenne nach der Halbe-Wellenlänge-Regel sechs Meter lang sein mußte. Um beste Ergebnisse zu erzielen, mußte man eine Anzahl von Sender- und Empfängerantennen, oder Dipolen, gleichzeitig einsetzen, die man ihrerseits auf sehr hohe Sende- und Empfangstürme setzte: Nur so konnte man etwas weiter hinter die Erdkrümmung – in der Fachsprache: hinter den Radarhorizont – blicken. Die Türme bestanden aus Stahlträgern und waren zwischen 60 und 120 m hoch; ähnliche Türme wurden später an besonders wichtigen Punkten an der Ost- und der Südküste Englands errichtet. Das System wurde »CH« (»Chain Home«, sinngemäß übertragen etwa »Heimat-Frühwarnkette«) genannt.

Da die Deutschen die viel kürzere 2,40-m-Welle benutzten, die – verglichen mit den sechs Metern der CH – am besten mit Dipolen von 1,20 m Länge arbeitete, konnte Freya mit einer viel kleineren Antenne ausgerüstet werden. Bei Freya war das die sogenannte »Bettgestell«-Antenne, eine rechteckige Konstruktion von insgesamt etwa 1,85 m≈ Fläche. Im Gegensatz zur ortsfesten CH konnte Freya mobil eingesetzt werden, und da ihr Funkmeßstrahl enger gebündelt war, konnte ihre Antenne mechanisch gedreht werden, bis sie in Richtung auf das Ziel wies. Dann zeigte das stärkste Signalecho den Azimuth oder die Seitenrichtung in Bezug auf Nord an. Eine präzise Bewertung des stärksten Echos war allerdings recht schwierig, also brauchte man ein genaueres System. Das Messen der Entfernung war hingegen, wie bereits erklärt, unproblematisch: Man las die Entfernung des Signalechos an einer Zeitlinie (Zeit = Entfernung) auf der Kathodenstrahlröhre – oder auch »Bildschirm« – ab. Was jedoch die Richtung zum Ziel anbetraf, hier kamen Deutsche und Briten zu recht unterschiedlichen Lösungen. In aller Kürze: Die Briten verglichen die Stärke der Signalechos, die von einem Ziel zurückkamen, über zwei getrennte Antennen elektronisch. Die Deutschen dagegen, die eine leichtere und damit besser einzusetzende Antenne benutzten, kamen zu einer eleganteren Lösung: Sie hieß »AN-Peilung«.

Die AN-Peilung arbeitete wie folgt: Wenn man mit Hilfe eines elektronischen Schalters abwechselnd – bei Freya geschah das 75 mal pro Sekunde – aus zwei Sektionen der Antenne Signale aussendet, wobei die eine Sektion die linke und die andere die rechte Hälfte abtastet, und die Signalechos gleichzeitig links und rechts von einer senkrechten Zeitlinie auf dem Bildschirm angezeigt werden, sieht man eine Linie, die die senkrechte Zeitlinie waagerecht durchschneidet, anstatt sich jeweils nur nach einer Seite zu erstrecken. Da die Sektion der Antenne, die direkter auf das Ziel gerichtet ist, auch ein stärkeres Signalecho erzeugt und damit auch als längeres Zielzeichen angezeigt wird, sieht die Linie jetzt auf einer Seite der Zeitlinie länger aus als auf der anderen. Wenn man die Antenne jetzt so dreht, daß die Linie auf beiden Seiten der Zeitlinie gleichlang ist, ist die Antenne direkt auf das Ziel gerichtet: Jetzt kann man die Richtung exakt bestimmen und in Verbindung mit der ja schon bekannten Entfernung die genaue Position des Ziels angeben. Die Einführung der AN-Peilung war hinsichtlich Genauigkeit ein großer Schritt nach vorn. Die Buchstaben »AN« bezogen sich auf die beiden Zielzeichen auf dem Bildschirm des Funkmeßbeobachters: War das linke Zeichen kurz und das rechte lang (. -), hieß das im Morsealphabet »A«, war es umgekehrt (- .), bedeutete das »N«.

Auf einem Gebiet jedoch waren die Briten den Deutschen weit überlegen, und es ist so gut wie sicher, daß ihr Jägerkommando ohne diesen Vorsprung die Luftschlacht um England nicht hätte gewinnen können: Als ihr CH-System konzipiert wurde, war es als Teil eines integrierten LV-Systems geplant – alle Erkenntnisse der Radarstellungen, der Luftraumbeobachter, der Funkhorchstationen und dergleichen liefen über einen Gruppenfilter, der die Positionsangaben der verschiedenen Radarstellungen aufbereitete und zur Deckung brachte, in einem zentralen Einsatzgefechtsstand des Jägerkommandostabs in Bentley Priory zusammen. Von hier gingen die Meldungen weiter an die Einsatzgefechtsstände der LV-Sektoren und – im Falle feindlicher Flüge – zum Einsatzgefechtstand des Jägerkommandos, wo Angehörige des weiblichen Hilfskorps der RAF die Luftlage auf großen, flachen Luftlagetischen darstellten. Diese Luftlage war fast aktuell, und vom Einsatzgefechtsstand des Jägerkommandos aus konnte man den anfliegenden deutschen Verbänden Jäger entgegenschicken und sie dann – einzeln oder in Formationen – an den Feind heranführen. Als Kammhuber das Kommando über die deutsche Nachtjagd übernahm, gab es keine derartige Organisation, die ihm bei der übertragenen Aufgabe hätte helfen können – also mußte er eine konzipieren und weiterentwickeln. Die Helle Nachtjagd war zwar ein erster Schritt, konnte aber ganz offensichtlich nur eine Zwischenlösung sein: Selbst zu ihren besten Zeiten war sie nur ein weitmaschiges Fangnetz – die Zahl der abgeschossenen britischen Bomber stieg durch sie nicht wesentlich an.

Über ihren Funkhorchdienst konnten die Deutschen den Funkverkehr der RAF-Besatzungen am Boden und in der Luft abhören, und sie konnten daraus ableiten, wann die Bomber im Anflug sein würden; mit Freya brachten sie dann ihre Jäger in die Luft und alarmierten Scheinwerfer- und Flakbatterien. Indem sie viele der Scheinwerfer zur Schaffung des hellen Gürtels nach vorne verlegt hatten, hatten sie jedoch in gewisser Weise die Flak ihrer Augen entblößt – nur damit die Nachtjäger eine Chance hatten, die Bomber auch einmal zu sehen, bevor sie ihre Ziele erreichten.

Leutnant Hermann Diehl, der Luftnachrichtenoffizier, der 1939/40 die Versuche gegen die Angriffe der RAF durchgeführt hatte, indem er das Freyagerät auf Wangerooge benutzte, hatte auch vorgeschlagen, Freya als Jägerleitgerät einzusetzen, das heißt, einen bestimmten Jäger durch Anweisungen von der Funkmeßstelle am Boden per Funk an einen bestimmten Bomber heranzuführen. Der Grundgedanke dabei war, daß Freya mit der oben beschriebenen AN-Anzeige abwechselnd auf den Bomber und den Jäger gerichtet werden solle. Die Luftlage im Gefechtsstand zeige dann die Position der beiden Flugzeuge zueinander an. Indem man dem Jagdflugzeugführer Kurse durchgebe, die ihn in die Nähe seines Ziels brächten, könne der Jägerleitoffizier, wie er später genannt wurde, die beiden Maschinen so dicht aneinanderführen, daß der Funkmeßstrahl beide gleichzeitig beleuchtete, anstatt hin und her zu schwenken – so könne der

Funkmeßbeobachter die Zielzeichen beider Maschinen gleichzeitig sehen. Und indem er den Jäger auf den Kurs des Bombers dirigierte, könne er auch die Entfernung zum Ziel ablesen, und da der Jäger schneller war als der Bomber, käme er immer näher – bis er ihn nach Sicht angreifen konnte.
Das Konzept war gut, die Ausführung jedoch schwierig. Diehl hatte es tagsüber ausprobiert und in Abfangansätzen Jäger in die Nähe ihrer Ziele gebracht. Ein großer Mangel war, daß Freya keine Höhe messen konnte, und zudem brauchte der Jägerleitoffizier – wie die spätere Erfahrung von Tausenden von Jägerleitoffizieren beweisen sollte – die natürliche Fähigkeit, relative Positionen dreidimensional einzuschätzen. Als Falck die ersten offiziellen Erprobungen der Nachtjagd übertragen worden waren, hatte er Diehl nach Düsseldorf mitgenommen, und er und Diehl hatten im August 1940 Kammhuber ihre Pläne vorgetragen.
Zunächst war Kammhuber nicht sonderlich begeistert; er war aber klug genug, Einsatzerprobungen zuzulassen: Er erlaubte Diehl, ein Freyagerät in der Nähe des holländischen Dorfes Nunspeet, zwischen Utrecht und Zwolle, aufzustellen – ein Gebiet, das regelmäßig von RAF-Bombern auf ihrem Weg nach Deutschland überflogen wurde. Die Versuche begannen Anfang September 1940, und vier Wochen später, am 2. Oktober, brachten sie Erfolg: Diehl führte Leutnant Ludwig Becker von der 4./NJG 1 in einer Do 17 Z-10 auf Sichtweite an eine Wellington heran. Becker vernichtete die Zweimotorige, und damit erzielte er den ersten funkmeßgeführten Abschuß bei Nacht. Er sollte noch weitere 43 Luftsiege erringen, bevor er im Februar 1943 im Kampfeinsatz fiel.
Durch diesen ersten Erfolg funkmeßgeführter Abfangjagd ermutigt, begann Kammhuber, die Methode in seine Luftverteidigungspläne zu integrieren. Das Vokabular der Nachtjagd bekam damit einen weiteren Begriff: Dunkle Nachtjagd, und auch das Akronym wurde seinem Pendant, der Hellen Nachtjagd (Henaja), angepaßt – Dunaja.
Kammhuber baute jetzt einen vorgeschobenen Verteidigungsgürtel vor seinem Scheinwerfergürtel auf, der eine Reihe von Dunkelnachtjagdräumen entlang der holländischen und norddeutschen Küste umfaßte; jeder war mit einem Freya ausgerüstet, mit dem ein Jägerleitoffizier per AN-Anzeige einen Jäger gegen Bomber führen konnte. Der Jägerleitoffizier wurde JLO abgekürzt, was aber wie »ILO« ausgesprochen wurde. Jetzt mußten die RAF-Besatzungen zusätzlich zu den Jägern, die hinter dem Scheinwerfergürtel um die Funkfeuer kreisten, mit Nachtjägern rechnen, die vor dem hellen Gürtel patrouillierten und unerwartet auftauchen konnten. Während sie bislang durch den Scheinwerfergürtel oder die Erfassung durch einen Scheinwerfer vorgewarnt waren, daß nun Nachtjäger auftauchen konnten, trat ihnen hier eine neue Bedrohung entgegen: der Feind – unsichtbar und unerwartet.
All das ging natürlich recht langsam vor sich. Bei der Auslieferung der Funkmeßgeräte gab es Verzögerungen: Die Nachtjagd war ein neues und noch nicht erprobtes Metier, und auch die Besatzungen, von denen viele nur ungern dazugestoßen waren, hielten sich zurück – das Funkmeßwesen erschien ihnen als schwarze Magie, denn die Anfangsphase war eine Periode der Versuche und Fehlschläge; man tappte ja noch im dunkeln. Es gab Probleme, die veralteten, aber noch funktionstüchtigen Schallortungsgeräte mit den völlig neuen elektronischen Funkmeßgeräten zu verbinden. Mit zunehmender Erfahrung entwickelten sich dann jedoch Technik und Taktik fort, ständig ergänzt durch die Einführung neuer Technologien und deren Integration in das vorhandene Gerät: Im September 1940 wurde ein Freyagerät über eine sogenannte »Parasitanlage« direkt an einen Suchscheinwerfer gekoppelt – der Versuch war auf Anhieb ein Erfolg, und der Gedanke funkmeßgeführter Scheinwerfer erwies sich als praktisch durchführbar. Weitere Scheinwerfer wurden mit der Parasitanlage ausgerüstet, und der erste Bomber, der auf diese Weise beleuchtet wurde, wurde am 1. Oktober 1940 über Holland abgeschossen. In der Zwi-

schenzeit wurde jedoch ein noch genaueres Funkmeßgerät, das »Würzburg« – FuMG 62 – eingeführt.
Würzburg war ein Funkmeßgerät, das gezielt für die Flak entwickelt worden war. Während Freya die »Bettgestell«-Antenne hatte, arbeitete Würzburg mit einem tellerförmigen Reflektor und einer Dipolantenne in dessen Mitte; der Reflektor hatte dieselbe Funktion wie der Spiegel in einer Taschenlampe: Er bündelte die austretende Energie. Diese Antenne wurde mittels eines elektronischen Schalters sowohl für Abstrahlung als auch für Empfang des Signals benutzt. Die runde Antenne hatte einen Durchmesser von etwa drei Metern und konnte – wie Freya – horizontal gedreht werden, um Ziele zu erfassen. Gegenüber Freya hatte Würzburg allerdings einen gewaltigen Vorteil: Es konnte auch senkrecht auf und ab bewegt und damit direkt auf ein Flugziel gerichtet werden: Somit ließ sich auch – mit einiger Genauigkeit – dessen Höhe ermitteln. Es arbeitete auf der Wellenlänge von 5,3 Metern und hatte eine Reichweite von 25 Kilometern. Im Oktober 1940 koppelte man außer Flak auch Scheinwerfer an das Würzburggerät, und damit nahm die Bedrohung für die Bomber zu. Mit Einführung der Funkmeßtechnik für die Suchscheinwerfer sank die Gefahr, daß Bomber und Jäger verwechselt wurden, und man konnte einige Jäger in den Lichtgürtel entsenden und dort kreisen lassen – nach Sicht oder per Funk – und dann nach vorn in die Dunkelnachtjagdräume beordern, sobald die vorderen Schallortungstrupps den Anflug von Bombern meldeten. Von dieser vorgeschobenen Position konnten sie entweder nach dem AN-System zu einem unsichtbaren Ziel dirigiert werden oder aber ein Ziel nach Sicht angreifen, das von einem der funkmeßgesteuerten Scheinwerfer erfaßt worden war. Ende 1940 konnte die Nachtjagd die Vernichtung von 42 RAF-Bombern belegen – die Flak nur 40. Das waren geringe Zahlen, wenn man sie mit der Zukunft vergleicht: 1943 und Anfang 1944 waren das die Verluste einer einzigen Nacht. Aber schon vorher mußte man diese Zahlen relativieren: Die Verluste der Nachtbomber stellten nur ein Drittel der Gesamtverluste dar, die das Bomberkommando in der gleichen Periode bei Tag- oder Nachteinsätzen gegen weit verstreute Ziele in Europa hinnehmen mußte – in Augen der Briten hatte die deutsche Nachtjagd noch nicht einmal das Außmaß einer größeren Bedrohung angenommen.

* * *

Während die Luftwaffe nach Wegen suchte, eine Nachtjagd gegen die zunehmende Bedrohung durch die nächtlichen Angriffe der Whitley, Wellington und Hampden der RAF auf die Beine zu stellen, waren es andere Vorkommnisse und Faktoren, die zur gnadenlosen Ausweitung des Bombenkriegs beitrugen. Göring hatte stillschweigend die Niederlage in der Luftschlacht um England – entscheidend für die Invasion – eingestanden und seine Bomber zu Luftangriffen auf London zusammengefaßt, zunächst am Tage, dann aber auch nachts: Seine Flugzeugführer hatten ausgewählte kriegswichtige Ziele anzugreifen, und es wird heute kaum mehr bezweifelt, daß sie – im großen und ganzen und innerhalb der Grenzen einsatzmäßiger Bedingungen – auch versuchten, ausschließlich diese Ziele zu treffen.
Nur: Wer bestimmt, was ein kriegswichtiges Ziel ist? Die deutsche Führung sagte damals, ganz London fiele in diese Kategorie, da schließlich von Whitehall und Westminster aus der Krieg gelenkt werde und von der City aus das gesamte Wirtschaftsleben des Landes, das für die Fortführung des Krieges entscheidend sei; und an den Londoner Docks würden große Mengen Kriegsmaterial angelandet. Es war dann natürlich unvermeidlich, daß auch Zivilgebiete getroffen und Nichtkombattanten in großer Zahl getötet wurden – und ebenso unvermeidlich war auch, daß das, was für die Männer in der Luft nur Teil ihres Kriegsauftrags darstellte, für die Menschen am Boden ein wahlloses Hinschlachten von Frauen und Kindern war. Der verhaßte Feind

zeigte endlich sein wahres Gesicht: Guernica, Warschau, Rotterdam – und jetzt war London an der Reihe! Bombenangriffe auf London und andere britische Städte wurden in den Herbst- und Winternächten des Jahres 1940 zur Regel. Am 7. September erlebte London einen verheerenden Luftangriff, bei dem etwa 450 Menschen ums Leben kamen: Es war die erste von 57 aufeinanderfolgenden Nächten, in denen die Hauptstadt bombardiert wurde. Flugzeuge des Bomberkommandos wiederum drangen nachts tief nach Deutschland ein und dehnten ihre Angriffe auch auf Italien aus. Nachdem die Bedrohung durch eine Invasion nachgelassen hatte, schwand auch die Notwendigkeit von Luftangriffen auf die Kanalhäfen – folglich standen mehr Bomber und auch mehr Bomben für Luftangriffe auf das Deutsche Reich zur Verfügung. Da die Nächte ohnehin länger wurden, konnte man auch weiter entfernte Ziele in Betracht ziehen. Der totale Krieg bekam eine neue Bedeutung, und die selbstbeschwichtigenden Beteuerungen beider Seiten, sie träfen ja nur militärische Ziele, ließen sich immer weniger halten. Dann bombardierte – in der Nacht vom 14. auf den 15. November 1940 – die deutsche Luftwaffe Coventry.

Für die britische Öffentlichkeit stellte Coventry eine neue Ebene deutscher Bestialität dar. Für die deutsche Führung war es ein brillanter Erfolg in der Technik nächtlicher Luftangriffe, und sie prägte einen neuen Begriff: »koventrieren« – eine Stadt auslöschen ... wie Coventry. Welche Version des Luftangriffs auf Coventry kommt der Wahrheit nun aber näher? Ein Autor nennt es in einem Buch über das Bomberkommando einen schweren Angriff, der »ganz offensichtlich gezielt gegen die Zivilbevölkerung gerichtet« gewesen sei. Diese Einschätzung herrscht noch heute vor, zumindest in Großbritannien – wenn man ihr widerspricht, riskiert man sowohl heftige wie empörte Reaktionen. Verluste an Menschenleben wie Sachgütern waren hoch in Coventry, aber keineswegs vorsätzliches Ziel dieses Angriffs [von dem Churchill dank entschlüsselter deutscher Funkunterlagen im voraus wußte]. Daß der Luftangriff auf Coventry jedoch gut geplant und ausgeführt wurde, wurde vom Bomberkommando stillschweigend eingeräumt, als es später – bei einem Luftangriff, der Coventry in Ausmaß und Bedeutung weit übertraf und es zu einem minderen Vorfall des Zweiten Weltkriegs herabstufte – drei der Techniken übernahm, die die Deutschen angewandt hatten: Angriff in Wellen, Verwendung von Funknavigation und Funkzielgeräten sowie Einsatz von Pfadfindern.

In der Zivilluftfahrt war damals ein Landeanflugsystem namens »Lorenz« weit verbreitet. Es arbeitete im UKW-Bereich auf 30 MHz, und im Flugzeug brauchte man nichts weiter als einen feinabstimmbaren Funkempfänger. Ein Sender strahlte zwei gebündelte Strahlen nebeneinander aus, die sich überlappten – der eine trug das Morsezeichen »E«, einen Punkt, der andere das Morsezeichen »T«, einen Strich –, und wo sie sich überschnitten, hörte man einen Dauerton. Normalerweise, wenn das System für den Flugplatz-Landeanflug verwendet wurde, wurde der Dauerton auf die Anflugschneise gerichtet und hatte nur eine verhältnismäßig geringe Reichweite. Wenn der Pilot Punkte hörte, drehte er sein Flugzeug nach rechts, und wenn er Striche hörte, nach links – in dem Bemühen, auf Dauerton zu bleiben.

Im deutschen Navigationssystem – »Knickebein« genannt und von viel größerer Reichweite – waren die überlagernden Punkte und Striche auf das Ziel gerichtet: Ein äußerst starker Sender strahlte über eine sehr große Antenne im Überlappungsbereich einen stark gebündelten Dauerton ab – und die Flugzeugführer mußten diesem Dauerton nur folgen, um mit absoluter Gewißheit ihr Zielgebiet zu finden. Der Dauerton eines zweiten Lorenz-Strahls wurde von einem weiteren günstig gelegenen Sender so abgestrahlt, daß er den ersten genau über dem Ziel schnitt: Wenn der Flugzeugführer dann den Schnittpunkt der beiden Tonbündel erreicht hatte, warf er die Bomben ab. Knickebein wurde allerdings schon recht früh vom britischen Wissenschaftlichen Geheimdienst entdeckt – das System ließ sich leicht stören, womit man die Bomber fehlleiten konnte. Für die Luftwaffe war das aber keine Katastrophe, da sie bereits ein moderneres Gerät hatte: das X-Gerät – es arbeitete nach demselben Prinzip, aber auf einer höheren Frequenz, und erforderte einen eigenen Empfänger. Das X-Gerät arbeitete mit vier Strahlen und war damit genauer als Knickebein: Auf einem Strahl flogen die Bomber zum Ziel, und die anderen drei Strahlen schnitten den ersten an bestimmten Punkten beim Anflug auf das Ziel. Der erste Schnittpunkt war lediglich eine Vorwarnung für den Flugzeugführer; er bestätigte ihm den korrekten Anflug. Der zweite Schnittpunkt verriet dem Beobachter, daß er 20 km vom Abwurfpunkt entfernt war, und er betätigte einen Schalter am Zeitmesser des automatischen Abwurfmechanismus, der jetzt den genauen Moment des Abwurfs zu berechnen begann. Beim dritten und letzten Signal betätigte der Beobachter den Schalter ein weiteres Mal, und der Mechanismus warf die Bomben automatisch entsprechend seinen Berechnungen ab.

Der Umgang mit dem X-Gerät war schwieriger als mit Knickebein und erforderte eine spezielle Ausbildung. Folglich wurde der Angriff auf Coventry von einer Spezialeinheit mit dieser Ausbildung angeführt: Kampfgruppe 100. Sie flog auf einem Strahl, den ein Sender bei Cherbourg erzeugte, und nutzte drei Strahlen von Sendern in der Nähe von Calais, die die Schnittpunktsignale lieferten. Die He 111 der KGr 100 – sie lag in Vannes zwischen St. Nazaire und Lorient, und ein Angriff auf Mittelengland führte sie fast direkt über den Leitsender bei Cherbourg – trugen die volle Zuladung an Brandbomben und begannen mit der Markierung der Ziele in Coventry kurz nach 22 Uhr. Nachdem die KGr 100 ihre Pfadfinderfunktion erfüllt hatte, belegten andere Gruppen oder Geschwader – bei der RAF nannte man sie später »main force« (»Hauptstreitmacht«) – die ihnen zugewiesenen Ziele mit Bomben: die Werke von Standard Motor, Coventry Radiator and Press, Alvis Aircraft Engines, Daimler und so weiter. Für damalige Verhältnisse war es ein äußerst erfolgreicher Luftangriff – die Werke erlitten beträchtliche Schäden, und die Produktion wurde stark beeinträchtigt. Aber wie auch die Deutschen bei den Angriffen der RAF feststellen mußten: Bomben können zwischen Moral und Unmoral nicht unterscheiden, und so kamen 400 Zivilisten ums Leben. Kennzeichnend für den Angriff der Luftwaffe auf das Rüstungszentrum war nicht nur, daß er ein weiterer Schritt auf dem Wege zum gnadenlosen Bombardement war, sondern er setzte auch Standards, zumindest was Pfadfinderaufgaben anbetrifft, denen die RAF später nacheifern sollte – und zwar in einem Ausmaß, das aus Sicht der Deutschen unverhältnismäßig und katastrophal war.

Es gab im Herbst 1940 noch weitere schwere Luftangriffe der Deutschen auf britische Städte: Außer London, das vorrangiges Ziel der Luftwaffe blieb, wurden auch Birmingham, Southampton, Bristol, Merseyside, Sheffield und weitere Ziele angegriffen. Anfang Dezember litt besonders Southampton unter zwei nächtlichen Angriffen, und am 13. Dezember 1940 beschloß das Kriegskabinett die Bombardierung einer deutschen Stadt, in der den einzelnen Besatzungen keine speziellen Ziele mehr zugewiesen wurden – Zielgebiet sollte das Zentrum der Stadt sein. In der Nacht vom 16. auf den 17. Dezember griff das Bomberkommando Mannheim an und benutzte dabei eine ähnliche Pfadfindertechnik wie die KGr 100 einen Monat zuvor beim Angriff auf Coventry: Eine erste Welle von acht Wellington, geflogen von erfahrenen Besatzungen, trug ausschließlich Brandbomben ins Zielgebiet. Ziel war, »den größten Schaden im Stadtzentrum zu konzentrieren«, wie eine Weisung des Oberbefehlshabers Sir Richard Peirse für die teilnehmenden Geschwader festhielt.

Das Bomberkommando verfügte nicht über Anlagen wie das X-Gerät, die die Pfadfinder und die nachfolgenden Bomber zum Ziel hätten führen können – ein Blick auf die Karte allerdings zeigt, daß Mannheim kein schwer auffindbares Ziel ist, schon gar nicht bei hellem Mondschein, wie er in der Angriffsnacht herrschte. Die Stadt liegt am Ostufer des breiten Rheins, der hier fast genau von Süden nach Norden fließt und Mannheim von Ludwigshafen am Westufer trennt. Südlich der beiden Städte weist der Fluß einige charakteristische Windungen auf, die das Kartenlesen eigentlich erleichtern sollten. Coventry hingegen hat keine derartig kennzeichnenden Merkmale. Und trotzdem: Während der Angriff der Luftwaffe auf Coventry ein bemerkenswerter Erfolg war, war der der RAF auf Mannheim ein Fehlschlag. 134 Bomber - weniger als ein Drittel der Bomber, die die Deutschen bei Coventry einsetzten - nahmen daran teil, aber den acht Wellington, die versuchten, Brände zu entfachen, um das Zielgebiet zu markieren, gelang es nicht, ihren Abwurf zu konzentrieren, so daß die nachfolgenden 126 Besatzungen ihre Bomben über ein weites Gebiet in und um sowohl Mannheim als auch Ludwigshafen verstreuten - der Großteil fiel in Wohngebiete und tötete 34 Menschen, fast alle Zivilisten; Industrieanlagen wurden kaum beschädigt. Die zurückkehrenden Besatzungen allerdings berichteten überschwenglich, daß der Angriff ganz allgemein - ihre eigenen Resultate im besonderen - hochkonzentriert verlaufen sei, und das wurde ihnen auch geglaubt, bis eine Spitfire der Luftbild-Aufklärungsstaffel in der Woche darauf Mannheim aufnahm und ihre Bilder dann belegten, daß die Treffer weit verstreut lagen. Aber so wie der Angriff auf Coventry zum Ruf der Brutalität der deutschen Luftwaffe beitrug, sorgte der Angriff auf Mannheim dafür, daß die Besatzungen des Bomberkommandos zunehmend als Terrorflieger eingestuft wurden.

Ende 1940 bemühten sich die Bomberkräfte der RAF zwar noch immer um mehr Schlagkraft, hatten damit aber keinen Erfolg. Dagegen wurde die junge Nachtjagd des Feindes rasch stärker und konnte erste Erfolge vorweisen. Dem Oberkommando der RAF schien jetzt allmählich klar zu werden, daß es unmöglich war, von den Besatzungen des Bomberkommandos zu verlangen, Punktziele zu treffen, und langsam - vielleicht zögernd, vielleicht aber auch mit stiller Erleichterung - fand man sich damit ab, daß mit den Kräften und den Navigationshilfen, die dem Bomberkommando zur Verfügung standen, der optimale Einsatz der Bomberkräfte im Flächenangriff lag. Seit Mai hatte das Bomberkommando 17.000 Nachteinsätze geflogen, von denen allerdings nicht alle gegen Deutschland gerichtet waren, und hatte dabei etwa 340 Flugzeuge verloren: eine Verlustquote von fast genau zwei Prozent. Von diesen Verlusten fielen weniger als 50 an die deutsche Nachtjagd. Das bedeutete, daß die Chancen der Besatzungen, abgeschossen zu werden oder aus anderen Gründen - Wetter zum Beispiel, Navigationsfehler, Kraftstoffmangel oder einer Kombination solcher Faktoren - nicht zurückzukehren, bei jedem Angriff im Schnitt 2:100 betrug, von einem Nachtjäger abgeschossen zu werden jedoch nur 3:1000. In den nächsten drei Jahren sollten diese Zahlen sich allerdings dramatisch verändern.

Kapitel 3

Erste Erfolge
1941

Einsatzmäßig war 1941 kein gutes Jahr für das Bomberkommando, aber es war ein Jahr stetigen Ausbaues und Materialaustausches, ein Jahr der Anstrengungen und der Erfahrungen und das Jahr, in dem - endlich - Konsequenzen gezogen und solide Grundlagen für die Durchsetzung der Theorie strategischer Bombenangriffe geschaffen wurden. In Deutschland wurde die Nachtjagd nach zögernden Anfängen immer stärker und entwickelte sich zu einer wirklichen Bedrohung für die Bomberoffensiven der RAF.

Oberbefehlshaber des Bomberkommandos im Jahre 1941 und auch noch Anfang 1942 war Air Chief Marshal (General) Sir Richard Peirse, der dritte Offizier, der seit Kriegsausbruch diesen Posten innehatte. Air Chief Marshal Sir Edgar Ludlow-Hewitt war im April 1940 durch Air Chief Marshal Sir Charles Portal ersetzt worden, der das Kommando nur sieben Monate führte, bevor er im Oktober 1940 Chef des Generalstabs der RAF wurde. Peirse hatte von Ludlow-Hewitt und Portal eine Streitmacht übernommen, die hinsichtlich Flugzeugen, Waffen und Navigationshilfen schlecht gerüstet war - als er sie dann seinerseits im Januar 1942 an seinen Nachfolger übergab, war diese Streitmacht wohlgerüstet, ihr Potential auszubauen. Bis dahin mußte das Bomberkommando noch eine heikle und schwierige Jugend durchlaufen, stand dann aber an der Schwelle zum Erwachsensein. Aber auch so war es noch ein langer Weg bis zur wirklichen Reife.

Am 15. Januar 1941 schickte der Stellvertretende Stabschef der RAF eine neue Weisung an Sir Richard Peirse, in der er optimistisch feststellte: »Wenn wir das jetzige Ausmaß unserer Luftangriffe auf die Raffinerien des Feindes aufrechterhalten können, könnte ihm seine Kraftstofflage schon im Frühjahr 1941 Sorgen bereiten.« Einziges Hauptziel des Bomberkommandos, fuhr er fort, müsse jetzt die Zerstörung der deutschen Anlagen zur Erzeugung synthetischen Kraftstoffs sein. Wetter und Sicht könnten dies zwar manchmal verhindern, aber dann solle die Offensive »gegen die wichtigen Industriestädte und Verkehrswege des Feindes gerichtet sein und können periodisch schwere Konzentrationen gegen erstere einschließen, um die Angst von Angriffen wach zu halten«. Dabei wäre es von Vorteil, wenn Städte, die mit der Ölindustrie zu tun hätten, in die Zielauswahl einbezogen würden. Ohne es direkt auszusprechen, erlaubte die Weisung eine großzügigere Auslegung der Richtlinien für Flächenangriffe.

Es war das Schicksal Hannovers, als erste Stadt nach der neuen Weisung behandelt zu werden: 222 Wellington, Hampden, Blenheim und Whitley griffen es in der Nacht vom 10. auf den 11. Februar an. Vier Bomber gingen über Deutschland verloren, und Kammhubers Fernnachtjäger von der I./NJG 2 schossen drei weitere über Großbritannien ab, als sie vom Einsatz zurückkehrten: eine Wellington, eine Hampden und eine Blenheim. In derselben Nacht bombardierten 43 Bomber Öltanks in Rotterdam in einem Routineangriff, der sich dadurch von anderen Einsätzen unterschied, daß erstmals ein viermotoriger RAF-Bomber daran teilnahm: eine Short Stirling.

Die Forderung, nach der die Stirling gebaut worden war, stammte von 1936, und sie war - zumindest dem Aussehen nach - ein beeindruckendes Flugzeug. Sie wurde von vier Vierzehn-Zylinder-Sternmotoren des Typs Bristol Hercules XI mit Schiebersteuerung angetrieben, war 30,9 m lang, hatte eine Spannweite von 34,7 m und eine Höhe von 6,9 m. Für ihre Länge hatte sie eine unverhältnismäßig geringe Spannweite: Die war durch die Größe der Flugzeughallen zur Zeit ihrer Konstruktion vorgegeben worden. Am Boden fiel sie durch ihren hocherhobenen Bug auf, da sie auf einem hohen und sehr solide gebauten Fahrwerk ruhte: Dieses Bauteil war so ungewöhnlich, daß schnell das Wort die Runde machte, die Stirling sei »die geniale Methode, ein Fahrwerk zum Fliegen zu bringen«.

Hinsichtlich Reichweite und Bombenzuladung war die Stirling im Vergleich zum bislang schlagkräftigsten Bomber, der Wellington, eine Verbesserung; sie konnte eine maximale Bombenlast von 6350 kg mitführen. Nach der Regel allerdings, daß die Entfernung des Ziels die notwendige Kraftstoffzuladung bestimmt, konnte sie bei einem 1280 km entfernten Ziel einschließlich Notfall-Spritreserve nur noch 2270 kg Bomben zuladen. Die Wellington II wiederum konnte maximal überhaupt nur 2040 kg transportieren, zu einem vergleichbaren Ziel aber nur noch 680 kg. Die Stirling war nur geringfügig schneller als die Wellington. Sie trug insgesamt acht 7,7-mm-MG in drei Waffenständen, einem im Bug, einem im Heck und einem auf dem Rumpf. Der Heckstand hatte vier und die beiden anderen je zwei MG.

Als Bomber litt die Stirling allerdings unter zwei schwerwiegenden Nachteilen. Zum einen bedeutete ihre geringe Spannweite auch wenig tragende Fläche, so daß sie ihre ohnehin geringe Maximalhöhe von 4500 m nur sehr langsam erreichte und sich dort nur schwerfällig steuern ließ, und zum zweiten begrenzten Abmessungen und Konstruktion ihrer Bombenschächte trotz der beeindrucken Bombenlast von mehr als sechs Tonnen die Größe ihrer Bomben: Sie konnte maximal 900-kg-Bomben zuladen – und das in einer Zeit, als doppelt so schwere Bomben in den Einsatz gelangten.

Nur zwei Wochen nach dem ersten Einsatz der Stirling stieß ein weiterer Neuling zum Bomberkommando, die Avro Manchester, und weitere zwei Wochen danach kam der dritte neue Bomber, die Handley Page Halifax. Obwohl die Manchester nur zwei Motoren hatte, fiel sie in ihren Leistungen kaum hinter der Stirling zurück, konnte aber schneller und höher steigen. Trotzdem war sie kein erfolgreiches Flugzeug: Sie litt unter zu häufigen Ausfällen ihrer Vulture-Motoren von Rolls-Royce. Nachdem 209 Maschinen hergestellt waren und acht Staffeln des Bombergeschwaders 5 von Hampden auf Manchester umgerüstet hatten, wurde sie ausgemustert – und zu einem viermotorigen Bomber mit Merlin-Motoren von Rolls-Royce umgebaut: So wurde sie zur Lancaster, dem unter allen Aspekten weltbesten Nachtbomber, vielleicht sogar dem insgesamt besten Bomber des Zweiten Weltkriegs.

Das dritte dieser neuen Flugzeuge, die Halifax, war von den Neulingen das beste – aber auch sie fiel hinter der Lancaster zurück, als sie schließlich Frontreife erlangte. Die von vier Merlin angetriebene Halifax kam zuerst am 13. November 1940 bei der 35. Staffel in Boscombe Down zu Einsatz, und die Staffel schickte sechs von ihnen am 10./11. März 1941 – zusammen mit acht Blenheim – zu einem Luftangriff nach Le Havre. Mit maximaler Abflugmasse hatte sie eine Dienstgipfelhöhe von 5500 m; 4500 m erreichte sie in 23 Minuten. Ihre maximale Bombenzuladung betrug 5900 kg, und mit 3855 kg Zuladung hatte sie eine Reichweite von 2655 km.

Obwohl diese neuen Flugzeuge für die Deutschen ein bedrohliches Vorzeichen für die Zukunft darstellten, ging die Einführung beim Bomberkommando nur schleppend voran. Fertigungsstraßen mußten eingerichtet, Staffeln neu ausgerüstet, neue Besatzungen ausgebildet und alte umgeschult, Flugplätze den größeren und schwereren Maschinen angepaßt werden und dergleichen. Vor allem war es erforderlich, die neuen Bomber unter Einsatzbedingungen zu überprüfen. Wie langsam die Umrüstung auf modernere Flugzeuge verlief, wird vielleicht deutlich, wenn man zwei Einsätze des Bomberkommandos von zahlenmäßig ähnlicher Stärke – einen zu Beginn 1941, einen zum Ende des Jahres – vergleicht. Die Formation, die am 9./10. Januar

1941 Raffinerien in Gelsenkirchen angriff, umfaßte 60 Wellington, 36 Blenheim, 20 Hampden und 19 Whitley: insgesamt 135 Flugzeuge. Am 27./28. Dezember 1941 griffen 132 Bomber Düsseldorf an: 66 Wellington, 30 Hampden, 29 Whitley und 7 Manchester. Während des Jahres waren die Blenheim, die ja nur leichte Bomber waren, von den wichtigsten Nachteinsätzen gegen Deutschland zurückgezogen worden: Abgesehen davon und der Zuführung einer kleinen Zahl zweimotoriger Manchester bestand die Streitmacht des Bomberkommandos noch immer aus Wellington, Whitley und Hampden. Die Blenheim flogen zwar noch Einsätze, aber in der Fernangreiferrolle meist gegen deutsche Flugplätze. Sie sollten in dieser Funktion bald durch Beaufighter und später durch Mosquito ersetzt werden.
Obwohl die Einführung der Flugzeuge der neuen Generation nur zögerlich und schleppend verlief, war ihre Schlagkraft doch bald zu spüren. In ihren ersten Einsatzmonaten blieben sie hauptsächlich auf Küstenziele beschränkt, besonders zum Beispiel Brest, wo große deutsche Kriegsschiffe wie die *Scharnhorst* und die *Gneisenau* lagen. Schritt für Schritt wandten sie sich dann aber auch gegen das Reich selbst, auch gegen Berlin, bis im August 30 von ihnen – neun Stirling, neun Manchester und zwölf Halifax – zusammen mit 40 Wellington die Hauptstadt des Dritten Reichs bombardierten. Der Erfolg des Bombardements war schwer bestimmbar: Noch immer mußten die Navigatoren sich auf Methoden und Gerät verlassen, über die das Bomberkommando schon bei Kriegsausbruch verfügte. Als kriegswichtiges Ziel hatte man den Bombenschützen das Reichsluftfahrtministerium im Herzen der Stadt vorgegeben, aber die Bomben der 32 Maschinen, die Berlin erreichten, lagen zum Teil weitab. Zudem war es ein verlustreicher Angriff: Neun Bomber blieben vermißt – eine Verlustrate von fast 13 Prozent. In derselben Nacht flog eine Formation von 65 Wellington und Hampden gegen Hannover – vier Wellington gingen verloren. Eine von ihnen überprüfte ein revolutionäres Funkgerät im Einsatz, das den Durchbruch auf dem Gebiet der Flugnavigation darstellen sollte: Es nannte sich »Gee«.
Gee war kein Radargerät: Radar arbeitet mit Funksignalen, die abgestrahlt, reflektiert und dann wieder empfangen werden, so daß man eine Entfernung oder sogar die Position bestimmen kann. Gee arbeitete mit einer Anzahl von Signalen von verschiedenen Bodenstationen, die im Flugzeug empfangen und deren unterschiedliche Laufzeiten ausgewertet wurden. Wie bei den schon besprochenen Radar- oder Funkmeßgeräten - CH, Freya und Würzburg - war es die Kathodenstrahlröhre, die Gee erst ermöglichte. Gee war 1940 vom Fernmeldeforschungs-Institut entwickelt worden; die Idee war allerdings schon vor dem Krieg bekannt. Das mathematische Prinzip, nach dem Gee arbeitete, war die Hyperbel.
Die Hyperbel ist eine Linie konstanter Entfernungsdifferenz, und grundsätzlich konnte der Empfänger im Flugzeug den Unterschied der Entfernungen messen, die zwischen dem Flugzeug und jedem Senderpaar am Boden lagen. Die abgelesenen Werte übertrug man dann auf eine Spezialkarte, die mit farbigen Hyperbeln überdruckt war, die jeweils einem Senderpaar zugeordnet waren. Unter Idealbedingungen konnte ein guter Navigator seine Position sehr schnell feststellen: im Bruchteil einer Minute. Natürlich hatte Gee auch seine Schwächen. Zum einen war die Reichweite des Systems durch die Erdkrümmung begrenzt - wenn man zum Beispiel 400 km von den Sendern entfernt war, konnte man dessen Signale erst ab einer Höhe von etwa 6000 m empfangen. Zum anderen lagen die Hyperbeln immer weiter auseinander, je weiter man sich von den Sendern entfernte, so daß die Positionen immer ungenauer wurden. Und schließlich war Gee sehr anfällig für elektronische Feindstörungen.
Ebenfalls im Versuchsstadium befand sich 1941 »Oboe«, das jedoch noch später als Gee in den Einsatz gelangen sollte. Das System kann aber hier schon vorgestellt werden, da es weitgehend vom deutschen Knickebein-System und vom X-Gerät abstammt, deren Funktion bei der Schilderung des Angriffs auf Coventry bereits erklärt wurde.

Die Aufklärungsabteilung des Luftfahrtministeriums hatte von der Existenz des Knickebein-Systems bereits in den ersten Kriegsmonaten erfahren, und im Juni 1940 wurde ein Spezialverband für Gegenmaßnahmen aufgestellt: die 80. Gruppe unter Wing Commander (Oberstleutnant) E.B. Addison. Es war Addison, der den Begriff »Funk-Gegenmaßnahmen« prägte. Die 80. Gruppe arbeitete eng mit dem erst kürzlich gegründeten Fernmeldeforschungs-Institut zusammen, das 1940 Gee entwickelt hatte. Teil der 80. Gruppe war auch die Funkforschungs- und Entwicklungs-Einheit auf dem RAF-Flugplatz Boscombe Down, die im Dezember 1940 in 109. Staffel umbenannt wurde. Sie flog Wellington und Avro Anson und war beauftragt, Blindabwurfgeräte ähnlich denen der Deutschen zu entwickeln. Zu den Aufträgen der 109. Staffel zählte auch ein Einsatz, bei dem eine Wellington dem Leitstrahl des deutschen X-Geräts folgte, der von der Halbinsel von Cherbourg aus abgestrahlt wurde, und dann - im Nullkegel, der toten Zone über dem Sender - ihre Bomben abwarf, die allerdings nicht trafen. Im Bereich Forschung und Entwicklung hatten die 109. Staffel und das Fernmeldeforschungs-Institut jedoch weitaus mehr Erfolg.

Oboe unterschied sich von Knickebein und X-Gerät, indem es Radar benutzte, das natürlich eine viel genauere Meßmethode darstellt als Funk. Darüber hinaus strahlte Oboe keinen Leitstrahl ab, auf dem der Bomber zum Ziel flog, sondern es maß die Entfernung des Flugzeugs von einer Bodenstation. Eine Bodenstation mit dem Codenamen »CAT« strahlte eine schnelle Folge von Impulsen ab: Jeder Impuls, der das Flugzeug erreichte, löste dort in einem Antwortgerät, das »Transponder« genannt wurde, einen Impuls aus, der zurückgesandt wurde und natürlich viel stärker war als ein reflektiertes Radarecho. Vor dem Start hatte man die genaue Entfernung von der Bodenstation bis zum Zielpunkt berechnet, und der Bomber näherte sich seinem Ziel entlang einer gekrümmten Linie, die in Wirklichkeit der Bogen eines Kreises mit der Zielentfernung als Radius und der CAT-Station als Mittelpunkt war. Die CAT-Station führte den Bomber entlang dieser gekrümmten Linie, indem sie dem Piloten durch eine Serie von Punkten und Strichen anzeigte, ob er nach links oder rechts eindrehen mußte, um genau auf der vorausberechneten Linie zu bleiben - wie beim Lorenz-Blindflugsystem, auf dem das Knickebein-Bombenwurfverfahren der Deutschen ja beruhte, hörte der Pilot Punkte, wenn er zur einen, und Striche, wenn er zur anderen Seite abkam: Nur beim Dauerton flog er genau auf der gekrümmten Linie. Eine zweite Bodenstation, »MOUSE«, die rund 160 km weiter südlich lag, um einen guten Schnittpunkt erzeugen zu können, maß die Peilung zum Abwurfpunkt und signalisierte dem Flugzeug den Moment, an dem die Bomben ausgeklinkt werden mußten. Dazu sendete MOUSE, acht Minuten bevor der Bomber sein Ziel erreichte, ein »B« in Morsezeichen, fünf Minuten vor dem Ziel ein »C« und drei Minuten vorher ein »D«. Dies hörte der Navigator im Flugzeug im Oboe-Empfänger, und er löste entsprechend die Bomben oder die Zielmarkierung aus: Kurz vor dem Abwurfmoment hörte er fünf aufeinanderfolgende Punkte, dem ein Strich von zweieinhalb Sekunden Dauer folgte - an dessen Ende drückte er den Bombenabwurfknopf.

Das Oboe-Flugzeug, normalerweise eine Mosquito, wurde von zwei Bodenstationen geführt: von CAT bei Trimingham in Norfolk und MOUSE bei Walmer in Kent. Das Flugzeug startete auf seinem Flugplatz (A) und flog einen Kurs, der es zu einer gekrümmten Linie (EQ) führte, die der Bogen eines Kreises mit der CAT-Station als Mittelpunkt und der Entfernung von CAT zum Ziel (AP) als Radius war. Diese Entfernung war präzise vorausberechnet und berücksichtigte auch Höhe und Geschwindigkeit des Flugzeugs sowie die Windgeschwindigkeit. Hochfrequente Signale von CAT aktivierten im Flugzeug ein Antwortgerät (Transponder), das seinerseits Signale zurücksandte, durch die der Beobachter am Boden die Position des Flugzeugs bis auf wenige Meter genau bestimmen konnte. Westlich der Dauertonlinie EQ hörte der Na-

vigator im Flugzeug eine Folge von Punkten, östlich davon eine Folge von Strichen. Diese Signale verschmolzen auf der EQ-Linie zu einem Dauerton. Wenn der Pilot bei Punkt B die EQ-Linie erreichte, flog er eine Rechtskurve und folgte der EQ-Linie nach Süden. Wenn Striche in seinem Köpfhörer ertönten, drehte er leicht nach rechts ein, bei Punkten leicht nach links. So folgte er der Dauertonlinie bis zum Zielpunkt AP. Seinen Flug verfolgten auch Beobachter von MOUSE, die bestimmte Morsezeichen abstrahlten, wenn das Flugzeug sich dem Ziel näherte - so erfuhr der Navigator die Flugzeit bis zum Ziel und hörte dann eine Folge von Punkten und schließlich einen Strich: Am Ende dieses Striches löste er die Bomben aus.
Die Deutschen nannten Oboe nach dem gekrümmten Kurs, auf dem die Mosquito ihr Ziel anflogen, »Bumerangverfahren«. Da sie mit hoher Geschwindigkeit in einer Höhe von bis zu 9000 m flogen, waren die Mosquito für deutsche Jäger praktisch unerreichbar.

Natürlich hatte das System auch Nachteile. Der erste war seine Reichweite, die wiederum von der Erdkrümmung und der Flughöhe der Maschinen bestimmt wurde. Eines der Hauptziele des Bomberkommandos, der Industriekomplex des Ruhrgebiets, lag gerade noch innerhalb seiner Reichweite, und da Bombenwurf nach Sicht dort wegen der fast ständig vorhandenen Industrieabgase praktisch unmöglich war, konnte erst Oboe hier Abhilfe schaffen. Zum zweiten konnte ein Paar Bodenstationen zur selben Zeit nur ein Flugzeug führen - Gee war da erheblich vielseitiger. Und ähnlich wie Gee konnte Oboe, besonders in seinen ersten Versionen, vom Feind gestört werden.
Obwohl Oboe schon 1941 entwickelt worden war, brauchte das System etliche Zeit, bis es zum Einsatz kam: Die ersten Geräte erwiesen sich als sehr unzuverlässig. Versuchsangriffe auf die *Scharnhorst* und die *Gneisenau* im Hafen von Brest, die im Dezember 1941 geflogen wurden,

Das Navigationssystem Oboe

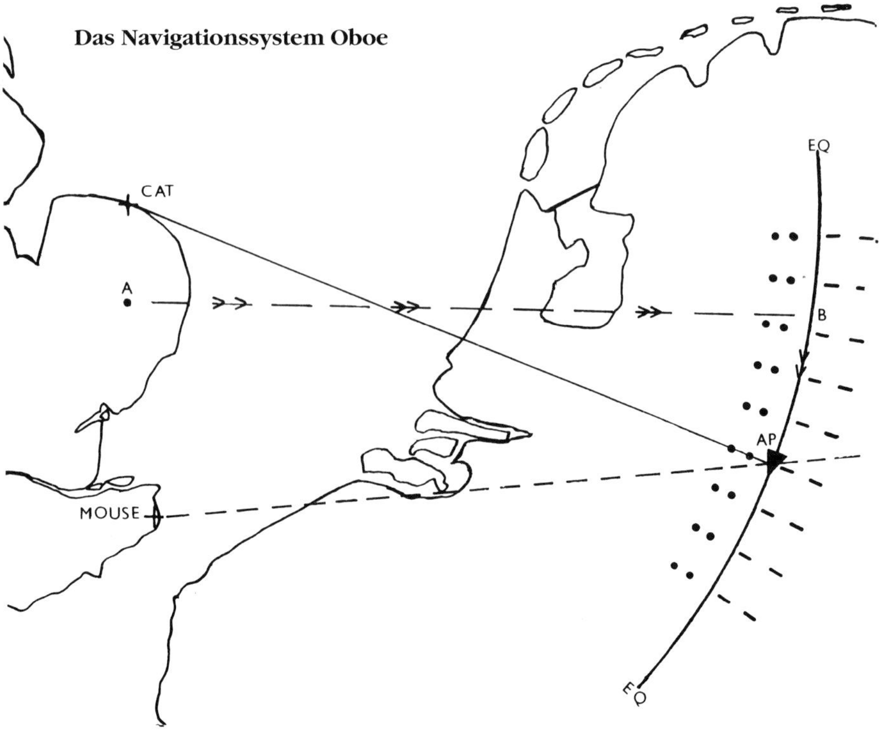

brachten zwar keine Erfolge, zeigten aber, daß es sich lohnte, das System ernsthaft weiterzuentwickeln. Es dauerte dann allerdings noch ein weiteres Jahr, bis das System im Einsatz verwendet werden konnte - bis dahin hatte man das Problem der mangelnden Reichweite auch durch die Einführung der hochfliegenden Mosquito-Bomber gelöst. Da jedoch ein Paar Bodenstationen nur jeweils ein Flugzeug führen konnte, sollte Oboe in erster Linie zur Blindmarkierung von Zielen verwandt werden - aber das lag 1941 noch in der Zukunft. Trotzdem: Mit den ersten Arbeiten an Gee und Oboe begann sich 1941 eine Lösung der eng verwandten Probleme von Navigation und Bombenwurf abzuzeichnen, die das Bomberkommando noch immer beschäftigten.

Während das Bomberkommando - langsam, aber sicher - größere Schlagkraft entwickelte, widmete die Luftwaffe ihre Aufmerksamkeit dem Ausbau und der Verbesserung der Nachtjagd, um den ständigen Einflügen der RAF begegnen zu können, die fast jede Nacht stattfanden und - obwohl sie eher störten, der deutschen Kriegsmaschine kaum Schaden zufügten und auch die Moral der Deutschen nicht untergruben - mit Sicherheit nicht nachlassen würden. Das Erscheinen der neuen viermotorigen Bomber, im Volksmund »Viermot« genannt, und die zunehmende Tendenz der Bomberkräfte, sich der Bombardierung von Stadtzentren zu widmen anstatt - wie ungenau auch immer - militärische Ziele anzugreifen, waren Vorzeichen, über die man nicht mehr hinwegsehen konnte. Darüber hinaus war das Bomberkommando jetzt offensichtlich dabei, die Nachtangriffe auszuweiten, und selbst der Ruf nach mehr Flugzeugen für die Ostfront, die dort nach dem deutschen Angriff auf die Sowjetunion am 22. Juni 1941 gebraucht wurden, änderte nicht viel an der Priorität, die man jetzt der Produktion von Nachtjägern und dem Ausbau des Verteidigungssystems eingeräumt hatte.
1941 wurden weitere neue Nachtjagdverbände aufgestellt, hauptsächlich aus Formationen der Zerstörer Bf 110. Waren die Besatzungen zuvor eher widerwillig dem Ruf der noch unbekannten Nachtjagd gefolgt, bei der man – wie es schien – nicht einmal Ruhm erringen konnte, so änderte sich diese Einstellung jetzt mit zunehmendem Erfolg: Die Luftwaffe schuf neue Helden, Männer wie Werner Streib, Ludwig Becker und Günter Radusch – neue Idole der Öffentlichkeit und für andere Flugzeugführer der Luftwaffe Kameraden, denen man durchaus nacheifern konnte.
Im Januar 1941 bestand die Nachtjagd aus 16 Staffeln in drei Geschwadern; NJG 1, NJG 2 und NJG 3, einschließlich der Fernnachtjagdgruppe I./NJG 2. Das hätte theoretisch eine Gesamtstärke von rund 144 Flugzeugen ergeben müssen, aber Materialumfang und Personalstärke standen meist nur auf dem Papier: Damals hatte zum Beispiel jede Staffel im Schnitt weniger als vier einsatzbereite Flugzeugführer. Im Verlauf des Jahres sollten sich diese Dinge allerdings ändern, und mittlerweile war bereits ein intensives Programm zum Bau von Fliegerhorsten für Nachtjäger und zur Verbesserung bestehender Horste angelaufen.
Der größte und wichtigste Nachtjäger-Fliegerhorst der Luftwaffe wurde schließlich Venlo, westlich von Duisburg auf holländischem Boden an der deutsch-holländischen Grenze gelegen – eine ideale Lage für den Schutz der im Ruhrgebiet konzentrierten Industrie. Es lohnt sich, den Bau von Venlo etwas näher zu betrachten, da er eine Vorstellung von der Priorität vermittelt, die der Nachtjagd – nach Jahren der Vernachlässigung – jetzt plötzlich zukam.
Das Gebiet, in dem der Fliegerhorst gebaut wurde, war flach – spärlich besiedelte Heide, eine Region, die von Naturfreunden und Wanderern aufgesucht wurde. In diesem Gebiet lagen zwei kleine Flugfelder, auf jeder Seite der Grenze eines, aber es gab weder Gebäude noch andere Einrichtungen – es ist wohl zutreffender, sie als Gelegenheits-Landepisten zu bezeichnen. Etwa im August 1940, kurz nachdem Kammhuber die Nachtjagddivision übernommen hatte, fing man

an, die Gegend zu vermessen, und am 1. Oktober begannen die Arbeiten mit einem starken Aufgebot an Arbeitskräften: Einige Berichte sprechen von 15.000 Arbeitern, die an diesem Projekt beteiligt gewesen sein sollen. Trotz der Abneigung vieler Holländer gegenüber den Invasoren hatten die Deutschen keine Schwierigkeiten, Holländer für die Arbeiten zu rekrutieren – die Arbeitslosigkeit in dieser Gegend war hoch, und das Geld, das man im Schichtdienst, der rund um die Uhr lief, verdienen konnte, war gut. Die logistischen Probleme waren enorm, und ihre Lösung brachte eine Atmosphäre auf wie am Klondike zur Zeit des Goldgräberrausches: Es gab weder gute Straßen noch Gleisanlagen, auf denen man die riesigen Mengen Material in das elf Quadratkilometer große Gebiet, das der Flugplatz einmal bedecken würde, hineinschaffen konnte, und es gab auch keine Versorgung. Das Material wurde per Bahn nach Venlo und Kaldenkirchen gebracht, und diese Orte verwandelten sich praktisch über Nacht von verschlafenen Nestern in äußerst geschäftige Materialumschlagplätze, deren Materialien dann auf großen Lastkraftwagen über hastig angelegte Straßen dorthin transportiert wurden, wo man sie benötigte. Tausende von Arbeitern wurden täglich per Bus zu ihren Schichten gefahren, meist von örtlichen Unterkünften wie Schulen, Klöstern und Privatvillen, die man zu Wohnheimen umfunktioniert hatte.

Im Westen des Gebiets, auf holländischem Boden, wurden drei Betonstartbahnen angelegt: zwei von 1450 m und eine von 1200 m Länge. Anlagen für den Nachtflug wurden installiert, einschließlich mehr als 2000 Platzfeuer für die Platzbefeuerung. Wohn- und Verwaltungsgebäude wurden meist in bewaldeten Gegenden errichtet und zum Schutz vor Luftangriffen weit auseinandergezogen. Zudem bemühte man sich, den Fliegerhorst seiner Umgebung anzupassen; dafür bekamen auch die Startbahnen einen Tarnanstrich. Es gab beheizte Flugzeughallen, in denen Wartungsarbeiten durchgeführt werden konnten, und später kam noch ein moderner Kontrollturm hinzu. Das Straßennetz innerhalb des Fliegerhorstes umfaßte ungefähr 48 km.

Im März 1941, nur sechs Monate nach Beginn der Bauarbeiten, konnte der Fliegerhorst – obwohl noch nicht bis ins letzte Detail fertiggestellt – bereits belegt werden, und am 19. März verlegten die Bf 110 der ersten Nachtjagdgruppe, der I./NJG 1, nach Venlo – eine der erfolgreichsten der vielen Nachtjagdgruppen, die sich dem Bomberkommando zwischen 1940 und 1945 entgegenstellten.

Während des Baues von Venlo wurden in Belgien, den Niederlanden und in Norddeutschland weitere Flugplätze vergrößert und so umgebaut, daß sie die wachsende Zahl der Nachtjagdstaffeln aufnehmen konnten. Auch das Flugmelde- und -leitsystem, das die Nachtjäger erst in die Lage versetzte, ihre Ziele zu finden, wurde erweitert. Ende 1941 gab es sechs zusammenhängende Dunkelnachtjagdgebiete entlang der holländischen und der norddeutschen Küste, in denen jeweils mindestens zwei Freyageräte den Luftraum nach Westen absuchten; sie erstreckten sich von der Scheldemündung im Süden bis nach Sylt im Norden. Als Rufzeichen trugen sie Säugetier- oder Fischnamen: »Hamster«, »Hering«, »Tiger«, »Löwe«, »Languste« und »Wolf«. Es waren ihre Gebiete, in denen die einfliegenden Bomber mit Hilfe der Funkmeß-AN-Peilung abgefangen werden sollten. Parallel dazu und in der Regel etwa 140 km hinter dieser Kette von Flugmelde-Funkmeßgeräten lag der Scheinwerfergürtel mit seinen hellen Nachtjagdräumen. Darüber hinaus gab es eigene Nachtjagdgebiete um einige der größeren Städte – um Hamburg, Bremen, das Ruhrgebiet, Köln, Frankfurt am Main und Berlin. Diese Gebiete nannte man »kombinierte Nachtjagdgebiete«, und in ihnen arbeitete das Peronal von Funkmeßgeräten, Flak, Suchscheinwerfern und Nachtjagd grundsätzlich zusammen. In der Praxis allerdings war die kombinierte Nachtjagd – Konaja abgekürzt – nicht sonderlich erfolgreich: Es erwies sich als unmöglich, ein System in die Praxis umzusetzen, das sicherstellte, daß die Flak nicht feuerte, wenn die Nachtjäger ihre Ansätze auf Bomber flogen, oder das Feuer der Flak auf eine vorher verein-

barte Höhe begrenzte – damit war es im Endeffekt für die Messerschmitt fast genauso gefährlich, über diesen Luftverteidigungs-Gebieten zu fliegen, wie für die Wellington oder Halifax. Der abschreckende Scheinwerfergürtel, den die RAF-Bomber jetzt durchqueren mußten, erstreckte sich von der dänischen Grenze im Norden bis zum Raum östlich von Brüssel im Süden. Er umfaßte sechs sogenannte Scheinwerfergroßräume, von denen jeder aus drei kleineren Scheinwerferräumen bestand, die etwa 30 km breit und 20 km tief waren. Das Ergebnis war ein formidabler Abwehrgürtel: Jeder Großraum besaß drei Scheinwerferabteilungen, eine für jeden Raum. Sie bestanden aus neun 150-cm-Scheinwerfern, von denen der in der Mitte der Hauptsuchscheinwerfer war, der ein Ziel als erster auffaßte; die anderen bildeten dann mit ihm zusammen einen Kegel. Jeder Scheinwerfer wurde von einem Würzburg-C-Funkmeßgerät geführt. In dieser Periode kam eine verbesserte Version des Funkmeßgeräts Würzburg zum Einsatz, der Würzburg-Riese, der – wie der Name verrät – größer als das Originalgerät war. Die Reichweite des Riesen betrug in der Praxis bis zu 60 km, verglichen mit den 25 km seines Vorgängers; er konnte um 360° gedreht werden und auch die Höhe eines Ziels messen. Würzburg-Riesen wurden vor dem hellen Gürtel aufgestellt und schufen so Abfangjagdgebiete mit Leitkapazität – zusätzlich zu denen, die entlang der Küste mit Freyageräten bestückt waren. Gleichzeitig wurden 200-cm-Scheinwerfer, ebenfalls von Würzburg-Riesen gesteuert, vor und hinter dem hellen Gürtel aufgestellt, um ihm mehr Tiefe zu verleihen.
Jetzt entwickelte sich auch eine neue Form von Jägerleitverfahren. Wenn ein Würzburg oder ein Würzburg-Riese Flugabwehrkanonen oder Suchscheinwerfer steuerte, benutzte man dazu einen Auswertetisch – eine einfache Karte des Gebiets, das vom Funkmeßgerät abgedeckt wurde, auf der die Positionen der Ziele anhand von Meldungen der Funkmeßbeobachter dargestellt wurden. Dieses Meldesystem nutzten auch die Jägerleitoffiziere, denen die Positionen von Bomber und Jäger an denselben Tisch von zwei getrennten Funkmeßgeräten, dem »roten Riesen« beziehungsweise dem »blauen Riesen«, übermittelt wurden. Zunächst waren die Positionen von Hand mit entsprechend farbigen Fettstiften eingetragen worden, aber dann wurde eine geniale Verbesserung ersonnen, bei der die Positionen von Bomber und Jäger auf einer Mattglasscheibe als rote und grüne Punkte dargestellt wurden, die von unten mit Hilfe mechanischer Verbindungen daraufprojiziert wurden. Diese verbesserte Version des Auswertetisches nannte man »Seeburgtisch« – auf ihm hatte der Jägerleitoffizier ein fortlaufendes Bild der relativen Positionen des Bombers, den er abzuschießen versuchte, und des Jägers, den er führte. Der Jagdflieger allerdings mußte sein Ziel noch immer mit bloßem Auge auffassen. Dies war die erste Stufe dessen, was später als »Himmelbettverfahren« bekannt wurde.
Obwohl der Würzburg-Riese die Wirksamkeit von Henaja und Dunaja verbesserte, war jede Form der Nachtjagd, die sich auf Scheinwerfer stützte, äußerst abhängig von den vorherrschenden Wolken- und Sichtverhältnissen. Aber der Himmel über Europa ist nur sehr selten völlig klar, besonders im Herbst und im Winter. Und längere Nächte bedeuteten tiefere Einflüge durch die RAF. Die Nachtjagd machte zwar Fortschritte, aber es wurde immer deutlicher, daß keine wirklich höheren Erfolgsquoten zu erwarten waren, bevor nicht ein System, das nicht auf Sicht beruhte und die Jäger näher an die Bomber heranführte, zur Verfügung stand: Man brauchte in den Jagdflugzeugen dringend ein Gerät, mit dem der Flugzeugführer sich in Abschußposition manövrieren konnte. Einige führten noch Spanner mit sich, und eine zweite Version, Spanner II, war inzwischen eingeführt worden, ein passives Gerät, das theoretisch die Motorenhitze zur Zielerfassung nutzte – aber Spanner II war noch weniger wirksam als Spanner I. Die Lösung konnte nur in der Funkmeßtechnik liegen. Was zerstörte Bomber anbetraf, so lag Dunaja 1941 weit hinter Henaja: Bis Ende September 1941 waren mit funkmeßgeführter Abfangjagd nur etwa 50 RAF-Bomber abgeschossen worden – rund 325 dagegen in Zusammenarbeit mit Suchscheinwerfern.

Nachdem das Problem der Luftverteidigung bei Nacht ständig an Größe und Komplexität zunahm, wurde auch der Ruf nach einem zentralisierten Führungssystem immer lauter. In Großbritannien hatte man dieses Problem bereits vor dem Ausbruch der Feindseligkeiten erkannt und gelöst, und die Erfolge der RAF in der Luftschlacht um England wären ohne das Flugmelde- und -leitsystem, das auf den CH-Küstenradarstationen beruhte, gar nicht möglich gewesen. In Deutschland hingegen gab es kein derartiges System. Die taktische Koordination zwischen Scheinwerfern und Jägern im hellen Gürtel oblag dem Kommandeur des örtlichen Scheinwerferregiments, der meist vom Fliegerhorst der Jäger aus operierte, die ihm zugeordnet waren. Er arbeitete mit den Offizieren der Nachtjagdgruppe im Gruppengefechtsstand zusammen, während die Jägerleitoffiziere in den Funkmeßstellungen tätig waren. Das war natürlich unbefriedigend, und so richtete Kammhuber in Zeist bei Utrecht einen Divisionsgefechtsstand ein, in dem alle Meldungen über feindliche und eigene Operationen per Telefon zusammenliefen und die taktische Lage auf einer großen senkrechten Karte dargestellt wurde. Um etwa diese Zeit prägte die RAF den Begriff »Kammhuber Line« für das System aus Nachtjägern und Scheinwerfern, das sie durchqueren mußten, um zu ihren Zielen zu gelangen.
Sowohl in England wie auch in Deutschland machte die Radar- oder Funkmeßtechnik unter dem Druck der Kriegsereignisse rasche Fortschritte. Die Deutschen brauchten ein Gerät, das nachts »sehen« konnte und besser war als das Infrarotgerät Spanner und das sehr unzulängliche »Nachtsichtgerät menschliches Auge«. In Großbritannien hatten die Arbeiten an einem »AI« (»airborne interception« oder »Abfangjagd-Bordradar«) schon vor dem Krieg begonnen, und die ersten Nachtjagdflugzeuge, Blenheim, waren im Herbst 1939 versuchsweise mit AI ausgerüstet worden. Das Bordradar, das die Blenheim mitführten – »AI Mark III« (»Bordradar Typ III«) –, arbeitete auf der relativ langen 1-m-Welle und benutzte externe Antennen, die an Bug und Tragflächen angebracht waren. Zunächst verliefen die Versuche nicht sehr vielversprechend: Schließlich war das für Konstrukteure wie Besatzungen ein völlig neues Gebiet. Immerhin aber erkannte man die Möglichkeiten der Bordradars und erhöhte die Anzahl der Blenheim, die für die nächtliche Luftverteidigung vorgesehen waren. Der Erfolg stellte sich nur langsam ein, und erst im Juli 1940 wurde der erste deutsche Bomber, eine Do 17, von einem mit AI-Radar ausgerüsteten Nachtjäger abgeschossen: Er hatte mit seinem Bordradar sein Ziel entdeckt und es damit auch angeflogen. Der zweite Luftsieg kam dann erst im November – es war derselbe Pilot, Flying Officer (Oberleutnant) Ashfield, der beide Luftsiege errang. Die Nachtjäger des Feindes hingegen suchten ihre Ziele noch immer ohne Bordgerät, außer – in sehr seltenen Fällen – mit dem sehr unbefriedigenden Spanner.
Ziemlich früh hatte man in Großbritannien erkannt, daß man bessere Ergebnisse auf dem Gebiet des Radars allgemein und des Bordradars im besonderen erzielen konnte, wenn man die Frequenz erhöhte und damit die Wellenlänge verkürzte: Im März 1941 hatte man dann ein Bordradar für den Zentimeterbereich gebaut und erprobt, und im Dezember desselben Jahres wurde ein Einsatzgerät – AI Mark VII – eingeführt. Herz dieses Geräts war eine großartige Erfindung, das Magnetron, auf das bei Besprechung des Flugnavigationsgeräts H2S näher eingegangen wird. Im Moment genügt es zu sagen, daß das Magnetron äußerst starke elektromagnetische Energie auf sehr kurzer Wellenlänge erzeugen konnte – im Bereich von etwa 10 cm. Das wiederum bedeutete, daß die Antennen für Abstrahlung und Empfang entsprechend klein waren und man den Strahl, den der Jäger sendete, leichter bündeln und auf den Feind richten konnte. Ein weiterer Vorteil war, daß man die Antennen unter einer speziell angefertigten Plastikkuppel anbringen konnte, so daß sie sich nicht negativ auf die Flugeigenschaften der Nachtjäger auswirkten.
Auf dem Gebiet des Zentimeterradars hinkten die Deutschen weit hinter den Briten her, und da sie die Notwendigkeit einer Nachtjagd für die Verteidigung des Reichs nicht erkannt hatten,

hatten sie sich um die Entwicklung eines Bord-Funkmeßgeräts überhaupt nicht gekümmert. Erst Ende 1940, lange nach dem ersten Bordradar-Erfolg der Briten, hatte Kammhuber, der diesen Mangel eingesehen hatte, die deutsche Elektronikindustrie gedrängt, ein derartiges Gerät zu entwickeln. Trotz Einwands durch den Oberbefehlshaber der Luftwaffe, Hermann Göring, der der gesamten Idee der Nachtjagd nur wenig Verständnis und auch kaum Geduld entgegenbrachte – »Ein Jäger ist doch kein Kintopp!« –, wurde Kammhubers Forderung vom RLM, und hier besonders von dem vorausschauenden Generalmajor Wolfgang Martini, dem Chef des Nachrichtenverbindungswesens der Luftwaffe, unterstützt. Unter den so angesprochenen Firmen war auch Telefunken, und man beantwortete Kammhubers Forderung dort mit dem Vorschlag, den Funkhöhenmesser Lichtenstein A zu diesem Zweck weiterzuentwickeln. Realisierbarkeitsstudien ergaben daraufhin, daß das Gerät sich dafür eignete.
Allerdings gab es da ein Problem: Das Gerät arbeitete auf einer Wellenlänge von etwa 60 cm, einer sechsmal längeren Welle als beim britischen Bordradar, also brauchte man externe Antennen. Die ideale Länge einer Antenne, die zur Wellenlänge paßte, lag bei 30 cm, und man würde eine Anzahl Antennen und Reflektoren benötigen, um die elektromagnetische Energie, die man brauchte, um den Feindbomber zu »sehen«, vor dem Jäger zu einer Keule zu bündeln und dann abzustrahlen und wieder zu empfangen. Die Antenne, die daraufhin entwickelt wurde, bestand aus acht senkrechten Dipolen mit Reflektoren, die in vier Baugruppen rund um den Bug angebracht waren. Zunächst wurde die Entwicklung noch verzögert durch ein Veto des Oberkommandos der Luftwaffe mit der Begründung, sie beeinträchtigten die Flugleistungen der Maschinen, aber schließlich wurde dann doch akzeptiert, daß Außenantennen unverzichtbar waren, und ab jetzt tauchten deutsche Nachtjäger mit Antennen am Bug auf. Die Befürchtung, die Antennen könnten die Flugleistungen herabsetzen, war durchaus gerechtfertigt: Die Flugzeugführer mußten feststellen, daß ihre Höchstgeschwindigkeit um etwa 40 km/h gesunken war und sie nicht mehr so schnell und so hoch steigen konnten wie zuvor. In Kreisen deutscher Wissenschaftler hatte man zwar erkannt, daß bei Verwendung kürzerer Wellen die Anbringung der Antennen im Rumpf das Problem lösen könnte, so wie das in England bereits geschehen war – aber 1942 untersagte Hitler die Entwicklung von Zentimeter-Funkmeßgeräten und beraubte die Luftwaffe damit einer Ausrüstung, die ihr im Krieg gegen die Bomber einen beträchtlichen Vorteil verschaffen konnte.
Die erste Einsatzerprobung des Bord-Funkmeßgeräts Lichtenstein wurde durch die 4./NJG 1, eine Staffel der II./NJG 1, in Leeuwarden in Nordwestholland durchgeführt, wo eine Gruppe von Telefunken-Technikern die Aufgabe hatte, den Flugzeugführern den Vorteil des Geräts vor Augen zu führen und ihnen beizubringen, wie es benutzt wird. Das war keine leichte Aufgabe: Flugzeugführer und Bordfunker begegneten ihnen mit viel Mißtrauen – in ihren Augen war das Gerät schwarze Magie, und zudem wirkte es sich auf die Leistungsdaten ihrer Maschinen nachteilig aus. Unter denen, die sich dem neuen Konzept gegenüber zunächst bedeckt hielten, später aber glühende Verfechter der Funkmeßtechnik und Experten auf dem Gebiet der Nachtjagd wurden, war Helmut Lent: Er schoß 102 britische Bomber bei Nacht ab, bevor er im Oktober 1944 unbesiegt bei einer Einmotorenlandung tödlich abstürzte.
Die Zurückhaltung von Flugzeugführern und Bordfunkern, sich einem – damals – revolutionären Konzept zu verschreiben, ist durchaus verständlich. Bis zur Einführung der Bord-Funkmeßgeräte war es Aufgabe des Funkers gewesen, das Funkgerät für Durchsagen und navigatorische Unterstützung in Form von Peilungen und Zielflugangaben zu benutzen sowie – wenn die Lage es erforderte – das nach hinten gerichtete Bord-MG einzusetzen. Jetzt sah er sich kleinen runden und flackernden, grünen oder gelben Bildschirmen gegenüber, die er auswerten und in Anweisungen an seinen Flugzeugführer umsetzen mußte: Das war eine Verantwortung,

die manchen älteren Bordfunkern zu schwer wog. Und auch viele traditionell erzogene Zerstörer-Flugzeugführer – daran gewöhnt, die Maschine stets unter absoluter Kontrolle zu haben und Taktiken reflexartig einzuleiten – taten sich schwer, der scheinbaren Magie der Funkmeßtechnik so weit zu vertrauen, daß sie es ihrem Funker überließen, die Maschine in Abschußposition zu bringen.
Die Anzeigen, die der Funker auszuwerten hatte, bestanden aus drei kleinen, waagerecht angeordneten Kathodenstrahlröhren von jeweils etwa 10 cm Durchmesser. Die linke zeigte in geringem Abstand vom Außenrand einen Kranz, aus dem in unregelmäßigen Abständen Zacken nach außen hervortraten. Jeder dieser Zacken stellte das Echo von einem Flugzeug dar, und die Entfernung zu den einzelnen Zielen konnte an der Kilometerskala, die um den Bildschirm herumlief, abgelesen werden. Die anderen beiden Bildschirme hatten lineare Anzeigen – der mittlere waagerecht, der rechte senkrecht –, auf denen die nach dem bereits erklärten AN-System erzeugten Signalechos als gerade Linien dargestellt wurden, die die Zeitlinie durchschnitten. Auf dem linken Bildschirm konnte der Funker sehen, ob sich Flugzeuge in der Funkmeßkeule vor ihm befanden und in welcher Entfernung – bis zu einer theoretischen Höchstentfernung von etwa acht Kilometern. Die beiden rechten Bildschirme konnte er auch auf geringere Entfernungen umschalten; auf dem mittleren konnte er erkennen, ob sein Ziel sich links oder rechts vom Bug des Jägers befand, und auf dem rechten, ob er höher oder tiefer als der Bomber flog. Auch auf den beiden rechten Bildschirmen konnte er natürlich die genaue Entfernung ablesen. Mit diesen Informationen konnte der Funker dem Flugzeugführer Anweisungen geben, die den Jäger in Angriffsposition brachten.
Auf den ersten Blick erbrachte das vom NJG 1 erprobte Originalgerät, das Lichtenstein BC (FuG 202), keine umwerfenden Leistungen: Selbst korrekt gehandhabt, konnte es ein Zielflugzeug nur in einer Entfernung von zwei bis drei Kilometern auffassen und dann bis etwa 200 m verfolgen. Aber das war - verglichen mit der Zeit davor - ja bereits ein riesiger Fortschritt und ein entscheidender Beitrag zum Kampf gegen die Bomber: Jetzt kam, im Wortsinne, Licht ins Dunkel. Wenn ein deutscher Nachtjäger vom Boden aus bis auf etwa drei Kilometer an einen britischen Bomber herangeführt werden konnte, waren die Überlebenschancen des Bombers nur noch gering.

Das Lichtenstein BC (FuG 202) war das erste Bord-Funkmeßgerät, das die deutsche Nachtjagd einsetzte. Es erfaßte einen 70°-Kegel vor dem Jäger. Die theoretische Reichweite entsprach der Höhe des Jägers, in der Praxis war sie aber weitaus geringer. Die Anzeigen des Bordfunkers bestanden aus drei kleinen, runden, leuchtend grünen Kathodenstrahlröhren, auf der Zeitlinien und Signale in hellem Grün angezeigt wurden. Der linke Bildschirm zeigte über eine größere Entfernung an und hatte eine runde Zeitlinie; andere Flugzeuge im Erfassungsbereich waren

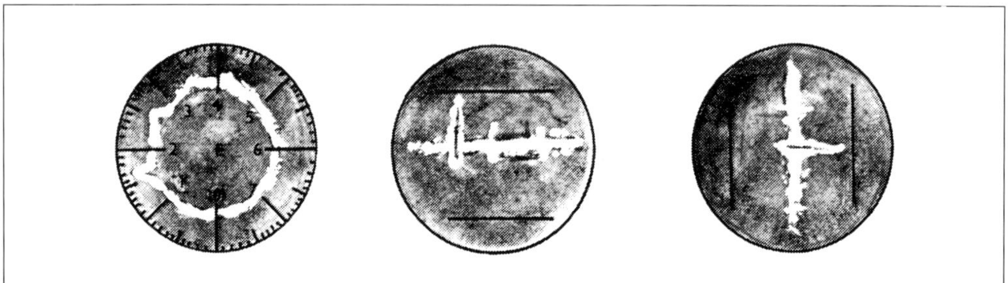

Anzeige des Lichtenstein BC

als nach außen gerichtete Zacken zu sehen. Der mittlere Bildschirm zeigte über eine kürzere Entfernung an, ob das Ziel links oder rechts vom Bug versetzt flog, und der rechte, ob es höher oder tiefer lag. Mit den Informationen dieser drei flackernden Anzeigen versuchte der Funker, den Jäger zum Ziel zu dirigieren und den Bomber von hinten unten anzugreifen - der idealen Abschußposition.
Die Skizzen zeigen ein Ziel in 1,7 km Entfernung links vom Jäger und über ihm. In der Praxis waren die Anzeigen sogar noch verschwommener als auf den Skizzen. Das Lichtenstein BC wurde später durch ein Bord-Funkmeßgerät, das Lichtenstein SN-2, mit noch größerer Wellenlänge ersetzt; es hatte nur noch zwei Kathodenstrahlröhren.

Wie schon berichtet, hatte Leutnant Ludwig Becker von der 4./NJG 1 am 2. Oktober 1940 als erster Nachtjagd-Flugzeugführer der Luftwaffe einen britischen Bomber im Dunaja-Verfahren abgeschossen. Mittlerweile zum Oberleutnant befördert, wurde Becker die Verantwortung für die erste Einsatzerprobung des Lichtensteingeräts übertragen, und anders als die meisten seiner Flugzeugführer-Kameraden war er begeistert von den Möglichkeiten, die ihm die »Augen« von Telefunken erschlossen. Zu dieser Zeit hatte er - wie die anderen Angehörigen seiner Staffel auch - seine Do 17 Z-10 gegen eine stärkere Do 215 B-5 eingetauscht, die spezielle Nachtjagdversion des Aufklärers/Bombers Do 215. In den frühen Morgenstunden des 9. August 1941 errang er seinen - und der Nachtjagd - ersten Luftsieg mit Bord-Funkmeßunterstützung: eine von 44 Wellington, die das Bomberkommando zum Angriff auf Hamburg eingesetzt hatte. Diesem ersten Luftsieg des erfolgreichen Becker folgten schnell weitere: am 15. August, 23. August, 11. September und 2. Oktober 1941. Das Lichtenstein schien sich bewährt zu haben, bislang zurückhaltende Besatzungen ließen sich mehr und mehr überzeugen, und Telefunken bekam einen Auftrag für die Serienherstellung. Unter dem Decknamen »Adler« - dem gleichen Kennwort, das 1940 der geplanten Vernichtung der RAF durch die Luftwaffe zugeordnet worden war - lief ein Programm an, mit dem als erstem Schritt die Nachtjäger Messerschmitt Bf 110 E-U1 der I./NJG 1 in Venlo das Lichtenstein BC bekommen sollten.
Es sollte allerdings noch länger dauern, bis man auch nur andeutungsweise von einer mit Bord-Funkmeßgeräten ausgerüsteten Nachtjagd sprechen konnte. Das Lichtensteingerät, das Becker in seiner Do 215 benutzte, war das einzig existierende, und nach seinem vierten oder fünften Luftsieg - die Berichte darüber sind nicht eindeutig - am 2. Oktober 1941 fiel dieses Gerät aus und ließ sich nicht mehr reparieren. Also war die Nachtjagd wieder blind - erst 1942 begannen die Geräte bei den Einsatzverbänden einzutreffen, und erst gegen Ende 1942 waren sie weitgehend einsatzbereit. Damit ging das Jahr 1941 vorüber, ohne daß die Nachtjagd von Bord-Funkmeßgeräten hätte profitieren können.
Indem er bewiesen hatte, daß das Lichtensteingerät eine Zukunft hatte, hatte Becker immerhin die Saat der Begeisterung für das Gerät und das Konzept des Jagens im Dunkeln ausgestreut. Er hatte auch damit begonnen, Taktiken für die Abfangjagd bei Nacht zu formulieren, und diese Taktiken erwiesen sich später als so logisch, daß sie in den Grundzügen noch von Generationen von Nachtjäger-Flugzeugführern übernommen wurden. Zum einen war Beckers Flugzeug, eine Do 215, wie andere deutsche Nachtjagdflugzeuge auch nur geringfügig schneller als die britischen Bomber, so daß eine einfache Aufholjagd sehr lange dauern und der Jäger bei der Annäherung in das Feuer des mit vier Bordwaffen bestückten Heckstandes des Bombers geraten würde. Zum anderen war die beste Art des Angriffs, was den eigenen Schutz anbetraf, von unten: Hier war der Jäger von den suchenden Augen der Bordschützen gegen den dunklen Boden darunter kaum zu sehen, und weitere Sicherheit ergab sich aus der Tatsache, daß die Bomber der RAF in der Regel keinen Waffenstand unter dem Rumpf hatten. Beckers Lösung ent-

sprach somit nur dem gesunden Menschenverstand. Wenn er den britischen Bombern entgegenflog, stieg er so hoch wie möglich mit dem Ziel, über den RAF-Maschinen zu sein. Wenn er dann mit dem Lichtenstein einen Bomber erfaßt hatte, was normalerweise in zwei bis drei Kilometern Entfernung der Fall war, dann setzte er sich hinter ihn und folgte ihm im Sturzflug, wobei er Fahrt aufnahm, den Bomber aber im Funkmeßstrahl behielt. Dann versuchte er, im Horizontalflug etwa die gleiche Geschwindigkeit wie der Bomber zu fliegen - aber rund 500 m unter ihm, wobei er hoffte, sein Ziel nun auch selbst sehen zu können, vielleicht als Silhouette gegen den Himmel. Den Augen des britischen Bordschützen verborgen, stieg er dann langsam hoch, bis er direkt unter seiner Beute war: Jetzt zog er die Nase hoch, eröffnete das Feuer und ließ den Bomber durch eine Salve von Leucht-, Brand- und Sprenggeschossen fliegen - immerhin bestand die Bewaffnung der Do 215 B-5 aus vier 7,9-mm-Maschinengewehren des Typs MG 17 und zwei 20-mm-Bordkanonen des Typs MG FF. Wenn der Jäger erst einmal seine Angriffsposition erreicht hatte, war das ein fast sicheres Erfolgsrezept: Sehr viele Besatzungsmitglieder der RAF könnten das bezeugen - wenn sie es überlebt hätten.
Aber 1941 war es noch immer die deutsche Flak, die den RAF-Bombern über deutschem Gebiet am meisten zu schaffen machte. Der direkte Treffer, der den unglücklichen Besatzungen oft den unmittelbaren Tod brachte, war relativ selten. Viel häufiger waren Schäden, die von den zahllosen Granatsplittern der explodierenden Geschosse herrührten: Schäden, die den Bomber langsam sterben und die Besatzungsmitglieder in der quälenden Ungewißheit ließen, ob sie es noch bis nach Hause schaffen konnten oder auf dem Boden aufschlugen, ein Aufprall, den sie wohl kaum überlebten - oder aber, vielleicht schlimmer noch, daß ihre Maschine über der unwirtlichen Nordsee niederging, wo sie, wenn sie den Aufschlag überlebten und sich in ihre kleinen Schlauchboote retten konnten, höchstwahrscheinlich langsam an Unterkühlung sterben oder aber ertrinken würden. Pilot Officer (Leutnant) Ivan Kayes von der 77. Staffel, Navigator auf einer Whitley V, die vom 19 Jahre alten Sergeant (Feldwebel) Bernard Harpur geflogen wurde, ist einer von denen, die solch ein Martyrium überlebten:

"Wir waren die letzten, die in Topcliffe abhoben, und wir kamen auch als letzte über unserem Ziel in Bremen an: Damit zogen wir die Aufmerksamkeit aller Suchscheinwerfer und natürlich auch der Flak auf uns. Nach Abwurf der Bomben nahmen wir Kurs auf die Heimat, mußten dabei aber feststellen, daß der Kühler um einen unserer Motoren durchlöchert war. Weil wir eine Glykolfahne hinter uns herzogen, mußten wir den Motor abstellen, fanden aber bald heraus, daß es unmöglich war, mit nur einem Motor Höhe zu halten. Bernard Harpur, der uns Anweisungen für die Notwasserung gegeben hatte, setzte etwa 160 km vor Flamborough gekonnt auf dem Wasser auf. Wir öffneten die hintere Klappe und warfen das Dingi hinaus; es trieb kopfüber auf dem Wasser. Sergeant Mayson, der Funker, sprang rechts vom Dingi ins Wasser - und erst jetzt bemerkten wir, daß Flying Officer (Oberleutnant) Dean, der zweite Pilot, und Sergeant Thuell, der Bordschütze, verletzt waren und unsere Hilfe brauchten. Ich hatte die Munition für die Leuchtpistole mitgenommen, aber die Pistole selbst war beim Notwassern abhanden gekommen. Das war zwar ärgerlich, aber wir lösten das Problem, indem wir das Geschoß mit Handschuhen in die Hand nahmen und mit dem Dorn meines Kampfmessers gegen seinen Boden schlugen - das funktionierte, und das Leuchtsignal fauchte in den Himmel.
Kurz vor dem Notwassern hatte unser Funker noch einen Notruf mit unser geschätzten Position abgesetzt, und vier Stunden später tauchte ein Flugzeug unserer Staffel über uns auf und warf einen Beutel mit Wasserflaschen ab - aber trotz des selbstlosen Einsatzes unseres unerschrockenen Schwimmers, Sergeant Mayson, trieb er davon. Später erschien eine Hampden und warf ein Lindholme-Dingi mit vier Behältern daran ab, aber dieses Dingi war nur halb aufge-

blasen. Bernard Harpur kletterte hinein, während wir die Behälter bargen, konnte es aber nicht weiter aufblasen. Wir dachten, wir hätten die Dingis fest zusammengebunden, aber plötzlich waren sie Meter auseinander und trieben davon. Sergeant Mayson sprang wieder in die See, um sie zusammenzubringen, schaffte es aber nicht, und das Dingi mit Bernard Harpur war bald außer Sicht. Wir kümmerten uns um die Verletzten, steckten sie in Schlafsäcke und dann, nachdem wir etwas gegessen hatten, ruhten wir uns aus und warteten. Wir warteten zweieinhalb Tage und hatten in dieser Zeit Besuch von einer Wellington, einer Spitfire und einer Me 109. Wir sahen auch etwas, was wir für ein deutsches Torpedoboot hielten, aber glücklicherweise sahen die uns nicht. Dann erschienen zwei motorgetriebene Kanonenboote der Navy und brachten uns nach Felixstowe an Land. Zur gleichen Zeit wurde auch Bernard Harpur gefunden, aber leider nicht mehr lebend: Offenbar war er im eine Handbreit hohen Wasser seines beschädigten Dingi ertrunken.«

Wenn er schon notwassern mußte, dann hatte Ivan Kayes Glück, daß das im Juli geschah: Jetzt war die Nordsee bereits wärmer. Die Chancen, eine Notwasserung im Winter zu überleben, waren nur minimal. Aber Kayes' Glück dauerte nur kurz, und bereits im folgenden Monat verließ es ihn ganz: Am 5./6. August startete er mit einer neuen Besatzung in einer Whitley in Topcliffe. Um Frankfurt am Main anzugreifen, und wieder setzte ein Granatsplitter einen Motor außer Gefecht. Dieses Mal mußte die Besatzung die Fallschirme benutzen, und Ivan Kayes verbrachte den Rest des Krieges in einem Kriegsgefangenenlager.

Weltpolitisch war das Jahr 1941 ein Jahr gewaltiger Umwälzungen. Zu Beginn stand Großbritannien völlig allein gegen die Achse Berlin-Rom, und nach aller Logik war es offensichtlich unvermeidlich, sich irgendwann geschlagen geben zu müssen – und es endete damit, daß zwei mächtige Nationen, die Vereinigten Staaten von Amerika und die Sowjetunion, zu Verbündeten wurden; Japan allerdings zählte jetzt zu den Feinden. Allerdings gab es bei den neuen Verbündeten Großbritanniens einen grundlegenden Unterschied: Die Amerikaner unterstützten die Briten schon lange vor Kriegseintritt durch die Lieferung großer Mengen Kriegsmaterials. Langfristig aber wohl noch bedeutsamer war die unmißverständliche Absichtserklärung, die später »Atlantik-Charta« genannt und am 12. August 1941 von Winston Churchill und dem amerikanischen Präsidenten Franklin D. Roosevelt unterzeichnet wurde – sie forderte das »endgültige Ende der Nazi-Tyrannei«. Im krassen Gegensatz dazu war die Allianz mit der Sowjetunion ein aufgezwungener Bund ohne irgendwelche fundamentalen ideologischen Prinzipien, eher ein Zweckbündnis als von gemeinsamen politischen Vorstellungen getragen. Noch am 10. Januar 1941, nur fünf Monate vor dem Angriff auf die Sowjetunion, hatten Deutschland und die Sowjetunion ein weitreichendes Wirtschaftsabkommen geschlossen, nach dem die Deutschen industrielle Rohmaterialien einschließlich Öl im Austausch für Werkzeugmaschinen bekamen, mit denen die Sowjets ihre Fabriken modernisieren konnten. Aber trotz der eigenartigen Natur dieses »Dreierbündnisses«, wie es bald genannt werden sollte, war es auf dem europäischen Kriegsschauplatz nun eher Deutschland als Großbritannien, für das sich das Blatt zu wenden schien. Aber bis dahin sollte noch viel Zeit vergehen.
Es war ein Jahr der Katastrophen und Unglücksmeldungen für das britische Militär: Anfängliche Erfolge wandelten sich in Nordafrika zum Rückzug vor Erwin Rommels Afrikakorps, die Evakuierung der Truppen Großbritanniens, des Commonwealth und Polens aus Griechenland ähnelte Dünkirchen, die Luftwaffe belegte Großbritannien weiterhin mit Bombenteppichen, Kreta wurde von deutschen Fallschirmjägern eingenommen, und zu den ernsten Rückschlägen für die Royal Navy zählte der Verlust des Flugzeugträgers *Ark Royal*, der vor Gibraltar von einem

U-Boot versenkt wurde, die Schlachtschiffe *Repulse* und *Prince of Wales* wurden von japanischen Flugzeugen versenkt – nur das Bomberkommando stellte die einzig verständliche und nachvollziehbare Möglichkeit dar, gegen Deutschland zurückzuschlagen, und so hatte es die volle Unterstützung einer breiten Öffentlichkeit. Trotz der scheinbar nicht aufzuhaltenden Serie von Triumphen für die deutsche Wehrmacht war hier ein Gebiet, auf dem die Briten angriffen und die Deutschen litten. Heute muß man feststellen, daß die physische Wirkung der Angriffe des Bomberkommandos damals nicht dem entsprach, was die Propaganda daraus machte oder gar die Mehrheit des Führungsstabes der RAF glaubte. Über die psychologische Wirkung auf die britische Bevölkerung hingegen gibt es keinerlei Zweifel. Die Jagdflieger der RAF hatten die Luftschlacht um England gewonnen, und jetzt setzten ihre Kameraden in den schweren Maschinen die von ihnen geschaffene Tradition fort. Die Briten mußten sich in der Presse mit Schlagzeilen abfinden, die nur von Verlusten an Land und auf See berichteten – aber jetzt gab es auch aufrüttelnde Nachrichten, die offensichtliche Erfolge in der Luft zum Inhalt hatten: »RAF-Bomber greifen Berlin an«, »Verschiebebahnhof Hamm erneut getroffen«, »Deutsche Seeziele schwer beschädigt« und dergleichen. Dies – so sahen und so fühlten sie es – war, was Churchill gemeint hatte, als er nach dem deutschen Angriff auf die Sowjetunion in einer Rede an die Nation sagte: »Wir werden niemals verhandeln, und wir werden niemals mit Hitler oder einem Mitglied seiner Clique reden. Wir werden ihn auf dem Land bekämpfen, wir werden ihn zur See bekämpfen, und wir werden ihn in der Luft bekämpfen, bis wir – mit Gottes Hilfe – die Erde von seinem Schatten befreit und die Völker von seinem Joch erlöst haben.« Zu Lande und zur See klangen die Nachrichten nicht gut – aber, bei Gott, in der Luft gab es Anlaß für Stolz. Man sollte aber die physische Wirkung der Angriffe des Bomberkommandos, obwohl sie übertrieben wurde, auch nicht unterschätzen – höchstens die Zielsetzung für die Bomberbesatzungen kann man legitim kritisieren. Wie schon erwähnt, hatte das Jahr mit den deutschen Ölreserven als Hauptziel begonnen; im März wurde der Schwerpunkt auf Seeziele verlagert, auf Städte, die mit dem Bau von U-Booten zu tun hatten, und Häfen wie Brest, in denen große Kriegsschiffe der Deutschen – wie die *Scharnhorst* und die *Gneisenau* – lagen. Diese Phase dauerte bis zum Juli: Jetzt wechselten die Prioritäten erneut. Am 9. Juli sandte der Stellvertretende Chef des Führungsstabes der RAF, Air Vice Marshal (Generalmajor) N.H. Bottomley, eine Weisung an Peirse, den Oberbefehlshaber des Bomberkommandos. Es lohnt, sich diese Direktive einmal näher anzusehen, um die Art und Weise zu verstehen, in der das Bomberkommando sich weiterentwickelte. Sie begann:

> »1. Ich bin beauftragt, Sie davon zu unterrichten, daß eine sorgfältige Bewertung der jetzigen politischen, wirtschaftlichen und militärischen Lage des Feindes ergibt, daß die Schwachpunkte seiner Kriegführung in der Moral der Zivilbevölkerung sowie den deutschen Verkehrswegen liegen. Die stete Ausweitung seiner militärischen Aktivitäten belastet das deutsche Transportsystem zunehmend, außerdem gibt es viele Anzeichen dafür, daß unsere jüngsten Luftangriffe auf Industriestädte große Auswirkungen auf die Moral der Zivilbevölkerung haben.
> Unter Bezug auf die unten angeführte Ziffer 7 muß ich Sie auffordern, die Zielsetzung der Bomberkräfte bis auf weiteres auf die Zerschlagung der deutschen Verkehrsverbindungen und die Untergrabung der Moral der Zivilbevölkerung zu richten.«

Die von Bottomley erwähnte Ziffer 7 erlaubte Angriffe auf Vorrangziele, die sich aus der jeweiligen Lage ergaben, und eine Fortsetzung der Luftangriffe auf Seeziele in Brest sowie U-Boot-Werften und -Liegeplätze. Die Weisung versuchte auch, die Verkehrsverbindungen zu definieren: Straßen waren grundsätzlich ausgenommen, da sie sich »taktisch nicht als Bombenziele eigneten«, die Werke zur Herstellung synthetischen Gummis in Schkopau und Hüls hingegen wurden freigegeben (allerdings falsch geschrieben) – in ihnen, so wurde optimistisch festgestellt, sei fast die gesamte Gummiherstellung des Feindes konzentriert, und ihre Zerstörung würde weitreichende Auswirkungen auf den Straßentransport im allgemeinen haben; sie »könnte die Operationen auf dem russischen Kriegsschauplatz direkt beeinflussen«. Die Weisung führte auch neun Eisenbahn-Engpässe auf, die im Mondschein anzugreifen seien, sowie vier Ziele in der Nähe von Wasser, die sich »für konzentrierte und wiederholte Flächenangriffe in mondlosen Nächten« eigneten und in »dichtbesiedelten Industriestädten« lägen, wo der »psychologische Effekt am größten« sei. Inländische Wasserwege wie der Dortmund-Ems-, der Ems-Weser-Kanal und der Rhein, gegen die gerade ein neuer Minentyp entwickelt werde, gehörten ebenfalls zu den Zielen.

Wer machte hier wem etwas vor? War das ein weiterer Fall von Selbsttäuschung durch denjenigen, der – vermutlich war es das Ministerium für wirtschaftliche Kriegführung – die »sorgfältige Bewertung der jetzigen politischen, wirtschaftlichen und militärischen Lage des Feindes« vorgenommen hatte? Und was waren die »vielen Anzeichen dafür, daß unsere jüngsten Luftangriffe große Auswirkungen auf die Moral der Zivilbevölkerung« hätten? Zu diesem Zeitpunkt wurde Großbritannien härter von deutschen Bombern getroffen als Deutschland von der RAF, und trotzdem gab es keine Anzeichen für einen Zusammenbruch der Moral der britischen Zivilbevölkerung – eher das Gegenteil war der Fall. Gab es irgendeinen Grund anzunehmen, daß der Durchschnittsdeutsche anders reagieren würde als der Durchschnittsbrite?

Es drängt sich einem eher der Verdacht auf, daß dies der Versuch war, die Entscheidung zugunsten von Flächenbombardierungen zu rechtfertigen, dabei aber noch den Anschein von Achtbarkeit aufrechtzuerhalten, und daß die fragliche Entscheidung ein Ergebnis der zunehmenden – wenn auch späten – Erkenntnis war, daß Luftangriffe mit den Flugzeugen, den Navigationshilfen und den Bombenzielgeräten, die damals zur Verfügung standen, eher ein Schlag mit der Keule waren als mit dem Degen.

In gewisser Hinsicht räumte die Weisung diesen letzten Punkt ein, denn sie enthielt auch etwas, das eine mathematische Berechnung der Auswirkungen sein sollte, die man von Luftangriffen auf Eisenbahn-Knotenpunkte erwartete. Aber selbst hier waren die angenommenen und mathematischen Grundlagen der Beweisführung so absurd, daß die Verfasser der Weisung entweder Opfer von Selbsthypnose oder aber Trottel oder Schurken gewesen sein müssen: Trottel, weil sie schlicht inkompetent waren, oder aber Schurken, weil sie die wahre Natur ihrer Befehle nicht nur vor ihrem Land verbargen, sondern auch vor denen, die sie ausführen mußten. »Nach Einschätzung von Eisenbahnexperten«, so die Weisung, »wird der Abwurf von 50 bis 100 Bomben (etwa 15 Tonnen) auf irgendeinen der in Ziffer 2 aufgeführten Eisenbahn-Knotenpunkte den gesamten Verkehr für mindestens eine Woche vollständig unterbrechen...« Die genannten Knotenpunkte waren aber keine Punktziele, sondern Stadtgebiet: Hamm, Osnabrück, Köln (Kalk-Nord) und andere. Die Luftwaffe hatte im Jahr zuvor rund 450 Tonnen an Bomben auf Coventry, ebenfalls ein Eisenbahn-Knotenpunkt, abgeworfen, und zwar mit einer Genauigkeit, wie sie das Bomberkommando kaum zu erreichen hoffen durfte – und trotzdem hatte es keine vollständige Unterbrechung »für mindestens eine Woche« gegeben. Die nächste Annahme war, daß 90 Flugzeuge das Ziel angreifen würden und dabei einen durchschnittlichen Zielfehler von 600 Metern hinnehmen müßten – bei dieser Zielablage würden 112 Spreng- und 1874 Brandbomben ins Zielgebiet, dessen Größe nicht genannt wurde, fallen, und 56 Sprengbomben würden empfindliche Punkte darin treffen. Wie völlig aus der Luft gegriffen diese Zahlen waren, erkennt man an einer formellen Studie über die Effektivität des Bomberkommandos, die kurz darauf verfaßt wurde; sie wird später zitiert.

Man muß sich also eingestehen, daß zu diesem Zeitpunkt, eigentlich schon seit Kriegsausbruch, die grundlegende Natur des Beitrags, den das Bomberkommando zum Sieg leisten konnte, mißverstanden und auch falsch dargestellt wurde – manchmal, wie es scheint, absichtlich. Der Vergleich von Degen und Keule paßt recht gut: Der Degen ist die Waffe des Ritters, die Keule die des Lumpen. Der Degen hinterläßt eine kleine und saubere Wunde, die Keule eine blutige Masse. Aber wenn man keinen Degen hat oder nicht gelernt hat, ihn zu gebrauchen, zückt man die Keule, wenn Familie und Leben bedroht sind – und ist sogar dankbar, daß man sie zur Hand hat. Und so ritterlich der Degen auch ist: Nur wenige werden in Frage stellen, daß gnadenloses Zuschlagen mit einem stumpfen Instrument hervorragend geeignet ist, einen Angreifer abzuwehren. Das galt auch für das Bomberkommando: Es gab die Bedrohung, und es gab diese Waffe – eine andere war nicht zur Hand. Natürlich war es keine schöne Waffe – aber, bitte, welche Waffe ist schon schön? Die Kugeln eines Maschinengewehrs, die einen Mann durchlöchern? Das Bajonett, das ihm den Bauch aufschlitzt? Die Sprenggranate, die ihn zu breiiger Masse zerreißt oder, manchmal schlimmer noch, als hoffnungslosen Krüppel zurückläßt, körperlich oder geistig oder beides? Das Fernkampfgeschütz, das die Küstenstädte des Feindes beschießt trotz der Tatsache, daß dort auch Frauen und Kinder leben? Oder vielleicht das U-Boot oder das Blockadeschiff, das verhindert, daß Nahrung Frauen und Kinder erreicht und sie dazu verurteilt, krank dahinzusiechen oder zu verhungern, wie das in Deutschland im Ersten Weltkrieg geschah?

Es konnte 1941 kein besseres Zeichen für die zunehmende Wirkung der Bomberoffensive geben als das Tempo, mit dem die Luftwaffe ihre Nachtjagd in der gleichen Zeit ausbaute. Bis zum Jahresende war sie bereits auf etwa zehn Gruppen angewachsen und verfügte über rund 350 Flugzeuge. Im August 1941 war eine weitere Nachtjagddivision aufgestellt und gemeinsam mit der ersten dem XII. Fliegerkorps unterstellt worden, dem, mit Kammhuber als Kommandierendem General, auch alle in Deutschland verbliebenen Tagjägerverbände, zwei Scheinwerferdivisionen und drei Luftnachrichtenregimenter unterstanden.

Hamburg, nach Berlin die zweitgrößte Stadt Deutschlands, wurde 1941 von der RAF häufig angegriffen und zeigt eindrucksvoll, wie sich die Einsätze des Bomberkommandos auf deutsche Städte auswirkten. Gleichzeitig belegt Hamburgs Schicksal die zufällige Natur der Flächenangriffe, wie sie damals praktiziert wurden. Große Formationen – im Schnitt 128 Maschinen – griffen es in den Nächten des 6./7. Mai, 8./9. Mai, 10./11. Mai und 11./12. Mai an. Die Besatzungen, die vom ersten Angriff zurückkamen, äußerten sich optimistisch über ihre Ergebnisse, aber Berichte aus der Stadt widersprachen dem. Die folgenden drei Angriffe jedoch töteten 233 Menschen, verletzten 713 und machten 2195 obdachlos. Es wurde viel privates Eigentum zerstört, aber am frühen Morgen des 9. Mai wurden auch die Deutschen Erdölwerke getroffen, und ihre 34 Öltanks gingen in Flammen auf; am 10./11. Mai fiel das Bankenviertel den Bomben zum Opfer, und die Börse war unter den Gebäuden, die schwer beschädigt wurden.

Am 28. Juni, kurz nach ein Uhr morgens, gab es einen weiteren Luftalarm, der eine Stunde und 40 Minuten dauerte und bei dem, Schätzungen zufolge, etwa 35 Flugzeuge Hamburg angriffen. Fünf RAF-Bomber wurden von Nachtjägern, die bereits über der Stadt waren, abgeschossen – vier durch Oberleutnant Reinhold Eckardt von der II./NJG 1, der im nahegelegenen Stade aufgestiegen war. Sieben Menschen verloren ihr Leben, 39 wurden verletzt, und 280 wurden ausgebombt. Aber diese Bomber waren gar nicht zu einem Nachtangriff auf Hamburg gestartet: Ihr vorgegebenes Ziel war Bremen gewesen – gut 110 km weiter südwestlich.

Ein weiterer Beleg für die planlosen Luftangriffe des Bomberkommandos ist, daß die Stadt Hamburg 1941 immerhin 40 Luftangriffe meldete – genau doppelt so viele, wie den Bomberbesatzungen befohlen worden war. Also war Hamburg 20mal irrtümlich bombardiert worden, hauptsächlich anstelle norddeutscher Hafenstädte wie Kiel oder Bremen. Die RAF richtete ins-

gesamt 2034 Einsätze gegen die Stadt, während 1941 nach deutschen Schätzungen insgesamt 1240 Flugzeuge Hamburg angriffen, auch in Nächten, in denen Hamburg gar nicht auf der Zielliste stand: Die Zahl der von der RAF befohlenen Nachteinsätze gegen Hamburg war 923. Eine große Anzahl von Flugzeugbesatzungen fand ihr Ziel eben einfach nicht. Und die Stadt litt darunter beträchtlich: etwa 3201 Sprengbomben und 29.939 Brandbomben trafen sie und töteten 626 Menschen, verletzten 1959 und machten 7025 obdachlos. Die Zerstörungen in den Wohngebieten waren groß, die an kriegswichtigen Zielen geringer; der Gesamtschaden wurde auf 175 Millionen Reichsmark geschätzt. Von den 2034 Besatzungen, die Hamburg angriffen, kamen 67 nicht zurück. Ein Großteil der etwa 350 Besatzungsmitglieder kam ums Leben.
Bei aller Fairneß: Es fällt schwer, die Bombardierung Hamburgs – oder auch ganz Deutschlands – während langer Perioden des Jahres 1941 etwas anderes zu nennen als wahllos, ob nun absichtlich oder versehentlich. Natürlich war das ganze Ausmaß der ungenauen Bombenwürfe damals noch nicht bekannt, obwohl es in manchen Kreisen schon vermutet wurde: Diese Erkenntnis stand noch bevor. Und Hamburg war nur eine von vielen deutschen Städten, die ähnlich gelitten hatten. Zwischen Kriegsausbruch und Anfang August 1941 lagen die Verluste an Menschenleben im gesamten Reich bei 3853, und es verging kaum eine Nacht, in der nicht irgendwo Alarmsirenen heulten und Bomben fielen. Dabei darf aber nicht übersehen werden, daß Großbritannien in der gleichen Zeit durch die Angriffe der Luftwaffe fast 42.000 Tote – mehr als das Zehnfache – zu beklagen hatte: Den Besatzungen der Heinkel, Dornier und Junkers könnte man mit gleichem Recht den Vorwurf von Terrorangriffen machen. Der Bombenwurf war noch immer ungenau und wahllos – wie die Keule.
Für Lord Trenchard, der schon lange aus dem aktiven Dienst ausgeschieden war, als Marshal of the Royal Air Force (kein deutsches Pendant, entspräche 5-Sterne-General) und Mitglied des Oberhauses aber noch beträchtlichen Einfluß hatte, waren die Prioritäten klar: Für ihn waren die Bomber die Waffe, die die Moral des Feindes zu brechen hatte. In einer Denkschrift, die er im Mai 1941 mit der Forderung nach einer größeren Bomberstreitmacht an die Stabschefs richtete, schrieb er – ohne seine Aussage zu belegen, aber mit einem Scharfblick, der damals recht ungewöhnlich war: »... der Prozentsatz an Bomben, der das militärische Ziel, gegen das sie gerichtet sind, auch trifft, beträgt nicht mehr als ein Prozent.« Dann allerdings verstieg er sich, typisch für die damalige Zeit, zu der Behauptung: »Alle Beweise des letzten und dieses Krieges zeigen, daß das deutsche Volk besonders anfällig für Luftangriffe ist« – eine Aussage, die er mit einer grotesken Beschreibung des deutschen Zivilisten bei Luftangriffen zu rechtfertigen suchte; sie konnte nur seinen eigenen Vorurteilen entsprungen sein:

> »Während der Luftschutz wahrscheinlich mit typisch deutscher Gründlichkeit organisiert ist, führt die totale Mißachtung des Wohlergehens der Bevölkerung zu einer Zerrüttung des normalen Lebens, die sich unausweichlich auf die Moral der Zivilbevölkerung auswirkt. Dem gewöhnlichen Volk wird nicht erlaubt, und es bietet das auch nicht an, eine Rolle im Rettungsdienst oder beim Wiederaufbau zu spielen. Völlig eingeschlossen in ihren Luftschutzkellern oder im angegriffenen Gebiet bleiben sie passiv und verfallen leicht in Hysterie und Panik, und nichts kann Verwirrung und Chaos mildern. In deutschen Luftschutzbunkern wird nicht – wie bei uns – gelacht, und nichts verbindet die Zivilbevölkerung mit Luftschutz und Militär wie bei uns, wo alle zusammenarbeiten für ein gemeinsames Ziel: die Angriffe des Feindes zurückzuschlagen.
> Verglichen mit uns ist das mithin ihr Schwachpunkt, und auf diese Schwachstelle sollten wir wieder und wieder einschlagen.«

Sir Charles Portal, Chef des Führungsstabes der RAF, stimmte mit Trenchard überein, daß der verwundbarste Punkt der Deutschen die durch Luftangriffe sinkende Moral der Zivilbevölkerung sei, und er unterstützte Trenchards Forderung nach mehr Bombern. Eigenartigerweise widersprach er der Nicht-mehr-als-ein-Prozent-Aussage Trenchards nicht. Man muß also festhalten, daß weder Trenchard – dem man das, da er schon 1929 pensioniert worden war, nachsehen kann – noch Portal, immerhin der Offizier, der letztlich für den Einsatz der RAF und auch des Bomberkommandos verantwortlich war, sich darum kümmerten, daß diese Ergebnisse sich verbesserten, indem sie sicherstellten, daß eine höhere Quote der abgeworfenen Bomben ihr Ziel auch tatsächlich traf.

Zum Glück für die Zukunft des Bomberkommandos gab es aber andere, die um die Ungenauigkeit der Luftangriffe wußten und der Meinung waren, daß hier etwas geschehen müsse: Unter ihnen war auch Professor Frederick Alexander Lindemann, bald darauf Lord Cherwell. Lindemann war enger Freund und wissenschaftlicher Berater des Premierministers Winston Churchill und übte beträchtlichen Einfluß auf ihn aus. Wie Trenchard war auch er ein starker Verfechter der Bomber und ihres Einsatzes als Waffe gegen die Moral der Deutschen; im Gegensatz zu Trenchard allerdings war er Wissenschaftler und nicht so anfällig für irrationale und emotionale Begründungen seiner eigenen Meinung. Als Vorbereitung auf die Suche nach Lösungen, wie man die Schlagkraft des Bomberkommandos stärken könne, beauftragte er D.M.B. Butt, ein Mitglied des Kriegskabinett-Sekretariats, eine objektive Studie über die Zielsicherheit der Angriffe des Bomberkommandos zu verfassen.

Butt hatte zunächst wenig in der Hand: Die bei weitem wichtigste Informationsquelle über die Genauigkeit der Luftangriffe waren die Bomberbesatzungen selbst, aber aus einer Vielzahl von Gründen – nicht unbedingt verwerflichen – waren sie unzuverlässige Zeugen. Und nachrichtendienstliche Meldungen aus Deutschland über die Auswirkungen der Bombenangriffe der RAF waren nur oberflächlich und häufig übertrieben. Daher glaubte Butt, daß sorgfältig ausgewertete Luftbilder ihm am besten helfen könnten, zu einem Urteil zu kommen. 1941 jedoch hatte die RAF eine noch recht geringe Luftbildkapazität und nur wenige Treffer- und Zielwirkungsbilder: Die Luftbild-Aufklärungsstaffel, die erst im November 1940 mit weitreichenden Spitfire aufgestellt worden war, hatte von gelegentlichen Zielwirkungsflügen nach erfolgten Luftangriffen nur wenig brauchbares Material mitgebracht – die Unterlagen reichten für eine objektive Analyse der Ergebnisse von Luftangriffen nicht aus. Also blieben als Hilfsmittel für Butt nur Kameras, die die Bomber selbst mitführten. Leider aber lieferten auch sie nur begrenzte Daten: Von den vielen Bombern im Einsatz trugen nur sehr wenige eine Kamera – Luftbildversuche mit an Luftangriffen beteiligten Bombern hatten erst im Februar 1941 begonnen, und im Juni desselben Jahres hatte nur ein Zehntel der eingesetzten Bomber eine F24-Kamera im Rumpf. Die Aufnahmen wurden im Schein relativ lange brennender Magnesium-Leuchtkörper gemacht, die vom Flugzeug abgeworfen wurden. Als Grundlage für seine Studie benutzte Butt etwa 650 ausgewählte Luftbilder, die auf diese Weise aufgenommen worden waren. Um eine Vorstellung von der Menge der ausgewerteten Luftbilder zu bekommen, muß man sich vorstellen, daß diese 650 Bilder in einem Zweimonats-Zeitraum – Juni und Juli 1941 – bei 100 Luftangriffen aufgenommen wurden, und die Gesamtzahl der dabei geflogenen Einsätze, der Feindflüge einzelner Bomber also, bei etwa 6000 lag. Nur auf der Hälfte der Luftbilder war das Zielgebiet zu sehen, aber das, meinte Butt, reiche ihm, um die Navigations-Genauigkeit zu überprüfen.

Butt war, wie es scheint, sehr großzügig, was die selbstgesetzten Kriterien anbetraf: Das »Zielgebiet« beispielsweise definierte er als »irgendwo im Umkreis von acht Kilometern um den Zielpunkt«, was 200 Quadratkilometern entspricht. Zur Verdeutlichung: Eine Bombe, die in Berlin das Brandenburger Tor hätte treffen sollen, wäre auch dann noch als »im Zielgebiet abgeworfen« gewertet worden, wenn sie in Pankow, Reinickendorf, Grunewald, auf dem Flughafen Tempelhof oder in Treptow aufgeschlagen wäre. Aber selbst bei dieser sehr großzügigen Auslegung war Butts Befund verheerend: Von all den Flugzeugen, die gemeldet hatten, sie hätten ihr Ziel angegriffen, hatte nur ein Drittel dieses riesige Zielgebiet getroffen; wenn man alle eingesetzten Flugzeuge berücksichtigte, sank dieses Verhältnis auf ein Fünftel. Die Ergebnisse schwankten allerdings je nach Mondschein und Flakbeschuß. Sie schwankten auch entsprechend der Schwierigkeit, ein Ziel zu treffen: Zwei Drittel der Bomber, die behaupteten, sie hätten die französischen Häfen angegriffen, hatten ihre Bomben inerhalb von acht Kilometern um den Zielpunkt abgeworfen – im Falle des Ruhrgebiets jedoch, des Hauptziels des Bomberkommandos, lag die Quote bei einem Zehntel. Obwohl Butt das in seinem Bericht nicht ausdrücklich erwähnt, kann man daraus folgern, daß bei Angriffen des Bomberkommandos auf das Ruhrgebiet nur einer von siebzehn eingesetzten Bombern, die behauptet hatten, ihr Ziel getroffen zu haben, seine Bomben innerhalb von acht Kilometern um den vorgegebenen Zielpunkt abgeworfen hatte. In der Nacht des 3./4. Juli 1941 sollten 90 Bomber die Rüstungsfabriken von Krupp und Eisenbahnziele in Essen bombardieren. Wenn man Butts Erkenntnisse auf diesen Luftangriff überträgt, trafen vermutlich nur fünf Bomber die Stadt und ihre Umgebung, aber nicht unbedingt ihre vorgegebenen Ziele – während 85 Bomber ihre Bombenlast anderswo abluden. Diese Vermutung wird von dem Militärhistoriker Martin Middlebrook unterstützt: »Essen meldete nur leicht beschädigte Häuser und zwei verletzte Personen – aber viele Bomben fielen auf Bochum, Dortmund, Duisburg, Hagen und Wuppertal sowie an anderen Stellen.[1]

Der Butt-Bericht erschien am 18. August 1941. Auf Führungsebene wurde er nicht gerade mit Freuden aufgenommen. Der Oberbefehlshaber des Bomberkommandos, Sir Richard Peirse, stand dessen Aussagen skeptisch gegenüber und notierte: »Ich glaube nicht, daß wir bei dieser Quote hätten hoffen dürfen, die Zerstörungen zu erzielen, von denen wir wissen, daß wir sie erzielt haben.« Es gab noch weitere Einwände und Kritiken, manche begründet, manche aber auch nur Ausflucht – in diese Kategorie fällt die Ausrede von Air Vice Marshal (Generalmajor) Saundby, dem Stabschef des Bomberkommandos: Die Staffelkapitäne neigten dazu, diejenigen Besatzungen mit Kameras auszustatten, denen sie am wenigsten vertrauten, also könnten die von Butt benutzten Luftbilder nicht repräsentativ sein. Lord Cherwell jedoch überging den Führungsstab der RAF einfach und schrieb am 2. September 1941 an Churchill, die Quoten – auch wenn sie möglicherweise ungenau seien – bewiesen »eindrucksvoll, wie wichtig es ist, unsere Navigationsverfahren zu verbessern«. Churchill schloß sich Cherwells Auffassung an und schrieb an Portal, den Chef des Führungsstabes der RAF: »Dies ist ein sehr ernst zu nehmendes Papier und scheint Ihre volle Aufmerksamkeit zu fordern... Ich erwarte Vorschläge, wie hier vorzugehen ist.« Portal zeigte zwar einen Anflug von Gereiztheit – er meinte, Butts Quoten seien doch wohl »weit von der Realität entfernt«, dann aber stimmte er zu: Die Notwendigkeit, den nächtlichen Bombenwurf zu verbessern, sei »das vielleicht größte aller Einsatzprobleme, denen wir uns gegenwärtig gegenübersehen«, und er fügte hinzu, daß Verfahrensuntersuchungen, verbesserte Ausbildung, weiterentwickelte Taktiken, vor allem aber die Wissenschaft sich mit dem Problem befassen müßten.

Es gab aber noch einen weiteren Vorschlag: Wenn der Bombenwurf so ungenau sei, so der Führungsstab der RAF, sei die Lösung doch eher, sich auf Flächenangriffe zu konzentrieren und

[1] Aus *The Bomber Command War Diaries* von Martin Middlebrook und Chris Everitt, 1985 erstmals von Viking Press herausgegeben.

sicherzustellen, daß eine noch größere Anzahl von Bomben deutsche Städte träfen, indem man die Gesamtzahl der Bomber auf 4000 erhöhe. Portal, der dieses Papier am 25. September an Churchill weiterreichte, fügte hinzu, daß das Bomberkommando mit dieser Anzahl von Bombern Deutschland binnen sechs Monaten in die Knie zwingen könne. Churchill war skeptisch, besonders weil der Führungsstab versucht hatte, seine Forderung auf mathematischer Basis zu rechtfertigen: Das Gewicht der auf Coventry abgeworfenen Bomben und der damit erzielte Erfolg bewiesen, daß eine größere RAF in Deutschland ebenfalls mehr zerstören könne. Churchill bezweifelte die Logik dieser Argumente und fragte, ob Bombenangriffe überhaupt ein kriegsentscheidender Faktor seien: Deren Wirkung werde, sowohl materiell als auch moralisch, maßlos überschätzt – die deutschen Luftangriffe hätten doch die britische Bevölkerung nur noch »angespornt und zusammengeschweißt«. Er kam auf die mangelnde Präzision von Luftangriffen zurück und folgerte: »Wir können bestenfalls sagen, daß sie eine nachhaltige – und ich bin sicher, auch eine ständig zunehmende – Störung darstellen werden.«
Für den Rest des Jahres wurde die Debatte fortgesetzt – und auch die Bomberoffensive, mit Ergebnissen, die sich kaum von den zuvor erzielten unterschieden. In der Nacht des 7./8. November 1941 gab es schwere Verluste unter den Flugzeugen, die Berlin, Köln und Mannheim angriffen: 9,4 Prozent der 392 angreifenden Flugzeuge kehrten nicht zurück. Churchill, der sich zu dieser Zeit stark mit dem Bomberkommando beschäftigte, riet zunächst Sir Richard Peirse, dann aber auch Portal und Sir Archibald Sinclair, dem Minister für Luftfahrt, die Einsätze des Bomberkommandos einzufrieren und erst im nächsten Frühjahr wiederaufzunehmen. Das Kabinett schloß sich diesem Vorschlag an: Es war eine Zeit sinkender Moral im Bomberkommando, die sich von der Führung bis nach unten erstreckte, und eine Zeit, in der auf höchster Ebene intensiv über die Zukunft des Bomberkommandos nachgedacht wurde. Von Mitte November 1941 bis Ende Februar 1942 wurden nur relativ bescheidene Einsätze geflogen, in der Hauptsache gegen Küstenziele in Frankreich und Deutschland. Allerdings gab es noch immer keine Fortschritte in der Genauigkeit von Navigation und Bombenwurf. Es mußte etwas geschehen – entweder hinsichtlich Strategie, Taktik, Ausrüstung, Führung oder durch Kombination einiger oder sogar aller dieser Faktoren. Neue Navigationshilfen – auch die zuvor beschriebenen Systeme Gee und Oboe – waren in Entwicklung, und große Hoffnungen wurden in sie gesetzt. Gee stand kurz vor der Einsatzreife, und ein weiterer Grund für Optimismus war, daß die Zuführung der viermotorigen Bomber anlief.
Sowohl Strategie wie Taktik waren weitgehend abhängig von Navigations- und Bombenwurf-Fähigkeiten der Bomberflotte: Auf strategischer Ebene hatte man die Wahl zwischen Angriffen auf Punktziele oder auf Flächenziele – und Angriffe auf Punktziele hatten sich, obwohl wirkungsvoller, als jenseits der Möglichkeiten des Kommandos erwiesen, zumindest zum jetzigen Zeitpunkt. Man hatte nur die Wahl zwischen Flächenangriffen oder einer Einstellung der Luftangriffe, und da das Bomberkommando damals praktisch das einzige Mittel war, den Krieg in die Heimat des Feindes zu tragen, von den Investitionen in die Bomberstreitmacht gar nicht zu reden, konnte man eine Einstellung der Bombenangriffe auf Deutschland kaum in Erwägung ziehen. Veränderungen in der Führung jedoch waren ein Punkt, der angesprochen werden konnte – und auch würde.
Ob nun wissenschaftlich korrekt oder nicht: Der Butt-Bericht hatte die Aufmerksamkeit sehr zwingend auf die Leistungen des Bomberkommandos gelenkt und sogar seine Existenz in Frage gestellt. Die Selbstgefälligkeit war erschüttert, und Wolkenkuckucksheim hatte sich als Refugium für Selbstbetrug und Inkompetenz erwiesen. Mehr als jeder andere – und mehr als jeder der Air Marshals – hatte der vergleichsweise niedrigrangige Mr. Butt einen Anstoß gegeben, durch den das Bomberkommando ziemlich schnell von einem unbeholfenen, tölpelhaften Ju-

gendlichen zu einem äußerst schlagkräftigen und durchdacht kämpfenden Erwachsenen werden sollte.
Im Jahr 1941 konnten die Nachtjäger der Luftwaffe über 400 der mehr als 700 Abschüsse von Bombern, die von insgesamt 27.101 Feindflügen nicht zurückkehrten, für sich in Anspruch nehmen. Die erfolgreichsten Monate waren dabei – aus Sicht der Nachtjagd – Juni, Juli und August: Bei besserem Wetter flogen auch mehr Bomber, mehr Ziele für die Jäger, und kürzere Nächte und bessere Sicht wirkten sich ebenfalls zugunsten der Nachtjägerbesatzungen aus. Es war ein für die RAF unheilvolles Vorzeichen, daß die Nachtjagd 1941 fast 56 Prozent der Abschüsse für sich verbuchen konnte und die Flak nur 44 Prozent, hatte das Verhältnis im Jahr zuvor doch noch 15,5 für die Nachtjagd und 84.5 Prozent für die Flak gelautet. Die Gesamtverluste des Bomberkommandos hatten 1940 noch 1,95 Prozent aller geflogenen Einsätze betragen – 1941 waren sie auf 2,6 Prozent gestiegen. Bombereinsätze über Deutschland wurden mithin ständig gefährlicher, während Jägereinsätze gegen diese Bomber eine zunehmend lohnendere Aufgabe waren.

Kapitel 4

Das Ende vom Anfang: Millennium, Himmelbett und PFF

Januar bis November 1942

Oberleutnant Walter Knickmeier war Jägerleitoffizier, JLO, bei der I./NJG 1, die mit Bf 110 E ausgerüstet war und in Venlo lag. NJG 1 sollte das bei weitem erfolgreichste Nachtjagdgeschwader werden: Bei Kriegsende konnte es auf 2209 bestätigte Luftsiege zurückblicken – von 5833, die die Nachtjagd insgesamt an der Westfront erzielt hatte. Knickmeier war schon vor dem Krieg als Flugzeugführer ausgebildet worden und Navigationslehrer gewesen, bevor er zur Nachtjagd stieß. Obwohl er selbst nicht in Venlo untergebracht war, besuchte er – wie die meisten Jägerleitoffiziere damals, als die Welt der Funkmeßführung noch persönlicher war als später – den Fliegerhorst so oft wie möglich und besprach mit den Besatzungen Taktiken; dabei entwickelte er persönliche Beziehungen, die viel zu einem erfolgreichen Zusammenspiel beitrugen. Der erste Luftsieg, an dem Knickmeier als JLO beteiligt war, der Abschuß einer Handley Page Hampden, wurde am 10. März 1941 vom später so erfolgreichen Hauptmann Werner Streib erzielt, kurz bevor die I./NJG 1 das neuerbaute Venlo belegte. Die Hampden war einer von 19 Bombern, die Köln anzugreifen hatten. Ende 1941 zählte Knickmeiers »Strecke« 24 Flugzeuge, sechs davon hatte Streib abgeschossen. Weitere sechs gingen an Oberleutnant Wolfgang Thimmig, und fünf an Oberleutnant Reinhold Knacke. Alle Erfolge Knickmeiers waren in der Henaja – Helle Nachtjagd mit Hilfe von Scheinwerfern – erzielt worden mit Ausnahme einer Wellington, die am 11. Juli von Oberleutnant Thimmig im AN-Verfahren bekämpft wurde. Als ab März 1942 der I./NJG 1 Lichtensteingeräte zugeführt wurden, war jeder von Knickmeier geführte erfolgreiche Abfangansatz – und das waren im Juli 1943 bereits 64 – mit Hilfe der Bord-Funkmeßgeräte beendet worden; auf Streibs Konto gingen davon 23.

Wir erinnern uns: Werner Streib war im April/Mai 1940 als Angehöriger der Gruppe von Wolfgang Falck in Norwegen einer der ersten Flugzeugführer gewesen, der an Nachtjagdversuchen teilgenommen hatte, und am 20. Juli desselben Jahres hatte er als Offizier des von Falck neu aufgestellten NJG 1 in Gütersloh den ersten bestätigten Luftsieg dieses Verbandes errungen: eine Whitley der 78. Staffel, gesteuert von Sergeant (Feldwebel) V.C. Monkhouse. Wie es der Zufall wollte, war diese Whitley, das erste Opfer von Kammhubers Nachtjagd, auch das erste Flugzeug von 192, die die 78. Staffel während des Krieges insgesamt verlor.

Streib war, wie Falck, schon vor dem Krieg Wehrmachtsoffizier gewesen. Zunächst flog er als Beobachter, dann aber durchlief er die Flugzeugführer-Ausbildung, und bei Kriegsausbruch war er zu Falcks Bf-110-Staffel versetzt worden. Im Oktober 1940 war er als Hauptmann Kommandeur der I./NJG 1. Nach seinem ersten nächtlichen Luftsieg am 20. Juli hatte er sich schnell einen Namen als Experte auf dem Gebiet der Nachtjagd geschaffen. Sein Erfolg als führender Nachtjagdflieger beruhte zu dieser Zeit nicht nur seiner natürlichen Begabung, sondern auch auf seiner Stellung als Gruppenkommandeur: Er konnte selbst bestimmen, wann er fliegen wollte, und er suchte sich Gelegenheiten heraus, die ihm gute Ziele zu versprechen schienen. Dafür nutzte er den schnell wachsenden Flugmeldedienst, der ihm verriet, wann und wo Feindangriffe zu erwarten waren – dann konnte er seinen Start so legen, daß die Abschußchancen hochstanden. Es war allgemeine Praxis der führenden Nachtjäger, auf diese Weise sicherzustellen, daß sie die beste Auswahl hatten, und sie bestand noch bis lange in den Krieg hinein: Je mehr Gelegenheiten diese Experten bekamen, britische Bomber abzuschießen, um so mehr Erfahrungen sammelten sie – mit dem Ergebnis, daß die Offiziere schnell Führungspositionen wie Staffelkapitän und Gruppenkommandeur besetzten, womit sich ihre Chancen auf weitere Luftsiege noch erhöhten. Wenn man an die Gesamtschlagkraft der Nachtjagd denkt, war das allerdings ein zweischneidiges Schwert: Dieses Vorgehen trug zur Bildung einer Elite unter den Flugzeugführern bei, die eindrucksvolle Abschußzahlen vorweisen konnte – gleichzeitig aber bedeutete es, daß viele junge Flugzeugführer entsprechend geringere Chancen hatten, ihre eigene Erfahrung zu erweitern. Von ihren ehrgeizigen Führern, die entschlossen waren, an der Spitze der Nachtjagd britische Bomber zu vernichten, sagten die jüngeren Flugzeugführer: »Die haben Halsschmerzen!« – ein umschreibender Ausdruck für den Wunsch, das heißbegehrte Ritterkreuz verliehen zu bekommen, das ja schließlich um den Hals getragen wurde.

Im Januar 1942 wurde der Oberbefehlshaber des Bomberkommandos, Peirse, in den Nachwehen des Butt-Berichts zum Oberbefehlshaber der Luftflotten in Indien und Südostasien ernannt. Air Vice Marshal (Generalmajor) J.E.A. Baldwin, Kommodore des Bombergeschwaders 3, übernahm Peirses Posten vorübergehend. Während dieser kurzen Vertretung brachen am 12. Februar die deutschen Kriegsschiffe *Scharnhorst, Gneisenau* und *Prinz Eugen* aus dem Hafen von Brest aus und durchquerten den Kanal auf dem Weg in nördlichere Häfen. Unter den Flugzeugen der RAF, die gestartet waren, um sie anzugreifen, waren auch 242 des Bomberkommandos – aber das schlechte Wetter verhinderte, daß die Masse ihre Ziele fand, und diejenigen, die sie bombardierten, erzielten keine Treffer. Unter den Jägern, die die deutschen Kriegsschiffe begleiteten, waren auch Bf 110 der Nachtjagd. Obwohl das Bomberkommando beim Ausbruch der deutschen Schiffe keinerlei Erfolge vorweisen konnte, entfiel jetzt immerhin die Notwendigkeit, Kräfte vom Hauptziel – Deutschland – abzuzweigen.
Peirses wirklicher Nachfolger als Oberbefehlshaber war Air Marshal (Generalleutnant) Arthur Travers Harris, der sich zu der Zeit aber nicht in Großbritannien aufhielt, sondern in Washington eine Delegation anführte, die über militärischen Nachschub für die RAF mit der amerikanischen Regierung verhandelte. Nach Rückkehr aus den USA übernahm Harris im Februar 1942 das Kommando über die Bomberkräfte und behielt es bis zum Kriegsende.
Harris, Jahrgang 1892, war im Ersten Weltkrieg Pilot im Königlichen Fliegerkorps und zunächst in Großbritannien gegen Zeppeline und anschließend als Jagdflieger in Frankreich eingesetzt gewesen. Bei Kriegsende war er Major, und man hatte ihm eine dauerhafte Verwendung als Staffelkapitän in der Nachkriegs-RAF zugesagt. 1921 übernahm er die 31. Staffel in Indien, und im Jahr darauf wurde er Kapitän der 45. Staffel in Mesopotamien, dem späteren Irak. In Ausübung von Trenchards Luftangriffslehre überwachte Harris die Umrüstung von Truppentransportern des Typs Vickers Vernon zu Bombenflugzeugen und begann damit eine lange Verbindung zum offensiven Einsatz von Luftstreitkräften, die ihm schließlich den Ruhm – andere nennen es den abträglichen Ruf – als »Bomber-Harris« einbrachte. Bei Rückkehr nach Großbritannien übernahm er die 58. Schwere Bomberstaffel, und dann folgte eine Reihe von »Karriere«-Verwendungen einschließlich Stabstätigkeiten und Lehrgängen, bis er 1937 als Air Commodore (Brigadegeneral) Kommodore des Schweren Bombergeschwaders 4 wurde, eines in Yorkshire stationierten Geschwaders mit Bombern des Typs Vickers Armstrong Whitley. Nach einem Beschaffungs-Zwischenspiel in den USA übernahm er dann bei Kriegsausbruch das Bombergeschwader 5 mit Hampden. Diesen Dienstposten behielt er, bis er im November 1940, nunmehr

Air Vice Marshal (Generalmajor), Stellvertretender Chef des Führungsstabes der RAF wurde. Im Mai 1941 reiste er wieder in die USA, um eine diplomatische Delegation für die Versorgung der RAF mit Kriegsmaterial anzuführen; im Folgemonat wurde er zum Air Marshal (Generalleutnant) befördert.

Von Erfahrung und Persönlichkeit her war Harris in erster Linie ein »Bomber-Mann«. Er war bekannt für seine Direktheit im Umgang mit Vorgesetzten wie Untergebenen, und genauso ging er Probleme an: Er sah sie schwarz oder weiß, und so bevorzugte er auch Schwarz-Weiß-Lösungen. Wen er für dumm hielt, den konnte er kaum ertragen. Ihm fiel jetzt die schwere Aufgabe zu, das Bomberkommando zu einem schlagkräftigen Teil der britischen Kriegsanstrengungen zu formen.

Das Schreiben, nach dem Harris als Oberbefehlshaber des Bomberkommandos zu arbeiten begann, war noch an seinen Vorgänger, Air Vice Marshal Baldwin, gerichtet gewesen – nur eine Woche, bevor Harris am 21. Februar 1942 seinen Posten übernahm. Es hob die Beschränkungen auf, die den Bombern als Folge des Butt-Berichts auferlegt worden waren, und betonte die Hoffnungen, die man in das TR 1335 (Gee) setzte als »Mittel für Zielsuche und Blindabwurf«. Trotz der Aussicht, daß sich auf dem Gebiet der Abwurfpräzision nun bald einiges bessern werde, stellte es unmißverständlich fest: »... ist entschieden worden, daß die Stoßrichtung Ihrer Einsätze gegen die Moral der Zivilbevölkerung des Feindes, und hier im besonderen der Industriearbeiter, zu richten ist.« Nachdem man Gee nur die kurze Einsatzzeit von etwa sechs Monaten zugebilligt hatte, da der Feind dann, wie man annahm, das System durch elektronische Störungen außer Gefecht setzen konnte, befahl die Weisung Harris, sich auf eine Reihe ausgewählter Hauptziele zu konzentrieren: Industriestädte wie Essen, Duisburg, Düsseldorf und Köln sowie Häfen wie Bremen, Wilhelmshaven und Emden – sie alle lagen innerhalb der Reichweite von Gee. Zweitrangige Ziele außerhalb der Reichweite von Gee – wie Berlin – waren ebenfalls vorgegeben.

Das Vertrauen, das der Führungsstab der RAF in Gee setzte, kann man ermessen an dem Satz: »Wenn die Erfahrungen mit dem Einsatz von TR 1335 unter günstigen Bedingungen ergeben haben, daß wirksame Angriffe auf Punktziele durchführbar sind, werden Sie prüfen, ob es möglich ist, zunächst die Ziele innerhalb der Reichweite von TR 1335 anzugreifen und später die in Anhang B aufgelisteten Ziele außerhalb seiner Reichweite.«

Man sollte eigentlich annehmen, daß der Führungsstab der RAF, dem doch durch Butt gerade nachgewiesen worden war, daß er in der Einschätzung der Präzision der Bomber völlig danebengelegen hatte, jetzt etwas vorsichtiger geworden wäre mit der Voraussage der Genauigkeit, die schließlich mit einem Gerät erreicht werden sollte, das unter Einsatzbedingungen noch gar nicht erprobt worden war. Es hieß nicht: »Falls die Erfahrungen ergeben sollten...«, sondern: »Wenn die Erfahrungen ergeben haben...« – als wäre dieses Ergebnis eine Selbstverständlichkeit. Aber das war es eben nicht: Die Ziele lagen am äußersten Rande der Reichweite von Gee, und schon aus dessen Geometrie ließ sich leicht erkennen, daß hier die Gitterlinien weit auseinanderlagen und sich in einem sehr schrägen Winkel schnitten – damit war eine präzise Standortbestimmung unmöglich. Trotzdem enthielt die Weisung acht Punktziele, hauptsächlich Ölraffinerien, innerhalb der Reichweite von Gee und vier weitere außerhalb – und es gab keinen Hinweis, wie man die letzteren vier präzise treffen könne.

Zu diesem Zeitpunkt waren nur wenige Flugzeuge des Bomberkommandos mit Gee ausgerüstet. Seit August 1941 hatte es ein oder zwei Flüge über Deutschland gegeben, bei denen Gee benutzt worden war – aber der Verlust einer Wellington, die Gee an Bord hatte, und die Gewißheit, daß die Deutschen, sobald sie erst einmal die technischen Details kannten, Gee leicht stören konnten, hatte zu der vernünftigen Entscheidung geführt, Flüge über Deutschland nicht noch einmal zu riskieren, bevor ein Großteil der Bomber damit ausgerüstet war. Im Februar

1942, kurz vor der Übernahme durch Harris, lief eine Übung, bei der ein Bahnhof in Wales als simuliertes Ziel diente. Die Ergebnisse waren vielversprechend: Da man wußte, daß es noch einige Zeit dauern würde, bis auch nur ein kleiner Teil der Bomber mit Gee ausgerüstet war, warfen bei dieser Übung mit Gee ausgerüstete Bomber Leuchtkörper ab, die das Ziel markierten und ausleuchteten, so daß die Bomber zielen konnten – eine Technik, die die Deutschen über britischen Zielen, auch über Coventry, angewandt hatten: Später sollten die Pfadfinder des Bomberkommandos die gleiche Technik mit verheerender Wirkung anwenden.
Anders als der Führungsstab der RAF beurteilte Harris die Fähigkeiten seiner Bomber nüchtern und realistisch. Später beschrieb er die ihm gestellte Aufgabe so:

»Von diesem äußerst nützlichen Gerät – einem der wirklich hervorragenden Dinge, die die Wissenschaftler uns gaben – wurde weit mehr erwartet, als es tatsächlich leisten konnte. Und es wurde natürlich auch von den zahlenmäßig viel zu schwachen Bombern weit mehr erwartet, als überhaupt vernünftig war, selbst wenn Gee die optimistischsten Erwartungen erfüllen sollte. Mithin mußte ich nicht nur beweisen, was eine umfangreiche und angemessen ausgerüstete Bomberstreitmacht nicht erreichen konnte, sondern auch, was eine kleine und unangemessen ausgerüstete Bomberstreitmacht leisten konnte. Ich mußte mich von Wunschdenken freihalten, während ich gleichzeitig mein vollstes Vertrauen in eine Bomberoffensive – wenn man ihr eine realistische Chance bot – unter Beweis stellen mußte.«[1]

Das war zumindest – und endlich! – eine realistische Einstellung gegenüber den Problemen des Bomberkommandos, das jetzt mit der Übernahme durch Harris von der Selbsttäuschung in die rauhe Wirklichkeit hinüberwechseln konnte.
Harris' Amtszeit begann mit einer Anzahl herkömmlicher Luftangriffe auf norddeutsche Häfen; dann folgte ein sehr bedeutender Angriff auf die Renault-Werke in Billancourt, die mitten in Paris südlich des Bois de Boulogne lagen und für die Deutschen viele Militärfahrzeuge herstellten. Die dabei verwandte Taktik war weitgehend von dem Bemühen bestimmt, die Verluste unter den französischen Einwohnern so gering wie möglich zu halten. Das Ziel war nach Sicht relativ einfach auszumachen: Es lag am Nordufer einer U-förmigen Schleife der Seine, und die Bomber der ersten von drei Wellen waren mit Männern besetzt worden, die man nach ihrer Einsatzerfahrung ausgewählt hatte. Diese Besatzungen identifizierten das Ziel und beleuchteten es mit Leuchtkörpern, so daß die nachfolgenden zwei Wellen es aus geringer Höhe nach Sicht bombardieren konnten. Etwa 235 RAF-Bomber nahmen an diesem Angriff teil, die höchste Zahl, die je auf ein Einzelziel angesetzt worden war, und die Zeit war knapp bemessen: Alle 235 sollten ihre Bomben in einer Stunde und 50 Minuten abgeworfen haben. Es gab keine feindliche Gegenwehr, und so konnte ein hoher Grad an Genauigkeit erzielt werden: Etwa drei Viertel der abgeworfenen Bomben trafen das Werk und beschädigten es so stark, daß die Herstellung von Militärfahrzeugen für einen Monat ausfiel. Leider jedoch erfüllte sich die Hoffnung, die Verluste unter der französischen Bevölkerung gering halten zu können, nicht: Trotz der von Planern und Besatzungen getroffenen Maßnahmen, die sicherstellen sollten, daß nur das Werk getroffen wurde, kamen 367 Zivilisten ums Leben, und etwa 10.000 wurden obdachlos – eine Verlustrate, wie es sie bei einem einzigen Angriff auf Deutschland noch nie gegeben hatte. Das war die grausame Wirklichkeit: Selbst der sogenannte Präzisionsbombenwurf konnte nicht zwischen Schuldigen und Unschuldigen unterscheiden.

[1] Aus *Bomber Offensive* von Sir Arthur Harris, 1947 bei Collins erschienen.

Essen, im Herzen des Ruhrgebiets gelegen, stand auf der Liste der Weisung des RAF-Führungsstabes an Harris unter den Flächenzielen ganz oben, folglich flog das Bomberkommando drei Luftangriffe gegen die Stadt – am 8./9., 9./10. und 10./11. März 1942 mit 211, 187 beziehungsweise 126 Flugzeugen. Unter den Bombern des dritten Angriffs befanden sich auch zwei Avro Lancaster, die ersten Lancaster, die gegen ein Ziel in Deutschland eingesetzt wurden. Die Angriffe waren nach den Grundsätzen von Billancourt geplant worden, nur hatten die anführenden Flugzeuge jetzt Gee, in das man so große Hoffnungen setzte. Die Angriffe waren in jeder Hinsicht eine arge Enttäuschung: Industrielle Dunstschleier verhinderten die Identifizierung des Ziels im Schein der Leuchtkörper, und – was man hätte vorhersehen können, aber nicht tat – Gee erwies sich in großer Entfernung als ungenau: Also fielen die Leuchtkörper nicht dort, wo sie sollten. Aus Sicht der RAF waren das drei Großangriffe, für jemanden im Zielgebiet jedoch waren es nur kleinere Attacken: Die weitläufigen Rüstungswerke von Krupp – Hauptgrund für den Angriff auf Essen – wurden nicht getroffen, und auch die Schäden im Stadtgebiet waren nur gering. Nur 25 Personen verloren ihr Leben, und etwa 40 wurden in Essen als vermißt gemeldet – in benachbarten Städten jedoch gab es 74 Tote allein beim zweiten Luftangriff. Insgesamt 16 Bomber kamen nicht mehr zurück; vermutlich wurden die meisten von ihnen von Nachtjägern abgeschossen.

Nach den drei Angriffen auf Essen waren Kiel und Köln Harris' nächste Ziele. 68 Wellington führten in der Nacht des 12./13. März einen relativ erfolgreichen Angriff auf Kiel durch, wobei fünf Wellington – 7,36 Prozent der Angreifer – verlorengingen: Eine davon war Beute des Oberleutnants Reinhold Knacke von der I./NJG 1 in Venlo, der bis zum Lichtenstein-Abschuß von Walter Knickmeier geführt worden war.

Ein künftiges As, das zu dieser Zeit ebenfalls in der I./NJG 1 flog, war der 19jährige Leutnant Wilhelm »Wim« Johnen von der 3. Staffel. Er war Mitte 1941 zur Gruppe versetzt worden, hatte aber – obwohl er seit dem 11. Juli 1941 gegen die RAF im Einsatz war – gegen deren Bomber noch keinen Erfolg gehabt. Ein weiterer Luftangriff auf Essen, Harris' fünfter seit Amtsübernahme, sollte Johnen den ersten Luftsieg bringen: Aber dieser Luftsieg war für den jungen Flugzeugführer nicht die einzige Denkwürdigkeit dieser Nacht.

Mit seinem Bordfunker Unteroffizier Risop, einem Berliner, startete Johnen in Venlo mit seiner Bf 110, einem von 40 Nachtjägern, die in dieser Nacht zur Verfügung standen. Er war als erster zum Alarmstart beordert worden und hob um 22.03 Uhr von der Startbahn ab. Seine Maschine, C9+FL, hatte kein Lichtensteingerät. Der Flugmeldedienst hatte bereits angekündigt, daß das Ruhrgebiet Ziel der Bomber sei. In dieser Nacht vom 26. auf den 27. März 1942 hatte Harris 104 Wellington und elf Stirling eingesetzt.

Johnen brauchte etwa 20 Minuten, um seine Einsatzhöhe von 5500 m über dem ihm zugewiesenen Funkfeuer westlich von Wesel zu erreichen. Es lag etwa 50 km nordöstlich von Venlo und in gleicher Entfernung nordwestlich von Essen: Dort flog er Warteschleifen – in einer guten Position, um die anfliegenden Bomber auf ihrem Kurs über Holland abzufangen. Es war eine klare Nacht, und aus seiner Angriffsposition heraus hatte Johnen einen herrlichen Blick auf das weite Panorama des Industriegebiets der Ruhr mit Essen im Mittelpunkt. Über Sprechfunk hatte er schon Kameraden »Sieg Heil!« rufen hören – das Kennwort für den Abschuß eines Bombers. Streib hatte schon zwei.

Johnen sah die Leuchtkörper der Bomber herabsinken, und er sah auch das konzentrierte Flakfeuer der Hunderte von Geschützen am Boden, die den Himmel unter Feuer nahmen: Hier mußten die Wellington und Stirling durch. Er sah Bomber im Kegel der Suchscheinwerfer: »Ihre Silberrümpfe glänzten wie fahle Fischleiber am dunklen Nachthimmel.« Und er beobachtete, wie Bomber brennend abstürzen: »Drei, vier, fünf Tommys fangen am Himmel Feuer und stürzen wie Kometen zur Erde.«

Der Jägerleitoffizier gab Johnen Kurs auf Duisburg und wies ihn an, die Frequenz eines anderen JLO mit der Kennung »Wolfsburg« anzuwählen. Dieser JLO sagte ihm, er solle alle Gelegenheitsziele über 5000 m Höhe angreifen; die Ziele darunter gehörten der Flak. Wie üblich beachteten jedoch die Flakbesatzungen diese 5000-m-Höhenabsprache nicht, und Johnens Maschine wurde von Fast-Treffern durchgeschüttelt. Er sah eine Wellington in etwa 4800 m Höhe und entschied sich für den Angriff, obwohl der Bomber unter Flakfeuer lag. Risop gab das Kennwort »Pauke, Pauke!« - »Ich greife an!« - durch, und Johnen schrieb später:

> »Aus meiner erhöhten Position drücke ich die Maschine herunter und nehme den Bomber ins Visier. Der Geschwindigkeitsmesser steigt auf 550km/Std. Größer und größer leuchtet der Bomber im Visier auf. Jetzt erkenne ich deutlich das hohe Leitwerk und den Heckschützen in der hinteren Glaskugel. Mein Flugzeug gelangt in den Bannkreis der Scheinwerfer, und schon prasseln die gutgezielten Garben in den Rumpf des Engländers und reißen die rechte Tragfläche auf. Der Tommy brennt und kippt über die linke Fläche ab. Das alles geschieht in Bruchteilen von Sekunden. Mit unheimlicher Geschwindigkeit rase ich an dem brennenden Engländer vorbei und ziehe steil hoch gegen den Nachthimmel, um dem drohenden Flakfeuer zu entgehen. Schnell ein Blick nach unten! Der Tommy ist am Boden aufgeschlagen und explodiert.« [2]

Aber damit war Johnens Feuertaufe noch nicht beendet. Plötzlich rief Risop: »Über uns ist noch einer!« Johnen, der darin eine Gelegenheit sah, einen weiteren Bomber abzuschießen, manövrierte seine Messerschmitt dicht unter das Feindflugzeug, die er zu seiner Überraschung als »Viermot« erkannte: eine Stirling. Risop fragte ihn, wie er denn angreifen wolle.

> »Ich überlege kurz und halte den Angriff von unten nach oben am besten, um den Bomber durch mein Visier laufen zu lassen und den Rumpf mit einem langen Feuerstoß aufzureißen. Der gefährlichste Moment wird kommen, wenn ich dicht hinter dem Heckschützen auftauche und die Propellerböen seiner Motoren meine Maschine erfassen. "Jetzt müssen wir schießen", meint Risop, "sonst bemerkt er uns noch." Das sind seine letzten Worte. Ich nehme Gas heraus, lasse den Engländer vorschießen und gebe Höhenruder. Im gleichen Augenblick kreuzen sich unsere Feuergarben. Wie aus einer Gießkanne jagt die Leuchtspurmunition des Engländers aus allen Rohren auf mich zu und blendet mich völlig. Schon prasseln die Garben in die Kabine, Rumpf und Tanks. In Bruchteilen von Sekunden gleicht mein Flugzeug einer brennenden Fackel. Tausende Liter Benzin brennen lichterloh. Eine Maschinengewehrsalve streift mein linkes Bein und jagt den um meinen linken Unterschenkel gebundenen Gurt mit Erkennungsmunition in die Luft. Von der Wucht der Explosion wird das Kabinendach aufgerissen und fliegt weg. In diesem Moment sicheren Todes schaue ich noch einmal nach Risop. Er liegt leblos vornübergebeugt auf dem Funkgerät. Die Maschinengewehrgarbe hat ihn tödlich getroffen. Ich selbst habe keine Hoffnung mehr, aus der brennenden Maschine herauszukommen, und stürze senkrecht mit den Flammen in die gähnende Tiefe. Die unsägliche Hitze in diesem Flammenmeer macht mich halb ohnmächtig.
> Ich fühle keine Angst. Unter verzweifelter Mühe bringe ich mein zerschossenes Bein aus der Kabine heraus. Aber die Zentrifugalkraft ist zu groß und drückt mich in die Maschine zurück. So gebe ich jede Hoffnung auf Rettung auf und lege meine Hand schützend

[2] Aus *Duell unter den Sternen* von Wilhelm Johnen, 1956 herausgegeben.

über meine Augen. Nach einem Sturz von 3000 m explodiert die Maschine in der Luft und schleudert mich heraus. Als brennende Fackel durchwirble ich die Luft und überschlage mich rückwärts. Die kühle Nachtluft schlägt peitschend gegen mein Gesicht und bringt mich wieder zur Besinnung. Wie ein Blitz durchfährt es mich: Der Fallschirm fängt Feuer! Noch liegen die Seidenbahnen geschützt in der vom Feuer bereits angefressenen Hülle. Schnell schlage ich die Flammen mit beiden Händen aus und reiße mir die Pelzstiefel und Handschuhe vom Leibe. Gott sei Dank, das ging noch einmal gut! Jetzt wird's aber höchste Zeit, den Fallschirm zu ziehen, denn die roten Brände am Erdboden nähern sich mit rasanter Geschwindigkeit. Die Erde kommt näher und näher. Ein Ruck, und der Sturz in die Tiefe wird gestoppt. Der Schirm entfaltet sich. Meine Freude ist unbeschreiblich - und wird jäh gedämpft: Der Fallschirm ist durchschossen und gerissen.«

Der Fallschirm flatterte über Johnen: Er hatte sich nicht ganz geöffnet. Durch Ziehen an den Leinen brachte er ihn dann aber dazu, sich voll zu entfalten - und fast im gleichen Moment prallte er auf dem Boden auf. Er war in einer überschwemmten Wiese gelandet, und der Schlamm, in dem er bis zur Taille versank, hatte seinen harten Aufprall gedämpft. Bewußtlos wurde er zu einem Bauernhof gebracht und von dort ins Krankenhaus. Sein Gesicht war so schrecklich verbrannt, daß man zunächst annahm, er werde blind sein - aber wie noch öfter im Krieg stellte sich dann heraus, daß seine Lider die Augen vor Verbrennung geschützt hatten. Den Chirurgen gelang es sogar, sein schwer verletztes Bein zu retten, so daß er nach zwei Monaten wieder laufen konnte. Obwohl man ihm direkt nach dem Absturz gesagt hatte, er werde nie wieder fliegen können, war Johnen im Juli wieder bei seiner Staffel und flog erneut Einsätze.
Bis zum 13. April 1942 war Essen achtmal in Umsetzung der Weisung des RAF-Führungsstabes von Harris angegriffen worden. Die Ergebnisse dieser Bombenangriffe waren schwach, und die Bomberverluste lagen knapp über vier Prozent. Da mußte noch viel getan werden. Die Flächenangriffe waren - selbst mit Hilfe von Gee - noch immer von zweifelhaftem Wert. Der Optimismus des Führungsstabes hatte sich - dieses Mal auf den Nutzen von Gee bezogen - einmal mehr als völlig unangebracht erwiesen. In der Zwischenzeit hatte Harris allerdings andere Pläne entwickelt: In der Nacht des 28./29. März 1942 schickte er 234 Bomber zum Angriff auf Lübeck.
Lübeck war eines der »alternativen Industriegebiete« auf der Liste der Weisung vom Februar 1942 an das Bomberkommando, ein Ziel für Flächenangriffe. Es befand sich zwar außerhalb der Reichweite von Gee, war aber bei Mondschein relativ leicht zu finden - durch seine Lage an der Trave und die unverwechselbare Lübecker Bucht an der Ostsee. Seine Flak-Kräfte waren unbedeutend. Da er wußte, daß die Altstadt vollständig aus Holzhäusern bestand, wählte Harris die Hansestadt als Ziel für ein Experiment aus, »um herauszufinden, ob eine erste Welle eine zweite zum Ziel führen konnte, indem sie ein Flammenmeer entfachte«. Lübeck war kein wichtiges Ziel, enthielt aber kriegsnahe Einrichtungen einschließlich U-Boot-Werften. Harris war der Meinung, daß es bei Durchführung seines Experiments besser sei, »eine Industriestadt mittlerer Bedeutung zu zerstören als beim Versuch, eine große Industriestadt zu vernichten, zu scheitern«.[3]
Das Experiment war ein »Erfolg«: Die Innenstadt Lübecks wurde weitgehend zerstört, mehr als 300 Menschen kamen ums Leben, und das Konzept, eine Brandstifter-Formation der Hauptstreitmacht vorauszuschicken, um das Ziel zu markieren, erwies sich als brauchbar.
So erfolgreich der Luftangriff auf Lübeck auch gewesen sein mag, so hatte die Gewinn-und-Verlust-Rechnung doch eine bedenkliche Seite: Sieben Wellington, drei Stirling, eine Hampden und

[3] *Bomber Offensive*.

eine Manchester kehrten nicht zu ihren Flugplätzen zurück - gut fünf Prozent der eingesetzten Bomber. Was seine ortsfesten Verteidigungskräfte anbetraf, war Lübeck ein leichtes Ziel gewesen - aber das Potential von Kammhubers Nachtjagd trat jetzt immer deutlicher in den Vordergrund.
Nach dem Angriff auf Lübeck mußte ein anderer Ostseehafen, Rostock, im April vier ähnliche Angriffe über sich ergehen lassen. Die Bombenangriffe waren wirkungsvoll, und die RAF verlor nur acht von insgesamt 520 teilnehmenden Bombern.
Feldwebel Walter von Berg und Unteroffizier Walter Heidenreich, ein Sudetendeutscher und früherer Zerstörer-Bordfunker, der zur II./NJG 3 versetzt worden war, starteten in Schleswig, als die RAF-Bomber sich am 24./25. April Lübeck näherten. Sie waren dem Konaja-Gebiet über Kiel, Deckname »Kiebitz«, zugeteilt worden. Heidenreich berichtet:

«Ich sah in den Scheinwerferkegeln hinter uns etwas glitzern, und wir drehten bei und versuchten, in Schußposition zu kommen. Aber wir konnten nicht langsam genug fliegen: Er flog etwa 200 km/h, und wir etwa 250. Es war eine Wellington. Wir flogen ihn noch einmal an und kamen bis auf 40 oder 30 m an ihn heran. Ich rief: "Feuer eröffnen!" Wir feuerten und feuerten, schienen ihn aber nicht zu treffen. Dann brachen wir ab, und als wir etwa 300 m entfernt waren, begann er zu feuern und traf uns sofort: Ich konnte jeden Treffer hören. Von Berg drückte die Nase nach unten und wir stürzten bis auf etwa 250 m Höhe. Ich sagte ihm, daß einer der Motoren die Höchsttemperatur erreicht habe; dann fiel dieser Motor aus. Der Flugzeugführer brüllte: "Aussteigen - ich kann sie nicht halten!" Ich sprang, kam aber nicht sauber raus, da ich Schwierigkeiten mit meinen Beinen hatte: Mit Kinn und Nasenspitze schlug ich gegen das Leitwerk. Ich muß in etwa 120 m Höhe abgesprungen sein und landete nur wenige Sekunden, nachdem ich die Aufziehleine gezogen hatte. Von Bergs Fallschirm hatte sich nicht geöffnet: Die verschlossene Packhülle fand man etwa fünf Meter von seinem Körper entfernt: Möglicherweise hatte er den Schnelltrennverschluß betätigt, anstatt die Aufziehleine zu ziehen.«

Sechs Nächte später starteten fünf Manchester der 50. Staffel in Skellingthorpe in Lincolnshire, um vor der dänischen Küste Minen zu legen. Eine davon – VN-N mit der Fertigungsnummer L7516 – sollte nicht mehr zurückkommen. Der Flug war planmäßig verlaufen, bis die Maschinen auf Heimatkurs eindrehten: Jetzt entdeckte die Besatzung von VN-N, daß eine der vier Minen, die sie mitgeführt hatte, »hängengeblieben« war – sie hatte sich also nicht zusammen mit den anderen ausgeklinkt, als der Auslöseknopf gedrückt wurde. In dem Moment, als dies festgestellt wurde, wurde die Manchester von einem Nachtjäger in etwa 3000 m Höhe angegriffen. Die drei Bordschützen der Manchester erwiderten das Feuer, aber als der Pilot, Flight Sergeant (Hauptfeldwebel) Tim Willett, seinen Heckschützen aufrief, bekam er keine Antwort. Einer der beiden Bordfunker, Flight Sergeant Hector Macdonald, ging in den hinteren Rumpf und fand den Heckschützen zusammengesunken über seiner Bordkanone, offensichtlich tot. Er wollte gerade mit dem »Totermanngriff« den Heckstand so drehen, daß er zu dem Heckschützen gelangen und ihm, falls noch möglich, helfen konnte, als der Bomber erneut angegriffen wurde. Geschosse durchsiebten den Bomber, und Macdonald wurde durch den Rumpf geschleudert. Jetzt brannten bereits beide Motoren von VN-N, und der Pilot befahl, das Flugzeug aufzugeben; vermutlich glaubte er über Land zu sein. Sofort danach jedoch widerrief er seinen Befehl und teilte der Besatzung mit, daß sie über See seien und er eine Notwasserung vorhabe. Als das Flugzeug auf der Wasseroberfläche aufsetzte, kam es schlitternd abrupt zum Stehen: Es war mit eingezogenem Fahrwerk auf einer nur knapp mit Wasser bedeckten Sandbank gelandet. Macdonald war beim Angriff an der Hand verletzt worden – seine Finger hingen nur noch an der Haut

vom Handteller. Er schaffte es aber trotzdem, zusammen mit dem Piloten, dem Navigator und dem mittleren Bordschützen das Flugzeug durch den Notausstieg zu verlassen. Dann erschien der Kopf des zweiten Piloten über dem Wasser; er war an den Beinen schwer verwundet worden. Von dem australischen vorderen Bordschützen, Sergeant (Feldwebel) Williams, war nichts zu sehen. Als man später seinen Körper fand, schien es, als sei er – ohne Fallschirm – aus dem vorderen Notausstieg entweder gefallen oder geprungen: Es war sein erster Feindflug gewesen. Die Überlebenden von VN-N wurden gefangengenommen. Der Flugzeugführer der Bf 110, der den Bomber abgeschossen hatte, war Oberleutnant Günter Köberich, Staffelkapitän der 11./NJG 3. Das Feuer der Bordschützen von VN-N hatte seine Wirkung gehabt: Es hatte die Messerschmitt getroffen und den Funker, Unteroffizier Schubert, arg am Magen verletzt. Trotz der Schäden an seiner Maschine, zu denen auch zwei geplatzte Reifen zählten, schaffte es Köberich, sicher auf dem Fliegerhorst von Sylt aufzusetzen. Dann aber verging – trotz Köberichs Hilfeanforderung über Funk – eine halbe Stunde, bevor tatsächlich Hilfe eintraf. Schubert starb am nächsten Morgen an der Bauchwunde. Irgendwie muß dieser Vorfall Reichsmarschall Hermann Göring zu Ohren gekommen sein: Er ließ den Horstkommandanten kurzerhand ablösen.
Günter Köberich war jetzt ohne Funker, und Walter Heidenreich war ohne Flugzeugführer. Die beiden kannten sich schon einige Zeit, da sie zusammen auf der Nachtjagdschule in Echterdingen gewesen waren, und so war es nur natürlich, daß sie sich zu einer neuen Besatzung zusammentaten: Sie flogen daraufhin gemeinsam und schossen noch zwölf RAF-Bomber ab, bevor Köberich im April 1944 bei einem Luftangriff auf Quakenbrück sein Leben verlor – nur einen Monat, nachdem er und Heidenreich dorthin versetzt worden waren.

Während Harris neue Dynamik und konstruktives, aggressives Denken bei der Aufgabe, das Bomberkommando in eine schlagkräftigere Angriffswaffe zu verwandeln, zum Tragen brachte, waren auf deutscher Seite Entwicklungen im Gange, die das Defensivpotential der Nachtjagd stärken sollten. Das Lichtensteingerät wurde in steigender Stückzahl hergestellt, und die Verfahren, Jäger mit Hilfe roter und blauer Würzburg-Riesen in die Nähe der Bomber zu führen, wurden mit zunehmender Praxis immer besser. Die Funkmeßbeobachter an den Würzburggeräten hatten allerdings Schwierigkeiten, auf ihren Bildschirmen das Echo ihres Jägers von der ständig wachsenden Zahl der Bomberechos zu unterscheiden. Um ihnen zu helfen, wurde ein Freund-Feind-Kennungsgerät eingeführt: FuG 25 mit der Tarnbezeichnung »Erstling«. Der Jäger trug ein Antwortgerät (Transponder), das – wenn es vom Funkmeßgerät am Boden »abgefragt« wurde, also dessen Signal auffing – auf einer leicht veränderten Frequenz eine Antwort abstrahlte, die auf dem Bildschirm des Beobachters als eindeutiges Signal aufleuchtete. Erstling konnte sowohl mit Würzburg- als auch mit Freyageräten zusammenarbeiten, aber es erwies sich anfangs – unerfahren, wie sie waren – als sehr schwierig für die Funkmeßbeobachter, ein Erstling-Echo auszumachen, wenn eine Vielzahl von Bombern in seiner Nähe war. Dazu kamen noch Herstellungsschwierigkeiten, so daß die Geräte die Einsatzverbände nur sehr langsam erreichten.
Von seinen Vorgängern hatte Harris nur eine relativ kleine Streitmacht fronttauglicher Bomber übernommen, die meist auch noch veraltet waren: Insgesamt waren es 469 Maschinen, darunter 20 Manchester und 60 Stirling, Halifax und Lancaster, von den letzteren nur vier. Kammhubers Nachtjagd hingegen war mittlerweise auf sieben Gruppen (21 Staffeln) plus eine Staffel angewachsen und besaß auf dem Papier 367 Flugzeuge; die tatsächliche Stärke lag allerdings bei nur etwa 265 Maschinen. Die Bf 110 war das vorherrschende Flugzeug, es gab aber auch noch einige Do 215 und Do 217; die Ju 88 gab es nur in geringer Stückzahl. Man hatte gehofft, daß der für die Zerstörer Bf 110 vorgesehene Nachfolger, die Me 210, ein kampfstarker Nacht-

jäger werden würde, aber das gesamte Projekt Me 210 – auf das man so große Hoffnungen gesetzt hatte – war eingestellt worden, als das Flugzeug sich als grundlegend ungeeignet erwies; die Herstellung wurde daraufhin eingestellt. Die Aufgabe dieses Projekts war allerdings erst entschieden worden, als die meisten der Bf-110-Fertigungsstraßen bereits auf den neuen Typ umgerüstet worden waren – als dann beschlossen wurde, die Bf 110 beizubehalten, verging wichtige Zeit, bis die Produktion wieder anlaufen konnte. Zudem wurden auch an der Ostfront dringend Flugzeuge benötigt, was sich unvermeidlich auf die Anzahl der Bf 110 auswirkte, die der Nachtjagd zugeführt werden konnten.
Im Mai 1942 umfaßte Kammhubers Bereich, der im August 1941 zum XII. Fliegerkorps erweitert worden war, drei Divisionen, die rund um die Uhr für die Luftverteidigung mit Jägern verantwortlich waren. Die 1. Jagddivision (JD) deckte Belgien, Holland und das Ruhrgebiet ab und schloß das NJG 1 ein, die 2. JD (NJG 3) war für Nordwestdeutschland und Berlin zuständig, und die 3. JD (NJG 2 und 4) sicherte Südwestdeutschland, Südbelgien und Nordfrankreich. Kammhuber unterstanden als »General der Nachtjagd« – zusätzlich zu seiner allgemeinen Befehlsgewalt – die Nachtjagdkräfte direkt.
Mit seinen Versuchsangriffen auf Lübeck und Rostock hatte Harris bewiesen, daß sorgfältig geplante Flächenangriffe auf ausgewählte Ziele – zeitlich konzentriert und begleitet von Zielmarkierungs-Flugzeugen, die das Ziel beleuchteten, indem sie es Brand steckten, bevor die Masse der Sprengbomben darauf abgeworfen wurde – viel größere Erfolgsaussichten hatten als das bisherige Einsatzverfahren, das sich weitgehend auf Können und Initiative der einzelnen Flugzeugbesatzungen verließ. Die letzten beiden Ziele waren allerdings verhältnismäßig einfach zu finden und nicht so stark verteidigt gewesen wie die großen Industriestädte, die tiefer im Inland lagen und seine Vorrangziele waren. Harris suchte daher nach einem wichtigen Ziel, an dem er beweisen konnte, daß eine richtig eingesetzte Bomberflotte die Streitmacht war, die zu fördern sich lohnte. Der Oberbefehlshaber und sein Stab waren sich jedoch auch bewußt, daß – trotz der Erfolge gegen die beiden Ostseehäfen – die restlichen Luftangriffe seit seinem Amtsantritt, wenn überhaupt, dann kaum erfolgreicher waren als die, die vor dem Butt-Bericht geflogen worden waren. Harris machte sich zudem Sorgen um die Stimmung seiner Besatzungen, die noch immer gedrückt war, obwohl die Erfolge von Billancourt, Lübeck und Rostock die Moral schon etwas gehoben hatten. Zusammen mit seinem Stabschef Air Vice Marshal (Generalmajor) Robert Saundby verfolgte Harris den Plan, einen massiven Luftangriff durchzuführen, der – falls erfolgreich – nicht nur das Vertrauen in das Bomberkommando zurückerobern, sondern auch die Bomberbesatzungen mitreißen sollte. Der geplante Angriff würde auch zeigen, ob die Bomber, zeitlich wie räumlich geballt eingesetzt, bessere Ergebnisse als bisher erzielen konnten.
Die Zahl der für diesen Angriff benötigten Bomber setzte Harris auf 1000 fest – trotz der Tatsache, daß er nur etwa halb soviele fronttaugliche Flugzeuge hatte: Der Angriff hieß zunächst »The Thousand Plan« (»Unternehmen Eintausend«), und später, als ihm ein Deckname zugeordnet wurde, »Operation Millennium« (»Unternehmen Millennium«). Es war ein außerordentlich gewagtes Konzept, weil dabei nicht nur alle fronttauglichen Kräfte eingesetzt wurden, sondern auch alle Reserven. Während ein Erfolg sicherlich die Glaubwürdigkeit des Bomberkommandos unter seinem neuen Oberbefehlshaber wiederherstellen würde, konnte ein Fehlschlag sein Ende bedeuten. Der Chef des Führungsstabes der RAF, Portal, genehmigte das Vorhaben, und Winston Churchill war begeistert. Dann wählte man zwei Ziele aus: Hamburg und Köln – Churchill war für Hamburg, Harris für Köln. Die endgültige Entscheidung wollte man von den in der Angriffsnacht vorherrschenden Wetterbedingungen abhängig machen.
Die Geschichte dieses ersten Tausend-Bomber-Luftangriffs ist schon so oft wiedergegeben worden, daß sie hier nicht im Einzelnen wiederholt werden muß. Zunächst waren Harris vom Kü-

stenkommando 250 Flugzeuge versprochen worden, aber im beinahe letzten Moment zog die Admiralität, die ohnehin nie eng mit dem Bomberkommando zusammenarbeitete, ihre Zusage zurück. Indem er Besatzungen mit fortgeschrittener Ausbildung einbrachte, zudem abgeflogene Besatzungen, die derzeit als Ausbilder arbeiteten, zusammenkratzte und jede vorhandene Maschine aus Ausbildungs- und Transporteinheiten seines Befehlsbereichs abzog, gelang es Harris nicht nur, die angestrebte Zahl zu erreichen, sondern sogar noch zu übertreffen: In der Nacht vom 30. auf den 31. Mai 1942 starteten insgesamt 1047 Bomber – 602 Wellington, 131 Halifax, 88 Stirling, 79 Hampden, 73 Lancaster, 46 Manchester und 28 Whitley – in Richtung Köln, das am Morgen des Angriffstages aufgrund der Wetterlage über Europa zum Ziel bestimmt worden war.

Der Luftangriff war – in drei Wellen – auf 90 Minuten beschränkt worden, und jede Besatzung war angewiesen, den ihr zugewiesenen Platz und die Höhe in der Formation so exakt wie möglich beizubehalten: Gee, mit dem jetzt etwa die Hälfte der Bomber ausgerüstet war und mit dem die Navigatoren zunehmend vertrauter wurden, erwies sich dabei als von unschätzbarem Wert. Obwohl es für den Bombenblindwurf nicht taugte, versetzte seine Präzision über Großbritannien und auf den Anflugrouten nach Deutschland die Navigatoren in die Lage, in ausreichender Entfernung ihre Position und die genaue Windgeschwindigkeit zu bestimmen und damit Kurs und Zeit bis dicht vor dem Ziel einzuhalten. Die Flugzeuge der ersten Welle hatten Leuchtkörper zur Zielmarkierung und mehr Brandbomben als die folgenden Wellen an Bord. Die Lage Kölns direkt am Rhein, das die Bomber von Norden – dem breiten Fluß nach Süden folgend – anflogen, machte es relativ leicht, die Bomben nach Sicht ins Ziel zu bringen. Der Angriff war für Vollmond geplant gewesen, und die Besatzungen der zweiten und dritten Welle konnten die brennende Stadt schon über viele Kilometer sehen und somit direkt anfliegen.

Der Erfolg war – nach bisherigen Maßstäben – eindrucksvoll. Fast 900 der eingesetzten Flugzeuge griffen die Stadt an und warfen 1349 Sprengbomben, die meist 225 kg wogen, und über 460.000 Brandbomben ab. Brandbomben machten zwei Drittel der abgeworfenen Bombenlast aus: 13.000 Wohnungen – meist in Wohnblocks, da das Verhältnis von Mehrfamilienhäusern zu Einzelhäusern in Deutschland hoch ist, besonders in Großstädten – wurden zerstört und 30.000 mehr oder weniger beschädigt. Gegen diese Zahlen erscheint die Zahl der Verluste an Menschen – etwa 480 Tote und 5000 Verletzte – gering: Das ist sicher nicht nur auf den hohen Anteil an Brandbomben zurückzuführen, sondern auch auf die Tatsache, daß die meisten deutschen Behausungen, und hier besonders die großen Wohnblöcke, große Keller hatten, die sich später in stabile Luftschutzkeller umbauen ließen.

Bei seiner Planung hatte Harris eine Verlustrate von fünf Prozent angesetzt. Tatsächlich aber kehrten nur 41 Flugzeuge oder 3,9 Prozent der eingesetzten Bomber nicht zurück. In Menschenleben ausgedrückt, verlor das Bomberkommando über 200 Männer, von denen die meisten ums Leben kamen.

Um den Luftangriff auf Köln flankierend abzusichern, griffen 34 Blenheim des Bombergeschwaders 2 sowie 16 Blenheim des Heeres-Kooperationskommandos und sieben Havoc-Nachtjäger des Jägerkommandos feindliche Nachtjagd-Fliegerhorste an – sie sollten die deutsche Nachtjagd am Einsatz gegen die Bomber hindern. Obwohl dieser flankierende Einsatz noch nicht sehr wirkungsvoll war, war er doch ein erster Schritt in Richtung auf die stetig zunehmenden Einsätze von Fernfliegerkräften, die das Bomberkommando unterstützten – eine Taktik, die der deutschen Luftwaffe zunehmend Sorgen bereitete.

Der Angriff auf Köln erfüllte das unmittelbar gesetzte Ziel – darüber hinaus war er aber auch ein enormer Propagandaerfolg nicht nur in Großbritannien, wo die Zahl Eintausend verständlicherweise die Vorstellungskraft der Öffentlichkeit beschäftigte und dem Normalbürger Selbst-

vertrauen und Moral wiedergab, sondern auch in den USA, wo die Planungen für eine Teilnahme am Luftkrieg gegen Deutschland bereits liefen. Harris' »Glücksspiel«, wie es oft genannt wurde, hatte sich ausgezahlt. Wer aber von Glücksspiel spricht, unterschätzt Fähigkeiten und Leistungen von Harris und seinem Stab: Endlich hatte jemand die Schwierigkeiten von Bombenangriffen klar erkannt und war sie logisch und nicht weltfremd und fern jeder Realität angegangen, wie das bis zu seinem Eintreffen bei den Verantwortlichen der Fall war. Endlich auch wurden Richtlinien für den Gebrauch der stumpfen Waffe, der Bomber, entwickelt – und diese Richtlinien, ständig verbessert und verfeinert, würden angewendet werden, bis Deutschland erobert war. Die deutsche Bevölkerung würde entsetzlich zu leiden haben, und die Bomberbesatzungen der RAF würden einzigartige Tapferkeit zeigen und erschreckende Verluste hinnehmen müssen. Niemand sollte ihre oder Harris' Leistungen bei der Anwendung der Waffe, die man ihm gab, herabsetzen – aber gleichzeitig sollte niemand den Mut und die Hartnäckigkeit der deutschen Nachtjägerbesatzungen herabsetzen, die ihr Land und ihr Volk gegen den Terror verteidigten, den die britischen Bomber über sie brachten.
Da Harris'Tausend-Bomber-Streitmacht noch auf den Einsatzplätzen lag, wurde zwei Nächte später eine weiterer Angriff mit (fast) tausend Bombern geflogen, diesmal gegen Essen. Aber Essen wurde seinem Ruf als äußerst schwieriges Ziel gerecht: 956 Bomber griffen es an, aber Industriedunst und Wolkenschichten machten es den Besatzungen sehr schwer, ihr Ziel zu finden, obwohl sie mehr Leuchtkörper mitführten als beim Angriff auf Köln. Verglichen mit der Größe der angreifenden Streitmacht waren die Erfolge mager: Nur elf Häuser waren in Essen zerstört und fünfzehn Menschen getötet worden – die Bomben fielen über das ganze Ruhrgebiet verstreut, und Oberhausen und Duisburg hatten, neben elf oder mehr weiteren Städten, die ebenfalls getroffen wurden, mehr gelitten als Essen.
Beim letzten Tausend-Bomber-Angriff dieser Zeit starteten in der Nacht des 25./26. Juni 1067 Maschinen in Richtung Bremen. Dieses Mal hatte sich das Küstenkommando auf Druck Churchills mit Flugzeugen beteiligt. Die Stadt wurde zwar schwer beschädigt, aber nicht so stark wie Köln drei Wochen zuvor. Während der Himmel über Köln relativ klar war, war er über Bremen wolkenverhangen, was bedeutete, daß die Bomber der nachfolgenden Wellen durch die Wolken auf die Glut der Feuer zielen mußten, die die ersten Flugzeuge entfacht hatten; die erste Welle war mit Gee ausgerüstet und führte einen hohen Anteil an Brandbomben mit. Trotz allem war die Konzentration des Angriffs nicht ausreichend. Wie schon in Köln weigerten sich auch in Bremen die zuständigen Behörden zu glauben, daß auch nur annähernd tausend Bomber teilgenommen hätten. Sie meinten tatsächlich, daß die 52 Bomber, die sie abgeschossen haben wollten, mehr als die Hälfte der Angriffsformation ausgemacht hätten – die Briten hätten die Zahl Tausend nur als Propagandatrick angegeben, um so die Verlustrate senken zu können. In Wirklichkeit jedoch wurden 55 Flugzeuge oder 4,9 Prozent aller eingesetzten Maschinen vermißt, Fernflieger zur flankierenden Absicherung des Hauptangriffs eingeschlossen.
Die drei Tausend-Bomber-Angriffe hatten die RAF 127 Flugzeuge und etwa 700 ausgebildete Männer gekostet; mehr als die Hälfte der zerstörten Bomber gingen auf das Konto der deutschen Nachtjagd. Genaue Zahlen sind nicht verfügbar, aber es scheint, als seien beim Angriff auf Köln 23 der 41 abgeschossenen Bomber den Bordwaffen der deutschen Nachtjäger – vorwiegend Bf 110 – zum Opfer gefallen. Beim Angriff auf Bremen hatte allein eine Gruppe, die in Leeuwarden stationierte II./NJG 2 unter dem Kommando von Helmut Lent, 16 Bomber vom Himmel geholt. Es ist bezeichnend, daß die Flugzeuge der II./NJG 2 zu dieser Zeit fast alle mit dem Abfangjagd-Bordfunkmeßgerät Lichtenstein ausgerüstet waren. Der Jägerleitoffizier der I./NJG 1 in Venlo, Walter Knickmeier, führte Oberleutnant Knacke in erfolgreichen Ansätzen gegen eine Blenheim, eine Stirling und eine Wellington, und ebenfalls unter seiner Führung errang Ober-

leutnant Loos einen Luftsieg über eine Halifax. Während in den Bombern die flackernden Kathodenstrahlröhren den Navigatoren des Bomberkommandos dabei halfen, ihre Ziele mit etwas besserer Genauigkeit zu finden und auf dem Weg zum Ziel und über dem Ziel eine höhere Zusammenballung zu erreichen, also zu »klotzen«, befähigten die Röhren in den Messerschmitts die Bordfunker, ihre Flugzeugführer nahe genug an die Bomber heranzuführen, so daß sie die mörderische Feuerkraft ihrer Bordwaffen einsetzen konnten.
Kammhubers Verteidigungssystem war so ausgelegt, daß es Angreifer bekämpfte, die einzeln auf breiter Front über eine relativ lange Zeit einflogen. Jetzt aber kamen die Maschinen des Bomberkommandos – dank Gee und Harris' neuer Taktik der zeitlichen und räumlichen Straffung – in eng aufgeschlossenen Pulks und in rascher Folge heran. Dieses »streaming« (»Strömen«), wie es bald genannt wurde, bedeutete aber auch, daß weniger Nachtjagdgebiete von einer größeren Anzahl Bomber durchflogen wurden als zuvor. Weil aber meist nur ein Jäger in einem Gebiet eingesetzt war, bedeutete dies wiederum, daß der Jägerleitoffizier mit seinem Jagdflieger zwar eifrig bemüht war, einen Bomber abzufangen – die anderen jedoch konnten unbehelligt das Gebiet durchqueren. Diese Unbeweglichkeit des Systems bedeutete zudem, daß einige Gruppen zwar fette Beute machten, andere Gruppen aber am Boden in Bereitschaft bleiben mußten und nicht zum Einsatz kamen, es sei denn, ein Bomber verirrte sich in ihr Gebiet.

Die Einführung des Lichtensteingeräts hatte es zwar dem einzelnen Jäger leichter gemacht, Bomber abzuschießen, aber die Art, wie sich das System entwickelt hatte, machte es den Kräften der Nachtjagd, die zu dieser Zeit zahlenmäßig schon sehr stark war, unmöglich, ihr volles Potential auszuschöpfen. Diese Situation war für viele Besatzungen enttäuschend – ausgenommen natürlich diejenigen, die in Nachtjagdräumen lagen, durch die die Anflugschneisen der regulären Ziele des Bomberkommandos führten – und führte auch zu Kritik: Man fragte sich, ob da nicht irgendeine Form der freien Jagd wirkungsvoller sei. Solch ein System sollte später auch einmal kommen – aber bis dahin würde noch Zeit vergehen, und es kam auch erst, als komplizierte technische und taktische Änderungen des Bomberkommandos die grundlegenden Schwächen des Kammhuber-Systems offenlegten und Änderungen erzwangen.
In der Zwischenzeit wirkten sich jedoch der Einbau der Lichtensteingeräte in eine wachsende Zahl von Jägern, ihre Akzeptierung durch die Besatzungen und die zunehmende Sicherheit bei ihrer Anwendung auf die Verluste des Bomberkommandos aus. Im Juni und Juli 1942 wurden 20 größere Luftangriffe gegen Deutschland geflogen und 307 Bomber dabei zerstört – 4,9 Prozent der angreifenden Kräfte. Von den insgesamt 370 Verlusten bei allen, auch kleineren, Nachtangriffen, beanspruchte die Nachtjagd 224 Abschüsse. Der Gesamteindruck, den die neue Funkmeßtechnik auf die Führung machte, wurde noch gesteigert durch den Umstand, daß diese Luftsiege von einer relativ kleinen Anzahl von Nachtjagdstaffeln beansprucht wurden, und zwar denen, deren Gebiete die Bomber durchflogen hatten. Die Wirksamkeit des Dunaja-Systems bei Einfliegen eines Bombers in den Nachtjagdraum kann durch einen typischen Erfolg von Hauptmann Streib, I./NJG 1, veranschaulicht werden. Er wurde in den frühen Morgenstunden des 3. Juni 1942 von Oberleutnant Knickmeier geführt und schoß eine Wellington ab, einer von 197 Bombern, die Essen angriffen. Knickmeier erfaßte um 01.23 Uhr für Streib ein Ziel in Raum 5B zwischen Venlo und Eindhoven. Nach 14 Minuten hatte Streib den Bomber abgeschossen.
Man kann sich die Szene so vorstellen: Im Gefechtsstand hat Knickmeier den Seeburgtisch vor sich, eine Plexiglaskarte, auf der er – von unten beleuchtet – zwei Punkte farbigen Lichts erkennen kann: Der rote zeigt die Position des feindlichen Bombers, der grüne symbolisiert den Jäger, den er führt. Hier ist allerdings eine Klarstellung nötig: Obwohl der den eigenen (daher

»blau«) Jäger verfolgende Würzburg-Riese als »blauer Riese« bezeichnet wird, ist das auf den Seeburgtisch gespiegelte Licht in Wirklichkeit grün. Deren Positionen werden von Flugmeldern direkt von zwei getrennten Würzburg-Riese-Funkmeßgeräten übertragen, dem »roten Riesen« und dem »blauen Riesen«. Auswerter um den Seeburgtisch zeichnen mit farbigen Fettstiften die Flugwege von Bomber und Jäger nach, sobald sich deren Positionen verändern: So geben sie dem JLO ein Bild vom Fortschreiten des Abfangansatzes. Abhängig vom Können der Flugmelder und der Auswerter ist das Bild, das Knickmeier sieht, natürlich etwas – mehr oder weniger – veraltet, die relativen Positionen von Bomber und Jäger sind aber trotzdem verwertbar.
Das Zusammenspiel von Oberleutnant Knickmeier und Hauptmann Streib klappt ausgezeichnet. Knickmeier gilt als der beste JLO des NJG 1. Er kann auf 26 erfolgreiche Abfangansätze verweisen, und bei sechs dieser Ansätze errang Streib Luftsiege. Streib ist eines der führenden Asse der Nachtjagd: Allein 1941 schoß er 22 Bomber ab. Der Funksprechverkehr zwischen JLO und Flugzeugführer ist knapp, da der Flugzeugführer auch seinem Funker zuhören muß; er wird in Kennworten durchgeführt. Knickmeiers Informationen und Anweisungen für Streib sind kurz, Streibs Antworten lakonisch und meist auf ein kurzes »Viktor« beschränkt, das dem englischen »roger« entspricht. Streib kreist mit seiner Bf 110. Der britische Bomberstrom nähert sich von Westen. Knickmeier hat ein Ziel ausgewählt und schätzt, daß es südlich von Streib vorbeifliegt, also dreht er Streib auf Südkurs. Der folgende Funkverkehr ist direkt dem Original-Logbuch des JLO-Gehilfen entnommen; kurze Erklärungen ergänzen ihn:

01.23 Uhr	Knickmeier:	*Antreten 170*	*Antreten 170* (Kurs 170°)
		Tampen 160	(Kurs jetzt 160°)
		Kirchturm 4300	(Zielhöhe 4300 m)
01.24 Uhr	Knickmeier:	*Fahren Sie Expreß*	(Fahrt erhöhen)
	Streib:	*Viktor, Viktor*	(Verstanden)
01.25 Uhr	Knickmeier:	*Kirchturm 4300*	(Zielhöhe 4300 m)

Knickmeier fürchtet, daß Streib auf diesem Kurs hinter seinem Ziel vorbeifliegt: Also dreht er ihn nach links. »Lisa« bedeutet »zehn Grad nach links drehen«, »zweimal Lisa« entspricht »zwanzig Grad nach links«.

	Knickmeier:	*Zweimal Lisa!*	(20° nach links drehen)
	Streib:	*Viktor*	(Verstanden)
01.26 Uhr	Knickmeier:	*Einmal Lisa!*	(10° nach links)
	Streib:	*Viktor*	(Verstanden)
	Knickmeier:	*Marie 9*	(Zielentfernung 9 km)
	Streib:	*Viktor*	(Verstanden)
01.27 Uhr	Knickmeier:	*Kirchturm 4200*	(Zielhöhe 4200 m)
	Streib:	*Viktor*	(Verstanden)
		Frage Marie	(Erfrage Zielentfernung)
01.28 Uhr	Knickmeier:	*Marie 8*	(Zielentfernung 8 km)
	Streib:	*Viktor*	(Verstanden)
	Knickmeier:	*Einmal Lisa!*	(10° nach links)
	Streib:	*Viktor*	(Verstanden)
	Knickmeier:	*Einmal Lisa!*	(10° nach links)
	Streib:	*Viktor*	(Verstanden)

Als das Ziel vor dem Jäger vorbeifliegt, dreht JLO Knickmeier Streib jeweils um 10° nach links ein. Diese Anweisungen ergehen in rascher Folge und drehen den Jäger hinter seinem Ziel ein, bis er auf Zielkurs fliegt.

01.29 Uhr	Knickmeier:	*Marie 5,5*	(Zielentfernung 5,5 km)
	Streib:	*Viktor*	(Verstanden)
	Knickmeier:	*Einmal Lisa!*	(10° nach links)
	Streib:	*Viktor*	(Verstanden)
	Knickmeier:	*Einmal Lisa!*	(10° nach links)
		Marie 4,5	(Zielentfernung 4,5 km)
	Streib:	*Viktor*	(Verstanden)
	Knickmeier	*Einmal Lisa!*	(10° nach links)
		Marie 4	(Zielentfernung 4 km)
	Streib:	*Viktor*	(Verstanden)
01.30 Uhr	Knickmeier:	*Marie 2*	(Zielentfernung 2 km)

Bei dieser Entfernung sollte der Bordfunker in der Messerschmitt auf den kleinen Lichtenstein-Kathodenstrahlröhren die Zacken, die die Wellington darstellen, erkennen können. Im RAF-Bomber gehen die Besatzungsmitglieder ihren jeweiligen Aufgaben nach: Der Pilot steuert das Flugzeug, indem er den Kurs beibehält, den ihm der Navigator vorgegeben hat; der Funker horcht auf Funksprüche aus Großbritannien, über Feindgebiet darf er nicht senden; der Navigator konzentriert sich vermutlich – wie Streibs Funker – auf das Bild seiner grünen Röhre, nur gehört die zu seinem Gee-Gerät, das derzeit zwar stark gestört ist, ihm aber trotzdem das Ablesen erlaubt; der Bombenschütze späht nach unten und hofft, einen Festpunkt zu identifizieren, der dem Navigator bei seinen Berechnungen hilft; die beiden Bordschützen, einer im Bug- und der andere im Heckstand, suchen den Himmel nach Feindjägern und eigenen Bombern ab. Aber Streibs schwarz lackierte Bf 110 unter ihnen hebt sich gegen die dunkle Erde darunter nicht ab. Knickmeier befürchtet, daß der Jäger vor seinem Ziel eindreht und weist Streib an, langsamer zu fliegen:

Knickmeier:	*Halten!*	(Fahrt drosseln)
Streib:	*Viktor*	(Verstanden)
Knickmeier:	*Zweimal Rolf!*	(20° nach rechts)
Streib:	*Viktor*	(Verstanden)
Knickmeier:	*Halten!*	(Fahrt drosseln)
Streib:	*Viktor*	(Verstanden)
Knickmeier:	*Noch mehr halten!*	(Fahrt stärker drosseln)

Knickmeier erkennt, daß Streib trotz verringerter Fahrt das Ziel überholt hat. Daher ordnet er einen Vollkreis nach links an in der Hoffnung, Streib so hinter den Bomber zu bringen.

01.31 Uhr	Knickmeier:	*Salto Lisa!*	(360° nach links)
	Streib:	*Viktor*	(Verstanden)
	Knickmeier:	*Antreten 150!*	(Kurs 150°)
	Streib:	*Viktor*	(Verstanden)
	Knickmeier:	*Marie 4*	(Zielentfernung 4 km)
	Streib:	*Viktor*	(Verstanden)
	Knickmeier:	*Marie 3*	(Zielentfernung 3 km)

01.32 Uhr		*Zweimal Lisa!*	(20° nach links)
		Halten!	(Fahrt drosseln)
		Zweimal Lisa!	(20° nach links)
		Marie 2,5	(Zielentfernung 2,5 km)
		Antreten 110!	(Kurs 110°)
01.33 Uhr		*Marie 2,5*	(Zielentfernung 2,5 km)
	Streib:	*Viktor*	(Verstanden)

Auf einige der letzten Informationen und Anweisungen hat Streib nicht geantwortet - möglicherweise hört er seinem Funker zu. Alles geschieht jetzt sehr schnell. Wenn der Funker das Ziel mit dem Lichtensteingerät auffaßt, meldet er das mit dem Kennwort »Emil, Emil« - aber die Meldung erfolgt nicht: Vielleicht hat Streib sie vergessen, vielleicht aber hat der Funker noch keinen Funkmeßkontakt.

	Knickmeier:	*Kirchturm 4100*	(Zielhöhe 4100 m)
		Marie 2	(Zielentfernung 2 km)
01.33 Uhr		*Kirchturm 4100*	(Zielhöhe 4100 m)
01.34 Uhr		*Marie 1*	(Zielentfernung 1 km)
		Genau vor Ihnen	
		Sie sind dicht bei	
		Kurier	(Sie sind nah am Bomber)
01.36 Uhr	Streib:	*Ich berühre*	(Ich habe Sichtkontakt)
		Bitte warten!	
01.37 Uhr		*Sieg Heil*	(Bomber abgeschossen)

Die Wellington ist jetzt ein weiteres Opfer unter den Verlusten des Bomberkommandos. Aller Wahrscheinlichkeit nach ist die Sechs-Mann-Besatzung bereits tot, oder sie stirbt gerade. Streib ist seinen 65 Abschüssen, die er bis Kriegsende erzielt, um einen nächtlichen Luftsieg näher gekommen.

Der mit der Einführung der Lichtensteingeräte zunehmende Erfolg der Nachtjagd und die Verfeinerung der Jägerleitverfahren hatten zunächst einen unvorhergesehenen - und auf den ersten Blick nachteiligen - Einfluß auf Kammhubers Luftverteidigung gegen die nächtlichen Angriffe der RAF. Als er seinen riesigen hellen Gürtel aufbaute, hatte Kammhuber den deutschen Städten mehr und mehr ihre Suchscheinwerfer entzogen, sehr zum Ärger der Gauleiter, deren Städte unter diesen Angriffen zu leiden hatten, und sie hatten sich auf höchster Ebene - bei Adolf Hitler selbst - darüber beschwert, um sie zurückzubekommen. Seit dem Tausend-Bomber-Angriff auf Köln waren Kammhubers Henaja-Gürtel daher schrittweise die Scheinwerfer wieder weggenommen worden, um den Objektschutz der Städte zu verstärken, und mit Wirkung vom 31. Juli 1942 war befohlen worden, die Scheinwerferverbände im hellen Gürtel vollständig aufzulösen: Henaja, bis vor kurzem noch das erfolgreichste Nachtjagdverfahren, gab es nicht mehr. Dann aber wirkte sich der willkürliche Abzug der Suchscheinwerfer schnell zum Vorteil der Nachtjäger aus.
Als der Scheinwerfergürtel aufgebaut wurde, waren in jedem der 27 Räume, aus denen seine 800 km Länge bestand, mehr oder weniger dauerhafte Jägerleitstellungen eingerichtet worden, und in jedem dieser Räume standen zwei Würzburg-Riesen. Kammhuber behielt diese Jägerleitstellungen und ihre Riesen und wandelte jeden Raum der Hellen Nachtjagd in einen Duna-

ja-Raum um, in dem ein Würzburg-Riese als »blauer« und der andere als »roter« Riese arbeiteten: Auf diese Weise ersetzte er den Scheinwerfergürtel durch einen noch wirksameren Jägerleitgürtel, und da jeder Riese einen Kreis von etwa 60 km abdeckte, war der Gürtel jetzt noch tiefer als der vorige. Das Rot-und-Blau-Verfahren bekam – Gründe dafür sind nicht bekannt – die Bezeichnung »Himmelbettverfahren«. Mit Fortdauer des Krieges wurden in Deutschland mehr und mehr Riesen aufgestellt, so daß schließlich fast das ganze Land und die besetzten Gebiete im Westen mit sich überlappenden Himmelbetträumen überzogen waren und es einem britischen Bomber praktisch unmöglich war, in diesen Luftraum einzudringen, ohne erfaßt zu werden und zu riskieren, daß ein Jäger auf ihn angesetzt wurde.

Die Monate Juni, Juli und August 1942 zeigten einen deutlichen Anstieg der Anzahl britischer Bomber, die durch die deutsche Nachtjagd abgeschossen wurden. Während von Januar bis Mai durchschnittlich 34 Abschüsse pro Monat zu verzeichnen waren, lag der Schnitt in den folgenden Monaten bei 116 Verlusten. Das hatte seine Ursache natürlich auch in der Tatsache, daß die RAF im besseren Sommerwetter erheblich mehr Angriffe flog, aber selbst dann konnte man den wachsenden Druck durch die deutschen Nachtjäger nicht übersehen. 1942 hatte das Bomberkommando bis einschließlich Mai insgesamt 12.029 Einsätze geflogen, bei denen die Nachtjagd 167 Bomber in die Tiefe geschickt hatte – die Gesamtverluste der RAF in dieser Periode lagen bei 396, und die Nachtjäger waren daran zu 42 Prozent beteiligt. In den folgenden drei Monaten bis einschließlich August hatte das Bomberkommando 11.169 Einsätze geflogen – und die Nachtjäger waren jetzt zu 65,7 Prozent an den Abschüssen beteiligt.

Daß die deutschen Nachtjäger zunehmend in der Lage waren, ihre Gegner zu finden und zu Boden zu schicken, läßt sich auch an den steigenden Prozentzahlen der Bomber ableiten, die vom Bomberkommando zu Nachtangriffen gegen das Dritte Reich eingesetzt wurden und dann nicht mehr zurückkamen: Im Winter 1941/42 lagen die Verluste im Schnitt bei 2,5 Prozent, von Februar bis Mai 1942 stiegen sie bereits auf 3,7 Prozent. Ab Juni stiegen sie dann erneut deutlich an: Im Durchschnitt pendelten sie jetzt um die fünf Prozent – eine Zahl, so hatte man berechnet, bei der der Nachschub an Flugzeugen und die Ausbildung von Besatzungen gerade noch ausreichten, um Stärke und Schlagkraft des Bomberkommandos zu erhalten. Bei einer jedoch jetzt schon bedenklichen Anzahl von Einsätzen stiegen die Verluste weit über die noch akzeptable Norm: Bei einem Angriff auf Hamburg am 28./29. Juli kehrten 11,7 Prozent von 256 Bombern nicht zurück, bei einem Angriff auf Kassel am 27./28. August gingen 10,1 Prozent von 306 Bombern verloren, nach dem Angriff auf Nürnberg in der folgenden Nacht fehlten 14,5 Prozent von 159 eingesetzten Bombern und am 16./17. September 10,6 Prozent von 369 Maschinen.

In diesem Zusammenhang ist es wohl angebracht, kurz die Bedeutung dieser Verlustrate für das einzelne Besatzungsmitglied zu erläutern. Gewöhnlich flog es 30 Einsätze – danach wurde der Mann »ausgemustert«, indem er keine Feindflüge mehr unternahm, sondern meist einer Ausbildertätigkeit zugeführt wurde. Wenn während seiner Frontverwendung von 30 Einsätzen die Verlustrate ein Prozent betrug, lag sein Risiko, abgeschossen zu werden, bei 30 Prozent, also standen seine Chancen, dem Tod oder der Gefangenschaft zu entkommen, zehn zu drei zu seinen Gunsten. Übrigens war die Anzahl derer, die aus einem abgeschossenen Bomber noch lebend herauskamen, weitaus geringer als die Zahl derer, die im Bomber starben – mithin war der Tod das wahrscheinlichere Ende. Durchschnittliche Verluste von zwei Prozent bedeuteten, daß die Überlebenschancen gegen den Mann standen – zehn zu sechs. Eine Verlustrate von 3,3 Prozent bedeutete rein mathematisch, daß keine Überlebenschance bestand – und die, die trotzdem immer wieder zurückkamen, lebten nur mit geborgter Zeit. Die Verlustrate in den letzten Monaten des Jahres, die sich am Rande des Unerträglichen bewegte, wurde allerdings auch von einer deutlichen Verbesserung der Genaugkeit von Zielsuche und Bombenwurf begleitet.

Das Bomberkommando hatte im letzten Quartal des Jahres 1942 den wachsenden Druck seiner strategischen Luftangriffe auf Deutschland etwas gemindert. Vom 22./23. Oktober bis zum 11./12. Dezember hatte Harris 14 Nachtangriffe auf die norditalienischen Städte Genua, Mailand und Turin sowie einen Tagangriff auf Turin fliegen lassen, um die Operationen in Nordafrika zu unterstützen, wo die Achte Armee unter Montgomery Rommels Afrikakorps in der zweiten Schlacht von El Alamein zurückdrängte und im November - »Operation Torch« (»Unternehmen Fackel«) - das Alliierte Expeditionskorps landete. In dieser Zeit wurden nur fünf größere Nachtangriffe gegen Deutschland geflogen. Weil die Bomberströme anstatt über das Reich meist über besetztes Gebiet fliegen und so Kammhubers Dunaja-Gürtel umgehen konnten, waren die Verluste der Angriffe auf Italien deutlich niedriger als die der Angriffe auf Deutschland: Von insgesamt 1752 teilnehmenden Flugzeugen gingen nur 31 - oder 1,8 Prozent - verloren. In gewisser Hinsicht waren diese Angriffe für die erst kürzlich aufgestellte »Pathfinder Force« (PFF - »Pfadfindertruppe«) eine Gelegenheit, ihre Verfahren anzuwenden und weiterzuentwickeln.

Die Art, wie die Pfadfinder entstanden und ihr Führer ausgewählt wurde, ist recht interessant, da sie einen Einblick in den Charakter des Oberbefehlshabers Harris erlaubt. Die Notwendigkeit, ein Verfahren zu entwickeln, das das Können einzelner Piloten und Besatzungen nutzt, um dem Feind den größten Schaden zuzufügen, war längst erkannt worden, und während man beträchtliche Hoffnungen auf Gee und andere elektronische Mittel, das schon angesprochene Oboe sowie H2S, gesetzt hatte, war man generell der Meinung, daß - wenn diese Verfahren auch unter idealen Bedingungen die Effizienz einzelner Besatzungen steigern konnten - dennoch ein Weg gefunden werden mußte, um sich durch Sicht davon überzeugen zu können, daß das richtige Ziel in angemessener Konzentration angegriffen wurde. Ein Anfang war bereits während der Versuche mit Gee gemacht worden, als lange brennende Leuchtkörper abgeworfen wurden, um Scheinziele in Großbritannien anzugreifen; später dann, im Februar 1942, wurden unter der Tarnbezeichnung »Shaker« (»Beben«) die Techniken verfeinert und Ziele wie Essen markiert, so daß nachfolgende Besatzungen ein klar definiertes Ziel vorfanden, auf das sie ihre Bomben abwerfen konnten - zunächst Brandbomben, die das Ziel sichtbar machten, und dann Sprengbomben, um größtmögliche Schäden an Gebäuden hervorzurufen.

Einer der größten Befürworter der Truppe, die zunächst »Target-Finding Force« (TFF - »Zielsuchtruppe«) genannt wurde, war der Stellvertretende Direktor für Bombereinsätze im Luftfahrtministerium, Group Captain (Oberst) S.O. »Sid« Bufton, ein Offizier mit beträchtlicher Einsatz- und Führungserfahrung und ein Verfechter von Präzisions-Bombenangriffen. Das Konzept hatte auch die Unterstützung von Lord Cherwell, der ja direkten Zugang zu Churchill hatte. Es wird manchmal behauptet, die TFF sei Cherwells geistiges Kind, aber in Wirklichkeit spielte Cherwell mit vielen Ideen, einigen guten und vielen durchaus wilden Gedanken - und ihm allein zuzuschreiben, was in Wahrheit ein weithin diskutiertes Konzept war, wäre falsch: Trotzdem aber war er ein mächtiger Mann, und seine Unterstützung war von unschätzbarem Wert.

Auf der anderen Seite stand Harris diesem Gedanken zunächst ablehnend gegenüber. Bufton hatte vorgeschlagen, daß die Zielsuchbesatzungen aufgrund von Einsatzerfahrung und nachgewiesener Leistung ausgewählt und zu einer Spezialtruppe zusammengefaßt werden sollten. Die Debatte wurde erregt und mit vielen Argumenten geführt, und Harris stemmte sich stur gegen die Aufstellung eines Elitekorps, da er glaubte, das werde die Moral und damit die Schlagkraft der restlichen Truppe des Bomberkommandos negativ beeinflussen. Und im Grunde fand das Konzept auch keine Gegenliebe bei den Geschwaderkommodores, die sich nicht mit dem Gedanken anfreunden konnten, daß ihnen die besten Besatzungen abgezogen werden sollten. Es überrascht aber, daß Harris offensichtlich zufrieden damit war, wie sich die Bomberoffensive unter seiner Führung entwickelte: Er habe festgestellt, sagte er, daß die Shaker-Technik dazu

geführt habe, daß die Mehrzahl der von seinen Flugzeugen abgeworfenen Bomben wirkungsvoll auf bebaute Gegenden des Ruhrgebiets fiele. Selbst Harris war nicht immun gegen Wunschdenken, und da er selbst ein Anhänger von Flächenangriffen war, neigte er dazu, Gedanken, wie sie Bufton vorgebracht hatte, abzulehnen, ja sogar verächtlich abzutun: Sie konnten schließlich das Prinzip des Angriffs auf Punktziele unterstützen. Diese Seite seines Charakters trat mit Fortdauer des Krieges immer offener zutage, besonders seine Intoleranz gegenüber dem, was er »Wunderziele« nannte – Ziele, die ihm in Weisungen oder von Behörden wie dem Ministerium für Wirtschaftskriegführung aufgezwungen wurden, mit dem er nicht übereinstimmte. Damit soll nicht gesagt werden, daß Harris unrecht hatte: Im Gegenteil – seine unbestreitbare Zielstrebigkeit und sein Instinkt für das, was möglich und wahrscheinlich auch effektiv sein könne, gaben ihm im Nachhinein oft recht. Was allerdings die Zielsuchtruppe anbetrifft: Hier sollte die Praxis zeigen, daß seine Einwände unbegründet waren.
Im Juni 1942 – das Tauziehen hatte etwa im März desselben Jahres begonnen – hatte Harris insofern nachgegeben, daß er akzeptierte, daß es in den einzelnen Staffeln »Angriffsführer« gäbe, aber er sperrte sich noch immer gegen die Aufstellung einer eigenen Truppe. Beim Luftfahrtministerium hingegen hatten Buftons Argumente und die seiner Befürworter Fürsprache durch den Führungsstab gefunden, und hier besonders des Chefs dieser Organisation, Marshal of the Royal Air Force (kein deutsches Pendant, entspräche 5-Sterne-General) Sir Charles Portal. Portal schrieb Harris und »empfahl«, eine eigene Zielsuchtruppe zu schaffen. Nun konnte selbst der hartnäckige und häufig eigensinnige Harris die »Empfehlung« der allerhöchsten Autorität der Royal Air Force nicht einfach übergehen: Vielleicht war er ohnehin schon halb überzeugt von der Logik der Argumente, die Bufton und andere vorbrachten, und nur seine angeborene Sturheit hatte ihn davon abgehalten, einen Schritt zu tun, den andere als Unterwerfung deuten konnten. Jedenfalls akzeptierte Harris die »Empfehlung« Portals würdevoll und gab ihr dann auch seine uneingeschränkte Unterstützung. Trotzdem aber nutzte er seinen Einfluß bei Aufstellung der Spezialtruppe bei einer Reihe von Gelegenheiten – bei einigen kleinen, aber auch bei einer von entscheidender Bedeutung.
Die offizielle Weisung des Führungsstabs der RAF, die Portals »Empfehlung« formell umsetzte, erreichte Harris am 11. August 1942. Zu Harris' kleineren Initiativen zählte, daß er darauf bestand, daß die neue Truppe »Pathfinder Force« und nicht »Target-Finding Force« heißen solle – seine entscheidende Initiative jedoch war die Auswahl des Kommandeurs der »PFF«, wie sie bald genannt wurde.
Es wäre eigentlich nur natürlich gewesen, wenn Harris die Verantwortung für Aufstellung und Führung der PFF einem seiner Geschwaderkommodores übertragen hätte – statt dessen wählte er einen rangniedrigeren Offizier, Wing Commander (Oberstleutnant) Donald C.T. Bennett, den Kapitän der 10. Staffel, der von Leeming in Yorkshire aus Halifax flog. Bennett war ein hervorragender Flieger und bereits eine legendäre Figur in der Welt der Fliegerei. Er war in Australien geboren und Mitte der 30er Jahre in der RAF zum Piloten ausgebildet worden. Nach seiner kurzen Dienstzeit war er als Flugkapitän zu Imperial Airways übergewechselt, der späteren British Overseas Airways Corporation, und hatte dort – neben anderen Dingen in seiner kurzen, aber vielseitigen Laufbahn – die *Mercury* geflogen, ein viermotoriges Huckepack-Wasserflugzeug, das auf dem Rücken des Flugboots Short Mayo Composite saß. Ebenfalls mit der *Mercury* hatte er einen Langstrecken-Weltrekord für Wasserflugzeuge aufgestellt, und er hatte auch das Flugboot gesteuert, das den ersten regulären Liniendienst über den Atlantik und zurück für Imperial Airways aufgenommen hatte. Bennett war nicht nur ein erfahrener Flieger, sondern kannte sich auch in Navigation, Funk- und Flugzeugtechnik aus. Zudem hatte er ein Buch verfaßt: *The Complete Air Navigator (Der vollkommene Luftfahrtnavigator)*. Sein Dienst bei British Over-

Das Arbeitsprinzip von H2S

Eine kleine Antenne als »Abtaster« rotierte in einer Plastikkuppel unter dem Rumpf etwa einmal pro Sekunde und strahlte sehr hochfrequente Impulse ab. Je nach Art des Geländes am Boden wurden unterschiedliche Mengen Energie zurückgeworfen und von derselben Antenne wieder aufgefangen.

Antennenkuppel

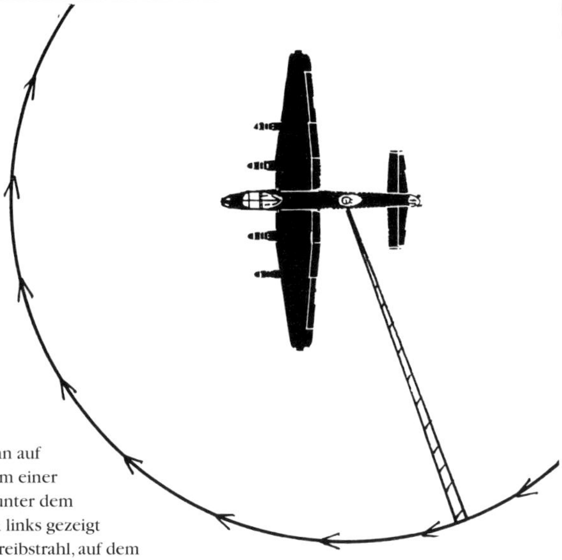

Die reflektierten Impulse wurden dann auf dem Bildschirm des Navigators in Form einer groben Karte von der Erdoberfläche unter dem Flugzeug sichtbar gemacht, wie unten links gezeigt wird. Die rotierende Zeitlinie, der Schreibstrahl, auf dem Radarschirm lief synchron mit der Antenne, während die feststehende Linie (links) den Kurs des Flugzeugs angab. Die Skizzen zeigen ein Flugzeug mit Westkurs (270°) zunächst über See, dann beim Anflug auf die Küste und schließlich über Land.

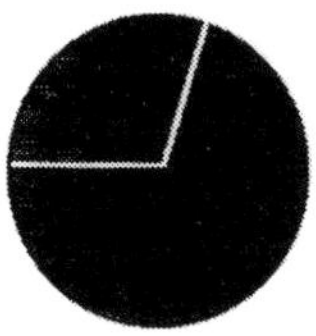

Über Wasser oder anderen glatten Flächen wurde nahezu alle Energie ins All reflektiert, und der Bildschirm blieb dunkel.

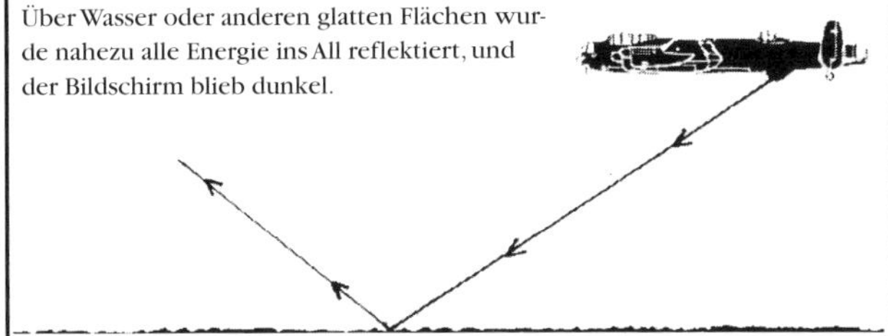

Über rauhen oder wellenförmigen Flächen wie Hügelland ging ein Teil der Energie verloren, ein Teil jedoch wurde reflektiert und wieder aufgefangen: Auf dem Bildschirm erschien ein mittleres Aufleuchten.

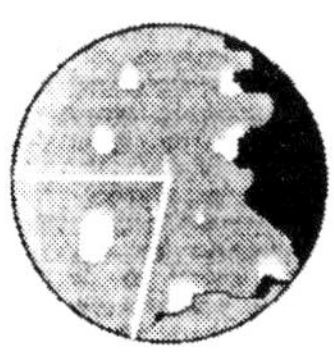

Bebautes Gelände reflektierte die meiste Energie in Richtung Flugzeug. Städte erschienen als helle Flecken und zeigten sogar fast korrekt ihre Umrisse.

seas Airways hatte bis Juli 1940 gedauert, danach war er einer Gruppe von Piloten beigetreten, die Flugzeuge von den USA nach Großbritannien überführte. Er war in die RAF mit dem Dienstgrad eines Wing Commander zurückgekommen und zunächst Stellvertretender Kommandeur einer Schule für Luftfahrtnavigation.

Bennett jedoch wollte eine Einsatzverwendung und war deswegen beim Bomberkommando vorstellig geworden, woraufhin er Kapitän der 77. Staffel des Bombergeschwaders 4 wurde. Die 77. Staffel war damals mit Whitley ausgerüstet, und Bennett verlor keine Zeit und flog Einsätze, sooft er konnte. Dabei nahm er jede Nacht eine andere Besatzung mit: So überprüfte er das Können seiner einzelnen Besatzungen und gleichzeitig das seiner Staffel. Seine Erfahrungen mit Feindflügen hatten ihn negativ beeinflußt: Er sah die Bomberoffensive als das ungenaue und unkoordinierte Unternehmen, das es ja auch war, und er hatte seine Ansichten beharrlich dem Direktorat für Bombereinsätze vorgetragen; in dieser Zeit hatte er sich den Befürwortern der Zielsuchtruppe angeschlossen. Im April 1942 hatte Bennett die 10. Staffel, ebenfalls im Bombergeschwader 4, übernommen, die viermotorige Halifax flog. In der Nacht des 27. April wurde er bei einem Halifax-Angriff auf das deutsche Schlachtschiff *Tirpitz* im norwegischen Trondheim abgeschossen, schaffte es aber, binnen etwa fünf Wochen nach Großbritannien zurückzukehren, nachdem er das neutrale Schweden erreicht hatte.

Es ist gesagt worden, daß Bennett ein arroganter Mann war. Dieses Wort hat einen unangenehmen Beigeschmack – wahrscheinlich ist es korrekter, wenn man ihn als unduldsam denjenigen gegenüber bezeichnet, die seinem Standard von Professionalismus nicht genügten, und da seine Standards sehr hoch lagen, traf das auf die Masse der Gleichrangigen und Vorgesetzten zu. Er war sehr scharfsichtig, und wenn er sich erst einmal für ein Vorgehen entschlossen hatte, verfolgte er sein Ziel mit Hingabe, Schwung, ja sogar Rücksichtslosigkeit – mit denselben Eigenschaften, mit denen Harris die gesamte Bomberoffensive prägte. Daß Harris Bennett als Kommandeur der PFF auswählte, war reine Eingebung: Man kann sich kaum einen anderen Stabsoffizier der damaligen Zeit vorstellen, der diese Aufgabe auch nur annähernd so gut gelöst hätte wie er, und auch keinen, der sich soviel Respekt und Hingabe bei den Besatzungen, die mit der PFF – oder dem gesamten Bomberkommando – flogen, erworben hätte. Die Besatzungen wußten, daß Bennett ihre eigenen Tätigkeiten genausogut, wenn nicht sogar besser, ausüben konnte, und sie wußten auch, daß er – anders als viele Offiziere in Führungspositionen – häufig selbst Einsätze flog: Er führte durch Beispiel und an der Front.

Harris verlieh Bennett den Rang eines Group Captain (Oberst) und gab ihm – innerhalb gewisser Grenzen – einen Freibrief, in Absprache mit den Geschwaderkommodores die Staffeln und Besatzungen auszuwählen, aus denen sich die PFF zusammensetzen, und die Flugplätze, die sie belegen sollte. Bennett sollte jeweils eine Staffel mit Lancaster, Halifax, Stirling und Wellington bekommen sowie eine Spezialstaffel für das Oboe-Blindwurfsystem, das schon beschrieben wurde. Die Einsatzdauer der PFF-Besatzungen sollte – mit 60 Feindflügen – doppelt so lang wie die des restlichen Bomberkommandos sein, was bedeutete, daß die Überlebenschancen wirklich sehr gering waren. Um den Spezialistenstatus der PFF-Besatzungen hervorzuheben, sollte jeder Angehörige nach einer gewissen Anzahl von Einsätzen um einen Dienstgrad befördert werden, zudem war er berechtigt, ein spezielles Abzeichen – einen Bronzeadler – unter seinem Ordensband zu tragen.

Zu der Zeit, als Bennett die Führung der PFF übernahm, war Gee im Bomberkommando weithin in Gebrauch, aber die Deutschen waren fast soweit, es stören zu können, während Oboe sich in einer fortgeschrittenen Entwicklungsstufe befand. Eine weitere Radarhilfe, die jetzt aktuell wurde, bot die eventuelle Möglichkeit einer verbesserten Navigation durch die einzelnen Besatzungen: Es nannte sich »H2S«.

Das Konzept des H2S war bei der Arbeit an Bordradargeräten entwickelt worden, und sein Herz war das Hohlraummagnetron, ein Geräteteil, der seiner Zeit voraus war und es ermöglichte, sehr starke Impulse elektromagnetischer Energie auf sehr kurzer Wellenlänge zu senden. H2S arbeitete mit einer kleinen Parabolantenne, der sich einmal pro Sekunde um 360° drehte und in einer Plastikkuppel unter dem Flugzeugrumpf untergebracht war. Am Platz des Navigators im Flugzeug gab es eine Kathodenstrahlröhre (Braunsches Rohr oder Bildschirm), die aber anstelle einer waagerechten oder senkrechten eine wie ein Uhrzeiger rotierende Zeitlinie - auch Schreibstrahl oder »sweep« genannt - hatte, die sich synchron mit der Antenne drehte. Die abgestrahlten Energieimpulse trafen auf die Erdoberfläche, von der sie reflektiert wurden. Wenn sie auf einen glatten Fleck Erde oder Wasser trafen, prallten sie von der Oberfläche ab und verschwanden im All, wenn sie aber auf eine rauhe Oberfläche - Bäume vielleicht, Hügel oder dergleichen - trafen, wurde ein Teil der Energie reflektiert und kam zur H2S-Antenne am Bomber zurück, wodurch die Zeitlinie auf dem Bildschirm leicht aufglühte. Da der Bildschirm von innen mit einer Substanz überzogen war, die ein kurzes Nachleuchten ermöglichte, erschien eine Serie solcher Echos den Augen des Navigators als heller Fleck, der von den jeweiligen Umdrehungen nachgezeichnet wurde. Wenn ein Gebiet am Boden senkrechte Flächen - Städte, Dörfer, große Werkanlagen und dergleichen - enthielt, wurde ein Großteil der abgestrahlten Energie reflektiert und erzeugte auf dem Bildschirm einen noch helleren Fleck. Diese Art von Radarbildschirm ist heute weit verbreitet und wird den meisten Lesern bekannt sein. 1942 jedoch war es eine ziemlich neue Idee, und beim Einsatz des H2S präsentierte es dem Navigator eine grobe Karte des Terrains, das er überflog. Es eignete sich besonders dafür, Küsten und Gewässer wie breite Flüsse und große Seen anzuzeigen. Auch wenn es eigentlich nicht so genau wie Gee oder Oboe war, so hatte es diesen Systemen gegenüber doch einen entscheidenden Vorteil: Es arbeitete unabhängig im jeweiligen Flugzeug und brauchte keine Hilfsmittel am Boden, darüber hinaus konnte es vom Feind nicht gestört werden. Der Bildschirm war nicht leicht auszuwerten, und es bedurfte einiger Erfahrung, bevor der Navigator damit erfolgreich umgehen konnte. Sein Potential als Navigations- und besonders als Blindwurfhilfe jedoch war geradezu phantastisch.

Das Bomberkommando zeigte sich jetzt in anderer Form: Es hatte einen dynamischen Führer mit klaren Vorstellungen über den Einsatz seiner Kräfte, und es hatte einen ebenso dynamischen Führer voller Einfallsreichtum, Erfahrung und Führungsqualitäten, dessen Aufgabe es war, Verfahren zu entwickeln, die diese Kräfte zu ihren Zielen brachte. Neuere und leistungsfähigere Bomber ersetzten schrittweise die veraltenden Typen, mit denen das Bomberkommando bislang den Kampf gewagt hatte, und revolutionäre elektronische Navigationshilfen standen kurz vor ihrer Einführung.

Als Harris Bennett beauftragte, den Pfadfinderverband aufzustellen, verlor Bennett keine Zeit, den Auftrag in die Tat umzusetzen. Er sprach mit den Geschwaderkommodores, und mit Harris' Autorität im Rücken - denn als junger Group Captain (Oberst) war er den Air Vice Marshals (Generalmajoren), die die Geschwader führten, rangmäßig unterlegen - erklärte er ihnen die Aufgaben der PFF und überredete sie, in manchen Fällen nicht ohne Schwierigkeiten, ihm einige ihrer Staffeln und Besatzungen zu überlassen. Er bestimmte Wyton in Cambridgeshire zum Sitz seines Stabes, da es günstige Wetterbedingungen aufwies, und Oakington, Gravely und Warboys als Standorte für seine Bomber. Die PFF begann mit fünf Staffeln: Die 7. Staffel (Oakington) flog Stirling, die 35. Staffel (Gravely) Halifax, die 83. Staffel (Wyton) Lancaster, und die 156. Staffel (Warboys) Wellington. Die fünfte Staffel, die 109., wollte er zur Zielmarkierung mittels Oboe einsetzen, also holte er sie sich nach Wyton. Die 109. war eine Spezialstaffel, die vom Fernmelde-

forschungs-Institut für die Entwicklung von Oboe benutzt worden war, und als Bennett sie übernahm, war sie mit einer druckbelüfteten Version der Wellington ausgerüstet, die in Höhen von mehr als 9000 m operieren konnte.
Neben den sterilen administrativen und repräsentativen Aufgaben, die nun mal bei Aufstellung der PFF unumgänglich waren, widmete sich Bennett persönlich der Aufgabe, H2S und Oboe vom Entwicklungsstatus in die Einsatzreife zu führen: Mit Flugzeugen des Fernmeldeforschungs-Instituts überprüfte er H2S und mit Maschinen der 109. Staffel Oboe.
Die PFF-Staffeln versammelten sich auf den ihnen zugewiesenen Flugplätzen am 17.August 1942 - sechs kurze Wochen nach Bennetts Amtsantritt. Harris wollte, daß sie noch in derselben Nacht Einsätze fliegen sollten, aber das scheiterte am Wetter, und so fand der erste von der PFF angeführte Luftangriff in der Nacht darauf, am 18., statt. Ziel war der U-Boot-Stützpunkt Flensburg an der Flensburger Förde. Die PFF besaß noch kein funktionierendes Bordradar und auch noch keine der speziellen Zielbeleuchtungs-Bomben, somit mußte sie auf die üblichen Magnesium-Leuchtkörper zurückgreifen, die an Fallschirmen abgeworfen wurden. Der Angriff war ein völliger Fehlschlag: Die altbekannten Probleme mit der Koppelnavigation und der Zielsuche ohne Hilfsmittel traten einmal mehr zutage. Die Hälfte der 31 eingesetzten PFF-Besatzungen behauptete, das Ziel ausgeleuchtet zu haben, und 78 der 87 Bomberbesatzungen gaben an, es getroffen zu haben. In Wirklichkeit wurde in Flensburg überhaupt nichts beschädigt - zwei Städte in Dänemark hingegen, Sönderborg und Apenrade, nordöstlich und nördlich gelegen, meldeten Bombenangriffe, aber selbst diese Bomben fielen verstreut. Vier Bomber gingen verloren, auch einer der PFF.
Auch der Luftangriff auf Frankfurt sechs Nächte später brachte keine Verbesserung: Die meisten der von 226 Flugzeugen abgeworfenen Bomben fielen westlich des Ziels. Die Verluste aber waren hoch: 16 Bomber kehrten nicht zurück, darunter auch fünf Maschinen der PFF. Beim Angriff auf Kassel am 27./28 August ging ein Zehntel der 306 eingesetzten Bomber verloren; viele von ihnen wurden von Nachtjägern abgeschossen. Verluste dieser Größenordnung konnten nun nicht mehr lange durchgehalten werden. Auf der anderen Seite war der Himmel über dem Ziel frei, und der Angriff erfolgte gestrafft, so daß die nachfolgenden Bomber im Schein der PFF-Leuchtkörper zielen konnten, was zu einem halbwegs erfolgreichen Angriff führte. Ein weiterer Angriff in der darauffolgenden Nacht auf Nürnberg brachte ebenfalls einigen Erfolg - aber dann, in der Nacht des 1./2. September, wurde ein Angriff geflogen, der erneut zeigte, daß nächtliche Bombenangriffe reine Glücksache waren, selbst mit einer Spezialtruppe als Anführer: Insgesamt 231 Bomber waren aufgeboten worden, um Saarbrücken zu bombardieren; die Pfadfinder fanden und markierten auch eine Stadt, von der dann 205 Besatzungen behaupteten, sie hätten sie genau getroffen. Die Stadt jedoch, die die PFF markiert hatte, war nicht Saarbrücken gewesen, sondern Saarlautern, eine kleinere Stadt 15 km nordwestlich. Einer der Gründe für diesen Irrtum war zweifellos die Tatsache, daß Gee, mit dem jetzt die Masse der Flugzeuge des Bomberkommandos ausgerüstet war, inzwischen sehr stark gestört wurde.
Während er darauf wartete, daß Oboe und H2S eingesetzt werden konnten, und alles unternahm, um dieses Ziel schnell zu erreichen, konzentrierte sich Bennett auch auf die Art, wie man ein Ziel, wenn man es gefunden hatte, pyrotechnisch so markieren konnte, daß die nachfolgenden Bomberwellen darauf zielen konnten. Die Erfahrung hatte ganz eindeutig bewiesen, daß lange brennende Leuchtkörper an Fallschirmen unzulänglich waren. Zudem hatten die Deutschen mit beträchtlichem Erfolg begonnen, Scheinziele zu errichten: In ländlichen Gegenden oder Marschland wurden Feuer angezündet und Flakstellungen vorgetäuscht, die richtige Städte vorgaben und die Aufmerksamkeit der Bomberbesatzungen vom eigentlichen Ziel ablenkten. Was man jetzt brauchte, war ein Bomben- oder Leuchtkörpertyp, der - in der Luft oder am

Boden - farbig aufleuchtete, und zwar so eindeutig, daß man von den nachfolgenden Wellen erwarten konnte, daß sie darauf zielten und nicht auf andere Lichter oder Brandherde.

Auf Anregung von Bennett stellte das Versuchsinstitut für Flugzeugbewaffnung in Boscombe Down »Red Blob« (»Roter Klecks«) her, indem es den Körper einer Standard-Brandbombe von 113 kg Gewicht mit einer Mischung aus Benzol, Gummi, Phosphor und passenden Farben füllte; das ergab eine lange brennende Mischung von eindeutig rötlichem Farbton. Es war der erste »Target Indicator« (»Zielmarkierer«) oder »TI«, wie er bald genannt wurde. Red Blob wurde erstmals am 28./29. August bei einem verhältnismäßig erfolgreichen Angriff auf Nürnberg eingesetzt. Zu dieser Zeit wurde auch der größere TI »Pink Pansy« (»Rosa Stiefmütterchen«) entwickelt, eine umgerüstete Hexachloräthan-Bombe von 1812 kg Gewicht, die sofort einen rosa Blitz erzeugte und den Besatzungen die Lage des Ziels anzeigte, aber anders als Red Blob nicht zum Zielen benutzt wurde. Der erste Pink Pansy wurde in der Nacht des 10./11. September von einer Lancaster der 83. Staffel auf Düsseldorf abgeworfen. Dieser schwere Luftangriff war wahrscheinlich der erfolgreichste, den die PFF bis dahin angeführt hatte, aber wiederum war der Preis hoch, ein weiterer Beweis für die wachsende Schlagkraft der deutschen Nachtjagd: Mehr als sieben Prozent der eingesetzten 479 Bomber gingen verloren - 33 Flugzeuge und weit über 200 Mann.
Weniger als eine Woche vor dem Angriff auf Düsseldorf war der Hafen von Bremen von 251 Bombern schwer getroffen worden - 153 viermotorigen Flugzeugen und 98 Wellington. Für den Angriff auf Bremen hatte Bennett seine PFF-Kräfte versuchsweise in drei Wellen aufgeteilt: Sogenannte »illuminators« (»Beleuchter«) flogen voraus und leuchteten das Zielgebiet mit lange brennenden weißen Leuchtkörpern aus, dann folgten die »visual markers« (»Sichtmarkierer«) und warfen farbige Markierungen auf bestimmte Zielpunkte, und zum Schluß kamen die »backers-up« (»Reserven«), die auf die farbigen Markierungen Brandbomben warfen.
Bis Jahresende schwankten die Ergebnisse natürlich noch, aber es war klar erkennbar, daß das Bomberkommando auf dem richtigen Weg war. Die Harris/Bennett-Kombination erwies sich - vorsichtig ausgedrückt - als erfolgversprechend. In der Nacht vom 20. auf den 21. Dezember 1942 warf Squadron Leader (Major) H.E. Bufton von der 209. Staffel, der Bruder des einflußreichen »Sid« Bufton im Luftfahrtministerium, die ersten im Einsatz mit Oboe gezielten Bomben ab, in der Entwicklung der strategischen Bomberoffensive ein Ereignis von beträchtlicher Bedeutung. Der Angriff war nur ein Versuch und nicht sonderlich erfolgreich; Ziel war ein Kraftwerk bei Lutterade in Holland. Vielleicht noch bedeutsamer als der Einsatz von Oboe im Luftkrieg war die Tatsache, daß das verwendete Flugzeug keine druckbelüftete Wellington war, wie sie die 109. Staffel bislang geflogen hatte, sondern eine Mosquito.
Anders als die Bomber von Harris' Offensivkräften war die Mosquito nicht nach Forderungen des Luftfahrtministeriums konstruiert worden - sie war das Konzept von Geoffrey de Havilland von der de Havilland Aircraft Company und Abkömmling eines schnellen zivilen Verkehrsflugzeugs aus Holz, der viermotorigen DH 91 Albatross von 1937. De Havilland schwebte ein zweisitziger Jagdbomber aus speziellem Sperrholz vor, der ohne das Gewicht und den Luftwiderstand schwerer Waffenstände in der Bomberrolle nur durch seine überlegene Steigleistung und Geschwindigkeit geschützt war. Nach informellen Gesprächen mit Geoffrey de Havilland kurz nach Kriegsausbruch 1939 billigte das Luftfahrtministerium - obwohl nicht sonderlich begeistert - ein Versuchsprogramm und gab eine Spezifikation nach de Havillands Plänen heraus. Der Prototyp der Mosquito flog erstmals 1940, und es wurde auch eine begrenzte Anzahl Prototypen hergestellt: Sie zeigten vielversprechende Leistungen, aber noch immer war das Luftfahrtministerium nicht überzeugt, obwohl ihre Flugleistungen alle damaligen Jäger bei weitem

übertrafen. Als Bennett die PFF aufstellte, bedrückte ihn der Gedanke, die langsame und plumpe druckbelüftete Wellington für die Aufgabe des Oboe-Markierens einsetzen zu müssen, und er schloß sich sofort den Angehörigen der 109. Staffel an, die die Mosquito bevorzugten: Sie konnte höher und schneller steigen als die Wellington und war auf Einsatzhöhe mehr als doppelt so schnell. Bennett flog sie und war in jeder Hinsicht von ihren Flugeigenschaften begeistert. Dann sprach er direkt im Luftfahrtministerium vor und erreichte, daß die 109. Staffel ihre Wellington abgeben und die Mosquito übernehmen durfte. Die Staffel flog ihre Oboe-Mosquito dann bis zum Kriegsende, und die hohe Unverwundbarkeit des unbewaffneten »Wooden Wonder« (»Wunders aus Holz«) der Flak und den Nachtjägern des Feindes gegenüber beweist die Tatsache, daß die Staffel bei 5421 Einsätzen nur 18 Maschinen verlor. Zum Vergleich: Eine andere Pfadfinder-Staffel, die 156., flog von Aufstellung der PFF bis Kriegsende 4238 Einsätze und verlor 121 Flugzeuge – nach Prozenten neun- bis zehnmal soviel.

Ende Dezember 1942 flogen die Mosquito der PFF – maximal fünf pro Nacht – eine Reihe von Angriffen gegen das Ruhrgebiet, wo das Bomberkommando bisher kaum Erfolge vorweisen konnte: Diese Bomben fielen mit bemerkenswerter Präzision. In der letzten Nacht des Jahres führte Bennett einen Versuchsangriff auf Düsseldorf durch. Zwei Mosquito flogen die Stadt an, aber wegen eines Ausfalls im Sendersystem – ein Sturm hatte einen der Masten umgeworfen – konnte nur ein Flugzeug Oboe nutzen. Die nachfolgende Welle von acht PFF-Lancaster bombte nach Höhenmarkierungen: Das war ein weiterer Ersteinsatz. Bisher hatten die Pfadfinder Zielmarkierungen am Boden verwendet, die bei wolkenverhangenem Himmel wenig oder gar keinen Nutzen brachten – künftig würden die Bomber durch geschlossene Wolkendecken bombardieren.

1940 hatte die Nachtjagd bei der Verteidigung des Reichs lediglich 42 britische Bomber abgeschossen, 1941 waren es zehnmal soviele, 421, und 1942 betrug die Gesamtzahl 687 – ein beträchtlicher Anstieg, der die Einführung des Lichtensteingeräts und des Himmelbett-Jägerleitverfahrens kennzeichnete. In den Spitzenmonaten des Jahres 1942 – Juni, Juli, August und September – betrug die »Strecke« der Nachtjäger 435 Bomber. In nur einer Nacht, am 16./17. September, hatte ein einziger Pilot – Hauptmann Knacke, der inzwischen befördert worden war – beim verlustreichen Angriff auf Essen fünf RAF-Bomber zu Boden geschickt. Diese Zahlen belegten drastisch, daß die Nachtjagd der Luftwaffe ständig erfolgreicher wurde. Aber für die Deutschen wurden die Aussichten noch düsterer: Die Bedrohung durch das Bomberkommando wurde ernster, nahm zu – die Keule traf jetzt besser, und ihre Schläge fielen härter und wirkungsvoller.

Am 22. November 1942 hielt der Premierminister im Amtssitz des Oberbürgermeisters von London aus Anlaß des Sieges der Achten Armee bei El Alamein eine Rede. »Dies ist noch nicht das Ende«, sagte Churchill. »Es ist noch nicht einmal der Anfang vom Ende. Aber es ist – vielleicht – das Ende vom Anfang.« Seine Worte trafen mindestens genauso auf die strategische Bomberoffensive der Royal Air Force zu.

KAPITEL 5

Das Blatt wendet sich: Casablanca, Ruhrgebiet und Wilde Sau

Erstes Halbjahr 1943

Das vergangene Jahr hatte dem nächtlichen Bombenkrieg viele Veränderungen, viele neuentwickelte Geräte, Taktiken und Techniken gebracht. Auf britischer Seite hatte das Bomberkommando seine enttäuschenden Manchester, seine schwerfälligen Whitley und seine leistungsschwachen Hampden ausgemustert – alles Flugzeuge, die nicht dazu taugten, Deutschland wirkungsvoll zu bombardieren. Die Wellington, weitaus bessere Mehrzweck-Flugzeuge, blieben als einzige zweimotorige schwere Bomber im Dienst und nahmen direkt an der Hauptoffensive teil: Sie waren am 1. Januar 1943 noch am zahlreichsten vertreten, dicht gefolgt von den Lancaster – aber auch die Wellington wurden inzwischen von Viermotorigen abgelöst. Im Februar umfaßten die Frontverbände, die Harris nachts einsetzen konnte, sechs Geschwader mit 53 Staffeln und knapp 1000 Flugzeugen: 650 viermotorige Stirling, Halifax und Lancaster und neun Mosquito zur Zielmarkierung durch die Pfadfinderverbände, die im Januar im PFF-Geschwader 8 zusammengefaßt worden waren. Im Bombergeschwader 4 flogen zwar noch zwei Whitley, nahmen jedoch nicht mehr an Kampfhandlungen teil.
Aber nicht nur die Bombenträger hatten rasante Fortschritte erlebt – auch die Bomben waren verbessert und vergrößert worden. Die RAF verfügte bei Kriegsausbruch über Sprengbomben, die noch veralteter waren als ihre Flugzeuge: hauptsächlich 113- und 226-kg-Mehrzweckbomben, die ihren Ursprung noch im Ersten Weltkrieg hatten und sich im Einsatz als nur halb so wirkungsvoll wie vergleichbare Bomben der deutschen Luftwaffe erwiesen. Bei Brandbomben allerdings war die RAF bessergestellt: Sie hatte etwa fünf Millionen Stück auf Lager, hochwirksame Waffen, und die Werke konnten davon 60.000 Stück pro Woche herstellen. Diese Bomben sollten in modifizierter Form noch bis Kriegsende eingesetzt werden – bis dahin wurde dann die unglaubliche Zahl von insgesamt 80 Millionen Brandbomben auf Deutschland abgeworfen. In den ersten Phasen der Bomberoffensive war das Verhältnis von Brand- zu Sprengbomben noch verhältnismäßig klein, da ihr volles Potential noch nicht erkannt war – das Verhältnis begann erst 1942 deutlich zu steigen, als Harris sein Amt übernommen und seine Vorstellungen durchgesetzt hatte.
Da man sich zunehmend der schwachen Wirkung der Sprengbomben, die der RAF zur Verfügung standen, bewußt wurde, die Wirkung von Brand- und Sprengbomben anders einzuschätzen begann und schließlich auch Flugzeuge einführte, die größere Bomben und höhere Lasten tragen konnten, wurden jetzt auch größere und bessere Bomben entworfen und hergestellt. 1941 wurden Mehrzweckbomben von 453 kg und 860 kg Gewicht eingesetzt, und gegen Jahresende hatte die Herstellung von 906- und 1812-kg-Hochleistungsbomben begonnen. Diese Bomben waren so ausgelegt, daß sie auf der Erdoberfläche – und nicht nach dem Eindringen – explodierten und damit eine Druckwelle erzeugten, die Gebäude zerstören konnte. Die 1812-kg-Version bekam den Spitznamen »Cookie« (»Keks«) und wurde während des Krieges weithin eingesetzt: 68.000 Stück wurden vom Bomberkommando insgesamt abgeworfen, sowohl mit

Sofort- wie auch mit Verzögerungszünder. Cookie wurde erstmals in der Nacht vom 31. März auf den 1. April 1942 bei einem Luftangriff auf Emden eingesetzt. Es gab auch eine »Super Cookie«: Sie wog 3624 kg und bestand aus zwei zusammengeschraubten 1812-kg-Zylindern mit gemeinsamer Stabilisierungsfläche. Anders, als bisher allgemein angenommen, bestand die Super Cookie nicht aus zwei Tandem-Cookies – ihre Zylinder hatten einen Durchmesser von 97 cm, Cookie aber nur 76. Nur die Bombenschächte der Lancaster und der Halifax konnten diese Monsterwaffe aufnehmen – die der Wellington und Stirling waren zu klein. Die erste Super Cookie wurde am 10./11. April 1942 bei einem Bombenangriff auf Essen von einer Halifax abgeworfen. Darüber hinaus wurden auch noch größere Brandbomben hergestellt; eine 13,6 kg schwere Phosphor-Version wurde Ende 1941 einsatzreif. Es gab auch noch weniger erfolgreiche Brandbomben, die 23, 113 kg und noch mehr wogen – aber die 1,8-kg-Bombe, die in kleinen Streubomben-Behältern, die sich nach dem Abwurf öffneten, mitgeführt und abgeworfen wurde, blieb die bei weitem am häufigsten verwendete Brandbombe.
Fortschritte gab es auch bei elektronischen Navigationshilfen, allerdings nicht so schnell, wie sich viele – und hier ganz besonders Bennett – das wünschten. Gee war zwar zu Beginn des Feindflugs und bei Rückkehr zum Platz noch immer äußerst hilfreich, über dem Kontinent jedoch nur noch von geringem Wert, seit die deutsche Seite herausgefunden hatte, wie man es stören konnte. Ende 1942 waren 24 PFF-Bomber – zwölf Halifax und zwölf Stirling – mit dem Blindfluggerät H2S ausgerüstet, das dann erstmals in der Nacht des 30./31. Januar 1943 gegen Hamburg eingesetzt wurde. Die Besatzungen waren begeistert, aber die Ergebnisse des Bombenangriffs waren mäßig. Nur Oboe arbeitete einwandfrei und wurde vom Feind noch nicht gestört.
Fortschritte gab es auch in der elektronischen Kampfführung (EloKa). Als sehr erfolgreich erwies sich die Störung der Freyageräte durch die Briten, die im Dezember 1942 unter der Tarnbezeichnung »Mandrel« (»Dorn«) begonnen hatte. Ein ganz einfacher Sender strahlte Energie auf derselben Wellenlänge wie das deutsche Funkmeßgerät aus und überlagerte damit die Echos von Flugzeugen. Es gab ihn in zwei Typen: als Bord- und als Bodensender. Das Bordgerät wurde erstmals in einer zweisitzigen und einmotorigen Boulton Paul Defiant der 515. Staffel des Jägerkommandos eingesetzt, die vor der holländischen Küste Stör-Patrouille flog, den ersten sogenannten »Mandrel Screen« (»Dornenschirm«). Leistungsstarke Bodensender im Südosten von Großbritannien – es waren letztendlich sechs in vier Anlagen – halfen später, die feindlichen Frühwarn-Funkmeßgeräte zu stören.
Ebenfalls im Dezember 1942 kam ein recht erfolgreicher Störsender zum Einsatz, der »Tinsel« (»Lametta«) genannt wurde, ein in der Motorgondel eines Bombers angebrachtes Mikrophon, das mit einem T-1154-Sender verbunden war. Einige Bomber hatten ein deutschsprachiges Besatzungsmitglied an Bord, das den Funkverkehr feindlicher Jäger abhörte und dann auf der gleichen Frequenz den Tinsel-Sender aktivierte: So wurde die Jägerleitfrequenz von Motorenlärm überlagert. Sowohl Mandrel wie Tinsel blieben – in stets verbesserten Ausführungen – bis Kriegsende im Einsatz.
Um diese Zeit brachten die Deutschen ein größeres Flugmelde-Funkmeßgerät mit höherer Reichweite, das »Mammut«, zum Einsatz. Es war eine Weiterentwicklung des Freyageräts und hatte eine sehr große Antenne – zehn Meter hoch und 30 Meter breit –, die nach vorn und nach hinten elektronisch einen Sektor von 100° absuchte. Dem Freyagerät war es an Leistung weit überlegen: Es konnte ein 8000 m hohes Ziel schon in 300 Kilometern Entfernung auffassen. Pech allerdings war, daß beide Geräte im gleichen Frequenzband arbeiteten – so konnten die Störsender, die die RAF gegen Freya einsetzte, mit gleicher Wirkung gegen Mammut verwendet werden.

Der Wettlauf der EloKa – gegen Funk- und Funkmeßgeräte – zwischen Deutschen und Briten hatte zwar gerade erst begonnen, aber er sollte sich mit stetig zunehmendem Tempo zu einem der faszinierendsten Aspekte des Luftkriegs entwickeln. Die EloKa war damals eine Wissenschaft, in der sich nur verhältnismäßig wenige auskannten, und diese mangelnden Kenntnisse kosteten die RAF viele Menschenleben. Daß jedes Funkgerät, das sendet, durch Energie auf derselben Frequenz auch gestört werden kann, ist eine simple Grundregel. Fast genauso simpel, aber vielleicht nicht ganz so offenkundig, ist die Tatsache, daß man – weil sich Funkwellen geradlinig ausbreiten – jeden Sender anpeilen und als Anflughilfe benutzen kann. Wir hatten uns bereits mit dem deutschen Landeanflugsystem Lorenz und den daraus weiterentwickelten Bombenwurfhilfen Knickebein und X-Gerät befaßt und erfahren, wie die Wellington der 109. Staffel auf dessen Strahl flogen, um das X-Gerät auf der Halbinsel von Cherbourg zu bombardieren. Zu Anfang der Bomberoffensive hatten die Besatzungen des Bomberkommandos noch versucht, die Funkmeßgeräte in Eigeninitiative zu stören – und dabei nicht bedacht, daß sie den Deutschen damit Signale zukommen ließen, die ihnen nur nutzen konnten.
Anfang 1942, als die Suchscheinwerfer noch Hauptgegner waren, hatten die Besatzungen geglaubt, sie könnten die Funkmeßgeräte, die die Scheinwerfer steuerten, stören, indem sie ihre Freund-Feind-Kennungsgeräte auf »Senden« stellten: Dann wären die Scheinwerfer nicht mehr in der Lage, sie zu erfassen oder zu verfolgen. Diese Praxis hatte sich so weit verbreitet, daß sie offiziell anerkannt wurde, indem ein »J«-Schalter (für »Jamming«, also »Stören«) am Kenngerät in den Bombern angebracht wurde. Das war in jeder Hinsicht Unfug: Das Kenngerät sendet normalerweise nur, wenn es auf der richtigen Frequenz von einem Funksignal »abgefragt« wird, und es war wissenschaftlich nicht zu begründen, daß ein Einschalten des Kenngeräts die Scheinwerfer-Funkmeßgeräte des Feindes stören könnte. Durch aktives Abstrahlen von Signalen, die nicht abgefragt worden waren, gaben sie dem deutschen Funkhorchdienst unaufgefordert Signale preis, mit denen der Flugweg der RAF-Bomber verfolgt werden konnte – und der Funkhorchdienst nutzte das natürlich.
So, wie die RAF ständig wuchs, wuchs auch die deutsche Nachtjagd; Ende 1942 hatte sie sich zu einer riesigen Organisation entwickelt: Die fliegenden Verbände bestanden jetzt aus fünf Geschwadern mit 15 Gruppen, und es gab etwa 100 sich überlappende Nachtjagdräume, die die Anflugrouten nach Deutschland abdeckten, jeder mit zwei Würzburg-Riesen und einem Freya-Frühwarngerät. Das Personal des Luftnachrichtendienstes, das diese Nachtjagdräume und ihre Gefechtsstände besetzte, umfaßte nahezu 40.000 Männer und Frauen. Um sich eine Vorstellung vom gesamten Personalbestand zu machen, der gegen die britische Bomberoffensive aufgeboten wurde, muß man sich vor Augen halten, daß allein für die Bedienung der Flugabwehrkanonen und Scheinwerfer im gesamten Reich ein immenser Personalbedarf – manche Schätzungen belaufen sich auf etwa 900.000 Menschen – entstanden war. Darüber hinaus darf man nicht vergessen, daß in Großbritannien eine riesige Armada amerikanischer Bomber zusammengezogen wurde, die Deutschland bald ebenfalls angreifen sollte, was einen weiteren Bedarf an Männern und Frauen für die 24stündige Luftverteidigung des Reichs auslöste – viele von ihnen hätte man, direkt oder indirekt, bei den deutschen Offensiven anderswo dringender benötigt, besonders an der Ostfront.
Obwohl die deutsche Nachtjagd wuchs, bekam sie weniger neue Flugzeuge als das Bomberkommando. Die Bf 110, ursprünglich als schwerer Tagjäger, also Zerstörer, konstruiert, war um die Jahreswende 1942/43 noch immer der bei weitem häufigste Nachtjägertyp. Die Ju 88C kam langsam immer mehr zum Einsatz. Wie die Bf 110 war auch die Ju 88C zunächst als Zerstörer konzipiert worden, aber eine Version, die C-4, wurde auf den Fertigungsstraßen speziell als Jäger gebaut und entwickelte sich dann – mit neuen Motoren – zur Ju 88C-5 und danach – mit

Panzerung für die Besatzung – zur C-6. 1942 wurden etliche Ju 88C-6 in der Nachtjagd eingesetzt, aber in der Luftverteidigung des Reichs insgesamt nur wenige. Die Fernnachtjagdgruppe I./NJG 2, die mit Ju 88 ausgerüstet war, war in den Mittelmeerraum verlegt worden, als Hitler entschieden hatte, daß Fernnachtjäger nicht benötigt würden; und eine weitere Gruppe, die II./NJG 2, flog von Sizilien aus Einsätze mit derselben Maschine. 1942 waren nur 257 Ju 88C hergestellt worden, und die meisten davon gingen an Zerstörerstaffeln an der Ostfront. Einige allerdings waren auch Nachtjagdverbänden zugeführt worden – die ersten von vielen, die noch folgen sollten. Obwohl die Besatzungen, die weiterhin Bf 110 flogen, diesen Typ generell noch immer überschwenglich lobten und loyal davon überzeugt waren, daß er der beste Nachtjäger sei, kann man wohl kaum bezweifeln, daß – mit Ausnahme der Heinkel 219 – die Ju 88 in ihren verschiedenen Spezialversionen der kampfstärkste Nachtjäger war, dem sich die Bomber der RAF stellen mußten.

Während die Besatzung der Bf 110 zunächst nur aus zwei Mann bestand, saßen in der Ju 88 drei: Flugzeugführer, Funker und Bordmechaniker. Der Flugzeugführer saß links, der Bordmechaniker rechts daneben, und der Funker – wie in Nachtjägern der deutschen Luftwaffe üblich – Rücken an Rücken zum Flugzeugführer. Die Ju 88 war zwar nicht so wendig wie die Messerschmitt, aber dafür eine äußerst stabile Waffenplattform. Mit Hilfe ihres Bord-Funkmeßgeräts konnte sie sich ihrem Ziel nähern und aus ihren vorwärts gerichteten Bordwaffen eine verheerende Salve abfeuern, die in der Version C-6 aus drei MG-FF/M-Kanonen des Kalibers 2 cm und drei MG-17-Maschinengewehren des Kalibers 7,9 mm kam. Der Funker bediente ein rückwärts gerichtetes MG-131-Maschinengewehr vom Kaliber 13 mm auf beweglicher Lafette, das der Selbstverteidigung diente, manchmal aber auch zum Angriff auf Bomber benutzt wurde. Jede 2-cm-Kanone feuerte 540 Schuß pro Minute, während die 7,9-mm-Maschinengewehre 1180 Schuß pro Minute abgaben – mithin wurden mit einer Drei-Sekunden-Salve der vorwärts gerichteten Bordwaffen der Ju 88C immerhin 81 Schuß aus den Bordkanonen und 177 Schuß aus den Bord-MGs auf das Ziel abgegeben. Da die Bordwaffen so justiert waren, um einen engen Feuerkegel zu erzeugen, kann man sich vorstellen, welchen Schaden ein kurzer, gutgezielter Feuerstoß an einem Feindflugzeug anrichten konnte und welch fürchterliche Verwundungen unter seinen Besatzungsmitgliedern.

Oben wurde bereits die Heinkel 219 erwähnt, potentiell wahrscheinlich der beste Nachtjäger, der im Zweiten Weltkrieg entworfen wurde; er hätte der Luftwaffe Anfang 1943 zur Verfügung stehen können. Wäre er früher und in größerer Stückzahl eingeführt worden, hätte er vielleicht die Verlustrate des Bomberkommandos über die Toleranzgrenze getrieben. Zum Nachteil der Nachtjagd und sehr zum Vorteil der Lancaster, Halifax und Wellington – und vor allem der anscheinend fast unverwundbaren Mosquito – wurden die Herstellung der He 219 und ihre Einführung durch Vorurteile in der Führung der Luftwaffe derart verzögert, daß sie an den RAF-Verlusten nur begrenzt beteiligt war. Der erste Kampfeinsatz des Nachtjägers He 219 – es war nur ein Versuchseinsatz – gegen das Bomberkommando kam in den frühen Morgenstunden des 12. Juni 1943, als Werner Streib, der zu Jahresbeginn zum Major befördert worden war, mit seinem Funker Unteroffizier Helmut Fischer unter der Führung von Walter Knickmeier vier Halifax und eine Lancaster in einem einzigen Einsatz vom Himmel holte. Auf diese Geschichte kommen wir später noch einmal zurück.

Eine Weisung des Stellvertretenden Chefs des Führungsstabs der RAF an den Oberbefehlshaber des Bomberkommandos, am 14. Januar 1943 herausgegeben, gab Deutschland dann knapp drei Monate lang etwas Erholung von den mächtigen Schlägen der Harris-Bomberflotte. Die deutschen U-Boote bedrohten noch immer Großbritanniens Nachschub über den Atlantik, und eine Vielzahl der gefährlichen Grauen Wölfe operierte im Atlantik von ihren stark befestigten

Stützpunkten in den französischen Hafenstädten Brest, Lorient, St. Nazaire und La Pallice am Golf von Biskaya aus. Die Weisung erlaubte – im Gegensatz zu früheren Versuchen, Punktziele anzugreifen – Flächenbombardierungen, und vom 14. Januar bis zum 1. März wurde Lorient neunmal heftig angegriffen und Brest einmal. Dann sah man ein, daß die massiven Betonbunker, die die Deutschen für ihre U-Boote gebaut hatten, offensichtlich nicht einmal durch direkte Treffer von RAF-Bomben zu zerstören waren, und Harris konnte seine geballten Kräfte wieder gegen das Reich einsetzen. In der Zwischenzeit allerdings hatten die französischen Städte und ihre Einwohner entsetzlich leiden müssen.

Und für die Deutschen war das nur ein Aufschub. In dieser Zeit nämlich – von Anfang Januar bis Anfang März – wurden jeweils drei Großangriffe gegen Berlin und Hamburg geflogen, vier gegen Wilhelmshaven, drei gegen Köln und je einer gegen Düsseldorf, Nürnberg und Bremen. Auch Italien entging nicht der Aufmerksamkeit des Bomberkommandos: Sowohl Mailand wie Turin wurden heimgesucht. Und zusätzlich zu den Großangriffen praktizierte das Bomberkommando die Taktik zahlreicher Nadelstiche: Die Mosquito wurden nicht nur in der PFF-Markierungsrolle eingesetzt, sondern flogen auch Störangriffe – sie flogen hoch und schnell ein, manchmal mit Oboe und manchmal ohne, und warfen ihre 906-kg-Bombenlast ab; auf diese Weise stellten sie sicher, daß die deutsche Luftverteidigung selbst ohne Großangriffe auf Trab gehalten und die Nachtruhe der deutschen Arbeiter gestört wurde.

Bisher hatten die Oboe-Mosquitos in der Pfadfinderrolle in größerer Höhe »Sky Markers« (»Höhenmarkierungen«) abgeworfen, die dann an Fallschirmen zu Boden sanken. Zielkörper dieser Art waren natürlich unverzichtbar, wenn aufgrund von Wolken oder Dunst keine Bodensicht bestand, aber sie waren von Natur aus auch weniger genau, da sie vom Wind abgetrieben werden konnten. In der Nacht des 27./28. Januar wurde Düsseldorf mit Bodenmarkierungen angegriffen, und die nachfolgenden Flugzeuge warfen ihre Bombenlast mit weit besserer Genauigkeit ab. Die Bodenmarkierungen waren so konstruiert, daß sie in einer vorbestimmten Höhe über der Erdoberfläche explodierten und Leuchtkörper verschiedener Farben – rot, grün oder gelb, je nachdem, was für den Angriff gewählt worden war – ausstießen, die dann in Kaskaden zu Boden sanken, wo sie noch etliche Minuten weiterbrannten. Die deutsche Zivilbevölkerung nannte sie bald »Christbäume«.

Für Harris blieb Berlin ein verlockendes und herausforderndes Angriffsziel. Nach einer Handvoll kleinerer Angriffe Anfang 1943, mit denen vor allem das Oboesystem überprüft werden sollte, das noch immer unter Anlaufschwierigkeiten litt, und nach zwei schwereren Angriffen auf Lorient griff das Bomberkommando Mitte Januar die deutsche Hauptstadt in zwei aufeinanderfolgenden Nächten an. Hinsichtlich der Genauigkeit des Bombenwurfs war keiner dieser Angriffe erfolgreich: Berlin lag völlig außerhalb der Reichweite von Gee und Oboe. Die Verluste beim ersten Angriff in der Nacht des 16./17. Januar waren nur gering, aber in der Nacht des 17./18. Januar machte die deutsche Nachtjagd reichliche Beute: 22 Bomber lagen am Boden – 11,8 Prozent der eingesetzten Flugzeuge. Zu diesem Zeitpunkt der Luftschlacht schien die Luftverteidigung die Oberhand zu gewinnen: Die beiden Angriffe auf Berlin hatten einmal mehr gezeigt, daß ohne Geräte wie H2S, das noch nicht einsatzreif war, weit entfernte Ziele von der PFF nicht genau markiert und demzufolge auch nicht genau bombardiert werden konnten – das zunehmende Potential von Kammhubers Nachtjagdsystem, seiner Flugzeuge und Besatzungen hingegen ließ die Einsätze der britischen Bomberbesatzungen ständig gefährlicher werden. Und nicht nur hinsichtlich Organisation, Flugzeugen und Besatzungen stiegen die Fähigkeiten der deutschen Nachtjagd. Mit zunehmendem Ausbau des Funkhorchdienstes und wachsendem Verständnis für die Taktik des Bomberkommandos war sie jetzt in der Lage, mögliche Ziele vorauszubestimmen und ihre Jäger entsprechend einzusetzen, indem sie sie kurzerhand auf Fliegerhorste im vermuteten Zielgebiet verlegte und dort starten ließ, sobald der erwartete Bomberpulk entdeckt war. Und auch ein weiterer Aspekt der Praxis des Bomberkommandos war ihr nicht entgangen: Es griff dieselbe Stadt oft in zwei oder drei aufeinanderfolgenden Nächten an – und nach dem ersten Angriff auf Berlin im Januar 1943 folgerten sie völlig richtig, daß die Hauptstadt ein weiteres Mal angegriffen werde, und diese Vermutung kostete die RAF etwa 150 ausgebildete und wertvolle Männer.

In den ersten drei Monaten des Jahres 1943 verlor das Bomberkommando 348 Flugzeuge - nur 2,7 Prozent der 12.760 geflogenen Einsätze; die Nachtjagd hatte 201 davon abgeschossen. Damit waren die Erfolge der Nachtjagd gegenüber der Flak leicht zurückgegangen - aber dabei muß man auch bedenken, daß die Bomber bei Angriffen auf französische Häfen bei weitem nicht so durch Nachtjäger bedroht waren wie bei Angriffen auf das Reich. Luftangriffe auf Deutschland mußten teurer erkauft werden: Beim Angriff auf Hamburg in der Nacht vom 3. auf den 4. Februar beispielsweise gingen 16 von 263 eingesetzten Bombern verloren; die meisten fielen den Bf 110 des NJG 1 zum Opfer.

Aber nicht nur die Briten mußten leiden. Die gefährlichste Zeit ihrer Nachtjagdkarriere durchlebten die deutschen Flieger verständlicherweise während ihrer ersten Luftsiege - bevor sie gelernt hatten zu töten, ohne getötet zu werden. Die Verluste unter Neulingen waren bedeutend höher als unter erfahrenen Besatzungen. Aber auch Erfahrung garantierte das Überleben nicht: Im Februar 1943 verlor die deutsche Nachjagd drei ihrer führenden Experten - Reinhold Knacke, Paul Gildner und Ludwig Becker, alle vom NJG 1. Zufällig hatte jeder von ihnen 44 Luftsiege, mithin hatten die drei 132 RAF-Bomber zerstört, was mehr als acht Bomberstaffeln entspricht. Als sie fielen, konnte nur Helmut Lent, Kommandeur der IV./NJG 1, mehr Luftsiege bei Nacht vorweisen.

Oberleutnant Knacke und sein Funker Unteroffizier Heu, Angehörige der I./NJG 1 in Venlo, hatten in einer Nacht - am 25./26. Juni, während des dritten von Harris' Tausend-Bomber-Angriffen, diesmal auf Bremen - drei Bomber abgeschossen. Und am 16./17. September übertraf diese Besatzung sich noch einmal selbst: Bei dem verlustreichen Angriff der RAF auf Essen schickten sie fünf Bomber in einer Nacht zu Boden - das erste Mal, daß solch ein Meisterstück vollbracht wurde. Der letzte dieser fünf Abschüsse geschah allerdings unter grauenhaften Umständen: Knacke griff gerade von hinten an, als der Heckschütze der Lancaster aus seinem Waffenstand sprang. Knacke spürte einen starken Schlag, und einer seiner Motoren begann so heftig zu schütteln, daß er ihn abstellen und mit nur einem Motor in Venlo landen mußte. Als das Bodenpersonal das Flugzeug untersuchte, fand man Reste von Fleisch und Haaren an der verbogenen Luftschraube und Fetzen einer RAF-Uniform an den Funkmeßantennen.

Der am Neujahrstag 1919 in Strelitz geborene Knacke war Kapitän der ersten Staffel der I./NJG 1. Sein Glück verließ ihn, als er am 3. Februar 1943 im Luftkampf mit einer Halifax, die er ebenfalls zu Boden schickte, selbst abgeschossen wurde: Beide Flugzeuge wurden am nächsten Morgen mit ihren gefallenen Besatzungen dicht beieinanderliegend aufgefunden.

Paul Gildner, fünf Jahre älter als Knacke, war Schlesier. Er hatte sich 1934 freiwillig zur Wehrmacht gemeldet, war zunächst Infanterieoffizier, wechselte dann aber zur Luftwaffe über und flog dort Zerstörer; 1940 stieß er als einer der Gründer-Flugzeugführer zur I./NJG 1. Seinen ersten Luftsieg errang er am 3. September 1940, indem er eine Whitley bei Sittard abschoß, auf der deutschen Seite der Grenze zu Holland. Nach Falck und Streib war Gildner der dritte Nachtjagdflieger, der das Ritterkreuz bekam. Als sein Freund Knacke fiel, war er gerade nach Gilze-Rijen versetzt worden, um dort die 3./NJG 1 zu übernehmen. Jetzt wurde er Nachfolger als Staffelkapitän, blieb aber nur drei kurze Wochen im Amt, bevor er ebenfalls im Einsatz fiel. Am Abend des 24. Februar 1943 griff eine Formation von RAF-Bombern Wilhelmshaven an, und Gildner

und sein Funker Heinz Huhn wurden in den Nachtjagdraum »Hamster« über der Scheldemündung beordert, aber obwohl sie Lichtenstein-Kontakt zu einem Bomber hatten, konnten sie den Ansatz nicht beenden: Nach Stromausfall und Leistungsverlust am linken Motor entschieden sie sich für den Heimflug. Gilze-Rijen lag im Nebel, und Gildner befahl Huhn, mit dem Fallschirm abzuspringen. Nach einigen Schwierigkeiten schaffte es Huhn, die Maschine zu verlassen und sicher den Erdboden zu erreichen. Gildner jedoch war offensichtlich nicht mehr in der Lage, seine beschädigte Messerschmitt zu verlassen - er kam in ihren Trümmern ums Leben.
Das dritte der Nachtjagdasse, das in diesem Monat sein Leben lassen mußte, war Hauptmann Ludwig Becker, der - wir erinnern uns - das doppelte Glück hatte, am 2. Oktober 1940 den ersten britischen Bomber im Dunaja-Verfahren abzuschießen und am 9. August 1941 den ersten Luftsieg der Nachtjagd mit dem Lichtensteingerät zu erringen. Becker kam aus dem Ruhrgebiet; er kam im August 1911 in Dortmund zur Welt. 1934 hatte er sich freiwillig zur Luftwaffe gemeldet. Zunächst flog er Stuka, dann den Zerstörer Bf 110, und schließlich wurde er - als Falck im Juli 1940 das NJG 1 aufstellte - Nachtjäger. Als er fiel, gehörte er zur IV./NJG 1 in Leeuwarden an der Nordwestküste der Niederlande. Obwohl er einer der erfolgreichsten Nachtjäger war, mußte er sein Leben bei einem Tageinsatz lassen: Seit August 1942 hatten schwere Bomber der amerikanischen 8. Luftflotte in Europa Tagangriffe geflogen; der erste Luftangriff gegen ein deutsches Ziel - Wilhelmshaven - fand am 27. Januar 1943 statt. Am Morgen des 26. Februar hatte der deutsche Flugmeldedienst eine Konzentration von Bombern vor Great Yarmouth an der britischen Südostküste gemeldet, und um 10.55 Uhr war die Gruppe in Alarmbereitschaft versetzt worden. Um etwa 11.30 Uhr starteten dann zwölf Bf 110 in drei Schwärmen, angeführt vom Gruppenkommandeur Major Helmut Lent, um amerikanische Liberator der 44. Bombergruppe anzugreifen, die von einem Luftangriff auf Emden zurückkehrten. Dabei verloren die Amerikaner sieben Bomber, von denen Oberleutnant Rudolf Sigmund und Unteroffizier Georg Kraft von der IV./NJG 1 jeweils einen abgeschossen hatten. Von den zwölf Jägern, die in Leeuwarden gestartet waren, kehrte nur einer - G9+LZ, die Bf 110 Ludwig Beckers - nicht zurück. Die genauen Umstände seines Schicksals blieben ungeklärt. Damit hatte die Luftwaffe einen der besten Taktiker und auch Praktiker der Nachtjagd verloren: Seine Fliegerkameraden nannten ihn den »Nachtjagdprofessor«.

Was die Weltpolitik des ersten Quartals 1943 anbetrifft, so fand im Januar die Konferenz von Casablanca statt, auf der Winston Churchill und US-Präsident Franklin D. Roosevelt die künftige Politik der Fortsetzung des Krieges besprachen; und im Februar gewannen die Sowjets die Schlacht um Stalingrad. Stalin, der ebenfalls nach Casablanca eingeladen worden war, entschuldigte sich mit dem Druck der militärischen Ereignisse und erschien nicht. Trotzdem aber drängte er seine westlichen Verbündeten, sobald wie möglich eine zweite Front zu eröffnen, um den Druck auf seine Armeen zu verringern. Stalin bekam zwar seine zweite Front nicht so schnell, wie er sie wohl gern gehabt hätte, aber auf dieser Konferenz, an der auch die Stabschefs der USA und Großbritanniens teilnahmen, wurde die umstrittene Entscheidung gefällt, daß der Krieg bis zur bedingungslosen Kapitulation Deutschlands und Japans fortgeführt werden solle. Zudem wurden generelle Richtlinien für die künftige Fortführung der Feindseligkeiten abgesprochen, die dazu dienten, dieses Ziel zu erreichen, und man versuchte auch, die gemeinsame Rolle von Bomberkommando und 8. Luftflotte bei der strategischen Bomberoffensive gegen Deutschland festzulegen. Die Weisung, auf die man sich bei dieser Konferenz geeinigt hatte, wurde Harris am 4. Februar 1943 zugestellt; sie schien die Politik der Massenangriffe auf deutsche Städte zu unterstützen, denn sie begann:

> »Ihr vorrangiges Ziel werden Zerstörung und Zerschlagung des militärischen, industriellen und wirtschaftlichen Systems Deutschlands sein sowie die Untergrabung der Moral des deutschen Volkes bis zu einem Punkt, an dem seine Fähigkeit zum bewaffneten Widerstand tödlich geschwächt ist.«

Die Weisung, die bald den Namen »Pointblank« (»klipp und klar«) bekam, führte dann Prioritäten »innerhalb des generellen Konzepts« an: U-Boot-Werften, die deutsche Flugzeugindustrie, Verkehrswege, Raffinerien und dergleichen - Harris jedoch waren, wie immer, derartige Feinheiten lästig. Seine persönliche Vorstellung über das künftige Vorgehen war klar, und er würde sich davon nicht so leicht abbringen lassen. Er ging - trotz der Fortschritte auf dem Gebiet der Elektronik und der Aufstellung der PFF - davon aus, daß Angriffe auf Punktziele noch immer nicht möglich waren, und blieb fest bei seiner Meinung, daß gnadenloses Bombardieren der deutschen Städte der beste Beitrag zum Sieg war, den das Bomberkommando leisten konnte, und er und seine Befürworter konnten als Grund anführen und taten das auch, daß jede größere deutsche Stadt Fabriken und andere Einrichtungen enthielt, die sich auf der abgestimmten Liste der Vorrangziele befanden. Harris schrieb später:

> »Endlich waren wir zum Losschlagen bereit und gerüstet... Meine Aufgaben waren als Ergebnis der Konferenz von Casablanca erweitert worden... Man hatte mich beauftragt, mit der generellen "Desorganisation" der deutschen Industrie fortzufahren... was mir große Freiheit ließ und mir durchaus erlaubte, jede deutsche Industriestadt von mindestens 100.000 Einwohnern anzugreifen. Aber das Ruhrgebiet blieb das vorrangige Ziel, weil es das wichtigste Industriegebiet ganz Deutschlands war, deshalb hatten wir es für unsere Angriffe ausgewählt, die die Moral untergraben sollten - die neuen Weisungen änderten daran nichts.[1]

Das Ruhrgebiet, das noch gut innerhalb der Reichweite von Oboe lag und daher präziser angegriffen werden konnte, war - als Ziel für die nun folgende Bomberoffensive - sicherlich eine korrekte Wahl. Ab dem 5./6. März 1943 richtete Harris die volle Wucht seiner Angriffe in erster Linie gegen den riesigen Komplex nahe beieinanderliegender oder in einander übergehender Städte, der von den Bomberbesatzungen bald »happy valley« (»Tal der Glückseligkeit«) genannt wurde. Essen war das erste Ziel einer Serie von 29 Großangriffen gegen Ziele im Ruhrgebiet und im Rheinland, die bald »Battle of the Ruhr« (»Schlacht um das Ruhrgebiet«) hieß und bis zur Nacht vom 13. auf den 14. Juli dauerte. In diesem Zeitraum wurde Essen – wie auch Duisburg – fünfmal bombardiert, Köln wurde viermal angegriffen und Bochum dreimal; andere Städte suchten die Bomber jeweils ein- oder zweimal heim. Im gleichen Zeitraum ließ Harris auch noch 18 Angriffe auf andere wichtige Ziele in Frankreich, Italien und Deutschland fliegen. Berlin erlebte zwei Luftangriffe, und die Bomber flogen sogar bis nach München, Stettin und die Pilsener Skoda-Waffenfabriken im damaligen Protektorat Böhmen und Mähren. In Italien waren Turin und La Spezia das Ziel. Darüber hinaus legte das Bomberkommando umfangreiche Seeminenfelder aus, eine Aufgabe, die es den ganzen Krieg über durchführte, manchmal mit über 100 Bombern – gegen das Ruhrgebiet jedoch wurden die vernichtendsten Schläge geführt.
Während Oboe und PFF zu einer dramatischen Verbesserung von Genauigkeit und Massierung der Bombenangriffe geführt hatten, trug auch die zunehmende Zahl viermotoriger Bombenträger zur Schlagkraft des Bomberkommandos bei. Jetzt konnten die Pfadfinder die Britischen

[1] *Bomber Offensive*

Inseln auf Ostkurs verlassen in dem festen Vertrauen, daß sie ihre Ziele finden und markieren konnten, und jetzt wußten die Besatzungen der nachfolgenden Hauptstreitmacht, daß sie eine gute Chance hatten, hart und treffsicher zurückzuschlagen, anstatt – wie bisher – ihre Bomben mehr oder weniger wahllos über Deutschland zu verstreuen. Das Selbstvertrauen der fliegenden Besatzungen, deren Aufgabe es ja war, den Krieg nach Deutschland zu tragen, war gestiegen – ein Selbstvertrauen, das sie dringend nötig hatten angesichts der steigenden Verluste, die ihre Reihen lichteten.

Essen war schon immer das Ziel gewesen, das am schwersten zu finden und zu treffen war: Die zahllosen Schlote, Hochöfen und andere rauchende Anlagen der ausgedehnten Krupp-Stahlwerke und vieler anderer industrieller Einrichtungen in der Stadt erzeugten einen permanenten Dunst, der präzise Koppelnavigation selbst in den hellsten Mondnächten praktisch unmöglich machte, und der Schein der Leuchtkörper durchdrang diesen Dunst nicht, sondern wurde reflektiert, was eine noch undurchdringlichere Decke schuf. Bislang waren bei Krupp – obwohl das Werksgelände riesig war und in der Nähe der Stadtmitte lag – nur relativ leichte Schäden angerichtet worden. Beim von Oboe gelenktem Angriff am 5./6. März 1943 wurden 53 Gebäude innerhalb des Krupp-Komplexes von Bomben getroffen, wie man anschließend auf Aufklärer-Luftbildern erkannte, und 64 Hektar des Stadtgebiets verwüstet. Bei drei nachfolgenden Luftangriffen wurde Krupp erneut getroffen, und der Angriff vom 12./13. März 1943 richtete noch mehr Schäden an als der erste. Die Zahlen über zerstörten Privatbesitz waren alarmierend: 4830 Unterkünfte – Häuser, Wohnungen und dergleichen – waren völlig zerstört, und zahllose andere Behausungen waren mehr oder weniger beschädigt. Auch das menschliche Leid erreichte eine für Deutschland neue Dimension: 1037 Menschen starben bei diesem Angriff, und ungefähr 3500 wurden schwer verletzt.

Zusätzlich zu Oboe wurde jetzt auch nach und nach – allerdings ziemlich langsam – H2S bei den Einsätzen der PFF verwendet. H2S konnte nicht gestört werden, aber sein Einsatz gefährdete die RAF-Besatzungen auf andere und direktere Weise. Wie jedes andere Radargerät, das sendet, konnte theoretisch auch H2S angepeilt werden. Und schon beim zweiten Einsatz mit H2S am 2./3. Februar wurde eine Pfadfinder-Stirling mit H2S an Bord abgeschossen – möglicherweise einer der beiden Bomber, die Major Streib für sich beanspruchte – und schlug in der Nähe des Dorfes Hendrik-Ido-Ambracht bei Rotterdam auf. Mit Ausnahme des Bildschirms für den Navigator war das Gerät relativ unbeschädigt geblieben, und als Telefunken-Ingenieure es untersuchten, konnten sie auch seine revolutionärste Komponente, das Hohlraummagnetron, unbeschädigt bergen. Seine Konstruktion machte das Magnetron praktisch unzerstörbar, und es hatte sich als unmöglich erwiesen, es mit einem Sprengsatz zu versehen, der es vernichtete, wenn es in Feindeshand zu fallen drohte. Nach seinem Fundort nannten die Deutschen das H2S »Rotterdamgerät«, aber obwohl ihnen dann noch weitere Komponenten aus abgeschossenen Bombern in unterschiedlichem Erhaltungszustand in die Hände fielen – als zweite eine Halifax der 32. Staffel, die in der Nacht des 1./2. März bei dem holländischen Dorf Markelo aufschlug – brauchten sie etliche Zeit, um die Funktion des Magnetron voll zu verstehen. Zum Glück für die Bomberbesatzungen verstrich einige Zeit, bis sie dann ein Gerät herstellten, das ihre Jäger in die Lage versetzte, einen H2S tragenden Bomber auszumachen und zu bekämpfen. Allerdings fanden sie sehr schnell heraus, daß die Bomber Energieimpulse auf einer Wellenlänge von etwa 10 cm abstrahlten, und ihr Funkhorchdienst war bald in der Lage, diese Abstrahlungen zu überwachen: Es war in der RAF üblich, das Gerät am Boden und auch in der Luft zu überprüfen und dann während des gesamten Fluges angeschaltet zu lassen – und als die Zahl der damit ausgerüsteten Flugzeuge anstieg, war das Überwachen der H2S-Sendungen für die deutsche Frühwarnorganisation ein wertvolles Mittel, mit dem sie feststellen konnte, wann ein Luftangriff bevorstand und, sobald die Bomber in der Luft waren, in welcher Richtung sie anflogen. Düsseldorf, Hauptstadt des Landes Nordrhein-Westfalen und wichtiges Industrie- und Handelszentrum, liegt südlich des eigentlichen Ruhrgebiets am Rhein. Primitive Bombenangriffe waren dort bereits im Oktober 1914 gegen Zeppelinhallen geflogen worden. Jetzt, 1943, mußte Düsseldorf erneut leiden, allerdings viel stärker als damals: Der Luftangriff in der Nacht vom 11. auf den 12. Juni war vielleicht der schlimmste der vielen Angriffe, die die Stadt bis Kriegsende über sich ergehen lassen mußte. Aber nur zwei Wochen zuvor war Düsseldorf das Ziel von 759 RAF-Bombern gewesen, die von Oboe-Mosquitos und anderen Flugzeugen der PFF geführt worden waren – und dieser Angriff war ein Fehlschlag gewesen. Aus irgendeinem Grunde war es der PFF nicht gelungen, das Ziel konzentriert zu markieren, und die Bomber hatten ihre Bomben über ein weites Gebiet verstreut. Obwohl schon bedeutende Fortschritte gemacht worden waren, blieben Bomben noch eine Zufallswaffe. Hier ein Auszug aus dem offiziellen Bericht der Stadtverwaltung:

> »Der erste größere Angriff im Bereich erfolgte in der Berichtszeit am 26.5. auf Düsseldorf. Die Zahl der in dieser Nacht eingeflogenen Maschinen war sehr beträchtlich; die meisten erreichten Düsseldorf jedoch nicht, sondern warfen ihre Munition in weitem Umkreise ab, wobei insbesondere linksrheinische Dörfer in den Landkreisen Grevenbroich, Mönchengladbach und Neuss betroffen wurden. Obwohl die Zerstörungen relativ zu der Größe der einzelnen Orte groß waren, hielten sie sich im Verhältnis zu dem außerordentlichen Munitionsaufwand, der für einzelne Dörfer 30 Minen- und Sprengbomben sowie über 10000 Brandbomben betrug, in engen Grenzen; der größte Teil fiel in freies Feld und verfehlte sein Ziel.«

Anderes jedoch geschah am frühen Morgen des 12. Juni: Das Bombardement begann kurz nach 01.00 Uhr und tötete 1236 Menschen; 13 wurden vermißt und 2600 verletzt. Offizielle Berichte und Statistiken klingen kühl – um einen Eindruck davon zu vermitteln, was ein Bombenangriff wirklich bedeutet, muß man die Amtssprache mit menschlichem Mitgefühl füllen. Denken Sie an terroristische Bombenanschläge, die Sie sicher schon einmal im Fernsehen gesehen haben, denken Sie an die Zerstörungen, die Toten, das Blut, die Verstümmelungen, die Witwen, die Waisen – und multiplizieren Sie all das mit tausend.

> »In Düsseldorf lag der Schwerpunkt auf der Innenstadt und zwar auf dem Hauptgeschäftsviertel, insbesondere auf den Stadtteilen Altstadt, Stadtmitte, Derendorf, Zoo, Flingern, Friedrichstadt, Oberbilk und Bilk. Da in diesem Gebiet so gut wie keine militärischen oder wehrwirtschaftlichen Anlagen vorhanden sind, handelte es sich offensichtlich um einen Terrorangriff auf die Zivilbevölkerung.
> So entstand neben den vielen Groß-, Mittel- und Kleinfeuern ein Flächenbrand in einer Ausdehnung von 4 qkm innerhalb einer Gesamtschadensfläche von 5 x 5 km = 25 qkm. Im Verhältnis zu den früheren Angriffen war die Zahl der abgeworfenen Minenbomben besonders hoch, so daß große Zerstörungen und Beschädigungen an Gebäuden und sonstigen Anlagen entstanden. Es waren rund 180 Einsturzstellen (Großschadensstellen) vorhanden. Die Sprengmunition riß viele Gebäude auf, zertrümmerte Fenster und Türen und begünstigte so die schlagartige Ausdehnung der Brände auf ganze Gebäude, Gebäudeblocks und Straßenzüge. Es kam in vielen Gebieten zum Feuersturm.
> Durch Treffer in eine große Anzahl von Haupt- und auch kleineren Leitungsrohren fiel schon sehr schnell nach Beginn des Angriffs die Wasserversorgung aus dem Rohrnetz bis auf wenige Ausnahmen aus, und es mußte auf die zusätzlichen Löschwasserstellen

zurückgegriffen werden. Die Beanspruchung dieser Stellen war zum Teil so groß, daß die Vorräte sehr schnell erschöpft waren.
Mit der Bergung der Toten und Eingeschlossenen wurde noch während des Angriffs begonnen. Außer den zur Verfügung stehenden Luftschutz-Einheiten wurde auch der Luftschutz-Rettungsdienst mit 13 Großgeräten (Baggern und Greifern) eingesetzt.

Es wurden sehr viele erweiterte Selbstschutzbetriebe zerstört bzw. beschädigt. Unter anderem: 13 Krankenhäuser, 28 Schulen, 16 Kirchen.
Nach den bisherigen Feststellungen beträgt der Produktionsausfall etwa 100 Prozent:

für 1 Woche	in 37 Betrieben,
für 2 Wochen	in 19 Betrieben,
für 3 Wochen	in 11 Betrieben,
für 4 Wochen	in 7 Betrieben,
für mehr als 4 Wochen, bzw. bis zum Wiederaufbau oder Lagerung	in 46 Fabriken.

Der Angriff auf Reichsbahngelände war um ein mehrfaches schwerer, als alle bisherigen. Die Schäden waren diesmal so erheblich, daß zum ersten Mal der Hauptbahnhof, die Bahnhöfe Derendorf, Bilk und Lierenfeld einige Tage vollständig ausfielen; andere, wie Abstellbahnhof und der Bahnhof Grafenberg durch Beschädigung der Zufahrtslinien abgeschnitten waren.
Besondere Schwierigkeiten bereiteten die zahlreichen Blindgänger, die an einzelnen Stellen längere Zeit die Wiederherstellungsarbeiten hinderten. Auf der Strecke Hauptbahnhof – Bahnhof Derendorf = 3 km wurden 6 Blindgänger aufgefunden und in 5 Tagen durch Sprengkommandos beseitigt.
Die Störungen durch Bomben an Brücken zeigen, daß die schweren Bomben wohl in der Lage waren, die etwa 70 cm starken Trägerdecken (einbetonierte Walzträger) zu durchschlagen, daß sie aber durchweg nach oben detonierten, ohne die Widerlager irgendwie zu beschädigen.
Insgesamt 20 Wehrmachtsanlagen wurden teils leicht, mittel oder schwer beschädigt. Es handelt sich hier um Gebäude, die verstreut im Stadtgebiet liegen.
An der Ludendorff-Kaserne trat durch Sprengbomben mittlerer Gebäudeschaden ein und setzte dadurch die wichtige Wehrmachtsvermittlung außer Betrieb.
Es sind rund 140000 Einwohner = rund 25 Prozent der Bevölkerung obdachlos geworden. Sie wurden, wie vorgesehen, zunächst durch die Partei und die NSV in Obdachlosensammelstellen bzw. Obdachlosenauffangstellen erfaßt und betreut, um dann zum Teil in Privatquartieren der intakt gebliebenen Stadtteile entweder in der Nachbar- oder in der Verwandten- und Bekanntenhilfe vorläufig untergebracht zu werden. Soweit erforderlich, hat die Stadt als Notunterkünfte Schulen für diesen Zweck herrichten lassen, da durch den Großangriff zahlreiche hierfür vorbereiteten Gebäude zerstört worden sind.
Die Lebensmittelversorgung der Bevölkerung war eine schwierige und sehr dringliche Aufgabe, umsomehr, als infolge der feindlichen Einwirkung nicht nur der Verteilungsapparat der Lebensmittelversorgung empfindlich gestört war, sondern auch Lebensmittelvorräte im notendigen Umfange nicht mehr zur Verfügung standen.
Der Nahverkehr der Stadt Düsseldorf wurde durch den Angriff aufs schwerste getroffen. Die Hauptstrecken erhielten 15 Volltreffer. In Nebengleisen und Betriebshöfen wurden 10 Volltref-

fer gezählt. Darüber hinaus waren die Oberleitungen im gesamten Großschadensgebiet und an einigen Außenstrecken sehr schwer beschädigt. Der Wagenpark selbst hatte starke Ausfälle. Der gesamte Nahverkehr war nach dem Angriff lahmgelegt.
Von den 154 vorhandenen städtischen Schulgebäuden wurden 20 total zerstört, 24 schwer und 26 leicht beschädigt.«

Fünf Kilometer über Düsseldorf, wo derartige Szenen ihren Ursprung haben, müssen junge Männer den Spießrutenlauf durch Abertausende von Flakgranaten absolvieren, die in zahllose Granatsplitter zerbersten, von denen jeder die dünne Aluminiumhaut des Flugzeugs durchdringen kann und vielleicht die Besatzung verstümmelt, vielleicht aber auch ein wichtiges Flugzeugteil zerstört und die Maschine in einen brennenden Kometen verwandelt, der seine Bewohner in den Tod stürzt. Auf dem Hinweg zum Ziel hatten sie bereits Kammhubers Himmelbetträume durchqueren müssen, und einige ihrer Kameraden sind schon hier zu Boden geschickt worden, und auf dem Rückweg würden sie dasselbe Risiko erneut eingehen müssen. So wie es unmöglich ist, einen Bombenangriff anders als in dürren Worten zu beschreiben, so ist es auch unmöglich, die Aufgabe, einen schweren Bomber über Deutschland zu fliegen, in Worte zu fassen: Dieses Gefühl des Alleinseins, obwohl du ja weißt, daß du nur einer von Hunderten bist; diese Magenkrämpfe verursachende Angst, weil jede Minute deine letzte sein kann; die Furcht, die anderen Besatzungsmitglieder könnten merken, daß du Angst hast; der Lärm, die Kälte, das Schlingern und Rütteln und Stoßen des Flugzeugs und dieser unbeschreibliche Geruch – eine Mischung aus Benzin, Schmiere, Gummi, chemischem Toilettenmittel und möglicherweise auch noch Erbrochenem. Aber kein Gedanke daran, was du den Menschen dort unten jetzt antust: Denn schließlich ist das dein Auftrag, und es gibt im Moment wichtigere Dinge zu bedenken, und am wichtigsten ist, daß du deine Aufgabe erfüllst – und überlebst!
In der Nacht vom 21. auf den 22. Juni griffen Harris' Bomber das nahegelegene Krefeld an und erlitten schwere Verluste: 44 Maschinen kamen nicht zurück. Einer, dem zumindest in jener Nacht erspart blieb, einen weiteren Einsatz über dem Ruhrgebiet fliegen und – wie sich herausstellte – das Trauma erleben zu müssen, abgeschossen zu werden, war Flying Officer (Oberleutnant) Harry »Nick« Nock, Bombenschütze der in Snaith in Yorkshire liegenden 51. Staffel. Eine zufällige Verletzung bedeutete, daß er nicht fliegen konnte, und sein Skipper Sergeant (Feldwebel) Fred Heathfield nahm statt dessen Sergeant Allan Poulton als Ersatzmann mit. Keine Besatzung flog gern mit einem Ersatzmann an Bord: Eine Besatzung war so etwas wie eine eingeschworene Gemeinschaft, in der jeder wußte, wie er mit den anderen zusammenzuarbeiten hatte – und ein Fremder konnte diesen Arbeitsrhythmus nur durcheinanderbringen. Zudem schienen Besatzungen mit Ersatzmann höhere Verlustraten zu haben als andere. Das war möglicherweise nur ein Aberglaube, aber einsam aussehende Besatzungsmitglieder, die den Rest ihrer Kameraden verloren hatten, waren ein häufiger Anblick in Einsatzstaffeln.
Das Flakfeuer über Krefeld war wie immer intensiv, und Heathfields Halifax II, MH-K, Fertigungsnummer JD 244, wurde über dem Ziel getroffen. Einer der linken Motoren brannte, und der andere fiel aus. Heathfield schaffte es zwar noch, das Feuer zu löschen, aber die Halifax konnte mit zwei Motoren die Höhe nicht halten, folglich befahl Heathfield, der die hoffnungslose Lage erkannte, der Besatzung, das Flugzeug zu verlassen. Nachdem sie abgesprungen war, gelang Heathfield bei der Kleinstadt Balen-Neet eine Bruchlandung, bei der er glücklicherweise nur leicht verletzt wurde. Die anderen Besatzungsmitglieder überlebten ebenfalls, was an sich schon sehr selten vorkam, und alle sieben wurden gefangengenommen.
Bei diesem Vorfall hatte Nock Glück gehabt – aber das Glück ist bekanntlich launisch. In den ersten Stunden des 4. Juli führten Oberleutnant Ludwig Meister und sein Funkmeßbeobachter

Unteroffizier Forke, eine Bf-110-Besatzung der I./NJG 4, die im belgischen Florennes lag, einen Alarmstart gegen Bomber im Anflug auf Köln durch. Um etwa 02.15 Uhr hatten sie zwischen den Orten Beaumont und Chimnay Funkmeßkontakt: Der Bomber war die Halifax MH-E, JD 262, von der 51. Staffel, und wurde von einem Piloten geflogen, der erst kürzlich auf dem Flugplatz der Staffel in Snaith eingetroffen war: Sergeant John Garnham. Es war Garnhams erster Kampfeinsatz. Zum ersten Mal nach dem Flug, der die Einsatzkarriere seines Piloten beendet hatte, flog jetzt Nick Nock wieder als Bombenschütze mit. Um etwa 02.40 Uhr zerstörten Meisters Bordwaffen nach einer langen Aufholjagd die Halifax in der Nähe des Dorfes Rance. Nur drei der Besatzungsmitglieder lebten noch: der Navigator, der Funker und Nock selbst, und alle drei sprangen ab. Während die anderen beiden in Gefangenschaft gerieten, gelang es Nock zu entkommen. Er schloß sich später dem Maquis an, mit dem er einen Krieg führte, der ganz anders war als das, was er bisher gekannt hatte.

Der Luftangriff auf Köln, bei dem Nock abgeschossen wurde, war der dritte von vieren, die während der »Battle of the Ruhr« gegen die Stadt geflogen wurden. Während der erste nicht sehr erfolgreich verlaufen war, war der zweite, am 28./29 Juni, für die Bevölkerung der Stadt der schlimmste der vier Angriffe – viel, viel schlimmer als das Martyrium bei Harris' zusammengekratztem Tausend-Bomber-Angriff im Jahr zuvor, obwohl jetzt 439 Bomber weniger eingesetzt waren. Ein statistischer Vergleich ist interessant, da er aufzeigt, wie sehr das Bomberkommando sich verändert hatte – sowohl in seiner Größe als auch in der Fähigkeit, Großbritanniens Feinde das Fürchten zu lehren.

Während im Mai 1942 beim Angriff 755 Bomber der Formation zweimotorig gewesen waren, von denen 602 Wellington den Hauptteil der Armada stellten, war im Juni 1943 der Großteil der Angreifer – mit Ausnahme von zwölf PFF-Mosquito und 85 Wellington – viermotorig: 267 Lancaster, 169 Halifax und 75 Stirling. Es ist zwar wahrscheinlich, daß die 1943 insgesamt abgeworfene Bombenlast etwas geringer war als die des Tausend-Bomber-Angriffs, aber die Präzision, mit der die Bomben jetzt fielen, war unvergleichlich höher, wie man auch an den entsprechenden Verlustzahlen erkennen kann – obwohl der erste Angriff bei guter Sicht erfolgte, während die Bombenschützen beim zweiten Angriff den Boden nicht sehen konnten, sondern auf farbige Himmels-Zielmarkierungen der PFF zielen mußten. Das Unternehmen »Millennium« hatte 470 Deutsche getötet und 5000 verletzt – jetzt gab es 4377 Tote und etwa 10.000 Verletzte. Etwa 230.000 Einwohner Kölns waren obdachlos – verglichen mit 45.000 im Mai 1942. Das war die bei weitem höchste Anzahl an Toten, die es bisher im Krieg bei Angriffen der RAF gegeben hatte, aber sie sollte bald bedeutungslos werden verglichen mit dem, was noch kam. Aber auch das war – nicht einmal vorübergehend – noch nicht das Ende der Leiden der Stadt: Bei den letzten beiden Bombenangriffen dieser Serie verloren mehr als 1000 weitere Menschen ihr Leben, und weitere 120.000 wurden obdachlos.

Harris' 29 Angriffe während der »Battle of the Ruhr« kosteten ihn 672 Flugzeuge und etwa 4400 Männer. Und die Verluste von 4,8 Prozent der geflogenen Einsätze lagen sehr dicht bei der »hinnehmbaren« Verlustrate von 5 Prozent. Als die Schlacht begann, lag die materielle Stärke des Bomberkommandos, was Viermotorige und Wellington anbetraf, bei etwa 1000 – folglich hatte das Kommando in nur gut vier Monaten 67 Prozent seiner Flugzeuge verloren, und in dieser Zahl sind noch nicht die vielen Maschinen enthalten, die es zwar bis zurück nach Großbritannien schafften, aber unterschiedlich stark beschädigt waren: von »instandsetzbar« bis »auszumustern«. In derselben Zeit flogen die PFF-Mosquito 302 Einsätze und verloren nur zwei Maschinen, was für die Einzigartigkeit dieses außergewöhnlichen Flugzeugs spricht. Am anderen Ende der Skala lagen die Stirling: Da sie tiefer fliegen mußten als die anderen schweren Bomber, zogen sie die besondere Aufmerksamkeit der Flak auf sich – sie verloren 6,4 Prozent.

Obwohl die Weisungen des Führungsstabs der RAF dem Bomberkommando Flächenbombardierungen vorgaben, erkannte man aber auch, daß sich nicht alle Ziele dafür eigneten: Manchmal gab es Punktziele, die präzise bombardiert werden mußten. Ein hervorragendes Beispiel für einen derartigen Nachtangriff ist der bekannte Talsperrenangriff in den frühen Morgenstunden des 17. Mai 1943, zeitlich in der Mitte der »Battle of the Ruhr« gelegen. Sir Arthur Harris genehmigte ihn trotz anfänglicher – vermutlich instinktiver – Ablehnung des Plans. Es ist ja schon oft gesagt worden, das Bomberkommando hätte seine Kräfte besser in Präzisionsangriffen einsetzen sollen, anstatt ganze Städte in Schutt und Asche zu legen. Der Ablauf des Talsperrenangriffs ist schon häufig geschildert worden und liegt auch etwas außerhalb dieser Chronik – aber es lohnt sich, einmal etwas abzuweichen, um herauszufinden, ob der Talsperrenangriff etwas zur Klärung des Streits »Punkt- oder Flächenziele« beitragen kann.
Ein Bombenteppich gegen die Talsperren erschien nicht sinnvoll, da – und das hatten die vergeblichen Versuche, die U-Boot-Bunker an der Biskaya zu zerstören, ja gezeigt – normale, senkrecht abgeworfene Bomben an den massiven Talsperren keine bedeutenden Schäden anrichten würden, selbst wenn man mit der erforderlichen Präzision treffen würde. Um die Talsperren zu zerstören, brauchte man eine spezielle Waffe, die im Tiefflug abgeworfen wurde und unter die Wasseroberfläche sank, bevor sie explodierte und den »Erdbeben«-Effekt erzeugte, der dann die Kettenreaktion auslöste und mit dem enormen Gewicht des Wassers die Talsperren aufbrach. Solch eine Waffe mußte ersonnen, konstruiert, geprüft und hergestellt werden, und es würde eine Waffe sein, die sich nur für spezielle Aufgaben eignete.
Um die Waffe abzuwerfen, brauchte man besonders hergerichtete Lancaster, und um diese Lancaster zu fliegen, brauchte man die besten Besatzungen, die es gab, und Besatzungen wie Flugzeuge mußten für eine Periode intensiver Übung aus dem Einsatz abgezogen werden, bis die Zeit reif war – auch das eine schwierige Kalkulation, denn die Staubecken mußten voll sein, um den erforderlichen Erdbebeneffekt bei Detonation der Bomben zu erzeugen. Eine völlig neue Staffel, die 617., wurde aus sehr erfahrenen und fähigen Besatzungen aufgestellt und dem hochdekorierten Wing Commander (Oberstleutnant) Guy Gibson unterstellt, der nach erfolgreich geführtem Angriff dann das Victoriakreuz bekam. Die Sonderausbildung der Besatzungen dauerte sechs Wochen. Drei Talsperren – von Möhne, Sorpe und Eder – wurden von 19 Lancaster angegriffen. Zwei der Talsperren – Möhne und Eder – wurden auf spektakuläre Weise zerstört, aber dabei gingen acht Lancaster mit 56 Mann verloren, von denen nur drei überlebten und Kriegsgefangene wurden. Das Ziel war gewesen, dem Ruhrgebiet die Wasserversorgung zu entziehen und damit seine Wirtschaft zu treffen – aber in Wirklichkeit war eine der zerstörten Talsperren, die Edertalsperre, hierfür kaum von Bedeutung: Ihr Wasser wurde fast ausschließlich für landwirtschaftliche Zwecke genutzt. Der tatsächliche Wert dieses Angriffs ist seit Kriegsende, nachdem man Erkenntnisse gewann, die vorher nicht verfügbar waren, stets umstritten gewesen. Während die amtliche Geschichtsschreibung die Wirkung der Angriffe als »in sich nicht sonderlich bedeutend« darstellt, mißt Albert Speer, Hitlers Rüstungsminister, ihnen mehr Wirkung zu:

> »Eine Flutwelle hatte das Ruhrtal überschwemmt. Sie hatte, das war die unscheinbar anmutende, aber gravierende Folge, die elektrischen Aggregate der Pumpstationen des Ruhrtales durchnäßt und verschlammt, so daß die Industrie zum Stillstand gekommen und die Wasserversorgung der Bevölkerung gefährdet war ...
> Wir ließen aus allen Teilen Deutschlands unverzüglich Fachleute kommen, die das Trocknen der elektrischen Wicklungen besorgten, und beschlagnahmten zudem alle Motoren ähnlicher Bauart in anderen Fabriken, ohne Rücksicht auf Ausfälle. Dadurch gelang es in-

nerhalb einiger Wochen, die Ruhrindustrie wieder mit dem unentbehrlichen Wasser zu versorgen ...
Wenige Tage nach diesem Angriff arbeiteten bereits 7000 Mann, die ich vom Atlantikwall ins Gebiet von Möhne und Eder beordert hatte, an der Wiederherrichtung der Dämme. Noch rechtzeitig vor dem Beginn der Regenfälle, am 23. September 1943, konnte die ... Bresche im Möhnedamm geschlossen werden.[2]

In Bomber Offensive stellt Harris selbst fest: »... die Zerstörung durch die Überflutung war nicht – und sollte es auch nicht sein – so bedeutend wie die anschließende Wasserknappheit im industriellen Komplex.« Speer hingegen sagt klar aus, daß diese Knappheit nur vorübergehend auftrat. Der direkte Schaden durch die Wassermassen war allerdings beträchtlich, und 1300 Menschen ertranken in ihren überfluteten Häusern – eine bemerkenswerte Leistung der immerhin nur 19 Lancaster. Aber man kann diesen Einsatz nicht als Argument für Präzisionsangriffe nehmen: Der Talsperrenangriff war eine Ausnahme, teuer und nicht durchfühbar mit den Waffen und Männern, die der Hauptstreitmacht des Bomberkommandos zur Verfügung standen. Die 617. Staffel führte noch weitere Präzisionsangriffe durch, blieb als Spezialeinheit des Bombergeschwaders 5 bestehen und sollte noch manche herausragende Leistung vollbringen – aber nicht gegen solche Ziele, wie sie Nacht für Nacht in Durchführung der großen strategischen Offensive angegriffen wurden.

Unter Harris' Luftangriffen gegen das Ruhrgebiet während der drei Monate waren zwei, die bedeutende Entwicklungen der Nachtjagd kennzeichneten – eine negative hinsichtlich des Kampfes gegen die Bomber und eine positive: Es waren die Einsätze am 11./12. Juni gegen Düsseldorf und am 3./4. Juli gegen Köln; beide wurden schon erwähnt. General Kammhuber war von Anfang an klar gewesen, daß die Bf 110 bestenfalls eine Notlösung für die dringende Aufgabe, britische Bomber abzufangen und abzuschießen, sein konnte. Selbst in verbesserter Form war sie im Horizontalflug nur geringfügig schneller als die »Viermots«, die sie abfangen sollte, und als die Mosquito in den Einsatz gelangte, wurde eine weitere Schwäche der Messerschmitt deutlich – mangelnde Höhe. Die Ju 88 war nicht viel besser: Beide waren Weiterentwicklungen von Flugzeugen, die ursprünglich für andere Zwecke konzipiert worden waren, und keine war ideal. Trotz der starken Einwände des sehr einflußreichen Generalluftzeugmeisters Erhard Milch und des Reichsmarschalls Göring persönlich, die beide überzeugt waren, daß vorhandene Flugzeugtypen wie Bf 110 und Ju 88 die Aufgaben der Nachtjagd durchaus meistern könnten, hatte das Technische Amt des Reichsluftfahrtministeriums (RLM) an die Firmen Heinkel und Focke-Wulf die dringende Anweisung gerichtet, ein Flugzeug speziell für die Nachtjagd zu entwerfen. Das Angebot von Focke-Wulf, die Ta 154 – »Ta« nach dem Chefkonstrukteur der Firma, Professor Kurt Tank – kann hier und jetzt weggelassen werden, weil nur zwei oder drei Serienflugzeuge einen Frontverband, den Stab des NJG 3, Ende 1944 erreichten. Interessanterweise war die Ta 154 – wie die britische Mosquito – weitgehend aus Holz. Focke-Wulf gelang es nie, einen Klebstoff herzustellen, der ihre Komponenten zufriedenstellend verband: Vor allem aus diesem Grunde scheiterte das Projekt. In Deutschlands Medien wurde die Ta 154 »Moskito« genannt, vermutlich in dem vergeblichen Versuch, der Bevölkerung zu suggerieren, daß alles, was Großbritannien gelang, Deutschland noch besser machen könne.
Zweifellos hat Hermann Görings anmaßende Einstellung zu den benötigten Flugzeugtypen, zusammen mit seiner ungeheuren persönlichen Macht und seinem Einfluß bei Hitler, eine große

[2] Aus *Erinnerungen* von Albert Speer, Propyläen Verlag Berlin, 1969.

– und sehr schädliche – Rolle bei der Ausrüstung fliegender Verbände gespielt, die Nachtjagd eingeschlossen. Im März 1943 zum Beispiel forderte er, weil der Luftwaffe ein herkömmlicher viermotoriger Bomber fehlte, die deutsche Luftfahrtindustrie solle »das beste Feindflugzeug nachbauen, das neueste Modell der Stirling...« Bei derselben Gelegenheit, auf einer der 14tägigen Konferenzen des Generalfeldmarschalls Milch, an denen er persönlich teilnahm, äußerte sich Göring über die Mosquito mit folgenden Worten:

»Dann fehlt weiter das Holzflugzeug, und das bringt mich nun wirklich auf den Baum, muß ich sagen. Ich kann wahnsinnig werden, wenn ich die Mosquitos ansehe. Ich werde grün und gelb vor Neid. Der Engländer, der sich noch mehr in Aluminium leisten kann als wir, baut sich ganz schön eine Holzmaschine und zwar mit einer Geschwindigkeit, die er jetzt schon wieder gesteigert hat. Die Mosquito, die Linz photographiert hat, hat nach unserer genauen Rechnung, nicht nach der englischen, eine Reisegeschwindigkeit von sage und schreibe 530 km als Bomber! Da schneiden Sie sich mal ein Stück ab! Das ist eine Maschine, die jede Klavierfabrik drüben macht. Leider, leider – ich könnte mich umbringen – habe ich mich damals gegenüber dem Generaloberst insofern nicht durchgesetzt, als ich seine größere Urteilsfähigkeit damals habe gelten lassen. Ich habe dieses Holzflugzeug, als der Krieg ausbrach, noch und noch gefordert, weil es ja nichts schadete, zusätzlich Holzjäger und -bomber zu bauen. Aber da hieß es: "Das ist unmöglich; das kann man keinem Piloten zumuten; da lacht uns die ganze Welt aus!" – Jetzt kann man uns auslachen, weil wir es nicht haben. Vorgestern haben die Mosquitos wieder einen Tiefangriff auf Paderborn gemacht. Sie haben keine Maschine verloren, oder nur eine ist verlorengegangen. Die Jäger haben sie nicht gesehen. Die Mosquitos sind wie die Blöden da herumgeflogen, bei hellichtem Tage, haben nur auf ihre Geschwindigkeit vertraut, und sie waren rasend schnell. Obwohl sie nur in 50 m Höhe flogen, haben sie alle Waffen zu Hause gelassen, allein auf ihre Geschwindigkeit bauend, und haben das geschafft. Diese Flugzeug müssen sich die Herren mal ansehen, damit sie wieder etwas lernen, die Primitivität dieses Flugzeuges ist erstaunlich. Auch hier sage ich: "Warum lange suchen? Bauen wir den Mosquito nach! Das ist das Einfachste, was wir tun können."«

Die zweite der beiden angeschriebenen Firmen, Heinkel, bot die He 219 an; aber die Herstellung auch dieses Flugzeugs litt unter internen Meinungsverschiedenheiten und persönlichen Differenzen auf Führungsebene und – das muß hier festgestellt werden – auch unter den Auswirkungen von Bombenangriffen der RAF, so daß die He 219 die Einsatzverbände niemals in so hoher Stückzahl erreichte, um der RAF wirklich Schaden zuzufügen. Das hätte ihr durchaus gelingen können.
Um die verworrene Entwicklung der He 219 zurückverfolgen zu können, muß man im Jahr 1940 ansetzen, als – so wie de Havilland mit seiner Mosquito – Heinkel mit einer Eigenentwicklung begonnen hatte: dem Entwurf eines schweren Mehrzweckflugzeugs – eines Kampfzerstörers. Die Konstruktion, Projekt 1060, enthielt – wiederum ähnlich der Mosquito – revolutionäre Details: eine druckbelüftete Kabine und ein Fahrwerk mit Bugrad. Das Konzept fand aber nicht die Zustimmung des Technischen Amtes des RLM, und so wurde nichts weiter unternommen. Ende 1941 forderte Kammhuber dringlich einen eigens konstruierten Nachtjäger, bekam dafür aber nicht die Unterstützung seiner Vorgesetzten. Daraufhin wurde er persönlich bei Hitler vorstellig, und mit dessen Unterstützung konnte er seine Forderungen direkt mit der Luftfahrtindustrie besprechen – auch mit Heinkel. Projekt 1060 schien die gewünschten Eigenschaften zu haben, folglich begann man mit der Konstruktion einer Nachtjägerversion der He 219, wie sie jetzt offiziell hieß. Der Bau eines Prototyps erfolgte kurz darauf im Heinkelwerk Rostock-Marien-

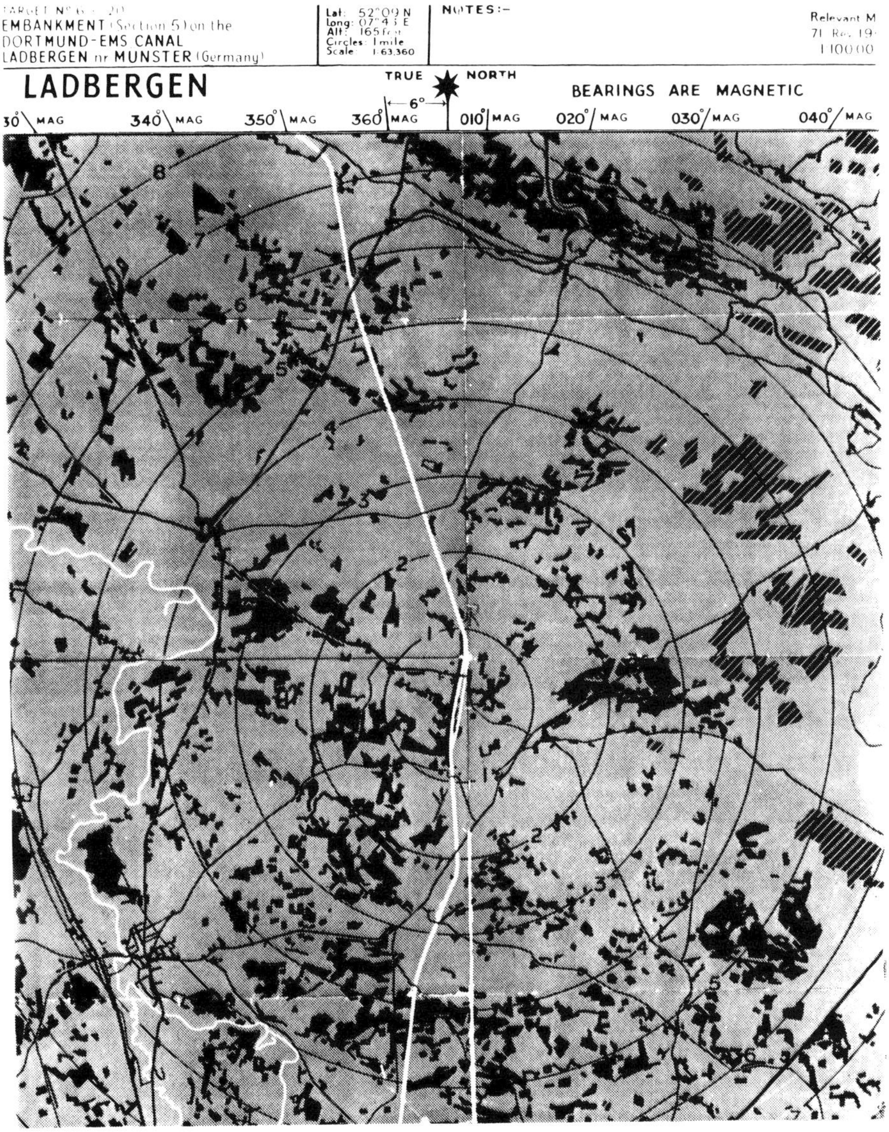

ehe, und Kammhuber konnte ihn am 22. Januar 1942 besichtigen. Durch die Bombenangriffe im März und im April wurden dann aber die meisten Konstruktionsunterlagen vernichtet – nur der Prototyp blieb unversehrt. Kurz darauf wurden die Arbeiten an dem Flugzeug nach Wien-Schwechat verlegt.

Milch war als Generalluftzeugmeister gegen eine Massenherstellung der He 219. Er hegte zudem eine Abneigung sowohl gegen Kammhuber wie auch gegen Ernst Heinkel, und er frönte ihr mit der Entschuldigung, daß man seine Kräfte zersplittere, wenn man zu viele Projekte gleichzeitig verfolge – so legte er der Entwicklung und dem Bau der He 219 eine Reihe administrativer Hindernisse in den Weg. Das erste Erprobungsmuster der He 219 flog im November 1942 von Marienehe aus, und der Einflieger Peters war begeistert von ihren Steuereigenschaften; er hob besonders die hervorragenden Roll-, Start- und Landeeigenschaften hervor – sie ergaben sich aus der guten Sicht nach vorn und dem Bugradfahrwerk. Daraufhin wurden zwölf Vorserienmuster in Auftrag gegeben, und der Beginn der Serienfertigung wurde für Mitte 1943 festgelegt. Milch jedoch änderte das sofort und verkündete noch im selben Monat auf einer Konferenz, das ursprüngliche Datum läge ein Jahr zu früh: Die Serienfertigung sei nicht vor 1944 möglich.

Im März 1943 wurde eine vergleichende Erprobung zwischen einer He 219 der Vorserie und der neuesten Version der Ju 88, der »S«, geflogen, von der man hoffte, daß sie es der Mosquito gleichtun und feindlichen Jägern davonfliegen werde. Die Ju 88S steuerte Oberst Viktor von Loßberg, ein Abteilungsleiter im Technischen Amt des RLM – die He 219 flog Major Werner Streib, Gruppenkommandeur der I./NJG 1, der bereits mehr als 40 Luftsiege errungen hatte. Von Loßberg war ein erfahrener Kampfflieger; er hatte die II./KG 26 geführt. Die He 219 erwies sich dabei als weit überlegen, und so wurde entschieden, bei Heinkel 200 Maschinen pro Monat in Auftrag zu geben. Heinkel jedoch hielt dem entgegen, daß er für die unmittelbare Zukunft höchstens je zehn Flugzeuge versprechen könne.

Streibs Verband wurde mit der Einsatzerprobung der He 219 beauftragt, und im Juni 1943 trafen die ersten Maschinen in Venlo ein. Streib selbst flog den ersten Erprobungseinsatz in der Nacht des 12. Juni in einer Maschine mit der Kennung G9+FB, als – wie schon erwähnt – 783 RAF-Bomber Düsseldorf angriffen. Unter der Führung von Oberleutnant Walter Knickmeier, dem JLO des Himmelbettraums 5B, und mit Unteroffizier Helmut Fischer als Funker hob Streib am 12. um 00.38 Uhr in Venlo ab. Um 01.05 hatte er eine Halifax abgeschossen, und um 02.22 Uhr lagen drei weitere Halifax und eine Lancaster am Boden.

Das war in jeder Hinsicht ein beeindruckender Einstand für ein neues Flugzeug, der dann allerdings dadurch beeinträchtigt wurde, daß sich die Landeklappen beim Anflug auf Venlo nicht ausfahren ließen und Streib mit hoher Geschwindigkeit landen mußte: Am Aufsetzpunkt kam er von der Landebahn ab, und das Flugzeug ging vollständig zu Bruch; Flugzeugführer und Funker entkamen unverletzt.

Selbst Streibs fünf Abschüsse beeindruckten Milch nicht – er meinte, Streib hätte dasselbe Ergebnis mit einem anderen Flugzeugtyp ebenfalls erreichen können. Trotz alledem war in der Nachtjagd die Begeisterung für die He 219 groß, und Milch konnte gar nicht anders, als die Serienfertigung freizugeben, die Heinkel jetzt auf magere 24 Maschinen pro Monat schätzte. Der Stabsschwarm der I./NJG 1 setzte seine Erprobungsmuster mit einigem Erfolg ein – die oft erzählte Geschichte jedoch, er habe in den unmittelbar auf Major Streibs Luftsiege folgenden Tagen sechs Mosquito zerstört, ist höchstwahrscheinlich nur ein Gerücht: Belegbar ist nur ein einziger Abschuß einer Mosquito durch eine He 219 bis zum Ende des Jahres 1943 – er gelang Hauptmann Manfred Meurer in der Nacht des 12./13. Dezember. Meurer war indirekter Nachfolger Streibs als Kommandeur der I./NJG 1. Streib war am 1. Juli 1943, als er Kommodore des NJG 1 wurde, zum Oberstleutnant befördert worden. Zunächst war Hauptmann Hans-Dieter Frank sein Nachfolger gewesen, aber Frank war am 27. September 1943 bei einer Kollision mit einem anderen Nachtjäger über Hannover ums Leben gekommen; er fiel mit 55 Luftsiegen. Dann hatte Meurer Frank ersetzt, aber auch ihm war ein kurzes Leben vorbestimmt: Am 21. Januar 1944 kam er, ebenfalls bei einem Zusammenstoß, ums Leben – er kollidierte mit einer Lancaster über Magdeburg. 65 Feindbomber fielen ihm zum Opfer.

Erst im März 1944 begann die regelmäßige Zuführung der He 219, die jetzt den Spitznamen »Uhu« trug, zur I./NJG 1. Aber selbst jetzt noch behinderte Generalluftzeugmeister Milch ihre Serienfertigung: Sie sei ein Spezialflugzeug, die Luftwaffe aber benötige Mehrzweckflugzeuge; ihre Herstellung sei unwirtschaftlich, da sie 30.000 Arbeitsstunden koste – und dergleichen

mehr. Bei Kriegsende war die einzige Gruppe, die He 219 in nennenswerter Anzahl geflogen hatte, die I./NJG 1, aber selbst bis dahin war das Flugzeug – trotz ständiger Erfolge – stets Mangelware gewesen.
Obwohl sie bereits bei der »Battle of the Ruhr« eingesetzt worden war, dauerte es noch bis 1943 – jetzt lief bereits die »Battle of Berlin« auf vollen Touren –, daß die Luftwaffe ernsthaft über den Einsatz der He 219 gegen Harris' Bomber nachdenken konnte. Die Verluste der RAF während der »Battle of Berlin« waren hoch und erreichten gelegentlich die Toleranzgrenze, und es ist interessant, sich vorzustellen, wie hoch diese Verluste gewesen wären, wenn die Bf 110 und Ju 88 von der He 219 nachhaltig unterstützt worden wären – aber damit würden wir dem zeitlichen Ablauf vorgreifen. Legitim hingegen – da sie ja schon flog – ist, jetzt schon darauf einzugehen, was für ein Flugzeug die He 219 war.
Die Uhu war ein zweimotoriges Flugzeug mit auffallend schlankem Rumpf, in dem Flugzeugführer und Funker Rücken an Rücken saßen. Sie hatte eine große, voll verglaste Kabine, die – zusammen mit dem Bugrad – nicht nur in der Luft, sondern auch bei Start und Landung eine hervorragende Sicht nach vorn bot und für Flüge in großen Höhen druckbelüftet war. Flugzeugführer und Funkmeßbeobachter waren mit einem Katapultsitz ausgerüstet: Damit war die He 219 das erste Flugzeug mit dieser Rettungseinrichtung. Die endgültige Nachtjagdversion, die He 219 A7/R1, wurde von zwei Daimler Benz 603 G angetrieben, die ihr in 7000 m Höhe eine Höchstgeschwindigkeit von 665 km/h verliehen. Ihre Dienstgipfelhöhe, die sie in 20 Minuten erreichen konnte, lag bei 12.700 m, und bis auf 6600 m – die durchschnittliche Einsatzhöhe der Flugzeuge des Bomberkommandos – brauchte sie weniger als zwölf Minuten. Diese Leistungsdaten machten sie zum einzigen Nachtjäger im Bestand der deutschen Luftwaffe, der – zumindest theoretisch – mit der Mosquito mithalten oder sie sogar übertreffen konnte: Deshalb nannte man sie auch »Moskitojäger«. Im Einsatz nicht nachgewiesene Leistungsdaten können allerdings einen falschen Eindruck vermitteln: Steigzeiten auf bestimmte Höhen oder die Dienstgipfelhöhe zum Beispiel hängen von noch anderen Faktoren wie dem Gewicht des mitgeführten Brennstoffs oder der Bordmunition ab. Eigenschaften und Leistungen der He 219 sind oft übertrieben worden – aber trotzdem war sie ein wirklich gutes Flugzeug. Ihre Bewaffnung war – für den Gegner – verheerend: In den Tragflächenwurzeln steckten zwei 2-cm-Kanonen des Typs MG 151, die 800 Schuß pro Minute feuern konnten, und in einer abnehmbaren Wanne unter dem Rumpf zwei 3-cm-MG-103 mit jeweils 440 Schuß/Minute: Damit prasselten pro Sekunde mehr als 40 schwere Geschosse ins Ziel – eine Mischung von Leuchtspur-, Brand- und panzerbrechender Munition. Genauso tödlich für Bomber mit ungeschütztem Bauch waren zwei 3-cm-MK-108-Kanonen, die im Winkel von 65 Grad 660 Schuß/Minute schräg nach vorne oben feuerten – die sogenannte »Schräge Musik«, die im Rumpfrücken installiert war; sie wird später noch ausführlicher besprochen. Um ihren Gegner aufzuspüren, war die He 219 mit dem damals besten verfügbaren Bord-Funkmeßgerät ausgerüstet, dazu natürlich auch mit Gerät für Standardnavigation, Sprechfunk und Flugsicherheit.

Streibs Abschuß von fünf RAF-Bombern beim ersten Kampfeinsatz einer He 219 folgte nur drei Wochen später die virtuose Leistung eines anderen Luftwaffenoffiziers. Dieses Mal jedoch waren nicht zweimotorige Nachtjäger, sondern einmotorige Tagjäger daran beteiligt. Zudem war der Flugzeugführer nicht einmal Jagdflieger. Was er vollbrachte, hatte beträchtlichen Einfluß auf die Entwicklung der Schlacht zwischen Bombern und Nachtjägern. Um zu verstehen, wie es dazu kam, müssen wir uns zunächst mit der Laufbahn dieses Offiziers befassen.
Hajo Herrmann war Kampfflieger. Er hatte am Spanischen Bürgerkrieg und am Angriff auf Polen teilgenommen, an der Besetzung Norwegens und Hollands, am Frankreichfeldzug, an der

Luftschlacht um England, an den Luftangriffen auf britische Städte und auf Malta sowie an der Eroberung Griechenlands. In der ersten Hälfte des Jahres 1942 war er in Banak in Nordnorwegen stationiert, von wo aus er Gleitzüge angriff. Er war 29 Jahre alt. Im Juli 1942 wurde Hauptmann Herrmann auf einen Stabsposten nach Berlin versetzt – die Tätigkeit, einen »Schreibtisch zu fliegen«, nahm er nur äußerst ungern wahr: Mit einigem – und durchaus berechtigtem – Stolz betrachtete er sich in erster Linie als Frontflieger.
Herrmann war zur »Gruppe T« im Führungsstab der Luftwaffe abgestellt worden, die in Wildpark-Werder bei Potsdam lag. Gruppe T war ein kleines Referat, das mit sechs jüngeren Offizieren besetzt war; ihr Aufgabengebiet waren »Technisch-taktische Forderungen«. Jeder Offizier hatte ein bestimmtes Einsatzgebiet zugewiesen bekommen; Herrmann besetzte den Kampfflieger-Schreibtisch. Wie das Schicksal jedoch so spielt – wir gehen gleich näher darauf ein –, mußte Herrmann sich dann aber mehr und mehr mit defensiven als mit offensiven Einsätzen der Luftwaffe beschäftigen.
In der Gruppe T traf Herrmann auf eine Eigenheit, die jede Organisation kennt, die Prioritäten festlegen und Material zuteilen muß: Die Forderungen übersteigen stets die verfügbaren Mittel. Jeder, der Forderungen stellt, setzt seine Zahlen genauso unvermeidlich höher an, als wirklich gerechtfertigt – in der Hoffnung, nach den üblichen Abstrichen wenigstens das zu bekommen, was er wirklich braucht. Die Nachfrage nach Flugzeugen war enorm, und die Ostfront hatte zweifelsfrei Vorrang, was Kampfflugzeuge (heute: Bomber), Schlachtflugzeuge (heute: Jagdbomber) und Jagdflugzeuge (unverändert) anbetraf – aber die Luftverteidigung des Reichs, das vom Bomberkommando bereits nachts angegriffen wurde und in Kürze tagsüber von den Amerikanern bombardiert werden würde, stellte auch dringliche Forderungen. Herrmann standen Schätzungen der deutschen Nachrichtendienste zur Verfügung. Eine davon bezifferte die Kapazität allein der amerikanischen und der britischen Luftfahrtindustrie, von der russischen ganz zu schweigen, auf 29.200 Bomber pro Jahr – eine Zahl, die die voraussichtliche Fertigung von Jägern, damals etwa 10.000 pro Jahr, bei weitem überstieg. Als Kampfflieger konnte er sich sehr gut vorstellen, daß die deutsche Nachtjagd dadurch immer mehr ins Hintertreffen geraten würde. Deshalb schlug er vor, die Nachtjagd bei ihrem Kampf gegen die Bomberpulks durch einmotorige Jäger, die bis dahin traditionell nur bei Tageslicht geflogen waren, zu unterstützen. Bei entsprechender Organisation, so sein Plan, konnten die Bf 109 und die Fw 190 der Tagjagd eine 24stündige Einsatzfunktion ausüben, indem sie tagsüber für ihre bisherige Rolle verfügbar waren und nachts auch am Kampf gegen die »Viermots« teilnahmen – mit anderen Piloten.
Herrmanns Plan ging in zweierlei Hinsicht auf die ersten Nachtjagdversuche nach Kriegsausbruch zurück, als die Bf 109 des JG 2 nachts freie Jagd ausübten und nächtliche Abfangansätze mit Hilfe von Scheinwerfern die besten Erfolgsaussichten zu versprechen schienen; er trug auch Züge des späteren Konaja-Verfahrens – in einem Punkt allerdings unterschied er sich von diesen Verfahren völlig: Herrmann vertrat die Meinung, daß der beste Ort, die britischen Bomber abzufangen, direkt über der Stadt sei, die sie gerade angriffen – dort seien die schnellen und wendigen einmotorigen Jäger in ihrem Element, indem sie nach Sicht auf die Lancaster, Halifax und Wellington Jagd machten, wenn nötig sogar im Bereich von Scheinwerfern und Flak, obwohl es natürlich sicherer sei, wenn man mit der Flak bestimmte Höhenbegrenzungen absprechen könnte, damit die Jäger ohne die zusätzliche Gefahr eigenen Feuers kämpfen konnten.
Um die Durchführbarkeit seines Konzepts zu überprüfen – seine schriftlichen Vorschläge hatten höheren Orts offensichtlich keine besondere Begeisterung ausgelöst –, sprach Herrmann mit einem älteren Offizier, der seinen Plänen aufgeschlossen gegenüberstand, Oberst i.G. (im Generalstab) Eschenauer, und bat ihn, sich einen einmotorigen Jäger ausleihen zu dürfen, um

seine Theorie überprüfen zu können; Eschenauer stimmte dem zu. Herrmann gewann auch die Mitarbeit von General Schaller, dem die Berliner Flak unterstand, und der Besatzung einer He 111, die für ihn vom Tagjäger-Fliegerhorst Staaken aus Zieldarstellungsflüge über Berlin absolvierte. Er hatte auch keine Mühe, Flugzeugführer mit Blindflugerfahrung zum Mitmachen zu bewegen. Die ersten waren Fluglehrer der Fliegerschule Brandenburg-Briest, rund 60 km westlich von Berlin gelegen – Männer, die bereit waren, tagsüber ihre normalen Aufgaben zu erfüllen und nachts in Tagjägern zusammen mit Herrmann gefährliche Einsätze über Städten zu fliegen, die von Hunderten von RAF-Bombern angegriffen wurden. Herrmann erweiterte seine bisherigen Übungen jetzt auf echte Kampfeinsätze – trotz eines Führerbefehls, der eine Beschränkung der Höhe des Flakfeuers untersagte.

Im April 1943 starteten er und sieben weitere Flugzeugführer in einsitzigen Jägern: Sie versuchten, eine Mosquito abzufangen, die von Funkmeßgeräten aufgefaßt worden war und sich Berlin von Westen her näherte. Herrmann selbst war 11.000 m hoch, als er die Mosquito etwa 2000 m unter sich erspähte, und er griff sie an – trotz des dichten Flakfeuers, das die Feindmaschine umgab; aber obwohl er feuerte, gelang es ihm nicht, sie abzuschießen. Auch zwei weitere seiner freiwilligen Flugzeugführer feuerten, hatten aber ebenfalls kein Glück. Obwohl die Mosquito nicht abgeschossen wurde, hatte Herrmann bewiesen, daß sie nicht der unverwundbare »Wundervogel« war, für den man sie hielt. Höheren Orts allerdings, und Feldmarschall Milch und Kammhuber zählten dazu, zögerte man, seinen Berichten zu glauben. Der charismatische Generalmajor Galland, General der Jagdflieger, war andererseits sowohl von Herrmann wie von seinen Theorien beeindruckt und stellte ihm weitere Jäger zur Verfügung. Den ganzen Mai und den Juni über übten Herrmann und seine Freiwilligen Nacht für Nacht – zusätzlich zu ihren Aufgaben am Tage – ihre Nachtflüge und Taktiken und warteten auf einen Luftangriff, um ihr Können zu beweisen. Aber es kam keiner.

Was für ein Mensch war Herrmann? Wie seine Personalakte beweist, war er ein hervorragender und mutiger Flieger. Er hatte einen scharfen Verstand, neigte bei bürokratischem und inflexiblem Verhalten seiner Vorgesetzten zu Ungeduld und besaß ausgesprochene Führereigenschaften – ein Offizier der besten Wehrmachtstradition. Als Berufsoffizier der Luftwaffe genoß er einen exzellenten Ruf, hatte viele Verbindungen und besaß mehr Einfluß, als sein relativ niedriger Dienstgrad Major – er war im April 1943 befördert worden – vermuten ließ. Ein Offizier, der Herrmann in Berlin kennenlernte, als er um Freiwillige warb, und der später eine von Herrmanns Einsitzer-Staffeln führte, war Gerd Stamp, damals selbst Major. Wie Herrmann war auch Stamp Kampfflieger und hatte sich im östlichen Mittelmeer, wo er im Lehrgeschwader I Ju 88 flog, Meriten erworben:

»Im April wurde ich nach Berlin auf einen Stabsposten versetzt, dort traf ich Hajo Herrmann. Für mich war es eine Erholung von den Fronteinsätzen: Ich hatte bereits mehrere hundert Feindflüge hinter mir. Herrmann war schon seit 1942 in Berlin, und in seiner Freizeit fuhr er nach Brandenburg-Briest und übte Nachtflug. Zu dieser Zeit kamen die britischen Bomber immer häufiger. Es wurde allgemein behauptet, daß man eine Bf 109 nicht nachts fliegen könne, aber er sagte nur: "Das werden wir ja sehen!" Als ich hörte, daß er Flugzeugführer suchte, bot ich ihm meine Mitarbeit an. Zu der Zeit trug ich bereits das Ritterkreuz, also zweifelte niemand an meinen Fähigkeiten. Allerdings: Eine Bf 109 hatte ich noch nie geflogen. Sie fragen mich, was für ein Mensch Herrmann gewesen sei. Ich muß gestehen: Anfangs mochte ich ihn überhaupt nicht. Er wußte, wer er war – selbstsicher, anmaßend, distanziert, kalt und arrogant. Da ich denselben Dienstgrad hatte wie er, konnte ich aber offen mit ihm sprechen, und ich sagte ihm dann auch, daß er eine fliegende Rechenmaschine sei, und er der Meinung wäre, jeder müsse so gut sein wie er selbst. Weiter sagte ich ihm, daß das gar nicht ginge: "Nicht jeder ist ein so brillanter Flieger wie Sie!" Wirklich: Im Flugzeug war er ein Genie!«

Herrmanns Bemühungen stießen teils auf Ablehnung, teils aber auch auf Zustimmung. Führend unter den Skeptikern war Generaloberst Weise, Befehlshaber Mitte der Luftverteidigung, der sich kategorisch weigerte, die Beschränkung der Flak auf eine bestimmte Höhe »zugunsten nur einer Handvoll Jäger« zu befehlen. Bei einer von Weise geleiteten Sitzung in Berlin äußerte sich ein Oberstleutnant i.G. Böhm-Tettelbach abfällig über Herrmanns Ideen und nannte sie »wilde Sau«, womit er ihnen wohl »Saustall«-Begriffe wie »ungeordnet, zügellos, unverantwortlich« unterstellen wollte: Der Name blieb haften. Obwohl Weise dagegen war, wurde ein Treffen mit Reichsmarschall Hermann Göring vereinbart, dem Herrmann seine Vorstellungen dann persönlich vortragen konnte. Es fand am 27. Juni 1943 auf dem Obersalzberg statt. Der Chef des Generalstabs der Luftwaffe, Generaloberst Jeschonnek, war in dieser kleinen Runde ebenfalls anwesend. Herrmann wurde dabei von seinem engen Mitarbeiter in der Gruppe T – Major Werner Baumbach, vermutlich der großartigste Kampfflieger des Zweiten Weltkriegs auf deutscher Seite – unterstützt. Das Protokoll dieser Besprechung enthält auch folgende Passagen:

»Major Hermann trägt seinen Plan der ungeführten einmotorigen Nachtjagd vor. Er begründet diesen Plan damit, daß die z. Zt. durchgeführte Riegel-Aufstellung und die einzelne Nachtjagdflugzeugführung in durch Bodenorganisation eng gebundenen kleinen Räumen nur für auseinandergezogene Einflüge zweckentsprechend ist. Für zeitlich und räumlich massierte Angriffe kann nur eine feststehende Anzahl von Abschüssen durch dieses System erfolgen. Eine wirkliche Schwerpunktbildung der Abwehr ist auf diese Weise nicht möglich.

Major Hermann schlägt deshalb vor, zusätzlich zu der bisherigen Nachtjagd in den mit Scheinwerfern versehenen Flakräumen mit serienmäßig ausgerüsteten einmotorigen Jagdflugzeugen schwerpunktmäßig Helle Nachtjagd im Scheinwerferlicht durchzuführen. Diese wird besonders erfolgreich sein, weil die mit Würzburg gekoppelten Scheinwerfer auch bei dunstiger Wetterlage die Objekte lange genug halten können. Bei Großeinflügen in das Ruhrgebiet (Düsseldorf, Essen usw.) sind stets 50 – 140 Flugzeuge über 3 Minuten im Scheinwerfer gehalten worden. Damit ergeben sich tagjagdähnliche Verhältnisse. Die Zielfindung ist sogar wahrscheinlich einfacher als bei der Tagjagd, da die Ziele durch die Scheinwerfer optisch gekennzeichnet werden, so daß ohne große Funkmeßführung die Zielfindung mit dem Auge leicht möglich ist. Mit diesem Verfahren ist es möglich, über dem Objekt mit 80 – 100 einmotorigen Jägern Nachtjagd durchzuführen und damit eine wesentliche Vergrößerung der Abschußzahlen zu erzielen.

Infolge der Unabhängigkeit von der Bodenorganisation ist es außerdem möglich, den Schwerpunkt mit den Einflügen schnell zu verschieben, so daß im Ruhrgebiet liegende einmotorige Nachtjagdgruppen, die beim Einflug aus dem Westen rechtzeitig auf Höhe gehen, jedes Objekt im Ruhrgebiet schwerpunktartig decken können und darüber hinaus beim Weiterflug der Feindflugzeuge diese auch bis in Richtung Berlin bzw. Hamburg begleiten können, um im Scheinwerferlicht des Zieles dann auch in diesem Gebiet Nachtjagd am Objekt zu machen.

Die Zusammenarbeit mit der Flak, die mit General Hintz im Ruhrgebiet durchgesprochen ist, ist sichergestellt. Es kommt kein grundsätzliches oder sektormäßiges Stillegen der Flak

in Frage, sondern es wird auf optisches Zeichen der Beschuß derjenigen feindlichen Flugzeuge eingestellt, hinter denen ein eigener Nachtjäger zum Angriff ansetzt. Die Kennung der eigenen Flugzeuge durch "Häuptling"[3] ist gewährleistet.
Herr Reichsmarschall schlägt als zusätzliche optische Kennung katzenaugenähnliche Spiegelung durch Anstrich oder Ähnliches vor. Die Kennung gegenüber eigenen Nachtjägern ist durch das Hecklicht gewährleistet. Besonders günstig wird sich für diese Art Nachtjagd auswirken, daß der Nachtjäger selbst im Dunkeln bleiben kann, so daß der Heckschütze des Feindflugzeuges, durch die Scheinwerfer geblendet, das Nachtjagdflugzeug nicht erkennen kann.«

Göring gefielen diese Vorschläge, und Herrmann und seine Freiwilligen bildeten das Nachtjagd-Versuchskommando. Man erlaubte ihm, seine Theorien im Westen zu erproben, wo die Chancen von Luftangriffen größer waren: In den kurzen Sommernächten war das Ruhrgebiet ein wahrscheinlicheres Ziel als Berlin. Herrmann hatte bereits Kontakt mit dem Kommandierenden General des II. Flakkorps, Hintz, aufgenommen, der sich als kooperativ erwies und ihm versprach, der Flak eine Beschränkung auf 5500 m zu befehlen, sobald sich eine Gelegenheit für den Einsatz nach dem Wilde-Sau-Verfahren ergäbe.
Herrmanns Chance kam am 3. Juli 1943, als der Luftwarndienst am frühen Abend einen schweren Angriff auf das Ruhrgebiet ankündigte. Herrmann nahm umgehend Kontakt zu seinen Flugzeugführern auf, holte sich von deren Vorgesetzten die Erlaubnis, daß sie bei seinem echten Erprobungseinsatz mitmachen durften – sie unterstanden ihm ja nicht –, und startete von Berlin-Staaken zum Fliegerhorst Mönchengladbach-Rheydt. Als er dort eintraf, waren neun seiner freiwilligen Flugzeugführer, die in Berlin mit ihren Bf 110 und Fw 190 schon vor ihm gestartet waren, bereits in der Luft und kreisten – wie geplant – in 6000 bis 7000 m Höhe über der Mitte des ausgedehnten Städtekomplexes an der Ruhr. Sobald seine Maschine vollgetankt war, hob auch Herrman wieder ab. Er war erleichtert, daß Hintz' Befehl, nicht über 5500 m Höhe zu feuern, offensichtlich in Kraft war und die Flak nicht auf seine Flugzeuge schoß – was sie unter normalen Umständen sicherlich getan hätte.
Der Anflug der Bomber in den Süden des Ruhrgebiets war im Licht der Scheinwerfer, der detonierenden Flakgranaten und der Explosionen in der Luft und am Boden leicht zu verfolgen: Sie bedeuteten das Ende der britischen Bomber, deren unglückliches Schicksal es war, von Kammhubers konventionellen Nachtjägern, die in großer Zahl gestartet waren, abgeschossen zu werden. Als die ersten Bomber dann aber den Raum Krefeld erreichten, drehten sie nicht – wie erwartet – nach Norden ab in Richtung auf Essen, sondern nach Süden in Richtung Düsseldorf und Köln. Herrmanns Jäger setzten ihnen nach. Harris' Ziel war in dieser Nacht tatsächlich Köln, das nur fünf Tage zuvor unter einem verheerenden Bombenangriff, der schon beschrieben wurde, gelitten hatte: Er hatte weitere 653 Bomber auf die schon hart getroffene Stadt angesetzt. Für Herrmann und seine Jägerkameraden bedeutete dies eine unvorhergesehene Komplikation: Die Flak der Domstadt unterstand nicht General Hintz' II. Flakkorps, sondern der 7. Flakdivision unter General Burchardt, und jetzt in den Raum Köln einzufliegen bedeutete mit Sicherheit, daß Herrmanns Maschinen dem Feuer von Hunderten von Flakgeschützen schweren und mittleren Kalibers ausgesetzt sein würden.

[3] Häuptling war ein Freund-Feind-Kennungsgerät, das mit dem Funkmeßgerät Würzburg zusammenarbeitete.

Der erste von Herrmanns Flugzeugführern, der einen britischen Bomber im Flakfeuer über Köln abschoß, war Karl Friedrich Müller, der wegen seiner großen Nase den liebevollen Beinamen »Nasenmüller« trug, und als die zehn nach der Landung ihre Berichte verfaßten, beanspruchten sie zwölf Abschüsse für sich. Daß zwölf Bomber über Köln abgeschossen waren, war unstrittig – nur die Flak, die bei keinem der vorangegangenen Nachtangriffe mehr als einen oder zwei Bomber abgeschossen hatte, beanspruchte sie alle für sich. Es folgte dann ein längerer Kuhhandel, der schließlich damit endete, daß Burchardts Kanoniere und Herrmanns Wilde-Sau-Flieger jeweils sechs Abschüsse zugesprochen bekamen.
Nach diesem Einsatz landete Herrmann auf dem Fliegerhorst Bonn-Hangelar, allerdings wußte er gar nicht genau, wo er war, bis er die Maschine verließ: Er war auf dem ersten geeigneten Flugplatz gelandet, den er sah – diese Praxis sollte bald das übliche Einsatzverfahren der Wilden Sau werden. Durch das Erlebte körperlich und seelisch ausgelaugt, ging er zu Bett – und wurde am frühen Morgen von einer Ordonnanz geweckt: Hermann Göring war am Telefon. Göring befahl Herrmann, sich diesen Vormittag bei Generaloberst Jeschonnek in Berchtesgaden zu melden; er – Göring – wolle ihn ebenfalls sprechen. Ergebnis dieses Treffens war, daß er den Auftrag bekam, ein Nachtjagdgeschwader mit einmotorigen Flugzeugen aufzustellen: das JG 300, dessen Kommodore er werden würde. Eine erste Gruppe mit eigenen Maschinen würde umgehend in Bonn-Hangelar aufgestellt, und er solle sich Flugzeugführer für diese Gruppe und zwei weitere aussuchen; sie würden in Rheine und Oldenburg stationiert werden und sich, als sogenannte »Aufsitzgruppen«, die Flugzeuge mit den dortigen Tagjägerverbänden teilen. Seine erste Aufgabe – abgesehen von der Auswahl der Flugzeugführer mit Blindflugerfahrung und charakterlichen Eigenschaften, die sie für den gefährlichen Auftrag brauchten – seien Entwicklung und Erprobung von Techniken und Taktiken. Herrmann sagte, Ende September könne JG 300 wahrscheinlich einsatzbereit sein. Aber so kam es nicht.

Kapitel 6

Wittgenstein, Düppel und Gomorrha

Sommer 1943

Einsatztechniken wie Elektronik- und Waffentechnologie entwickelten sich rasch weiter und ließen immer neue Tarnbezeichnungen und Decknamen entstehen – sowohl in Englisch wie auch in Deutsch. Viele dieser Entwicklungen fanden während der »Battle of the Ruhr« statt, sind aber noch nicht besprochen worden.

Die Pathfinder Force (PFF = Pfadfindertruppe) arbeitete mit drei Verfahren der Zielmarkierung, und Bennett nannte sie »Newhaven«, »Parramatta« und »Wanganui« – Bodenmarkierung nach Sicht, Blind-Bodenmarkierung mittels H2S und Himmelsmarkierung, bei der die nachfolgenden Besatzungen auf Leuchtkörper zielten, die an Fallschirmen herabsanken. Markierungen mittels Oboe begannen mit »Musical«, so daß »Musical Parramatta« Bodenmarkierung mittels Oboe bedeutete und »Musical Wanganui« Himmelsmarkierung mittels Oboe. Nachdem die Deutschen herausgefunden hatten, daß die Briten ein sehr genaues Verfahren zur Markierung von Zielen im Ruhrgebiet benutzten und die Pfadfinder-Mosquito einen Flugweg verfolgte, der der Bogen eines Kreises war, nannten sie diese Technik »Bumerangverfahren«. Ihre weitreichenden Flugmelde-Funkmeßgeräte verbesserten die Deutschen ebenfalls, wobei das wirkungsvollere Wassermanngerät die Freya- und Mammutgeräte ergänzten und in einigen Fällen – besonders an den Küsten – sogar ersetzten.

1942 war erstmals festgestellt worden, daß die deutschen Nachtjäger Bord-Funkmeßgeräte benutzten, um britische Bomber abzufangen: Abhörstationen in Großbritannien, die den deutschen Jägerleit-Funksprechverkehr überwachten, hörten die Flugzeugführer immer öfter die Worte »Emil, Emil« durchgeben – damit meldeten sie, daß sie ihr Ziel aufgefaßt hatten. Am 3. Dezember 1942 wurde eine Wellington des 1474. Schwarms (Funküberwachung) – sie war »Lockvogel« bei einem Luftangriff auf Frankfurt, wurde von Pilot Officer (Leutnant) Paulton von der Royal Canadian Air Force (RCAF) geflogen und trug elektronische Meßgeräte – etwa zwölfmal von einem deutschen Nachtjäger angegriffen und dabei stark beschädigt; der Funkspezialist Pilot Officer Harold Jordan, ebenfalls von der RCAF, hatte jedoch die Frequenz des Lichtensteingeräts dieses Nachtjägers bereits genau vermessen. Jordan, der am Kiefer, an einem Arm und einem Auge schwer verwundet war, schrieb eine Meldung über seine Meßergebnisse, und der reguläre Bordfunker, Flight Sergeant (Hauptfeldwebel) Bigoray, der an beiden Beinen ebenfalls schwer verwundet war, gab die Meldung nach Großbritannien durch. Bigoray, der keine Bestätigung seiner Meldung empfangen konnte, weil sein Empfänger bei den Angriffen beschädigt worden war, gab seine Meldung so lange durch, bis die Wellington die britische Küste erreichte. Da er seine stark beschädigte Wellingon nicht auf dem Festland aufsetzen wollte, entschloß sich Paulton zu einer Notwasserung direkt vor der Küste, aber da er nicht sicher war, ob die wichtige Meldung tatsächlich empfangen worden war, setzte er den schwerverwundeten Bigoray zunächst per Fallschirm über Land ab. Zum Glück gelang die Notwasserung vor der Küste von Kent, und die vier verwundeten Besatzungsmitglieder überlebten den Einsatz.

Nachdem man die Arbeitsfrequenz des Lichtensteingeräts kannte, war es natürlich möglich, es auch zu stören. Die erste Störmethode war »Ground Grocer« (»Bodenhändler«); sie wurde erstmals in der Nacht des 26./27 April angewandt. Die Sender von Ground Grocer standen in Großbritannien, und ihre Reichweite wurde - wie bei Radar auch - von der Erdkrümmung begrenzt. Damit waren diese Störungen nicht sehr erfolgreich, denn die Masse der Bombereinsätze wurde in einer Entfernung und in einer Höhe durchgeführt, in der die deutschen Nachtjäger unterhalb des Störfeldes flogen. Später gab es dann eine Störmethode, die sich »Airborne Grocer« (»Fliegender Händler«) nannte - aber noch war es nicht so weit.
Die Kenntnisse der Briten über die Bord-Funkmeßgeräte der Deutschen kamen einen gewaltigen Schritt voran, als - völlig unerwartet - eine mit Lichtenstein ausgerüstete Ju 88 R-1, D5+EV, auf dem RAF-Flugplatz Dyce an der schottischen Ostküste landete. Flugzeugführer war Oberleutnant Heinrich Schmitt, der schon am Spanischen Bürgerkrieg und der Luftschlacht um England teilgenommen hatte, Funkmeßbeobachter Oberfeldwebel Paul Rosenberger und Bordmechaniker Oberfeldwebel Erich Kantwill. Sie hatten ihre Flucht und den Flug zur britischen Insel sehr sorgfältig vorbereitet. Zwar gehörten sie zur 10./NJG 3, die im dänischen Grove lag, aber jetzt waren sie zum Flugplatz Kristiansund an der Südküste Norwegens abkommandiert worden, um - wie von Hitler gefordert - die nächtliche Kuriermaschine der RAF zwischen London und Stockholm abzufangen und in die Tiefe zu schicken. Am 9. Mai 1943 um etwa 15.30 Uhr hob die Ju 88 ab, angeblich zu einem Routine-Werkstattflug, und wenig später gab der Bordfunker - so sah es ihr Plan vor - einen SOS-Ruf durch, in dem er meldete, ein Motor brenne und sie würden notwassern müssen. Die daraufhin ausschwärmenden Rettungsflugzeuge fanden zwar im Wasser treibende Schlauchboote, aber natürlich kein Zeichen von dem Flugzeug selbst.
Walter Heidenreich, Bordfunker von Günter Köberich, berichtet dazu:

> »Ich kannte Schmitt und Rosenberger gut. Wir waren in Grove zusammen in der IV./NJG 3 - ich war in der 11. Staffel und sie in der 10. Oberfeldwebel Rosenberger kannte ich besonders gut: Wir machten beide demselben Mädel den Hof, einem Blitzmädchen. In den 20er Jahren war Schmitts Vater übrigens Sekretär eines führenden Sozialdemokraten.
> In der Zeit damals kamen wir viel herum, und ich erinnere mich noch daran, daß wir mal - das war in Nordholz bei Bremen - im Aufenthaltsraum einem britischen Propagandasender zuhörten. Ich hörte jemanden sprechen, und da erkannte ich auch seine Stimme: Es war Rosenberger - er verbreitete primitive Gerüchte über einzelne Angehörige der Luftwaffe, wer sich mit irgendwelchen Frauen herumtrieb und so. Irgend jemand rief dann unseren Staffelkapitän an, und er kam rüber und hörte ebenfalls zu. Dann kam Oberleutnant Schmitt ans Mikrophon und brachte ähnlichen Kram - daß Besatzungen der Luftwaffe weite Flüge über Feindgebiet ohne Fallschirm absolvieren müßten und dergleichen. Niemand nahm daran Anstoß, daß wir britische Rundfunkstationen hörten - wir glaubten ohnehin nicht, was die brachten, und machten uns nur einen Spaß daraus.«

Daß ihnen ein Lichtensteingerät in die Hände gespielt worden war, war für die britischen Wissenschaftler und Taktiker natürlich ein unverhoffter Glücksfall - aber zu dieser Zeit waren die Arbeiten an einem sehr wichtigen Gerät, das die Abstrahlungen des Lichtenstein zum Vorteil der RAF nutzte, bereits weit fortgeschritten: »Serrate«.
Serrate, das vom Fernmeldeforschungs-Institut entwickelt worden war, war ein passives Peilgerät, das die Signale auffing, die vom Bord-Funkmeßgerät des deutschen Nachtjägers gesendet

wurden. Es wurde erstmals in Jagdflugzeuge des Typs Bristol Beaufighter IVF der 141. Staffel des Jägerkommandos in Wittering eingebaut, die im Juni 1943 regelmäßige Bomber-Unterstützungsflüge aufnahmen. Unter günstigen Bedingungen konnte Serrate die Abstrahlungen eines Lichtenstein auf bis zu 80 km erfassen, wenn der Jäger auf die Beaufighter zuflog – wenn der Jäger allerdings in eine andere Richtung sendete, war diese Entfernung viel geringer. Wenn der Navigator in der Beaufighter ein Lichtensteinsignal auf seinem Braunschen Rohr entdeckte, dirigierte er den Piloten in Richtung auf den Feindjäger, bis er ihn – und das war der Zweck – mit seinem eigenen AI-Radar Typ IV (AI = Airborne Interception = Abfangjagd) aufgefaßt hatte und den Feindjäger abschießen konnte.
In der Nacht des 14./15 Juni 1943, als das Bomberkommando Oberhausen im Ruhrgebiet angriff, wurde Serrate das erste Mal eingesetzt: Fünf Beaufighter überwachten die deutschen Einsatzplätze Eindhoven, Deelen und Gilze-Rijen, während acht Mosquito der Pathfinder Force (PFF) mit Oboe Oberhausen für einen Pulk von 197 Lancaster markierten. Obwohl den Beaufighter keine Abschüsse gelangen, zeigte der Einsatz doch, wie Wissenschaft und Elektronik die Einsatzverfahren des Bomberkommandos mitbestimmten. Alle britischen Flugzeuge, die jetzt Einsätze flogen, hatten Gee zur Verfeinerung ihrer Navigation, einige der Lancaster hatten H2S an Bord und unterstützten sie bei der Zielsuche, Mosquito markierten die Ziele per Oboe mit beachtlicher Präzision, und die Beaufighter des Jägerkommandos setzten – zusätzlich zum Bordradar – Serrate ein, um die Bomber vor Angriffen der Nachtjagd zu schützen. Die andere Seite der Medaille allerdings war, daß – sehr zum Leidwesen der britischen Flieger – um diese Zeit auch die deutschen Nachtjagdbesatzungen die revolutionären Möglichkeiten der Funkmeßtechnik entdeckten: 17 Lancaster gingen verloren, die meisten davon an Jäger. Und Major Günter Radusch von der I./NJG 1 schickte unter der Führung von Walter Knickmeier binnen einer Viertelstunde zwei Lancaster zu Boden.
In dem Bestreben, die defensiven Fähigkeiten der britischen Bomber den deutschen Jägern gegenüber zu verbessern, führte das Bomberkommando im Juni 1943 zwei neue Geräte ein: »Boozer« (»Säufer«) und »Monica«. Boozer war ein passives Gerät, es sendete also nicht, sondern zeigte über ein System roter und gelber Lichter, wenn das Flugzeug von Lichtenstein- oder Würzburg-Funkmeßgeräten erfaßt worden war. Monica hingegen war ein aktives System: Es sendete Impulse aus, die von anderen Flugzeugen in der Nähe reflektiert wurden und dann im Kopfhörer des Piloten ein klickendes Geräusch erzeugten. Je schneller das Klicken, desto näher die andere Maschine – eine Serie von schneller erfolgenden Klicks deutete mithin auf ein sich rasch näherndes Flugzeug hin. Keines der beiden Geräte war bei den Besatzungen sonderlich beliebt: Boozer nicht, weil bei der sehr hohen Anzahl von Funkmeßgeräten im deutschen Luftraum die Lichter praktisch ständig flackerten, und Monica nicht, weil ein Bomber im Pulk so viele andere Maschinen um sich herum hatte, daß das ständige Klicken im Kopfhörer zu einer wirklichen Belastung wurde.
Auf deutscher Seite kam jetzt eine neue Waffe zum Einsatz, die hauptsächlich von Ju 88 benutzt wurde und sich als äußerst wirkungsvoll gegen die schweren Bomber der RAF erwies. Wie das oft so der Fall ist, bleibt ungeklärt, wer zuerst auf den Gedanken kam, Maschinengewehre oder -kanonen schräg nach oben gerichtet in den Rumpf eines Jägers einzubauen: Dann brauchte der Flugzeugführer seine Maschine nur noch unter den Bomber zu manövrieren und das Feuer zu eröffnen. Die Idee an sich war nicht neu: Bereits im Ersten Weltkrieg soll es Experimente dieser Art gegeben haben. Im Zweiten Weltkrieg scheint das Konzept direkt aus der Becker-Angriffsmethode entwickelt worden zu sein, bei der der Jäger sein Ziel von hinten unten angriff, dann zum Feuern hochzog und danach – sobald seine Geschosse ihre Arbeit getan hatten – nach unten wegtauchte.

Obwohl es also bereits früher Versuche dieser Art gegeben hatte, wird heute allgemein angenommen, daß es Oberleutnant Rudolf Schoenert war, Staffelkapitän der 4./NJG 2, der den Prozeß dessen in Gang brachte, was später »Schräge Musik« genannt wurde. Anders als die meisten seiner Fliegerkameraden zog Schoenert die Nachtjagdversion der Do 217 einer Bf 110 vor. Die Zahl der Bf 110, die die Einsatzverbände erreichten, war gesunken, seit die Messerschmittwerke für die Produktion der enttäuschenden Me 210 umgerüstet worden waren, und der schwere Nachtbomber Do 217 war als Notlösung zum Einsatz gekommen. Die erste Nachtjagdversion – die Do 217 J-1 – wurde der II./NJG 1 in Gilze-Rijen ungefähr im März 1942 zugeführt. Schoenert kannte sich mit Dornier-Flugzeugen aus, da seine Gruppe bis dahin Do 215 geflogen hatte. Zudem hatte er bereits mit nach oben feuernden MG 15 des Kalibers 7,9 mm experimentiert: in einer Do 17 Z-10 »Kauz II«, die an die 4./NJG 2 abgegeben worden war, als im Herbst 1941 die Fernnachtjäger aufgelöst wurden. Er hatte Kammhuber bereits – allerdings erfolglos – die Verwendung nach oben feuernder Kanonen vorgeschlagen, aber andere Jägerasse wie Helmut Lent und Werner Streib hatten sich dem widersetzt. Im Juli 1942 jedoch wurde Schoenert von Kammhuber mit dem Ritterkreuz ausgezeichnet, und bei dieser Gelegenheit trug er dem Generalmajor seinen Vorschlag erneut vor. Dieses Mal war Kammhuber zugänglicher und stimmte offiziellen Versuchen zu.

Ende 1942 wurde Schoenert, der bereits 23 Luftsiege vorweisen konnte, Kommandeur der II./NJG 5, die Bf 110 flog – aber er nahm auch eine Do 217 mit, die versuchsweise schon mit nach oben feuernden MGs ausgerüstet war. Sie zog die Aufmerksamkeits des Waffenmechanikers Oberfeldwebel Mahle auf sich, der daraufhin zwei 20-mm-Örlikon-MG/FF in das Kabinendach einer Bf 110 einbaute. Mit dieser selbstgebastelten Bewaffnung erzielte Schoenert etwa im Mai 1943 den ersten anerkannten Schräge-Musik-Abschuß. Zusätzlich zu diesem Erfolg, dem bald andere folgen sollten, hatten die von Kammhuber genehmigten Versuche bestätigt, daß sich das Konzept nach oben gerichteter Waffen bewährte, und die Konstruktionsarbeiten an einer Modifizierung der Do 217 und der Ju 88C zur Ju 88R-22 wurden abgeschlossen. Ihr Einbau begann im Juni 1943.

Nicht nur Schoenert stützte sich erfolgreich auf das Konzept aufwärts gerichteter Waffen – auch andere Flugzeugführer beschäftigten sich unabhängig davon mit diesem Gedanken. Einer von ihnen war Hauptmann Wittgenstein von der IV./NJG 5, die an der Ostfront eingesetzt war. Sein damaliger Funker, Herbert Kümmritz, erinnert sich:

> »Ab Ende 1942 zog diese Idee die gespannte Aufmerksamkeit vieler auf sich. Dann fing man an, damit zu experimentieren: Einige der bekannteren Besatzungen bauten sich versuchsweise eine oder mehrere Bordkanonen ein – oft gegen alle Waffenvorschriften. Wittgenstein war einer von ihnen. Als ich etwa Anfang März 1943 zu ihm stieß, hatte er seine Waffen gerade eingebaut: zwei MG/FF. Ich nahm an den ersten Probeschüssen teil. Dann setzten wir sie erfolgreich gegen die Russen ein. Beim größten Teil der Nachtjagd allerdings dauerte es mehrere Monate, bevor die ersten Umrüstsätze eintrafen und der Einbau genehmigt wurde.«

Versuche ergaben, daß man die besten Ergebnisse erzielte, wenn die Waffen in einem Winkel von etwa 70 Grad nach oben zeigten. Die ersten Versuchseinbauten verwendeten noch MGs, aber die Modifikation R-22 benutzte bereits zwei 2-cm-Maschinenkanonen des Typs Mauser MG 151 mit je 200 Schuß. Um das Element der Überraschung zu wahren, verzichtete man auf Leuchtspurmunition; jede Kanone konnte 800 Schuß pro Minute abfeuern. Der Name »Schräge Musik« bezieht sich auf den schrägen Einbau der Waffen. »Schräg« in der damaligen Diktion

war Musik damals aber auch, wenn man über angelsächsischen Jazz sprach – und so paßte Schoenerts Erfindung auch sprachlich auf die angreifenden Bomberflotten der Briten und der Amerikaner.
Im Kampf war die Schräge Musik relativ einfach einzusetzen, und in den Händen so mancher Nachtjagdbesatzungen war sie eine verheerende Waffe, obwohl es auch Flugzeugführer gab, die nie damit zurechtkamen und ihre nach vorn gerichtete Bewaffnung bevorzugten. Sobald er Funkmeß- oder Sichtkontakt mit seinem Ziel hatte, manövrierte der Flugzeugführer seine Maschine bis zu 30 m – manche gingen noch dichter heran – unter den Bomber: Hier war er gegen die dunkle Erde von oben kaum auszumachen und flog nicht im Schußfeld des gefährlichen Bomberheckstands. Seine Beute hing drohend über ihm und zeichnete sich gegen den helleren Nachthimmel ab. Mit einem optischen Visier im Kabinendach, mit dem die Kanonen präzise justiert waren – wenn möglich, auf seine bevorzugte Schußentfernung –, zielte er, wenn es ein viermotoriger Bomber war, zwischen die beiden Motoren einer Tragfläche, denn hier lagen die Haupt-Kraftstofftanks. Die Schräge Musik feuerte dann eine tödliche Mischung von panzerbrechender sowie Spreng- und Brandmunition, und ein kurzer Feuerstoß – ein einmaliger Daumendruck auf den Feuerknopf – reichte gewöhnlich aus, die Fläche in ein Flammenmeer zu verwandeln und die Stirling, Lancaster oder Halifax so zu beschädigen, daß es für sie keine Rettung mehr gab. Sobald er gesehen hatte, daß seine Geschosse getroffen hatten, versuchte der Flugzeugführer eine Kollision mit seinem Opfer zu vermeiden, indem er in Gegenrichtung zur beschossenen Tragfläche abdrehte – über diese Fläche würde der Bomber unausweichlich abkippen und in die Tiefe stürzen.
Zusätzlich zur Verwundbarkeit der Tragfläche gab es noch einen weiteren wichtigen Grund, nicht auf den Rumpf des Bombers zu schießen: Viele Angriffe, bei denen die Geschosse der Jäger den Bomberrumpf trafen, brachten Bomben, die noch an Bord waren, zur Explosion, und ein Flugzeug direkt darunter war dann der großen Gefahr ausgesetzt, von herabfallenden Trümmern getroffen werden – in aller Regel war das sein Ende. Es wird allerdings häufig noch ein Grund angeführt, warum man auf die Tragflächen zielte: Auf diese Weise, sagen viele frühere Flugzeugführer der Nachtjagd, hatte die britische Besatzung eine bessere Chance, die Fallschirme zu nehmen und damit ihr Leben zu retten – anstatt in der Explosion umzukommen, die mit Sicherheit wenige Sekunden später erfolgen würde, oder beim Aufprall des Bombers auf den Boden.
Hatte einer der Bordschützen den Jäger vorher gesehen, dann warnte er den Piloten und löste damit den sogenannten »corkscrew« (»Korkenzieher«) aus – eine Folge von heftigen Ausweichmanövern nach links und rechts wie nach oben und unten, die der Besatzung den Magen umdrehte: Sie sollten dem Nachtjäger seine Aufgabe erschweren. Wenn das Ziel mit den »corkscrew«-Manövern begann, gaben viele Nachtjäger den Angriff auf und versuchten, eine leichtere und weniger wachsame Beute zu finden; manche allerdings sahen »corkscrew« auch als Herausforderung an und verfolgten ihr Ziel, bis sie es entweder abgeschossen oder verloren hatten – visuell oder vom Funkmeßgerät. Aber die meisten britischen Besatzungen wußten gar nicht, daß ein Jäger unter ihnen sie bedrohte: Erst wenn sie eine kurze Serie heftiger Explosionen hörten, stellten sie fast gleichzeitig fest, daß ihre Maschine brannte. Wer Glück hatte, konnte noch abspringen – wem das nicht vergönnt war, der hatte nur noch wenige Augenblicke zu leben. Wie noch beschrieben wird, kam die Schräge Musik in der zweiten Hälfte 1943 und der ersten des Jahres 1944 mit überwältigendem Effekt zur Geltung.
Sowohl im Bomberkommando wie in der deutschen Nachtjagd machten sich Männer einen Namen und wurden in ihren Streitkräften wie in der Öffentlichkeit bekannt. Donald Bennett war vom Staffelkapitän zum Führer der Pfadfindertruppe aufgestiegen. Wing Commander (Oberst-

leutnant) Guy Gibsons herausragende Leistungen beim Angriff auf die Talsperren im Ruhrgebiet hatte in der Öffentlichkeit Aufsehen erregt – seine dreimalige Dienstzeit im Bereich des Bomberkommandos hatten ihm den Distinguished Service Order (DSO) mit Band und das Distinguished Flying Cross (DFC) mit Band eingebracht; für seine Tapferkeit und seine Führereigenschaften bei Angriff auf die Talsperren hatte man ihm schließlich das Victoria Cross (VC) verliehen. Zwischen seinen Verwendungen im Bomberkommando hatte er Nachtjäger geflogen. Leonard Cheshire hatte eine zweimalige Dienstzeit mit gefährlichen Bombereinsätzen hinter sich und war für Können und Mut bekannt: Er trug den DSO mit Band und das DFC, und als er in April 1943 Group Captain (Oberst) wurde, war er mit 25 Jahren der jüngste Mann, der jemals diesen Dienstgrad innegehabt hatte. Seinen ersten DSO – für Tapferkeit – bekam er schon als Pilot Officer (Leutnant): Der DSO wurde nur sehr selten an so junge Dienstgrade vergeben. Das DFC hatte er am Ende seiner ersten turnusmäßigen Dienstzeit beim Bomberkommando erhalten – er hatte sie auf etwa 50 Feindflüge mit Whitley der 102. Staffel und Halifax der 35. Staffel verlängert. Danach hatte man ihm die 76. Staffel, ebenfalls mit Halifax, anvertraut, und nach dem Ende seiner Verwendung dort hatte er das Band zum DSO bekommen. Es gab natürlich noch weitere hervorragende Piloten, aber jetzt waren die Reihen derer, die in den ersten Tagen der Bomberoffensive mit Feindflügen begonnen hatten, bereits stark gelichtet. Eine turnusmäßige Dienstzeit zu überleben, standen die Chancen schon schlecht – daß jemand aber zwei überlebte, war verhältnismäßig selten. Ende Juni 1943 war die Gesamtzahl der Bomber, die von nächtlichen Feindflügen nicht zurückgekommen waren, auf 3448 angestiegen, und die Zahl der gefallenen Besatzungsmitglieder belief sich auf 20.000. Die Nachtjagd hatte in der gleichen Zeit 1600 Luftsiege gemeldet, aber in den Gesamtverlusten des Bomberkommandos waren auch die Verluste der Zeit zuvor enthalten, als es die Nachtjagd noch gar nicht gab oder sie – verglichen mit der Flak – nur bescheidene Erfolge errang. Im April, Mai und Juni 1943 dagegen beanspruchten Kammhubers Besatzungen 551 der 762 britischen Bomber, die abgeschossen worden waren, für sich: 72 Prozent.

Es lag in der Natur des Luftkriegs, daß den Jagdfliegern mehr Glanz – und damit auch mehr persönlicher Ruhm – zukam als den Bomberbesatzungen. In Großbritannien waren nur sehr wenige Bomberflieger der Öffentlichkeit oder auch nur der Masse der Bomberbesatzungen bekannt, während eine viel größere Zahl von Jagdfliegern in aller Munde waren. Erfolgreiche Einsätze von Jagdfliegern tendieren schon von Natur aus ins Spektakuläre, während die der Bomberbesatzungen anonym bleiben. Wenn ein Jagdflieger 20 Feindflugzeuge abgeschossen hatte, war er ein Nationalheld und wurde als solcher stets durch die Verleihung von zumindest DSO, DFC oder Distinguished Flying Medal (DFM) anerkannt – eine Bomberbesatzung dagegen konnte 30, 40 oder 50 Feindflüge durchführen, und wenn sie überhaupt das Glück hatte, sie zu überleben, konnten der Pilot und vielleicht noch der Navigator eine Auszeichnung erwarten – andere Besatzungsmitglieder wurden nur dann ausgezeichnet, wenn sie sich durch eine herausragende Tat von ungewöhnlicher Tapferkeit hervortaten.

So war es auch in der Luftwaffe, aber die Abschußzahlen deutscher Jagdflieger lagen generell viel, viel höher als die ihrer Gegenspieler von der RAF. Dafür gab es hauptsächlich zwei Gründe: Erstens standen den Deutschen viel mehr Ziele zur Verfügung als den Briten, und zweitens verbesserten führende deutsche Jagdflieger – wie schon erwähnt – die Chancen, ihre Abschußzahlen hochzutreiben und dafür ausgezeichnet zu werden, indem sie, wenn nötig auch durch Ausspielen des Dienstgrads, sicherstellten, daß sie zur rechten Zeit am richtigen Ort waren, um die Bomber abzuschießen, die ihr Land angriffen. Das darf aber nicht mißverstanden werden: Die deutschen Fliegerasse waren sehr mutige Männer, die ausgezeichnet fliegen konnten. Beim nächtlichen Krieg zwischen Bombern und Jägern im Westen gab es keine leichte Beu-

te! Die Erfahrung der Flugzeugführer stieg mit jedem Einsatz, und das galt auch für ihre Funkmeßbeobachter: So konnten sich einzelne Besatzungen anderen gegenüber hervortun.
Das belegt die Besatzung von Hauptmann Heinrich Wittgenstein und Unteroffizier Herbert Kümmritz. Als er im Februar 1943 bei Wittgenstein seinen Dienst antrat, hatte Kümmritz bereits sechs Monate Einsatzerfahrung, allerdings noch ohne Abschüsse; er hatte Bf 110 bei der II./NJG 3 von Stade aus geflogen. Kümmritz brachte noch eine weitere wichtige Qualifikation als Funkmeßbeobachter mit: Vor dem Krieg hatte er Hochfrequenztechnik bei Telefunken in Berlin studiert. 1943 war Wittgenstein Kommandeur der IV./NJG 5 und hatte rund 25 Luftsiege errungen, war allerdings auch ein Mann, der – aus einer Reihe von Gründen – mit manchen seiner Mitarbeiter nicht gut auskam und Mittelmäßigen gegenüber intolerant war. Er hatte bis dahin etliche Funker gehabt, die er alle nach kurzer Zeit wieder ablöste. Direkt nachdem Kümmritz bei Wittgenstein angefangen hatte, wurde die IV./NJG 5 nach Döberitz im Westen von Berlin verlegt, von wo die Besatzungen nach Insterburg abgestellt wurden, um Nachteinsätze gegen die Russen in Ostpreußen zu fliegen. Wittgenstein flog mit Lichtenstein von Insterburg aus und schoß bald sechs oder sieben russische Bomber ab – leichte Ziele zwar, aber trotzdem nützlich für die Erfahrung der Besatzung Wittgenstein und Kümmritz und den dritten Mann an Bord, den Bordmechaniker und Bordschützen.
Im März oder April 1943 wurde die IV./NJG 5 zeitweilig nach Rennes in Frankreich verlegt, um Kammhubers Verteidigung der deutschen U-Boot-Stützpunkte zu verstärken. Die »Battle of the Ruhr« befand sich auf ihrem Höhepunkt, und im Mai wurden viele der besten Nachtjagdbesatzungen nach Holland verlegt, um die dort liegenden Nachtjagdverbände zu unterstützen. Wittgenstein ging nach Gilze-Rijen, und gleichzeitig kam der Befehl, auf Bf 110 umzuschulen. Wittgenstein und Kümmritz flogen diesen Typ nur einen Tag lang: In der gleichen Nacht, Ende Mai, war ihre Bf 110 nicht startklar, folglich starteten sie in ihrer Ju 88 C und schossen vier Lancaster ab. Daraufhin weigerte sich Wittgenstein, dessen Dienstalter und Status ihn von gewissen Zwängen der Subordination befreiten, die Bf 110 zu fliegen – er flog weiterhin seine »eigene« Ju 88. Ende Juni oder Anfang Juli verlegte sein Verband für Ostfronteinsätze zurück nach Döberitz, aber nach nur sehr kurzer Abwesenheit kehrte er wieder in den Westen zurück.
Wittgenstein war eine der interessantesten Persönlichkeiten der Luftwaffe, in gewisser Hinsicht allerdings auch widersprüchlich. Obwohl er darauf bestand, lediglich »Hauptmann Wittgenstein« zu sein, war sein voller Name Heinrich Prinz zu Sayn-Wittgenstein. Von hagerer Gestalt, hatte er schon in seiner Kindheit bewiesen, daß er gewillt war, sich zu behaupten, indem er sich in körperlichen Dingen anspruchsvolle Ziele setzte und sie – trotz seiner körperlichen Schwäche – so lange hartnäckig verfolgte, bis er sie erreicht hatte. Sein Lebensstil war asketisch, und für seine Untergebenen war er der typisch deutsche Offizier und distanzierte – um nicht zu sagen: arrogante – Aristokrat. Er hatte sich freiwillig von den Bombern zu den Nachtjägern gemeldet, weil er es vorzog, Deutschland zu schützen, als den Feind anzugreifen, und dieser Aufgabe unterzog er sich mit der selbstlosen Hingabe, die ihn schon in seiner Jugend ausgezeichnet hatte. Bei allem, das er tat, wollte er der Beste sein, und er trieb sich und seine Besatzungen hart an, wobei er von ihnen die gleichen Leistungen erwartete, die er sich selbst auferlegt hatte. Natürlich kam er so auch zu Auszeichnungen, und er beeinflußte stets die Dinge so, daß er der Spitzengruppe angehörte. Wittgenstein allerdings ging es dabei nicht in erster Linie um Ruhm: Er hatte eine bittere Abscheu gegen das Blutbad, das das Bomberkommando anrichtete, und war entschlossen, alles in seiner Macht Stehende zu tun, um das zu verhindern – wenn nötig, unter Aufopferung seines Lebens. Herbert Kümmritz erzählt:

»Da ist der Mensch und Flieger-As Prinz zu Sayn/Wittgenstein. Ein Phänomen und in seiner äußerst ungewöhnlichen Art kaum zu beschreiben. Stellen Sie sich bitte eine Natur vor, die unablässig und jederzeit bereit ist, ohne Rücksicht auf die eigene Gesundheit, auf das eigene Leben, der sich selbst gestellten Aufgabe bis zur Konsequenz des Todes zu folgen. Und das Ganze getragen von einem an Besessenheit grenzenden Fanatismus. Viele hielten dies für einen Ausdruck maximalen Ehrgeizes. Ich meine, dies wäre zu oberflächlich gesehen. Gewiß, Ehrgeiz war auch im Spiel, ein ungewöhnlicher sogar, aber es war wohl auch die Vorstellung, als Angehöriger des deutschen Hochadels zu besonderen Leistungen verpflichtet zu sein. Er, der Prinz, hat sie sich stets abverlangt und glaubte diese innere Haltung auch bei all den anderen am Kampf Beteiligten voraussetzen zu können. Nach meiner Auffassung unterlag er dabei einem Trugschluß: Die anderen setzten sich hinsichtlich ihrer Einsatzfreude Grenzen; sie wollten nicht unbedingt sterben, letzten Endes wollten sie den Krieg überleben. Sie hatten dementsprechend kein Verständnis für den unbedingten Einsatzwillen ihres Kommodore. Aus diesen unterschiedlichen Empfindungswelten ergaben sich naturgemäß Spannungen, die stets vorhanden waren und zu gelegentlichen Explosionen seitens des Prinzen führten. Er hat es weder den Untergebenen noch den Vorgesetzten leicht gemacht. Dementsprechend war auch die Einstellung seiner Besatzung gegenüber. Ich habe ihn zwar "geläutert" erlebt mit einem zunehmend freundlichen und vertrauensvollen Umgangston; die Szene, die im Zusammenhang mit dem abgebrochenen Lichtenstein-Ansatz geschildert worden ist – Bestrafung und Auszeichnung des Bordfunkers in einem – hielt ich, als sie mir geschildert wurde, im nachhinein für absolut denkbar; sie betraf aber nicht mich, sondern einen der vielen Vorgänger. In diesem Zusammenhang: Ich war der einzige Bordfunker, der es mit ihm ein Jahr lang (1943) ausgehalten hat und der auch, wenn nicht am Ende dieser Zeit "Studienurlaub" gestanden hätte, mit ihm Ende Januar 1944 zu Boden gegangen wäre. Wir waren da auf eine gewisse Art – unter Beibehaltung der militärischen Distanz – befreundet. Leicht hat er es mir anfangs nicht gemacht. Ich entsinne mich noch der sinnlos-stereotypen Frage "Warum sehen Sie nichts?", wenn er Auskunft vom Bordsuchgerät, welches keine Erfassung aufweisen konnte, haben wollte. Ich konnte ihn anfangs nur schwer davon überzeugen, daß, wenn das Gerät ziellos suchte, ein Zielzeichen einfach nicht existieren konnte.«

Herbert Kümmritz erzählte auch, wie Wittgenstein seinen Dienstgrad herauskehrte, um sicherzustellen, daß er bei anfliegenden Bombern die besten Abschußchancen hatte. Er blieb dann im Gefechtsstand, bis man auf der Luftlage-Karte klar erkennen konnte, wohin der Bomberpulk flog: Erst dann startete er und flog zu dem Funkfeuer, das ihm die besten Erfolgsaussichten versprach. Wenn dann – was durchaus üblich war – dort schon ein anderer Jäger kreiste, sagte Wittgenstein ihm im Befehlston über Funk: »Hier Wittgenstein – geh weg!«

Nach dem Bombenangriff auf Köln am 3./4. Juli, bei dem Hajo Herrmanns Wilde Sau erstmals in Aktion trat, griff die RAF dieselbe Stadt in der Folgewoche erneut an. Gelsenkirchen, Turin, Aachen und das französische Montbéliard erlebten Großangriffe. Beim Angriff auf Turin fiel ein bekannter Flieger des Bomberkommandos den Kanonen eines deutschen Jägers zum Opfer: Wing Commander (Oberstleutnant) J.D. Nettleton, Träger des Victoria Cross (VC) und Kapitän der 44. (rhodesischen) Staffel, wurde auf dem Rückflug über dem Kanal abgeschossen; mit ihm verlor seine Besatzung ihr Leben. Wie Gibson hatte auch Nettleton sich das VC bei einem spektakulären Luftangriff außerhalb der Routineeinsätze des Bomberkommandos verdient: Am 17.

April 1942 hatte er einen Tiefflug-Tagangriff von zwölf Lancaster auf ein Dieselmotorenwerk bei Augsburg angeführt, bei dem sieben der angreifenden Bomber abgeschossen wurden und Nettletons Maschine stark beschädigt wurde. Der Schnitter Tod respektierte weder Rang noch Ruhm – er bediente sich dieses Mal der Kanonen der deutschen Nachtjagd.
In der Bibel berichten die Verse 24 bis 28 des 19. Kapitels der Genesis: »... ließ der Herr auf Sodom und Gomorrha Schwefel und Feuer regnen, vom Herrn, vom Himmel herab... und er [Abraham] schaute gegen Sodom und Gomorrha und auf das ganze Gebiet im Umkreis und sah: Qualm stieg von der Erde auf wie der Qualm aus einem Schmelzofen.« Mit einer gewissen Voraussicht, könnte man meinen, hatte der Oberbefehlshaber des Bomberkommandos »Gomorrha« als Tarnbezeichnung für eine kurze, aber nachhaltige Serie von Bombenangriffen gegen die große und strategisch so wichtige Hafenstadt Hamburg – die zweitgrößte deutsche Stadt – gewählt. Die grundsätzliche Weisung, der Harris zur Zeit der »Battle of Hamburg«, wie er sie nannte, folgte, war ihm am 10. Juni 1943 zugestellt worden; sie bestätigte, die vorrangigste Aufgabe des Bomberkommandos bleibe »... die fortschreitende Zerstörung und Niederringung des militärischen, industriellen und wirtschaftlichen Systems Deutschlands sowie die Untergrabung der Moral der deutschen Bevölkerung bis zu einem Punkt, an dem ihre Fähigkeit zum bewaffneten Widerstand tödlich geschwächt ist«. Die zunehmenden Erfolge der deutschen Nachtjagd und besonders die steigenden Verluste, die die Tagjäger der Luftwaffe den amerikanischen B-17 Flying Fortress und B-24 Liberator zufügten, hatten zu neuen Prioritäten dieser Weisung geführt, die von den Vereinigten Stabschefs als »Pointblank« (»klipp und klar«) herausgegeben worden war: Die neue Aufgabe hieß, die deutsche Jagdwaffe entscheidend zu schwächen. Während aber die Amerikaner, die viel mehr Bordkanonen schwereren Kalibers in ihren Bombern hatten als die RAF, dieser Vorgabe folgen konnten, indem sie sich mit den deutschen Jägern in der Luft herumschlugen, war die Weisung für das Bomberkommando damals keine realistische Option: Sein Beitrag würde – notgedrungen – auch weiterhin auf die Zerstörung von Produktionseinrichtungen beschränkt bleiben.
Es gibt keinen Zweifel: Hamburg war – nach der an Harris ergangenen Weisung – ein »legitimes« Ziel, zweifelsfrei aber auch zog es der Oberbefehlshaber vor, ihm erteilte Aufträge eigenständig zu interpretieren und von den Stabschefs vorgegebene besondere Prioritäten manchmal großzügig auszulegen. Abgesehen davon, daß Hamburg ein geeignetes Ziel für die Brechung der Moral war, enthielt es auch zahlreiche maritime und industrielle Anlagen, die den Vorgaben der Stabschefs entsprachen. Hamburg war aber nicht nur die größte Hafenstadt Deutschlands mit allen dazugehörigen kriegswichtigen Einrichtungen, sondern barg auch die großen Werften von Blohm & Voss, die 1943 voll mit dem Bau von U-Booten beschäftigt waren – eine Aufgabe, die sie mit etlichen anderen Hamburger Werften teilten: Schon das allein rechtfertigte die Wahl Hamburgs als Ziel eines Großangriffs. Hinzu kam noch, daß sehr viele der Fabriken und Werkstätten in der Stadt mit der Fertigung von Flugzeugteilen beauftragt waren.
Da er das Ende seiner Offensive gegen das Ruhrgebiet vorhersehen konnte, hatte Harris schon im Mai 1943 begonnen, sich mit der Zerstörung Hamburgs zu befassen: Das war tatsächlich seine Absicht! In einem Einsatzbefehl vom 27. Mai 1943 an die Geschwaderkommodores des Bomberkommandos hatte Harris unter dem Titel »Auftrag« mit schonungsloser Offenheit geschrieben: »Die Zerstörung von HAMBURG!« Ergänzend sagte er voraus:

> »Die völlige Zerstörung dieser Stadt wird die industrielle Kapazität der feindlichen Kriegsmaschinerie erheblich schwächen. Dies – zusammen mit den Auswirkungen auf die Moral der Deutschen, die im ganzen Lande zu spüren sein werden – wird entscheidend dazu beitragen, den Krieg zu verkürzen und zu gewinnen.«

Diese Sätze verdeutlichen Harris' Vorstellungen von einer strategischen Bomberoffensive. Die Grundsätze, nach denen er handelte, waren kategorisch und unbelastet von moralischen Hemmungen oder Kriterien der Zielauswahl, die die theoretische Wirkung von Schwerpunktangriffen auf einzelne industrielle Sektoren – Kraftstoff, Gummi, Kugellager und dergleichen – berücksichtigen sollten: Er nannte sie verächtlich »Wunderziele«.
Den Hamburgern waren Luftangriffe nicht fremd: Anfang Juli 1943 hatten die städtischen Behörden bereits 137 Luftangriffe unterschiedlicher Stärke registriert – 1387 Menschen waren dabei umgekommen, 4496 verletzt worden. Ende des Monats jedoch sollten diese Verlustzahlen kaum noch Bedeutung haben.
Neben den grundsätzlichen Erwägungen gab es für Harris aber noch weitere Gründe, Hamburg zum Ziel eines großangelegten Bombenangriffs zu wählen: Obwohl der Hafen nicht mehr in Reichweite von Oboe lag, war es durch seine geographische Lage an der breiten Elbe, die von der ausgeprägten Küstenform der Deutschen Bucht nach Südosten führt, sehr gut mit H2S zu markieren und zu bombardieren, und darüber hinaus konnte man noch genauer navigieren, wenn man über die Nordsee anflog und die Navigatoren Gee benutzten, das über dem Festland zwar schon stark gestört wurde, über See aber viel länger empfangen werden konnte. Weiterhin hatte Harris jetzt die Genehmigung, eine technische Neuerung einzusetzen: Düppel, die die Boden- und Bord-Funkmeßgeräte des Feindes störten – sie würden, so sah er voraus, eine gelungene taktische Überraschung darstellen. Bislang hatte man Funkmeßgeräte elektronisch – mit Geräten wie Ground Grocer und Mandrel – gestört, was sich aber nicht als sonderlich wirksam erwiesen hatte. Düppel hingegen waren im Grunde ein materielles Hilfsmittel: Sie bestanden aus unzähligen schmalen Papierstreifen, die auf einer Seite mit Aluminium beschichtet und am wirksamsten waren, wenn sie auf die halbe Wellenlänge der deutschen Flak- und Jägerleit-Funkmeßgeräte – die Würzburggeräte – zurechtgeschnitten waren. Da deren Wellenlänge 53,5 cm betrug, mußten die Düppelstreifen etwa 27 cm lang sein. Von Flugzeugen in den Erfassungsbereich von Funkmeßgeräten abgeworfen, wurde jedes Streifenbündel zum Reflektor, der seine Echos zurückwarf, so daß die Bildschirme der Flakkanoniere wie der Jägerleitoffiziere (JLOs) übersät waren mit einer Vielzahl gefälschter Echos, die echte Echos von Feindbombern wirkungsvoll verbargen. Und noch etwas kam hinzu: Obwohl die Düppel ursprünglich nur die Familie der Würzburg-Funkmeßgeräte stören sollten, erwiesen sie sich auch als äußerst wirksam gegen die Lichtensteingeräte in den deutsche Nachtjägern – deren Wellenlänge lag bei 61 cm, also ganz in der Nähe, und so konnten die Düppelstreifen Lichtenstein nahezu genauso wirksam stören wie Würzburg. Das Prinzip der Düppel war beiden Seiten schon lange bekannt gewesen – aber beide Seiten hatten gezögert, sie auch zu verwenden: Man wollte dem Gegner ihre Existenz und Wirkungsweise nicht verraten, da er sie sonst gegen die eigenen Funkmeß- oder Radargeräte hätte einsetzen können.
Am 24. Juli 1943, um zwei Minuten vor Mitternacht, drangen die ersten schweren Bomber der RAF in den deutschen Luftraum ein. Seit dem Morgen schon hatten die Funküberwachungs-Dienste starken Funkverkehr über Großbritannien gemeldet, der darauf hindeutete, daß ein Großangriff bevorstand: Die Tatsache, daß die Nächte jetzt kurz waren, ließ vermuten, daß ein relativ nahegelegenes Ziel angegriffen werden würde – das Ruhrgebiet oder ein Ziel im Norden Deutschlands. Daß ein Ziel an der Küste die richtige Vermutung war, bestätigte sich, als Wassermann- und Freya-Flugmeldegeräte starke Bomberformationen über der Nordsee auffaßten, die zunächst Kurs auf Schleswig-Holstein nahmen. Am Sonntag, dem 25. Juli, um 00.19 Uhr morgens, wurde der erste Luftalarm mit 30-Minuten-Vorwarnung für Norddeutschland ausgelöst. Fünf Minuten später wurde die Vorwarnung auf 15 Minuten verkürzt, und um 00.33 Uhr heulten in Hamburg die öffentlichen Luftschutzsirenen. Die Sirenen waren allerdings für die Be-

Oben links: Der Nachtjäger Bf 110 mit SN-2-Antennen. Die große Antenne nannten die Besatzungen »Hirschgeweih«. *(Buschmann)*

Oben rechts: Der Nachtjäger Do 217. (*Szardenings*)

Unten: Das Datum dieser Aufnahme ist unbekannt, aber die auf dem Bauch gelandete Bf 110 ist offensichtlich eine der ersten für die Nachtjagd umgebauten Maschinen. Der schwarze Tarnanstrich und das Fehlen des Nachtjagdwappens lassen vermuten, daß es eine von Falcks ersten Maschinen ist; das belegt auch das Spannergerät vor der Kabine. Der Kennung nach gehörte sie zur II./NJG 1. (*Henning*)

Oben links: Hauptmann Greiner und sein Funker. Greiner, Träger des Eichenlaubs zum Ritterkreuz des Eisernen Kreuzes, schoß 50 Bomber ab. (*Greiner*)

Oben rechts: Hajo Herrmann stellt seine »Wilde-Sau«-Flugzeugführer Reichsmarschall Hermann Göring vor. Westfalen, Herbst 1943. (*Herrmann*)

Unten: Leeuwarden 1942. Von links: Die Nachtjagd-Asse Oberleutnant Prinz zur Lippe-Weissenfeld, ein Unbekannter, Hauptmann Lent und Oberleutnant Ludwig Becker. (*Greiner*)

Oben: Kabine des Nachtjägers He 219 »Uhu«, von vorne gesehen. Der Funker saß mit dem Flugzeugführer Rücken an Rücken. (*Hinchliffe*)

Links: Oberst Lent (links) besucht 1943 St. Trond in Belgien. Hier unterhält er sich mit Hauptmann Schnaufer, dem Kommandeur der IV./NJG 1. (*Greiner*)

Oben: 1943, 5./NJG 3, Schleswig. Von links: Unteroffizier Busch (Bordmechaniker), Unteroffizier Kutzner (Flugzeugführer) und Unteroffizier Klotz (Bordfunker). Als ihre Ju 88 im Dezember 1944 abstürzte, überlebte Kutzner schwerverletzt, seine Kameraden fielen. (*Kutzner*)

Oben rechts: Oberleutnant Rudolf Szardenings, Staffelkapitän der 7./NJG 3. Ihm wurden zwölf Abschüsse bestätigt. (*Szardenings*)

Rechts: Flying Officer (Oberleutnant) Terry Bolter, Träger des Distinguished Flying Cross (entspricht dem Ritterkreuz), schlug sich zu Fuß zur eigenen Truppe durch, nachdem er in der Nacht vom 20. auf den 21. Dezember 1943 über Belgien abgeschossen worden war. Am Schlips trägt er die goldene Raupe des Caterpillar Club (Seidenraupen-Club) – Erkennungszeichen derer, die ihr Leben mit dem Fallschirm retteten. (*Bolter*)

Oben: Flugzeugführer Otto Fries und Funker Alfred Staffa mit ihrer Maschine. Sie errangen 18 Luftsiege. (*Fries*)

Oben links: Oberfeldwebel Helmut Fischer diente etlichen Flugzeugführern als Funker, so auch Streib. Fischer war an 29 Abschüssen beteiligt und mußte selbst viermal »aussteigen«. (*Fischer*)

Links: Oberleutnant Fritz Krause von der 1./NJGr 10 vor seinem Nachtjäger des Typs Fw 190 A-5.

Rechts: Pilot Officer (Leutnant) John Chaloner, Träger der Distinguished Flying Medal (entspricht dem Deutschen Kreuz in Gold), im Februar 1944. Ihm gelang das Unwahrscheinliche: Er überlebte elf Bombereinsätze gegen Berlin. (*Chaloner*)

Unten links: Rudolf Szardenings, Staffelkapitän der 7./NJG 3. Er errang zwölf bestätigte Luftsiege. *(Szardenings)*

Unten rechts: Oktober 1943, RAF-Flugplatz Fiskerton – Flight Sergeant (Hauptfeldwebel) Ernie Webb mit Besatzung vor einer Lancaster der 49. Staffel. Von links: Unbekannter Heckschütze, der den beim Luftangriff auf Mannheim verwundeten Sergeant (Feldwebel) Percy Horton vertrat, Flight Sergeant Webb (Flugzeugführer), Sergeant John Chaloner (Navigator), Sergeant Eric Lovick (Bordfunker), Sergeant Harold Olerenshaw (Bombenschütze); kniend: Sergeant Fred ? (Bordschütze im mittleren Oberrumpf-Waffenstand). *(Chaloner)*

Oben links: Hans Angersbach (links) mit Besatzung. *(Angersbach)*

Oben rechts: Fahnenjunker-Oberfeldwebel Günther Migge mit seinem Bordmechaniker vor seiner Fw 190. Migge beteiligte sich als Flugzeugführer an der »Wilden Sau« und schickte acht Bomber zu Boden. *(Frau Migge)*

Links: Oberst Helmut Lent – als er im Oktober 1944 bei einem Flugunfall ums Leben kam, hatte er 110 Luftsiege errungen. *(Szardenings)*

Oben links: Beisetzung von Major Prinz zu Sayn-Wittgenstein am 29. Januar 1944. Die auf dem Bild über der mittleren Reihe eingetragenen Ziffern kennzeichnen Unteroffizier Loacker (1), Feldwebel Fritz Ostheimer (2) und Oberleutnant Erich Jung (3). *(Scholl)*

Oben rechts: Hauptmann Gerhard Friedrich vom NJG 6 auf dem Flugplatz Hailfingen im Gespräch mit Stabsarzt Dr. Karl Buschmann. *(Buschmann)*

Unten: Flight Lieutenant (Hauptmann) John Cox mit seiner Besatzung. Sie wurden am 16. März 1944 bei einem Bombenangriff auf Nürnberg abgeschossen. Ihr Flugzeug war einer von acht Bombern, die in dieser Nacht von Oberleutnant Erich Jung vom Himmel geholt wurden. *(Cox)*

Oben: Eine Halifax III (MH-L) der 51. Staffel in Snaith, Yorkshire. Nachdem einem Luftangriff auf den Verschiebebahnhof von Lens in Frankreich am 10. Mai 1944 stieß die Halifax mit einer anderen Halifax, ZA-E von der 10. Staffel, in der Luft zusammen. An der rechten Tragfläche und am rechten Höhenleitwerk sieht man die Schäden dieser Kollision – wie durch ein Wunder aber landeten beide Bomber problemlos. *(Terry)*

Unten: Pilot Officer (Leutnant) Horace Pearce von der 77. Staffel in Elvington, York, mit Bodenpersonal am 3. Juli 1944. Das Flugzeug ist die Halifax III, MZ 697, KN-L. *(Pearce)*

Oben: Oberleutnant Fritz Krauses Fw 190 A-5, »Weiße Elf«, mit den Antennen des Bord-Funkmeßgeräts FuG 217 J2 »Neptun«. Ursprünglich als Heckwarngerät für schwerere Flugzeuge vorgesehen, wurde das Neptun in der J2-Version auch als Bord-Funkmeßgerät einsitziger Jäger eingesetzt. Krause gehörte zur 1./NJGr 10. Mit dieser Maschine schoß er in der Nacht vom 7. auf den 8. Juli 1944 über Berlin eine Mosquito ab. *(Krause)*

Unten links: Oberleutnant Martin »Tino« Becker mit Hund und Fahrrad vor seiner Bf 110 mit Funkmeßgerät SN-2. *(Buschmann)*

Unten rechts: MH-W Winsome Waaf!!KE!!. So sah das Wrack bei Marche-en-Famenne aus, nachdem sie am 4. November 1944 abgeschossen worden war. *(Charlesworth)*

Oben links: Hermann Göring mit Nachtjägern auf dem Fliegerhorst Neuruppin. (*Szardenings*)

Oben rechts: Anne-Marie Masson-Potier in dem Kleid, das aus der Seide des Fallschirms von Sergeant (Feldwebel) Charlesworth geschneidert wurde. (*Charlesworth*)

Unten: Flight Lieutenant (Hauptmann) Oliver Brooks von der XV. Staffel wird von King George VI. mit dem Distinguished Flying Cross ausgezeichnet. In der Gruppe links erkennt man Königin Elizabeth (heute Königinmutter) und Prinzessin Elizabeth (heute Königin Elizabeth). (*Brooks*)

Unten: Die Krupp-Stahlwerke bei Kriegsende - ein oberflächlicher Beleg für die Schlagkraft des Bomberkommandos, denn tatsächlich erreichte die deutsche Rüstungsindustrie 1944 ihre höchsten Produktionszahlen. *(Smith)*

Rechte Seite: Hauptmann Paul Szameitat von der 5./NJG 3 mit seiner Besatzung 1943 auf dem Fliegerhorst Schleswig-Jagel. Alle drei überlebten den Krieg nicht: Szameitat fiel am 2. Januar 1944 nach 29 Luftsiegen. *(Kutzner)*

Oben links: Oberleutnant Erich Jung (Mitte) mit seiner Besatzung – Feldwebel Walter Heidenreich (Bordfunker, links) und Hans Reinnagel (Bordmechaniker, rechts). Diese Besatzung schickte am 16. März 1945 beim Bombenangriff auf Nürnberg binnen 30 Minuten acht Lancaster in die Tiefe. Das Bild wurde am 28. April 1944 aufgenommen: In der Nacht zuvor hatten Jung und seine Besatzung bei einem Luftangriff auf Friedrichshafen eine Lancaster zerstört; bei der Landung in St. Dizier raste ihr Flugzeug jedoch in einen Bombenkrater auf der Landebahn und ging in Flammen auf: Die Besatzung entkam unverletzt. Das Foto wurde auf dem Bahnhof Kassel auf der Rückreise zu ihrem Fliegerhorst aufgenommen. *(Jung)*

Oben rechts: Freddy Fairweather von der 51. Staffel etwa März 1945 auf dem Flugplatz Snaith mit Besatzung und Bodenpersonal.

Oben: Ein Verschiebebahnhof in Frankreich nach einem Bombenangriff noch vor der Invasion. Das Luftbild belegt die Präzision, mit der die RAF im Verlauf des Krieges zu bomben gelernt hatte. *(Osborne)*

Links: Das Bord-Funkmeßgerät Lichtenstein SN-2 in einer He 219. Es ist im Air and Space Museum in Washington DC zu sehen. *(Hinchliffe)*

Oben: Straßenzüge in Hamburg bei Kriegsende – Hamburg wurde vermutlich von allen deutschen Städten am meisten von Bombenangriffen heimgesucht. *(Johnson)*

Unten: Deutsche Zivilisten betrachten eine Lancaster, die in der Nacht vom 19. auf den 20. Februar 1944 etwa 15 km südlich von Paderborn aufschlug; ihr Ziel war Leipzig. Sie war eine von 78 Bombern, die in jener Nacht nicht mehr zurückkehrten. Das hier abgebildete Flugzeug ist mit hoher Wahrscheinlichkeit PM-T von der 103. Bomberstaffel. *(Henning)*

Oben und rechte Seite: Das nördlich von Münster gelegene Ladbergen war ein empfindlicher Punkt des Dortmund-Ems-Kanals: Es war nicht nur eine Stelle zum Überholen, sondern lag höher als die Landschaft ringsum, so daß ein Dammbruch bewirken mußte, daß er auslief. Das Luftbild oben deckt ungefähr denselben Bereich ab wie der mittlere Entfernungsring auf der Zielkarte rechts. Es wurde am 1. Weihnachtstag 1944 aufgenommen und beweist die Präzision, die die britischen Bomber schließlich erreicht hatten.

völkerung nicht das erste Anzeichen, daß ein Luftangriff bevorstand: In ganz Deutschland gab es ein System von Luftlagemeldungen über Radio und Drahtfunk, bei dem die Programme jeweils unterbrochen wurden, sobald ein Bombenangriff wahrscheinlich war – wer also spät abends noch Radio gehört hatte, wußte bereits, daß eine starke Bomberflotte der Briten im Anflug war.

Lange bevor die ersten von Harris' 347 Lancaster, 246 Halifax, 125 Stirling und 73 Wellington Hamburg von Nordwesten her erreichten – sie waren etwa 100 km vor Sylt auf Südostkurs geschwenkt und hatten kurz darauf begonnen, ihre Düppelpakete in den vorgeschriebenen Ein-Minuten-Intervallen abzuwerfen –, hatten die Flak- und Jägerleit-Funkmeßstationen entlang der Küste gemeldet, daß ihre Geräte nicht einwandfrei arbeiteten. Als dann die Jäger des NJG 3, zuständig für die Luftverteidigung im Nordraum, Alarmstarts durchführten, um dem herannahenden Bomberpulk entgegenzufliegen, mußten die Funkmeßbeobachter feststellen, daß sie nicht die vertrauten Echos von Feindbombern auffaßten, sondern ihre Bildschirme mit zahllosen blinkenden Signalen übersät waren, die den Eindruck vermittelten, als sei der Himmel gespickt voll mit Bombern, von denen manche sogar mit unglaublicher Geschwindigkeit flogen. Als die RAF-Formationen sich dann ihrem Ziel näherten, nahm die Wirkung der Düppel immer mehr zu – und die Frustration bei den Verteidigern wurde immer stärker: Die Flugzeugführer mußten sich die verwirrenden Kommentare der verblüfften Funkmeßbeobachter anhören, die hinter ihnen saßen, und empfingen ebenso unverständliche Meldungen und Anweisungen von den JLOs am Boden.

Angriffsziel, so war es von den Planern des Bomberkommandos festgelegt worden, waren das Stadtzentrum und die nördlich der Elbe gelegenen Stadtviertel in der Nähe von Rathaus und Nikolaikirche. Seit Kriegsende wurde die Wahl eines derartigen Zielpunkts – so dicht bei einem Gotteshaus – von Kritikern der Bomberoffensive immer wieder als Beleg für die Kaltblütigkeit der Planer des Bomberkommandos, Harris' im besonderen, angeführt. Diese Kritik jedoch schadet den Bombengegnern nur: Jede Flächenbombardierung einer Stadt kann Gebäude von religiöser Bedeutung beschädigen oder zerstören, da weder der Bombenschütze noch die Bombe selbst zwischen Gotteshäusern und anderen Gebäuden unterscheiden können. Zudem war gar nicht beabsichtigt, den Luftangriff auf diesen Punkt zu konzentrieren – seit Einführung der Zielmarkierung durch die Pfadfinder hatte sich nämlich bei Angriffen der RAF ein Phänomen ergeben, das »creep-back« (»Rückstau«) genannt wurde: die ausgeprägte Tendenz der nachfolgenden Pfadfinder und Bomber, ihre Last immer weiter vor den Markierungen abzuwerfen und damit eine Spur der Zerstörung zu erzeugen, die auf dem Anflugweg der Bomber immer weiter zurückreichte. Wahrscheinlich lag das an der verständlichen Neigung der Bombenschützen, die ja im Bug des Bombers eingeklemmt waren und den Piloten »ins Ziel sprachen«, den Bombenauslöseknopf so früh wie möglich zu betätigen und – zusammen mit den anderen Besatzungsmitgliedern – die unbeschreibliche, wenn auch nur kurze, Erleichterung zu genießen, die die Durchsage »Bomben raus« auslöste, obwohl es ja noch lange Sekunden dauerte, bis das Blitzlicht aufgeleuchtet hatte und der Pilot endlich vom Ziel abdrehen konnte. Bei der Planung des Angriffs hatte man durchaus in Kauf genommen, daß der Rückstau die Schneise der Zerstörung in die Stadtviertel nordwestlich des Zielpunkts zurückdrängen würde, die hauptsächlich Wohngebiete waren. Wenn man dann in Betracht zieht, daß die Masse der kriegswichtigen maritimen Ziele der Stadt südlich der Elbe lagen, bezeugt die Wahl des Zielpunkts Harris' ungebrochenen Glauben an Flächenbombardierungen und daran, daß es kriegsentscheidend sei, die Moral der Bevölkerung zu brechen. Hans Brunswig schreibt in seinem ausführlichen Buch *Feuersturm über Hamburg* etwas nachsichtig über Harris' Wahl des Zielpunkts:

»Das strategische Ziel des Bombenangriffs auf Hamburg war sicherlich vor allem die Vernichtung der hier konzentrierten Rüstungsfabriken, insbesondere der U-Boot-Werften und der Ölraffinerien - nicht durch Zerstörung der jeweiligen Industrieanlagen, sondern eher durch Zerstörung der Wohnungen ihrer Arbeiter. Darüber hinaus hoffte das Bomberkommando auch, den Widerstandsgeist der Bevölkerung entscheidend zu treffen ...«

Die Taktiken, die bei »Gomorrha« angewandt wurden, hatte man so geplant, daß sie die technischen Möglichkeiten, die dem Bomberkommando jetzt zur Verfügung standen, voll ausschöpften und Harris' offen erklärtem Ziel, die Stadt zu zerstören, so nahe wie möglich brachten. Die Bomberflotte flog räumlich und zeitlich konzentriert, und PFF-Markierungen kennzeichneten nicht nur die Zielpunkte für die Bombenschützen der Hauptstreitmacht, sondern auch die Ein- und Abflugpunkte an der deutschen Küste. Um die Genauigkeit von Navigation und Bombenwurf zu erhöhen, mußten ausgewählte Besatzungen zwischen ihrer letzten Gee-Peilung und der ersten sicheren H2S-Standortbestimmung die Windgeschwindigkeit in ihrer Flughöhe berechnen und die Ergebnisse an Stäbe in Großbritannien durchgeben, von wo - nach mathematischer und meteorologischer Überarbeitung - die Durchschnittswerte an die anderen Flugzeuge weitergeleitet wurden, die sie dann für Zielanflug und Bombenwurf nutzten. Der Luftangriff wurde auch vom Jägerkommando unterstützt; etwa 25 seiner Mosquito flogen Einsätze gegen Horste der deutschen Nachtjagd.
Und so sah der Plan der PFF für den Bombenwurf aus: Die 20 Flugzeuge, die den Angriff eröffneten, sollten als sogenannte »Blindmarkierer« - gezielt mit H2S-Radar - das Ziel mit gelben Leuchtkörpern kennzeichneten; zudem sollten sie Sprengbomben abwerfen. Fast unmittelbar danach sollten acht »Sichtmarkierer« folgen, die den Zielpunkt nach Sicht identifizieren und jeweils fünf rote Leuchtkörper abwerfen sollten: Auf diese roten Markierungen sollte - im Idealfall - die Hauptstreitmacht der Bomberflotte zielen. Im Verlauf des Angriffs sollten dann weitere PFF-Maschinen, sogenannte »Korrekturflugzeuge«, versuchen, Abweichungen zu korrigieren, indem sie grüne Leuchtkörper abwarfen: Auf diese Zielmarkierungen sollten sich nun die nachfolgenden Besatzungen konzentrieren.
Der Luftangriff startete pünktlich um 00.58 Uhr - aber die ersten Zielmarkierungen lagen verstreut: Einige der gelben und roten Leuchtkörper fielen 8 km entfernt im Nordwesten. Das verstärkte natürlich den üblichen Rückstau noch; er war noch größer als bei der Planung vorausberechnet. Eine hohe Bombenwurf-Konzentration wurde in den dichtbesiedelten Wohngebieten im Nordwesten der Stadt erzielt, in denen vor allem Arbeitersiedlungen lagen. Aber während der Plan vorsah, daß die Zerstörungen sich auf das Stadtgebiet beschränken sollten, erstreckte sich das Gebiet, in dem Bomben fielen, tatsächlich noch viel weiter nach außerhalb: Dörfer, die 15 km vom Zielpunkt entfernt lagen, wurden getroffen - viele Bombenladungen fielen allerdings auch auf unbebautes Land. Die nach dem Luftangriff durchgeführte Auswertung ergab, daß nur 39 Prozent der Angreifer ihre Bomben im Umkreis von 5 km um das Ziel abgeworfen hatten. Trotzdem aber war die erzielte Zerstörung immens: Etwa 1500 Menschen verloren durch den Angriff ihr Leben. Wären PFF-Zielmarkierung und Bombenwurf präziser gewesen, wären die Verluste weitaus höher ausgefallen. Aber selbst so hatten bei einem Luftangriff in Hamburg mehr Menschen ihr Leben lassen müssen als in 137 vorausgegangenen Angriffen. Bei dieser Gelegenheit muß aber auch darauf hingewiesen werden, daß Großbritannien schon zwei Jahre zuvor Verluste dieser Größenordnung ertragen mußte - nur: Was 1941 noch ungewöhnlich war, wurde in Deutschland jetzt alltäglich.
Statistiken sind kalt und unpersönlich und können das menschliche Leiden bei derartigen Angriffen - auf beiden Seiten - nicht wiedergeben. Wenn eine Familie bei einem Verkehrunfall um-

kommt, 20 Menschen einem Sprengstoffattentat von Terroristen zum Opfer fallen oder 200 bei einem Fährunglück ertrinken: Dann ist der Schock noch real und der Schmerz noch heftig und tief. Werden bei einer Schießerei auf dem Balkan oder in Afrika Verwundete im Fernsehen gezeigt, dann werden empfindsame Zuschauer – die sich über die Warnung des Ansagers hinwegsetzen, einige der folgenden Szenen seien grausam – zumindest kurz noch begreifen, welcher Horror sich da auftut. Wenn aber geschrieben wird: »500 Menschen starben in Coventry« oder »1436 verloren in der Nacht des 10./11. Mai 1941 in London ihr Leben« oder »Etwa 1500 kamen in Hamburg um« – dann sind diese Meldungen so ungeheuerlich, daß der Geist sie nur noch oberflächlich, nur zahlenmäßig erfassen kann. Und wenn man versucht, diese Zahlen in Schmerz und Qual eines Einzelnen umzusetzen – nicht nur des direkt Betroffenen, sondern auch dessen, der klagt und trauert – dann wird der Geist bald rebellieren, zurückweisen, was er sich vorzustellen versucht, beschönigende Erklärungen und Entschuldigungen finden für das, was da vorgefallen ist. Und sich weigern zu begreifen, daß der Mensch im Grunde unmenschlich ist – sei er nun Deutscher oder Brite.

Der Wert der Düppel ließ sich an der Verlustrate des Bomberkommandos ablesen: Hatte die durchschnittliche Verlustrate bei Luftangriffen auf wichtige Ziele während der »Battle of the Ruhr« noch nahezu fünf Prozent betragen, kehrten von diesem Bombenangriff, dem Eröffnungszug der »Battle of Hamburg«, nur zwölf Maschinen nicht zurück – 1,5 Prozent der eingesetzten Flugzeuge. Wäre der Standard des Ruhrgebiets beibehalten worden, wären 35 Maschinen verlorengegangen, also hat der Einsatz der Düppel auf einen Schlag 23 Bomber gerettet. Wichtiger noch, da Flugzeuge relativ einfach zu ersetzen sind: Rund 150 Besatzungsmitglieder wurden so vor Tod, Verwundung oder Kriegsgefangenschaft bewahrt.

Walter Heidenreich war, wie schon erwähnt, seit April 1942 mit Oberleutnant Günter Köberich, dem Staffelkapitän der 11./NJG 3, geflogen, nachdem sie jeweils ihren Flugzeugführer beziehungsweise Funker verloren hatten. Sie hatten bis jetzt drei britische Bomber abgeschossen. In den ersten Stunden des 25. Juli 1943 starteten sie in Grove und warteten dann im Nachtjagdraum »Ameise«:

> »Wir wurden zu "Ameise" geschickt, wo wir eine Halifax abschossen. Der Luftangriff in dieser Nacht galt Hamburg, und mir war nicht klar, was der Halifax-Bomber so weit nördlich wollte: Vielleicht flog er einen Sondereinsatz – oder er hatte sich in der Navigation vertan und die Küste auf seinem Rotterdamgerät falsch interpretiert. Und obwohl die RAF in dieser Nacht Düppel abwarf – er tat es nicht. Der JLO führte uns in seine Nähe. Wir faßten ihn dann mit dem Lichtenstein auf und flogen sehr nah an ihn ran, so nah, daß ich seine Staffelkennung ablesen konnte – ich habe sie irgendwo aufgeschrieben – und wir fast mit ihm zusammengestoßen wären. Ich konnte sogar das Gesicht des Heckschützen erkennen. Als wir ihn zu Boden schickten, ging gerade die Sonne auf, so weit nördlich waren wir. Er schlug dann bei Sönderborg an der Flensburger Förde auf.
> Nach der Landung fuhren wir zur Absturzstelle der Halifax. Dort sagte man uns, wir sollten nicht zu nah' ran gehen, weil noch Bomben an Bord seien. Neben dem Flugzeug lag in einem Krater eine Luftmine, die von Soldaten bewacht wurde. Dann kam ein Bootsmann von der Kriegsmarine, schaute in den Krater, und die Mine explodierte: Es gab einen schrecklichen Knall – seinen Körper hat man nie gefunden.«

Die Halifax, die Köberich abgeschossen hatte, flog zwar keinen Sondereinsatz, war aber deutlich vom Kurs abgekommen – Heidenreich hatte möglicherweise recht mit seiner Annahme, der Navigator habe einen H2S-Fehler begangen: Wenn der Bomber nämlich auf seinem geplanten Kurs weit nach Norden abgetrieben worden war, dann hatte er die dänische Küste in einem Gebiet überflogen, wo sich die H2S-Echos nicht stark von denen der richtigen Einflugschneise unterschieden. In seinem sehr genauen Buch *The Battle of Hamburg* identifiziert Martin Middlebrook den Unglücksbomber als einen der 51. Staffel, geflogen von einem Piloten – Sergeant (Feldwebel) W.J. Murray –, der kurz zuvor bei der Einheit eingetroffen war und erst seinen zweiten Feindflug durchführte. Middlebrook beschreibt auch, wie fünf der Besatzungsmitglieder beim Aufschlag ums Leben kamen und die übrigen zwei schwer verwundet wurden. Die dänische Bevölkerung schickte den beiden Männern, die in Sönderborg im Krankenhaus lagen, körbeweise Blumen, aber als die deutschen Dienststellen davon erfuhren, befahlen sie, die Blumen zu entfernen. Wenig später verstarben die beiden Flieger.

Laut Middlebrook flog die Halifax »den korrekten Kurs, aber sechzig Meilen [96 km] von der Bomberflotte entfernt«. Ihr Abschuß verdeutlicht den wichtigen Beitrag auch des Navigators zur Sicherheit des Flugzeugs, mit dem er flog: Nachdem die Bomber nun in engeren Formationen flogen, waren es Nachzügler oder Maschinen, die seitlich vom Pulk abgekommen waren, die sich auf den Bildschirmen der Würzburg- oder Lichtensteingeräte besonders abzeichneten und zum Angriff geradezu einluden – wer hingegen auf Kurs blieb und den Flugplan einhielt, genoß die Anonymität des Einzelnen in der Menge und lief kaum Gefahr, so aufzufallen wie der Einzelgänger. Selbst Düppel konnten – wenn überhaupt – einen einzelnen Bomber kaum schützen: Sie breiteten sich erst in etlicher Entfernung aus und verbargen nur die nachfolgenden Maschinen – deshalb wohl irrte sich Heidenreich, als er annahm, Murrays Halifax habe keine Düppel abgeworfen.

Strategisch gesehen haben die Düppel damals viel mehr bewirkt, als nur die deutschen Funkmeßgeräte »dicht« zu machen, denn deren Frequenzen konnte man zu gegebener Zeit ändern und den Düppeln damit weitgehend ihre Wirkung nehmen; zudem konnte man – und das geschah dann ja auch – Störschutzmaßnahmen ergreifen. Solche Maßnahmen forderten dann jeweils den nächsten Schritt der elektronischen Kampfführung heraus, die gleichzeitige Verwendung von Düppeln verschiedener Länge beispielsweise und die Einführung weiterer Maßnahmen, um den jeweiligen Gegenzug des Feindes zu kontern. Was die Silberstreifen zunächst aber tatsächlich bewirkt hatten, war, daß Kammhubers so komplexe und ausgefeilte Nachtjagd-Organisation mit einem Schlag außer Gefecht gesetzt worden war.

Schon früher hatte es in einigen Lagern, besonders unter den Nachtjägern selbst, Unruhe gegeben wegen der Inflexibilität des Himmelbettverfahrens. Die sich überlappenden Nachtjagdräume, die von jeweils zwei Würzburg-Riesen abgedeckt wurden, konnten gleichzeitig nur einen, höchstens aber zwei Nachtjäger führen – die Bomberpulks durchflogen aber nur wenige dieser Räume. Wegen der zeitlichen Konzentration konnten sich so bis zu 50 Bomber gleichzeitig in einem dieser Nachtjagdräume aufhalten: Das bedeutete, daß – selbst wenn beide Nachtjäger ihre Ansätze erfolgreich abschlossen – die Masse der Angreifer die »Kammhuber Line« ungeschoren durchqueren konnte. Noch bezeichnender war, daß nach diesem System viele der gestarteten Jäger um Funkfeuer in Räumen kreisten, die von dem anfliegenden Bomberverband gar nicht durchflogen wurden – mithin konnten sie auf »Beute« nicht hoffen. Einige Besatzungen verließen dann auf eigene Faust den ihnen zugewiesenen Nachtjagdraum und mischten sich unter die Feindbomber – aber diese Praxis war verpönt, besonders wenn es sich um einen jüngeren Dienstgrad ohne hierarchischen Status handelte. Kammhuber selbst hatte in sein Himmelbettverfahren so viel investiert, daß er sich nachhaltig sträubte, es für etwas Neues einzutauschen. Da die Würzburggeräte am Boden und die Lichtensteingeräte in der Luft jetzt aber blind waren, zwangen die Düppel die deutsche Nachtjagd, Abhilfemaßnahmen zu treffen.

Die Schockwellen erschütterten selbst die höchsten Ebenen der Luftwaffe. Jeder noch verbliebenen Selbstgefälligkeit, die Göring vielleicht gegenüber der Bedrohung durch das Bomberkommando noch gehegt haben mag, war jetzt die Grundlage entzogen. Zu diesem Zeitpunkt hatte er sich bereits mehr und mehr vom Tagesgeschäft der Luftwaffe und auch von seinen anderen Staatsämtern zurückgezogen und verbrachte viel Zeit in seinen Gemächern auf Karinhall. Der Bombenangriff auf Hamburg beschäftigte auch Hitler - mehr noch, wie es scheint, als die gleichermaßen verheerenden Angriffe auf Düsseldorf und Köln kurz zuvor. Am Morgen nach dem Angriff rief Göring Hajo Herrmann aus Karinhall an und fragte ihn, wie weit die Ausbildung seines neu aufgestellten JG 300 sei. Wir erinnern uns: Herrmann hatte geschätzt, daß seine Wilde-Sau-Jäger erst Mitte September einsatzbereit sein würden - und jetzt sagte er Göring, daß dies noch immer gelte. Göring jedoch befahl ihm, JG 300 umgehend einsatzbereit zu machen. An dieser Stelle sollte kurz erwähnt werden, wie Herrmann seine einsitzigen Bf 109 und Fw 190 einzusetzen gedachte. Die Ausbildung seiner Flugzeugführer in Blindflug und Luftkampf war natürlich unverzichtbar, aber da seine Maschinen keine anderen Navigationsmittel als den Kompaß besaßen, benötigten die Flugzeugführer zum Zurechtfinden über dem verdunkelten Deutschland andere Mittel, die sie in ihren engen Kabinen voller Vertrauen nutzen konnten: Sie hatten eine kleine Karte von Deutschland an Bord, auf der die größeren Städte sowie Flugplätze eingetragen waren, auf denen man nachts landen konnte, darüber hinaus waren auf der Karte Kurse, Entfernungen und ungefähre Flugzeiten zwischen Städten und Flugplätzen vermerkt - im Idealfall sollten sie die wichtigsten Zahlen auswendig können, damit ihre Reaktionen auf Anweisungen vom Boden automatisch erfolgten. Wegen des Windeinflusses konnten Kurse und Zeiten aber äußerst ungenau sein, also benötigte man zusätzliche Mittel, um sicherzustellen, daß die Jäger das angegriffene Ziel auch fanden und danach eine faire Chance hatten, auf dem Rückflug ihren eigenen oder einen anderen geeigneten Flugplatz zu finden. Die Flugzeit der einsitzigen Maschinen war natürlich begrenzt, besonders nach Luftkämpfen, obwohl man Abwurftanks mitführen konnte. Herrmann war daher gerade dabei, Scheinwerfer-»Alleen« zwischen den Großstädten einzurichten mit einzelnen Scheinwerfern, die in Flugrichtung wiesen, und mit Scheinwerfer-Kombinationen, die leicht erkennbare Symbole - Dreiecke, parallele Lichtstrahlen, sich überschneidende Strahlenbündel und dergleichen - bildeten, anhand derer die Städte identifiziert werden konnten. Auch die Flak wurde miteinbezogen, indem sie Kombinationen farbiger Granaten abfeuerte, die die einzelnen Städte kennzeichneten. Diese und andere Maßnahmen wurden gerade eingeführt und geübt, als Göring Herrmann anrief.

Schon in der Nacht nach dem Angriff auf Hamburg wandte sich Harris wieder Essen zu: Er hoffte, diesem äußerst wichtigen Ziel einen schweren Schlag versetzen zu können, bevor die Deutschen Maßnahmen gegen die Düppel erfinden und einführen konnten. Oboe-Mosquito markierten die Kruppwerke recht genau: Sie wurden dann auch stark beschädigt. Und sechs Mosquito flogen einen Störangriff auf das hart getroffene Hamburg. Eigenartigerweise kehrten 3,7 Prozent der gegen Essen eingesetzten Bomber nicht zurück: Die meisten von ihnen fielen Nachtjägern zum Opfer, die dem anfliegenden Bomberverband entgegengeschickt worden waren und dann freie Jagd flogen. Einige Flugzeugführer flogen - noch immer unter Führung ihrer JLOs - erfolgreiche Abfangansätze: Major Werner Streib, frisch beförderter Kommodore des NJG 1, schickte zwischen 00.28 und 01.42 Uhr unter der Führung von Oberleutnant Walter Knickmeier zwei Lancaster, eine Stirling und eine Halifax zu Boden. Streibs letzter Abschuß an diesem Morgen war gleichzeitig der 88., an dem Knickmeier beteiligt war, und Knickmeiers letzter geführter Abfangansatz.

Ein weiterer bekannter Nachtjäger, der in dieser Nacht - trotz Düppel - unter Bodenführung Erfolg verbuchen konnte, war Oberleutnant Paul Zorner: Er schoß seinen zehnten Gegner ab. Im Dezember 1942 war Zorner zur 2./NJG 3 in Wittmundhafen versetzt worden, die dann im

März 1943 – mit Zorner als Staffelkapitän – nach Grove verlegte. Sein Gruppenkommandeur war, wie Wittgenstein, ein Offizier adeliger Herkunft: Egmont Prinz zur Lippe-Weissenfeld, wie Wittgenstein ein sehr erfolgreicher Nachtjäger. Die Gruppe flog Bf 110, ausgenommen die 2. Staffel, die Do 217 hatte – ein Flugzeug, das Zorner nicht mochte. Er hatte es abgelehnt, damit Einsätze zu fliegen, womit er zunächst des Prinzen Mißvergnügen hervorrief; Zorner jedoch hatte mit der Bf 110 schon sechs Feindflugzeuge abgeschossen, und Weissenfeld, kompromißbereiter als Wittgenstein, hatte schließlich nachgegeben.
Am 17.April 1943 war Zorner bei Tageslicht gegen amerikanische Bomber gestartet, und da seine Bf 110 nicht startklar war, hatte Weissenfeld ihm seine überlassen. Weissenfeld flog an diesem Tag nicht: Er hatte bereits 36 Luftsiege errungen, und Besatzungen mit mehr als zehn Abschüssen waren Tageinsätze untersagt. Zorner wurde dann von einem amerikanischen Bomber abgeschossen, schaffte aber in der Nähe eines Luftwaffenbunkers eine Bauchlandung, wo er und sein Funker von etwa 50 Luftwaffenhelferinnen, die in diesem Bunker arbeiteten, als Helden gefeiert wurden: Sie waren stark beeindruckt, als sie seine 36 Luftsiege sahen, die auf das Seitenruder aufgemalt waren.

Zorner beschreibt seinen zehnten Luftsieg sehr anschaulich:

> »Im Sommer 1943 wurden erfahrene Besatzungen an die Front verlegt - als es dann aber um ihren Einsatz ging, ergab sich ein ziemliches Durcheinander. Vom 12. bis zum 15. Juni beispielsweise wurde ich kommandiert nach Vechta, St. Trond, Leeuwarden, Gilze-Rijen, zurück nach St. Trond und dann wieder zurück nach Leeuwarden. Beim ersten Angriff auf Hamburg wurde ich nicht eingesetzt - der Grund dafür ist mir entfallen. Zu der Zeit war ich in St. Trond in Belgien, und meinem Flugbuch entnehme ich, daß ich am nächsten Tag nach Wunstorf geschickt wurde, wo ich um 18.28 Uhr landete. Kurz darauf wurde ich nach Wittmundhafen zurückbeordert; ich startete um 19.57 Uhr. Wir hatten immer nur Handgepäck dabei, mit Rasierzeug und dergleichen. Um 23.26 Uhr wurde mir Alarmstart befohlen: Bomber näherten sich auf Ostkurs und waren jetzt etwa über der Insel Norderney. Wir dachten, jetzt sei Hamburg wieder dran - aber im Raum Borkum drehten sie nach Süden ab: Ihr Ziel war Essen! Ich kreiste um ein Funkfeuer bei Juist. Ich hatte einen exzellenten JLO, Oberleutnant Janssen, der mich schon bei sechs meiner Luftsiege geführt hatte. Diesmal allerdings tat er etwas, das mich ärgerte: Er wollte mich von Norden her angreifen lassen. Dabei war doch Sommer, und da ist der Himmel im Norden recht hell - also würde mich die Besatzung des Bombers als Silhouette sehen können. Was ich nicht wußte, war, daß der Bomberverband bereits nach Süden abgedreht hatte - damit hatte Janssen gar keine andere Wahl.
> Ich beschloß, für alle Fälle hoch zu bleiben. Der Bomber flog in 6000 m Höhe, also stieg ich auf 6600. Ich manövrierte mich an die Seite des Bombers und ging - etwas unter ihm - bis auf 300 oder 200 m an ihn ran. Ich weiß nicht, ob der Heckschütze mich gesehen hat, auf jeden Fall sah ich seinen Heckstand nicht feuern. Nach einem sehr kurzen Feuerstoß aus meinen Bordkanonen fing die rechte Tragfläche der Halifax Feuer; später sah ich sie am Boden aufschlagen. Ich nehme an, daß es eine Pfadfindermaschine war, denn bei der Explosion ging viel Leuchtmunition in die Luft: rot und grün.
> Möglicherweise ist doch auf mich gefeuert - und auch getroffen - worden, denn plötzlich setzte mein rechter Motor aus, und die Luftschraube begann sich frei im Fahrtwind zu drehen. Der linke Motor wurde mit dem Luftwiderstand nicht fertig: Ich versuchte noch, Wittmundhafen zu erreichen, konnte aber den rechten Propeller nicht in Segelstellung brin-

Sichtnavigationshilfen für Nachteinsätze

Die Sichtnavigationshilfen wurden 1943 eingeführt, um Herrmanns einsitzigen Wilde-Sau-Nachtjägern die Orientierung über dem verdunkelten Deutschland zu erleichtern; sie wurden für alle Nachtjagdbesatzungen immer wichtiger, da die Briten Funkfrequenzen nachhaltig störten und damit eine genaue Navigation mit traditionellen Mitteln zunehmend schwieriger machten. Auf dieser und der nächsten Seite werden einige der Systeme erwähnt, die Mitte 1944 im Einsatz waren.

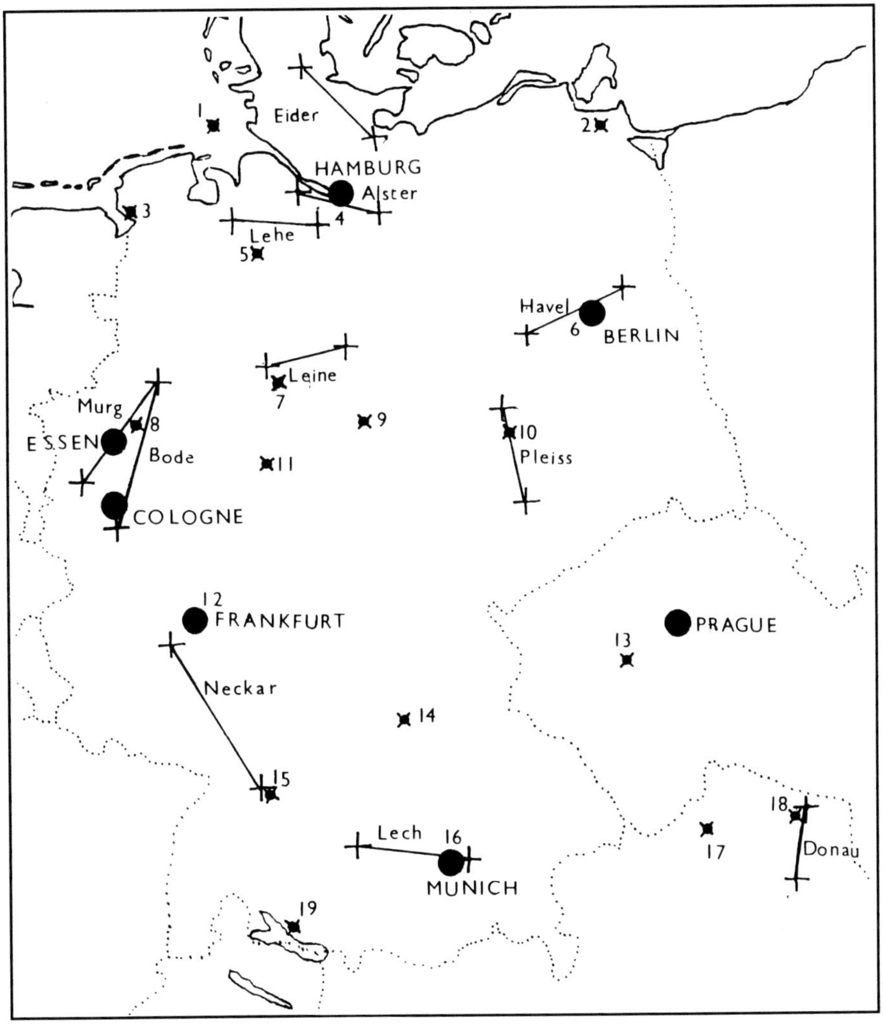

Scheinwerferalleen: Zwischen Flugplätzen in der Nähe wichtiger Städte wurden Alleen vertikal strahlender Suchscheinwerfer eingerichtet. Sie trugen die Namen örtlicher Flüsse. Hier einige Beispiele:

Eider: Zwischen Schleswig und Lübeck
Alster: Lüneburg - Stade
Lehe: Oldenburg - Rotenburg
Havel: Brandenburg - Werneuchen
Murg: Münster-Handorf - Mönchengladbach
Bode: Bonn-Hangelar - Münster-Handorf
Leine: Wesendorf - Wunstorf
Pleiße: Altenburg - Köthen
Neckar: Mainz-Finthen - Echterdingen
Lech: Leipheim - München-Riem
Donau: Seyring - Wiener Neustadt

Signalgranaten: Die Flak feuerte vorgegebene Kombinationen von Signalgranaten, die für die Navigation wichtige Städte kennzeichneten. Beispiele:

1. Helgoland: drei übereinander
2. Danzig: drei nebeneinander
3. Emden: vier nebeneinander
4. Hamburg: zwei nebeneinander
5. Bremen: zwei übereinander
6. Berlin: zwei übereinander
7. Hannover: drei nebeneinander
8. Dortmund: drei nebeneinander
9. Braunschweig: drei übereinander
10. Halle: drei nebeneinander
11. Kassel: zwei nebeneinander
12. Frankfurt/Main: zwei übereinander
13. Pilsen: drei übereinander
14. Nürnberg: drei nebeneinander
15. Stuttgart: drei übereinander
16. München: zwei nebeneinander
17. Linz: drei übereinander
18. Wien: drei nebeneinander
19. Friedrichshafen: zwei übereinander

Scheinwerfer-Stadtkennung: Wichtige Städte wurden mit Gruppen von zwei bis vier Suchscheinwerfern gekennzeichnet, die ein bestimmtes Muster abstrahlten:

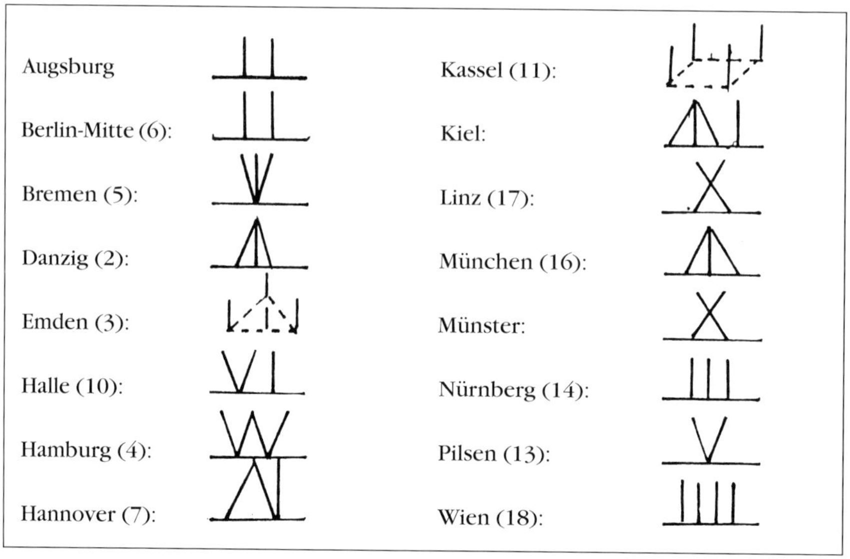

gen, und damit war klar, daß ich es nicht schaffen würde - also befahl ich meinem Funker, auszusteigen. Er warf das Kabinendach ab, und da ich dachte, er sei schon raus, versuchte ich ihm zu folgen. In der Bf 110 gab es einen sogenannten "Überschlagbügel" - ein U-förmiges Metallrohr, das die Kabine verstärkte und verhinderte, daß die Besatzung bei einem Aufschlag auf dem Rücken nicht zermalmt wurde. Mein Fallschirm verfing sich daran, und wir gingen senkrecht in den Sturzflug. Ich zog mich mühsam wieder in die Kabine und stellte fest, daß ich vergessen hatte, die Klappen auszufahren: Das war Teil des Absprungverfahrens und bewirkte, daß die Maschine in einen relativ flachen Sinkflug ging. Die Hydraulik ging nicht mehr, da sie ja vom rechten Motor angetrieben wurde, aber ich konnte die Klappen mit dem Not-Druckluftsystem ausfahren. Damit kam das Flugzeug wieder aus dem Sturzflug und wurde auch langsamer, und jetzt konnte ich auch ohne Probleme aussteigen. Ich zählte langsam - wie wir es auf der Fliegerschule gelernt hatten: "22" Pause, "23" Pause, "24" - und zog dann die Aufziehleine. Unmittelbar danach schlug ich auf dem Boden auf: Nur wenige Sekunden später, und ich wäre tot gewesen!

Als ich ausstieg, konnte ich die Befeuerung des Fliegerhorsts sehen. Ich war in einem Graben neben einer Straße gelandet. Dann kam ein junger Mann mit einem Beiwagengespann vorbei und brachte mich zum Horst. Beim Absprung hatte ich einen Stiefel verloren. Ich stieg in den Beiwagen und packte meinen Fallschirm auf den Soziussitz. Um 01.06 Uhr hatte ich die Halifax abgeschossen, und um 01.30 Uhr war ich wieder in Wittmundhafen.

Ich war ziemlich in Sorge, als ich erfuhr, daß man von meinem Funker, Heinz Wilke, noch nichts gehört hatte. Ich war mit ihm jetzt 21 Monate geflogen, und wir waren ein hervorragendes Team. Und natürlich hingen wir aneinander. Am nächsten Morgen rief er an: Er war auf einer überfluteten Wiese gelandet, also hatte er sein Schlauchboot aufgeblasen und darin gewartet, bis es hell wurde. Als es hell genug war, war er zum nächsten Dorf gelaufen, von wo er uns dann anrief. Ich war überrascht, als er mir erzählte, daß auch er nach Abwurf des Kabinendaches nicht in der Lage war, auszusteigen: Er war im Flugzeug geblieben, bis ich es aus dem Sturzflug gebracht hatte; dann erst war er gesprungen - in meiner Aufregung hatte ich ihn gar nicht bemerkt.«

Man kann darüber streiten, ob Harris' Entscheidung, am 25./26. Juli Essen anstatt sofort wieder Hamburg anzugreifen, taktisch klug war. Luftschutz und andere öffentliche Dienste waren dort sehr schwer getroffen worden: Telefone waren tot, die Wasserversorgung war zusammengebrochen und der öffentliche Verkehr - zumindest im betroffenen Gebiet - unterbrochen; manche Straßen dort waren praktisch unpassierbar. Die Brände waren noch nicht gelöscht, obwohl Feuerwehr aus den umliegenden Städten - Bremen, Lübeck und Kiel - angerückt war und am Tage nach dem Angriff auch aus so weit entfernten Städten wie Berlin. Das Ausgraben von Toten und noch Lebenden wurde von den überforderten Rettungsdiensten so schnell wie möglich vorangetrieben. Hans Brunswig (*Feuersturm über Hamburg*) findet Harris' Entscheidung unlogisch: »Es war überhaupt nicht zu verstehen, warum das Bomberkommando das Unternehmen Gomorrha nicht fortsetzte – wenn es das getan hätte, hätte das mit Sicherheit das Ende für Hamburg bedeutet!« Es klingt paradox: Wahrscheinlich hat die Verschiebung eines zweiten schweren Bombenangriffs gegen die schwer angeschlagene Stadt durch Harris viel dazu beigetragen, daß er sein selbstgestecktes Ziel, die Stadt völlig zu zerstören, nicht erreichte.

In der Nacht darauf heulten in Hamburg erneut die Sirenen, aber wiederum bombardierten nur wenige Mosquito die Stadt und richteten minimalen Schaden an. Der Schwenk des Bomber-

kommandos nach Essen und zwei Nächte relativer Ruhe gaben den optimistischeren Bürgern jetzt das Gefühl, daß ihre nächtlichen Leiden vorüber seien – zunächst einmal wenigstens. In den Tagstunden des 26. und 27. Juli beteiligten sich zwar amerikanische Formationen schwerer Bomber an den Luftangriffen, aber nicht in der Stärke, wie das die RAF tat – allerdings standen ihrem Kommandeur, Major General (Generalmajor) Ira C. Eaker, nur etwa 350 Bomber zur Verfügung, Harris hingegen mehr als 800. Die Pointblank-Weisung für eine gemeinsame Bomberoffensive, die – vereinfacht ausgedrückt – besagte, daß die RAF ein Ziel bei Nacht und die Achte US-Luftflotte das gleiche oder ein verwandtes bei Tage angreifen sollten, hätte sorgfältige gemeinsame Planung und enge Koordination vorausgesetzt, wurde aber nie voll verwirklicht, wie der amerikanische Beitrag zum Unternehmen Gomorrha belegt.
Anstatt alle seine Bomber auf Hamburg anzusetzen, um die Zerstörung der Stadt voranzutreiben, beschloß Brigadier General (Brigadegeneral) Fred Anderson, Kommandeur des VIII. US-Bomberkommandos, mehrere Angriffe auf verschiedene Ziele in Norddeutschland zu fliegen: Als Zeichen seiner generellen Beteiligung griffen am Nachmittag des 25. Juli etwa 100 B-17 Hamburg an und am Morgen des 26. etwa 60. Nach den amerikanischen Grundsätzen der Präzisionsangriffe wurden dafür in Übereinstimmung mit der Pointblank-Weisung besondere Ziele ausgewählt – in Hamburg waren das die U-Boot-Werften von Blohm & Voss und die Klöckner-Flugmotorenfabrik. Beide Ziele lagen südlich der Elbe in einem Gebiet, das von den vorherigen Bombenangriffen der Briten verschont geblieben war. Die Ziele, teilweise noch von Rauchschwaden der von der RAF verursachten Feuer verdeckt, wurden zwar getroffen, aber die Auswirkungen auf die Produktion waren relativ unbedeutend – mehr Schaden wurde angerichtet durch Bomben, die außerhalb des unmittelbaren Zielgebiets einschlugen. Insgesamt erlitten die amerikanischen Verbände, die Hamburg und andere Ziele angriffen, schwere Verluste durch deutsche Tagjäger. Nachtjäger aus Leeuwarden wurden ebenfalls gegen die B-17, die von nördlichen Zielen zurückkamen, angesetzt; sie erzielten drei Abschüsse. Am 25. Juli schickte Leutnant Gerhard Dittmann von der 12./NJG 1 – es war sein erster Luftsieg – eine B-17 Flying Fortress in die Nordsee, aber sein Staffelkapitän, Oberleutnant Gerhard Gardiewski, wurde im gleichen Gebiet von den Amerikanern abgeschossen. Er und sein Funker, Unteroffizier Fritz Abromeit, wurden vom britischen Luft-/See-Rettungsdienst geborgen und zu Kriegsgefangenen gemacht. Die meisten Nachtjäger hatten an dem Tag schon Einsätze geflogen, und zwar in den frühen Morgenstunden gegen den Luftangriff der RAF, und einer von ihnen – Oberleutnant Ernst-Georg Drünkler – hatte eine vom Kurs abgekommene Lancaster abgeschossen, am Nachmittag erlag ihm eine B-17. Der erfolgreiche Oberleutnant Martin Drewes von der 11./NJG 1 errang für die Gruppe in Leeuwarden tags darauf den dritten Luftsieg, und Gerhard Dittmann meldete seinen zweiten Abschuß, der aber nicht bestätigt wurde.

Das zu beschreiben, was in der Nacht vom 27. auf den 28. Juli 1943 geschah, ist der Versuch, das Unbeschreibliche in Worte zu fassen: Harris nahm seine Bombenangriffe auf Hamburg wieder auf und setzte 787 Bomber ein, ungefähr dieselbe Anzahl, die er drei Nächte zuvor auf dasselbe Ziel angesetzt hatte. Vom Konzept her war es ein Routineangriff nach den damaligen Standards: Der Verband folgte einem ähnlichen Kurs über die Nordsee, und der Zielpunkt blieb unverändert – nur erfolgte der Endanflug der Bomber von Ostnordost mit Kurs Westsüdwest, so daß der Rückstau die Wohngebiete treffen mußte, die beim letzten Angriff verschont geblieben waren. Natürlich wurden auch wieder Düppel abgeworfen, wie das bis Kriegsende dann Routinemaßnahme blieb, und der ganze Angriff dauerte 45 Minuten; für den letzten Angriff waren 50 Minuten eingeplant gewesen. Die Zusammensetzung der Gesamtbombenlast allerdings war geändert worden. Der Anteil an Brandbomben war deutlich höher – vermutlich aber nicht, um

mehr Brände zu verursachen, sondern wegen der längeren Strecke, die geflogen werden mußte: Damit die Bomber von Osten her anfliegen konnten, mußte die Bombenzuladung leichter sein, besonders für die Stirling und Halifax, und Brandbomben waren nun einmal leichter als Sprengbomben. In dieser Nacht übernahm das Schicksal die Geschicke: Es stand deutlich auf Harris' Seite, und zwar in einem Ausmaß, das selbst er sich nicht vorgestellt haben kann. Ein neues Wort, ein neues Konzept für die Sprache der Bombenangriffe wurde geschaffen: Feuersturm. Aufsteigende Luft dehnt sich aus und kühlt sich dabei ab. Vereinfacht ausgedrückt verteilt sich so die Hitze auf eine größere Menge Luft - ohne Wärmeaustausch mit der umgebenden Luft. Diesen Vorgang nennt man adiabatische oder dynamische Abkühlung, und die Geschwindigkeit, mit der diese Abkühlung vor sich geht, nennt man adiabatisches Temperaturgefälle; es ist eine konstante Zahl. Es gibt aber noch eine zweite Art der Abkühlung: Wie jeder weiß, wird es kühler, wenn man in ruhiger Luft aufsteigt - auf einen Berg beispielsweise. Die Geschwindigkeit, mit der die Temperatur in ruhiger Luft abfällt, nennt man Umgebungs-Temperaturgefälle; sie ist veränderlich und hängt von der physikalischen Zusammensetzung der Luftmasse ab. Normalerweise ist das Umgebungs-Temperaturgefälle geringer als das adiabatische: Wenn die Luft also aufsteigen muß - durch Hitze, in einer Wetterfront oder an einem Berg - kühlt sie sich ab durch Wärmeabgabe an umgebende Luft, bis sie kühler als diese ist, also ist sie jetzt auch schwerer und sinkt wieder nach unten. Manchmal jedoch ist das adiabatische etwas geringer als das Umgebungs-Temperaturgefälle: Wenn die Luft zu steigen beginnt, bleibt sie wärmer - und damit leichter - als die umgebende Luft, folglich steigt sie immer weiter nach oben. Unter den richtigen Bedingungen kann diese aufsteigende Luft ein unvorstellbares Volumen und sehr hohe Geschwindigkeiten erreichen - gewöhnlich ist die Folge dann ein Gewitter. Jedermann weiß, daß in Gewittern der Wind stärker wird und manchmal Sturmstärke erreicht: Ganz unten im Gewitter wird Luft angesaugt, die die nach oben steigenden Luftmassen ersetzt.
In der »Nacht des Feuersturms« waren die atmosphärischen Bedingungen im Raum Hamburg so, daß der Schlaf seiner Bürger - hätte das Bomberkommando nicht eingegriffen - in jedem Fall gestört worden wäre: durch Gewitter. Es war ein wunderschöner Sommerabend mit Bodentemperaturen von beinahe 30°C. Der Himmel war wolkenlos, aber dunstig. Es hatte schon länger nicht mehr geregnet, und Gebäude, Bäume und dergleichen waren trocken. Ein Großteil der verfügbaren Feuerwehren arbeitete noch immer in den westlichen Vorstädten Hamburgs: Man befürchtete einen neuen Angriff und versuchte, die Brände des letzten zu löschen.
Die ersten Maschinen der PFF, die Blindmarkierer, eröffneten am Morgen des 28. Juli 1943 um 00.55 Uhr den Luftangriff, indem sie mit Hilfe von H2S ihre Zielmarkierungen abwarfen, wobei die Mehrzahl der Markierungen recht konzentriert gut 3 km ostsüdöstlich des eigentlichen Zielpunktes niederging. Die hohe Dichte der Markierungen ergab einen guten Bezugspunkt für die nachfolgenden Bomber, und in sehr kurzer Zeit regneten Spreng- und Brandbomben auf die Stadtteile Borgfelde, Hamm und Hammerbrook nieder. Die Korrekturflieger der PFF begrenzten den Rückstau erfolgreich, verlegten den Schwerpunkt des Angriffs aber nicht auf den eigentlichen Zielpunkt. Um 01.30 hatten sich die vielen ausgelösten Brände zu einem riesigen Flammenmeer ausgeweitet, und dessen ungeheure Hitze hatte Aufwinde ausgelöst, die mehr und mehr Luft ansaugten, die sich wiederum mit der Luft vereinigte, die bereits nach oben schoß: Genährt von den Bränden, blieb sie wärmer als die Luftmasse ringsum, und es gab keinen meteorologischen Mechanismus, der das hätte beenden können. Der Feuersturm, einmal ausgelöst, breitete sich dann von selbst weiter aus - der Sauerstoff der von ihm verursachten sturmartigen Winde fachte die hungrigen Flammen zu beispiellosen Temperaturen an, so daß die Flammen von Gebäude zu Gebäude übersprangen und einen Holocaust schufen, der unvorstellbar und unbeschreibbar bleibt. Zahllose Menschen kamen in den Flammen um, ver-

brannten und verkohlten bis zur Unkenntlichkeit, Hunderte um Hunderte erstickten in Luftschutzbunkern und -kellern, weil der Feuersturm ihnen die Luft nahm. Viel ist über diese grauenvolle Nacht berichtet worden, aber nichts kann auch nur annähernd beschreiben, was wirklich geschah. Bis heute ist die Zahl der Toten nicht genau bekannt; vorsichtige Schätzungen sprechen von 40.000.

Den beteiligten Besatzungen des Bomberkommandos war klar, daß dies kein Routineangriff gewesen war: Sie sprachen von einer Feuersbrunst, von Rauch, der bis zu ihrer Angriffshöhe aufgestiegen und sogar in den Flugzeugen zu riechen war, von Mitleid mit den Menschen da unten, die in dem Inferno gefangen waren – alle waren bewegt, manche tief erschüttert wegen des Ausmaßes und der Andersartigkeit dessen, was sie erlebt hatten.

Die Düppel bewiesen erneut ihren Wert: Nur 17 Bomber gingen verloren – 2,2 Prozent der eingesetzten Bomber. Wie schon beim ersten von Düppeln unterstützten Angriff mußte sich die Hamburger Flak – normalerweise recht erfolgreich – mit einem vergleichsweise harmlosen Sperrfeuer begnügen. Auf Seiten der Nachtjagd hingegen begann man sich bereits vom Schock des ersten Düppelangriffs zu erholen. Da die Führung der Nachtjagd in Unentschlossenheit verharrte, hatten die Kommandeure vor Ort mehr Entscheidungsfreiheit: Einige hielten strikt am Himmelbettverfahren fest, andere wiederum schickten ihre Jäger auf freie Jagd, sogar über dem Ziel selbst. Nach der ersten Verwirrung über die zahllosen Echos auf ihren Bildschirmen waren die besten der Würzburg-Funkmeßbeobachter bereits in der Lage, zwischen Düppel- und Bomberechos zu unterscheiden, und in den Flugzeugen durchliefen die Funker den gleichen Prozeß. Um den nicht geführten Jägern zu helfen, sendeten Bodenstationen im Reportageverfahren grobe Angaben über das Ziel sowie über Position, Kurs und Höhe der Angreifer.

Die Nachtjäger in ihren Himmelbetträumen konnten nichts weiter tun, als ohnmächtig zuzusehen, wie Hamburg brannte. Leutnant Peter Spoden, damals 22 Jahre alt, stieg während der »Battle of Hamburg« mit einer Bf 110 der 5./NJG 5 von Parchim aus zu seinem ersten Einsatzflug auf. In der Nacht des Feuersturms wurde er zu einem Funkfeuer in einem Himmelbettraum in der Nähe von Rügen geschickt. Er berichtet:

> »Ich kreiste im Raum "Reiher", 40 oder 50 km von Hamburg entfernt, und ich konnte die Brände sehen und Flugzeuge wie Motten im Schein der Feuer. Ich war wütend – es machte mich rasend! Daher bat ich über Sprechfunk um Erlaubnis, nach Hamburg fliegen und mich an der Wilden Sau beteiligen zu dürfen – die Antwort war, ich solle bleiben, wo ich war. Und dann mußte ich landen. Wir jungen Offiziere waren empört und enttäuscht: Es war hirnrissig, uns in einem Raum zu halten, wo überhaupt keine Ziele waren. Ich bat erneut um Erlaubnis, starten und dorthinfliegen zu dürfen – und wieder wurde es abgelehnt. Ich war ein junger Mann, und ich hatte meinen Vorgesetzten – wie Hauptmann Schoenert, Hauptmann Fellerer, Wim Johnen – zu gehorchen. Aber in diesem Fall hätte ich die Befehle mißachten sollen: Ich hätte hinfliegen und mich an der Wilden Sau beteiligen sollen!«

Major Hajo Herrmann bot für die Wilde Sau an Flugzeugführern auf, was er konnte. Seinem Kommando unterstanden jetzt drei Kadergruppen: die I./JG 300 in Bonn-Hangelar unter Major Ewald Janssen, die II./JG 300 in Rheine unter Major Kettner und die III./JG 300 in Oldenburg unter Major von Buchwaldt. Sein Stabsschwarm lag in Hangelar, er selbst aber wohnte im Schloß Allner bei Bonn, von wo aus er in einem Fieseler Storch nach Hangelar flog, wenn er seine Wilde-Sau-Männer in den Kampf führte. Die Gruppen in Rheine und Oldenburg waren Gastverbände: Die II./JG 300 war bei der Tagjagdgruppe II./JG 1, die Fw 190 flog, zu Gast, und die III./JG

300 war »Untermieter« bei der Tagjagdgruppe III./JG 1 mit Bf 109. Stab und I./JG 300 in Hangelar flogen eine Mischung beider Flugzeugtypen einschließlich einiger Bf 109T, eine Version, die eigens für den Flugzeugträger *Graf Zeppelin* entwickelt worden war, der dann aber nie fertiggestellt wurde. JG 300 hatte bereits Verluste hinnehmen müssen: Als erster verlor der 23jährige Leutnant Heinz Strauss von der 4./JG 300 sein Leben, dessen Fw 190 in der Nacht des 21. Juli bei Staaken nahe Berlin bei einem Scheinwerfer-Übungsflug abstürzte. Schwerer noch traf es das Geschwader, als der Offizier, dem Herrmann zunächst die Führung der I./JG 300 angetragen hatte, Major Willi Gutsche, sein Leben lassen mußte, als sein Flugzeug in der folgenden Nacht aus unbekannten Gründen abstürzte. Jetzt bereits traten die Gefahren, die Nachtflüge mit einmotorigen Flugzeugen ohne Blindflugausrüstung mit sich bringen, deutlich zutage. Einige Wilde-Sau-Flugzeuge hatten an spontanen Einsätzen gegen den Nachtangriff auf Essen, der zwischen den beiden Großangriffen auf Hamburg lag, teilgenommen, und dabei waren vier Maschinen verlorengegangen: Drei Flugzeugführer – Feldwebel Günther Hattendorf, Leutnant Hans-Werner Schmidt und Feldwebel Heinrich Grill – zahlten den höchsten Preis. In derselben Nacht machte Feldwebel Wolfgang Knobloch, der durch das MG-Feuer eines britischen Bombers schwer verwundet worden war, mit seiner beschädigten Fw 190 eine Bruchlandung in Rheine.

Als dann JG 300 – oder »Geschwader Herrmann«, wie es allgemein genannt wurde – in der Nacht des 27./28. Juli seinen ersten vollen Einsatz über Hamburg flog, hatte es bereits fünf Flugzeugführer und sechs Flugzeuge verloren: Das war kein verheißungsvoller Anfang. Aber in dieser Nacht kam Herrmanns Wilde-Sau-Verfahren einer Bestätigung näher: Zwölf Maschinen stiegen von Hangelar, Rheine und Oldenburg auf, um im Schein des Infernos unter ihnen zu jagen. Einige wenige herkömmliche Nachtjäger unterstützten sie dabei: manche nur aufgrund von Befehlen, andere – selbstsicherer oder älter wie Peter Spoden – aufgrund von Eigeninitiative. Von den insgesamt 17 Flugzeugen, die das Bomberkommando in dieser Nacht verlor, schossen Herrmanns Flugzeugführer vier Bomber über der Stadt ab. Herrmann verlor nur eine seiner Maschinen: Die Fw 190 von Leutnant Fritz Tesch von der 5./JG 300, einem 32jährigen Flugzeugführer mit Wilde-Sau-Erfahrung – Tesch gelang, nachdem sein Jäger im Luftkampf mit einem britischen Bomber beschädigt worden war, schwerverwundet eine Bruchlandung.

Zwei weitere Luftangriffe schlossen die »Battle of Hamburg« ab: Der erste war relativ erfolgreich, der zweite ein Fehlschlag. Der Zielpunkt für den Nachtangriff vom 29./30. Juli war wieder derselbe wie bei den beiden vorangegangenen Großangriffen – aber dieses Mal kamen die Bomber von Norden mit der Absicht, die noch unzerstörten Gebiete im Norden der Großstadt zu treffen. Insgesamt 777 Bomber nahmen daran teil, und die Pfadfinder zielten mit H2S. Wieder wurden die ersten Zielmarkierungen danebengeworfen: Sie sanken zwischen 3 bis 5 km zu weit östlich zu Boden. Beim Bombenwurf wurde eine hohe Dichte erreicht, der Rückstau hatte eine Länge von 6,5 km, und wieder brachen intensive Brände aus. Zum Glück für die Menschen in den betroffenen Stadtteilen jedoch hatten sich die atmosphärischen Bedingungen geändert, und es gab keinen Feuersturm. Trotzdem aber kamen vermutlich etwa 1000 Menschen in den Flammen um – es erwies sich als unmöglich, eine genaue Zahl zu berechnen, weil das übliche System der Meldungen von Verlusten und Sachschäden nach den entsetzlichen Ereignissen zwei Nächte zuvor völlig zusammengebrochen war.

Der letzte Angriff dieser Serie fand am 2./3. August 1943 statt und war eine klare Demonstration des Fehlerpotentials, das Harris' Bombardierungsverfahren noch immer anhing - trotz aller technischen und taktischen Neuerungen seit seiner Amtsübernahme. Dieses Mal hatten 740 RAF-Bomber den Auftrag, einen Zielpunkt im Norden der Stadt anzugreifen, und sie kamen von Süden. Bei den drei letzten Großangriffen hatte ihr Kurs sie noch über die Nordsee und Schles-

wig-Holstein geführt, dieses Mal jedoch überflogen sie die norddeutsche Küste zwischen Bremerhaven und Cuxhaven. Über Norddeutschland gerieten sie dann in heftige Gewitter, die Formation wurde gesprengt, und viele Besatzungen kehrten um und/oder warfen ihre Bomben irgendwo ab. Den Pfadfindern gelang es nicht, das Ziel zu markieren, da die Stadt in Wolken gehüllt war, und so verteilte sich die gesamte Bombenlast auf die norddeutsche Tiefebene. Einige Bomben fielen sogar auf Hamburg - aber die Menschen in den Luftschutzkellern konnten die Explosionen vom gewaltigen Gewitterdonner gar nicht unterscheiden. Die Verluste waren gering - vielleicht auch deswegen, weil bis zu einer Million Einwohner die Stadt nach dem Feuersturm verlassen hatten.
Zwischen diesen beiden letzten Angriffen der Serie lag noch ein Luftangriff, geführt von Oboe-Mosquito, auf Remscheid am Rande des Ruhrgebiets. Daran nahm nur eine relativ kleine Zahl von Bombern teil, aber trotzdem erlitt die Industriestadt große Schäden und schwere Verluste an Menschenleben.
Jetzt jedoch - nur neun Tage nach dem erstmaligen Einsatz der Düppel - begannen auch die Verluste des Bomberkommandos wieder zu steigen, wie die folgende Tabelle zeigt:

Datum	**Ziel**	**Bomber**	**Verluste**	**Prozent**
24./25. Juli	Hamburg	791	12	1,5
25./26. Juli	Essen	705	26	3,7
27./28. Juli	Hamburg	787	17	2,2
29./30. Juli	Hamburg	777	28	3,6
30./31. Juli	Remscheid	273	15	5,5
2./3. August	Hamburg	740	30	4,1
Gesamt:		**4073**	**128**	**3,1** (Durchschnitt)

Der Anstieg der Verluste des Bomberkommandos lag sicherlich an der schnellen Reaktion auf den anfänglichen Rückschlag durch Führung und Einsatzverbände der Nachtjagd. Herrmanns Taktik der Wilden Sau, die jetzt von seinen eigenen einmotorigen Tagjägern und herkömmlichen zweimotorigen Maschinen praktiziert wurde, spielte dabei eine große Rolle, und viele Nachtjagdbesatzungen, jetzt befreit von den Fesseln des Himmelbettverfahrens Kammhubers, stürzten sich begeistert in die neue Rolle der freien Jagd. Die Flugzeugführer von Hajo Herrmanns JG 300 beanspruchten - bei Verlust eines Flugzeugführers und dreier Flugzeuge - etwa 20 Abschüsse für sich, während die große Masse der restlichen vernichteten Bomber an Kammhubers Männer fiel.

Schon vor Einführung der Düppel hatten sich - außer Hajo Herrmann - andere Köpfe damit beschäftigt, wie man Harris' Nachtbomber bekämpfen könne. Die grundsätzlichen Fähigkeiten des Bomberkommandos, schwere Verwüstungen in den deutschen Städten anzurichten, waren mit Einführung der viermotorigen Bomber enorm gestiegen, Gee und H2S hatten die Navigationsverfahren revolutioniert, und die Techniken der PFF hatten bewirkt, daß die Bomben nun näher am Zielpunkt zu Boden gingen. Kammhubers Himmelbettverfahren, das als Antwort auf die früher so planlosen und unkoordinierten Attacken des Bomberkommandos erdacht und entwickelt worden war, fügte den Briten keine Verluste mehr zu, die sie von harten Schlägen oder der Verfolgung ihrer gnadenlosen Zerstörungsabsicht hätten abhalten können.
Am 21. Juli 1943, drei Tage vor dem ersten Großangriff auf Hamburg, hatte Generalfeldmarschall Erhard Milch, Generalluftzeugmeister, an Dr. Rottgardt von der Elektronikfirma Telefunken geschrieben und ihm seine Gedanken über die zukünftige Entwicklung der Nachtjagd dargelegt.

Er hatte begonnen mit der Feststellung, daß es dringend notwendig sei, mindestens 20 bis 30 Prozent der Angreifer zu vernichten; langfristig müsse diese Zahl auf 50 Prozent erhöht werden. Um diese Ziele zu erreichen, benötige man ein System der freien Nachtjagd über große Entfernungen, um die Einsätze der gebundenen Nachtjagd zu unterstützen – hierfür aber brauche man wiederum ein breiteres Spektrum an Boden- und Bord-Funkmeßgeräten. Telefunken arbeitete bereits an mehreren neuen Funkmeßgeräten, und Milch mahnte die rasche Entwicklung und Herstellung zum Beispiel des Lichtenstein SN-2 an, das auf einer niedrigeren Frequenz als das weithin verwendete Lichtenstein BC arbeitete; ferner forderte er den baldigen Einsatz des Lichtenstein C-1 Weitwinkel mit verstellbarer Frequenz, des Blindfeuergeräts Pauke A sowie des Freund-Feind-Kenngeräts Biene W. In gewisser Weise war man also für eine schnelle Antwort auf die Düppel bereits gerüstet. Am 29. Juli – fast unmittelbar nach dem zweiten Großangriff auf Hamburg – konnte Oberst Viktor von Loßberg, nunmehr Milchs Berater für Nachtjagd-Angelegenheiten, Vorschläge für ein neues Nachtjagdkonzept unterbreiten: An dieser Besprechung nahmen 28 führende Persönlichkeiten der Luftwaffe teil – unter anderem Milch, der sie leitete, Generaloberst Weise, dem als Befehlshaber Mitte die Luftverteidigung des Reichs unterstand, Kammhuber, Chef der Nachtjagd, Generalmajor Adolf Galland, General der Jagdflieger und Hajo Herrmann, als schlichter Major einer der jüngsten Dienstgrade.

Das Konzept, das von Loßberg vortrug, sah eine starke Reserve an Nachtjägern vor, die von rückwärtigen Plätzen nach Holland verlegt werden sollten, um die nach dem Himmelbettverfahren geführten Maschinen zu unterstützen. Ein Flugzeug von jeder Staffel solle als sogenannter »Fühlungshalter« nach dem »Y«-System (das anschließend besprochen wird) navigieren und auf einer Rastfrequenz ein Dauersignal abstrahlen, damit die anderen Maschinen der Staffel den Fühlungshalter mit ihrem Funkpeilgerät anfliegen können. Alle Nachtjäger sollten sobald wie möglich mit den Bord-Funkmeßgeräten Lichtenstein SN-2 und/oder Lichtenstein Weitwinkel ausgerüstet werden. Da die Düppel die vordersten Maschinen der Bomberformation nicht schützten, solle der Fühlungshalter sie anfliegen, gefolgt vom Rest der Staffel. Dann sollten alle Maschinen freie Jagd im Bomberpulk durchführen. Der Fühlungshalter, die restliche Staffel und die Boden-Führungsorganisation sollten normale Sprechfunk-Frequenzen benutzen. Um zu verhindern, daß eigene Flugzeuge abgeschossen werden, müsse – bis eine zuverlässige Freund-Feind-Kennung verfügbar sei – ein striktes Verbot ergehen, auf etwas anderes als viermotorige Flugzeuge zu feuern.

Von Loßberg setzte sich auch dafür ein, Herrmanns Wilde-Sau-Staffeln zu verstärken, einige der einmotorigen Jäger eventuell mit Lichtenstein BC auszurüsten, zweimotorige Jäger bei Wilde-Sau-Einsätzen über dem Ziel bereitzuhalten und den Bereich des Flakfeuers auf eine bestimmte Höhe zu begrenzen. Zudem regte er an zu überlegen, ob man die Jäger nicht mit Infrarotsuchern ausrüsten und Leuchtkörper an Fallschirmen im Bomberpulk absetzen könne, um die Angreifer zu beleuchten.

Die Anwesenden akzeptierten die Vorschläge von Loßbergs einstimmig und leiteten sie Göring zu. Am 31. Juli, nach einer Besprechung mit Kammhuber, übermittelte Generaloberst Weise allen Verbänden folgendes Fernschreiben:

> »Die derzeitigen Schwierigkeiten beim Kampf gegen die schweren Nachtangriffe, ausgelöst durch Störung von Funkmeßfrequenzen, verlangen von allen Verbänden besondere Maßnahmen. Allen Besatzungen muß klar sein, daß Erfolg aufopfernden Einsatz bedingt.
>
> Ich befehle daher, wie kürzlich abgesprochen, den Einsatz des Geschwaders Herrmann über dem jeweiligen Angriffsziel. Darüber hinaus werden, soweit günstigere Einsatzfor-

men nicht erkennbar, alle verfügbaren Nachtjagdstaffeln über dem Flakbereich zusammengezogen. Sobald Nachtjäger über dem Ziel eintreffen, ist das Flakfeuer auf 4500 m zu begrenzen. Der Einsatz des Fühlungshalter-Flugzeugs gegen ein- und abfliegende Feindverbände ist mit allen Mitteln zu unterstützen. Zur Information anderer Verbände der Luftverteidigung haben Jagddivisionen die Luftgaue und Flakgefechtsstände umgehend zu unterrichten, sobald Jagdstaffeln starten. Flakdivisionen und Luftgaue wiederum unterrichten Jagddivisionen jeweils über voraussichtliches Ziel, ersten Bombenwurf, Abwurf von Zielmarkierung usw. Nachtjagdgruppen starten zu einer Zeit, die gleichzeitiges Eintreffen mit Feindverbänden über dem Ziel gewährleistet. Zu diesem Zweck stehen ihnen Scheinwerferverbände und Orientierungshilfen der Flak zur Verfügung. Telephon- und Fernschreibverbindungen zwischen Stab Befehlshaber Mitte und XII. Fliegerkorps sind umgehend aufzunehmen.«

Die »Battle of Hamburg« war für die Entwicklung sowohl der deutschen Nachtjagd als auch der strategischen Bomberkräfte ein bedeutsames Ereignis. Für die Nachtjagd wurde sie zum Wendepunkt, der ihre Führung zwang, die starre und straffe gebundene Abfangjagd aufzugeben zugunsten einer flexibleren und damit letztlich auch wirkungsvolleren Taktik, mit der die Bomber bekämpft werden konnten. Sir Arthur Harris hatte zwar auf schreckliche Weise die Schlagkraft der Bomber vorgeführt, sein erklärtes Ziel – Hamburg vollständig zu zerstören – jedoch nicht erreicht. Die von Düppeln verschafften Vorteile begannen schon nach kurzer Zeit zu schwinden.
Die Natur hatte in Form von atmosphärischen Bedingungen beide Seiten ihres Charakters gezeigt: Beim zweiten der vier nächtlichen Großangriffe auf Hamburg hatte sie demonstriert, daß sie eine – unter anderen Umständen normale – Flächenbombardierung in eine unbeschreibliche Katastrophe verwandeln konnte, und in der Nacht des letzten Großangriffs machte sie gemeinsame Sache mit den geschundenen Bürgern von Hamburg, indem sie die Bomberflotte zerstreute und der Stadt erneute Qualen ersparte.

KAPITEL 7

Peenemünde und veränderte Taktiken August 1943

Kammhubers Nachtjagd befand sich im Umbruch. Sie war jetzt im Westen auf vier Geschwader herkömmlicher Nachtjäger angewachsen und verfügte damit über insgesamt 16 Gruppen plus die Stabsschwärme, was auf dem Papier etwa 700 Flugzeuge ausmachte - die Zahl der wirklich einsatzbereiten Maschinen lag aber weit darunter. In gewissem Maße hatte die systembedingte Unbeweglichkeit des Himmelbettsystems die Einstellung der Nachtjagdbesatzungen geprägt. Sie hatten sich generell daran gewöhnt, in einer relativ statischen Luftverteidigung zu operieren: Sie starteten von ihren Stammeinsatzhäfen, flogen zu den nahegelegenen Nachtjagdräumen und kehrten dann - sobald die Bomber außer Reichweite waren - wieder zu ihren festen und bequemen Flugplätzen zurück. Die »Battle of the Ruhr« hatte Kammhuber gezwungen, vorübergehend Reserven aus dem Hinterland nach Westen zu verlegen, aber auch die waren meist an ihre eigenen Plätze gebunden, wenn sie gegen die britischen Bomber kämpften. Die Navigation hatte das dafür verantwortliche Besatzungsmitglied, den Funker, nicht gefordert, weil das Flugzeug normalerweise während des gesamten Einsatzes unter Funkmeßführung flog und sich ohnehin nur selten weit vom Platz entfernte. Anders ausgedrückt: Die Eigeninitiative auf Seiten der Besatzungen war zurückgegangen. Jetzt aber hatten die Düppel ihnen die Sicherheit ihres Heimatplatzes und seiner Einrichtungen genommen, und sie mußten - sozusagen - hinaus in die Nacht und sich selbst durchschlagen.
Ihr erstes Problem war die Navigation, und zum Glück für sie gab es bereits ein sehr genaues System, das »Y«-Verfahren, das in seiner Grundform schon weithin von Kampffliegern und Tagjägern der Luftwaffe genutzt worden war - die Nachtjäger hingegen hatten bislang kaum Verwendung dafür gehabt: Sie verließen sich mehr auf ihre Würzburggeräte. Das Y-Verfahren war eine relativ einfache Methode der Positionsbestimmung und konnte leicht erweitert werden. In seiner Grundform wurde die Position eines Y-bestückten Flugzeugs auf dem Seeburgtisch dargestellt, und zwar in der gleichen Weise, wie die Position vom Würzburggerät abgelesen wurde - aber der Seeburgtisch wurde dann bald aufgegeben zugunsten einer senkrechten, durchsichtigen Mattglasscheibe, wie sie bereits für die Gesamtluftlage in Gebrauch war; sie wird anschließend beschrieben.
Ypsilon war kein Funkmeßsystem, sondern ein Peilsystem mit Entfernungsmessung, das im UKW-Bereich arbeitete. Im gesamten Reich und in den besetzten Ländern gab es ein Netz von Y-Stellungen, die jeweils eine Reichweite von 250 bis 300 km hatten. Jede Y-Stellung hatte fünf getrennte Peilstationen, so daß bis zu fünf Flugzeuge gleichzeitig betreut werden konnten. Stellungen und Stationen arbeiteten auf getrennten Frequenzen, um sich nicht gegenseitig zu stören. Jede Y-Stellung hatte einen zentralen Luftlageraum, an den die Stationen ihre Werte durchgaben.
Die Position eines Flugzeugs ergab sich aus Azimuth - oder Seitenwinkel, bezogen auf Nord - und Entfernung. Wenn ein Funker am Boden über Funk mit dem Flugzeug sprach, wurde seine Sprache von einem Extrasignal überlagert, das als sanftes Pfeifen zu hören war. Es wurde von einem Transponder - oder Antwortgerät - im Flugzeug empfangen, der dieses Signal auf einer leicht veränderten Frequenz zurückgab. Durch einen sogenannten »Phasenmodulations-Ver-

gleich« wurde in der Bodenstation die Entfernung zum Flugzeug gemessen, wobei gleichzeitig auch die Richtung zu ihm nach dem normalen Peilverfahren festgestellt wurde. Auf diese Weise konnte die Position einer mit Ypsilon ausgerüsteten Maschine kontinuierlich auf der Luftlagekarte verfolgt werden - und im Flugzeug konnte die Besatzung jederzeit, wenn sie navigatorisch Unterstützung brauchte, die Bodenstation anrufen und nach ihrer Position fragen.
Der von Oberst von Loßberg vorgeschlagene Fühlungshalter war der Praxis der Tagjägereinsätze entlehnt: Dieses Flugzeug hielt Sichtkontakt mit den amerikanischen Bomberverbänden und übermittelte seine Position den Jägern. Loßberg hatte - wir erinnern uns - vorgeschlagen, daß bei Nacht dieser Fühlungshalter an die Spitze des Bomberverbandes geführt werden und dann ein Peilsignal abstrahlen solle, das den anderen Nachtjägern erlaubte, es anzupeilen und auf den Fühlungshalter zuzufliegen. Das war keine sehr praktische Idee, und sie war bei den Besatzungen äußerst unbeliebt: Ein Dauersignal abzustrahlen bedeutete, Feindjäger anzulocken - Beaufighter etwa, oder, schlimmer noch: Mosquito -, und deswegen wurde dieses System nie richtig angenommen. Mit Ypsilon waren zunächst nur die Maschinen der Staffelkapitäne und der älteren Flugzeugführer ausgerüstet, um andere Freie-Jagd-Maschinen per Funk in den Bomberpulk zu führen; langsam wurden aber auch immer mehr Nachtjäger damit bestückt und konnten somit unabhängig operieren.
Während die Himmelbett-Jägerleitstellungen weiterhin benötigt wurden und Y-Meldungen die des blauen Riesen ersetzten, wurde das Reportageverfahren immer mehr zur Norm: Bodenstationen gaben über Funk laufend Position, Stärke, Kurs und Höhe der Bomber durch, so daß die Jäger versuchen konnten, die Bomberflotte in Eigeninitiative zu finden. Waren die Düppel für die Jägerleitoffiziere (JLOs) zunächst ein Hindernis gewesen, so waren sie jetzt nützlich geworden: Die Millionen herabsinkender Silberfolien »malten« den Flugweg der Bomberformationen auf die Funkmeßanzeigen. Dieser Übergang von gebundener (oder geführter) Jägerleitung zu ungebundener (oder kommentierter: Reportageverfahren!) Jagd war natürlich ein langsamer Entwicklungsvorgang, in dem neue Verfahren ersonnen und neue Technologien eingeführt wurden, besonders auf dem Gebiet des Luftnachrichtenwesens. Die wichtigste Vorbedingung allerdings - zentrale Stellungen am Boden, von denen aus die Luftschlacht gelenkt werden konnte - existierte schon. Riesige Divisionsgefechtsstände waren errichtet worden oder standen kurz vor der Fertigstellung: im holländischen Deelen (1. Jagddivision), das im Juli 1942 begrenzt den Einsatz aufgenommen hatte, in Stade (2. JD), im französischen Metz (3. JD), in Döberitz bei Berlin (4. JD) und in Schleißheim bei München (5. JD). Sie waren Tag und Nacht besetzt und zeigten die Gesamtluftlage, allerdings waren bis zu den verheerenden Großangriffen auf Hamburg nur Tagjäger von ihnen geführt worden.
Die Divisionsgefechtsstände oder auch - so ihre damalige Bezeichnung - »Großgefechtsstände« verdienten diesen Namen in jeder Hinsicht: Das Hauptgebäude maß über dem Boden noch 60 mal 40 m und war 12 m hoch, und ein kleineres Nebengebäude maß 60 mal 8 m und war 9 m hoch. Der Bau stand etwa 4 m tief in der Erde. Die Wände aus bombensicherem Stahlbeton waren mehr als 1 m dick. Man schätzt, daß etwa 33.000 m∆ Beton für jeden Großgefechtsstand verbaut wurden.

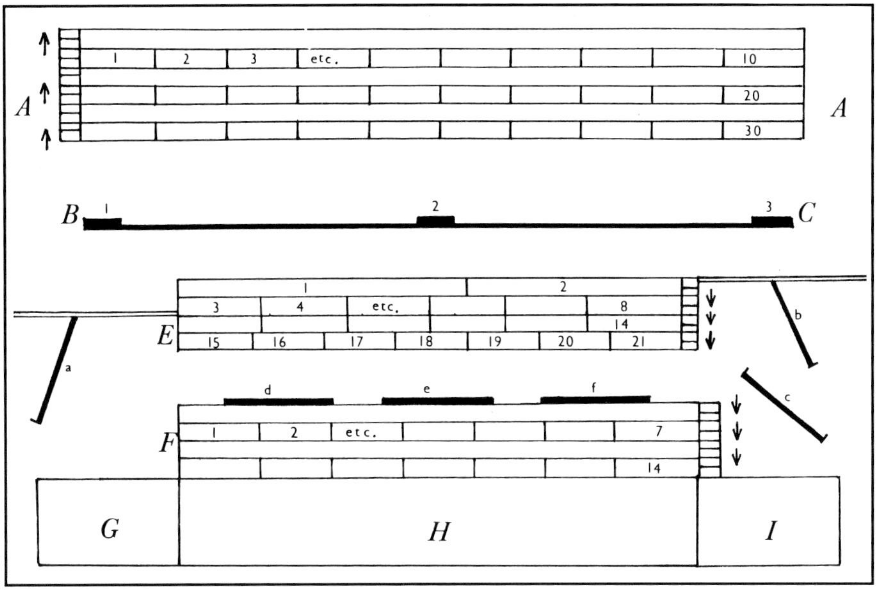

Schema eines typischen Großgefechtsstandes

Ein Großgefechtsstand war eine Führungszentrale; er entsprach in etwa dem Führungsgefechtsstand des britischen Jägerkommandos während der Luftschlacht um England, war aber noch größer. Er war Tag und Nacht einsatzbereit. Die wichtigste Einrichtung (B-C in der Skizze) war eine durchsichtige, senkrechte Luftlagekarte von etwa 12 m Länge und 9 m Höhe. Hinter der Tafel standen eine Anzahl langer Tische (A-A), an denen üblicherweise Luftwaffenhelferinnen (1-30) saßen, die alle per Telefon direkt mit einem Boden-Funkmeßgerät (Freya, Würzburg-Riese, Elefant, Wassermann, Mammut und dergleichen) verbunden waren und über einen Lichtpunktwerfer mit einem Farbpunkt (rot: Feind, grün: eigener Jäger) die Position auf der Karte darstellten. Die Tische waren - wie im Theater - galerieartig gestaffelt; die Pfeile zeigen nach oben führende Treppen.

1, 2 und 3 auf B-C waren Anzeigen, die von vorn ablesbar waren: 1 gab die Höhe des Bomberverbandes an, die von einem »roten« Funkmeßgerät kam, 2 war eine große Uhr, und 3 zeigte die Höhe der Jäger (»blaues« Funkmeßgerät).

Die Gefechtsführungsoffiziere saßen ähnlich gestaffelt an Tischreihen (E) vor der Karte: die Offiziere des Flugmeldedienstes an Tisch 1, Flakoffiziere an 2; sie alle hatten Fernmeldeverbindung zu ihren Einsatzverbänden. Die Tische 3-14 wurden von Jägerleitoffizieren besetzt, die jeweils Funkkontakt zu ihren Jägern hatten. Höhere Gefechtsführungsoffiziere saßen an den Tischen 15-21; der Jagdführer (18), dem alles unterstand, war gewöhnlich General.

An den Tischreihen davor (F, 1-14) saßen Funker, die mit dem Y-System die Jäger orteten und Navigationshilfen gaben. An G, H und I saß Personal, das mit den technischen Aspekten der Luftschlacht befaßt war: Funküberwachung, Funk- und Funkmeßstörung und dergleichen.

Zusätzlich zur Luftlagekarte gab es noch eine Anzahl kleinerer Anzeigen, zum Beispiel für Luftwarnmeldungen (a), für den Bereitschaftsstatus der Nachtjäger (b), für Meldungen der Nachrichtendienste (c), für die Anzahl der eingesetzten Jäger (d), für neueste Wetterangaben (e) und für zusammenfassende Meldungen (f).

Die Truppe - auch General Galland - nannte die Gefechtsstände auch »Gefechtsopernhäuser« oder »Kammhuberlichtspiele«.

Viel Innenraum wurde zwar für Büros, Unterkünfte, Werkstätten, Telefonvermittlungen, Funkzentralen, Generatoren und dergleichen benötigt, aber das Herz der Führungszentrale war der Gefechtsraum, eine große Halle, die von einer durchsichtigen, senkrechten Mattglasscheibe – der Luftlagekarte – beherrscht wurde, die 12 mal 9 m groß war und die Halle in zwei ungleiche Räume aufteilte: Der Raum davor war etwa dreimal so groß wie der dahinter. Sie zeigte den gesamten Gefechtsbereich der Nachtjagddivision. Die Karte des Gefechtsstandes in Deelen bei Arnheim zum Beispiel zeigte ganz Holland und erstreckte sich bis über das Ruhrgebiet. Sie war in Planquadrate aufgeteilt, die jeweils zwei Buchstaben trugen. Wichtige Details wie Städte, Flugplätze, Funkmeßstellungen, Flüsse, Seen und dergleichen waren ebenfalls eingetragen. An den Seiten der Halle gab es weitere, kleinere Karten für den Raum der Nachbardivisionen, den Bereitschaftsstatus und ähnliches.
Hinter der Glasscheibe erstreckten sich über die gesamte Breite drei lange Reihen von Tischen, die – wie im Theater, aber steiler – gestaffelt nach oben anstiegen. Es waren die Funkmeßtische, und hinter ihnen saßen Luftwaffenhelferinnen, die jede über Kopfhörer und Fernmeldeleitung mit einem Beobachter am Funkmeßgerät verbunden waren: einem Würzburg-Riesen, Freya, Mammut, Wassermann oder dergleichen. Jeder diese Helferinnen stand ein – entweder grüner oder roter – Lichtpunktwerfer zur Verfügung, mit dem sie auf der senkrechten Luftlagekarte die Position von Feindbombern oder eigenen Jägern darstellte, je nachdem, welche Aufgabe man ihr zugeteilt hatte.
Vor der senkrechten Karte und im größeren Teil des Gefechtsstandes befanden sich bis zu etwa zehn ansteigende Tischreihen. In der Mitte saß der Divisionskommandeur oder sein Stellvertreter: Er war der Führer des Abwehrkampfes und trug die funktionale Bezeichnung »Jagdführer« oder »Jafü«. Andere Positionen waren mit Offizieren, Unteroffizieren und Luftwaffenhelferinnen besetzt, die Kontakt zur Flak und anderen Verbänden hielten; sie hatten jeweils ihre eigenen Fernmeldeverbindungen. In taktischer Hinsicht am wichtigsten waren die Jägerleitoffiziere, die ihre Jäger per Sprechfunk führten. Hinter den JLOs standen Y-Tische mit Männern und Frauen, die mit den Y-Stationen verbunden waren: Sie markierten – wie die Luftwaffenhelferinnen, die mit Funkmeßgeräten verbunden waren – mit ihren »Lichtspuckern« die Positionen derjenigen Jäger, die das Y-System benutzten. Adolf Galland nannte diese großen und komplexen Führungszentren »Gefechtsopernhäuser«. Als er voll einsatzbereit war, umfaßte »Diogenes«, der Gefechtsstand bei Deelen, einen Stab von etwa 1000 Mitarbeitern; er verfügte – unter anderem – per Kabel und Funk über ein großes und weitverzweigtes Fernmeldenetz.
Es bedurfte zwangsläufig einer Übergangsphase, bevor man von der gebundenen Nachtjagd nach dem Himmelbettverfahren zur ungebundenen Nachtjagd nach dem Reportageverfahren der Großgefechtsstände übergehen konnte. Zudem mußten verbesserte Bord-Funkmeßgeräte, die weniger düppelanfällig waren, in die Jäger eingebaut werden. Es war diese Übergangszeit, in der Hajo Herrmanns Wilde-Sau-Flugzeugführer, stark unterstützt von offizieller Seite, von der deutschen Bevölkerung als Helden gefeiert wurden.

Direkt nach der Katastrophe von Hamburg bewies Göring einmal mehr seine Schwäche, vorschnell impulsive und irrationale Entscheidungen zu treffen. Herrmann nahm an einer kurzen Folge von Konferenzen teil, die Göring einberief, um die Leistungen der Nachtjäger Kammhubers sowie künftige Schritte zu besprechen, und auf einer dieser Konferenzen kam zur Sprache, daß Kammhuber, der selbst nicht anwesend war, Herrmanns Vorschlag, einmotorige Tagjäger am nächtlichen Kampf gegen die britischen Bomber teilnehmen zu lassen, abgelehnt und nichts weiter unternommen hatte – auch nicht nach der Begegnung von Herrmanns Flugzeugführern mit der RAF-Mosquito über Berlin im April. Göring kritisierte daraufhin – den abwesenden – Kammhuber heftig, wandte sich Major Herrmann zu und sagte: »Ich unterstelle das XII. Fliegerkorps Ihnen!« Der Reichsmarschall ordnete weiterhin an, daß Herrmann für alles, was die Jäger anbetreffe, verantwortlich sein werde und er, Herrmann, in dieser Beziehung Kammhuber Befehle erteilen könne. Das war so, als ob in der heutigen Bundeswehr der Inspekteur der Luftwaffe einen Major, zumindest fachlich, zum Vorgesetzten des Kommandeurs einer Luftwaffendivision – immerhin Generalmajor – ernennen würde. Herrmann brachte das in eine unmögliche Lage! Er beschloß daraufhin, Görings Befehl auf seine eigene Art auszulegen: Er würde mit Kammhubers Offizieren so gut wie möglich zusammenarbeiten – aber nicht aus der Position des Vorgesetzten heraus. Andererseits konnte er Görings Befehl nicht schlichtweg mißachten, aber er konnte Kammhuber auch nicht dadurch demütigen, daß er von Göring klare Richtlinien und eine formelle Bestätigung über den Umfang seiner Kommandogewalt forderte. Schließlich verließ er sich auf den Ruf Görings, seine spontanen Entscheidungen nicht weiter zu verfolgen – und diese Einstellung erwies sich als richtig. Zwangsläufig jedoch sprach sich herum, daß Herrmann ein Günstling Görings sei, und das versetzte ihn in die Lage, einen Einfluß auszuüben, der weit über dem eines normalen Majors lag. 1993 erinnerte er sich jener Tage und schrieb an den Autor:

> »Dich erstaunt heute ebenso wie mich damals die Tatsache, daß Göring mich über den Kommandierenden General des XII. Fliegerkorps setzen wollte. Dabei sind solche Maßnahmen so ungewöhnlich nicht bei Hermann Göring. Drastischen Äußerungen folgten manchmal drastische Maßnahmen. Galland war auch ein sehr junger Frontkommandeur ohne höhere Führungserfahrungen, als er nach dem 1. Weltkrieg zum Inspekteur gemacht wurde. Peltz war ein hoch talentierter Stukapilot und wurde vom Hauptmann zum Obersten im Generalstab gemacht und zum "Fliegerführer England" ernannt.
> Mein Fall war leichter zu erklären. Denn Göring stand das Wasser am Halse. Ich war ein Mann der letzten Wahl in der äußersten Not. Er fühlte, daß er Hitlers Vertrauen mehr und mehr verlor. Und er war sein großes Vorbild.
> Görings inneren Notstand habe ich damals garnicht voll erfaßt. Wohl habe ich seine Erregung gemerkt, als er mit mir am Telefon von Hamburg aus sprach. Hätte ich aber damals berücksichtigt, daß er immer sehr beherrscht und seine Wirkung berechnend auftrat, so hätte ich erkennen können, daß damals schon viel mehr Furcht und Schrecken seine Motive waren. So wird verständlich, daß er mich mit dem Befehl, nach Deelen zum XII. Korps zu reisen, das Kommando zu übernehmen und meine Befehle durchzusetzen, stehen ließ und zu Emmy ging. Ich konnte nur leicht verdattert seinen Chefadjutanten Oberst von Brauchitsch angucken und fragen, was hier los sei.«

Einerseits war Herrmann nicht bereit, Kammhuber zu übergehen – andererseits war er aber auch nicht gewillt, seine Wilde-Sau-Flugzeugführer Kammhuber unterstellen und in das allgemeine Luftverteidigungssystem integrieren zu lassen. Daher bat er – und das wurde ihm auch gewährt – um Unabhängigkeit:

»Als ich Göring später berichtete, sagte er zu Bruno Loerzer, seinem alten Kriegskameraden und Chef des Personalamtes:"Bruno, Du mußt Dir jetzt überlegen, was wir dem Hajo Herrmann für eine Stellung verschaffen, JaFü oder so was Ähnliches." Da protestierte ich. Ich sagte, die richtige Form meines Einsatzes könne für mich nur eine Jagddivision sein, die ihm, Göring, unmittelbar unterstellt sei, keineswegs Kammhuber und keineswegs dem Luftwaffenbefehlshaber Mitte, der von diesen Dingen keine Ahnung hat. Generalober Stumpf kam soeben von Norwegen runter und hatte dort ein ruhiges Leben geführt.«

Herrmann war dazu ausersehen, vor Kriegsende noch einen hohen Rang und beträchtliches Ansehen zu erwerben, und nur wenige würden ihn als durchschnittlich einstufen. Aber was ist mit der Masse der Besatzungen – ob britisch oder deutsch –, die Durchschnittsmänner, die die tödlichen Maschinen flogen, Bomben warfen, Bomber abschossen, Nacht für Nacht ihr Leben riskierten? Sie kamen aus ganz unterschiedlichen Lagern, aber sie alle hatte der Wunsch, zu fliegen, beseelt. Für einige war Fliegen schon im Frieden eine Leidenschaft, während bei anderen erst der Krieg den Wunsch, zu fliegen, geweckt hatte – und die unerwartete Gelegenheit bot, sich diesen Wunsch zu erfüllen. In Deutschland hatten die Wiedererlangung der Wehrhoheit und Patriotismus in den 30er Jahren manch jungen Mann dazu gebracht, sich schon lange vor Kriegsausbruch freiwillig zur Luftwaffe zu melden, so daß die Deutschen – was Männer anbetrifft, die zum Fliegen und zum Befehlen befähigt waren – gegenüber der RAF deutlich im Vorteil waren: Die überwältigende Mehrheit der Besatzungsangehörigen des Bomberkommandos trug noch Zivil, als der Krieg begann.
Zur Zeit des Unternehmens Gomorrha bestand die Besatzung einer Stirling, Halifax oder Lancaster aus Pilot, Navigator, Bombenschütze, Funker, Mechaniker und zwei Schützen. Nach Abschluß der Ausbildung war der normale Dienstgrad Sergeant, einige Absolventen jedoch – vor allem Piloten und Navigatoren – wurden auch Offiziere. Die Masse der Besatzungen erhielt ihre Ausbildung nach dem für das Empire gültigen »Ausbildungsplan für fliegendes Personal« in Staaten des Empire oder in den USA; nur eine geringe Anzahl durchlief die Ausbildung vom Anfang bis zum Ende auf den Britischen Inseln. Die Besatzung wurde üblicherweise auf einer Waffenschule nach einem völlig willkürlichen Verfahren zusammengestellt, indem alle kürzlich eingetroffenen Männer zusammengerufen wurden, meist in einer Halle, und die Piloten Männer ansprachen, die verfügbar waren und ihnen sympathisch erschienen, etwa mit den Worten: »Möchten Sie mit mir fliegen?« So wurden gelegentlich Schicksale entschieden. An den Waffenschulen wurden zweimotorige Bomber geflogen, wobei die Wellington am zahlreichsten vertreten war, und dann – wenn die Besatzung für eine Staffel vorgesehen war, die viermotorige Maschinen flog, folgte als nächstes die Umschulungsstaffel, wo ein Bordmechaniker zur Besatzung stieß und das Flugzeug einsatzmäßig geflogen wurde. An dieser Stelle bietet es sich an, eine kleine Auswahl von Besatzungsmitgliedern – britische wie deutsche – zu verfolgen, die 1943 Einsätze flogen.
Terry Bolter und John Chaloner waren typische Angehörige des damaligen Bomberkommandos. Nicht typisch war, daß sie – wider alle Erwartungen – überlebten. Sie waren keine Helden, sagen sie von sich, nur ganz gewöhnliche Burschen, die sich freiwillig – alle Besatzungen bestanden aus Freiwilligen – zum Fliegen gemeldet hatten, weil sie ihren Beitrag dazu leisten wollten, Hitler zu schlagen. Paul Zorner und Peter Spoden waren als Offiziersanwärter zur Luftwaffe gegangen in der festen Überzeugung, daß Deutschland in Europa seine gerechten Ansprüche vertrete und Hitler ein guter Führer ihres Volkes sei.
Der in Islington im Dezember 1922 geborene Terry Bolter war bei Kriegsausbruch 16 Jahre alt; er war Sohn eines Beamten, der im Ersten Weltkrieg als Offizier im Royal West Kent Regiment gedient hatte. Als er 16jährig die Oberschule verließ, wollte er wie sein Vater Beamter werden;

aber wie bei der überwiegenden Mehrheit junger Männer seines Alters in der aufgeheizten Atmosphäre jener Tage setzte sich der Wunsch, den Streitkräften beizutreten und den deutschen Imperialismus zu bekämpfen, gegenüber dem Gedanken an eine Beamtenkarriere durch - zweieinhalb Jahrzehnte nach dem »Krieg, der alle Kriege beenden« sollte. Im Mai 1941 meldete er sich beim Ausbildungskorps der RAF, das im Jahr zuvor aufgestellt worden war, um junge Männer für ihren Dienst in der RAF vorzubereiten, und nur einen Monat später ging er freiwillig zu den fliegenden Besatzungen. Zunächst war er enttäuscht, als eine medizinische Untersuchung im Adastral House in Kingsway, London, ergab, daß er farbschwach war, was bedeutete, daß er nicht Pilot werden konnte; dann aber wurde er als Beobachter zugelassen. Zu diesem relativ frühen Zeitpunkt war die funktionale Trennung von Navigatoren und Bombenschützen noch nicht klar vollzogen worden. Im Oktober 1941 wurde er dann einberufen, und er meldete sich bei der Sammelstelle für fliegende Besatzungen in St. John's Wood. Grundausbildung in Torquay und Beobachterschule in Eastbourne dauerten bis März 1942, und anschließend wurde er nach Blackpool versetzt, wo er auf seine Einschiffung wartete:

> »Dort bekamen wir Tropenausrüstung, was - nach dem Ausbildungsplan für fliegendes Personal des Empire - auf Rhodesien oder Südafrika als voraussichtliches Ziel hindeutete. Wir schifften uns am 13. April in Avonmouth auf der *Highland Chieftain* ein und erreichte dann - nach fünf Wochen Konvoifahrt auf See - Durban in Südafrika. Hier verbrachten wir einige Wochen im Durchgangslager Lyttleton, etwa 60 km von Johannesburg entfernt. Hier nahmen wir auch - mit Hunderten südafrikanischer Soldaten - an einem Vorbeimarsch vor General Jan Smuts teil, der den Appell in großem Gala abnahm. Es war uns eine Ehre, General Smuts unseren Respekt zu erweisen: Schließlich war unter seiner weisen Staatsführung, wenn auch aufgrund eines Mehrheitsbeschlusses, Südafrika an der Seite Großbritanniens in den Krieg eingetreten - wie im Großen Krieg von 1914-1918.
>
> Von dort wurde ich zur Waffenschule 45 bei Oudtshoorn in der Kapprovinz versetzt. Am 4. Juli 1942 starteten wir hier zum ersten Mal. Die 15wöchige Ausbildung umfaßte den Beobachter-/Navigatorlehrgang und dann einen Bombenschützenlehrgang auf Avro Anson und Airspeed Oxford. Nach Abschluß dieser beiden Lehrgänge kamen wir zur Waffenschule 43 bei Port Alfred zwecks Bordschützenlehrgang auf Oxford. Die Parade anläßlich der Verleihung der Schwingen fand am 10. Oktober 1942 statt. Nach einem sehr schönen Aufenthalt in einem Durchgangslager bei Kapstadt fuhren wir auf der *Ile de France* Anfang Dezember zurück in Richtung Heimat und erreichten - nach einem schnellen Solotrip - drei Wochen später Liverpool.«

Als Beobachter mit der begehrten Schwinge war Bolter für die Funktionen Navigation und Bombenwurf qualifiziert. Weil Bombenschützen im Bomberkommando jedoch rar waren, konnte er wählen, ob er auf schweren Bombern in dieser Funktion oder aber im Mittleren Osten auf Flugzeugen eingesetzt werden wollte, auf denen der Navigator auch die Bomben abwarf. Er entschied sich für die schweren Bomber, und im Februar 1943 ging er zur Einsatzausbildung an die Waffenschule 20 in Lossiemouth am Moray Firth, wo er einer Besatzung zugeteilt wurde. Seine Besatzung stammte überwiegend aus London, was auch ihre Auswahl bestimmt hatte, nur der Pilot Sandy Sunderland kam aus Yorkshire. Navigator war Bob Prendergrest aus Tooting, Funker Ron Walter, ein Nachbar und früherer Schulkamerad von Prendergrest, Biff Hagen, der Bordschütze, war - ungewöhnlich für eine Besatzung - verheiratet und hatte Kinder; er behauptete, 35 Jahre alt zu sein, war tatsächlich aber drei Jahre älter. Terry Bolter erzählt weiter:

»Die Wellington hatte fünf Besatzungsmitglieder – damit waren wir jetzt komplett und wurden zum Ausweichflugplatz Elgin, ein paar Kilometer von Lossiemouth entfernt, versetzt, wo wir mit der Einsatzausbildung begannen. Die Besatzung arbeitete an Bord gut zusammen, und so schlossen wir die Waffenschule Ende März ab und gingen sieben Tage auf Urlaub. Unsere Versetzung zur 1658. Umschulungsstaffel bei Riccall in Yorkshire kam durch, als wir noch auf Urlaub waren; dort sollten wir auf die viermotorige Halifax umschulen. In Riccall suchten wir uns zwei weitere Besatzungsmitglieder aus, womit wir jetzt sieben Mann waren. Es waren wieder zwei Londoner: Bunny Kearley, unser Bordmechaniker, und Mac Maculloch, der zweite Bordschütze.

Nach einer 48stündigen Pause am Ende der ersten Woche war ich rechtzeitig zum Appell um 08.30 Uhr wieder zurück, und ein Bombenschütze, den ich flüchtig kannte, erzählte mir, daß mein Pilot über das Wochenende ums Leben gekommen war, weil er aus seinem Hotelzimmer gestürzt war. Er war auf dem Betonboden darunter aufgeschlagen, wo ihn ein Polizist morgens vor sechs Uhr gefunden hatte: stöhnend und kaum noch bei Bewußtsein. Sandy verstarb dann auf dem Weg ins Krankenhaus von Leeds. Nach wenigen Tagen sagte man uns, daß unser neuer Pilot – Squadron Leader (Major) Derek Duder, Träger des Distinguished Flying Cross (DFC) – von Moreton-in-the-Marsh auf dem Weg nach Riccall sei; er war dort Staffelkapitän gewesen, hatte sich aber freiwillig für weitere Feindflüge gemeldet. Er war ein erfahrener Pilot, der das DFC schon im Juni 1941 bekommen hatte; zwei Einsatzverwendungen im Mittleren Osten hatte er bereits hinter sich. Er hatte die Universität von Cambridge abgeschlossen und sprach kultiviert und geschliffen; zudem war er der geborene Führer. Wir waren allgemein der Ansicht, daß wir von Glück reden konnten, solch einen erfahrenen Flieger als Nachfolger von Sandy bekommen zu haben.«

Terry Bolter traf im Mai 1943 auf seinem Einsatzflugplatz ein. Elvington lag im Südosten von York und war Heimatplatz der 77. Staffel, die zum Bombergeschwader 4 gehörte, das Halifax B Mk II mit Merlin-Motoren von Rolls-Royce flog. Als verdientem Offizier wurde Bolters Piloten Derek Duder der B-Schwarm anvertraut. Da es in dieser Staffel Grundsatz war, daß Schwarmführer länger bleiben sollten, um einen stabilisierenden Einfluß auszuüben, wurden sie und ihre Besatzungen nur zu maximal drei oder vier Feindflügen pro Monat herangezogen – was bei 30 Einsätzen pro Verwendung bedeutete, daß ihre Frontverwendung länger als üblich dauern würde, vielleicht sieben oder acht Monate. Bolter flog seinen ersten Einsatz am 25. Mai gegen Düsseldorf, danach griffen sie – während der »Battle of the Ruhr« – so riskante Ziele wie Essen, Wuppertal und Krefeld an, wobei sie die volle Dichte des Flakfeuers im »Happy Valley« erlebten. Als sie am 30. Mai frühmorgens von Wuppertal zurückkamen, erreichte ihr Bomber Großbritannien mit sehr wenig Kraftstoff, zudem machte schlechte Sicht die Landung gefährlich: Nach einem Notruf landete ihr Pilot schließlich in Newmarket – die Wolken durchstieß er erst in 150 m Höhe. Die Besatzung schätzte sich glücklich, das heil überstanden zu haben. Bolter griff Düsseldorf ein zweites Mal in der Nacht des 11./12. Juni an – der Nacht, in der Streib und sein Funker Fischer beim ersten Einsatz der He 219 fünf Bomber abschossen und die Verluste des Bomberkommandos, einen Angriff auf Münster mitgerechnet, auf fünf Prozent stiegen. Bei zwei Gomorrha-Einsätzen gegen Hamburg war er ebenfalls dabei, aber heute erinnert er sich nur noch an die Scheinwerfer, die in der Nacht des 27./28. Juli hilflos den Himmel absuchten, an die ausgedehnten Brände im Zielgebiet und – am 2. August – an die Wolken, die es schwierig machten, rote und grüne Zielmarkierungen auseinanderzuhalten.

Der andere Flieger der RAF, dessen Laufbahn im Bomberkommando wir etwas näher verfolgen wollen, ist John Chaloner. 1921 in Burnley geboren, verließ er das humanistische Gymnasium mit 16 Jahren. Bei Kriegsausbruch wurde ihm klar, daß er vermutlich wohl eingezogen und in der Marine Dienst tun würde. Der Gedanke, etwas so Glanzvolles wie Besatzungsmitglied eines Flugzeugs zu werden, erschien ihm höchst unwahrscheinlich – bis ein früherer Schulkamerad, Stanley Owen, in Burnley auftauchte: mit den Dienstgradabzeichen eines Sergeant und der Schwinge der Piloten. Er begriff nun, daß auch er die Chance haben könne, Flieger zu werden. Also meldete er sich freiwillig zum fliegenden Personal der RAF und wurde – zu seiner Überraschung – für die Pilotenausbildung zugelassen. Am 3. September 1941 – genau zwei Jahre nach der Kriegserklärung – wurde er einberufen und durchlief dann beim Ausbildungsregiment 9 in Stratford die Grundausbildung. Danach lernte er an der Fliegerschule außerhalb von Coventry fliegen. Im Frühjahr 1942 fuhr er an Bord der *Montcalm*, einem Schiff der Canadian Pacific, nach Kanada – sie umrundete Island, um den U-Boot-Rudeln zu entgehen, die weiter südlich die direkte Atlantikroute unsicher machten:

»Wir erreichten Kanada nach knapp zwei Wochen, und ich wurde zum Flugplatz Americus in Georgia versetzt, um dort auf Stearman-Doppeldeckern das Fliegen zu lernen. Das Reglement war streng militärisch – schon vor Morgengrauen Frühsport und so. Der Lehrgang war sehr fordernd, und nur etwa ein Viertel bestand ihn. Ich wurde nach etwa 20 Flugstunden abgelöst und wurde dann Beobachter. Nach einer kurzen Zeit in Kanada – in Trenton bei Toronto – ging ich in Miami in Florida auf einen Navigationslehrgang der PANAM. Verglichen mit Americus war das Leben dort luxuriös: Wir lebten im Hotel "Coral Gables", absolvierten unsere theoretische Ausbildung an der Universität von Miami und flogen in San Sebastian. Ende 1942 fuhr ich an Bord der *Queen Elizabeth* zurück nach Großbritannien; der Trip nach Greenock dauerte nur dreieinhalb Tage. Am Ende des Lehrgangs in Miami waren wir zum Leading Aircraftman (Gefreiten) befördert worden und hatten die Beobachterschwinge bekommen – gleichzeitig jedoch verloren wir die Fliegerzulage. Ich wurde erst Sergeant, als ich einen weiteren Lehrgang beendet hatte, diesmal an der Fliegerschule 3 in Bobbington, Staffordshire – ich glaube, der Flugplatz wurde später in Halfpenny Green umbenannt. Nach der Fliegerschule stieg ich bei der Waffenschule 14 in Cottesmore auf Wellington um, und danach ging es zur Umschulungsstaffel nach Wigsley in Lincolnshire, wo wir erst Manchester und dann Lancaster flogen.«

Von Wigsley wurde John Chaloner Ende Juli 1943 zum RAF-Flugplatz Fiskerton versetzt, ebenfalls in der Ebene von Lincolnshire gelegen. Sein Flugbuch wies insgesamt 215 Flugstunden auf, knapp die Hälfte davon Nachtflüge. Fiskerton war einer der Flugplätze des Bombergeschwaders 5 und Heimat der 49. Staffel, die Lancaster flog. Die Praxis, die gesamte Einsatzausbildung schon mit derselben Besatzung zu absolvieren, bevor man in eine Einsatzstaffel kam, stellte sicher, daß die sieben Männer fachmännisch zusammenarbeiteten, bestärkt noch durch die entstandene Kameradschaft. In seinem Fall jedoch stand diese Überlegung offensichtlich nicht im Vordergrund, sondern eher der Status, wie sich Chaloner erinnert:

»Ich durchlief Einsatzausbildung und Umschulung mit einem Australier, Flight Sergeant (Hauptfeldwebel) N. Die Australier wurden immer sehr schnell Offiziere. Ich war Sergeant, und er war Flight Sergeant, aber am Ende unserer Zeit, als N. zu 467. Staffel – einer australischen Staffel – ging, wurde er Offizier. Die meinten, er könne durchaus auch einen Offizier als Navigator gebrauchen, und es gab auch einen in einer anderen Besatzung – also taten sie N. mit diesem Flying Officer (Oberleutnant) Weiß nicht mehr zusammen, und ich kam dafür in dessen frühere Besatzung, die einen Unteroffiziersdienstgrad als Pilot hatte: Es war ein reiner Austausch. N.'s Besatzung war bis Ausbildungsende - Wellington, Manchester und Lancaster - stets zusammen gewesen, und ich freute mich schon auf meine Versetzung zur 467. Staffel, die in der Nähe von Nottingham lag, was Zivilisation bedeutete; bei den australischen Staffeln war man meist besser aufgehoben als bei den RAF-Staffeln. Aber dann kam da so ein Neunmalkluger, völlig unerwartet, und sagte: "Also, Sie bleiben nicht in N.'s Besatzung, weil er Offizier wird", was mir natürlich einen Stich gab, denn das heißt im Klartext ja: ": *Sie* werden *nicht* Offizier!" Also landete ich bei der 49. Staffel. Aber ich hatte Glück mit diesem Tausch, weil mein neuer Pilot, Ernie Webb, ein echter Kerl aus Yorkshire war, N. hingegen der Typ des aufstrebenden und ehrgeizigen Australiers. Wie sich bald herausstellte, dachte er nur an sich - er hatte während der Ausbildung oft zu uns gesagt: "Wir machen nicht nur eine Runde bei den Bombern, sondern wir verpflichten uns auch noch ein zweites Mal, und dann steigen wir um auf Nachtjäger" und dergleichen mehr. Sein Ziel war, so viele Flugstunden zu machen, daß er später bequem bei zivilen Fluggesellschaften einsteigen konnte - er nahm jede Gelegenheit wahr, Flugstunden zu sammeln. Ernie Webb aus Yorkshire war da viel ruhiger und zurückhaltender.

Wenig später kam mir zu Ohren, daß N.'s erster Einsatz ziemlich katastrophal verlief: Sie flogen "Bull's-eye" ("Volltreffer")[1], bei dem sie Maschinenschaden hatten, und die Besatzung sprang ab, während N. versuchte, das Flugzeug runterzubringen, und dabei verletzt wurde - nicht allzu schlimm, aber doch so, daß seine Moral davon was abbekam. Er flog dann noch mehrere Einsätze, die ihm aber nur weitere schmerzliche Erfahrungen einbrachten, und schließlich wurde er LMF[2]. Er ging dann nach Aussieland zurück, und seine Besatzung wurde - als Springer - verschiedenen Besatzungen zugeteilt. Sie kamen dann alle bei Einsätzen ums Leben oder blieben auf die eine oder andere Art und Weise auf der Strecke.«

Chaloners erster Feindflug hatte - am 9./10. August 1943 - Mannheim zum Ziel. Mannheim und Ludwigshafen galten als schwieriges Ziel, besonders für Neulinge - für Webbs Besatzung jedoch war es ein einfacher Flug. In seinem Tagebuch hielt Chaloner fest: »Sechs Flächenbrände und zahlreiche Feuer leuchten ringsum auf. Bei fünf Zehnteln Bewölkung ist es durch die Brände im Zielgebiet taghell. Auf dem Rückflug lebhafter Empfang über Boulogne.« Seinen zweiten Einsatz, fünf Nächte später gegen Mailand, empfand er als »sehr entspannend: Rundflug über die Alpen! Wir sahen zwar kurz einige Suchscheinwerfer aufleuchten, aber sobald wir mit dem Bombenwurf begannen, rutschte den Italienern das Herz in die Hose.«

Wie die Mehrheit der damaligen Angehörigen des Bomberkommandos waren auch Bolter und Chaloner als Kriegsfreiwillige zur RAF gegangen. Im Gegensatz dazu war die Mehrzahl des deut schen fliegenden Personals, besonders bei der Nachtjagd, schon vor 1939 in die Luftwaffe eingetreten, die als jüngste Teilstreitkraft im Grunde erst seit 1935 bestand. Die Ausbildung - besonders der Flugzeugführer und Bordfunker - dauerte in der Luftwaffe meist viel länger als in der RAF. Einer der Gründe dafür war, daß die Luftwaffe erst seit kurzem selbständige Teilstreitkraft war und ihre Ausbildung mehr Heereselemente enthielt als die der RAF: Man beschäftig-

[1] »Bull's-eye«: Ein Ausbildungsflug unter Einsatzbedingungen, bei dem oft kurz in den feindlichen Luftraum eingedrungen wurde.

[2] »LMF«: »Lack of Moral Fibre« (»mangelnde Charakterstärke«) - eine derart eingestufte Besatzung wurde vom fliegerischen Dienst abgelöst und häufig auch in Unehren zu Mannschaftsrängen degradiert.

te sich mit grundsätzlicher Militärtheorie und Militärgeschichte und verlangte Können und Spezialisierungen auf den verschiedensten Gebieten. Zur Luftwaffe ging man mit dem Ziel einer militärischen Karriere, und man durchlief erst die Offiziers- oder Unteroffiziersausbildung, bevor die fliegerische Ausbildung begann.
Im Krieg gab es dann aber natürlich auch Abweichungen von diesem Schema. In der RAF der Kriegszeit wurde man zum Besatzungsmitglied ausgebildet, und ob man dann Offizier wurde, hing von verschiedenen Faktoren ab: der Anzahl freier Offiziersstellen, den »Führungsqualitäten«, Beurteilungen, Empfehlungen und dergleichen. 1943, das kann man durchaus so ausdrücken, war die Mehrzahl der deutschen Nachtjagdbesatzungen Berufssoldaten, wohingegen man die Besatzungen des britischen Bomberkommandos Amateure nennen muß, die – als Produkt einer Fließbandausbildung – nur für eine gewisse Zeit Dienst taten. Einer der Deutschen, die bei Kriegsausbruch als Offiziersbewerber zur Luftwaffe gingen, war Peter Spoden – seine Enttäuschung bei seinem ersten Einsatz in der Nacht des Feuersturms über Hamburg haben wir bereits miterlebt:

»Ich bin Jahrgang 1921 und ging im Oktober 1940 zur Luftwaffe. Mein Vater war zunächst stark von Hitler eingenommen, aber diese Haltung änderte sich nach dem Einmarsch in die Tschechoslowakei. Ich erinnere mich noch an die "Reichskristallnacht" von 1938, und ich erinnere mich auch – da war ich siebzehn oder achtzehn –, daß wir in unserer Oberschulklasse drei jüdische Jungens hatten, die dann plötzlich verschwunden waren; einer hieß Stern: Er wurde später Eigentümer einer erfolgreichen Kette von Flughafenläden. Sie waren vom Direktor von der Schule gewiesen worden. Trotzdem glaubte ich an Hitler als unseren Führer und stellte die Regierungspolitik nie in Frage. Eigentlich gab es ja gar keine Regierung, sondern nur das "Führerprinzip«. Ich hielt es für richtig, unter deutscher Führung ein neues Europa aufbauen und den Vertrag von Versailles korrigieren zu wollen, mit dem die Alliierten so viel deutsches Land weggenommen hatten: das Sudetenland, Südtirol, das Memelland, Westpreußen und die deutsche Stadt Danzig. Ich und vermutlich Millionen deutscher Jungen und Mädchen waren von diesen Gedanken beflügelt. Von 1939 bis 1945 war der Dienst in der Wehrmacht für alle Männer Pflicht. Ich hatte mich schon immer für die Fliegerei interessiert und mich nach dem Abitur bei der Technischen Universität von Hannover für Aerodynamik eingeschrieben. 1940 bewarb ich mich als Ing.-Offz. bei der Luftwaffe und wurde im Oktober 1940 eingezogen. Mein Vater hatte mir von seinen schrecklichen Erlebnissen bei der Infanterie an der Westfront 1914-1918 erzählt; er war dort schwer verwundet worden und ist auch ziemlich früh gestorben. Während der fliegerischen Ausbildung konnten wir uns zu verschiedenen Waffengattungen melden: Ich entschied mich für die Nachtjagd, obwohl ich ursprünglich Tagjäger werden wollte und auf Bf 109 ausgebildet worden war. Ich wählte dann aber die Nachtjagd, weil ich aus dem Ruhrgebiet stamme – meine Familie lebte in Essen –, und seit Kriegsausbruch war das Ruhrgebiet ja ständig von britischen Bombern angegriffen worden. Am 1. Juni 1943 kam ich zur 5./NJG 5, und meinen ersten Einsatz flog ich beim Feuersturmangriff auf Hamburg. Als Neulinge flogen wir immer erst in der zweiten oder dritten Welle. Erst kam Hauptmann Schoenert, dann Hauptmann Fellerer, dann kam Wim Johnen – und dann kam Spoden. Die Altvorderen rissen alles an sich: Es war wie ein Sport – viele Abschüsse bedeuteten viele Orden. Nach vier Abschüssen bekam man damals das Eiserne Kreuz 1. Klasse, nach dem zehnten den Ehrenpokal für besondere Leistungen im Luftkrieg, nach dem fünfzehnten das Deutsche Kreuz in Gold – von uns "Ritterkreuzbremse" oder "Spiegelei" genannt – und nach dem fünfundzwanzigsten das begehrte Ritterkreuz. Das war schon ein verrückter Sport! Aber viele – wenn sie erst einmal das Ritterkreuz hatten – setzten dann nicht mehr alles auf eine Karte: Sie wollten ihr Schiksal nicht herausfordern!«

Wir haben auch Paul Zorner schon getroffen: Er erzielte seinen zehnten Luftsieg ebenfalls in der Nacht des Feuersturms über Hamburg und war selbst dabei abgeschossen worden. Zorner war ein Jahr älter als Spoden und in einem kleinen Dorf – Roben – in Oberschlesien zur Welt gekommen. Anfang 1938 bestand er das Abitur: Es war Voraussetzung für die Zulassung zum Offizier. Danach ging er für sechs Monate zum Reichsarbeitsdienst, in dem jeder Deutsche dienen mußte; inzwischen hatte er sich aber schon freiwillig als Offiziersbewerber zur Luftwaffe gemeldet in der Hoffnung, sich seinen lang gehegten Wunsch – zu fliegen – erfüllen zu können. Privat fliegen zu lernen war ihm wegen der verhältnismäßig bescheidenen Mittel seiner Eltern nicht möglich – eine Laufbahn in der Luftwaffe hingegen bot ihm die Möglichkeit, kostenlos fliegen zu lernen und dabei schon Geld zu verdienen. Im Oktober 1938 trat er seinen Dienst an, und im März 1939 besuchte er die Luftkriegsschule in Berlin-Gatow, wo er gleichzeitig zum Offizier wie zum Flugzeugführer ausgebildet wurde. Im November war seine Ausbildung auf Einmotorigen abgeschlossen, und er ging zur C-Schule, wo er Zweimotorige zu fliegen lernte. Im März 1940 war er für elf Flugzeugtypen qualifiziert und wurde als Fluglehrer ausgewählt. Genau ein Jahr später – im März 1941 – wurden dringend Flugzeugführer für Mehrmotorige gesucht: Sie sollten das dreimotorige Transportflugzeug Ju 52 fliegen, um Rommels Vormarsch in Nordafrika zu unterstützen. Zorner wurde daraufhin zum neu aufgestellten KG zbV 104 (Kampfgeschwader zur besonderen Verwendung) versetzt, das zwar in Wiener Neustadt lag, aber im Mittleren Osten eingesetzt war. Im September 1941 wurde er dann als Transportflugzeugführer an die ukrainische Front versetzt. Lassen wir Zorner berichten:

»Bei der Ju-52-Staffel in der Ukraine blieb ich bis Oktober 1941; mit gefiel es nicht in Rußland. Zu der Zeit wurde die Nachtjagd aufgebaut, und man suchte dafür Freiwillige. Die Nachtjäger standen oft in den Zeitungen, und ich erinnere mich an einen Artikel über Wilhelm Beier, der damals gerade das Ritterkreuz verliehen bekommen hatte. Die Nachtjagd war etwas für mich: Ich hatte viele Flugstunden, ausreichend Flugerfahrung und den Blindflugschein – also meldete ich mich dafür. Im Oktober 1941 wurde ich zur Tagjägerschule in Oberschleißheim bei München versetzt, wo wir He 51, Ar 96 und Bf 110 flogen, und im Januar 1942 begann ich den Nachtjägerlehrgang in Manching bei Ingolstadt. Die gesamte Ausbildung – tagsüber wie nachts – war auf vier Monate veranschlagt, aber wegen des starken Bedarfs an der Ostfront waren wir knapp an Sprit, und so wurde ich erst im Mai 1942 fertig. Mich überraschte, daß – obwohl viele Flugzeugführer nur geringe Nachtflugerfahrung hatten – ein Großteil unserer Ausbildung am Tage durchgeführt wurde: Ich selbst flog in Manching von insgesamt 72 Stunden nur 16,5 nachts. Trotzdem: Es war eine sehr angenehme Zeit – ich konnte zweimal vier Wochen Urlaub nehmen.

Mein erster Einsatzverband war die II./NJG 2 in Gilze-Rijen; dort flog ich die Ju 88. Wir bekamen dort auch theoretischen Unterricht durch so erfolgreiche Flugzeugführer wie Strüning und Prinz zu Sayn-Wittgenstein. Davon sind mir noch zwei Dinge in Erinnerung: Erstens, daß man sich nachts an das Feindflugzeug wie ein Indianer anschleichen kann, daß es also, abhängig vom Wetter, Höhen und Richtungen gibt, in denen man sich mit minimalem Risiko, gesehen zu werden, annähern kann; und zweitens, daß man bei Zweimotorigen sorgfältig zwischen Rumpf und Motor und bei Viermotorigen zwischen die beiden Motoren einer Tragfläche zielt – dann gerät das Feindflugzeug schon beim ersten Feuerstoß in Brand.

Von Gilze-Rijen wurde ich im Oktober 1942 nach Grove in Dänemark versetzt. Am 2. Dezember jedoch ging es dann zur I./NJG 3 in Wittmundhafen in Ostfriesland, wo ich Kapitän der 2. Staffel wurde. Grundsätzlich war die Staffel mit Do 217 ausgerüstet, aber die mochte ich nicht: Sie konnte zwar bis zu fünf Stunden in der Luft bleiben, war aber nicht so wendig wie die Bf 110 – also ließ der Gruppenkommandeur, Egmont Prinz zur Lippe-Weissenfeld, mich die Bf 110 fliegen, wann immer ich wollte. Wenn es so aussah, als ob die Briten über die Nordsee anflogen, dann nahm ich die Do 217, wenn sie aber über Land kamen, nahm ich mir eine Messerschmitt 110. Mein erster Abschuß gelang mir im Januar 1943, und meinen zehnten erzielte ich während der Angriffe auf Hamburg – da war ich Staffelkapitän der 3./NJG 3 in Vechta südwestlich von Bremen.«

Terry Bolter, John Chaloner, Peter Spoden und Paul Zorner waren nur vier von Tausenden junger Männer aus beiden Lagern, die einander am dunklen Himmel über Europa bekämpften: Teilnehmer an der längsten und heftigsten Luftschlacht, die die Welt je erlebt hat – und wahrscheinlich auch nicht wieder erleben wird. Jeder von ihnen durchlebte seinen Triumph oder seine Niederlage, aber zuvor mußten sie entsetzt mit ansehen, wie unzählige ihrer Kameraden ihr Leben verloren oder verstümmelt wurden. Sie kannten die seelischen und körperlichen Belastungen, die ihnen das Fliegen in einer gnadenlosen und gefährlichen Umwelt auferlegte, die man nicht beschreiben kann – und sich auch nicht vorstellen kann, wenn man sie nicht selbst bezwungen hat.
In den ersten beiden Wochen nach der »Battle of Hamburg« flog das Bomberkommando nur zwei Angriffe gegen deutsche Städte – gegen Mannheim und Nürnberg, beides nur Routineangriffe. Da nur etwa zwei Prozent der eingesetzten Maschinen verlorengingen, waren die Verluste ermutigend gering. Aber Italien, das bereits kurz vor dem Sonderwaffenstillstand mit den Alliierten stand, hatte weniger Glück als sein großer Achsenmachtpartner Deutschland: Harris führte eine Serie nachhaltiger Bombenangriffe auf italienische Städte durch, die das Bomberkommando fast nichts kosteten – Angriffe, die sicherlich auch zum Abfall Italiens im Folgemonat beitrugen.
Beim Angriff auf Turin in der Nacht des 7./8. August 1943 wurde eine neue Technik des Bombenwurfs durch die Hauptmacht der Bomber angewandt. Obwohl die Einführung der Markierungstechnik durch die Pfadfinder das Aufspüren des Ziels und die Massierung des Bombenwurfs erheblich verbessert hatte, zeigte – Hamburg eingeschlossen – die Erfahrung, daß der Erfolg des Luftangriffs weitgehend davon abhing, wie genau die ersten Zielmarkierer und die Reserven ihre Markierungen abwarfen. Wenn ein Luftangriff gegen ein ungenau markiertes Ziel begann, war die Tendenz erkennbar, daß der Bombenwurf sich immer weiter verstreute – oder aber, wenn eine gewisse Massierung beibehalten wurde, dann traf sie Gebiete, die nicht das Ziel waren. Und dann gab es noch ein weiteres Problem: Rauch von Explosionen und Bränden, aber auch von Selbstverneblern, überlagerten die Zielmarkierungen und verstärkten noch die Ungenauigkeit des Bombenwurfs. Dazu kam dann noch das zuvor schon erwähnte Phänomen des Rückstaus. Daraus ergab sich die dringliche Forderung, den Bombenwurf mehr zu konzentrieren und bei Bedarf auch zu verlagern.
Während der Angriffe auf die Talsperren der Ruhr im Mai war Wing Commander (Oberstleutnant) Guy Gibson nach Abwurf seiner eigenen Bomben im Zielgebiet geblieben und hatte die anderen Angehörigen seiner Staffel in den Angriff geführt, indem er ihnen Anweisungen über

Sprechfunk durchgab. Im Bomberkommando beschäftigte man sich nun mit dem Gedanken, diese Technik auf Großangriffe auszuweiten: Speziell ausgewählte und erfahrene Offiziere sollten während des gesamten Luftangriffs im Zielgebiet kreisen und den Bombenwurf durch Befehle über Funk dirigieren. Ein Versuch dieser Art war im Juni bei einem Angriff auf Friedrichshafen bereits durchgeführt worden, allerdings ohne durchschlagenden Erfolg. Turin – ein weniger gefährliches Ziel als die meisten deutschen Städte – hatte man für einen weiteren Versuch mit dieser Technik ausgewählt, und der hochdekorierte Group Captain (Oberst) John Searby, der schon Schwarmführer in Gibsons 617. Staffel gewesen war, bevor er Kapitän der 83. Pfadfinderstaffel wurde, wurde zum »Master of Ceremonies« (»Zeremonienmeister«) ernannt. Obwohl auch dieser Versuch keinen überzeugenden Erfolg hervorbrachte: Das Prinzip war als richtig erkannt, und »Master Bombers« (»Bomberführer«), wie sie später genannt wurden, spielten von nun an bei Einsätzen des Bomberkommandos eine immer größere Rolle. Was beim Angriff auf Turin jedoch nur sehr wenige Menschen wußten war, daß es noch einen weiteren Grund für Versuche mit der neuen Technik zu genau diesem Zeitpunkt gab – und auch, warum Searby, der den Grund seiner Wahl für diese Aufgabe nicht kannte, dafür bestimmt worden war.

Das Bomberkommando stand vor der schwierigen Aufgabe, nunmehr – im Gegensatz zum bisherigen Flächenbombardieren, das die Standardpraxis war – ein Punktziel angreifen zu müssen: Berichte der Nachrichtendienste, die durch Luftbilder bestätigt worden waren, hatten nämlich darauf hingewiesen, daß in einer hochgeheimen Versuchsanlage bei Peenemünde an der Ostseeküste Raketen entwickelt und erprobt würden, und man ging davon aus, daß die Deutschen schon bald einen Raketenangriff auf die Britischen Inseln beginnen könnten. Harris' Aufgabe war es, den verschiedenen Anlagen, aus denen sich der Peenemünder Raketenforschungskomplex zusammensetzte, den größtmöglichen Schaden zuzufügen, und es war offenkundig, daß die bisherigen Pfadfinder- und Flächenwurftechniken den dafür erforderlichen Grad an Genauigkeit nicht erbringen konnten. Harris beschloß daher, den Angriff bei klarer Sicht und Vollmond durchzuführen, was das Bomberkommando gewöhnlich vermied, da das die Nachtjäger begünstigte – und Searby sollte als Bomberführer so weit wie möglich sicherstellen, daß die Bomben ihre Ziele auch trafen. Wegen der Bedeutung dieses Vorhabens waren ungewöhnliche Sicherheitsvorkehrungen getroffen worden, und außer einem sehr kleinen Kreis hoher Offiziere kannte im Bomberkommando bis zum allerletzten Moment niemand die Lage des Ziels. Den Besatzungen hatte man nicht einmal bei der Flugvorbesprechung die wahre Natur ihres Zieles verraten – sie wußten nicht, was dort entwickelt wurde. Man hatte ihnen nur gesagt, daß sie – wenn es ihnen nicht gelang, die Anlagen in Peenemünde zu zerstören – immer und immer wieder dorthin geschickt werden würden, bis sie ihren »job« ordentlich erledigt hätten.

Nicht alle Geschwaderkommodores des Bomberkommandos waren voll davon überzeugt, daß Bennetts Pfadfinder das beste Mittel seien, um gute Bombardierungsergebnisse zu erzielen. An erster Stelle unter Bennetts Kritikern – und mit ziemlichem Einfluß – stand der hochdekorierte, hartnäckige Air Vice Marshal (Generalmajor) The Honourary Sir Ralph A. Cochrane, Kommodore des Bombergeschwaders 5, zu dem auch die elitäre 617. Staffel gehörte. Cochrane besaß Einfluß auch auf Harris, und der stimmte zu, daß Cochrane als Alternative zum Bombenwurf nach Pfadfinder-Markierungen – wenn die gegebenen Umstände das erlaubten – seine eigene und bevorzugte Technik des »Zeit-Entfernungs-Bombenwurfs« anwenden dürfe: Dabei maßen die einzelnen Bomber ihre Geschwindigkeit über Grund beim Anflug auf das Ziel anhand vorher ausgewählter Bodenbezugspunkte und warfen ihre Bomben – falls erforderlich, auch blind – zu einem auf dieser Grundlage vorausberechneten Zeitpunkt.

Beim Luftangriff auf Peenemünde wurde erstmals die 113 kg schwere Zielmarkierung »Spotfire« (»Fleckfeuer«) eingesetzt, die nach der Explosion in 900 m Höhe auf dem Boden als Farbfleck noch bis zu 20 Minuten weiterbrannte. Die Farben dieser Zielmarkierung – Rot, Gelb oder Grün; in Peenemünde war es Rot – waren sehr ausgeprägt und konnten von den Deutschen nur schwer nachgemacht werden: Das taten sie jetzt nämlich mehr und mehr in Verbindung mit Scheinzielen, die sie in der Nähe von Städten anlegten, um – oft erfolgreich – die britischen Bomber vom Ziel wegzulocken. Bei diesem Nachtangriff gab es noch eine weitere wichtige Neuerung: einen sorgfältig ausgearbeiteten Plan, der dem deutschen Flugmeldedienst vorspiegeln sollte, die Bomber wären auf dem Wege zu einem anderen Ziel – so sollten sie ihre Jäger dann vom wirklichen Ziel abziehen.

Nach den Angriffen auf das Ruhrgebiet und der Zerstörung Hamburgs und mit Herannahen längerer Nächte war es nur verständlich, daß die Deutschen mit weiteren Großangriffen der Briten auf wichtige Ziele tief im Reich rechneten, und es war auch logisch, daß sie Berlin ganz oben auf der Angriffsliste wähnten. Harris nährte diesen Glauben, indem er – in drei von vier Nächten, die dem Angriff auf den Raketenentwicklungskomplex Peenemünde vorausgingen – kleinere Verbände von Mosquito gegen die Hauptstadt einsetzte, wodurch die deutsche Luftverteidigung annehmen mußte, ein weiterer Großangriff stehe unmittelbar bevor. Er schickte diese Mosquito über die Nordroute, so daß sie von der Ostsee her anflogen: Das sollte sicherstellen, daß auch im Raum Peenemünde Fliegeralarm ausgelöst wurde – da dort aber keine Bomben fielen, sollte sich das dortige Luftverteidigungspersonal in dem falschen Gefühl von Sicherheit wiegen. Harris wollte auch die Raketenwissenschaftler töten, und die Chancen dafür standen besser, wenn sie – sobald die Bomben zu fallen begannen – in ihren Betten und nicht in den Luftschutzkellern waren.

So starteten in der Nacht des 17./18. August knapp 600 Lancaster, Halifax und Stirling zu diesem wichtigen Luftangriff; ihnen flog eine Ablenkungsgruppe von sieben Mosquito mit Kurs Berlin voraus. Die Route der schweren Bomber wie der Mosquito führte auf Südostkurs über die schmale Halbinsel Jütland; hier nahmen die Mosquito direkten Kurs auf Berlin, während die Bomber bis zu einem Punkt nördlich von ihrem Ziel weiterflogen, bevor sie zum Angriff eindrehten. Beide Gruppen warfen Düppel ab, was es den Verteidigern erschwerte, die wahre Stärke der Berlin-Angreifer einzuschätzen. Für Terry Bolter war Peenemünde der 13. Einsatz. Er schreibt:

> »Als wir Ende Juli vom Urlaub zurückkamen, flogen wir erfolgreiche Einsätze gegen Essen und Hamburg... Am 17. August war Peenemünde an der Ostsee unser Ziel; bei der Flugvorbesprechung wurde uns gesagt, es sei äußerst wichtig: Deutsche Wissenschaftler arbeiteten dort an Geheimwaffen, die unsere Bomber noch viel empfindlicher gegen Angriffe ihrer Jäger machen würden. Aber man hatte uns nicht die Wahrheit gesagt! Nach dem Krieg erfuhren wir, daß Peenemünde ein Raketenforschungszentrum war...
> Als wir Dänemark überflogen, kam der Mond zum Vorschein, und als wir uns der Insel Hiddensee westlich von Rügen – unserem letzten Wendepunkt – näherten, konnte ich im Mondschein auf der Karte unsere Position ganz genau angeben, Bob bestätigte sie anschließend, und jetzt begannen wir in geringer Höhe den Anflug auf Peenemünde. Unser Ziel waren die Unterkünfte der Wissenschaftler, und aus 1500 m Höhe waren sie im Mondschein deutlich zu erkennen. Der Bomberführer hatte den Einsatz schon fest in der Hand: "Achtung Raben, Achtung Raben – bombardiert die grünen Bodenmarkierungen, bombardiert die grünen Bodenmarkierungen!" Es war aufregend, der weit entfernten Stimme des Bomberführers, der den Einsatz lenkte, zuzuhören, während ich die Bomben genau in dem Moment ausklinkte, als sich die grünen Markierungen mit dem Fa-

denkreuz meines beleuchteten Bombenvisiers deckten und das rote Licht meiner Kamera aufblinkte. Bombenlast und Blitzlichtbombe waren raus. Wir konnten die Bomben am Boden explodieren sehen, als wir mit schon wieder geschlossenen Bombenklappen das Zielgebiet überflogen. Dann zog Derek die Steuersäule weit zurück, begann den langen Steigflug auf 6600 m und drehte auf Westkurs – Richtung Heimat. Wir hatten Glück: Da wir der ersten Welle angehörten, sahen wir keine Jäger – den ersten beiden Wellen hatten die Ablenkungs-Mosquito über Berlin die Nachtjäger entzogen, aber die dritte Welle erwischten sie voll, unterstützt noch durch den Vollmond; sie stellte die meisten der 40 verlorenen Maschinen.

Als der Bomberführer das Zielgebiet verließ, war es unmöglich, einzelne Gebäude voneinander zu unterscheiden: Die Brände waren zu stark. Dr. Thiel, der wissenschaftliche Leiter der Entwicklung der V-Waffen, und sein wichtigster Assistent waren ums Leben gekommen. Wichtiger noch war, daß auch die Zeichenbüros getroffen worden waren und damit auch die Konstruktionspläne der V2: Sie waren gerade für die Firmen, die die Raketen herstellen sollten, fertiggestellt worden, und ihre Vernichtung verschob ihre Produktion um viele Monate.«

Der Angriff auf Peenemünde kann allerdings nur als halber Erfolg gewertet werden. Markierungsfehler der Pfadfinder zu Beginn des Angriffs sowie leicht verstreute Markierungen durch die Reserven, die Selbstvernebelung der Deutschen und das Durcheinander von Explosionen, Bränden und Rauch, die Unentschlossenheit einiger Besatzungen des Bombergeschwaders 5, ob sie nach Markierungen oder nach Cochranes Zeit-Entfernungs-Technik bomben sollten, ein Westwind, der – stärker als vorhergesagt – die Markierungen zu weit nach Osten abtrieb: Diese und andere Faktoren trugen dazu bei, daß zwei der drei Hauptziele, das Entwicklungswerk und das Fertigungswerk, meist »Werk Süd« genannt, weniger Schäden davontrugen als geplant. Das dritte Ziel, die große Siedlung mit Unterkünften von Wissenschaftlern und Arbeitern, wurde sehr hart getroffen: Annähernd 200 Menschen verloren dort ihr Leben. Tragisch war, daß auch ein Fremdarbeiterlager südlich des Hauptzielgebiets schwer in Mitleidenschaft gezogen wurde, als die Hauptstreitmacht ihre Bomben auf falsch plazierte Pfadfindermarkierungen abwarf. Zwar hatte der Bomberführer diesen Irrtum recht früh schon erkannt und konnte den Bombenwurf von dem Lager wegdirigieren – aber da hatten bereits 500 bis 600 Lagerinsassen ihr Leben verloren.

Der erzielte Erfolg war allerdings nur begrenzt, wenn man ihn an seinem Ideal maß: der vollständigen Zerstörung aller drei Ziele. Nach bisherigen Standards war es ein beeindruckender Luftangriff, eine abschreckende Demonstration der Fortschritte, die man in der tödlichen Praxis strategischer Bombenangriffe erzielt hatte, und eine drohende Warnung an die Deutschen, was ihnen noch bevorstand. Das volle Ausmaß seiner Auswirkungen auf Entwicklung und Fertigung der V2 ist seit Kriegsende – seitdem mit dem Programm beschäftigte Wissenschaftler und andere führende Köpfe befragt werden konnten – umstritten. Schätzungen, inwieweit eine Raketenoffensive auf Großbritannien verzögert wurde, reichen von zwei bis zu sechs Monaten und mehr – generell ist man sich aber einig, daß die Herstellung dieser tödlichen Waffen durch die Angriffe verzögert wurde.

Die Verluste unter den Bomberbesatzungen aus Großbritannien und dem Commonwealth waren zwar hoch, aber – gemessen an der Bedeutung des Ziels – hinnehmbar. 40 Maschinen kamen nicht zurück: 6,7 Prozent der eingesetzten Bomber. Das Flakfeuer im Raum Peenemünde, sowohl von örtlichen Flakstellungen wie von einem Flakschiff, das vor der Küste lag, war leicht gewesen – möglicherweise lag das am Einsatz der Düppel sowie an dem Umstand, daß die Bom-

ber in viel geringerer Höhe als üblich angriffen: in 2400 bis 3000 m. Die Nachtjäger bliesen, als sie endlich im Einsatzraum eintrafen, zur Treibjagd – was sich sprachlich mit dem Begriff des »nächtlichen Jagens« wie auch mit der »Wilden Sau« deckt.
Da das Himmelbettverfahren weitgehend wirkungslos war und die Reorganisation der Nachtjagd erst begonnen hatte, griff Kammhuber auf das Wilde-Sau-Verfahren zurück. Harris' Mosquito-Scheinangriff auf Berlin hatte seinen Zweck erfüllt: Die Masse der herkömmlichen Nachtjäger war im Alarmstart zu Funkfeuern geflogen, wo sie vorbestimmte Funkfrequenzen abhörten und auf Anweisungen warteten – sie wurden zur freien Jagd nach Berlin beordert. Sie strömten aus allen Himmelsrichtungen nach Berlin: von St. Trond in Belgien zum Beispiel, von den holländischen Flugplätzen, von Parchim, von Greifswald, von Schleswig. Herrmanns Jäger, seine Bf 109 und Fw 190, die zwar unabhängig operierten, aber dieselben Frequenzen abhörten, flogen von ihren Plätzen bei Bonn-Hangelar, Rheine und Oldenburg ebenfalls umgehend nach Berlin, angelockt von den Zielmarkierungen, die die Ablenk-Mosquito abwarfen. Sie wurden von heftigem Sperrfeuer der Flak empfangen – daher blieb die Masse der Wilde-Sau-Jäger an der Peripherie der Stadt und wartete auf das Eintreffen der Viermotorigen, die dann nicht kamen.
Schon bevor die Jägerleitoffiziere (JLOs) am Boden begannen, die Jäger zum wirklichen Ziel umzuleiten, hatten einige Flugzeugführer – nachdem sie herabschwebende Zielmarkierungen, Flakfeuer und Brände weit im Norden entdeckt hatten – die Anweisungen über Funk ignoriert und waren mit Vollast nach Peenemünde, 180 km weiter nördlich, geflogen. Einer von ihnen war Leutnant Peter Spoden von der 5./NJG 5, der noch immer auf seinen ersten Abschuß wartete:

> »Ich flog von Parchim zu einem Funkfeuer und wartete auf Anweisungen der Jagddivision. Es war ein Alarmstart. Jeder erwartete einen Angriff auf Berlin, und da es eine klare Nacht war, konnten wir westlich von uns brennende Bomber in die Tiefe stürzen sehen. Ich wartete und stieg noch höher, und dann sah ich Brände im Norden. Ich raste hin, holte aber etwas nach Westen aus, weil das die Richtung war, die die Bomber nach dem Abwurf wahrscheinlich einschlagen würden. Wo die Brände waren, wußte ich nicht – es konnte Stettin sein oder auch Rostock. Mein Entschluß, das Funkfeuer zu verlassen, beruhte auf meinen Erfahrungen von Hamburg: Dort hatte ich die Bomber auch gesehen, aber dann gewartet, bis man mir befehlen würde, hinzufliegen – und dieser Befehl kam nicht. Ich kam dort gegen Ende des Angriffs an und schnappte mir eine Lancaster. Schräge Musik hatte ich nicht – ich setzte meine normalen Bordwaffen von hinten unten ein. Die erfolgreichen Flugzeugführer unserer Gruppe versuchten stets, zwischen die Motoren zu feuern, und dorthin zielte jetzt auch ich: zwischen die Motoren 1 und 2 in der linken Tragfläche; ich gab einen langen Feuerstoß ab. Die Fläche geriet in Brand, und ich folgte dem Bomber nach unten. Ich war so erregt über meinen ersten Luftsieg, daß ich gar nicht wartete und mich nach weiteren Zielen umschaute, was ich eigentlich ja hätte tun sollen. Ich sah ihn am Boden aufschlagen und landete auf dem nächsten Fliegerhorst: Greifswald. Hier borgte ich mir beim Horstkommandanten ein Motorrad und fuhr im Forst Hagen zur Absturzstelle. Es war ein schrecklicher Anblick: die toten Männer, alles brannte – ich habe danach nie mehr eine Absturzstelle meiner Opfer aufgesucht. Es gab einen Überlebenden, und ich sprach mit ihm. Es war ein junger Mann, etwa in meinem Alter, und er trug einen weißen Pullover. Aber er sagte mir nichts außer seiner Personenkennziffer, seinem Dienstgrad und seinem Namen: Er hatte wohl gedacht, ich sei ein Vernehmungsoffizier. Es war Sergeant (Feldwebel) Sparkes – nach dem Krieg schrieb er mir und berichtete, er sei rechtzeitig abgesprungen.«

Sergeant Bill Sparkes war der Bombenschütze einer Lancaster der 44. (rhodesischen) Staffel des

Bombergeschwaders 5 aus Dunholme Lodge in Lincolnshire, eines der Flugzeuge, die mit Cochranes Zeit-Entfernungs-Technik des Bombenwurfs experimentierten: Daher flog es in der letzten Angriffswelle. Die Staffel verlor drei ihrer 13 eingesetzten Lancaster, und das Geschwader 17 von 117: Diese Verluste wurden nur noch vom (kanadischen) Bombergeschwader 6 übertroffen, das - ebenfalls in der letzten Welle - 12 von 61 verlor. Die Maschinen der ersten Wellen, die ihre Bomben abwarfen, bevor die umgeleiteten Nachtjäger eintrafen, hatten einen vergleichsweise harmlosen Einsatz. Von den 40 abgeschossenen Bombern lagen 27 in unmittelbarer Nähe des Ziels.
Paul Zorner, Oberleutnant und Staffelkapitän der 3./NJG 3 in Kastrup bei Kopenhagen, erzielte seinen elften und zwölften Abschuß - zwei Lancaster - innerhalb von zehn Minuten. Er meint, das seien die leichtesten seiner vielen Luftsiege gewesen: Der Mond habe die Szene nahezu taghell beleuchtet. Seine Bf 110 war eine der wenigen, die nicht nach Berlin entsandt wurden - er war wegen aufziehender Gewitter ziemlich spät gestartet und von Kastrup auf Südsüdwestkurs dem Bomberstrom, der gerade das Zielgebiet verließ, entgegengeschickt worden. Zorner hatte den Eindruck, daß die Düppel nicht so wirksam waren wie zuvor - vielleicht aber hatte sein Funker jetzt auch gelernt, damit umzugehen. Wie auch immer: Ihr Funkmeßgerät hatte die Bomber bald erfaßt, und sie schossen ihre erste Lancaster um 01.53 Uhr deutscher Zeit ab. Einige Besatzungsmitglieder sprangen mit dem Fallschirm ab, und das Flugzeug stürzte in die See. Es gab keine Führung durch JLOs, sagt Zorner, und er habe seinen Weg in den Bomberpulk möglicherweise nur durch Zufall gefunden. Nachdem er seinen ersten Bomber in die Tiefe geschickt hatte, drehte Zorner auf Peenemünde ein, obwohl er zu diesem Zeitpunkt noch nicht wußte, welches Ziel angegriffen wurde. Direkt danach sah er einen weiteren viermotorigen Bomber unter sich; er zeichnete sich gegen den Dunst darunter ab. Er brauchte nur noch hinter sein Opfer einzukurven und einen Feuerstoß aus seinen Bordwaffen auf ihn abzugeben: Er explodierte in der Luft. Wie Spoden landete auch Zorner in Greifswald.
Nach den Zeiten von Zorners zwei Abschüssen waren die Opfer wahrscheinlich Teil der letzten Angriffswelle, die um 01.43 Uhr beginnen und um 01.55 Uhr enden sollte, obwohl - das war nicht ungewöhnlich - sich manche Bomber verspäteten. So sind die Opfer möglicherweise eine Lancaster der 57. Staffel, gesteuert von Wing Commander (Oberstleutnant) Haskill, Träger des Distinguished Flying Cross (DFC), und eine Lancaster der (kanadischen) 426. Staffel, geflogen von Flight Lieutenant (Hauptmann) Shuttleworth von der Royal Canadian Air Force, ebenfalls Träger des DFC. Es gab keine Überlebenden.
Die einsitzigen Jäger des JG 300 hatten nur teilweise Erfolg. Hajo Herrmann selbst startete in Hangelar und flog nach Berlin. In seinem Buch Bewegtes Leben[1] schreibt er: »Ich fühlte mich für die Bewachung Berlins persönlich verantwortlich, also tauchte ich in das Meer von Scheinwerfern und Flakfeuer, während die Mosquito ihre Zielmarkierungen abwarfen - normalerweise für die schweren Bomber das Zeichen, ihre Bombenklappen zu öffnen. Als ich dann erkannte, daß unten gar keine Bomben detonierten und die Mosquito sich schnell aus dem Staub gemacht hatten, blickte ich mich um und stellte fest, daß die Glocke im Norden geschlagen hatte: Dort richtete der Bomberpulk seine Verwüstungen an. Für uns über Berlin war es zu spät, ihn noch zu bekämpfen.«

Ein Wilde-Sau-Flugzeugführer, der sich in dieser Nacht des Erfolgs erfreuen konnte, war Oberleutnant Friedrich Karl Müller, genannt »Nasenmüller«, Einsatzoffizier des JG 300 mit der Kennung »Wilde Sau Drei«. Er war nach Herrmann in Hangelar gestartet und sah das Flammenmeer

[1] 1986 im Motorbuch Verlag, Stuttgart, erschienen (derzeit vergriffen).

in Peenemünde, sobald er den Süden Berlins erreicht hatte. Er flog direkt dorthin, überquerte die Hauptstadt und geriet dabei unter Flakfeuer – dem Bodenführungssystem berichtete er als einer der ersten, daß der Angriff offensichtlich an der Ostseeküste stattfand. Über Peenemünde fand er dann zahlreiche Ziele und schoß zwei Bomber ab. Auch ein zweiter Flugzeugführer des JG 300 meldete einen Luftsieg, und die Gruppe verlor nur eine Maschine der II./JG 300 in Rheine – die Fw 190 des Leutnants Max Krähwinkel, der abspringen mußte, als ihm der Kraftstoff ausging. Feldwebel Werner Hakenjoos von der I./JG 300 gelang mit einer Bf 109 G-6 der Abschuß der einzigen von acht Mosquito, die beim Scheinangriff auf Berlin verlorenging; sie wurde von Flying Officer A.S. Cooke und Sergeant D.A.H. Dixon geflogen.
Trotz anfänglicher Skepsis bei den zuständigen Stellen war das Prinzip der Wilden Sau, nach dem Jäger über dem angegriffenen Ziel freie Jagd auf Bomber ausübten, eindrucksvoll bestätigt worden – besonders, wenn man die kurze Zeit in Betracht zieht, die den wenigen Jägern, die schließlich über Peenemünde noch auftauchten, dort zur Verfügung stand. Dies spiegelt sich auch wider im Protokoll einer Besprechung, die am 20. August 1943 im Reichsluftfahrtministerium in Berlin stattfand. Von Loßberg berichtet:

> »In der Nacht vom 17. zum 18.8. ist erstmalig die wilde Sau im großen Stil im Gange gewesen, und zwar sind in der Nacht 148 Nachtjäger und 55 Tagjäger über Berlin gewesen. Den Engländern ist die Täuschung durch diesen Scheinangriff mit einigen Störflugzeugen in Berlin insofern geglückt, als die Masse der Nachtjäger sehr viel Zeit über Berlin verloren hat und sehr spät erst das wirkliche Angriffsziel Peenemünde bekannt wurde. Daraufhin sind die Nachtjäger umgeleitet worden. Es sind nur 30 Nachtjäger über Peenemünde gekommen, und diese haben in kurzer Zeit dort 24 Abschüsse erzielt. Außerdem sind unterwegs noch 18 Abschüsse erzielt worden, wenige in den Gebieten, zum großen Teil in freier Jagd. Es hat sich damit gezeigt, daß die wilde Sau zweimotorig bei gutem Wetter außerordentliche Chancen hat.«

Ferner wurde bei der Besprechung auch das Durcheinander von Flak und Nachtjägern über Berlin angesprochen – kaum verwunderlich, wenn man bedenkt, daß etwa 200 deutsche Flugzeuge sich dort aufhielten, die Stärke eines kleineren Luftangriffs des Bomberkommandos. Sie endete damit, daß Feldmarschall Milch ein Telegramm an Göring diktierte:

> »Polte, schreiben Sie folgendes Telegramm an den Reichsmarschall: "Einsatz der Nachtjäger über Berlin in der Nacht vom 17. zum 18. hat wiederum evident erwiesen, daß bei Anwesenheit genügender Nachtjäger über dem Objekt das Flakfeuer stärker als bisher beschränkt werden muß. Flak schoß Trommelfeuer bei Anwesenheit nur ganz weniger feindlicher Störflugzeuge bis 7500 m ohne jede Beschränkung bei gleichzeitigem Einsatz von rund 200 eigenen Jägern. Ich beantrage, daß bei Erscheinen der Nachtjäger am Objekt auf Antrag der Nachtjagd das Flakfeuer unter 3000 m Höhe beschränkt wird. Gleichzeitig bitte ich, in jedem Übertretungsfall durch Flak ein kriegsgerichtliches Verfahren anzuordnen, das bei Schuldhaftigkeit des betreffenden Einheitsführers auf schwerste Strafen erkennt."«

Die Erfolge der Nachtjäger hatten allerdings auch eine Kehrseite. Die Amerikaner hatten am 17. – dem Tag vor dem Nachtangriff der Briten auf Peenemünde – schwere und tief ins Reich vordringende Tagangriffe gegen die Kugellagerwerke von Schweinfurt und das Messerschmittwerk im nahegelegenen Regensburg geflogen. Einige Nachtjägerverbände waren daraufhin in die

Schlacht geworfen worden, obwohl man aus vorherigen Einsätzen wußte, daß die schwerfälligen Bf 110 und Ju 88 im Luftkampf mit schwerbewaffneten B-17 und deren Begleitjägern hohe Verluste erleiden würden. Die amerikanischen Formationen hatten zwar einen hohen Preis zahlen müssen – aber auch die Nachtjäger, die 21 Maschinen verloren hatten: Sie konnten in der folgenden Nacht nicht gegen den britischen Luftangriff eingesetzt werden. Darüber hinaus waren weitere Maschinen, die dringend benötigt wurden, beschädigt oder aus anderen Gründen nicht startklar, was die Kräfte der Nachtjagd gegen den britischen Nachtangriff weiter schwächte.
Auch das Jägerkommando der RAF beteiligte sich an der nächtlichen Luftschlacht. Harris hatte das Jägerkommando um größtmögliche Unterstützung für seine Peenemünde-Aktion gebeten, und es hatte ihm zehn Beaufighter und 20 Mosquito gestellt: Ihre Hauptaufgabe war die Störung der Nachtjägereinsätze durch Patrouillen in der Nähe ihrer Flugplätze und Angriffe auf eventuelle Boden- und Luftziele. Zusätzlich stiegen mit Serrate ausgerüstete Beaufighter auf, um deutsche Nachtjäger in die Luft zu locken und nach Möglichkeit abzuschießen. Der Kapitän der 141. Staffel aus Wittering schickte neun Beaufighter in Wellen von vier beziehungsweise fünf Maschinen; die erste Welle führte er selbst. Es war der hochdekorierte Wing Commander Bob Braham, einer der bekanntesten britischen Nachtjäger; er konnte bereits 15 Abschüsse nachweisen. Braham und seine drei anderen Flugzeuge starteten direkt vor der Peenemünde-Bomberflotte und nahmen Kurs auf den Norden Hollands: Ihre Rechnung, daß die deutschen Jäger starten würden, ging auf.
Als die ersten Meldungen über von Westen einfliegende Feindflugzeuge bei der 1. Nachtjagddivision eingingen, starteten vier Bf 110 der IV./NJG 1 in Leeuwarden, um sie abzufangen; sie führte der hervorragende Nachtjäger Oberleutnant Heinz-Wolfgang Schnaufer. Die drei anderen Maschinen flogen Oberfeldwebel Karl-Heinz Scherfling, Feldwebel Heinz Vinke und Unteroffizier Georg Kraft – alle drei erfahrene Männer. Ihr Ziel war, das Verfahren zu überprüfen, das von Loßberg unmittelbar nach den Angriffen auf Hamburg vorgeschlagen hatte: Ein Fühlungshalter, in diesem Falle Schnaufer, sollte nach dem Y-Verfahren navigieren und ein Dauersignal ausstrahlen, so daß der Rest der Formation ihm in den anfliegenden Bomberstrom folgen konnte.
Für die Deutschen wuchs sich dieser Einsatz fast zur Katastrophe aus: Schnaufer und Scherfling mußten mit Motorschaden zum Platz zurückkehren, und Kraft und Vinke wurden von Wing Commander Braham abgeschossen. Nur einer überlebte: Vinke – er sprang ab und verbrachte dann 18 Stunden in seinem Schlauchboot vor der holländischen Küste, bevor er von einem Seenotdienst-Flugboot des Typs Do 18 aufgenommen wurde. Er hatte sogar noch mehr Glück, als er damals wußte – in seinem Buch *Scramble* erinnert sich Braham an den Zwischenfall:

> »Über mir sah ich in enger Kurve eine weitere Me 110, und bei der Fahrt, die wir draufhatten, sah es aus, als ob wir sie rammen würden. Ich zog leicht am Knüppel, richtete das Visier auf sie und feuerte auf kürzeste Entfernung; es waren vielleicht 45 Meter: Ein greller Blitz zuckte auf, als die Me direkt vor mir explodierte. Unsere Beau rüttelte entsetzlich und drohte sich auf den Rücken zu legen. Meine Frontscheibe war mit dem Öl des Wracks verschmiert, das der See entgegenstürzte... Als wir dann kreisten, sahen wir im Mondschein, wie ein Fallschirm sanft nach unten schwebte – mir kochte das Blut! Vielleicht war es die Aufregung über die gerade noch verhinderte Kollision, vielleicht war ich auch einfach nur zu erschöpft: Ich rief Jacko über die Bordsprechanlage. "Einer der Bastarde scheint's geschafft zu haben – ich mach' ihn jetzt fertig!" Ich hatte bereits auf den Fallschirm eingedreht, als Jacko erwiderte: "Bob, laß den armen Kerl in Ruhe!" Das

brachte mich wieder zur Besinnung, und ich schämte mich für meine Entgleisung. Als wir dann an der hilflosen Figur vorbeiflogen, die unter ihrem Fallschirm hin und her pendelte und der See immer näher kam, hätte ich ihm am liebsten zugeschrien, daß er sein Leben dem Mitleid meines Bordfunkers verdankt – eines Juden, wie sie die Nazis in den Ghettos und Konzentrationslagern Europas bestialisch ermordeten.«

Braham wurde für den Erfolg dieser Nacht ein weiteres Band zu seiner Distinguished Service Order verliehen. Ein weiteres Flugzeug der IV./NJG 1 war unabhängig gestartet und wurde von einem Neuankömmling bei der Gruppe geflogen, dem 20jährigen Leutnant Gerhard Dittmann, der am 25. Juli einen ersten bestätigten Abschuß – eine amerikanische B-17 – erzielt hatte. Auch Dittmann wurde von einer der Beaufighter Brahams abgeschossen, und er und sein Bordfunker, Theophil Bundschuh, ebenfalls 20 Jahre alt, verloren dabei ihr Leben. Für die IV./NJG 1 war das eine schlimme Nacht: Sie hatten fünf Flugzeuge in die Luft gebracht, von denen zwei frühzeitig umkehren mußten, während die restlichen drei abgeschossen wurden, wobei nur ein Mann überlebt hatte. Rein zahlenmäßig jedoch hatte die deutsche Nachtjagd in der Nacht von Peenemünde einen klaren Sieg errungen: Sie hatte 40 Bomber mit etwa 280 Besatzungsangehörigen abgeschossen und dabei nur acht eigene Jäger verloren, von deren Besatzungen sogar einige noch abspringen konnten oder eine Bruchlandung überlebten.

Obwohl Hermann Göring nominell Oberbefehlshaber der Luftwaffe war, wurde die Kommandogewalt in der Praxis von seinem Generalstabschef, Generaloberst Hans Jeschonnek, ausgeübt, der diesen Posten bereits seit Februar 1939 innehatte. Für Göring war »seine« Luftwaffe etwas, das – wenn alles gut verlief – Ruhm auf ihn, ihren Schöpfer, lenkte; in schlechten Zeiten jedoch übte er gnadenlose Kritik und schob Jeschonnek und jedem anderen – außer sich selbst – alle Schuld zu. Viele seiner Entscheidungen und Befehle waren unüberlegt und undurchführbar. Zwar hatte Göring noch immer Gehör und Rückhalt bei Hitler, der ja selbst oft intuitiv handelte und fachmännischen Rat manchmal mit Spott bedachte, aber Göring und seiner Luftwaffe gegenüber verhielt sich Hitler jetzt zunehmend kritischer. Die Luftwaffe durchlebte tatsächlich schwere Zeiten, und Hitler wollte von Göring die Gründe dafür wissen und Verbesserungen sehen. Görings typische Reaktion darauf war, daß er seine Wut an seinen Kommandeuren – und besonders an seinem Generalstabschef – ausließ und traditionelle Befehlsstrukturen unterlief, indem er sie einfach überging, wie er es beispielsweise getan hatte, als er Major Herrmann in Sachen Nachtjägereinsatz Weisungsbefugnis gegenüber General Kammhuber übertrug. Das im Winter 1942 von Göring gegebene Versprechen, er werde die deutschen Truppen bei Stalingrad aus der Luft versorgen, erwies sich als nicht haltbar. Die Luftstreitkräfte der Achsenmächte in Nordafrika waren fast ausgeschaltet, amerikanische Bomber drangen bei Tage tief in das Reichsgebiet ein, und bei Nacht demonstrierte die RAF ihre zerstörerische Gewalt immer grausamer, wie Hamburg und Peenemünde bewiesen. Peenemünde war, wie es scheint, der Tropfen, der das Faß zum Überlaufen brachte: Tags darauf beging Jeschonnek Selbstmord – er ließ nur eine Notiz zurück, die besagte: »Ich kann mit dem Reichsmarschall nicht mehr zusammenarbeiten. Lang lebe der Führer!« Er war dem Weg gefolgt, den über zwei Jahre zuvor schon eine andere Führungspersönlichkeit gewählt hatte: der damalige Generalluftzeugmeister Generaloberst Ernst Udet, Görings Waffengefährte im Ersten Weltkrieg und wie Göring Träger des Pour-le-mérite, der höchsten deutschen Tapferkeitsauszeichnung des I. Weltkriegs.

KAPITEL 8

Zahme Sau und elektronische Kampfführung – der Weg nach Berlin

September bis November 1943

Die »Battle of the Ruhr« und die Luftangriffe auf Hamburg hatten eine Angriffstaktik hervorgebracht, die das Bomberkommando mit nur geringen Abweichungen für den Rest des Jahres 1943 und bis weit in das Folgejahr beibehielt. Höhere Gewalt hatte die Nachtjagd gezwungen, eine Verteidigungstaktik gegen die nächtlichen Bomber zu entwickeln, die sich von der bisher angewandten – die ihr immerhin weit über 2000 Luftsiege eingebracht hatte – grundlegend unterschied. Vor dem Bomberkommando lag eine Zeit allumfassender Luftangriffe auf Deutschland. In Großbritannien erfreute sich das rücksichtslose Bombardieren der Städte des Feindes, das durch offizielle Verlautbarungen und die Medien teilweise noch glorifiziert wurde, einer starken Unterstützung durch die öffentliche Meinung und den politisch-militärischen Komplex. Die deutsche Propaganda, die den erbitterten Abwehrkampf der Luftwaffe verherrlichte und die alliierte Politik der bedingungslosen Kapitulation ausschlachtete, half wiederum der deutschen Bevölkerung, das ihr vom Bomberkommando auferlegte Los zu tragen. Die Namen von Männern wie Schnaufer, Wittgenstein, Lent, Streib und Lippe-Weissenfeld waren in aller Munde: Nicht zu Unrecht wurden sie von der Presse als Ritter der Lüfte dargestellt, die ihr Vaterland gegen die barbarischen Bombenangriffe der britischen Terrorflieger heldenmütig verteidigten. Ihre persönlichen Abschußzahlen und die gemeinsamen Luftsiege der Nachtjagd ließen sich eindrucksvoll darstellen.

Der Mann allerdings, der die Phantasie des deutschen Normalbürgers am meisten beschäftigte, war zweifellos Hajo Herrmann. Über Nacht standen er und seine Männer im Brennpunkt des öffentlichen Interesses, und ihre verwegenen Taten errangen die Bewunderung der Bevölkerung – ähnlich den britischen Piloten, die drei Jahre zuvor bei der Luftschlacht um England als Retter des Vaterlandes gefeiert worden waren. Das »Lied der Wilden Sau« wurde im Rundfunk ein Schlager. Daß die Wilde-Sau-Flugzeugführer vor der Öffentlichkeit zu Helden erhoben wurden, führte zu Ablehnung, ja sogar Verstimmung unter den Besatzungen der herkömmlichen zweimotorigen Nachtjäger: Sie neigten eher dazu, sie als führungslose Abenteurer zu sehen, die man einem Medium anvertraut hatte, das sie nicht verstanden und wegen fehlender Ausrüstung auch nicht beherrschen konnten. Zweifellos trug die Tatsache, daß sie in die bestehende Nachtjagdorganisation nicht eingebunden waren, beträchtlich dazu bei, daß sich Rivalitäten und ablehnende Kritik entwickelten. Und wie sich später noch erweisen sollte, war diese Kritik auch nicht völlig unbegründet.

Binnen kurzer Zeit bekam die Mischung von Reportageverfahren und freier Jagd im Bomberstrom den Namen »Zahme Sau« – es war eine logische Weiterentwicklung, die den grundlegenden Unterschied zwischen von Loßbergs umsichtiger Einstellung und der von Herrmann unterstrich. Mit wechselndem Glück wurde die Zahme Sau bis zum Kriegsende beibehalten. Die Wilde Sau wurde zum anerkannten Verfahren sowohl für einmotorige wie zweimotorige Jäger, und auch sie wurde bis Kriegsende praktiziert. Das Himmelbettverfahren hingegen kam fast gänzlich zum Erliegen. Indem er seine Bomber zeitlich wie räumlich immer stärker konzentrierte, hatte Harris Kammhuber mit einem immer größeren, kompakteren – und damit auch potentiell immer verwundbareren – Ziel konfrontiert, aber Kammhuber hatte sich schwergetan, das zu erkennen und auf die defensiven Möglichkeiten einzugehen, die sich dadurch auftaten. Jetzt aber entbrannte ein faszinierender, manchmal verwirrender Kampf zwischen Nachtbombern und Nachtjägern um die Vormachtstellung, ein Duell, das von dem Können und der Tapferkeit der beteiligten Männer – Briten, Angehörigen des Commonwealth, Alliierten wie auch Deutschen – geprägt wurde und auch von den sprunghaften Entwicklungen technischer wie taktischer Maßnahmen und Gegenmaßnahmen. In seiner Grundform blieb das Flächenbombardieren eine Waffe, die mehr dem Schwert ähnelte; mit zunehmender Unterstützung aber wurde es auch zum Degen.

Nachdem er die erfolgreichen Luftangriffe auf Hamburg, Italien und Peenemünde hinter sich hatte, konnte sich Harris voller Zuversicht dem restlichen Deutschland zuwenden. Und natürlich hatte er Berlin als Ziel fest vor Augen – allerdings waren die Nächte noch nicht lang genug, um die weite Strecke, die die Bomber zurücklegen mußten, ohne hohe Verluste überstehen zu können. Trotzdem aber schickte Harris – nach einem enttäuschenden, aber verlustarmen Angriff auf Leverkusen fünf Nächte nach Peenemünde – in der Nacht des 23./24. August probehalber 727 Bomber gegen die Reichshauptstadt. Der Versuch war nicht ermutigend: Schlechte Zielmarkierung durch die Pfadfinder und mangelnde Einhaltung des Zeitplans durch Teile der Bomberflotte führten dazu, daß die Bomben über ein weites Gebiet verstreut fielen – obwohl der »Zeremonienmeister«, wie er noch immer genannt wurde, während des gesamten Angriffs über der Stadt kreiste. Trotzdem aber waren die Verluste der Berliner Bevölkerung vergleichsweise hoch: Mit nahezu 900 Toten waren es die höchsten, die man hier je erlebt hatte. Schließlich war es ja auch schwer, ein so großes Gebiet wie Berlin – größer als der gesamte Ruhrkomplex – völlig zu verfehlen. Gerade Berlins Größe hatte entscheidend zur Ungenauigkeit des Bombenangriffs beigetragen: Die H2S-Auswerter, besonders die in den Maschinen für Blindmarkierung, sahen ihre Bildschirme regelrecht überschwemmt von Echos, und sie hatten Schwierigkeiten, bestimmte Zielpunkte darunter auszumachen. Berlin war ein schlechtes H2S-Objekt – und sollte es auch bleiben: Ihm fehlten nahegelegene und leicht zu identifizierende Küsten, wie sie Hamburg oder Peenemünde hatten, und die vielen Seen, Kanäle und Flüsse innerhalb des Stadtgebiets zeichneten sich nicht so deutlich ab, wie man es erhofft hatte.

Wenn die Resultate dieses Angriffs auf Berlin enttäuschend waren, dann war das – und die feindliche Luftabwehr erinnerte Harris und seine Besatzungen nachhaltig daran – noch gar nichts im Vergleich zu dem eindrucksvollen Beweis dafür, daß der Optimismus, der bei Einführung der Düppel aufgekommen war, illusorisch war: Der Verlust von 56 Flugzeugen war der höchste, der jemals in einer Nacht hingenommen werden mußte – es waren 7,9 Prozent der eingesetzten Bomber. Es war die Nacht des ersten förmlichen Zahme-Sau-Einsatzes; allerdings flogen auch viel mehr Jäger – Herrmanns JG 300 eingeschlossen – Wilde Sau über Berlin, und Berlin war schon lange, bevor die ersten Markierungen abgeworfen wurden, als Ziel erkannt worden. Scheinangriffe wurden nicht geflogen, allerdings waren die Angreifer durch 36 Beaufighter und Mosquito des Jägerkommandos verstärkt worden, die Fernnachtjagd- und Serrate-Einsätze flogen.

In Bonn-Hangelar startete die I./JG 300, angeführt von Hauptmann Gerd Stamp, den Hajo Herrmann jetzt – nach einer ersten Ablehnung in Berlin – als einen seiner Gruppenkommandeure akzeptiert hatte. Herrman selbst flog von seiner Wohnung mit dem Fieseler Storch nach Hangelar, wo er in seine Bf 109 T umstieg und zusammen mit seinem Adjutanten, Hauptmann Naroska (»Wilde Sau Zwei«), und seinem Technischen Offizier, Oberleutnant Friedrich Karl Müller

(»Wilde Sau Drei«), abhob; die drei bildeten den Stabsschwarm. Sie nahmen Kurs auf den Raum Bremen. Dann schaltete Herrmann auf den Reportagefunk des Luftgaues in Münster: »Hier Teuto – erste Welle Feindbomber nähert sich auf Ostkurs der Weser.« Herrmann drehte ebenfalls nach Osten und bestimmte seinen Standort, indem er die Signalgranaten der Flak über Bremen (zwei übereinander), Braunschweig (zwei nebeneinander) und Kassel (drei übereinander) beobachtete. Dann erfolgte eine neue Durchsage des Luftgaues: »Ziel voraussichtlich 1 – 3«, was bedeutete, daß die Bomber vermutlich 13° östlicher Länge erreichen wollten, den Meridian, auf dem Berlin liegt. Der Reportagefunk meldete jetzt die führenden Bomber nördlich von Hannover, Herrmann selbst war südlich der Stadt und flog mit Ostkurs parallel zu ihnen. Er drosselte den Motor etwas, um sie nicht zu überholen. Als er sich Berlin näherte, hörte er Nasenmüller über Funk »Horrido!« rufen, womit er durchgab, daß er bereits einen Abschuß erzielt hatte. Dann ergänzte Müller, der den Bomberpulk gefunden hatte und ihm folgte, den Reportagefunk: »Viermotorige Feindbomber auf Ostkurs.« Jetzt konnte Herrmann auch sehen, daß die Berliner Scheinwerfer vor ihm die ersten britischen Bomber auffaßten. Ein eindrucksvoller Riegel von Flakgranaten überzog den Himmel. Herrmann griff einen Bomber an, verlor ihn aber in dem Durcheinander von Scheinwerfern und detonierenden Granaten. Dann folgte ein weiterer Angriff, aber seiner Beute, die schon brannte, gab ein zweimotoriger Jäger der Fangschuß. Über Funk hörte er, wie Nasenmüller einen zweiten Luftsieg meldete. Dann sah er eine Lancaster, die von einem Scheinwerfer erfaßt und von detonierenden Granaten umgeben war, und brachte seine Bordwaffen ins Ziel. Als der erste Feuerstoß traf, begann der Pilot der Lancaster, den »Korkenzieher« zu fliegen, aber Herrmann folgte ihm und schoß ihn dann aus kürzester Entfernung ab – vorher jedoch beschädigten die Kanonen des Heckstandes der Lancaster sein Flugzeug schwer. Herrmann sprang mit dem Fallschirm ab und landete in einem der vielen kleinen Seen Berlins; er war froh, lebend davongekommen zu sein. Am Tage darauf verlieh ihm Göring persönlich das Eichenlaub zum Ritterkreuz des Eisernen Kreuzes.
Auch für einen anderen Nachtjagd-Flugzeugführer war dies eine traumatische Nacht. Peter Spoden von der II./NJG 5 startete in Parchim nordwestlich von Berlin in der Hoffnung, seinem ersten Luftsieg über Peenemünde weitere hinzufügen zu können. 1989 erinnerte sich Spoden, der nach dem Krieg fast 30 Jahre Flugkapitän bei der Lufthansa war:

> »Dies sollte ein Zahme-Sau-Einsatz werden, und die Division führte uns. Wir wurden zu einem Funkfeuer geschickt und sollten dort auf die Bomber warten, da aber bald feststand, daß Berlin das Ziel war, flog ich dorthin. Was dann folgte, war Wilde Sau, nehme ich an. Ich hielt Herrmanns Idee für großartig – aber für die Wilde Sau brauchte man mehr Erfahrung, als ich sie hatte. Mit einem einmotorigen Flugzeug ist Blindflug problematisch, und eine Landung bei Nacht ist äußerst schwierig – mehrmotorige Flugzeuge sind viel stabiler. Ich spreche da aus Erfahrung: Ich habe noch immer den Flugschein für Einmotorige, und noch immer finde ich die Landung auf einem internationalen Flughafen wie Frankfurt mit einer Einmotorigen schwieriger als mit einer Boeing 747. Herrmann war ein Genie, ein hervorragender Pilot – das Problem war nur, daß er von anderen Piloten dasselbe Können erwartete.
> Aber zurück zum Angriff auf Berlin, wo wir freie Jagd über der Stadt ausübten. Ich flog eine Bf 110. Über der Stadt waren unvorstellbar viele Flugzeuge – Bomber wie Jäger. Mich störten die Flak und die Scheinwerfer, und ich feuerte auf etliche Bomber, aber ohne Erfolg. Dann sah ich einen vor mir; ich glaube, es war eine Lancaster. Ich feuerte auf ihn und traf auch; er stürzte ab. Nur zehn Minuten später griff ich einen weiteren viermotorigen Bomber an, nach meiner Erinnerung eine Stirling, aber der Heckschütze traf

mich, und wir stürzten beide brennend in die Tiefe. Ich befahl meiner Besatzung auszusteigen, bekam aber keine Antwort. Dann versuchte ich selbst auszusteigen, was mir schwerfiel, da ich am Bein getroffen worden war. Als ich endlich freikam, schlug ich gegen das Leitwerk, und die Geschwindigkeit des Flugzeugs preßte mich für – so schien es mir – eine unendlich lange Zeit gegen das Leitwerk, während wir steil nach unten stürzten. Dann konnte ich mich irgendwie befreien und zog die Reißleine. An den Fall kann ich mich gar nicht erinnern – vermutlich war ich bewußtlos –, aber dann kam ich im Garten eines Berliner Hauses wieder zu mir. Ein Geschoß hatte meinen Oberschenkel durchschlagen und den Knochen stark beschädigt. Als ich erwachte, wurde ich von Zivilisten angegriffen: Sie hielten mich für einen Engländer. Aber als ich sie dann auf Deutsch ansprach, hörten sie auf. Mein Funker konnte sich auch mit dem Fallschirm retten, aber mein Bordmechaniker kam nicht raus und starb in dem Wrack.«

Spoden wurde in ein Krankenhaus gebracht, wo er operiert wurde. Nachdem er wiederhergestellt war, kehrte er – trotz der Aussage des Chirurgen, er werde nie wieder fliegen können – Anfang November 1943 zu seiner Staffel zurück: ein Bein kürzer als das andere. Ende November meldete er seinen vierten Luftsieg, den er im Zuge eines weiteren RAF-Angriffs auf Berlin errungen hatte.
Weitere deutsche Nachtjagd-Flugzeugführer, die an dieser Phase der Luftschlacht teilnahmen und Abschüsse erzielten, waren Hauptmann Georg Hermann Greiner von der IV./NJG 1, dessen zehntes Opfer eine Halifax war, und Leutnant Günther Wolf von der III./NJG 5. Wolf machte zwei Abschüsse, eine Stirling und eine Lancaster, geltend, die aber nicht bestätigt worden waren, da man Abschüsse und Flugzeugwracks einander nicht zuordnen konnte – so etwas kam häufiger vor, wenn der Hauptkampf über dem Ziel entbrannte und Flak wie Nachtjäger denselben Abschuß für sich beanspruchten. Was Wolf selbst widerfuhr, kann hingegen nicht bezweifelt werden:

»Ich mußte aussteigen. Es war alles ganz schnell gegangen: Ich weiß nicht, wer mich abgeschossen hat, aber ich vermute, daß es die eigene Flak war – bei Feindbeschuß sind die Auswirkungen ganz anders. Das Kabinendach war beschädigt und flog davon, und der rechte Motor brannte. Gefreiter Heinz Schmitz und ich sprangen ab: In unserer Bf 110 waren wir damals nur zu zweit – einige Bf 110 hatten bereits einen dritten Mann, den Mechaniker, an Bord, der auch als Bordschütze fungierte und auf Feindmaschinen achtgab; aber wir waren halt nur zu zweit. Beim Absprung waren wir noch ziemlich hoch, und ich ließ mich lange durchfallen, bevor ich die Aufzugsleine zog. Ich landete dann in dem Dorf Werftpfuhl nordöstlich von Berlin. Am Boden war es neblig, und ich knallte ziemlich hart auf einen Acker, brach mir aber nichts. Schließlich fand ich eine Straße, und kurz darauf kam ein Bauer mit einem Wagen vorbei, den ich bat, unseren Einsatzgefechtsstand in Werneuchen anzurufen. Daraufhin kam einer von unserer Staffel und holte mich ab. Heinz Schmitz kam ebenfalls ohne Blessuren davon.
Einer der Gründe, warum ich Nachtjäger – und nicht Tagjäger – geworden bin, war meine Abneigung gegen Kunstflug: Er macht mich ausgesprochen luftkrank. In diesem Fall muß ich beim Absprung wohl etwa 6000 m hoch gewesen sein, und meinen Schirm habe ich bei schätzungsweise 3000 m geöffnet. Es dauerte dann etwa zehn Minuten, bis ich den Boden erreichte. Ich schwang heftig hin und her, weil die Brände am Boden Turbulenzen erzeugten, und war die ganze Zeit luftkrank. Während ich hinabschwebte, hatte ich ständig Angst, daß ich in einem der Brände landen könnte – das ist nämlich Peter Spoden in derselben Nacht passiert.«

Wenn man über Luftsiege spricht, ordnet man sie normalerweise dem Piloten zu, aber obwohl es der Pilot war, dessen Daumen den Abzugshebel betätigte, war der Beitrag des Funkers zu diesem Erfolg nicht unbeträchtlich. Als Funker, Navigator, Funkmeßbeobachter und Bordschütze war der Funker ein vielbeschäftigter Mann. Es war normalerweise er, der den Flugzeugführer in die Nähe des Bombers »sprach« und in eine Position, aus der ein erfolgreicher Angriff geflogen werden konnte, und es war ebenfalls er, dessen Können am Funkgerät – häufig bei starken Feindstörungen – das schwer beschädigte Flugzeuge vor dem Absturz bewahrte, indem er es zu einem Flugplatz lotste, wo es eine Notlandung machen konnte. So wie besonders die Navigatoren der RAF den Piloten »driver« (»Fahrer«) nannten – womit sie ausdrückten, daß es letztlich der Navigator war, der gewährleistete, daß der Bomber dahin flog, wohin er auch sollte –, so nannten die deutschen Funker ihren Flugzeugführer »Kutscher«. Auf beiden Seiten, RAF wie Luftwaffe, bedeutete ein schlechter Mann an Bord oft eine insgesamt schlechte Besatzung, während in den besten Besatzungen alle Angehörigen hohe Fähigkeiten aufwiesen. Ein Bordfunker der Luftwaffe, der diese Tatsache nachgerade personifizierte, war Oberfeldwebel Helmut Fischer, Angehöriger der I./NJG 1 in Venlo, der 1942 mit Reinhold Knacke geflogen und von März bis Mai an sechs Abschüssen beteiligt war. Als Funker von Werner Streib hatte er dann zwischen Januar und Juni 1943 an 15 weiteren Luftsiegen mitgewirkt, die fünf Abschüsse Streibs eingeschlossen, die er in einer Juninacht bei Überprüfung der He 219 erzielt hatte. Und jetzt flog er mit Oberfeldwebel Bruno Eikmeier, einem früheren Panzerkommandanten, der sich zum fliegenden Personal gemeldet hatte. Fischer hatte zuvor – im September und Oktober 1942 – zusammen mit Eikmeier zwei Luftsiege errungen. Jetzt, in den frühen Morgenstunden des 24. August, flogen sie in der Bf 110 G9+BK Wilde Sau über Berlin, und Fischer erlebte seinen insgesamt 26. Luftsieg – wurde dann aber abgeschossen; Eikmeier kam dabei ums Leben.
Auf seiten der Briten war dies John Chaloners dritter Einsatz – und sein erster gegen die »big city« (»große Stadt«). Seine Lancaster führte eine Cookie mit, eine Hochleistungsbombe von 1812 kg Gewicht, vier Standard-Bomben- Behälter mit jeweils 150 Brandbomben zu 3,6 kg, sechs Behälter mit 16 Brandbomben zu 13,6 kg und einen Behälter mit acht Brandbomben zu 13,6 kg. In sein Flugbuch trug er lakonisch ein: »Zwei Feindjäger brechen Angriff ab.« Er und seine Besatzung hatten Glück, daß die deutschen Jäger ihre Angriffe nicht fortsetzten. Anders als viele Navigatoren des Bomberkommandos hatte Chaloner sich angewöhnt, sein »Büro« beim Anflug auf das Ziel zu verlassen, so daß er das Geschehen außerhalb beobachten konnte:

> »Wenn wir uns dem Zielgebiet näherten, war ich gerne vorn und schaute zu. Wissen Sie: Beim Anflug konnte man die Stadt sehen – alles hell, rings um uns blitzte es auf ... Ich hatte keine Anweisungen mehr zu geben, weil wir nun ja angriffen; der Bombenschütze gab jetzt die Kommandos; und so behielt ich nur den Kurs und die Zeit und all das für den Heimflug im Kopf – ich konzentrierte mich auf die Umgebung des Flugzeugs: Ich fand, das sei der beste Beitrag, den ich jetzt leisten konnte. Sobald wir dann aber das Zielgebiet verlassen hatten, sobald sich alles beruhigt hatte, ging ich zurück an meinen Arbeitsplatz. In der Lancaster gabs gleich hinter dem Bordingenieuer eine Glaskuppel, da konnte man direkt nach unten sehen. Da konnte man beobachten, was unten passierte. Der erste Einsatz gegen Berlin war für mich ein Schock. Ich gebe durchaus zu, daß ich nicht sonderlich zuversichtlich war. Beim Angriff auf Peenemünde hatte man uns zu Hause gelassen: Der Oberstleutnant sagte, wir seien dafür zu unerfahren. Berlin fand bei Mondschein statt. Es war eine schreckliche Nacht, und ich hatte entsetzliche Angst, war wie versteinert. Die Zielmarkierungen schwebten auf beiden Seiten nach unten, direkt auf Berlin zu, und wir fühlten: Das würde sie teuer zu stehen kommen. Wir müssen wohl

im schlimmsten Teil des Angriffs geflogen sein, denke ich. Der Zeremonienmeister war gerade weg, als wir eintrafen, aber er sagte uns noch, daß die grünen Zielmarkierungen gerade abgeworfen seien und direkt über dem Zielpunkt lägen.«

Die Aussage des Zeremonienmeisters, die Zielmarkierungen lägen »direkt über dem Zielpunkt«, waren offensichtlich falsch: Die meisten Bomben fielen in dieser Nacht außerhalb des Stadtgebiets. Zwei weitere Angriffe auf die Reichshauptstadt in der Folgewoche bekräftigten die Lehren des ersten: Berlins Entfernung von Großbritannien, seine Ausdehnung und seine starke Verteidigung machten es schwer, bestimmte Ziele innerhalb der Stadt treffsicher anzugreifen, und seine Fliegerabwehr machte den Bombenwurf für die teilnehmenden Besatzungen äußerst riskant. Die beiden Angriffe kosteten das Bomberkommando 69 von 938 eingesetzten Bombern - 7,4 Prozent insgesamt: ein hoher Preis für den geringen Erfolg. Die Zielmarkierung der Pfadfinder waren bei beiden Angriffen enttäuschend ungenau, und verglichen mit der großen Zahl der eingesetzten Bomber waren die Schäden gering und die Verluste der Zivilbevölkerung niedrig. Die deutschen Jäger waren bei beiden Angriffen in voller Stärke aufgeboten worden, und das Flakfeuer war - wie immer über Berlin - heftig. Beim Angriff in der Nacht vom 30. August auf den 1. September gab es ein bedenkliches Anzeichen dafür, daß die Besatzungen der RAF angesichts der erbitterten Abwehr den Angriff offensichtlich nicht so entschlossen durchgeführt hatten wie sonst: Die Markierungen der Pfadfinder fielen weit vor dem Ziel, und der Rückstau auf der Anflugstrecke betrug fünfzig Kilometer. Die Deutschen flogen sowohl Zahme wie Wilde Sau, und zur Unterstützung der letzteren hatte Herrmann Ju 88 der I./KG 7 aus Greifswald als Beleuchter eingesetzt: Sie flogen über dem Bomberpulk und warfen in der Nähe des Ziels Hochleistungs-Leuchtkörper zwischen die Bomber, in deren Licht die Wilde Sau ihre Beute angreifen konnte. Die Halifax und Stirling, deren Flugleistungen denen der Lancaster unterlegen waren und die deshalb auch tiefer flogen, zogen bei diesem Angriff die geballte Aufmerksamkeit der deutschen Abwehr auf sich und zahlten einen entsprechenden Preis: 20 von 176 Halifax und 17 von 106 Stirling wurden abgeschossen - 11,4 beziehungsweise 16 Prozent. Diese Zahlen waren nicht mehr hinnehmbar, folglich wurden am 3./4. September 1943 nur noch Lancaster - 316 insgesamt - auf Berlin angesetzt. Aber trotzdem: Auch davon kehrten 22 nicht mehr zurück.

Zwischen den beiden Angriffen auf Berlin Ende August und Anfang September lagen zwei Einsätze, die die Probleme genauer Navigation - und hier insbesondere des genauen Bombenwurfs - bei weit entfernten und bei nahegelegenen Zielen deutlich aufzeigten. Am 27./28. August wurde Nürnberg angegriffen, und trotz klaren Himmels über dem Ziel und Einsatz eines Bomberführers fiel die Masse der Bomben ins Umland. Ein kombinierter Angriff in ähnlicher Stärke gegen die nahegelegenen Städte Mönchengladbach und Rheydt - westlich der Ruhr an der deutsch-holländischen Grenze und somit innerhalb Oboe-Reichweite gelegen - führte hingegen in der Nacht darauf zu sehr präzisem Bombenwurf.

Die Einführung des Reportageverfahrens, das den deutschen Jägern sagte, wo die Bomberverbände waren und was vermutlich ihr Ziel sein werde, brachte schnell eine Modifizierung des Tinsel-Funkstörungsverfahrens der RAF hervor. Zuvor hatten deutschsprechende Bordfunker in einigen RAF-Bombern das jeweilige Frequenzband abgesucht, bis sie einen Jägerleitoffizier (JLO) sprechen hörten - dann hatten sie ein Mikrophon aktiviert, das an einem Motor des Bombers befestigt war. Im September 1943 begann der Abhördienst in Großbritannien den Bombern einige der Frequenzen durchzugeben, die das deutsche Reportagesystem benutzte. Die RAF-Bordfunker konnten dann diese Frequenz anwählen und mit dem Motorenlärm die Reportage überlagern. Dieses Verfahren, das mit gutem Erfolg bis zum Kriegsende angewandt wurde, nannte man »Special Tinsel« (»Spezielles Lametta«). Wegen der begrenzten Reichweite auf Ultrakurzwelle war Special Tinsel allerdings auf Kurzwelle beschränkt. Als Antwort auf diese weitere Störung begannen die Deutschen ihre Reportagesendungen auf einer immer größeren Zahl von Frequenzbändern – Ultrakurzwelle, Kurzwelle und Langwelle – auszustrahlen, so daß die Bordfunker in den Jägern versuchen konnten, eine störungsfreie Frequenz, wenn auch nur kurzfristig – zu finden oder eine, deren Störung nicht allzu stark war. Manche Funker wurden Experten darin, den Sinn aus den gestörten Sendungen herauszuhören, während andere es nie lernten, mit den Störungen zurechtzukommen. Morsezeichen, die seit den vergleichsweise einfachen Tagen des Himmelbettverfahrens kaum noch angewendet worden waren, kamen wieder zu Ehren – aber viele Bordfunker waren darin nicht mehr geübt und taten sich schwer damit, zumal auch deren Frequenzen von den Briten gestört wurden.

Düppel wurden jetzt zur Hilfe – und nicht zur Behinderung – der deutschen JLOs, da sie ihnen ein klares Bild von Ausdehnung und Anflugrichtung der Bomberformationen vermittelten. Die Hauptreportage wurde im Korpsgefechtsstand gesendet, aber Divisionsgefechtsstände wie »Diogenes« bei Deelen nahmen jetzt auch eigene Reportagesendungen auf, die sie mit Anweisungen an einzelne Jäger oder Jägerformationen durchsetzten. Die Reportagen brachten auch die Wetterlage mit Warnungen vor Wetterfronten, gefährlichen Bedingungen über hochgelegenem Terrain, Nebel, gesperrte Flugplätze und dergleichen. Dazu kamen die jeweils letzte Position und die Abmessungen des Bomberstroms, sein genereller Kurs und – soweit möglich – seine Höhe. Dann folgten das vermutliche Ziel sowie die Richtung, aus der er es anflog. Wenn das Ziel dann durch abgeworfene Markierungen oder Bomben bestätigt worden war, wurde auch das gemeldet. Beim Start wurde den Jägern ein spezieller Steigflugkurs mitgegeben, so daß sie auf den Funkmeß-Bildschirmen schnell identifiziert werden konnten und nicht mit Bombern verwechselt wurden, die den Anschluß an ihre Formation und den Schutz der Düppel verloren hatten.

Während derartige taktische Maßnahmen sehr zügig als Schachzüge im nächtlichen Abwehrkampf eingeführt wurden, gab es tiefgreifende organisatorische und personelle Veränderungen in der Luftwaffe, besonders in den Funktionen, die mit dem Kampf der Jäger gegen die Bomber zu tun hatten. Kammhuber war einer der ersten, der Görings Zorn zu spüren bekam: Am 15. September 1943 wurde er der Führung des XII. Fliegerkorps (Nachtjagdkorps) enthoben und von Generalmajor Josef »Beppo« Schmid abgelöst. Er blieb zwar noch General der Nachtjagd, aber nur noch für kurze Zeit. Zum etwa gleichen Zeitpunkt bot Göring Viktor von Loßberg Kammhubers Posten an, Loßberg jedoch lehnte ab.

Der Einflußbereich von Hajo Herrmanns Wilder Sau erweiterte sich, als Göring am 26. September 1943 die Aufstellung von zwei weiteren Einsitzer-Geschwadern befahl, JG 301 und JG 302 – 301 sollte in Bayern stationiert sein und sich an der Luftverteidigung Süddeutschlands beteiligen, und 302 in Brandenburg, wo es den Schutz des Raumes Berlin verstärken sollte. Göring vereinigte die drei Wilde-Sau-Geschwader in der 30. Jagddivision und unterstellte sie Herrmann, den er Ende August zum Oberstleutnant befördert hatte. Einsatzmäßig unterstellte er ihm auch eine Kampffliegergruppe – III./KG 3 – mit Ju 88 als Beleuchter. Herrmann führte seine Truppe von Berlin aus und hatte seinen Divisionsgefechtsstand in Döberitz am Westrand der Hauptstadt. Und um Herrmanns Unabhängigkeit von Kammhuber zu betonen, wurde die 30. Jagddivision nicht Kammhuber, sondern dem General der Jagdflieger, Adolf Galland, unterstellt.

Bei all der Kritik, die sich nun auf Kammhuber und seine Organisation entlud, traten jetzt auch andere Mängel seines unbeweglichen Luftverteidigungssystems zutage. Der Wechsel von einem Verfahren, das auf kleinen Verteidigungsräumen beruhte, zu einem, das einen umfassenden

Überblick auf die Luftschlacht in einem viel größeren geographischen Zusammenhang bot, erforderte auch eine stärkere Integration nicht nur der Flugmelde- und Nachtjagdkräfte selbst, sondern auch der Struktur von Flugmelde- und Reportageverfahren. Mitte Oktober wurde eine gründliche Reorganisation eingeleitet, und Kammhuber wurde jeglicher Einfluß auf die Nachtjagd entzogen. Im Monat darauf übernahm er die Luftflotte 5 in Norwegen als Oberbefehlshaber, eine Verwendung, die zu diesem Zeitpunkt des Krieges klar bewies, daß er sich nicht mehr der Gunst Görings erfreute. Beppo Schmids XII. Fliegerkorps wurde in I. Jagdkorps umbenannt, in seiner Stärke auf drei Divisionen verringert und mit der Luftverteidigung des Reichsgebiets beauftragt, während das II. Jagdkorps für die Verteidigung der besetzten Gebiete Frankreichs aufgestellt wurde und die 7. Jagddivision in Schleißheim bei München für den Schutz gegen Bomber, die aus dem Mittelmeerraum einflogen. Der Posten des Generals der Nachtjagd wurde gestrichen, und die Gesamtverantwortung für die Nachtjagd – zusammen mit der für die Tagjagd – dem General der Jagdflieger übertragen. Galland, der die Verschmelzung von Tag- und Nachtjagd eigentlich nicht unterstützte, akzeptierte diese Erweiterung seines Verantwortungsbereichs nur zögernd.

Mittlerweile aber ging der Kampf weiter. Auf deutscher Seite führten die Sachzwänge zu Entwicklung und Einführung elektronischer Vorrichtungen, die die Aufgaben von JLOs und Nachtjagdbesatzungen erleichtern sollten. Als erstes versuchte man, die Würzburg-Funkmeßgeräte vom Fluch der Düppel zu erlösen – der Fachbegriff war: »entlausen« –, und das entsprechende Gerät, das den gewünschten Erfolg nur teilweise erbrachte, war das »Würzlaus«-Funkmeßgerät, das auf dem Dopplerprinzip arbeitete. Es sei hier kurz erklärt: Ein bewegliches Ziel wirft ein Funkecho auf einer leicht veränderten Frequenz zurück, ein stationäres auf derselben: Somit kann man elektronisch zwischen einem sich bewegenden Flugzeug und einer Düppelwolke unterscheiden, die nach dem Abwurf ohne Eigengeschwindigkeit – den Wind einmal ausgenommen – zu Boden sinkt. Bei weitem vielversprechender war das Vorhaben, ein Bord-Funkmeßgerät einzuführen, das auf einer anderen Wellenlänge arbeitete als das bisherige Lichtensteingerät. Die Entwicklung eines Lichtenstein, das auf einer niedrigeren Frequenz – also längerer Wellenlänge – arbeitete, war bereits weit fortgeschritten. Serienfertigung und Einbau dieses Geräts wurden energisch vorangetrieben: Es war das FuG 220 oder Lichtenstein SN-2, kurz meist SN-2 genannt.

Das SN-2 arbeitete – im Gegensatz zu den festen 54 MHz seines Vorgängers – auf den umschaltbaren Frequenzen 72, 81 oder 91 MHz und benutzte dieselben Sender, Empfänger und Schalteinheiten. Die Anzeige bestand nur noch aus zwei runden Bildschirmen, einer für den Seitenwinkel und einer für die Entfernung, und die Reichweite des Geräts betrug sechs Kilometer. Die längere Welle bedeutete einerseits, daß das Gerät gegen die damals verwandten Düppel immun war, andererseits aber auch, daß die am Bug angebrachten Antennendipole viel länger sein mußten, worunter die Flugleistungen der Nachtjäger etwas litten. Die Antennen waren so groß, daß sie den Spitznamen »Hirschgeweih« geradezu provozierten. Die ersten Geräte wurden im September 1943 in Einsatzflugzeuge eingebaut, und Ende September hatte Telefunken bereits 2000 davon hergestellt. Anfang 1944 war die Masse der Nachtjäger mit SN-2 ausgerüstet, und es wurden schon verbesserte Versionen eingeführt, von denen eine – das SN-2b – eine Kombination aus dem Grundgerät und dem Weitwinkel-Funkmeßgerät Lichtenstein C-1 war. Die Flugzeuge trugen die Antennen beider Frequenzen, wobei die kleineren Dipole des Lichtenstein zwischen den größeren des SN-2 montiert waren. Mit der tödlichen, nach oben feuernden Schrägen Musik war das für die Maschinen des Bomberkommandos eine wirkliche Gefahr. Und jetzt wurden auch die ersten He 219 in Dienst gestellt – bei der I./NJG 1 in Venlo. Im Juli und im August 1943 schoß der Geschwaderkommodore, Hauptmann Hans-Dieter Frank, sieben RAF-Bomber mit diesem Flugzeugtyp ab. Aber die Arbeitspferde der Nachtjagd, die Bf 110 und Ju 88, brachten es allein im August auf 286 Abschüsse.

John Chaloners erster Einsatz war gegen Mannheim gerichtet gewesen, und trotz des schlechten Rufs von Mannheim und der Schwesterstadt Ludwigshafen als »schwierigem Ziel« war es – als Auftakt seiner neuen Verwendung – kein problematischer Auftrag. Der Angriff vom 23./24. September hingegen stellte das Gleichgewicht wieder her:

> »Unser Heckschütze Percy war ein richtiger Pechvogel. Es gab keinen Einsatz, der glatt verlief. Wenn wir hoch flogen, war er halb erfroren, oder seine Kanonen waren eingefroren oder seine Bordsprechanlage – aber selbst wenn man volle Verständigung mit ihm hatte, bekam man kaum mal ein Echo. Beide Bordschützen – Fred saß im Oberrumpf-Waffenstand – waren ziemlich zurückhaltend. Ich erinnere mich an einen Vorfall, da war alles ruhig, und plötzlich meldete sich Fred in seinem typischen Dialekt ohne jeden Anflug von Aufgeregtheit: "Wir werden beschossen!" Und nach einer Pause meinte er: "Bewegt euch mal da vorne – sie nähern sich Freds Turm!" Das bedeutete, daß wir in einer eindeutigen Klemme steckten! Und wenn das verdammte Flugzeug gebrannt hätte, hätte man von Percy wohl kaum mehr als ein Murmeln gehört – wahrscheinlich aber hätte er sich ohnehin aus der Bordsprechanlage ausgeklinkt!
> Beim Einsatz gegen Mannheim hatte ich – als ich die Leuchtkörper sah, die uns anstrahlen sollten – das Gefühl, daß es bald mulmig werden könnte. Wir sahen, wie zwei Maschinen abgeschossen wurden: Ich sah Männer an Fallschirmen hängen und rechts einen weiteren Luftkampf. Die Suchscheinwerfer fingerten im Dunkel herum, und dann waren wir erfaßt – und wir blieben etwa fünf Minuten lang über Mannheim beleuchtet. Es war eine unheimliche Situation. Natürlich hatten wir schon andere Flugzeuge beleuchtet gesehen – aber wenn man selbst dran ist, fühlt man sich wie auf der Bühne: Man ist die Hauptattraktion! Alle anderen Scheinwerfer konzentrierten sich auf uns, und ich wette, all die anderen Besatzungen schlugen sich wiehernd auf die Schenkel, weil wir alle Aufmerksamkeit der Deutschen auf uns zogen – und weg von ihnen. Alles war taghell. Und plötzlich hörten wir dieses "Bamm, Bamm, Bamm", Flakdetonationen ringsum und der Geruch von Schießpulver, und du weißt, die schießen sich jetzt ein – einer zu tief, einer zu hoch, und der nächste sitzt dann. Und plötzlich – wir hatten gerade die Bomben abgeworfen – waren alle Scheinwerfer aus: Hinter uns war ein deutscher Nachtjäger aufgetaucht. Er hatte das vereinbarte Signal abgefeuert, und alle Lichter gingen aus, und das Flakfeuer hörte auch auf. Jetzt griff der uns an! Er kam von links hinten ran, etwas tiefer. Sein Feuerstoß saß: Er traf Percy im Heckstand und durchlöcherte die linke Seite unserer Maschine, machte ihr zwölf große Löcher – verfehlte aber die Jungs in der Kanzel. Die Bordsprechanlage und die Hydraulik fielen daraufhin aus. Er flog nur einen Angriff, und der war nicht entscheidend.«

Percy beklagte sich nicht über seine Verwundung: Er war dreimal getroffen worden – von zwei Geschossen am Oberschenkel und von einem Splitter am Arm. Die Lancaster hatte 3000 m Höhe verloren, als sie versuchte, den Scheinwerfern, der Flak und der Ju 88 zu entkommen. Schließlich – nach achtstündigem Flug – landete »O-Orange« in Fiskerton. John Chaloner fährt fort:

> »Ich ging nach hinten zum Heckstand und sagte: "Verfluchter Mist, schau dir mal all die Löcher im Rumpf an!" Und Percy entgegnete, unwirsch wie immer: "Kümmer' dich nicht um die Löcher – ich habe selbst drei in mir!"«

Percy kam ins Lazarett, und von da an wurde der Heckstand bei jedem Einsatz mit einem anderen Ersatzschützen besetzt.
Der Oktober 1943 begann mit Luftangriffen des Bomberkommandos auf Hagen, München, Kassel und Frankfurt. Jetzt wurden viermotorige Bomber dazu benutzt, zusätzlich zum Hauptangriff Ablenkungsangriffe zu fliegen, eine Rolle, die bislang meist von Mosquito wahrgenommen wurde. Am 4./5. Oktober griff eine Formation von 406 Bombern Frankfurt an, während 66 Ludwigshafen bombardierten. In dieser Nacht gab es auch einen wichtigen Ersteinsatz: Eine Mosquito griff Aachen an, um – ohne Erfolg, wie sich dann herausstellte – ein neues Navigationsgerät, G-H, zu erproben, das später noch recht erfolgreich zum Einsatz kam. Und in der Woche darauf wurde ein neues Gerät zur Störung feindlicher Nachtjagd- und Jägerleitfrequenzen eingeführt. Für die damalige Zeit war »Airborne Cigar« (»Fliegende Zigarre«) – oder »ABC«, wie es meist genannt wurde – ein sehr kompliziertes Gerät, das hoher Geheimhaltung unterlag. Es wurde nur in Lancaster der 101. Staffel des Bombergeschwaders 1 eingebaut und von einem besonders ausgebildeten Funker bedient, der als zusätzliches Besatzungsmitglied an Bord kam. Die ABC-Flugzeuge wurden als normale Bomber eingesetzt und trugen auch die normale Bombenlast, und die regulären Besatzungsmitglieder wußten nicht, was dieser »Extramann« so machte – nur, daß es hochtechnisch, hochspezialisiert und hochgeheim war. Der Funker hatte vor sich eine Kathodenstrahlröhre, die ihm – an einen Empfänger angeschlossen – Signale auf einer waagerechten Grundlinie anzeigte. Der Empfänger suchte automatisch Sprechfunk-Frequenzbänder ab und schaltete sich auf Signale auf. Wenn der Funker dann auf seiner Braunschen Röhre ein Signal sah, betätigte er einen Schalter und konnte mithören, was der Empfänger erfaßt hatte: Wenn es feindlicher Sprechfunk – also in Deutsch – war, setzte er auf diese Frequenz einen seiner drei Sender an, der sie dann mit einem trillernden Ton nachhaltig überlagerte. So verfuhr er, bis alle drei Sender tätig waren. ABC konnte auch die Signale des deutschen Ypsilonsystems stören, dem die Briten das Kennwort »Benito« zugeordnet hatten. Die Einführung dieses neuen Störgeräts – zusammen mit Ablenkangriffen von Mosquito auf München, Emden und Aachen sowie einer kleinen Streitmacht von Lancaster auf Friedrichshafen – kam für die deutsche Nachtjagd völlig überraschend: Nur 1,2 Prozent der 343 Lancaster, die auf das Hauptziel Stuttgart angesetzt waren, gingen verloren. Das Ziel selbst war allerdings wolkenverhangen, und die Bomben fielen weit verstreut.
Ablenkungsangriffe zogen aber nicht immer die Nachtjagd erfolgreich vom Hauptstrom der Bomber ab. Am 22./23. Oktober 1943 flog eine Formation von 569 Lancaster und Halifax einen Luftangriff auf Kassel, während 28 Lancaster und acht Mosquito Frankfurt und eine noch kleinere Streitmacht von zwölf Oboe-Mosquito das Ruhrgebiet angriffen. Die deutschen Luftlageoffiziere jedoch folgerten korrekt, daß Kassel das Hauptziel sein werde, und das Ergebnis war, daß 43 Bomber – 7,6 Prozent der Angreifer – abgeschossen wurden. Eine Halifax, die die Aufmerksamkeit der Nachtjäger überlebte, wurde von Squadron Leader (Major) Derek Duder, Träger des Distinguished Flying Cross (DFC), geflogen; Terry Bolter war sein Bombenschütze. Zu diesem Zeitpunkt war Bolter, der im September zum Offizier ernannt worden war, stellvertretender Bomberführer der 77. Staffel:

> »Unser 17. Einsatz war ereignisreich. Auf dem Rückweg von Kassel hörte ich Biff Hagens Stimme über die Bordsprechanlage: "Heckschütze an Skipper – Jäger im rechten Quadranten, 800 Meter. Schließt zum Angriff auf. Nach rechts abkippen – los!" Biff ließ die Gegensprechanlage an, und ich konnte ihn atmen und seine Kanonen feuern hören. Dann meldete er sich wieder: "Alles o.k. – ich hab ihn erledigt: Er stürzt ab!" Mac Maculloch im Oberrumpf-Waffenstand versuchte noch, sich an dem Akt durch einen Feu-

erstoß zu beteiligen, aber Biff meinte: "Ist schon gut, laß ihn in Ruhe – er ist erledigt, er geht runter!" Und dann gab's aufgeregte Glückwünsche seitens der Besatzung. Ich fügte meinen Glückwünschen aber die Warnung bei, daß ich noch andere Jäger sähe; sie sollten wachsam nach weiteren Angriffen Ausschau halten!«

Zum Glück erfolgten aber keine weiteren Angriffe, und Bolters Halifax kam sicher nach Hause. Am Tage darauf erhielt Hagen, der ebenfalls kurz zuvor zum Offizier ernannt worden war, das DFC. Es war Squadron Leader Derek Duders letzter Einsatz, und er bekam den Distinguished Service Order (DSO) – das DFC hatte er schon während einer früheren Verwendung im Bomberkommando erhalten. Dann traf der neue Schwarmführer, Squadron Leader Herbert Bickerdike, ebenfalls Träger des DFC, auf dem Flugplatz ein und übernahm die führerlose Besatzung. Er brachte seinen ehemaligen Heckschützen mit, Flying Officer (Oberleutnant) Gordon Hills, Inhaber der Distinguished Flying Medal (DFM). Hills löste Maculloch im Oberrumpf-Waffenstand ab, und Mac wurde zu den Pfadfindern versetzt.
Auf deutscher Seite gelang Otto Fries beim Angriff auf Kassel der zweite Abschuß. Er und sein Funker Alfred Staffa waren am frühen Abend mit ihrer Bf 110 G-4 in St. Trond in Belgien gestartet; jetzt flogen sie Zahme Sau unter Führung von Ypsilon. Man hatte sie erst nach Norden geschickt, dann nach Südosten und nach Süden – aber sie hatten keine Feindflugzeuge gesehen. Es war eine klare Neumondnacht, aber drohende, schwarze Wolken im Westen kündigten das Aufziehen einer Kaltfront an. ABC machte sich bemerkbar: Die deutschen Besatzungen hatten die trillernde Störung »Dudelsack« getauft. Auch auf anderen Frequenzen machte es Tinsel – die Störung per Bombermotor – schwer, die Durchsagen der JLOs zu verstehen; die Deutschen nannten Tinsel »Seelenbohrer«. Aber die deutschen Besatzungen lernten bereits, mit den britischen Störungen zu leben: Sie hatten festgestellt, daß immer dann, wenn ein Sender bei Störungen abgeschaltet wurde, auch die Störungen aufhörten, wenn der Sender dann jedoch erneut eingeschaltet wurde, gab es eine kurze Pause, bevor die Störung wieder einsetzte – in dieser Pause konnten die Alarmbesatzungen ein paar Sätze der Reportage verstehen. Auf diese Weise gelang es Fries, die Anweisung auszumachen, auf Nordwestkurs zu drehen, aber die geschätzte Höhe des anfliegenden Bomberverbandes konnte er nicht verstehen. So stieg er auf 6000 m und kam den Wolkenbänken im Westen immer näher. Auf den Antennen sahen Fries und Staffa Lichter hin und her springen: Elmsfeuer. Auch die Propeller zeigten leuchtende Kreise, und das Flugzeug schlingerte und rüttelte in den Turbulenzen der Kaltfront, in die sie jetzt einflogen. Fries drehte auf Gegenkurs und verlor an Höhe. Dann hörte er eine Durchsage vom Boden, die die Störung durchbrach: »Adler 98 von Eisvogel – antreten drei-null-null – Kuriere kommen entgegen Kapelle vier-null bis vier-füneff.« Fries drehte erneut, und Staffa beobachtete seine Lichtenstein-Anzeigen. Zunächst sah er gar nichts, nicht einmal Düppelechos – aber schon sehr bald erkannte er die ersten Signale. »Du, da ist ein Zacken im Gerät – scheint aber 'ne Düppelwolke zu sein, weil sie so schnell näher kommt – geh' mal ein bißchen höher, vorsichtshalber!« Genau in diesem Moment raste ein dunkler Schatten auf Gegenkurs vorbei, und Fries riß seine Maschine in einer Steilkurve herum. Sobald er auf Südostkurs war, gab er Vollgas. Sein Fahrtmesser zeigte 430 km/h an. Staffa sah auf seinem Funkmeßgerät zunächst nichts, dann aber rief er:

»So ein blöder Hund! Der klassische Fall: Er hat wohl spitz gekriegt, daß da so ein böser Nachtjäger in der Gegend herumlungert und er sich deshalb tarnen muß. Und nun schmeißt einer treu und brav alle was-weiß-ich-wieviel Sekunden ein Bündel Düppel aus der Maschine und legt uns so eine herrliche und nicht zu verfehlende Spur! Den kriegen wir, er ist nur noch zwei Ka-Em vor uns!«

Später erklärte Staffa, wie der Angriff auf den Röhren seines Funkmeßgeräts ausgesehen hatte: Zunächst war außer den runden, waagerechten und senkrechten Grundlinien der Kathodenstrahlröhren - je nach Funktion - nichts zu sehen gewesen. Dann erschien aus dem Nichts ein Echoimpuls, dann noch einer, dann ein dritter in gleicher Entfernung, und dann kam das Echo vom Ziel selbst, von dem sich jeweils dann ein weiteres Echo löste, wenn eine Düppelwolke ausgestoßen wurde.
Sie näherten sich ihrer Beute. Bald darauf konnte Fries einen Schatten erkennen, und dann nahm der Schatten die Gestalt eines viermotorigen Bombers an. Fries fährt fort:

> »Die Stirling wurde größer und größer, schließlich konnten wir ganz deutlich die glühenden Auspufftöpfe der Motoren erkennen. Wir waren auf knappe hundert Meter herangekommen. "Schieß schon endlich, ehe er uns entdeckt!« »Immer mit der Ruhe - nur noch ein kleines bißchen näher ran!" Und da blitzte es plötzlich am Rumpfende der Stirling auf, wie ein Strahlenfächer zischten die Garben des Vierlings um die Maschine. Es knallte kurz und hart, und ich verspürte einen stechenden Schmerz in der linken Wade. Ich reagierte instinktiv und ohne Überlegung, indem ich das Querruder nach rechts einlegte und gleichzeitig in das rechte Seitensteuer trat. Dann zog ich ganz leicht den Knüppel an und ließ den Heckstand des Bombers in mein Visier wandern. Ein kurzer Feuerstoß brachte das Vierlings-MG zum Verstummen. Es war das erste und einzige Mal, daß ich bewußt direkt in den Rumpf eines Bombers schoß.«

Dann drehte Fries leicht nach links und feuerte eine zweite Garbe auf die linke Flächenwurzel des Bombers. Trotz der Blendwirkung seiner Leuchtspurmunition konnte er klar erkennen, wie seine Geschosse ihr Ziel trafen. Die Tragfläche der Feindmaschine brach weg, und der Rumpf trudelte der Erde entgegen und schlug mit einer großen Explosion am Boden auf. Fries sah auch die abgetrennte, brennende Fläche nach unten wirbeln, bis sie - fast eine Minute später - ebenfalls am Boden aufprallte. Der Rumpf des Bombers, der noch die gesamte Bombenlast an Bord hatte, ging bei Nettersheim in der Eifel zu Boden: Er schuf einen Krater von 22,5 m Durchmesser und 7,5 m Tiefe.
Fries war unverletzt: Ein Geschoß des Heckstandes hatte eine Nahtstelle zwischen zwei Panzerplatten durchschlagen und war auf eine Signalpatrone geprallt, die im Gürtel an seinem linken Fliegerstiefel steckte. Zum Glück für Fries - und zweifellos auch für Staffa - war die Patrone nicht explodiert.
Noch ein weiteres Störgerät wurde in dieser Nacht von der RAF eingeführt: »Corona«. Die deutschen Jägerleit- und Reportagesendungen im Hochfrequenzband wurden von einer kleinen Station in West Kingsdown in Kent überwacht; dabei benutzte man einen erbeuteten deutschen Empfänger. Deutschsprechende Auswerter hörten sie ab, und wenn sie eine Sendung auffingen, gaben sie einem von vier Hochleistungssendern in Rugby und Leafield die Frequenz durch, woraufhin der Sender auf dieser Frequenz irreführende Anweisungen auf Deutsch abstrahlte. Weil Ultrakurzwellen - anders als Kurzwellen - am Boden nur eine begrenzte Reichweite haben, konnte Corona nicht gegen kürzere Wellen eingesetzt werden. Trotzdem aber erwies sich Corona als lang anhaltende Irritation für Jägerleitoffiziere und Besatzungen der Luftwaffe: Sie lenkten die Jäger von ihren wirklichen Zielen ab, befahlen ihnen, zum Platz zurückzukehren und dergleichen. Später, als die Deutschen dann Frauen für die Reportagesendungen einsetzten, weil sie glaubten, die trügerischen Anweisungen würden aus Flugzeugen gesendet, ließ die RAF ebenfalls deutschsprechende Frauen über die Hochleistungssender arbeiten. Viele der Männer und Frauen, die sich an diesen Täuschungen beteiligten, waren Juden, die Deutschland in den 30er

Jahren verlassen hatten. Man erzählt sich, daß die deutschen JLOs und ihre britischen Peiniger – und hier besonders die Frauen – gelegentlich die Maske fallen ließen und sich, anstatt echte oder täuschende Anweisungen auszuteilen, in bitteren persönlichen Vorwürfen ergingen. Eine weitere Variation der Coronatechnik war, auf den Jägerleitfrequenzen ein vorher aufgenommenes Durcheinander deutscher Stimmen abzustrahlen, was den Besatzungen die Anweisungen vom Boden unverständlich machte, wenn sie versuchten, ihre Ziele oder – oft in Notsituationen – ihre Bestimmungsflugplätze zu finden. Auch Reden Hitlers sollen so verwandt worden sein.
Von den 18 Lancaster, die in dieser Nacht von 43 Flugzeugen des Bomberkommandos beim Angriff auf Kassel abgeschossen wurden, beanspruchte Unteroffizier Otto Kutzner zwei für sich – er hatte seinen ersten Einsatz beim Gomorrha-Angriff auf Hamburg geflogen und seinen ersten Luftsieg am 9. Oktober über Hannover errungen. Anders als Fries und weitere Nachtjagd-Flugzeugführer hatte er keine Skrupel, auf den Heckschützen zu schießen. »Da drin war ein Mann, der – genauso wie ich – wieder heil nach Hause kommen wollte. Also griff ich immer von hinten an, um ihn als ersten ausschalten zu können!« Herrmanns drei Wilde-Sau-Geschwader waren ebenfalls im Einsatz, und Hauptmann Friedrich Karl Müller (»Nasenmüller«) mußte aus seiner Bf 109 G-6 aussteigen, als ihr Motor in Brand geriet. Als er am Boden aufschlug, verletzte er sich leicht. Zwei weitere Flugzeugführer hatten weniger Glück: Feldwebel Horst Neumann und Feldwebel Kurt Degenkolb, beide von der III./JG 301, verloren ihr Leben. Seit ihrem ersten regulären Einsatz hatte die Wilde Sau 52 Flugzeugführer verloren: 46 davon waren im Luftkampf gefallen, und zwölf weitere waren verwundet worden – nicht mitgezählt sind dabei die zahlreichen Flugzeuge, die bei Notlandungen zu Bruch gingen, ohne daß der Flugzeugführer verletzt worden wäre. Ein Blick auf die Verlustlisten belegt, daß ein Großteil der Verluste nicht direkt auf Feindeinwirkung beruhte, sondern auf Landeunfällen, Absprüngen wegen Kraftstoffmangels und dergleichen. Die Wilde Sau hatte dabei ihre besonders schlimmen Nächte: Beim Bombenangriff auf Berlin in der Nacht von 31. August auf den 1. September 1943 verlor sie sechs Besatzungen – nur ein Flugzeugführer überlebte. Und am 27. September, als das Bomberkommando sich Hannover vornahm, traf es sie noch härter: Acht von Herrmanns Maschinen gingen verloren – nur zwei Flugzeugführer überlebten, einer davon schwerverletzt.
Insgesamt war der Sturm auf Kassel in mehrfacher Hinsicht denkwürdig. Und auch Harris konnte ihn als sehr erfolgreichen Bombenangriff verbuchen: Obwohl die Blindmarkierer, als sie ihre Leuchtkörper nach H2S abwarfen, ihr Ziel überschossen, waren die nachfolgenden Reserven dann in der Lage, den Fehler zu korrigieren, indem sie ihre Zielmarkierungen genau auf die Altstadt warfen. Seit Hamburg war dies der verheerendste Bombenangriff: Die Verluste unter der Zivilbevölkerung beliefen sich auf etwa 5600 Menschen. Viele industrielle und militärische Gebäude wurden verwüstet oder beschädigt – auch der Luftfahrtindustrie, die Teile der »Fliegenden Bombe« V1 herstellte; sie wurde so schwer getroffen, daß man hoffte, deren nächste Offensive um mehrere Monate verzögert zu haben.
Im Oktober 1943 begann man, die Flugzeuge der Hauptstreitmacht mit H2S auszurüsten. Die Ausbildung wurde im Einsatz durchgeführt: Ausgewählte Besatzungen bekamen als erste die neuen Geräte und lernten, wie man sie benutzte; danach gab der Navigator – sobald weitere Geräte eingebaut waren – sein Wissen an andere Besatzungen weiter. John Chaloner war einer dieser Auserwählten. Noch immer umgab H2S ein Schleier des Geheimnisses. Das mag vielleicht überraschen, denn inzwischen waren so viele Pfadfindermaschinen verlorengegangen, daß man davon ausgehen mußte, daß die Deutschen dieses Bordradargerät jetzt gut kannten. Aber trotzdem war H2S noch so geheimnisumwittert, daß selbst in den Flugbüchern der Besatzungen der einzige Hinweis darauf »Besondere Funkausbildung« lautete. Seitens der Briten wurde viel ge-

tan, um das Gerät noch weiter zu verbessern – und seitens der Deutschen, um das zu durchkreuzen.
Die Geräte der II. Baureihe, die bei den Pfadfindern damals im Einsatz waren und jetzt in die Masse der Bomber eingebaut wurden, arbeiteten auf einer Wellenlänge von 10 cm und erbrachten – wie der Angriff auf Berlin erwiesen hatte – kein gestochen scharfes Bild. Daraufhin hatte man ein H2S entwickelt, das auf der kürzeren Wellenlänge von 3 cm arbeitete, und nach der enttäuschenden Erfahrung, daß Großstädte wie Berlin nur einen großen, hellen und nicht verwertbaren Fleck hergaben, wurde darauf gedrängt, das verbesserte Gerät in Dienst zu stellen. Die Erprobung verlief sehr vielversprechend, und das neue Gerät erhielt die Bezeichnung »Mark III« (»III. Baureihe«). Erst am 13. November jedoch wurden die ersten drei Lancaster, die damit ausgerüstet waren, den Pfadfindern zur Erprobung ausgeliefert – zunächst einmal mußte sich die Masse der Navigatoren noch mit dem 10-cm-Gerät »Mk II« begnügen.
Von H2S gab es darüber hinaus noch ein Nebenprodukt, das im Oktober 1943 in den Einsatz ging. Die Idee dazu soll Group Captain (Oberst) Dudley Saward gehabt haben, Leitender Radartechniker des Oberbefehlshabers des Bomberkommandos: Wenn man mit H2S den Boden unter dem Flugzeug sehen konnte – konnte man dann im gleichen Gebiet damit nicht auch Flugzeuge auffassen? Man konnte – und »Fishpond« (»Fischteich«) ließ sich dann auch recht einfach herstellen. Es benutzte die Abstrahlungen und die Echos von H2S und zeigte dem Radarbeobachter in seiner Zelle auf einem Bildschirm Signale, die andere Flugzeuge im Umfeld darstellten. Natürlich konnte es nur das Gebiet unter dem Bomber beobachten, weil nur dort die Antenne den Boden absuchte – aber da ohnehin die meisten Jägerangriffe von unten erfolgten, schien das recht hilfreich zu sein. Das Gerät zeigte eigene wie feindliche Flugzeuge – aber alles, was schnell näherkam, alarmierte die Besatzung automatisch. Im Oktober lief die Umrüstung an, und bald darauf war Fishpond Standardausrüstung der H2S-Bomber.
Binnen drei Wochen, nachdem die Deutschen im Februar 1943 – wie bereits berichtet – ein teilweise intaktes H2S-Gerät erbeutet hatten, hatte die Luftwaffe eine Arbeitsgruppe zusammengestellt, die die Möglichkeiten einer Gegenwehr gegen das »Rotterdamgerät«, wie sie es nannte, untersuchen wollte. Dabei ging sie von dem Gedanken aus, daß es das einfachste sei, die Abstrahlungen dieses Geräts zum eigenen Vorteil zu nutzen – und bald war ein Empfänger mit dem Decknamen »Naxos« entwickelt, der Anfang September versuchsweise in einen Nachtjäger eingebaut wurde. Die Versuche erwiesen, daß man die H2S-Abstrahlungen über eine Entfernung von bis zu 15 km für eine grobe Richtungspeilung nutzen konnte. Im November war diese Entfernung bereits auf ungefähr 100 km gesteigert worden. Zwar wurde aus Naxos niemals ein Präzisionsgerät, mit dem die Jäger einzelne H2S-Bomber anfliegen konnten, aber es war für die Luftverteidigung – besonders in Verbindung mit dem Zahme-Sau-Verfahren – von großem Wert, weil die Jäger damit den Bomberstrom finden und anfliegen konnten und dann seine Position durchgaben, so daß andere Jäger ihn ebenfalls bekämpfen konnten. Ein weiteres Peilgerät, das zu dieser Zeit in deutsche Nachtjäger eingebaut wurde, war das FuG 227 »Flensburg«, das auf der Frequenz des Bomber-Heckwarngeräts »Monica« arbeitete und die Flugzeugführer in die Lage versetzte, einzelne Bomber direkt anzupeilen. Darüber hinaus gab es noch das Bordgerät »Freya Halbe«, mit dem die Jäger die britischen Mandrel-Flugzeuge, die die Boden-Funkmeßgeräte Freya störten, anpeilen konnten.
Um diese Zeit kam Prinz zu Sayn-Wittgenstein von einer kurzen Kommandierung an die Ostfront in den Westen zurück; sie hatte ihn vom Reich und damit von den Bombenangriffen auf Hamburg und Peenemünde ferngehalten. An der Ostfront hatte er 27 sowjetische Flugzeuge abschießen können. Wie sein Funker Herbert Kümmritz aussagte, war das ganz einfach: Es gab keine Funkstörungen, die Russen rechneten nicht mit Nachtjägern, und sie machten auch kei-

ne Ausweichbewegungen. Mit der Schrägen Musik war es die einfachste Sache der Welt, sie abzuschießen – reine Routine. Im Westen war das ganz anders. Kümmritz beschreibt die vielfältigen Aufgaben eines Funkers in einem deutschen Nachtjäger:

»In der Kanzel der Ju 88 war es recht eng – man konnte sich kaum bewegen. Zunächst gab es den Flugzeugführer, einen Funker und einen Bordmechaniker; aber dann wurden die Einsätze so kompliziert, daß man in manchen Flugzeugen den Mechaniker wegließ und mit zwei Funkern flog. Die Navigation geschah meist über Kurs und Geschwindigkeit über Grund, und für unsere navigatorischen Aufgaben hatten wir einen runden Rechenschieber, den sogenannten "Knemeyer". Dann hatten wir den Standardempfänger FuG 10 mit Peilrahmen, und den benutzten wir zum "Bakenspringen", das eine unserer Standard-Navigationsformen war: Wir konnten unseren Peilrahmen in die automatische Kurssteuerung schalten, und dann steuerte das Flugzeug das gewünschte Funkfeuer an. Alle Funkfeuer oder Baken waren natürlich auf unseren Karten eingetragen, und so konnten wir ihre Peilungen zur Bestimmung unserer Position benutzen. Wir konnten auch Bodenstationen über Morsealphabet um Peilungen bitten, aber deren Frequenzen waren häufig gestört, und die Arbeit war schwierig. Wir benutzten meist QDMs für die Peilungen. Ich muß schon sagen, daß unsere Navigation viel auf Schätzungen beruhte – wir koppelten unseren Flugweg zum Beispiel nie mit.

Zusätzlich zu Navigation, Funksprech- und Tastfunkverkehr war der Funker für das Bord-Funkmeßgerät – heute nennt man das Bordradar – verantwortlich. Zunächst hatten wir das Lichtenstein, dann das SN-2, manchmal eine Kombination von beiden. Ende 1943 kam dann Naxos. Dann hatten wir Freya Halbe, das FuG 221, mit dem wir Freya-Störgeräte anpeilen konnten. Für den Sprechfunk hatten wir das FuG 16 oder 17, und dann gab es noch das Antwortgerät – den Transponder – für das Ypsilonsystem. Weiterhin führten wir Listen der Einsatzfrequenzen mit, der Flugplätze, der Farben des jeweiligen Tages und dergleichen; zudem mußten wir jederzeit in der Lage sein, Fragen des Flugzeugführers zu beantworten, besonders in Notfällen. Um die Dinge abzurunden, hatte der Funker in seiner Kanzel auch noch ein nach hinten gerichtetes MG zu bedienen; aber ich selbst habe es nur ein- oder zweimal benutzt. Ich gebe Ihnen mal ein Beispiel, wie ein Funker auf einen Notfall zu reagieren hatte.

Wir waren irgendwo mitten in Deutschland und erhielten keine Peilungen. Ich bat Bodenstationen über Tastfunk um QDMs, bekam aber keine Antwort; Berlin, Leipzig, Dresden – niemand antwortete. Dann hörte ich durch all die Hintergrundgeräusche ein sehr entferntes Signal – "AOA, AOA". Ich konnte diese Buchstaben jedoch auf meiner Flugplatzliste nicht finden. Der Prinz war sauer und sagte, ich müsse wissen, wo der liegt. Dann wurde das Signal aber lauter, also flogen wir offensichtlich darauf zu. Dann rief ich sie auf der Frequenz und teilte ihnen mit, daß wir eine Notlandung brauchten, da wir nur noch einen Motor hätten und knapp an Sprit wären – und sie fragten zurück: "Welchen Flugzeugtyp fliegt ihr?" Ich sagte: "Ju 88", und sie sagten mir, ich könne dort nicht landen – der Flugplatz sei zu klein. Ich forderte sie daraufhin auf, die Landebefeuerung einzuschalten; wir würden in jedem Fall eine Notlandung versuchen. Wir schafften es dann tatsächlich, heil runterzukommen; es war ein kleiner Werksflugplatz bei Cottbus. Wir setzten genau am Rande des Platzes auf und stiegen sofort voll in die Bremsen – und dann kamen wir etwa 30 oder 20 m vor einem Sendemast auf der anderen Seite zum Stehen: Der Funker dort hatte seine Hütte bereits im Laufschritt verlassen – er hatte befürchtet, wir würden ihn überrollen!«

Nach dem Angriff auf Kassel gab es bis zum 3./4. November keine größeren Luftangriffe mehr, obwohl kleinere Gruppen von Mosquito fast jede Nacht Störangriffe flogen, die sicherstellen sollten, daß die Bevölkerung, die Luftschutzorganisation und die Kräfte der Luftverteidigung keine Ruhe fanden. Am frühen Abend des 3. November war John Chaloner an Bord einer der 344 Lancaster, die – zusammen mit 233 Halifax und zwölf Mosquito – Düsseldorf angriffen, während eine kleinere Formation einen Ablenkangriff auf Köln flog. Für das Bomberkommando war das eine ganz normale Nacht. Otto Fries schoß im Rahmen der Zahmen Sau seinen dritten Bomber ab: die Halifax MP-X von der 76. Staffel aus Holde-on-Spalding Moor in Yorkshire. Sie schlug in der Nähe des holländischen Dorfes Opgrimby auf, nahe der belgisch-holländischen Grenze nördlich von Maastricht. Äußerst ungewöhnlich war, daß die gesamte Besatzung sich vor dem Absturz mit dem Fallschirm retten konnte. Nur ein Besatzungsmitglied, Sergeant (Feldwebel) Fewson, geriet sofort in Gefangenschaft – die anderen wurden erst nach unterschiedlich langer Zeit gefangengenommen, und der Pilot, Dennis Hornsey, erreichte mit Hilfe der Untergrundbewegung nach mehreren Wochen sogar Spanien.
Anfang November hatte Terry Bolters Besatzung 17 Einsätze geflogen und gehörte somit zum Lager der »Veteranen«. Zusammen mit Ernie Webb hatte John Chaloner zwölf – Düsseldorf war sein 13. Angriff gewesen, hatte aber kein Unglück gebracht. Chaloner erinnert sich an Düsseldorf, weil diese Nacht »ein wüstes Durcheinander herrschte; die Bomber waren überall verteilt, als wir zurückkamen. Wir hatten eine Cookie und sechs Behälter an Bord. Ich erinnere mich an diesen Angriff, weil es so hell wie am Tag war, mit der Schleife im Fluß und all dem. Wir warfen 72 Tonnen Bomben pro Minute! In ungefähr 20 Minuten war alles vorüber. Man konnte das Ziel gar nicht verfehlen: Alles war klar zu erkennen.«
Bei diesem November-Angriff auf Düsseldorf wurde das Navigations- und Blindwurfgerät »G-H« erstmals eingesetzt. G-H ähnelte Gee und Oboe, hatte aber den Vorteil, genauer zu sein als Gee, und konnte – anders als Oboe – von mehreren Flugzeugen gleichzeitig benutzt werden. Wie bei seinen beiden Vorgängern war die Reichweite von G-H jedoch ebenfalls durch die Erdkrümmung begrenzt. Während die aktiven Komponenten von Oboe sich auf dem Boden befanden, waren die von G-H im Flugzeug untergebracht – ein Sender und ein Empfänger, mit denen die Entfernungen von zwei Bodenstationen gemessen wurden. G-H war kompliziert und umständlich zu bedienen, hatte aber den großen Vorteil, einer ganzen Anzahl von Flugzeugen gleichzeitig zur Verfügung zu stehen.
Bei ihrem 13. Einsatz hatte das Glück Chaloner und seiner Besatzung zur Seite gestanden. Beim nächsten Einsatz jedoch, der ihr 14. hätte werden sollen, verließ es sie:

> »Das nächste Ziel war am 10. November Modane, ein leichtes Ziel. Da sollten wir einen Eisenbahntunnel in Frankreich bombardieren. Ich glaube, wir waren die ersten am Start. Wir hatten 16 Sprengbomben ... 453 kg an Bord. Dann rollten wir die Startbahn entlang. Als wir etwa die halbe Startbahn hinter uns hatten, geriet der linke Innenmotor in Brand. Wir kamen im rechten Winkel nach links von der Startbahn ab, und ich dachte: "Das war's – keine Chance!" Schließlich hatten wir noch allen Sprit und 16 schwere Bomben an Bord. Jeden Moment mußte es einen riesigen Knall geben! Dann brach das Fahrwerk zusammen, und wir lagen auf – wir waren überhaupt noch nicht in der Luft gewesen, wirklich. Wir kamen also von der Startbahn ab. Ich hatte beim Start hinter dem Piloten gestanden, und wir waren wie erstarrt: Alle warteten auf die verdammte Explosion! Wir kurbelten die Seitenscheibe des Piloten nach unten, und Ernie sprang als erster raus; ich folgte ihm dann kopfüber nach. Wir fürchteten, dem inneren Motor zu nahe zu kommen, der ja schließlich brannte ... Dann kamen wir knirschend zum Stehen, und wir erwarteten

jeden Moment die Explosion und rannten wie verrückt in Richtung Flugleitungsgebäude. Und als wir dann ein paar hundert Meter weg waren, ließen wir uns auf den Boden fallen – aber die Explosion kam nicht. Und alle von der Besatzung waren rausgekommen!«

Das Flugzeug explodierte doch, aber erst kurze Zeit später, und zum Glück gab es keine Opfer. Keines der Flugzeuge aus Fiskerton, die für den Angriff auf Modane eingeteilt waren, konnte starten, denn der Platz war geschlossen worden. Ernie Webb und seine Leute waren tags darauf bei den anderen Besatzungen nicht sonderlich beliebt: Man warf ihnen vor, sie um einen einfachen Trip gebracht zu haben, der sie dem Ende ihrer Stehzeit beim Bomberkommando nähergebracht hätte. Chaloner fühlte sich leicht gekränkt und benachteiligt: Der »haarigste« Einsatz, den er bisher miterlebt hatte, wurde nicht einmal auf seine eigene Stehzeit angerechnet! Etwas gequält fügte er hinzu: »Später hatten wir noch einen weiteren Einsatz, bei dem wurden wir über Beachy Head von einer Mosquito zusammengeschossen – und der zählte auch nicht!«

KAPITEL 9

Berlin – der Kampf entbrennt

November und Dezember 1943

Jetzt – im November 1943 – war die Situation in jeder Hinsicht reif für ein verlustreiches Vorhaben, das sich bis Ende März 1944 hinziehen und das Bomberkommando fast 8000 Mann Verluste kosten sollte; dazu kam eine nicht ermittelte, aber sicherlich nicht unbedeutende Zahl von gefallenen deutschen Nachtjagdbesatzungen: Harris, den die Erfahrungen seiner früheren verlustreichen und kaum lohnenden Luftangriffe auf Berlin nicht beeindruckt hatten, konzentrierte sich wieder auf die Reichshauptstadt. Wegen der längeren Nächte würden seine Bomber während des gesamten Fluges über Feindgebiet den Schutz der Dunkelheit nutzen können, und weitere Unterstützung würden ihnen Ablenkungsangriffe und Fernnachtjagd-Einsätze sowie Maßnahmen der elektronischen Kampfführung gewähren. Wie es im Falle Hamburgs gewesen war, war auch hier Harris' erklärtes Ziel nichts Geringeres als die vollständige Zerstörung Berlins. Aber während er die Auslöschung Hamburgs noch als »entscheidenden Beitrag, den Krieg zu verkürzen und zu gewinnen« bezeichnet hatte, sagte er nun – in einer vielzitierten Denkschrift an den Premierminister – voraus, daß die Zerstörung Berlins »Deutschland den Sieg kosten« werde.

Die Denkschrift war ein bezeichnendes Dokument, besonders im Hinblick auf das Bild, das sie von Harris' Charakter zeichnete. Er behauptete darin, das Ruhrgebiet sei so gut wie ausgelöscht – die Worte, die er dafür verwendete, waren: »You will see that the Ruhr is largely *out*.« (»Sie werden erkennen, daß das Ruhrgebiet weitgehend ist.«) Es war typisch für ihn, daß er seine Behauptungen übertrieb – ob absichtlich, um seine Person herauszustellen, oder versehentlich, weil er wirklich glaubte, daß seine Bombenangriffe so hochwirksam gewesen seien, muß dahingestellt bleiben. Es stimmte zwar, daß im industriellen Zentrum des Ruhrgebiets große Schäden angerichtet worden waren, aber deren Auswirkungen auf die industrielle Kapazität und die Produktionsziffern waren – obwohl durchaus bedeutend – alles andere als kriegsentscheidend. Darüber hinaus schlug Harris vor, daß ihn die Amerikaner beim Angriff auf die Reichshauptstadt unterstützen sollten, obwohl er sehr wohl wußte, daß sie noch keine Langstrecken-Begleitjäger hatten, die sich mit den Messerschmitt und Focke-Wulf messen konnten, und somit noch nicht in der Lage waren, bei Tage Großangriffe auf Ziele tief im Inneren des stark verteidigten Reichs zu fliegen. Am 1. August 1943 hatten die Amerikaner 163 Consolidated B-24 Liberator von Flugplätzen in Nordafrika aus die rumänischen Ölfelder bei Ploesti angreifen lassen und dabei 54 Viermotorige verloren. Harris bezog sich auf den Ploesti-Angriff und schlug vor, die Amerikaner sollten »derartig verlustreiche Ablenkungsangriffe« unterlassen. Das einzige, was man aus dem Ploesti-Angriff wirklich lernen konnte – und das mußte Harris wissen – war, was das Bomberkommando schon zu Beginn des Krieges hatte lernen müssen: Unbegleitete schwere Bomber waren Tagjägern hilflos ausgeliefert. Als Harris seine Denkschrift verfaßte, mußte er davon ausgehen, daß Tagangriffe auf Berlin ähnlich hohe Verluste fordern würden. Später schützten die North American P-51B Mustang mit Merlin-Motor von Rolls-Royce, der in den USA von Packard in Lizenz gebaut wurde, die US-Bomberverbände sehr wirkungsvoll – daher wurde Berlin

durch die 8. Luftflotte auch erst im März 1944 angegriffen, als die RAF-Offensive gegen die Hauptstadt schon fast zu Ende ging.
Es ist wirklich unklar, wie sich Harris die Mitarbeit der Amerikaner vorstellte. Hoffte er vielleicht, daß sie das Bomberkommando bei seinen nächtlichen Angriffen unterstützten? Wahrscheinlicher ist, daß er genau wußte, daß die Amerikaner an seinen Berlin-Angriffen nicht teilnehmen würden. Zusätzlich zum Mangel an Begleitjägern gab es einen weiteren und mehr allgemeinen Faktor, der den Eindruck vermittelt, Harris habe Hintergedanken gehabt, als er diesen Vorschlag machte. Im November 1943 war beiden Seiten klar, daß eine Einigung auf gemeinsame Grundsätze der Bombenangriffe äußerst unwahrscheinlich war. Das Konzept strategischer Bombenangriffe der Amerikaner sah ganz anders aus als das von Harris: Harris vertrat unerschütterlich seine Bombenteppiche auf die Städte, während die Amerikaner eisern am Präzisionsbombenwurf auf kriegswichtige Ziele festhielten – und der schloß Nachtangriffe aus. Aber Harris war schließlich formell an die Pointblank-Weisung gebunden, die eine abgestimmte angloamerikanische Bomberoffensive forderte, und als Harris den Amerikanern vorschlug, an den Luftangriffen auf Berlin teilzunehmen, obwohl er wußte, daß das schlechthin unmöglich war, legte er nur ein Lippenbekenntnis für diese Zusammenarbeit ab. Daß er nicht ernsthaft erwartete, daß die Amerikaner seinem Vorschlag folgten, wird durch das, was er dann schrieb und auch tat, einwandfrei belegt: »Ich erwarte die versprochene Hilfe der USAAF in dieser größten aller Luftschlachten«, schrieb er, »bin aber dafür, nicht allzulange darauf zu warten, falls sich die Gelegenheit zum Losschlagen ergibt.« Und er wartete auch nicht lange: Der erste Angriff seiner wiederaufgenommenen Offensive gegen Berlin fand genau 15 Tage später statt – man muß also davon ausgehen, daß er von Beginn an vorhatte, mit dem Bomberkommando seine eigenen Wege zu gehen.
Was immer Harris sich gedacht haben mag: Er war überzeugt, er könne Berlin – unter Verlust von 400 bis 500 Flugzeugen – mit Bomben »von einem bis zum anderen Ende zerstören«. Da es Harris' Charakter und seine Stabsarbeit – oder die seiner Berater – beleuchtet, ist es interessant zu spekulieren, auf welcher Basis er zu diesen Zahlen kam. Harris hatte das Bomberkommando im August und im September dreimal auf Berlin angesetzt und dabei insgesamt 7,5 Prozent der eingesetzten Flugzeuge verloren. Und das war – daran muß erinnert werden – kurz nach Einführung der Düppel, als die deutschen Nachtjäger technisch noch im Nachteil waren. Bei einer ähnlichen Verlustrate würden 400 verlorene Maschinen eine Gesamtzahl von 5300 Einsätzen bedeuten, 500 insgesamt 6700 Einsätze. Zweifellos hatte der stets optimistische Harris sich eine geringere Verlustquote erhofft: Aber wenn man seine Berechnungen an der vorhergesagten Verlustrate von fünf Prozent orientiert, dann muß er mit 8000 bis 10.000 Einsätzen schwerer Bomber gerechnet haben, um Berlin so in Schutt und Asche zu legen, daß Deutschland den Krieg verlor.
Offizielle Historiker nannten diese Periode »The Battle of Berlin«, aber eine wirklich kompakte Luftschlacht war es kaum. Der erste Schlag gegen Berlin wurde am 18./19. November 1943 geführt, der letzte gegen Nürnberg am 30./31. März 1944. In dieser Zeit flog das Bomberkommando 14 Luftangriffe gegen Berlin und 18 gegen andere wichtige Ziele in Deutschland. Dazu kamen noch Einsätze zum Minenlegen, Angriffe auf französische Ziele und viele Ablenk- und Störangriffe gegen Deutschland.
Für die britischen Bomberbesatzungen verlief der Alltag wie immer: Es war Tag für Tag ein strapaziöser Zyklus von Anspannung und Entspannung, in denen sie sich auf die Belastungen der kommenden Nacht konzentrierten und sich von den nervenaufreibenden Erfahrungen des letzten Einsatzes erholten, wobei sie gleichzeitig versuchten – bewußt oder unbewußt –, die starken seelischen wie körperlichen Anspannungen zu verkraften, die die Feindflüge ihnen abver-

langten, bei denen sie, auch wenn sie darüber scherzten, doch immer in dem Gefühl lebten, daß der Tod eher wahrscheinlich als möglich war. Die Häufigkeit der Angriffe auf Berlin oder andere weitentfernte Ziele erlegte den jungen Männern eine weitere Bürde auf: Es gab damals, das stimmt, etwa alle sechs Wochen sieben Tage regulären Urlaub – aber die waren für manche Besatzungen eher eine Tortur als ein Segen, weil sie sich danach immer wieder den seelischen und körperlichen Anspannungen stellen mußten, die ihnen auferlegt wurden.
Ähnlicher Druck lastete auf den Männern, die die deutschen Nachtjäger flogen. Auch sie wußten, was es bedeutete, in den Nachtstunden fliegen und kämpfen zu müssen, sich mit den Gefahren herbstlichen und winterlichen Wetters herumzuschlagen und in den Wirkungsbereich feindlicher Kanonen einzudringen – stets in dem Bewußtsein, daß es für sie vielleicht kein Morgen mehr geben werde. Sie waren hochmotiviert, weil sie bei ihren nächtlichen Einsätzen ihre Städte in Flammen aufgehen sahen und sich – oft aus eigenem Erleben – vorstellen konnten, was mit den Menschen inmitten all dieser Explosionen und Brände geschah. Für die überwältigende Mehrheit der Besatzungen – Luftwaffe wie RAF – stellte die Notwendigkeit, töten zu müssen, kein moralisches Dilemma dar: Dieser Krieg war ein Kampf auf Biegen und Brechen, und der Feind mußte besiegt werden. Das war ihr Auftrag, und den würden sie nach bestem Können erfüllen und dafür – wenn es sein mußte – mit dem Leben bezahlen. Auf diese Weise reduzierten sich philosophische Themen gewaltiger Komplexität auf einen simplen Nenner, ohne den die Soldaten aller Länder und jeglichen Alters ihre Aufgabe wohl nicht erfüllen konnten oder können, was immer von ihnen gefordert wird: Daran wird sich nie etwas ändern.
Wenn das Leben der Flieger auch belastend war, so war es trotz allem – in mancher Hinsicht – nicht freudlos. Da war das stolze Bewußtsein, daß sie ihre Pflicht erfüllten, für ihr jeweiliges Vaterland kämpften und »ihren Beitrag leisteten« – man nenne es, wie man will. Auf Englisch oder Deutsch zitierten sie unbewußt den amerikanischen Marineoffizier Stephen Decateur, der im Unabhängigkeitskrieg gesagt hatte: »Unser Land! Möge es im Umgang mit anderen Nationen immer recht haben: Aber es bleibt – Recht oder Unrecht – unser Land!«

Dazu kamen der Stolz, einer exquisiten Waffengattung anzugehören, und das Prestige, die Schwinge der Flieger zu tragen. Und das Erlebnis des Fliegens, die Genugtuung, ein schwieriges Metier zu beherrschen, der Nervenkitzel der Geschwindigkeit, das Erlebnis der Kameradschaft. Anspannung und Angst konnten sie ausgleichen, indem sie sich einem Lebensstil hingaben, der in allen Luftstreitkräften im Verlauf des Krieges aufkam. Natürlich war jeder Flieger zunächst einmal ein Individuum. Insgesamt waren die Besatzungen Männer von überdurchschnittlichem Intellekt und Gefühl, und natürlich gab es – wie überall – einige, die ihre Individualität bewahrten und es ablehnten, sich der Norm anzupassen, aber die Masse zog es vor, nach der gefährlichen Arbeit »das Perlhuhn zu satteln«: Nach den Einsätzen entwickelte sich das Ausspannen in den Messen oder nahegelegenen Kneipen stets zu wilden Parties mit reichlich Alkohol, obwohl viele der Teilnehmer gerade erst dem Knabenalter entwachsen und an harte Saufereien noch gar nicht gewöhnt waren. Und naturgemäß gab es auch viele, und kurze, sexuelle Beziehungen – wahrscheinlich aber gar nicht mal so viele mehr als überall dort, wo Soldaten und Frauen, uniformiert oder nicht, so eng zusammenlebten. In der RAF – mehr aber noch unter den Besatzungen der Commonwealth-Luftstreitkräfte – herrschte eine gediegene Abneigung gegenüber traditioneller militärischer Disziplin: Man bedachte sie üblicherweise mit Spott. Aberglaube – meist aber wohl nur zur Schau getragen – war weit verbreitet: Vor dem Start bepinkelte man das Spornrad, beim Einsatz trug man dann Maskottchen oder ein besonderes Kleidungsstück – er nahm viele Formen an. Der hochdekorierte Warrant Officer (hierzu gibt es im Deutschen kein Pendant, etwa Feldwebelleutnant; Oberstabsfeldwebel) James Goldie – ein

Bordschütze, der 111 Feindflüge überlebte – schreibt dieses Überleben folgendem Verhalten zu: »Vom Start bis zur Landung war ich stets wachsam und habe immer das Sicherheitsglas aus dem hinteren Fenster des Heckstandes entfernt. Ich glaubte fest an heftige Ausweichbewegungen – die Browning .303 war eine armselige Waffe gegenüber der Kanone eines Jägers, wenn er dich mal im Visier hatte – und zudem trug ich immer einen breiten Schottenschal: Die Deutschen fürchteten seine Farbe!«

In Einzelheiten unterschied sich das Leben auf den Flugplätzen natürlich, aber es gab auf den Plätzen des Bomberkommandos in Ostengland auch Gemeinsamkeiten. Wer nach Rückkehr vom Flug der letzten Nacht, ob nun Übungs- oder Feindflug, schlafen wollte, begab sich erst einmal ins Bett und holte verlorenen Schlaf nach. Wer nicht geflogen war, meldete sich gewöhnlich beim jeweiligen Schwarmführer zwecks weiterführender Ausbildung oder wartete besorgt auf die Herausgabe des Einsatzbefehls mit der Liste der Besatzungen, die Luftangriffe zu fliegen hatten. Manchmal wurden auch Ausbildungsflüge unternommen: Man übte Überlandflüge, Zusammenwirken mit dem Jagdschutz, Bombenwurf, Beschuß von See- und Luftzielen und dergleichen mehr. Die im Einsatzbefehl aufgeführten Besatzungen konnten auch zu einem Überprüfungsflug eingeteilt werden. Sie interessierten sich brennend für das Ziel der kommenden Nacht und hofften inständig, daß es ein kurzer Einsatz werde, möglichst auf ein leichtes Ziel – dabei krampfte sich ihnen der Magen zusammen, wenn sie an einen langen Feindflug dachten wie etwa gegen Berlin, das gefürchtetste aller Ziele.

Dann kam vom Geschwader die Bestätigung, daß für die Nacht ein Einsatz geplant war – oder aber, daß man nicht benötigt wurde. Stand ein Einsatz bevor, löste ein detaillierter Befehl des Geschwaders, der das Ziel, die teilnehmenden Kräfte, Routen, Höhen und dergleichen enthielt, hektisches Treiben auf dem Flugplatz aus – all die vielfältigen Vorbereitungen, die unerläßlich sind, um sicherzustellen, daß etwa 20 schwere Bomber mit voller Bombenlast, vollgetankt und aufmunitioniert, startbereit waren zu einer Zeit, die sorgfältig vorausberechnet war, um die erforderliche räumliche und zeitliche Konzentration auf dem Weg zum Ziel und über dem Ziel zu gewährleisten. Die Besatzungen interessierten sich dabei sehr für Bombenzuladung und Kraftstoffmenge, weil sie daraus auf die Länge des bevorstehenden Einsatzes schließen konnten. Dann wurden die Besatzungsmitglieder je nach Tätigkeit zu ihren jeweiligen Spezialisten-Flugvorbesprechungen gerufen – zu diesem Zeitpunkt jedoch war der einzige Mann der Besatzung, der das Ziel schon kannte, der Navigator, da er an der Flugplanbesprechung der Navigatoren teilnahm, bei der er die Routen in seine Karten eintrug, die Flugzeiten und die voraussichtliche Zeit über dem Ziel berechnete. Dann folgte die allgemeine Einweisung, an der alle Besatzungen teilnahmen.

Diese Einweisung trug leicht theatralische Züge: Die Blicke aller Männer ruhten auf der verdeckten Karte, die ihnen gegenüber an der Wand hing, denn sie enthielt die Routen zum Ziel und wieder zurück. Die Vorhänge der Fenster waren jetzt zugezogen, und Militärpolizei bewachte die Türen, damit Unbefugte keine Einzelheiten über den bevorstehenden Einsatz erfuhren. Wenn dann alle Besatzungen versammelt waren, marschierten der Platzkommandant, der Staffelkapitän, der Nachrichtenoffizier, der Wetteroffizier und die Schwarmführer der Reihe nach in den Raum, und die Besatzungen standen auf und blieben stehen, bis der ranghöchste Offizier ihnen gebot, sich zu setzen. Dann begann die Einweisung selbst, die der Staffelkapitän normalerweise einleitete mit den Worten: »Gentlemen, Ihr Ziel heute nacht ist...« Ritueller Beifall oder ein Aufstöhnen – häufig eine Mischung aus beidem, je nach Art des Ziels – begleiteten seine Ankündigung, während er den Vorhang vor der Karte zur Seite zog. Dann folgten Kurzeinweisungen der verschiedenen Fachleute für Nachrichten, Wetter, Navigation, Bombenwurf, Bordwaffen, Technik, Fernmeldewesen und so weiter, und schließlich wünschte der ranghöchste Offizier, entweder der Platzkommandant oder der Staffelkapitän, den Besatzungen viel Glück, womit die Einweisung beendet war. Diejenigen, die fliegen mußten, hatten noch etwas Zeit, um mit ihren Gedanken und ihren Sorgen allein zu sein, und dann wurde es Zeit zum Essen, das gewöhnlich - wie die Henkersmahlzeit von Verurteilten - etwas besser war als in Zeiten kriegsbedingten Mangels üblich. Anschließend holten sie sich Ausrüstung, Fliegerkombination und Fallschirm und bestiegen das Fahrzeug, das sie zu ihrem Flugzeug brachte - und, möglicherweise, zu ihrem Schicksal.

In Deutschland, Belgien, Dänemark, Frankreich und Holland warteten derweil Nachtjagdbesatzungen auf ihre Befehle - junge Männer, die den Männern des Bomberkommandos in vielerlei Hinsicht so ähnlich waren, denen ihr Schicksal aber befahl, sie vom Himmel zu schießen. Auch sie waren vielleicht von den Einsätzen der letzten Nacht erschöpft, auch sie hatten vielleicht einen Kater von der Kasinofeier des letzten Abends, auch sie hatten ihre Gedanken und Sorgen, möglicherweise um Nahestehende. Natürlich wußten sie, daß sie vielleicht nur noch Stunden zu leben hatten, hofften aber inständig, der Tod möge andere - und nicht sie - einholen. Von etwa Mittag an standen diejenigen, die für Einsätze vorgesehen waren, zur Verfügung und warteten auf den Angriff der »Kameraden von der anderen Feldpostnummer«. Bis dahin verbrachten sie ihre Zeit weitgehend so, wie es auch die Besatzungen der RAF taten: Sie übten und bildeten sich fort, überprüften Flugzeug und Bordgerät, machten Übungsflüge oder flogen Zieldarstellungen zum beiderseitigen Nutzen von Besatzung und Jägerleitoffizier (JLO). Am späteren Nachmittag dann, abhängig von der Zeit der Dämmerung und damit der zu erwartenden Angriffe, gingen die Besatzungen auf Bereitschaft und versammelten sich im Bereitschaftsraum, wo sie sich in bequeme Sessel räkelten, wenn sie einen ergattern konnten, oder an Tischen saßen. Die Flugvorbesprechung wurde normalerweise hier abgehalten, obwohl die Praxis auf den Fliegerhorsten unterschiedlich war - aber sie war nicht so formell und auch nicht so ins Einzelne gehend wie bei der RAF. Sie wurde meist vom Gruppenkommandeur oder seinem Stellvertreter durchgeführt und hörte sich etwa so an:

> »Meine Herren, das Wetter über England ist gut, das über Mitteleuropa aber schlecht, was bedeutet, daß wir mit Luftangriffen rechnen müssen. Abhördienst und Funkmeßstellungen bestätigen das. Wir müssen mit einer hohen Zahl von Bombern rechnen, aber darauf sind wir ja vorbereitet. Bisher haben wir noch zu wenige Informationen, um auf das Ziel schließen zu können. Wir müssen aber mit Ablenkungsangriffen rechnen. Nach den ersten Meldungen fliegt der Feind über Holland an, daher ist es gut möglich, daß das Ruhrgebiet sein Ziel ist. Wir können aber auch Berlin als Ziel nicht ausschließen. Wir müssen also damit rechnen, lange in der Luft bleiben zu müssen. Wir treffen uns am Funkfeuer Marie. Hals- und Beinbruch!«

Damit war die Besprechung zu Ende, und man spielte Schach oder Karten, vornehmlich Skat oder Doppelkopf, schrieb Briefe, las ein Buch, erzählte sich Witze oder hing seinen Gedanken nach. Oft stand dort auch ein Grammophon, und dann gab es - wie in den Messen der RAF auch - besondere Lieblingsstücke. Eines davon war »Komm' zurück«, die deutsche Version des wehmütigen französischen Chansons »J'attendrai«. Vielfach wurde statt »Komm zurück« aber »QAC« gesungen - QAC hat nach dem Q-Code die Bedeutung »Kehre zum Platz zurück«.

Schließlich klingelte dann das Telefon, und irgend jemand hob ab, oder aber der Lautsprecher brachte das Kommando: »Sitzbereitschaft!«, und die zur ersten Welle eingeteilten Flugzeugführer wurden von einem Fahrzeug zu ihren Flugzeugen gebracht, die entweder aufgelockert oder - nachdem die RAF immer mehr Fernangriffe flog - in Unterständen, auf Waldlichtungen oder in

Hallen abgestellt waren. Im Winter jedoch wurden die Flugzeuge, wo immer möglich, in geheizten Hallen untergebracht, um einen schnellen Start sicherzustellen. Sobald die Besatzung an Bord war, ließ sie die Motoren an und führte die Vorfluginspektion durch, und dann rollten die Maschinen zum Start und warteten in Startbereitschaft auf das Signal zum Anrollen – eine in die Luft gefeuerte Leuchtkugel. Erstes Ziel der Jäger war ein Sammelpunkt, meist ein Funkfeuer, manchmal aber auch ein geographischer Bezugspunkt, wo sie dann auf die zugewiesene Jägerleitfrequenz umschalteten und in der befohlenen Höhe auf weitere Anweisungen warteten.
Zu diesem Zeitpunkt waren die britischen wie die deutschen Besatzungen hochgradig angespannt: Die Männer des Bomberkommandos wußten, daß sie nunmehr in die Gefahrenzone einflogen und bis zum Ziel und wieder zurück ins Visier der Nachtjäger geraten konnten, und sie waren sich auch bewußt, daß sie – falls sie das Unglück hatten, getroffen zu werden – kaum eine Chance hatten, zu überleben. Die Männer der Nachtjagd wiederum lauerten auf Anweisungen vom Boden, die sie zum Luftsieg führten oder zu dem bedrückenden Erlebnis, zu wissen, daß Bomber in der Nähe waren, aber nicht in der Lage zu sein, auch nur einen zu finden; Notlandung, Fallschirmabsprung, ja selbst der Tod waren dabei stets gegenwärtig. Beide Lager dieser fliegenden Besatzungen hatten den Verlust vieler Freunde und Kameraden erleben müssen; beide Seiten kannten den Preis, den sie vielleicht zu zahlen hatten.
So war es auch in der Nacht vom 18. auf den 19. November 1943, als Harris seine Bombenangriffe auf Berlin wiederaufnahm, indem er eine Formation mittlerer Größe – 440 Lancaster und sieben Mosquito – auf die Stadt ansetzte. Es war kein erfolgreicher Angriff: Über der Stadt lagen dichte Wolken, die Markierungen der Pfadfinder fielen ungenau, und die Bomben der Hauptstreitmacht verteilten sich über das ganze Stadtgebiet. Gleichzeitig griff das Bomberkommando auch den Raum Mannheim-Ludwigshafen an, womit es in erster Linie die Aufmerksamkeit der Deutschen von Berlin ablenken wollte; diese Formation war nach Zahl der Flugzeuge fast genauso stark: 248 Halifax, 114 Stirling und 23 Lancaster. Aber wie in Berlin war das Ziel wolkenverhangen, und die Bomben fielen verstreut. Was den Angriff auf Berlin anbetrifft, so war der Ablenkungsangriff offensichtlich erfolgreich: Nur neun Lancaster wurden abgeschossen, die meisten von der Flak. Auch das schlechte Wetter über Deutschland trug mit dazu bei, die Verluste in Grenzen zu halten: Viele Nachtjagdstaffeln konnten gar nicht starten, weil die Wolken zu tief lagen. Trotzdem errang die Nachtjagd einen nicht unbeträchtlichen Erfolg gegen die Angreifer von Mannheim – sie verloren 23 Bomber, 5,8 Prozent der eingesetzten Flugzeuge, während in Berlin nur zwei Prozent verlorengingen. Zusätzlich zu diesen beiden Großangriffen flogen Mosquito Störangriffe auf Aachen und Frankfurt, und Wellington legten vor der norddeutschen Küste Minen.
Von Herrmanns Wilde-Sau-Flugzeugen des JG 301 konnten nur wenige – die in Bayern stationierten – starten. Das Geschwader verlor zwei Maschinen; beide Flugzeugführer kamen dabei ums Leben. Einer war Major Helmut Weinreich, Kommodore des JG 301, ein früherer Kampfflieger und enger Freund von Hajo Herrmann, mit dem er zusammen im KG 30 geflogen war. Der Ritterkreuzträger hatte mehr als 300 Bombereinsätze absolviert, bevor er zu Herrmanns »Wilden« stieß. Seine Fw 190 war im Kampf mit einem britischen Bomber stark beschädigt worden und streifte – als Weinreich auf dem Rhein-Main-Flughafen bei Frankfurt eine Notlandung versuchte – kurz vor der Landebahn den Boden; das Flugzeug explodierte sofort. Weinreich hatte nur zwei Monate lang Nachtjäger geflogen. Auf britischer Seite führte John Chaloner einen ereignislosen Neuneinhalb-Stunden-Einsatz bei seinem dritten Besuch Berlins durch; es war sein insgesamt 16. Feindflug.
In der Nacht darauf wurde ein kleinerer Angriff auf Leverkusen durch Halifax, Stirling und Mosquito ebenfalls durch schlechtes Wetter im Zielgebiet verhindert, aber dasselbe schlechte Wet-

ter verhinderte auch den Start der meisten Nachtjäger, so daß nur fünf Bomber – 1,9 Prozent der 266 Angreifer – abgeschossen wurden. Zusätzlich zum Schlechtwetter trug auch der Ausfall des Oboegeräts, der ein genaues Markieren des Ziels unmöglich machte, zum schlechten Ergebnis des Angriffs bei. Es scheint fast unglaublich: Nur eine Sprengbombe fiel den Berichten zufolge ins Stadtgebiet – selbst wenn man von nur geringen deutschen Verlusten ausgeht, wog das den Verlust von fünf Bombern und 35 Männern nicht auf.
Ein Nachtjäger, dem in St. Trond der Start trotz des schlechten Wetters gelang, war eine Bf 110 – G9+EM – von der II./NJG 1. Sie war von der 6. Staffel ausgeliehen und mit Otto Fries, dem neuernannten Technischen Offizier der Gruppe, und seinem Funker Unteroffizier Alfred Staffa besetzt. Trotz Düppelabwurfs konnte ihr JLO sie in die Nähe eines Bombers führen. Der Unglücksbomber war eine Stirling (LJ 442, JN-F) von der 75. Staffel; sie war in Mepal nördlich von Cambridge gestartet und vermutlich vom Kurs abgekommen, womit sie die schützende Düppelwolke verlassen hatte. Fries' erster Angriff von hinten unten war erfolglos: Der Jäger war offensichtlich erkannt worden, und der Bomber flog den Korkenzieher. Fries jedoch reagierte gelassen: »Das wird er bald satt haben – also warten wir noch etwas!« Fries, der in der dritten Person schreibt, berichtet, was dann geschah:

> »Es mochten einige Minuten seit seinem Angriff vergangen sein, die Stirling beruhigte sich allmählig und begann wieder normal zu fliegen ohne Abwehrbewegungen. Sicher glaubten sie, ihn abgeschüttelt zu haben. Er saß rechts unter dem Bomber, etwa zweihundert Meter tiefer, leicht nach hinten abgesetzt. Langsam zog er hoch, ganz langsam. Als er rechts neben dem Bomber saß, fast auf gleicher Höhe etwa siebzig Meter dahinter, trat er ins Seitensteuer, daß er nach links scherte. Mit dem ersten Feuerstoß ließ er die rechte Fläche durch sein Visier laufen und mit dem zweiten Feuerstoß die linke Fläche. Dann kippte er sofort nach links ab, so daß er von der Garbe des Heckschützen nicht mehr erreicht werden konnte. Wie rasend gewordene Glühwürmchen zischten die Leuchtspurgeschosse hinter dem Heck seiner Maschine vorbei – ein feuriger Fächer!
> In der linken Fläche der Stirling sah er ein schwaches Glühen, das sich plötzlich wie eine Explosion über die ganze Fläche ausbreitete und dann auch auf den Rumpf übergriff. Einzelne Teile lösten sich und flogen weg – war es die Besatzung, die ausstieg? Sie konnten es nicht genau erkennen. Innerhalb weniger Sekunden stand der ganze Bomber hell in Flammen. Er bäumte sich kurz auf, kippte über die linke Fläche ab und stürzte wie ein Stein in die Tiefe, einen Feuerschweif wie ein Komet hinter sich herziehend. Der Brandfleck verschwand in den Wolken, die wenige Augenblicke später wie von einem roten Blitz erhellt wurden. Der Blitz erlosch, aber eine rotleuchtende Brandstelle blieb noch lange sichtbar.
> Der Bruch wurde bei der Ortschaft Horrues 3 km nordwestlich von Soignies und 35 km südwestlich von Brüssel gefunden. Die Kennzeichen der Maschine waren noch zu erkennen: JN (Kokarde) F. Vier Besatzungsmitglieder waren ums Leben gekommen: Sgt. Day (sein Name fand sich auf einem Briefumschlag), Sgt. Watkins (er wurde durch seine Kleiderkarte identifiziert) und zwei weitere, die unbekannt blieben. Sgt. Hyde war verwundet und wurde in das Luftwaffenlazarett Brüssel – St. Gilles eingeliefert.«

Pilot der Stirling war Flight Sergeant (Hauptfeldwebel) N.N. Parker: Ihm gelang es, der Gefangenschaft zu entgehen und zu Beginn des nächsten Jahres England zu erreichen; das gleiche trifft auf den Navigator zu, Sergeant Robert Griffith. Ein Bericht über den Verlust ihres Flugzeugs vom 13. Februar 1944 beschreibt, wie Parker, nachdem er beim Anflug die feindliche Küste in

4500 m Höhe überflogen hatte, plötzlich Schwierigkeiten hatte, die Höhe zu halten – ein nicht ungewöhnliches Phänomen bei der Stirling. Bei Ankunft im Zielgebiet war er auf 4050 m gesunken und flog über einer geschlossenen Wolkendecke. Er kam jetzt in das vorhergesagte Flakfeuer, sah aber nichts von den erwarteten Markierungen der Pfadfinder. Parker begann zu kreisen, aber die Flak verstärkte ihr Feuer, und sein Flugzeug wurde von Splittern getroffen – also warf er seine Bombenlast aus 3600 m Höhe ab und ging auf Südkurs in dem Bestreben, das Zielgebiet auf der geplanten Route zu verlassen. Zwanzig Minuten später wurden sie von einem Nachtjäger angegriffen, aber sein erster Feuerstoß traf nicht, und der Heckschütze, Sergeant M.I.R. Day, gab den Befehl: »Korkenzieher links!« Der Bericht fährt fort:

> »Schließlich – der Pilot vermutete schon, der Jäger habe seine Munition verschossen – erfolgte ein vierter Angriff, als die Stirling gerade den höchsten Punkt eines Korkenziehers erreicht hatte... Der Pilot hörte zwei Explosionen in der rechten Tragfläche, sah aber keine Geschosse... Fast direkt nach dem letzten Angriff meldete der Funker dem Piloten, er rieche Kraftstoff, und der obere Bordschütze meldete Feuer in der rechten Fläche... Er befahl der Besatzung sofort, das Flugzeug zu verlassen; zu dem Zeitpunkt betrug die Höhe 2400 bis 2700 m. Dieser Befehl wurde zunächst nicht bestätigt: Vielleicht legte die Besatzung gerade ihre Fallschirme an und war nicht an die Bordsprechanlage angeschlossen – also wiederholte der Pilot seinen Befehl, und dieses Mal wurde er bestätigt. Der Heckschütze meldete, er könne die Türen seines Waffenstandes nicht öffnen. Als der Pilot – nachdem er auf Autopiloten umgeschaltet hatte – seinen Platz verließ, sah er den Bombenschützen durch den vorderen Notausstieg abspringen. Dann blickte er sich im Flugzeug um und sah hohe Flammen durch den Boden des Rumpfs schlagen, was ihn vermuten ließ, eine der Brandbomben sei hängengeblieben und habe bei einem der Angriffe Feuer gefangen. Der Pilot nahm daraufhin seinen Fallschirmsack in der Absicht, nach hinten zu gehen und dem Heckschützen zu helfen. Er befestigte den rechten Haken an seinem Gurtwerk und tastete nach dem linken... Das ist das letzte, an das er sich erinnern kann. Sieben oder acht Stunden später fand er sich auf dem Erdboden wieder, allerdings ohne Fallschirm und Schwimmweste. Eine Seite seines Gesichts war aufgerissen und ein Auge stark verletzt, ein Halsknochen und drei Rippen waren gebrochen; dazu kamen leichtere Verletzungen. Später hörte er, daß das Flugzeug in der Luft auseinandergebrochen war, und er kann sich nur vorstellen, daß er dabei hinausgeschleudert wurde – mit offenem Fallschirm. Möglicherweise hatte Fallschirm und Schwimmweste jemand mitgenommen, der ihn für tot hielt. Der Pilot war etwas südwestlich von Soignies – zwischen Mons und Brüssel – gelandet.

Sergeant Mike Day, der anhand des Briefumschlags identifiziert worden war, war Heckschütze gewesen, Sergeant »Tuffy« Watkins Bordmechaniker und Sergeant Jack Hyde, der Verwundete, Bombenschütze. Die beiden anderen Toten waren Flight Sergeant (Oberfeldwebel) Bill Kell, Bordfunker, und Sergeant Jack Gilfillan, Bordschütze im oberen Rumpfstand. Der Pilot – er wurde nach Rückkehr nach Großbritannien zum Offizier zugelassen – ging zu den Pfadfindern und überlebte den Krieg; er flog noch weitere 50 Einsätze, einige davon als Bomberführer.
Jack Hyde, von Geburt Australier, aber Angehöriger der Royal New Zealand Air Force (RNZAF), erinnert sich an die Nacht des 19. November 1943:

> »Mein letzter Flug stand unter einem ungünstigen Stern, und ich hatte gleich das Gefühl, daß irgend etwas passieren würde. Warum? Nun ja – meine Fliegerstiefel und meine Sau-

erstoffmaske waren aus meinem Spind gestohlen worden, und am selben Tag hatte man meine Mütze mit dem Wappen der RNZAF zerknautscht. Unser Zusammentreffen mit dem Flugzeug, das uns dann schließlich doch abgeschossen hat, begann eigentlich recht gut: Wir hatten wirklich geglaubt, ihn abgeschüttelt zu haben, als er seinen Angriff abbrach. Etwa fünf Minuten lang schien alles gutzugehen – dann aber begann der Kraftstofftank zu brennen, und es galt, so schnell wie möglich abzuspringen!

Das Flugzeug muß direkt nach meinem Absprung explodiert sein, denn ich verlor das Bewußtsein und kam erst kurz vor dem Aufsetzen wieder zu mir. Ich kann nur vermuten, daß der Große Gütige meinen Fallschirm geöffnet hat. Der Aufprall auf den Boden war ziemlich hart, und ich konnte nur noch kriechen. Ich spuckte zwei Zähne aus und hatte ein halbes Augenlid verloren... Zivilisten fanden mich dann und nahmen mich mit zu einem Bauernhof, wo ich Kaffee und Cognac bekam... Meine Hüfte war gebrochen, und nachdem der örtliche Doktor mich untersucht hatte, sagten mir die guten Leute, daß sie mich den Deutschen übergeben müßten, damit ich im Krankenhaus behandelt würde. Daraufhin wurde ich von einem Krankenwagen zum Luftwaffenlazarett St. Gilles gebracht. Dort blieb ich bis Ende Februar 1944 – und ich muß mich beim belgischen wie beim deutschen Personal ausdrücklich für die hervorragende Betreuung bedanken!«

Vor Ablauf des November 1943 erfolgten drei weitere Großangriffe auf Berlin und einer auf Frankfurt/Main. Trotz des am Boden vorherrschenden schlechten Wetters machten die Nachtjäger Beute – aber auch sie hatten mehr und mehr ihren Zoll zu zahlen, vor allem wegen der schwierigen Landungen bei schlechter Sicht nach ihren Einsätzen, manchmal mit zu wenig Kraftstoff, manchmal mit bei Luftkämpfen zusammengeschossenen Maschinen. Die elektronischen Störungen der Briten machten die Navigation schwierig, und stets drohte Gefahr von britischen Mosquito, die jetzt in steigender Zahl Flugzeuge und Fliegerhorste in Deutschland angriffen.

Ganz besonders den Gefahren des Nachtflugs bei schlechtem Wetter ausgesetzt waren Hajo Herrmanns Wilde-Sau-Flugzeugführer in ihren einsitzigen, einmotorigen Jagdmaschinen mit nur dem Kompaß als einzigem Navigationsinstrument. In Erfüllung seines Auftrags griff Herrmann hart durch: Er bestand darauf, daß seine Flugzeuge auch dann noch starteten, wenn die besser ausgerüsteten zweimotorigen Jäger mit einem eigens ausgebildeten Bordfunker bereits am Boden blieben. Dazu kam, daß trotz der Verwendung von abwerfbaren Zusatztanks der Kraftstoff der Bf 109 und Fw 190 nur sehr begrenzt war, und Aufholjagden wie Luftkämpfe kosteten unverhältnismäßig viel Kraftstoff: Sie verringerten die Zeit, die diese kleinen Flugzeuge in der Luft bleiben konnten, noch mehr. »Eure Aufgabe ist es, Feindbomber abzuschießen – daran gemessen, ist die Sicherheit eures eigenen Flugzeugs nur zweitrangig. Bleibt so lange in der Luft, bis ihr überhaupt keine Chance mehr seht, einen Bomber abzuschießen. Und wenn ihr dann zu wenig Sprit habt, die Orientierung verloren habt und keinen Flugplatz finden könnt: Springt mit dem Fallschirm ab, aber versucht keine Notlandung!« Die Besatzungen der konventionellen Nachtjagd, die allgemein das Einmotorigen-Konzept für unrealistisch hielten – und manche von ihnen beneideten die Wilde Sau auch um ihren Ruhm –, verwiesen gerne darauf, daß die meisten von Herrmanns Flugzeugführern mehr Fallschirmabsprünge als Bomberabschüsse hinter sich hatten. Man erzählte sich die Geschichte vom Wilde-Sau-Flugzeugführer, der über Sprechfunk rief: »Wilde Sau sieben, Wilde Sau sieben – ich steige aus, ich steige aus!« Woraufhin der Flugzeugführer einer Zweimotorigen lakonisch über Funk durchgab: »Arme Sau!« Die Erinnerungen von Gerd Stamp, damals Gruppenkommandeur der I./NJG 300, vermitteln einen Eindruck, was es damals bedeutete, einen Tagjäger im Herbst und im Winter in Nachteinsätzen zu fliegen:

»Nach dem Start waren wir immer in Luftnot. Ein Schlechtwetterstart brachte uns immer in Schwierigkeiten. Ich war Kampfflieger gewesen und kannte mich im Blindflug aus – aber meine Umschulung auf die Bf 109 hatte nur ein paar Stunden gedauert. Die 109 hatte nicht einmal einen Autopiloten: Alles mußte von Hand getan werden. Verglichen mit den Maschinen, die ich geflogen hatte, war die Bf 109 ein sehr rudimentäres Flugzeug. Unter den Flugzeugführern herrschte Verstimmung, weil wir bei jedem Wetter starten mußten – wir mußten, auch wenn wir das gar nicht konnten! Mit einer horizontalen Sicht von nur einhundert Metern sollte man niemandem einen Start zumuten. Manchmal waren wir schon nach 100 m in den Wolken, und einmal, erinnere ich mich, kamen wir erst bei 9000 m Höhe aus den Wolken heraus. Für diese Art Nachtjagd brauchte man gutes Wetter, sonst war die Sache sinnlos. Herrmann war bei uns die treibende Kraft – das Problem war nur: Er konnte das auch, aber die meisten anderen konnten das nicht. Er flog, wann immer er konnte, und setzte uns Beispiele. Er war wirklich kein Schreibtischkrieger.

Wir gingen, wenn der Anflug britischer Bomber gemeldet wurde, auf Zehn-Minuten-Bereitschaft, was bedeutete, daß wir in den Maschinen saßen, die Motoren aber noch nicht liefen: Dafür war der Sprit zu knapp! Wenn wir dann Alarmstart machten, wußten wir meist nicht, wo unser Ziel lag. Nach dem Abheben schalteten wir daher sofort auf die Reportagesendungen, um zu erfahren, welche Stadt angegriffen wurde – und dann waren wir uns selbst überlassen. Dann begannen die Briten die Reportage zu stören, und alles wurde noch schwieriger. Allerdings gab es eine Anzahl weiterer Frequenzen, auf denen wir uns Informationen holen konnten.

Normalerweise sah man, sobald man in der Luft war, nichts mehr vom Boden – also konnte man nicht nach Karte navigieren. Dafür gab es aber Scheinwerferalleen: Ketten von Suchscheinwerfern, die in bestimmte Richtungen wiesen; und über den Großstädten wie Münster, Frankfurt, Köln, Stuttgart, Hamburg, Bremen und so weiter – und natürlich über Berlin – wurden Fallschirm-Signalgranaten verschiedener Farbkombinationen abgefeuert, zudem gab es die Scheinwerfer-Stadtkennung in speziellen Kombinationen, so wußte man immer in etwa, wo man war und in welche Richtung man zu fliegen hatte. Trotzdem war alles ein völliges Durcheinander: Wenn man von einem Bomber beschossen und getroffen wurde, mußte man einfach runter, irgendwie und irgendwohin. Das Flugzeug war sehr leicht: Wenn man aufsetzte, stieg man voll in die Bremsen – und einmal, mein Gott, überschlug ich mich dabei; ich sah mich um, und dann hörte ich den Sprit auf den heißen Motor zischen! Dann allerdings kamen Leute und zogen mich raus.

Auf dem Papier gab es zwischen den Scheinwerfern und der Flak über der Stadt eine Zusammenarbeit – in der Praxis jedoch unterschieden Scheinwerfer und Flak nicht zwischen Freund und Feind: Die kannten nur Feindziele! Alles, was da flog, wurde beschossen! Es war vereinbart, daß sie nur bis zu einer bestimmten Höhe schossen, und darüber hatten wir Priorität. Aber wenn wir ein Ziel, einen Bomber, unter dieser Höhe ausmachten, griffen wir ihn natürlich an. Das war wirklich nicht zum Lachen!

Es gab kein Standard-Angriffsverfahren – jeder hatte seine eigene Methode. Ich benutzte die Taktik, die ich britischen Jägern über Alexandria abgeguckt hatte, als ich noch Bomber flog: Ich versuchte, von hinten anzugreifen, etwa 20 m tiefer als das Ziel. Wenn man von oben kam, verlor man Höhe und wurde möglicherweise zu schnell. Zwischen 100 und 50 m Entfernung eröffnete ich dann das Feuer. Weiter weg hatte man keine Chance, den Bomber zu treffen. Wenn man einen Bomber abgeschossen hatte, gab es kein Gefühl des Triumphes: Er oder ich – darum ging es. Ich hab's überlebt! Es war genauso, wie

bei Sturzangriffen auf Schiffe: Wenn ich getroffen hatte, taten die Leute mir leid – ich wollte nicht in ihrer Lage sein! Im Luftzielschießen waren wir nicht geübt: Also zielte ich auf das Flugzeug, nicht auf einen bestimmten Teil des Bombers.
Bei der Landung mußte man nehmen, was sich einem anbot. Es gab eine Reihe von Flugplätzen, auf denen Nachtjäger landen konnten, wenn sie es nicht mehr zu ihrem Horst zurückschafften. Sie waren gewöhnlich wegen der Mosquito verdunkelt. Wenn man landen mußte, feuerte man üblicherweise die Farbe des Tages, und dann machten sie die Befeuerung an. Dann schoß man eine rote Leuchtkugel ab, was besagte, man wolle eine Notlandung versuchen. Normalerweise sprachen wir nicht über Sprechfunk mit dem Platz: Sie konnten uns ohnehin nicht helfen. Es ging uns wie einem Schiff, das in einem Sturm irgendeinen Hafen anläuft. Ich hatte meist nur eine vage Vorstellung davon, wo ich vielleicht sein konnte – genau wußte ich das nie. Ich erinnere mich an einen Angriff auf Berlin, und ich hätte eigentlich im Raum Berlin sein müssen – aber ich konnte unter mir nur Berge und Wälder erkennen; es war eine der seltenen Nächte mit guter Sicht. Also schoß ich einige Leuchtkugeln ab, und dann sah ich einen Scheinwerfer, der in eine bestimmte Richtung zeigte. Meine Kraftstoffwarnung leuchtete schon auf, also mußte ich runter. Dann sah ich ein paar Flugplatzlichter, hielt darauf zu und landete. Dabei stellte ich fest, daß ich nicht auf Gras aufsetzte, was normal gewesen wäre, sondern auf Beton. Während ich die Landebahn verließ, setzte schon der Motor aus. Ich war in Prag-Ruzyn in der Tschechei. Am nächsten Morgen stellte man fest, daß mein Kompaß falsch anzeigte!
Wenn man über einer geschlossenen Wolkendecke flog, hielt man gewöhnlich nach dem "Loch vom Dienst" Ausschau. Fand man keines, dann stieg man aus – es war eine reine Gewinn- und Verlustrechnung: Es war besser, einen teuren britischen Bomber mit sieben Mann an Bord abzuschießen und dabei zu riskieren, daß man einen relativ billigen Jäger mit nur einem Flugzeugführer verlor.«

Major Stamps Bericht über die Gefahren, die die Einsätze der einmotorigen Jäger bei Nacht und schlechtem Wetter mit sich brachten, werden noch unterstrichen durch einen Blick auf die offiziellen Verlustzahlen jener Zeit. Die Verlustlisten enthalten nur Vorkommnisse, die mit Tod oder Verletzung endeten – sie geben also nur die halbe Wahrheit wieder: Natürlich gab es auch zahlreiche Vorfälle, bei denen die Flugzeugführer aus ihren Maschinen absprangen oder eine Bruchlandung machten, ohne daß sie verletzt wurden; dann wurden Vorfall und Name nicht registriert. Von Juli bis Ende November 1943 wurden 84 Namen eingetragen, 64 davon kamen ums Leben. In 33 Fällen wurde als Grund für den Verlust angegeben »Kraftstoffmangel, Notlandung«, »Bei Landung zu hart aufgesetzt«, »Bei Landung Sendemast gestreift«, »Bei Landung Feuer gefangen«, »Kraftstoffmangel, Absprung« oder »In die See gestürzt, vermutlich wegen Schlechtwetters« und dergleichen. Die vielen Verluste erhöhten nicht gerade die Beliebtheit der Wilde-Sau-Flugzeugführer bei ihren Tagjäger- Gastgeberstaffeln, mit denen sie sich ihre Flugzeuge ja teilten: Die Tagjäger meldeten häufig ihre Maschinen unklar, so daß sie nachts nicht geflogen wurden und dementsprechend auch nicht Gefahr liefen, verlorenzugehen. »Es war schon auffällig«, kommentiert eine Quelle, »wie viele wundersame Spontanreparaturen zwischen Abenddämmerung und Morgengrauen durchgeführt wurden.«
Während die Zahl der bestätigten Abschüsse bei den konventionellen Nachtjägern im großen und ganzen sehr verläßlich ist, da ein Abschuß ausgesprochen bürokratisch überprüft wurde und einen Augenzeugen und/oder einen abgestürzten Bomber am angegebenen Ort zur angegebenen Zeit erforderte, gibt es keine verläßlichen Angaben über die Abschüsse, die von Herr-

manns Flugzeugführern erzielt wurden. Weil die meisten Abschüsse über dem Zielgebiet stattfanden, wo gewöhnlich auch die Flak mit zahllosen Granaten aller Kaliber Sperrfeuer schoß, konnten exakte Luftsiege meist weder beansprucht noch belegt werden. Wenn über Berlin eine Lancaster explodiert, während sie von Flak beschossen wird und gleichzeitig im Visier eines Jägers oder mehrerer Jäger ist – wem soll dieser Abschuß zugesprochen werden? Wenn eine Halifax in Essen im Durcheinander eines Bombenangriffs in einen Häuserblock stürzt und niemand die genaue Zeit festgehalten hat, ein Wilde-Sau-Flugzeugführer aber meldet, er habe während des Bombenangriffs irgendwo über dem Ruhrgebiet einen unidentifizierten Bomber abgeschossen – dann ist das nicht präzise genug, um einen Abschuß zu bestätigen. Und wenn der Flugzeugführer einer Fw 190 über Frankfurt eine Stirling beschießt, die Viermotorige aber erst 20 Flugminuten später weitab vom Ziel auf dem Boden aufschlägt – kann er dann einen Luftsieg für sich beanspruchen? Und selbst wenn: Wird ihm dieser Luftsieg auch zugesprochen? Die beste vorliegende Schätzung der Zahl der Abschüsse, die von JG 300, JG 301 und JG 302 in der Zeit, in der sie Wilde-Sau-Einsätze flogen – und das ist von etwa Juli 1943 bis etwa März 1944 –, liegt bei 330, aber wesentlich mehr wurden gemeldet. Den Berichten zufolge hat Oberleutnant Kurt Welter vom JG 300 mit 56 die meisten Abschüsse erzielt, gefolgt von Major Friedrich Karl Müller (»Nasenmüller«) mit 30. Welter jedoch war eine umstrittene Person, und es gibt Zeitzeugen, die seine Angaben bezweifeln. So behauptete er zum Beispiel, er habe 25 Mosquito abgeschossen – aber nur sechs wurden ihm offiziell zuerkannt: drei mit Fw 190 und später dann weitere drei mit dem Strahljäger Me 262. Es ist häßlich, wenn die Angaben eines tapferen Mannes in Zweifel gezogen werden, es muß aber darauf verwiesen werden, daß diese Angaben – wie beschrieben – unter Bedingungen gemacht wurden, die nicht genau überprüft werden konnten. Eine durchaus verläßliche Quelle, die allerdings – verständlicherweise – nicht genannt werden möchte, meint über Welter: [1]

> »Müller war Wilde Sau 2, und er war ein sehr zuverlässiger Mann. Ihm konnte man glauben. Zudem war er ein gestandener Jagdflieger. Welter behauptete, er habe einen Bomber nach dem anderen abgeschossen, und einige Leute glaubten ihm das auch. Ich war da eher skeptisch: Welter war verhältnismäßig jung, und ich möchte auf die Tatsache verweisen, daß extravagante Angaben bei jungen Menschen nicht ungewöhnlich sind. Ich weiß aus eigenem Erleben, wie schwierig es ist, nachts Bomber abzuschießen – ich habe bestimmt fünfzig Angriffe geflogen, und absolut sicher habe ich nur zwei Bomber abgeschossen. Zugegeben: Es gab Männer wie zum Beispiel Marseille, die für den Luftkampf geboren waren – aber ich glaube nicht, daß Welter dazugehörte. Fest steht, daß er ein Aufschneider war, und ich glaube, daß sich das auch in seinen angeblichen Luftsiegen niederschlug. Ich bezweifle auch, daß Welter die sechs zuerkannten Mosquito abgeschossen hat – aber das kann man ja vielleicht anhand britischer Unterlagen überprüfen.«

Im Herbst 1943 erfand Herrmann eine weitere Methode, britische Bomber über ihren brennenden Zielen in die Tiefe zu schicken – ein Verfahren, dem er den makabren Namen »Leichentuch« gab: Wenn das Ziel wolkenverhüllt war, flogen Beleuchterflugzeuge hoch über dem Ziel und warfen Leuchtkörper ab, in deren Licht sich die Bomber gegen die weiße Wolkendecke darunter gut abzeichneten; und um die Wirkung noch zu erhöhen, strahlten die Suchschein-

[1] Sicher ist, daß Welter mit der Me 262 die meisten Nachtjagdabschüsse erzielte. Er gilt daher bis auf den heutigen Tag als der erfolgreichste Strahlflugzeug-Nachtjäger.

werfer am Boden die Wolkendecke senkrecht von unten an, was das Licht der Brände am Boden noch verstärkte und den Effekt einer beleuchteten Mattglasscheibe schuf, gegen die sich die Silhouetten der Bomber scharf abhoben.
Trotz Herrmanns Dynamik und Einfallsreichtum und trotz der Tapferkeit seiner Jagdflieger lastete jedoch die schwere Verantwortung für die Luftverteidigung des Reichs hauptsächlich auf den Schultern der konventionellen Nachtjäger - mehr noch, nachdem die Briten ihre Luftangriffe verstärkten und die RAF ihre Taktiken verfeinerte. Die Gesamtzahl der Abschüsse durch die Nachtjagd erreichte im August 1943 mit 290 ihren Höhepunkt - die höchste monatliche Zahl des Jahres 1942 war nur halb so hoch gewesen. Im Verlauf des Herbstes und wegen Wetterverschlechterung sanken diese Zahlen auf 178 im September, 149 im Oktober und 128 im November. Diese Zahlen sind allerdings nur aussagekräftig, wenn man ihnen die Zahl der eingesetzten Bomber gegenüberstellt. Im August, September und November blieben die Verlustraten auffallend konstant: Sie betrugen 3,7 sowie 3,2 und 3,2 Prozent. Der November brachte dem Bomberkommando eine gewisse Entlastung: Die Quote der an Jäger verlorenen Bomber sank auf 2,4 Prozent, was vermutlich dem ständig schlechten Wetter zuzuschreiben war, das einen Großteil der deutschen Nachtjäger an den Boden bannte. Die Abschußzahlen der Experten stiegen dabei unaufhörlich an: Helmut Lent, Heinrich zu Sayn-Wittgenstein, Werner Streib und Manfred Meurer führten das Feld mit Abschußzahlen in den Sechzigern und Fünfzigern an. Auch andere Flugzeugführer schufen sich einen Namen - Heinz-Wolfgang Schnaufer, Heinz Rökker, Martin Becker zum Beispiel. Das Funkmeßgerät SN-2 und die Schräge Musik zeigten ihre Wirkung, und die Mehrfachabschüsse in einer Nacht durch einzelne Jagdflieger wurden immer zahlreicher, als die Techniken verfeinert wurden und sich die Erkenntnis durchsetzte, daß diese Instrumente tödlich waren, wenn man sie nur richtig einsetzte. Schritt für Schritt kamen immer mehr Nachtjäger des Typs Ju 88 in der Luftverteidigung Deutschlands zum Einsatz - Flugzeuge, die länger in der Luft bleiben konnten als die Bf 110 und, wie manche sagen, den Forderungen ihrer Flieger mehr entsprachen; zudem waren sie für die britischen Bomber die größere Bedrohung. Die Einführung des potentiellen Siegers - der He 219 - zog sich noch immer hinaus: Für die Besatzungen der RAF war das ein Glücksfall.

Wie schon erwähnt wurde, hatte die ungenügende Zielauflösung, die das 10-cm-H2S besonders über Berlin bot, dazu geführt, daß mit aller Kraft an einem Gerät auf der Wellenlänge von 3 cm, dem H2S Mk III, gearbeitet wurde. Die ersten Geräte wurden dem Bomberkommando im November 1943 ausgeliefert, aber nicht auf normalem Wege: Unzufrieden mit den langsam mahlenden Mühlen der Bürokratie hatten Bennett, mittlerweise zum Air Vice Marshal (Generalmajor) befördert, und Group Captain (Oberst) Dudley Saward, Harris' Leitender Radaroffizier, zusammen mit Dr. Philip Dee und Dr. Bernard Lovell vom Fernmeldeforschungs-Institut vereinbart, daß sechs Geräte dem Zeitplan vorgezogen und in Lancaster eingebaut werden sollten. Drei Flugzeuge mit diesem Gerät wurden den Pfadfindern am 6. November, die restlichen drei dann am 16. ausgeliefert. Es war beschlossen worden, diese Geräte sobald wie möglich über Berlin einzusetzen, und am 22. November bildeten fünf von ihnen die Vorhut der 764 Lancaster, Halifax und Stirling, die die deutsche Hauptstadt angriffen - ihr Oberbefehlshaber hatte ihnen »maximalen Erfolg« befohlen.
Die Wettervorhersage war - was ungewöhnlich war - für Harris' Aufgabe ideal: Das Wetter in England versprach bei Start und Landung brauchbar zu sein, tiefhängende Wolken wie schlechte Sicht über Mitteldeutschland würden die Einsätze der Nachtjäger behindern, und aufgerissene Bewölkung im Raum Berlin versprach eine genaue Zielmarkierung nach Sicht und dementsprechend präzisen Bombenwurf. Harris entschied sich für eine direkte Route zum Ziel und

wieder zurück, und er wollte auch nicht versuchen, die Deutschen durch irreführende Kurse oder Ablenkungsangriffe zu verwirren. Die Bomber sollten die holländische Küste in der Gegend von Den Helder überqueren, dann Kurs auf einen Punkt nördlich von Hannover nehmen und dort eine leichte Drehung auf Ostkurs durchführen, der sie direkt zur »Big City« brachte. Nach dem Bombenangriff würden sie – mit der Ausnahme einer leichten Versetzung nach Süden, um die Zusammenstoßgefahr zu verringern – auf der gleichen Route wieder zurückfliegen. Harris' Plan sah vor, den Bombenwurf auf eine zeitliche Periode von nur 22 Minuten zu konzentrieren.

Die Besatzungen der fünf Flugzeuge, die mit dem hochauflösenden H2S ausgerüstet waren, hatten klare und unmißverständliche Anweisung, daß sie bei Geräteausfall zum Platz zurückzukehren und, soweit möglich, ein Ausweichziel anzugreifen hätten – und tatsächlich arbeiteten dann drei Geräte fehlerhaft, und die Lancaster kehrten um. Trotz einer sehr dicken und geschlossenen Wolkendecke über Berlin, in dieser Hinsicht war die Vorhersage falsch gewesen, konnten die beiden anderen Pfadfinderbesatzungen den Zielpunkt mit erstaunlicher Präzision markieren, und dann folgte ein hochkonzentrierter Angriff – der schlimmste, den Berlin im Verlauf des Krieges über sich ergehen lassen mußte. Im Gebiet um das Brandenburger Tor waren schwere Verwüstungen angerichtet worden; hier ballten sich Berlins Regierungs- und Verwaltungszentren. Die Wolken im Zielgebiet verhinderten, daß die Bomberbesatzungen das Ausmaß der Zerstörung erkennen konnten, und auch die von ihnen gemachten Luftbilder und spätere Aufklärungsflüge zeigten nicht, wie der Erfolg einzuschätzen war – so wurde das Resultat dieses Angriffs dem Bomberkommando erst viel später bekannt: Nachträglich erst stellte sich heraus, daß der Angriff auf die deutsche Hauptstadt mit Unmengen Spreng- und Brandbomben, die mit hoher Präzision durch eine dicke, bis zum Boden reichende Wolkendecke fielen, die Reichsführung – Hitler eingeschlossen – alarmiert hatte. Wenn man sich vor Augen hält, das dies das Herz Deutschlands war, dann ist es wahrscheinlich, daß – trotz relativ geringer Verluste, die bei etwa 2000 Menschenleben lagen – dieser Angriff die Führung stärker beeindruckte, als das Unternehmen Gomorrha fünf Monate zuvor: Er hatte die grausame Realität des Krieges in die Reichshauptstadt getragen.

Ein Regierungsmitglied, das die Wucht dieses Angriffs der RAF direkt miterlebt hat, war der vielzitierte Rüstungsminister Albert Speer, dessen Ministerium selbst getroffen wurde. Speer hatte den Angriff, wie er es öfter tat, vom Dach eines Flakturms aus beobachtet. Hajo Herrmann, der gerade von einer Besprechung mit Speer kam, verfolgte den Angriff ebenfalls – vom Dach eines nahegelegenen Luftschutz-Hochbunkers, auf dem ein Funkmeßgerät stand, das von Luftwaffensoldaten betrieben wurde. Das Inferno machte auf beide einen bleibenden Eindruck. In seinem Buch *Erinnerungen* schreibt Speer:

> »Mein benachbartes Ministerium war ein einziger, riesiger Brandherd. Ich fuhr sofort hin. Einige Sekretärinnen, mit Stahlhelmen amazonenhaft wirkend, bemühten sich, Akten zu retten, während vereinzelte Zeitzünder in der Nähe detonierten. An Stelle meines Arbeitszimmers fand ich nur noch einen großen Bombentrichter vor.
> Die Angriffe auf Berlin boten vom Flakturm aus ein unvergeßliches Bild, und es bedurfte eines ständigen Zurückrufens in die grausame Wirklichkeit, um sich nicht von diesem Bild faszinieren zu lassen: die Illumination der Leuchtfallschirme, von den Berlinern "Weihnachtsbäume" genannt, gefolgt von Explosionsblitzen, die sich in Brandwolken verfingen, unzählige suchende Scheinwerfer, das aufregende Spiel, wenn ein Flugzeug erfaßt war und sich dem Lichtkegel zu entwinden suchte, eine sekundenlange Brandfackel, wenn es getroffen wurde: die Apokalypse bot ein grandioses Schauspiel.«

Herrmann schildert seine Eindrücke in seiner Autobiographie *Bewegtes Leben*:

> »Nach dieser Besprechung und im Laufe des Angriffs begab ich mich auf den Turm, auf dem ein Radargerät von jungen Soldaten bedient wurde. Ich blickte umher. Brandbomben steckten hoch oben in den aufragenden Bäumen oder verbrannten auf der Erde auf dem Pflaster. Ein schrilles Orgelkonzert Tausender von niedersausenden Flaksplittern, die funkensprühend auf das Pflaster schlugen, dazwischen Bombenkrachen und Druckwellen der Minen, ein hellgrau bis weiß leuchtendes Nebelmeer um mich herum. In diesem Hochstand inmitten des Chaos machten die jungen Leute ihren Dienst. Ich erschrak. So sieht er also aus, der Terror, im Auge des wehrlosen Opfers. Ich hatte keinen Stahlhelm auf und trat zurück, hinab unter den Schutz dicker Betondecken.«

Albert Speer fährt fort:

> »Sowie die Flugzeuge abdrehten, begab ich mich im Auto in die betroffenen Stadtviertel, in denen wichtige Werke lagen. Wir fuhren über soeben zerstörte, schuttübersäte Straßen, Häuser brannten, Ausgebombte saßen und standen vor den Trümmern, einige gerettete Möbel und Habseligkeiten lagen auf den Bürgersteigen herum; es war eine düstere Atmosphäre inmitten von beißendem Rauch, von Ruß und Flammen. Die Menschen zeigten mitunter jene merkwürdige, hysterische Heiterkeit, die im Angesicht von Katastrophen oft beobachtet wird. Über der Stadt hing eine wohl sechstausend Meter hohe Brandwolke. Durch sie wurde selbst noch bei hellem Tageslicht die makabre Szene nächtlich verdunkelt.«

Die von Speer angesprochene Rauchglocke hing auch um acht Uhr am folgenden Abend noch immer über der Stadt: Jetzt warfen die ersten von 383 Bombern ihre Markierungen für einen Folgeangriff auf Berlin ab, und der Schein der Brände, die in der Nacht zuvor entfacht worden waren, leuchtete durch die Wolken. Auch dieser Angriff verlief präzise, aber dieses Mal konnten mehr Nachtjäger starten: Das Ergebnis war, daß die Angreifer 5,2 Prozent ihrer Kräfte verloren, in der Nacht zuvor waren es noch 3,4 Prozent gewesen. Insgesamt mußte das Bomberkommando bei beiden Angriffen 46 Maschinen abschreiben.
Einer der viermotorigen Bomber, die diese Nacht verlorengingen, fiel den Kanonen einer Ju 88 zum Opfer, die Oberleutnant Rudolf Szardenings flog, ein Staffelkapitän der II./NJG 3 in Schleswig. In seinem Flugbuch ist das Opfer als Halifax festgehalten, aber vermutlich hat sich Szardenings bei der Identifizierung vertan, und sein Opfer war in Wirklichkeit eine Lancaster – ein häufiger Irrtum, weil die beiden Flugzeugtypen sich sehr ähnlich sahen und besonders nachts und im Luftkampf oft verwechselt wurden: Keine der in dieser Nacht eingesetzten zehn Halifax wurde abgeschossen. Paul Zorner, ebenfalls Staffelkapitän, schoß um fünf Minuten nach acht Uhr über dem Ziel eine Lancaster ab – genau innerhalb der 17 Minuten, auf die Harris den gesamten Luftangriff zusammengedrängt hatte. Er erinnert sich daran, daß – obwohl er in jener Nacht Wilde Sau flog – das Zahme-Sau-Verfahren, das nach Hamburg entwickelt wurde, in seinen Augen effektiver war als das frühere Himmelbettverfahren. Viel hing dabei vom Funker ab, und seiner, Heinz Wilke, war sehr gut: Er schaffte es meist, irgendeinen Funkkanal zu finden, auf dem die Reportagesendungen trotz britischer Störungen abgehört werden konnten, und er hatte auch gelernt, die Echos der Bomber von Düppelechos zu unterscheiden. Die Lancaster war Zorners 13. Abschuß, und da seine Bf 110 noch nicht mit Schräger Musik ausgerüstet war, mußte er sich auf seine nach vorn feuernde Bordbewaffnung verlassen. Peter Spoden – er war über

dem gleichen Ziel, Berlin, im August abgeschossen und schwer verwundet worden – war jetzt wieder im Einsatz und erzielte mit dem Abschuß einer Lancaster seinen vierten Luftsieg. Der in Leeuwarden gestartete Oberleutnant Heinz-Wolfgang Schnaufer schickte zusammen mit seinem Funker Fritz Rumpelhardt und seinem Bordschützen Wilhelm Gänsler zwei Pfadfinder-Lancaster zu Boden, als sie Holland überquerten – nur etwa eine Stunde, nachdem sie ihre Plätze in East Anglia verlassen hatten. Schnaufer beendete den Krieg mit 121 bestätigten Luftsiegen und kam, nachdem er allen Kriegsgefahren getrotzt hatte, in den 50er Jahren tragischerweise bei einem Autounfall ums Leben - ein Schicksal, das auch Kurt Welter widerfuhr.
Warrant Officer (etwa: Oberstabsfeldwebel) Ernie Webb – er war seit Beginn seines Einsatzes beim Bomberkommando zweimal befördert worden – und seine Besatzung hoben in Fiskerton ab und nahmen am Spätnachmittag des 22. November Kurs auf Berlin, aber mechanische Probleme zwangen sie zur Rückkehr zum Platz, wo sie nach zwei Stunden und 15 Minuten Flugzeit wieder landeten: Sie gehörten zu den 68 Besatzungen – 8,9 Prozent der eingesetzten Bomber – die den Einsatz aus den unterschiedlichsten Gründen abbrachen. Von den 50 teilnehmenden Stirling kehrten zwölf um und fünf kamen nicht mehr zurück; das waren 24 Prozent aller Stirling und 13 Prozent derjenigen, die angriffen. Es war schon lange bekannt, daß die Stirling aus vielerlei Gründen unzuverlässig waren: Sie hatten stets proportional höhere Verluste als die Lancaster und Halifax, und die Moral ihrer Besatzungen war gesunken. Auf der anderen Seite fühlten sich die Besatzungen der Lancaster und Halifax etwas sicherer, wenn Stirling an den Luftangriffen beteiligt waren: Die Stirling konnten nicht so hoch fliegen, wie sie selbst, und sie hofften, daß die Flak sich auf die leichtere Beute in geringerer Höhe konzentrieren würde – und nicht auf sie, die weitaus höher flogen. Angesichts der mangelnden Zuverlässigkeit entschied Harris nunmehr, daß Stirling keine Ziele in Deutschland mehr angreifen würden – was bedeutete, daß zehn Bomberstaffeln aus dem Einsatz gezogen werden mußten, bis sie auf bessere Flugzeuge umgerüstet waren.
Zusammen mit Ernie Webb flog auch John Chaloner in der Nacht des 23. nach Berlin. Die direkte Route bedeutete, daß die Flugzeit – sechs Stunden und 20 Minuten – für ein Ziel, das so tief in Deutschland lag, kurz war. Chaloners Tagebuch: »Viele Wolken. Sah drei Ju 88 auf Gegenkurs. Me 110 verfehlte unsere rechte Tragfläche nur um Zentimeter.« Nun ist »um Zentimeter« sicherlich übertrieben, aber knapp war es vermutlich schon. Als er sich 1993 daran erinnerte, erzählte er: »Ich war an dem Platz, den ich über dem Ziel immer einnahm – hinter dem Bordingenieur, und schaute hinaus. Gerade als wir die Bomben abgeworfen hatten, sah ich diese Messerschmitt 110 direkt auf uns zurasen, und ich wollte gerade eine Warnung rufen, da hob die 110 ihre Fläche über unsere rechte Fläche und ging in eine Kurve. Sonst wär's aus gewesen! Es machte nur "psst" – einfach so. Dann aber hob er seine Fläche, und wir konnten, über unsere Motoren hinweg, seine Triebwerke hören!« Webb und seine Männer hätten fast zu den vielen Besatzungen des Bomberkommandos gezählt, die durch Zusammenstöße mit anderen Flugzeugen – eigenen oder feindlichen – im Flug ums Leben kamen.
Um sich von den beiden Großangriffen auf Berlin in zwei aufeinanderfolgenden Nächten eine Atempause zu verschaffen, befahl Harris für den 25. November einen mittleren Angriff auf Frankfurt, der nicht sonderlich erfolgreich verlief. Nachtjäger stiegen auf, und zwölf Bomber kamen nicht mehr zurück. Dann war wieder Berlin an der Reihe: 443 Lancaster griffen am 26./27. November die Hauptstadt an; ein mittlerer Ablenkungsangriff mit 21 Pfadfinder-Lancaster und 157 Halifax erfolgte auf Stuttgart. Beide Bomberformationen folgten quer durch Deutschland bis zu einem Punkt nordöstlich von Frankfurt derselben Route; hier drehte die kleinere nach rechts in Richtung Stuttgart ab. Obwohl sich einige Nachtjäger vom Hauptverband weglocken ließen und den Stuttgarter Verband angriffen, wurden 28 der Berlin-Angreifer – 6,2 Prozent – abge-

schossen. Das Ablenkungskontingent verlor sechs Halifax. In einer neuen Taktik, die die hohe Verlustquote der Pfadfinder an die Flak verringern helfen sollte, überflog eine kleine Anzahl von Mosquito kurz vor Eintreffen der Pfadfinder Berlin und warf reichlich Düppel ab, die die Funkmeßgeräte der Flak stören sollten. Obwohl im Zielgebiet gute Sicht herrschte, wurden die ersten Markierungen mit H2S plaziert. Die Zielmarkierungen lagen allerdings etwas verstreut, und die Bomben fielen nicht so massiert wie erhofft – aber alles in allem war es aus Harris' Sicht ein halbwegs erfolgreicher Angriff. Die drei November-Angriffe auf Berlin töteten 4000 bis 5000 Menschen und zerstörten fast 9000 Gebäude; da aber diese Gebäude meist Wohnblöcke waren, kann man von knapp 105.000 zerstörten Wohnungen ausgehen.
Auch in dieser Nacht navigierte John Chaloner Ernie Webb nach Berlin. In seinem Tagebuch notierte er lediglich: »Klar; jede Menge Scheinwerfer, Flak und Jäger.« Bis jetzt hatte Webbs Besatzung fünf von ihren 18 Feindeinsätzen gegen das meistgefürchtete Ziel Berlin fliegen müssen. Sie waren jetzt in jeder Hinsicht einsatzerfahren und konnten von Glück reden, noch am Leben zu sein.
Der vorletzte Monat des Jahres, in dem die »Battle of Berlin« wiederaufgenommen wurde, ging lammfromm zu Ende – mit Störangriffen einer kleinen Anzahl Mosquito am 28./29. und 29./30. November, und am 30. November/1. Dezember flogen vier Wellington – zusätzlich zu Verminungsflügen und einem kleineren Mosquito-Angriff – Funkstöreinsätze. Diese Einsätze waren im Hinblick auf den Luftkrieg von großer Bedeutung, weil es die ersten waren, die das neu aufgestellte Geschwader 100 durchführte.
Wie zuvor schon erwähnt, hatte man – während die Bomberoffensive entwickelt und die Taktiken verfeinert wurden – immer stärkeres Gewicht auf elektronische Kampfführung gelegt, auf Ablenkungsangriffe und Fernnachtjagdeinsätze, die die Bomberoffensive unterstützen sollten. Das Jägerkommando hatte Beaufighter und Mosquito für die Ferneinsätze gestellt, und einzelne Staffeln und Flugzeuge sowohl des Bomber- wie des Jägerkommandos hatten Funkstöreinsätze der unterschiedlichsten Art geflogen. Jetzt, da Bedeutung und Komplexität dieser Unterstützungsmaßnahmen immer mehr zunahmen, hatte man im Bomberkommando beschlossen, ein neues Geschwader aufzustellen – nicht nur, um die verschiedenen Aufgabenbereiche zusammenzufassen und aktiv zu verfolgen, sondern auch, um diese Maßnahmen ideenreich und schwungvoll weiterzuentwickeln. Zusammengefaßt lautete der Auftrag des neuen Geschwaders:

1. Deutsche Nachtjäger in der Luft wie am Boden zusammen mit ihren Fliegerhorsten zu bekämpfen.
2. Radar, Funk und Navigationshilfen des Feindes zu stören.
3. Offensive wie defensive Funk- und Radargeräte des Feindes zu beobachten, um sie bekämpfen zu können.
4. Informationen über Dislozierung und Taktiken der feindlichen Nachtjagd zu beschaffen, um damit die Angriffe des Bomberkommandos abzusichern.

Das Geschwader wurde offiziell am 23. November aufgestellt und hatte seinen Stab in Radlett, wo zuvor die 80. Gruppe gelegen hatte, die die vier Wellington stellte, die nun ihre ersten Einsätze flogen. Die erste Staffel, die dem Geschwader 100 unterstellt wurde, war die 141. – die Serrate-Mosquito-Staffel des Jägerkommandos; sie verlegte von Wittering nach West Raynham. Das Geschwader aufzustellen erwies sich als recht einfach, länger jedoch dauerte es, bis es einsatzbereit war. Mitte Dezember umfaßte es fünf Sondereinsatzstaffeln und drei Sondereinsatzschwärme. Dann wurde der Stab nach Bylaugh Hall verlegt. Die Flugplätze des Geschwaders waren über einen kleinen Halbkreis zwischen Norwich und dem Bogen der Küste von Norfolk nach Norden und nach Osten verteilt – günstig gelegen, um den Fernmeldeverkehr der Luftwaffe in Holland und Norddeutschland zu überwachen und die Flugzeuge in den Einsatz zu schicken. Eigenartigerweise wurde die 101. Staffel mit deutschsprechenden Spezialfunkern, die den Nachtjagdfunk der Deutschen abhörten und mit Hilfe von Airborne Cigar (ABC) störten, nicht dem Geschwader unterstellt: Sie behielt ihre Funktion bis zum Ende der Feindseligkeiten; das Geschwader führte lediglich einige unabhängige ABC-Einsätze durch.

Wenn der November lammfromm ausklang, so begann der Dezember mit Löwengebrüll – zwei Großangriffe, gegen Berlin und Leipzig, wurden am 2./3. und am 3./4. Dezember geflogen. Der Berlin-Einsatz war glücklos: Schlechtes Wetter und falsche Wetterberatung trugen zu einer auseinandergezogenen Angriffsformation bei, die Bomben fielen ungenau und weit verstreut, und die deutschen Nachtjäger waren recht erfolgreich. In Großbritannien sorgte Nebel im und um das Vale of York sowie nördlich davon, wo die Flugplätze der Bombergeschwader 4 und 6 lagen, dafür, daß die Masse der Halifax an dem Großangriff, der ursprünglich geplant war, nicht teilnehmen konnte – von 442 eingesetzten viermotorigen Bombern waren 426 Lancaster, und nur 16 Halifax der Pfadfinder nahmen teil. Ein großer Teil der schweren Bomber, 43 insgesamt, drehte aus den verschiedensten Gründen wieder um. 18 Mosquito der 139. Staffel beteiligten sich an dem Angriff.

Diese Staffel gehörte zum (Pfadfinder-) Geschwader 8. Sie war Bennett im Juni 1943 unterstellt worden, und er benutzte sie als – wie er es nannte – »Unterstützungsstaffel«: Sie warf entweder Zielmarkierungen oder Bomben ab, je nach Lage. Bennett war ein engagierter Verfechter der Mosquito und hatte gegen Widerstand von oben durchgesetzt, daß das »hölzerne Wunder« eine starke Komponente seiner Pfadfinder bildete. Im Dezember 1943 hatte er vier Mosquito-Staffeln, die 105. und die 109. für Oboe-Einsätze, die 139. für Unterstützungsaufgaben, und die 627.: Sie war erst im Monat zuvor dem Geschwader angegliedert worden und flog ebenfalls Unterstützung. Bennett bezeichnete seine Mosquito generell als »Leichte Nachtangriffskräfte«, obwohl dieser Name von Harris nie offiziell anerkannt wurde; er lehnte ihn aus irgendeinem Grunde ab. Das Adjektiv »leicht« bezog sich natürlich auf das Flugzeug – und nicht auf die Angriffe, die es flog.

Das vorherrschende Merkmal des Wetters, mit dem es die Besatzungen bei ihrem Flug nach Berlin in dieser Nacht zu tun hatten, war eine Kaltfront, die sich über die Nordsee erstreckte. Kaltfronten erfreuten sich bei den Besatzungen keiner sonderlichen Beliebtheit. Vor so einer Front, die meist von Südwesten nach Nordosten zog, lag warmfeuchte Luft, dahinter war es kälter und trockener. Wo die beiden Luftmassen zusammenstießen, an der Front selbst, gab es eine riesige und unangenehme Barriere von Kumulonimbuswolken, die sich bis in 6000 m Höhe und sogar noch höher erstrecken konnte, mit schweren Niederschlägen in Form von Schnee, Hagel oder starkem Regen darunter, häufig begleitet von Gewitterstürmen. In der Front selbst, die die Bomber ja durchfliegen mußten, gab es heftige Turbulenzen, die selbst einen beladenen Bomber wie ein Schiff in rauher See umherstoßen konnten. Dazu kam die Vereisung, die ein Flugzeug binnen weniger Minuten mit Hunderten Pfund Eis befrachten konnte, das dann auch die aerodynamischen Eigenschaften der Steuerflächen veränderte, so daß die Maschine Dutzende, ja sogar Hunderte von Metern an Höhe verlieren konnte, bevor der Pilot die Kontrolle wiedererlangte. Auch aus Sicht des Navigators war eine derartige Front keine gute Nachricht, da sich der Wind oft unvorhersehbar in Geschwindigkeit und Richtung änderte. In dieser Nacht lag die Front in etwa dort, wo die Reichweite von Gee endete, und da die Störungen der Deutschen auf dessen Frequenzen zunahmen, standen den Navigatoren, wenn sie die Front durchflogen hatten, absolut keine Daten zur Verfügung, mit deren Hilfe sie die Änderung der Windge-

schwindigkeit berechnen und ihren weiteren Kurs abstecken konnten. Als Ergebnis tendierte die Formation dazu, nach Süden abzutreiben und sich weit auseinanderzuziehen. Harris hatte erneut die Direktroute gewählt, und die Nachtjagd, die frühzeitig alarmiert worden war und Berlin als Ziel erkannt hatte, veranstaltete ein Preisschießen: 40 Bomber – etwa neun Prozent der Viermotorigen – kehrten nicht zurück und waren verloren.
Unter den erfolgreichen Nachtjägern war auch Paul Zorner. Im November 1943 war Zorners Staffel, die 8./NJG 3, mit neuen Bf 110 G ausgerüstet worden, die das düppelsichere Funkmeßgerät SN-2 an Bord hatten, und der erste Einsatz, den Zorner und sein Funker Heinz Wilke mit ihrer neuen Maschine flogen, war gegen den Bombenangriff auf Berlin gerichtet. Sie waren um 18.44 Uhr in Lüneburg gestartet, und ihr Auftrag war Wilde Sau. Zorner kann sich erinnern, daß die Reportagesendung in dieser Nacht ungewöhnlich gut war: Ihr folgend, flog er auf Südwestkurs direkt auf die Bomberformation zu. Daß er auf dem richtigen Kurs war, bestätigte sich, als er kurz nach 19.00 Uhr direkt vor sich einen Bomber brennend abstürzen sah. Unmittelbar darauf faßte Wilke auf seinem SN-2 ein Ziel in etwa 5400 m Höhe auf. Zorner drehte auf Ostkurs, laut Reportage der Kurs des Bomberstroms. Bei der Kursänderung verlor Wilke – nicht unüblich, besonders wenn der Flugzeugführer eine Steilkurve flog – den Funkmeßkontakt zu seinem Ziel, erfaßte aber sofort wieder eines, möglicherweise denselben Bomber, und bald schon sah Zorner vor sich die Silhouette einer Lancaster, gerade über dem noch schemenhaft erkennbaren Horizont. In wenigen Minuten hatte er sich dem Bomber von unten genähert und feuerte eine kurze Garbe aus seinen vorwärts gerichteten Bordkanonen – Schräge Musik hatte er noch nicht – in die linke Tragfläche der Lancaster. Der britische Bomber schlug um 19.24 Uhr nahe Diepholz auf dem Boden auf: Zorners 14. Luftsieg.
In Verfolgung seines Opfers hatte Zorner den Bomberstrom verloren. Er ging wieder auf Ostkurs, und schon bald sah er vor sich die untrüglichen Zeichen, daß er richtig gewählt hatte – weitere Bomber, die brennend abstürzten, Flak, Explosionen, Brände und Rauch: das Zielgebiet. Um 20.24 Uhr sah Zorner, wie eine Lancaster, die ihre Bombenlast schon abgeworfen hatte, am Stadtrand von Berlin seinen Kurs von rechts nach links kreuzte. Er drehte hinter ihr ein und besiegelte ihr Schicksal mit einem kurzen Feuerstoß seiner Bordkanonen in ihre linke Fläche. Sie schlug um 20.29 Uhr im Südwesten Berlins auf dem Boden auf. Da der Bomberformation aber vorgegeben war, nach dem Bombenwurf nach Norden abzudrehen, liegt die Vermutung nahe, daß die Lancaster viel zu weit südlich vom Zielpunkt gebombt hatte. Es erklärt möglicherweise auch, warum Zorner und Wilke – obwohl sie anschließend Westkurs flogen in der Hoffnung, den heimfliegenden Verband noch einzuholen – danach keine weiteren Bomber mehr antrafen. Um 21.00 Uhr landeten sie in Stendal.
In der Nacht darauf setzte Harris 527 viermotorige Bomber auf Leipzig an: Hier trafen Zielmarkierung und Bombenwurf weitaus präziser als in der Nacht zuvor, und Schäden wie Verluste an Menschenleben waren beträchtlich. Harris hatte dem deutschen Flugmeldedienst erfolgreich vorgetäuscht, Berlin sei einmal mehr das Ziel, indem er den Verband in Richtung auf die Reichshauptstadt anfliegen ließ und die viermotorigen schweren Bomber erst im letzten Moment nach Süden in Richtung Leipzig abdrehte, während neun Mosquito nach Berlin weiterflogen, wo sie Zielmarkierungen und Bomben abwarfen: Als Folge flog die Masse der Nachtjäger nach Berlin, und nur wenige hielten auf das wirkliche Ziel zu. Trotzdem gelang es den Zahme-Sau-Flugzeugführern, den Bomberverbänden auf dem Weg zum Ziel und zurück nicht unerhebliche Verluste zuzufügen: 15 von 220 eingesetzten Halifax, nahezu sieben Prozent, wurden abgeschossen, und neun von 307 Lancaster, etwa drei Prozent, gingen verloren. Hauptmann Paul Szameitat, der gerade die II./NJG 3 von Prinz zu Sayn-Wittgenstein übernommen hatte, krönte den Kommandowechsel mit dem Abschuß von fünf Bombern.

Wittgenstein war im August 1943 von der Ostfront zurückgekehrt und von der IV./NJG 5 zur II./NJG 3 versetzt worden, da seine letzte Gruppe der Kern eines neuen Verbandes - des NJG 100 - werden sollte. Er war jetzt in Schleswig stationiert, und die Zahl seiner Luftsiege stieg schnell an; sie lag jetzt bei etwa 65: Nur Helmut Lent, Kommodore des NJG 3, konnte mehr - etwa 75 - Abschüsse nachweisen. Im November war Wittgensteins Funker Herbert Kümmritz befristet vom Einsatzdienst entbunden worden, um in Berlin sein Studium der Hochfrequenztechnik fortzusetzen; seinen Platz an Bord hatte Feldwebel Friedrich Ostheimer eingenommen. Sowohl Terry Bolter als auch John Chaloner nahmen am Luftangriff auf Leipzig teil, und beide halten ihn noch heute für erfolgreich. In Chaloners Tagebuch heißt es nur kurz und bündig: »Bombenerfolg!«; Bolter jedoch äußert sich etwas ausführlicher. Es war sein erster Einsatz mit seinem neuen Piloten, einem Stabsoffizier und Schwarmführer von nur 21 Jahren. Bolter schreibt:

> »Den nächsten - achtzehnten - Einsatz flogen wir gegen Leipzig, tief inmitten Deutschlands. Mac Maculloch war bereits zu den Pfadfindern versetzt worden, also bestand unsere Besatzung jetzt aus dem Piloten und Bordkommandanten Squadron Leader (Major) Bickerdike, Träger des DFC, dem Navigator Bob Prendergrest, dem Bombenschützen Terry Bolter, dem Bordmechaniker Bunny Kearley, dem Heckschützen Biff Hagen, DFC, und dem Oberrumpf-Bordschützen Flying Officer (Oberleutnant) Gordon Hills, Träger der DFM.
> Unsere Route führte bis etwa 30 km vor Berlin, das dann von Pfadfinder-Mosquito angegriffen wurde, während wir scharf genau auf Südkurs in Richtung Leipzig abdrehten. Wir waren um Mitternacht gestartet und erst um 03.30 Uhr morgens über dem Ziel. Aber unser Trick hatte sich ausgezahlt: Die Deutschen dachten, wir flögen direkt auf Berlin zu, und hielten den Scheinangriff der Mosquito zunächst für echt. Als sie dann merkten, daß wir in Wirklichkeit Leipzig angriffen, waren wir für ihre Jäger schon zu weit entfernt, um uns noch einzuholen. So mußten wir uns über dem Ziel nur mit schwacher Flak herumschlagen, und der Angriff verlief äußerst erfolgreich. Als wir uns beim Heimflug der englischen Küste näherten, schaltete unser Funker Ron Walter die Nachrichten der BBC ein, und wir hörten den Sprecher sagen, daß letzte Nacht ein großer Bomberverband der RAF Leipzig angegriffen und nur leichte Verluste erlitten habe - und wir waren noch nicht einmal gelandet!«

»Nur leichte Verluste« - gewiß, aber doch nur prozentual: Daß 24 Bomber nicht zurückgekommen waren, bedeutete schließlich auch, daß um die 170 Männer entweder ihr Leben lassen oder als Gefangene weiterleben mußten; einige wenige, zugegeben, waren sicherlich sowohl Sarg als auch Stacheldraht entkommen und würden irgendwann nach Großbritannien zurückkehren und vielleicht sogar wieder Einsätze fliegen - die meisten von ihnen aber waren unwiederbringlich tot, und viele Familien würden mit dem Schmerz leben müssen, einen geliebten Menschen verloren zu haben. Und am Boden waren noch weitaus mehr Menschen um ihr Leben gebracht worden - die Schätzungen liegen zwischen etwa 700 bis zur annähernd doppelten Anzahl -, und auch in den betroffenen deutschen Familien würden Trauer und Gram das Leben bestimmen.
Es war schnell zutage getreten, daß von den drei Typen viermotoriger Flugzeuge, die das Bomberkommando bei seinen Luftangriffen einsetzte, die Lancaster sich am besten für diese Aufgabe eignete. Jetzt machte sich Harris, der ja bereits die Stirling vom Einsatz gegen Ziele in Deutschland zurückgezogen hatte, Sorgen um die Schlagkraft der Handley Page Halifax, mit denen die

Bombergeschwader 4 und 6 und einige Staffeln der Bombergeschwader 8 und 100 ausgerüstet waren. Die Baureihe I – Mark oder Mk I – der Halifax hatte erste Einsätze im März 1941 geflogen, und im November 1943 war sie in den Frontverbänden durch die verbesserten Versionen Mk II und Mk V abgelöst worden, die beide von Rolls-Royce-Merlin-Reihenmotoren angetrieben wurden. Aber auch diese beiden Versionen rangierten hinter der Lancaster in so entscheidenden Leistungsdaten wie Gipfelhöhe, Steigfähigkeit, Reichweite und Bombenzuladung, wobei die Bombenlast natürlich die anderen Daten beeinflußt. Im Einsatz war die Halifax nicht so kosteneffektiv wie die Lancaster, da sie nicht so viele Bomben so weit tragen konnte. Und ihre geringere Einsatzhöhe machte sie noch verwundbarer durch Flak und Jäger der Deutschen als das Flugzeug von Avro. Wenn man die Verlustzahlen von Luftangriffen auf Deutschland vergleicht, an denen beide Typen teilnahmen, dann liegen die Verluste der Halifax durchweg höher als die der Lancaster, besonders bei Langstreckeneinsätzen. Vom Beginn der Angriffe auf Hamburg bis zum Angriff auf Leipzig am 3./4. Dezember 1943 lag die Gesamtverlustrate der Lancaster bei 3,2 Prozent, die der Halifax aber bei 5,9 Prozent. Noch größer war der Unterschied bei den Angriffen auf Berlin: Die Halifax verloren 53 von 661 eingesetzten Bombern, die Lancaster aber nur 38 von 1135 – 8 gegenüber 3,3 Prozent. Der Angriff auf Kassel zeigt ähnliche Zahlen: 6,8 Prozent Halifax gegenüber 2,9 Prozent Lancaster. Und seitdem es keine Stirling mehr gab, auf die sich die deutsche Luftverteidigung einschießen konnte, begannen die Verluste der Halifax noch weiter zu steigen. Allerdings gab es eine neue Version der Halifax, die den Verbänden jetzt zugeführt wurde – die Halifax B Mk III. Die Planungen für eine Halifax mit Sternmotor hatten erst begonnen, als die Halifax mit Reihenmotor schon weiterentwickelt wurde: Deshalb ging die Mk V vor der Mk III in den Einsatz.

Gegenüber ihren Vorgängern war die neue Halifax eine gewaltige Verbesserung, und diese Verbesserung lag in erster Linie am Hercules-Sternmotor von Bristol, der stärker war und – wie manche meinen – auch weniger störanfällig als der Merlin früherer Baureihen. Steigleistung und Gipfelhöhe waren deutlich verbessert worden, und auch die Eindringtiefe war gestiegen. Veränderungen am Bug – der sperrige Bugstand war mit einer stromlinienförmigen und durchsichtigen Plexiglasverkleidung umgeben worden – und am Leitwerk, wo fast quadratische Seitenruder die zuvor eher dreieckigen abgelöst hatten, trugen nicht nur zur Steigerung der Flugleistungen und der Steuereigenschaften der Halifax bei, sondern gaben ihr auch ein schnittigeres und kompakteres Aussehen. Man sagt schließlich nicht ohne Grund: »Wenn ein Flugzeug gut aussieht, ist es auch gut« – und die neue Halifax war ein entscheidend besserer Anblick als die Vorgängertypen.

Die ersten Halifax Mk III wurden im November 1943 vier Staffeln zugeführt, und die erste davon – von der 466. Staffel des Bombergeschwaders 4 – flog am 1. Dezember ihren ersten Einsatz: Minenlegen. In den Folgemonaten ersetzten die Hercules-Halifax schrittweise die Merlin-Versionen, bis dahin jedoch erlitten die Mk II und V zunehmend schwere Verluste.

Vom 4. bis zum 15. Dezember gab es keine größeren Angriffe auf Deutschland – nur Minenlegen und Störangriffe standen auf dem Programm, und bis zu 30 von Bennetts Mosquito griffen in sechs Nächten das Ruhrgebiet an. In der Nacht vom 12. auf den 13. Dezember schoß Hauptmann Meurer, Gruppenkommandeur der I./NJG 1 in Venlo, eine der 20 Mosquito ab, die Essen angriffen. Manfred Meurer gehörte – mit nahezu 60 Luftsiegen – zu den erfolgreichsten Fliegern der Nachtjagd, und er erzielte diesen Abschuß mit einer He 219 A-0. Im Monat darauf allerdings sollte ihn sein Glück verlassen: Er fiel im Luftkampf nach 65 bestätigten Luftsiegen.

In der Nacht des 16./17. Dezember griff das Bomberkommando wieder Berlin an. Harris' Streitmacht gegen sein wichtigstes Ziel umfaßte 15 Mosquito und 483 Lancaster – aber keine Halifax. Kleinere Verbände von Stirling, Mosquito und Lancaster, letztere von der 617. Staffel, bombardierten zwei V1-Abschußbasen in Nordfrankreich. Der August-Angriff auf Peenemünde hatte sich ausschließlich gegen die ballistischen Raketen gerichtet, die die Deutschen entwickelten, aber eine weitere Vergeltungs- oder V-Waffe beschäftigte jetzt den britischen Geheimdienst: ein strahlgetriebenes Flugzeug ohne Pilot mit hoher Sprengstoffzuladung, die beim Aufprall auf das Ziel explodierte. Agenten in Belgien und Frankreich hatten von rampenähnlichen Betonbauten berichtet, die für diese Waffen errichtet würden, und man hatte ihnen nach ihrem Aussehen den Namen »Ski Sites« (»Ski-Stellungen«) gegeben. Dieser Angriff war der Auftakt eines langen und hartnäckigen Feldzugs sowohl der RAF wie auch der USAAF gegen diese Stellungen, die später »Crossbow Sites« (»Armbrust-Stellungen«) genannt wurden, und er endete erst, als diese Rampen nach der Invasion von den vorrückenden alliierten Armeen überrannt wurden.

Im Führungsbunker des Bomberkommandos bei High Wycombe mußten von den Stabsangehörigen viele Faktoren berücksichtigt werden, bevor der Zeitpunkt, die Route der Bomber und die taktischen Aspekte eines Luftangriffs festgelegt wurden. Einer dieser Faktoren war der Mond: Vollmondnächte wurden grundsätzlich gemieden, weil sie die deutsche Nachtjagd begünstigten. In der Nacht des 16./17. Dezember sollte ein Dreiviertelmond scheinen, der aber erst spät aufging – folglich setzte man den Angriffsbeginn auf etwa acht Uhr abends und drängte ihn auf nur 14 Minuten zusammen. Der Wetterdienst sagte möglichen Nebel für Deutschland voraus, der – falls er auftrat – die deutschen Nachtjäger am Boden festhalten konnte. Daher entschied sich Harris wieder für den Direktanflug: von Ijmuiden an der holländischen Küste bis zum Ziel, eine Entfernung von etwa 670 km oder rund zwei Flugstunden. Nach dem Angriff sollte der Verband nach Norden und über die Ostsee nach Dänemark fliegen, wo er Jütland so überflog, daß er auf dem Weg nach Großbritannien Esbjerg überquerte. Auf diese Weise, so hoffte er, würden seine Bomber über weniger gefährlichem Gebiet sein, wenn der Mond aufging. Es gab zwar auch die beunruhigende Möglichkeit, daß der für Deutschland vorhergesagte Nebel sich beim Rückflug auch über die Flugplätze der Bomber legen würde – aber das war ein Risiko, das er einging, als er entscheiden mußte, ob der Einsatz stattfand oder nicht.

Die Deutschen, die schon früh durch Funksprüche, H2S-Abstrahlungen und ihren Flugmeldedienst alarmiert worden waren, stellten schnell fest, daß sich ein Großverband näherte – aber sie erinnerten sich auch des erfolgreichen Scheinangriffs auf Berlin, den Harris in der Nacht des Angriffs auf Leipzig fliegen ließ, also zögerten sie, Berlin als Ziel zu bestätigen. Wie vorhergesagt lag Nebel über Belgien, Holland und Norddeutschland, der jedoch erfahrene Besatzungen nicht daran hinderte, gegen den Bomberverband zu starten: Sie entdeckten ihn schon beim Überfliegen der holländischen Küste. Auch Beleuchter stiegen auf, und bald war die Route mit zahlreichen Leuchtkörpern markiert. Die Jäger der Luftwaffe mußten dicke Wolken durchfliegen, um auf Einsatzhöhe zu steigen, und einige von ihnen hatten Schwierigkeiten mit starker Vereisung.

Auf dem Flugplatz Leeuwarden in Holland waren die Wetterverhältnisse so schlecht, daß nur ein Jäger starten durfte – der von Oberleutnant Heinz-Wolfgang Schnaufer, dem Kapitän der 12./NJG 1, der bereits 36 Luftsiege errungen hatte. Mit ihm in der Bf 110 mit der Kennung G9+DZ saßen sein Funker Oberfeldwebel Fritz Rumpelhardt und sein Bordschütze Oberfeldwebel Wilhelm Gänsler. Die Sicht war schlecht, die Wolkenuntergrenze lag bei weniger als 60 Metern, und dazu kam eine Bodentemperatur von 0 °C – Bedingungen, unter denen Vereisung nahezu sicher war. Schnaufers Maschine setzte stark Eis an, als er durch die Wolken auf Höhe stieg; erst bei 5000 m kam er frei. Er war um 17.35 Uhr gestartet, und nur 26 Minuten später schickte er sein erstes Opfer dieser Nacht in die Tiefe: JA 853 (MG-L), eine Lancaster der 7. (Pfadfinder-) Staffel in Oakington, die Warrant Officer (Oberstabsfeldwebel) W.A. Watson flog. Die Lancaster

schlug nordöstlich des Ijsselmeers auf; es gab keine Überlebenden. Minuten später hatte Schnaufer sein zweites Opfer vom Himmel geholt – eine Funkstör-Lancaster der 101. Staffel in Ludford Magna, geflogen von Flight Lieutenant (Hauptmann) Ronald MacFarlane, Träger der DFM; auch hier starb die gesamte Besatzung. Schnaufers dritte Lancaster dieser Nacht, eine von Pilot Officer (Leutnant) Gordon Ratcliffe geflogene Maschine der 49. Staffel in Fiskerton, lag um 18.23 Uhr am Boden, und seine vierte, DS 831 (QO-N) von der 432. Staffel in Leaside, um 18.41 Uhr. Alle Opfer waren im Umkreis von 50 km um seinen Platz binnen gut einer Stunde abgeschossen worden – warnende Beispiele für das tödliche Potential der Kombination von SN-2 und Schräger Musik. Nach dem Alarmstart war Schnaufer von der örtlichen Himmelbett-Jägerleitstellung »Eisbär« – ihr Deckname war »Meteor« – geführt worden, und es ist auffällig, daß alle vier Opfer weit nördlich von ihrer geplanten Route aufschlugen: Das legt die Vermutung nahe, daß sie vom Kurs abgekommen waren und somit den Schutz der Düppel verloren hatten. Eine weitere Lancaster der 7. (Pfadfinder-) Staffel – die Staffel verlor vier in dieser Nacht – wurde ebenfalls vom NJG 1 abgeschossen; sie hatte Flying Officer (Oberleutnant) Francis Rush gesteuert. Der erfolgreiche deutsche Flugzeugführer war Leutnant Rolland, der auf dem Fliegerhorst Bergen gestartet war: Seinen Luftsieg errang er um 18.15 Uhr in der Nähe von Alkmaar, kurz hinter der holländischen Küste.
Die unklaren Reportagemeldungen der Deutschen, was das vermutliche Ziel anbetraf – abgehörte Sendungen belegen, daß Jäger erst nach Osnabrück, dann nach Oldenburg und schließlich nach Hannover dirigiert wurden, während der Bomberverband nach Osten flog –, hatte zur Folge, daß die Abwehr der Nachtjagd über dem Zielgebiet selbst relativ schwach war. Nach einem halbwegs gelungenen Angriff, bei dem die Zielmarkierungen der Pfadfinder, von denen einige mit H2S Mk II gesetzt wurden, sehr massiert fielen, drehten die Bomber nach Norden ab und erlebten einen recht ruhigen Rückflug nach Großbritannien. Aber trotzdem: 25 Lancaster waren zurückgeblieben. Und wie man geahnt hatte, waren die Wetterbedingungen auf den Flugplätzen der Bomber schlecht, schlimmer noch als alle Befürchtungen: Weitere 34 Lancaster stürzten mit ihren Besatzungen ab oder wurden von ihnen aufgegeben, als sich eine Landung wegen Nebels als unmöglich erwies. 159 Männer waren beim Feindflug ums Leben gekommen, und weitere 136 starben bei Rückkehr in ihre Heimat. Von den 483 Bombern, die für den Luftangriff vorgesehen waren, waren 6,2 Prozent frühzeitig umgekehrt, 5,2 Prozent waren abgeschossen worden, und 6 Prozent waren nach Rückkehr abgestürzt: Das war ein sehr hoher Preis!

Normalerweise zieht in Europa das Wetter von Westen nach Osten – damit könnte man eigentlich annehmen, daß die Meteorologen in Großbritannien mit ihren Wettervorhersagen nicht stark gefordert waren: Das Wetter, das gerade ihre Inseln überquert hatte, würde in den nächsten paar Tagen dann ja auch auf dem Kontinent herrschen. Leider jedoch – obwohl die generelle Zugrichtung tatsächlich nach Osten weist – bestimmen noch viele andere Faktoren von beträchtlicher Komplexität das Geschehen: Das Wetter bewegt sich in einer Reihe von Strudeln, Luftmassen unterschiedlicher Eigenschaften beeinflussen sich gegenseitig, Feuchtigkeit wird aufgenommen und wieder abgeregnet, Bodentemperaturen lösen physikalische Veränderungen in der Struktur der Atmosphäre aus, industrielle Abgase beeinflussen nicht nur die Sicht, sondern sind auch Kern für die Bildung von Regentropfen und vieles mehr. Obwohl sie häufig mit sehr präzise klingenden Prognosen aufwarteten, konnten die »met men« der RAF und die »Wetterfrösche« der Luftwaffe kaum mehr als ein sehr allgemeines Wetterbild vermitteln – und selbst damit lagen sie manchmal arg daneben.
Da die genaue Kenntnis von Daten wie Windgeschwindigkeit, Windrichtung, Temperatur, Bewölkung und Sicht nicht nur für die Planung, sondern auch für die Durchführung eines Luft-

angriffs unverzichtbar ist, flogen – in dem Bemühen, die Besatzungen genauer beraten zu können – Wettererkundungsflugzeuge viele Stunden über die See um die Britischen Inseln und drangen auch tief in das kontinentale Europa ein. Aber trotzdem blieb die Wettervorhersage eine recht ungenaue Wissenschaft, und so war es auch am 20./21. Dezember, als das Bomberkommando einen Großangriff auf Frankfurt flog. Die Meteorologen hatten über dem Ziel einen wolkenfreien Himmel erwartet, aber als die Pfadfinder, die das Ziel nach Sicht markieren wollten, eintrafen, fanden sie ihr Ziel fast vollständig von Wolken verhüllt vor: Das Ergebnis waren schlechte Markierung und weit verstreuter Bombenwurf. Einem Ablenkungsangriff auf Mannheim gelang es nicht, die Aufmerksamkeit der Nachtjagd auf sich zu ziehen, die den Vorteil der verstreuten Formation voll nutzte: 41 der 647 eingesetzten Lancaster und Halifax gingen verloren. Und wieder brachten die Halifax das größere Opfer – sie verloren 10,5 Prozent, die Lancaster nur 3,6. Unter den abgeschossenen Halifax waren auch die von Paul Zorner bei Hintermeiligen, sein 16. Luftsieg, und die von Rudolf Szardenings von der II./NJG 5. Szardenings Halifax stürzte brennend in den Rhein. Eine unglaubliche Leistung vollbrachte Hauptmann Wilhelm Herget, Gruppenkommandeur der I./NJG 4: Er startete in Florennes in Belgien und vernichtete acht viermotorige Bomber – damit erhöhte er die Zahl seiner nächtlichen Luftsiege auf mehr als 40. Bevor er zur Nachtjagd stieß, hatte er als Zerstörer zwölf Feindflugzeuge abgeschossen. Wie viele erfolgreiche deutsche Nachtjäger bezeugen, waren mit Zahmer Sau, verbessertem Funkmeßgerät und Schräger Musik – wenn man sich erst einmal in den Bomberstrom eingereiht hatte und seinen Kurs verfolgte – Mehrfachabschüsse eine vergleichsweise einfache Angelegenheit: Sie gelangen bei nur sehr geringem Risiko für das eigene Leben. Es war verhängnisvoll für die britischen Bomberbesatzungen: Sie hatten noch immer keinen Unterrumpf-Waffenstand und damit keine Ahnung, welche Gefahr unter ihnen lauerte.
John Chaloners Besatzung, die am Angriff auf Berlin drei Nächte zuvor nicht teilgenommen hatte, war in Frankfurt mit dabei. Chaloner schrieb in sein Tagebuch: »Bei Lüttich sahen wir innerhalb von zehn Minuten vier Bomber abstürzen.« Möglicherweise zählten einige von ihnen – oder alle – zu Hergets Abschüssen, möglicherweise auch war eine davon die Halifax der 77. Staffel, deren Schicksal anschließend beschrieben wird. Chaloner weiter: »Direktflug ins Ziel. Verstreuter Bombenwurf, aber erfolgreich. 50 km nördlich vom Ziel erhellten Beleuchter in zwei Etagen eine Strecke von etwa 80 km. Wir verloren Pilot Officer Blackmore und Sergeant Savile.«
Einmal mehr war das Glück auf Chaloners Seite gewesen, Terry Bolter jedoch – seit September Pilot Officer und stellvertretender Bomberführer der Staffel – sollte es verlassen: Es sollte sein letzter Feindflug werden, und sein zweiter als Bombenschütze von Squadron Leader (Major) Bickerdike, der wahrlich seinen allerletzten Flug durchführte. Sie starteten um 21.00 Uhr in Elvington mit der Halifax KN-K, überquerten Belgien mit einem 100-km/h-Rückenwind, und dann sahen sie links die Scheinwerfer des Ruhrgebiets, wo Bennetts Mosquito die Luftverteidigung herausforderten. Sie erreichten Frankfurt zur festgelegten Zeit, und Bolter wies Bickerdike an, die Bombenklappen zu öffnen. Dann:

> »Um 20.32 Uhr drückte ich die Sicherungsschalter nach unten und nahm den Bombenauslöseknopf in die rechte Hand. Im Bombenvisier konnte ich die roten Bodenmarkierungen klar erkennen. Fadenkreuz drauf – Bombenknopf gedrückt: »Bomben raus! Bombenklappen geschlossen!«
>
> Alles war bis jetzt gutgegangen. Ein kurzes rotes Aufglühen des Kameralichts bestätigte, daß das Zielbild geschossen wurde... Bomben raus und Bombenklappen zu – ich fühlte

mich gleich besser: Wir waren jetzt wendiger und weniger verwundbar. Das Flugzeug rüttelte gefährlich: Eine Flakgranate war vor dem Bug detoniert, ihr schwarzer Rauch trieb vorbei. Ich kletterte jetzt in den Bug, direkt hinter mein kleines Vickers-MG, entsicherte es und beobachtete angestrengt den Himmel, der voller Flugzeugen zu sein schien... Unter mir hatte ein Bomber bereits Schwierigkeiten. Ich sah Garben von Leuchtspur in seinen rechten äußeren Motor einschlagen. Er machte heftige Ausweichbewegungen, um den Feuerstößen einer Me 109 zu entgehen, die ihn von rechts hinten angriff. Ich beobachtete ihn gebannt, bis ich ihn mit rauchendem Motor aus den Augen verlor.«

Vor sich sah Bolter Beleuchter. Er warnte seinen Piloten, und dann kam der Ruf des Bordschützen im Oberrumpf, Bill Cockburn, eines Jungens aus Edinburgh, der erst seinen zweiten Einsatz flog: »Abkippen nach links vorbereiten – abkippen jetzt!« Als Bickerdike nach links abkippte, raste ein Jäger vorbei, der seinen Feuerstoß offensichtlich nicht ins Ziel gebracht hatte. Bald waren die Leuchtkörper der Beleuchter hinter ihnen. Sie drehten zum Heimflug auf Westkurs.
Nach einer halben Stunde war rechts wieder das Ruhrgebiet zu sehen, dann Bonn. KN-K tauchte in dünne Wolken. Der Heckschütze sah rechts irgend etwas und machte den Oberrumpf-Bordschützen darauf aufmerksam. Terry Bolter schildert diese schrecklichen Momente:

»Niemand sagte etwas, und ich schloß daraus, daß die Bordschützen sich davon überzeugt hatten, daß es ein anderer Bomber auf dem Heimflug war oder ein Feindflugzeug, das keine Gefahr mehr darstellte. Beide Vermutungen jedoch waren falsch. "Nach rechts abkippen – schnell!" Aber es war schon zu spät: Geschosse hagelten in die rechte Tragfläche ...«

Als die rechte Fläche brannte, gab der Pilot den Befehl zum Aussteigen. Der Bordmechaniker reichte dem Piloten dessen Fallschirm, und Bolter legte seinen eigenen an. Der Navigator öffnete den Notausstieg im Boden hinter seinem Sitz, dann drückte er den Zündschalter seines Gee-Geräts, damit es den Deutschen nicht intakt in die Hände fiel. Die Flammen breiteten sich jetzt bereits aus, und Bickerdike gab den Befehl zum Absprung. Bolter bestätigte ihn, und dann:

»Ich trennte meinen Sauerstoffschlauch und drehte mich zum Absprung halb um – da bockte das Flugzeug plötzlich und stand auf seiner Nase, außer Kontrolle geraten; mich in der Plexiglasnase warf es nach vorn auf den Bauch. Wir fielen wie ein massives Stück Blei vom Himmel. Die Beschleunigungskräfte waren so stark, daß sie mich am Boden festnagelten. Wir stürzten nach unten, und das Geräusch von Wind und Motoren begleitete uns. Die Bordsprechanlage, die über dem Ziel noch so lebhaft benutzt worden war, schien tot zu sein: Es gab jetzt nichts Wichtiges mehr zu sagen. Wir konnten nicht raus. Mit der linken Hand über den Augen und der rechten noch immer unbewußt am Griff der Aufzugsleine wartete ich auf den Aufprall. Mein Verstand war klar, und mir schoß durch den Kopf, was das wohl für meine Familie in Großbritannien bedeuten würde. Vier Worte brannten sich mir dann ein: "Das ist das Ende – das ist das Ende!"
Der Sturz der Erde entgegen erschien endlos. Mein Gefühl von Tod und Selbstaufgabe wich dem der Frustration, und ich mußte etwas unternehmen: Mit meinem linken Arm hämmerte ich heftig gegen die Plexiglasnase – und die sprang plötzlich direkt vor mir auf. Irgendwie fiel ich hinaus, spürte weder Geschwindigkeit noch Sturz; als ich nach oben schaute, sah ich das brennende Flugzeug über mir.

Ich zog die Aufzugsleine, und eine Masse bauschender Seide und ein starker Ruck am Gurtzeug sagten mir, daß sich der Fallschirm geöffnet hatte – ich war unheimlich erleichtert! Als ich hin und her schwang, fielen Teile des Flugzeugs an mir vorbei, und KN-K tat etwa 1000 m entfernt ihren letzten Flug zur Erde. Ein Feuerball oranger Flammen loderte auf, als sie auf dem Boden aufschlug, und die Stratuswolke leuchtete rot, als ich durch sie nach unten schwebte. Trotz des Windes in meinen Ohren hörte ich mich sagen: "Sei froh, daß du da nicht drin warst!" Meine Stimme verlor sich in der Weite der Nacht. Ich konnte mich vage erinnern, daß ich vor dem Aussteigen einen Fliegerstiefel verloren hatte – und als ich nach unten blickte, stimmte es tatsächlich. Ein eigenartiger Stil, seinen Fuß auf fremden Boden zu setzen, einen Stiefel an, einen aus – aber das war jetzt meine geringste Sorge. Nach wenigen Momenten der Erleichterung erfüllte mich ein Hochgefühl – aber dann sah ich nach unten, und der Boden kam mir schnell entgegen. Ich landete mit dumpfem Aufschlag und rollte mich ab, um den Aufprall zu dämpfen, und dann kam ich zur Ruhe: Mein Gesicht lag im Schlamm eines kleinen Baches, der durch eine Wiese in einer ländlichen Region irgendwo in Deutschland floß. Fünf Kilometer weiter westlich brannte KN-K aus – ein einsames Feuer in der feindlichen Dunkelheit.«

Terry Bolter und sein Bordmechaniker Frank Shaw waren die beiden einzigen Überlebenden der Halifax. Shaw brach sich bei der Landung ein Bein und wurde gefangengenommen, Bolter jedoch entging der Gefangenschaft und war – noch vor Ende Juni 1944 – wieder zurück in Großbritannien.
Während Frankfurt Bolters letzter Einsatz war, war es der erste für Sergeant Horace V. Pearce und seine Besatzung, die am 9. November zur 77. Staffel versetzt worden waren. Der im April 1921 geborene Horace Pearce war Sohn eines Seidenraupenzüchters in Somerset, hatte das Stipendium eines Gymnasiums in Taunton gewonnen und in einer dortigen Behörde gearbeitet, bevor er sich im April 1941 freiwillig zur RAF meldete. Seine fliegerische Ausbildung hatte er zunächst in den USA, die Fortgeschrittenenausbildung dann in Kanada absolviert, und im Oktober 1942 war er fertiger Pilot. Mit der *Queen Elizabeth* war er nach Großbritannien zurückgekehrt, und nach der Umschulung auf zweimotorige Flugzeuge und Gewöhnung an europäisches Wetter, das ja so anders ist als das Wetter in Amerika, war er zur 20. (Einsatzausbildungs-) Staffel in Lossiemouth versetzt worden. Dort flog er Wellington und traf zum ersten Mal die vier anderen Männer, die den Kern seiner Besatzung bilden sollten:

»Die ersten vier Wochen gab es nur Unterricht und Zeit für eigene Weiterbildung – geflogen wurde nicht. Also gab man uns drei Wochen, unsere Besatzung zusammenzustellen; danach würden sie das für uns tun. Offen gesagt, ich hatte keine Ahnung, wie man das macht. Heute scheint mir, das hat nur wegen des üblichen wahllosen Zufallsprinzips geklappt, das wir in Großbritannien und auch in der RAF so pflegen.«

Pearce traf seinen Navigator George Kendal in einem Gasthof im Dorf Lossiemouth. Auf Pearces Frage, warum er ihn als Piloten gewählt habe, meinte Kendal später: »Nun ja – du machtest einen vernünftigen Eindruck und sahst so aus, als ob du einen Bierkrug halten könntest.« Seinen Bombenschützen Gordon Edwards traf er in einer Schlange an einer Bushaltestelle in Elgin. Kendal machte Pearce dann mit Frank Morgan bekannt, und der wurde sein Funker. Morgan wiederum führte ihn mit Ivor »Taffy« Hancocks zusammen – seinem späteren Heckschützen. Im Juli 1943 gingen die Männer nach Marston Moor und schulten dort bei der 1652. Umschulungsstaffel auf die viermotorige Halifax um. Bevor sie Lossiemouth verließen, wurde ihnen noch ein kanadischer Bordschütze, Sergeant Roy Brooks, zugeteilt, und der siebte Mann, Bordmechaniker Fred Archbold, stieß in Marston Moor zu ihnen.

Als er in Elvington eintraf, hatte Pearce bereits zwei Feindeinsätze hinter sich: Noch während er in Einsatzausbildung war, war er mit der 102. Staffel als zweiter Pilot nach Mannheim und München geflogen. Der Rest seiner Besatzung, alle Sergeants, mußte erst noch die Wirklichkeit des nächtlichen Kampfes über Deutschland erleben – sie waren zwar am 3. Dezember zum Angriff auf Leipzig gestartet, hatten dann aber wegen eines ausgefallenen Gee-Geräts umkehren müssen. Sie hatten auch schon auf dem Einsatzbefehl für einen früheren Angriff auf Berlin gestanden, waren dann aber im letzten Moment von ihrem Staffelkapitän, Wing Commander (Oberstleutnant) Roncoroni, wieder gestrichen worden: Er vertrat die Auffassung, daß sie erst noch Erfahrung sammeln sollten, bevor sie die »Big City« angriffen. Jetzt hoben sie um 16.55 Uhr in Elvington ab. Anstelle ihres regulären Mechanikers Fred Archbold hatten sie einen Ersatzmann an Bord, »Tiny« Greenfield. Archbold war am Abend zuvor verletzt worden – nicht im Kampf mit der Luftwaffe, sondern bei einer Rauferei mit einigen Kanadiern in einer Fischbraterei in York: Angehörige des Bomberkommandos waren eben nicht nur am nächtlichen Himmel gefährdet.

Als sie kurz vor 19.00 Uhr in 5400 m Höhe in den Raum Lüttich einflogen, gerieten sie in Schwierigkeiten, wie Horace Pearce beschreibt:

> »Die Fahrtmesseranzeige lag bei 293 km/h, und wir befanden uns östlich von Lüttich. Plötzlich brüllte der Oberrumpf-Bordschütze: "Links kurven – los!" Über die Bordsprechanlage konnte man das Knattern von MG-Feuer hören. Der Pilot: "Mein Gott, war das knapp!"
>
> Ich bemerkte, daß meine Kompaßnadel sich wie wild drehte, und bemerkte auch, daß der Lärm des MG-Feuers stark zunahm, als der Heckschütze Ivor Hancocks ebenfalls zu schießen begann. Genauso plötzlich, wie die Schießerei begonnen hatte, war sie auch wieder verstummt, und der Oberrumpfschütze gab durch: "Alles klar: Kurs wiederaufnehmen!" Meine Kompaßnadel arbeitete wieder normal, und wir gingen auf den alten Kurs zurück, und abgesehen von einem halben Dutzend Worten fand keine Unterhaltung mehr statt. Später erfuhren wir dann, daß unser Oberrumpfschütze Roy Brooks einen nicht identifizierbaren, aber verdächtigen Schatten ausgemacht hatte, der links hinter uns in etwa 500 m Entfernung flog. Brooks richtete seine Waffen auf das Ziel. Als es dann drehte, erkannte er es als Me 110, die zum Angriff beidrehte: Ihre Leuchtspurmunition lag vor unserer Kanzel. Brooks rief seine Warnung und feuerte dann auf das angreifende Flugzeug. Heckschütze Hancock berichtete, er habe – als er seinen Turm herumriß, um sich am Kampf zu beteiligen – gesehen, wie Brooks' Leuchtspur die Me 110 traf. Die Me 110 kam bis auf 300 m heran, brach dann aber nach rechts weg. Bei der Einsatz-Abschlußbesprechung wurde die Me 110 dann als beschädigt gemeldet.«

Wing Commander Roncoroni hatte gewünscht, daß Pearce und seine Besatzung noch Erfahrung sammeln sollten: Der Angriff auf Frankfurt bot sie ihnen. Beim Anflug auf Frankfurt lernten sie etwas, das jeder kennt, der jemals konzentrierte Großangriffe des Bomberkommandos geflogen hat – Flak und Jäger waren nämlich nicht die einzigen Gefahren:

> »Erschrocken sah ich eine andere Halifax von rechts auf Kollisionskurs direkt auf uns zukommen. Für ein Ausweichen war es zu spät, und mir war sofort klar, daß jede Bewegung

der Steuerflächen die Gefahr noch vergrößern würde – also beschloß ich, in gleicher Höhe geradeaus weiterzufliegen in der Hoffnung, daß der andere Pilot, der möglicherweise ein Dreieck flog, um Zeit zu töten, ebenfalls in gleicher Höhe geradeaus weiterfliegen und der Höhenunterschied groß genug sein würde, um einen Zusammenstoß zu verhindern. Das andere Flugzeug donnerte dann über uns hinweg, und die Turbulenzen seiner Luftschrauben schüttelten meine Maschine ordentlich durch.«

Auch Wing Commander Roncoroni konnte seine Erfahrungen erweitern: Er hatte einen Zweikampf mit einem deutschen Jäger, der aus einer Entfernung von etwa 800 Metern das Feuer auf seine Maschine eröffnete, als er gerade sein Ziel bombardiert hatte. Und auch ein weiterer Pilot, Warrant Officer Manson, konnte den Attacken eines Nachtjägers im Raum Frankfurt entkommen. Das Feindflugzeug, das die Bordschützen – möglicherweise fälschlich – als Me 210 identifizierten, kam ziemlich dicht heran, bevor es feuerte, wurde dann aber von den Kanonen der Halifax abgeschreckt. Es griff immer wieder an, aber jedes Mal retteten die Wachsamkeit der Bordschützen und seine heftigen Korkenzieher-Ausweichbewegungen die Halifax. Der Feindjäger wurde später als beschädigt gemeldet. Die Berichte aller drei Besatzungen – von Pearce, Roncoroni und Manson – enthalten den Satz: »Monica gab keine Vorwarnung.«

Das ereignisreiche Jahr 1943 neigte sich seinem Ende zu, aber vor Neujahr wurden noch zwei weitere Großangriffe auf Berlin geflogen. Der Verband, der die Hauptstadt am 23./24. Dezember angriff, bestand – mit Ausnahme der sieben Pfadfinder-Halifax – nur aus Lancaster. Bei diesem Angriff schickte Harris kleine Ablenkformationen von Mosquito nach Leipzig, Düsseldorf und Aachen. Schlechtes Wetter am Boden sowie konfuse Zielangaben durch die Reportagen der Zahmen Sau sorgten dafür, daß die Nachtjäger es schwer hatten, ihre Ziele zu finden. Trotzdem schossen sie 16 der 379 eingesetzten Lancaster ab – drei verbuchte Paul Zorner, der damit auf 19 Luftsiege kam. Die Zielmarkierung durch die Pfadfinder war aufgrund der Wolkendecke ungenau, und die Markierungen fielen so weit verstreut, daß dem Bombenwurf des angreifenden Verbandes jegliche Massierung fehlte; viele Bomben landeten in den Wäldern im Südosten der Stadt.
Die Probleme mit Navigation und Zielaufspürung bereiteten der RAF noch immer Sorgen: Besonders auf Langstreckenflügen, wie sie jetzt vorherrschten, gerieten die Pfadfinder außer Reichweite von Oboe, zudem war Gee hier nutzlos, und mit H2S waren nur wenige Bomber der Hauptstreitmacht ausgerüstet. Eine räumliche und zeitliche Massierung war unerläßlich – nicht nur, um einen genauen und konzentrierten Angriff zu gewährleisten, der aber ohnehin nur selten erreicht wurde, sondern auch zum Schutz der einzelnen Bomber. Für die Nachtjäger waren Nachzügler und Einzelmaschinen außerhalb der Formation eine relativ leichte Beute, da sie den Schutzbereich der Düppel verlassen hatten. In dem Bemühen, die Formationen zu straffen, wurde jetzt ein Verfahren, das erstmals in Peenemünde angewandt wurde, formell eingeführt: Bestimmte Flugzeuge, die von erfahrenen Besatzungen geflogen wurden, wurden als »Wind Finders« (»Windfahnder«) eingeteilt – ihre Navigatoren hatten die genaue Windrichtung und -geschwindigkeit zu ermitteln, die der Funker dann nach Großbritannien durchgab. Dort wurden die Winde notiert und die Durchschnitts-Geschwindigkeit und -Richtung ermittelt, die dann verschlüsselt an die Navigatoren der Formation weitergeleitet wurden. Man ging davon aus, daß – wenn alle Navigatoren bei ihren Berechnungen dieselben Winddaten benutzten – es wahrscheinlicher sei, daß sie zusammenblieben. Es ist möglich, aber bei weitem nicht sicher, daß die Formationen dadurch enger flogen. Und selbst die ermittelten Winde konnten nicht sicherstellen, daß die Formation, selbst wenn sie enger aufgeschlossen flog, auch wirklich auf dem richtigen Flugweg (Kurs über Grund) war. Einer dieser Windfahnder war John Chaloner:

»Start um Mitternacht - unangenehme Aufgabe! Um vier Uhr morgens über Berlin. Kamen aus Richtung Leipzig. Mußte die Windgeschwindigkeit nach Hause senden. Treffer ostwärts der Stadt.«

Chaloner war auch mit dabei, als in der Nacht vom 29. auf den 30. Dezember der letzte Großangriff des Jahres 1943 auf Berlin stattfand: Es war der zehnte Angriff der »Battle of Berlin« - und acht davon hatte er überstanden. Dieses Mal wurden auch 252 Halifax eingesetzt, was die Gesamtstärke auf 712 erhöhte. Start war am frühen Abend, und die Zeit über dem Ziel war auf 20.00 Uhr festgelegt. Der Angriff erwies sich als Routineflug, und die Reichshauptstadt - wieder einmal wolkenverhüllt - wurde nur mäßig und verstreut beschädigt. Schlechtwetter über Deutschland und Verwirrung in der Luftverteidigung durch Ablenkungs- und Störangriffe, die Mosquito auf Düsseldorf, Magdeburg und Leipzig flogen, plus Störung der Jägerleitfrequenzen führten dazu, daß die Verluste mit 2,8 Prozent geringer als bei früheren Einsätzen waren - und wieder erlitten die Halifax höhere Verluste als die Lancaster: 3,6 versus 2,4 Prozent.
Für das Bomberkommando war 1943 ein kostspieliges Jahr gewesen: 2225 Bomber gingen bei nächtlichen Feindflügen verloren und 5177 wurden beschädigt, 348 davon waren Totalschäden. Nach vorsichtigen Schätzungen waren 14.000 Männer gefallen. Interessant ist allerdings, daß die bestätigten Abschüsse durch deutsche Nachtjäger sich auf nur 1816 Maschinen oder 81 Prozent aller Verluste belaufen. Die vergleichbaren Statistiken des Bomberkommandos weisen noch auf eine weitere Differenz hin: Bei den 2225 abgeschossenen Bombern konnte man nur in 1537 Fällen die Ursache des Verlustes ermitteln - 964 wurden Jägern zugeschrieben, 547 der Flak und 26 anderen Ursachen wie Kollisionen. Nach diesen Zahlen liegt das Verhältnis von Jägerabschüssen zu Flakabschüssen bei fast 2 : 1 - die deutschen Zahlen jedoch liegen eher bei 4 : 1. Das legt die Vermutung nahe, daß selbst in diesem fortgeschrittenen Stadium der Luftschlacht das tödliche Potential der Nachtjagd vom Stab des Bomberkommandos noch immer unterschätzt wurde. [1]

Die Revolution der nächtlichen Luftschlacht, die ihren Ursprung in den veränderten Taktiken des Bomberkommandos hatte, und die Einführung der Düppel hatten sich zum Vorteil für die Nachtjäger ausgewirkt, die es im allgemeinen einfacher und ertragreicher fanden, freie Jagd im Bomberverband zu fliegen, als vom Boden aus geführt zu werden. Mit neuen Flugzeugen, neuen Bordwaffen und einem verbesserten Funkmeßgerät stieg ihre Schlagkraft - aber sie wurden auch zunehmend konfrontiert mit der fortschreitenden Komplexität und Vielseitigkeit der britischen Störtechniken sowie den Angriffen der eindringenden Fernbomber, bei denen die vielseitigen Mosquito die Beaufighter rasch ablösten.
Die Mehrheit der Nachtjagdbesatzungen hielt den Wechsel von Himmelbett zu Zahmer Sau für vorteilhaft. Kammhubers Verfahren der Jägerleitung in kleinen, sich überlappenden Nacht jagdgebieten war von den ranghöheren Offizieren bevorzugt worden, die diese Räume in Beschlag nahmen, um sicherzustellen, daß sie auf der Liste der Luftsiege nach oben stiegen - das flexiblere Reportageverfahren hingegen gab auch weniger erfahrenen oder weniger einflußreichen Flugzeugführern Seite an Seite mit ihren Vorgesetzten eine Chance. So tauchten jetzt neue Namen auf der Prominentenliste der »Experten« auf, Männer wie zum Beispiel Paul Zorner. Ende des Jahres allerdings wurde die Liste noch immer von den »alten Hasen« beherrscht: Lent, Wittgen-

[1] Die Angaben beruhen auf Statistiken der *Official History*, Teil IV, Anhang 40, veröffentlicht in Sir Charles Webster und Noble Frankland *The Strategic Air Offensive 1939-1945*, Her Majesty's Stationery Office (Britische Staatsdruckerei), 1961.

stein, Streib, Meurer, Schoenert, Frank, Geiger, Lippe-Weissenfeld - alle hatten über 50 bestätigte Luftsiege. Helmut Lent führte mit 76 Abschüssen, Heinrich Prinz zu Sayn-Wittgenstein lag mit 68 Abschüssen an zweiter Stelle - entschlossen, die Führung zu übernehmen.

Kapitel 10

Berlin – der Kampf dauert an
Das Debakel von Nürnberg

Januar bis März 1944

Bis Ende Dezember 1943 hatte das Bomberkommando über 4000 Einsätze gegen die »Big City« geflogen und dabei 184 Bomber verloren: 4,5 Prozent der eingesetzten Maschinen – absolut nicht unbedeutend, aber niedriger, als befürchtet. Wenn man davon ausgeht, daß Harris seine Verluste aufgrund halbwegs vernünftiger Hypothesen berechnet hatte, dann war seine Schlacht um Berlin, die »Deutschland den Sieg kosten« würde, erst halb geschlagen. Aber weder die Moral der Zivilbevölkerung noch die Zerstörungen in der Stadt ließen erkennen, daß die Bomberoffensive die Deutschen auf die Knie zwingen könnte. Seit Wiederaufnahme der Angriffe auf Berlin waren in den Regierungs- und Verwaltungsvierteln um das Brandenburger Tor beträchtliche Zerstörungen angerichtet worden, und mehr als ein Viertel der zivilen Unterkünfte der Stadt waren unbewohnbar. Weitgehend wegen der anhaltenden Wolkendecken über der Stadt waren Zielmarkierungen der Pfadfinder und Bomben der Verbände generell sehr weit verstreut gefallen, und die Schäden an Fabriken, Transportwegen und dergleichen waren nur mäßig – eher zufällig als ein Ergebnis bestimmter Absichten. Wenn man die Angriffe mit einigen schwereren Bombardements auf Ziele weiter westlich – insbesondere Hamburg – vergleicht und die Größe Berlins und die Anzahl der Bombenangriffe mit einbezieht, dann waren die Verluste am Boden verhältnismäßig gering – etwa 5600 Menschen kamen dabei ums Leben.

Es ist schwer vorstellbar, wie Harris die Fortschritte seines Kommandos in der ersten Hälfte seiner Schlacht einschätzte, deren erklärtes Ziel es schließlich war, Berlin »von einem bis zum anderen Ende zu zerstören«. Es gab nur wenig, auf das er sich abstützen konnte. Das schlechte Wetter bedeutete, daß der Boden nur selten zu sehen war, so daß die Meldungen der Besatzungen über die Bombenwurfergebnisse – ohnehin stets optimistisch – noch unzuverlässiger waren als sonst. Dasselbe Schlechtwetter verhinderte weitgehend, daß Aufklärungsflüge bei Tage über das Zielgebiet erfolgreich durchgeführt werden konnten. Nur einmal, um den 20. Dezember, wurden Luftbilder mitgebracht, und die zeigten schwere Zerstörungen im Gebiet um den Tiergarten. Viele dieser Zerstörungen aber wurden bei den erfolgreichen Angriffen am 22./23. November und in der Nacht darauf erzielt, und es ist denkbar, daß diese Luftbilder den unberechtigten Eindruck erweckten, daß alle sechs Angriffe zusammen noch viel größere Zerstörungen angerichtet hätten. Überwiegend aber arbeitete der Oberbefehlshaber des Bomberkommandos – wie seine Männer auch – im Ungewissen.

Die Periode, die später »Battle of Berlin« genannt wurde, sollte bis Ende März 1944 dauern. Bis dahin würde Berlin weitere achtmal angegriffen werden, aber es würde auch dreizehn weitere Großangriffe auf andere Städte tief in Deutschland geben. Zusätzlich gab es eine steigende Zahl von Angriffen auf Ziele in Frankreich: Für Mitte 1944 war die Invasion des Festlands geplant, und zudem bedrohten die V1 von dort aus Großbritannien. Funkstöreinsätze des Geschwaders 100 nahmen rapide zu, desgleichen Ablenk- und Fernangriffe durch Mosquito. Auf deutscher Seite war dies die Periode, in der die Nachtjagd am schlagkräftigsten war. Zwar konn-

te sie ihr Potential – dank der ständig zunehmenden Fähigkeit des Bomberkommandos, die Führung der deutschen Luftverteidigung zu überlisten und die Einsätze der Nachtjäger zu stören – niemals voll entwickeln, aber dennoch fügten die Junkers und Heinkel den Halifax und Lancaster schwere Verluste zu.
Von den restlichen acht Angriffen auf Berlin fanden sechs im Januar und nur je einer im Februar und im März statt. Im Januar wurden auch Großangriffe auf Stettin, Braunschweig und Magdeburg geflogen. Die Erfahrungen der letzten Monate des Jahres 1943 bestätigten sich auch weiterhin: Der Winter brachte lange Nächte, in denen weit entfernte Ziele angegriffen werden konnten – aber er brachte auch schlechtes Wetter und besonders starke Bewölkung, die die Navigation erschwerten und präzisen Bombenwurf praktisch unmöglich machten. Obwohl die Pfadfinder jetzt mehr und mehr das genauere 3-cm-H2S benutzten und eine steigende Zahl der Einsatzbomber dasselbe Gerät in seiner 10-cm-Version an Bord hatte, hatten die Zielmarkierungen große Ablagen und die Bomben fielen weit verstreut: Viele von ihnen fielen außerhalb des Stadtgebietes von Großberlin. Über Berlin lag schweres Flakfeuer, und die Jäger waren allgegenwärtig; das hatte, verständlicherweise, zur Folge, daß es eine starke, häufig unwiderstehliche Versuchung gab, die Bomben so früh wie möglich abzuwerfen, um – »Nichts wie weg hier!« – der Hölle zu entkommen.
Aber auch pflichtbewußteren Piloten und Bombenschützen war es schier unmöglich, ihre Bomben dorthin zu werfen, wohin sie auch sollten: Es gab nichts, auf das man zielen konnte. Höhenmarkierungen, oft ungenau und verstreut abgeworfen, verschwanden zu schnell in den Wolken, und zurück blieb dann nur ein farbiges Glühen, das sich schnell mit dem Schein der Brände am Boden, die sich bald über mehrere Quadratkilometer erstreckten, vermischte – so vergrößerte sich das Zielgebiet ständig und die Bomben fielen immer weiter auseinander. Natürlich wurden auch verheerende Zerstörungen angerichtet, das stimmt: Wie konnte das auch anders sein, wenn Hunderte von viermotorigen Bombern, Welle auf Welle, jeder mit bis zu fünf Tonnen Bomben an Bord, ihre Fracht abluden – selbst wenn das ohne besondere Präzision geschah! Aber in Berlin unterschieden sich die Ergebnisse stark von dem schrecklichen Erfolg der Angriffe auf Hamburg im vergangenen Juli – und auf diesem »Ideal« beruhte weitgehend Harris' Zuversicht, Deutschland werde die Fortführung des Krieges aufgeben. Damals war die Moral der Hamburger Bürger gefährlich angeschlagen worden. Die »Das-stehen-wir-durch«-Reaktion, die sich bei den deutschen Luftangriffen auf London und andere britische Städte zu Beginn des Krieges so deutlich gezeigt hatte, war keine ausschließlich britische Reaktion auf Bombenterror: Auch die Moral der deutschen Zivilbevölkerung, in Berlin wie in anderen betroffenen Städten, ging eher gestärkt als gebrochen daraus hervor. Die Deutschen lebten in einer Diktatur, in der Protest oder Kritik harte Strafen nach sich zogen, vielleicht sogar den Tod – aber das war nicht der einzige oder gar der Hauptgrund ihres Widerstandswillens: Ihre Städte waren wahllos und gnadenlos zerbombt worden, ihre Wohnungen zu Zehntausenden verwüstet, ihre Verwandten und Freunde niedergemetzelt. Eventuelle Überlegungen, den Krieg doch früher zu beenden, wichen jetzt der Erkenntnis, daß sie gegen einen grausamen Feind kämpften, der von ihnen die bedingungslose Kapitulation forderte – eine Forderung, die von der Propaganda natürlich weidlich ausgeschlachtet wurde.
In den ersten beiden Nächten des neuen Jahres wurden zwei mäßig schwere Luftangriffe auf Berlin geflogen – »schwer« zumindest, was die Zahl der eingesetzten Flugzeuge angeht. Die Schäden, die der Hauptstadt dabei durch die etwa 800 Bomber zugefügt wurden, waren vergleichsweise gering: Nur etwa 100 Wohnungen wurden zerstört, nur etwa 100 Menschen getötet. In den Außenbereichen Großberlins gibt es viele Wälder und Seen: Die Masse der Bomben fiel in diese relativ dünn besiedelten Gebiete, viele sogar außerhalb der Stadtgrenzen. Dieser

Mißerfolg kam das Bomberkommando teuer zu stehen: 55 Lancaster gingen verloren, und fast 400 ausgebildete Männer bezahlten dafür mit ihrem Leben.
John Chaloner griff am 1./2. Januar wieder Berlin an, sein letzter Einsatz als Navigator von Ernie Webb - jetzt Warrant Officer (Oberstabsfeldwebel) Webb und Träger des DFC. Es war nichts ungewöhnliches, daß ein Pilot seine Stehzeit beim Bomberkommando vor seiner Besatzung beendete: Häufig hatte er zuvor einen Angriff oder mehrere mit einer erfahrenen Besatzung geflogen, bevor er dann sein eigenes Flugzeug übernahm - und damit erreichte er dann die magische Zahl von 30 Einsätzen vor seinen Kameraden. Es war ein belangloser Angriff: Bei Eintreffen war das Ziel wolkenverhangen, die Wanganui-Höhenmarkierungen fielen weit auseinander, also bombte Chaloner nach H2S - sein Beitrag zu dem verzettelten Durcheinander von Spreng- und Brandbomben.
Von den 28 Lancaster, die von diesem Großangriff nicht zurückkamen, beanspruchte Major Heinrich Prinz zu Sayn-Wittgenstein sechs für sich. An Bord von Wittgensteins Maschine hatte ein Wechsel stattgefunden: Im November 1943 war Herbert Kümmritz, der seit Februar desselben Jahres als sein Funker und Funkmeßbeobachter mitgeflogen war, vorübergehend vom fliegerischen Dienst beurlaubt worden, um sein Studium der Hochfrequenztechnik fortzuführen. Mit Wittgenstein hatte Kümmritz an 43 Abschüssen teilgenommen. Seinen Platz in der Ju 88 nahm jetzt Feldwebel Friedrich Ostheimer ein. Ende 1943 betrug Wittgensteins »Strecke« 68 Abschüsse, damit war er Zweiter hinter Helmut Lent, der es auf 76 brachte. Mit Wirkung des 1. Januar 1944 war Wittgenstein zum Major befördert und als Kommodore des NJG 2 eingesetzt worden. Friedrich Ostheimer erinnert sich - wie Herbert Kümmritz - an Wittgenstein als einen formellen, distanzierten und disziplinierten Mann, der entschlossen sein selbstgesetztes Ziel verfolgte: der beste Nachtjagdflieger aller Zeiten zu werden. 1990 sagte er über diese legendäre Persönlichkeit:

> »Mit dem Prinzen flog ich rund drei Monate zusammen, und in dieser Zeit schossen wir etwa 16 Bomber ab. Einmal - von Deelen in Holland aus - schnappten wir uns eine Lancaster: Sie war auf dem Rückflug von einem Bombenangriff.
> Wir hatten ihre Positionslampen gesehen und gingen runter, um uns von unten anzunähern. Wieso sie ihre Positionslampen anhatte, weiß ich nicht - ohne die hätten wir sie wahrscheinlich gar nicht gesehen. Also schossen wir sie ab.
> Kurz nachdem ich zur Besatzung des Prinzen stieß, wurden wir von der II./NJG 3 nach Rechlin kommandiert, nördlich von Berlin: Wittgenstein sollte hier eine Nachtjagd-Versuchsstaffel aufstellen. Das muß etwa Anfang Dezember 1943 gewesen sein - so ganz plötzlich, ohne Vorwarnung, wurden wir aus dem Kameradenkreis herausgerissen. In Rechlin kannten wir niemanden, und die meiste Zeit saßen Kurt Matzuleit und ich herum und fühlten uns einsam, während der Prinz selbst in Besprechungen war oder beim Reichsluftfahrtministerium in Berlin. Aber obwohl er nicht mehr bei seiner Gruppe war, flog der Prinz noch Einsätze. In Rechlin gab's keine Nachtjagdstaffel, also hing ich jeden Tag lange am Telefon, um mir Frequenzen, Decknamen und derlei zu notieren - all das, was man für einen Einsatz eben braucht. Darüber hinaus mußten Matzuleit und ich natürlich sicherstellen, daß unser Flugzeug samt Bordgerät jederzeit startklar war. Wir lebten damals in Schlafwagen der Reichsbahn.
> In Rechlin blieben wir etwa drei Wochen, und wir starteten etliche Male, wenn Berlin angegriffen wurde. Ich erinnere mich an einen Flug, da fiel ein Motor aus, und wir mußten in Rechlin notlanden. Es war damals Vorschrift, bei Notlandung mit nur einem Motor mit der Ju 88 eine Bauchlandung zu machen, weil man mit ihr nicht durchstarten

konnte. Aber der Prinz hielt sich nicht daran und machte eine perfekte Landung mit nur einem Motor.
Ein andermal – das muß auch im Dezember gewesen sein – waren wir über Berlin; es war eine wolkenlose Nacht, aber über der Stadt lag ein Dunstschleier von etwa 1500 m Höhe: Er sah aus wie eine Mattglasscheibe – wir nannten das damals "Leichentuch" –, und wir kreisten angriffsbereit über den Bombern, deren Silhouetten sich über dem Dunst abzeichneten. Mit Funkmeß hatte ich ein Ziel erfaßt und gab dem Flugzeugführer gerade Anweisungen, als wir plötzlich beschossen wurden. Ich schaute auf und sah seitlich voraus eine Lancaster, deren Oberrumpf-Bordschütze uns beschoß, und er traf uns auch einige Male: Er hatte uns wirklich überrascht! Der Prinz befahl mir, die Arbeit mit Funk- und Funkmeßgerät einzustellen und besser die Lancaster im Auge zu behalten: Er sah nachts nicht besonders gut und verließ sich oft auf die Besatzung, wenn wir einen Feindbomber jagten. Wir flogen eine Zeitlang etwas tiefer parallel zur Lancaster – dann manövrierten wir uns unter sie und schossen sie mit der Schrägen Musik ab.
Sie fragen, was für ein Mensch Wittgenstein war: Er blieb immer verschlossen. Ich erinnere mich an nur ein einziges Mal, als er – wir waren kurz vor Weihnachten wieder in Deelen – etwas zugänglicher war: Da lud er für abends um acht Uhr Matzuleit und mich in sein Quartier ein. Er hatte in der Nähe des Horstes im Königlich Niederländischen Jagdreservat – als Kommodore stand ihm das zu – ein Mufflon, ein Wildschaf also, geschossen, das verspeisten wir mit ihm; dazu gab es ein Glas Sekt. Das war das einzige Mal, daß er so richtig gelöst war.«

Die 6,7 Prozent Verluste, die das Bomberkommando am Neujahrstag 1944 hinnehmen mußte, wurden tags darauf noch geringfügig übertroffen, als 27 Lancaster – sieben Prozent der aufgebotenen Bomber – nicht zurückkehrten. Wieder war Berlin das Ziel, und wieder waren die Schäden gering: Bei den Deutschen verloren 37, bei der RAF aber mehr als 180 Menschen ihr Leben. Paul Zorner in seiner mit SN-2 ausgerüsteten Bf 110 G erzielte seinen 20. Abschuß, indem er in 5700 m Höhe eine Lancaster mit seinen vorwärts gerichteten Bordwaffen von hinten angriff und ihre linke Tragfläche traf; sie stürzte am Morgen des 3. Januar 1944 um 03.10 Uhr bei Luckenwalde ab. Ein weiterer Flugzeugführer, der sich in dieser Nacht gegen das Bomberkommando zur Wehr setzte und dabei seinen ersten Luftsieg errang, war Leutnant Wilhelm Seuss, dem bis heute unergründlich bleibt, warum er sich zur deutschen Nachtjagd gemeldet hatte. Professor Dr. Seuss heute selbstkritisch:

»Ich war seit 1936 Segelflieger, und Fliegen bedeutete mir alles. Vor dem Krieg meldete ich mich daher freiwillig zur Luftwaffe. Im April 1939 wurde ich dann eingezogen. Zunächst wurde ich auf einmotorigen Maschinen ausgebildet, dann kam ich auf einen Mehrmotorigen-Lehrgang und erhielt die Blindflugausbildung. Meine Ausbildung dauerte allerdings länger als erwartet, weil wir wegen der Forderungen der Ostfront stets knapp an Sprit waren. Dann mußte ich wählen, wie ich als Flugzeugführer eingesetzt werden wollte: Ich wählte die Nachtjagd. Für die Tagjagd fühlte ich mich nicht stark genug, und aus verschiedenen Gründen mißfiel mir der Gedanke, Bomben zu werfen und Menschen umzubringen. Was mich interessierte, waren technische Dinge wie zum Beispiel Navigation, daher lockten mich Fernaufklärung und Nachtjagd. Was dann endgültig den Ausschlag gab, kann ich heute nicht mehr sagen – aber die Tatsache, daß die RAF Deutschland schwer mit Bombenteppichen belegte, spielte dabei sicherlich keine Rolle.

So begann ich im Januar 1943 meine Nachtjagdausbildung in Schleißheim, und im Juli wurde ich zu meiner ersten Einsatzstaffel versetzt: der 3./NJG 4 in Laon-Athies. Dann wurde das NJG 5 aufgestellt, und unsere gesamte Staffel verlegte; das war Anfang September. Eine Zeitlang kamen wir überhaupt nicht zum Einsatz: Die "großen Helden" beanspruchten die Himmelbettreviere ja für sich! Die Asse starteten als erste, und wir "Junghühner" warteten vergeblich auf den Einsatzbefehl. Zunächst flog ich die Do 217, aber dann stieg ich auf die Messerschmitt 110 um. An meinen ersten Flug mit der Bf 110 erinnere ich mich sehr deutlich: Das muß der 20. August 1943 gewesen sein. Ich hatte keinen Funker an Bord, und es gab Fliegeralarm – also landete ich und rollte zurück. Dabei sah ich eine Ju 52 neben mir, und als ich sie beobachtete, sah ich, wie sie durchlöchert wurde: Alliierte Kampfflieger griffen im Tiefflug an! Mir war klar, daß der Angriff auch mir galt – also sprang ich so schnell wie möglich aus der Maschine und suchte Deckung. Danach wurde meine Maschine – wie die Ju 52 – von Geschossen durchsiebt. Ich war schon einmal gerade noch davongekommen, etwa eine Woche zuvor: Da hatte es einen RAF-Angriff auf Italien gegeben, und ich hatte einen Alarmstart durchgeführt. Wir verfolgten sie bis weit nach Süden, dann wurde mir der Sprit knapp, und ich mußte in Luxemburg landen. Beim Landeanflug streifte ich einen Kirschbaum, und die Maschine war nur noch Schrott.
Vor den Besatzungen des Bomberkommandos hatte ich unheimliche Achtung! In meinen Augen waren sie noch größere Helden als die deutschen Nachtjäger: Sie waren außergewöhnlich diszipliniert. Ich dagegen war sicherlich kein Held: Ich war feige, ich hatte immer Angst, und manchmal habe ich auch gezittert. Am Steuerknüppel war ich gewöhnlich ruhig, aber am Boden packte mich dann wieder die Furcht. Ich wollte nicht daran denken – aber nachts konnte ich nicht schlafen.«

»Ich war feige«, sagt Seuss. Wer aber ist der wirkliche Held: Der Mann, der gar keine Angst kennt – oder der, der unter ihr leidet, sie schließlich aber überwindet?
Seuss erinnert sich an einen Flug nach Neuruppin im Nordwesten Berlins: Es war der 15. November 1943, und die Nachtjagdbesatzungen waren zu einem Treffen mit dem Oberbefehlshaber der Luftwaffe, Hermann Göring, zusammengerufen worden. Das war, sagt er, eine traurige Angelegenheit. Alle Besatzungen wurden dem »Dicken« vorgestellt, der dann eine Rede hielt. Es war katastrophal: Göring war geschminkt, trug eine Phantasieuniform, und seine Nägel waren lackiert. Auf die abgehärteten Besatzungen machte er einen sehr schlechten Eindruck, und jegliche Achtung, die ihm vielleicht noch entgegengebracht worden war, schwand dahin. Man hatte das Gefühl, daß er sich noch immer für einen Jagdflieger des Ersten Weltkriegs hielt: Man nannte ihn eine »Tüte«.
Aber Göring war nicht nur ein Schaumschläger – er war auch wankelmütig denen gegenüber, die sich seiner Gunst erfreuten. Auch Hajo Herrmann gehörte zu ihnen. Da ihm Herrmanns Fähigkeiten als Kommandeur zu wertvoll waren, um ihn zu verlieren, hatte der Reichsmarschall ihm verboten, Einsätze zu fliegen. Herrmann mißachtete Görings Befehl. Als der Flugmeldedienst einmal einen Verband im Anflug aufgefaßt und Berlin als vermutliches Ziel ausgemacht hatte, beschloß Herrmann, dessen erfahrene Flugzeugführer bereits in der Luft waren – bei Schlechtwetter ließ er jüngere Männer nicht fliegen – selber aufzusteigen. Unter 600 m Höhe lag eine geschlossene Wolkendecke, die sich bis 3000 m erstreckte, und starke Vereisungsgefahr in den Wolken war angekündigt worden. Von Staaken aus nahm Herrmann mit seiner Fw 190 Kurs auf den anfliegenden Strom schwerer Bomber. Oberhalb der Wolken stieg er auf etwa 6900 m, da er in dieser Höhe über der Masse der Angreifer war. Bald sah er im Licht der von Be-

leuchtern abgeworfenen Leuchtkörper Lancaster, griff eine an und schoß sie vermutlich auch ab. Sieben Minuten später wurde eine weitere Lancaster Opfer seiner Kanonen: Dieses Mal gab es über den Luftsieg keinen Zweifel. Aber im selben Moment trafen Geschosse auch sein Flugzeug – er war einem britischen Fernangreifer zu Opfer gefallen, und sein rechtes Bein war getroffen worden.

Da er Blut verlor und das Bewußtsein zu verlieren drohte, drehte er seine Fw 190 – weg vom brennenden Berlin – auf Westkurs. Vergeblich suchte er Funkkontakt mit Bodenstellen. Seine Hoffnung, noch irgendwo landen zu können, wurden jäh zunichte gemacht, als er sich im Sinkflug auch bei 300 m Höhe über dem Boden noch immer in den Wolken befand. Ihm wurde klar, daß seine einzige Hoffnung jetzt der Fallschirm war, und er stieg wieder über die Wolken, warf das Kabinendach ab, zog die Flugzeugnase nach oben und stieß die Steuersäule dann nach vorn: So katapultierte er sich ins Freie und fiel durch Schneewolken zur Erde.

Am nächsten Tag wurde Herrmann im Lazarett von Oberst von Below besucht, einem der Adjutanten Hitlers. Von Below überbrachte Hajo Herrmann für seine Rettung die persönlichen Glückwünsche des Führers. Göring jedoch sah das anders: Er war wütend, daß Herrmann so einfach seinen Befehl, keine Einsätze mehr zu fliegen, mißachtet hatte, und verlangte eine Erklärung. Als Hitler einige Wochen später Herrmann mit den Schwertern zum Eichenlaub des Ritterkreuzes auszeichnete, weigerte sich Göring, ihm formell zu gratulieren.

Fast drei Wochen lang blieb Berlin dann von Angriffen der schweren Bomber verschont, obwohl Mosquito der Leichten Nachtangriffskräfte die Stadt am 4./5., 5./6., 10./11. und 14./15. Januar aufsuchten. Die Angriffe in der Nacht des 5. und des 14. waren Ablenkangriffe in Unterstützung schwerer Großangriffe auf Stettin und Braunschweig, während die anderen Angriffe Teil eines sich entwickelnden Musters von Störangriffen gegen weit auseinanderliegende Ziele waren. Auch V1-Stellungen zogen zunehmend das Interesse des Bomberkommandos auf sich.

In der Nacht des 5./6. Januar, als 358 schwere Bomber einen erfolgreichen Angriff auf Stettin flogen, beanspruchte Paul Zorner zwei Halifax von insgesamt 16 für sich. Teils auch als Ergebnis des Mosquito-Ablenkangriffs auf Berlin, wo die deutschen Jägerleitoffiziere zweifellos darauf warteten, daß Harris wieder einmal losschlagen würde, waren die Verluste beim Stettin-Angriff mit 4,5 Prozent nur mäßig. Anders jedoch verlief das am 14./15. Januar, als der deutsche Flugmeldedienst einen Bomberverband im Anflug auf Braunschweig sehr früh entdeckte und die Jäger ihre Beute bald fanden: Von den 38 verlorenen Lancaster waren elf Pfadfinderflugzeuge – häufig litten die führenden Maschinen am meisten, wenn die Jäger schnell zur Stelle waren, und der Verlust dieser Markierungsmaschinen bewirkte vermutlich, daß Braunschweig trotz der eingesetzten fast 500 Bomber nur einen leichten Angriff verzeichnete: Auch in diesem Fall fielen die Bomben weit verstreut, die meisten von ihnen außerhalb des Stadtgebiets. Erfolgreichster Jagdflieger war Leutnant Wendelin Breukel von der II./NJG 2: Er erzielte sechs Abschüsse. Von den anderen, die in dieser Nacht eingesetzt wurden, erzielte Peter Spoden zwei und Hermann Greiner vom NJG 1 sowie Rudolf Szardenings vom NJG 3 je einen.

Der Bombenangriff sechs Nächte später, als Berlin einmal mehr das Ziel war, verlief ähnlich wie frühere Angriffe auf die Hauptstadt: In der Stadt wurde nichts Wesentliches zerstört, aber viele Bomben fielen außerhalb. Jetzt änderte Harris seine Taktik: Er wechselte von den vergleichsweise direkten Routen nach Berlin, die er bislang benutzt hatte, auf eine Nordroute – sie brachte die Bomber über die Nordsee heran und über den Südteil von Schleswig-Holstein, dann schwenkten sie nach rechts zu einem Ablaufpunkt 100 km nordwestlich Berlins, von wo aus auf Südostkurs angegriffen wurde. Das half möglicherweise, die Verluste der eingesetzten Bomber unter fünf Prozent zu halten – der Hauptgrund für die mäßigen Verluste jedoch war das schlechte Wetter über dem Festland, das die Masse der Jäger am Boden festhielt. Die zuneh-

mende Nutzung des Reportageverfahrens und das Einreihen in den Bomberstrom führten dazu, daß einzelne Flugzeugführer immer häufiger mehrere Abschüsse erzielten: In dieser Nacht gelangen Hauptmann Leopold Fellerer von der II./NJG 5 fünf Luftsiege. Paul Zorner erhöhte seine Erfolgsliste ständig: Ihm gelangen der 23. und 24. Abschuß – zwei weitere Halifax.
Beim ersten Angriff auf Berlin im Januar 1944 hatte Harris eine Formation eingesetzt, die nur aus Lancaster bestand, beim zweiten ebenfalls nur Lancaster mit Ausnahme von neun Halifax der 35. (Pfadfinder-) Staffel, die schon die kampfwertgesteigerte Halifax B Mk III flog. Jetzt waren 264 Halifax, von denen die meisten den älteren Baureihen Mk II und Mk V entstammten, unter den 769 Flugzeugen, die am Nachmittag des 20. Januar starteten mit dem Ziel, die deutsche Hauptstadt in den 20 Minuten zwischen 19.33 Uhr und 19.53 Uhr mit Bomben zu belegen. Und wieder zahlten die Halifax die Zeche: 22 Maschinen oder 8,3 Prozent, aber nur 13 Lancaster oder 2,6 Prozent kamen nicht zurück. Die 102. Staffel in Pocklington, die noch mit veralteten Versionen der Halifax ausgerüstet war, verlor fünf ihrer sechzehn angreifenden Maschinen; weitere zwei stürzten beim Rückflug über Großbritannien ab. Zwei weitere Halifax-Staffeln – die 76. (Bombergeschwader 4) und die 434. (Geschwader 6) –, die ähnlich ausgerüstet waren, verloren je drei.
Horace Pearce hatten Elvington am 20. Januar in einer Halifax Mk II, KN-K, LK 731, mit dem Ziel Berlin verlassen. Durch ein Versehen bei der Einstellung des Kurses verpaßte er den Zeitplan, und als er die Nordsee überflog, hatte sein Navigator Schwierigkeiten mit dem Gee-Gerät, und dann fielen auch noch Bordsprechanlage und Autopilot aus. Da er seine Bombenlast nicht einfach in die Nordsee werfen wollte, überflog er Flak und Scheinwerfer der Insel Sylt und warf dort seine Zuladung um 18.45 Uhr ab. Dann flog er nach Westen und traf um 21.46 Uhr wieder auf seinem Platz in Yorkshire ein. Seine Staffel, die 77., verlor nur ein Flugzeug, wobei allerdings die Besatzung bis auf einen Mann ums Leben kam, während eine andere Maschine beim Start verunglückte – zum Glück ohne Tote oder Verletzte.
Major Sayn-Wittgenstein, seit kurzem Kommodore des NJG 2, erhöhte die Zahl seiner Luftsiege in dieser Nacht um drei, indem er zwei Lancaster mit Schräger Musik zerlegte. Funker Friedrich Ostheimer dazu weiter:

> »Wir griffen eine dritte Lancaster an, und sie geriet sofort in Brand. Vielleicht blieb der Flugzeugführer am Steuer und sah uns im Schein des Feuers, denn sie stürzte hinter uns her, als ob sie uns folgen wollte. Wegen ihres höheren Gewichts war sie schneller und kam uns gefährlich nah. Ich dachte noch: "Das war's!" Sie schoß sehr dicht über uns hinweg – vielleicht mit zwei Metern Abstand. Ich saß da, und eine der Luftschrauben hätte mich fast getroffen. Wir verloren die Gewalt über unsere Ju 88. Der Vorfall ereignete sich in rund 7500 bis 8000 m – und erst in etwa 1000 m Höhe hatte der Prinz die Maschine wieder unter Kontrolle. Sie war noch flugfähig, aber nur bedingt.
> Wir verließen den Raum Berlin auf Südkurs, und ich sollte Funkkontakt mit einer Bodenstelle aufnehmen. Aber ich konnte keinen der Fliegerhorste südlich von Berlin empfangen. Da wurde der Prinz ziemlich ärgerlich: "Was sind Sie denn bloß für ein Funker? Sie müssen doch jemanden erreichen können!" Ich versuchte es mit der Luftverkehrszentrale in Köln, und sie peilten mich über Saalfeld an. Aber Saalfeld gab es auf meiner Karte nicht. Also bat ich Köln um den Code von Erfurt-Bindersleben: Das war auf meiner Karte. Sie gaben ihn mir. Dieser Code bestand immer aus drei Buchstaben, und der mittlere Buchstabe verriet einem die Frequenz. Ich rief SOS, und alle anderen Flugzeuge auf dieser Frequenz waren still: Ich konnte Erfurt anpeilen. Das Wetter war nicht gut, und sie gaben mir den Wetterbericht durch. Wir nahmen Kurs auf den Fliegerhorst und

bekamen dann das Signal, daß wir über dem Platz waren – aber wir waren noch immer in den Wolken. Wir entfernten uns auf einem festen Kurs und kamen dann zurück, um den Landeanflug durchzuführen.
Sobald der Prinz die Motoren drosselte – Fahrwerk und Klappen waren bereits draußen –, begann die Maschine durchzusacken. Der Prinz gab wieder Gas, und wir drehten eine Platzrunde, wobei wir auf etwa 1000 m stiegen. In dieser Höhe nahm er die Leistungshebel wieder zurück – und sofort begann die Maschine wieder abzuschmieren. Er fragte uns, ob wir aussteigen oder eine Bauchlandung versuchen wollten, und wir beschlossen, im Flugzeug zu bleiben und eine Bauchlandung mit eingezogenem Fahrwerk zu machen. Als wir die Platzgrenze überflogen, warfen wir die Kabinenhaube ab. Die Maschine setzte auf, und Dreck wirbelte in unsere Kabine. Wir hatten natürlich gemeldet, daß unsere Maschine beschädigt war und wir eine Bauchlandung machen würden: Also waren Feuerwehr und Sanitäter zur Stelle. Glücklicherweise kamen wir alle heil raus, und im Kasino gab's etwas zu essen und ein Bett für die Nacht. Wir stellten dann fest, daß die Luftschraube der Lancaster etwa zwei Meter von unserer Tragfläche abgetrennt hatte.
Wie das Glück es so will, war auch ein zweites Flugzeug des NJG 2 in Erfurt gelandet: Wittgenstein requirierte die Maschine, und wir flogen zum Horst zurück – die andere Besatzung mußte den Zug nehmen.«

In der Nacht darauf war Magdeburg das Ziel von 650 Lancaster und Halifax des Bomberkommandos. Es war in jeder Hinsicht ein mißlungener Angriff: Das Ziel war wolkenverhangen, die Pfadfinder markierten ungenau, da Magdeburg sich auf dem H2S nur schlecht abzeichnete, und die Bomben fielen dann sehr weit verstreut – nur wenige Bomben fielen ins Zielgebiet. Für die Reichsverteidigung hingegen war es eine erfolgreiche Nacht: Sie zerstörte 57 Bomber, 8,8 Prozent der Streitmacht, und wieder traf es die Halifax am härtesten – sie verloren 35 von 224 eingesetzten Maschinen. Das Zahme-Sau-Verfahren bewährte sich: Nachtjäger hatten sich in den Bomberstrom eingeschlichen, noch bevor die Pfadfinder die norddeutsche Küste überquert hatten.
Wie die 102. Staffel am Abend zuvor verlor auch die 77. Staffel fünf ihrer Halifax. Sergeant George Kendal, Pearces Navigator, erinnert sich an viele Nachtjäger und verstreute Flak über dem Ziel. Ein Zweikampf mit einem Feindjäger direkt nach dem Bombenwurf und die damit verbundenen Ausweichbewegungen hatten zur Folge, daß Kendal sich seiner Position nicht sicher war. Auf dem Rückweg stießen sie auf ein stark verteidigtes Gebiet, möglicherweise Hamburg, was weitere heftige Ausweichmanöver bedeutete, so daß der Kurs, den sie über die Nordsee steuerten, nur auf Schätzungen beruhte – Kendal wußte aber, daß er bald Gee-Signale auffangen würde und dann die notwendigen Änderungen vornehmen konnte. Etwa 120 Kilometer vor Flamborough Head und nördlich vom korrekten Kurs sah Pearce links von sich ein Flugzeug: Es flog langsam, hatte die Positionslampen an und schien in Schwierigkeiten zu sein. Pearce ging auf 600 m Höhe hinunter, während Kendal sich vergeblich bemühte, eine Gee-Peilung zu empfangen. Pearces Bombenschütze Gordon Edwards sah, wie die Landescheinwerfer des beschädigten Flugzeugs aufleuchteten und dann, als der Bomber auf dem Wasser aufsetzte, wieder verschwanden. Pearce flog mit seiner Halifax über die Stelle der Notwasserung und schaltete seine Positionslampen ein, um zu signalisieren, daß er den Vorgang beobachtet habe. Nach etwa 20 Minuten bekam Kendal eine genaue Gee-Peilung und berechnete die geschätzte Position der Notwasserung. Der Funker wollte sie nach Großbritannien übermitteln, was aber wegen Funkstörungen nicht gelang. Als sie ihren Platz erreichten, meldeten sie den Vorfall, und

später hörten sie, daß die Besatzung gerettet worden war. »Wären wir nicht zur rechten Zeit vom Kurs abgekommen«, schrieb Kendal, »hätte das anders ausgehen können: Die Nordsee ist im Januar ein äußerst unangenehmer Aufenthaltsort, und das Überleben hing davon ab, daß man möglichst schnell gerettet wurde.«

Für das Bomberkommando war das eine schlimme Nacht – aber auch für die Nachtjagd: Sie verlor zwei ihrer führenden Frontkommandeure. Im Hinblick auf Abschüsse lagen Ende 1943 Lent (76), Wittgenstein (68), Streib (63) und Meurer (62) an der Spitze. Als sie am Abend des 21. Januar 1944 starteten, hatte Meurer, Kommandeur der I./NJG 1, seine Luftsiege auf 65 erhöht, während Wittgenstein, noch immer Zweiter hinter Lent, 78 erreicht hatte: Lent hatte 82. Beide Fliegerasse – Wittgenstein wie Meurer – verloren in dieser Nacht ihr Leben. Wittgenstein hat nie erfahren, daß er bei diesem Einsatz sein ehrgeiziges Ziel noch erreichte: Er überholte Lent und lag damit – nach Zahl der Abschüsse – an der Spitze aller Nachtjäger.

Wie oben schon berichtet, war Wittgenstein am Morgen des 21. Januar – nach der Kollision mit einer Lancaster in der Nacht zuvor und seiner anschließenden Notlandung – von Erfurt nach Deelen zurückgeflogen. Funker Ostheimer und Mechaniker Matzuleit hatten, verständlicherweise, gehofft, eine kurze Pause einlegen zu können, um das Erlebnis zu verkraften. Aber da hatten sie sich getäuscht: Am frühen Nachmittag rief Wittgenstein Ostheimer von seinem Gefechtsstand aus an – der Flugmeldedienst habe vor einem nächtlichen Bombenangriff gewarnt, sagte er, und er werde mit der Maschine des Technischen Offiziers fliegen; Ostheimer und Matzuleit sollten das Flugzeug und sich selbst darauf vorbereiten.

Erst später am Abend begannen die Bomber, die Küste zu überqueren, und jetzt starteten auch die Jäger. Wie üblich war Wittgenstein unter den ersten: Aufgrund seiner Position als Kommodore des NJG 2 konnte er frei wählen, wann er starten wollte – bald schon war er auf Einsatzhöhe und konnte die ersten Bomber brennend abstürzen sehen. Um etwa 22.00 Uhr schickte er sein erstes Opfer in die Tiefe, 20 Minuten später sein zweites, und dann – in Abständen von jeweils etwa zehn Minuten – sein drittes und viertes. Obwohl er das um diese Zeit nicht wußte: Er hatte jetzt mit Lent, dem führenden Nachtjäger, gleichgezogen. All die Zeit hatte sich der Luftkampf nach Osten verlagert, und Ostheimer hatte jetzt ein fünftes Ziel auf dem Sichtgerät seines SN-2. Wittgenstein schob seine Ju 88 unter die Lancaster und schoß sie mit seiner Schrägen Musik in Brand. Dann allerdings schlug Nemesis in ausgleichender Gerechtigkeit zu, vielleicht in Form einer eingedrungenen Mosquito: Alles, an das Ostheimer sich erinnert, ist, daß es plötzlich laut knallte, ein blendender Blitz ihr eigenes Flugzeug erfüllte, und die linke Tragfläche heftig zu brennen begann. Dann flog die Kabinenhaube davon, und Wittgenstein brüllte: »Raus!« Während er Helm und Sauerstoffmaske herunterriß, spürte Ostheimer, wie er aus dem Flugzeug geschleudert wurde. Als nächstes fühlte er, wie er – sich drehend und überschlagend – der Erde entgegenraste. Durch Ausbreiten der Arme konnte er diese Bewegungen unter Kontrolle bringen, und unter sich sah er, wie eine verschneite Landschaft, eine Wolkendecke. Um sich herum konnte er den Motorenlärm von Flugzeugen hören, und lähmende Angst erfüllte ihn: Was, wenn er von einer dieser Maschinen gerammt würde? Er wartete einige Zeit, denn er erinnerte sich an seine Ausbildung, bei der man ihm beigebracht hatte, die Aufzugsleine in größerer Höhe nicht zu früh zu ziehen, da er sonst unter Sauerstoffmangel zu leiden habe. Dann betätigte er seinen Fallschirm aber doch: Er war zwar noch hoch über den Wolken, spürte in seinem rechten Fuß aber beißende Kälte – er hatte einen seiner pelzgefütterten Fliegerstiefel verloren. Dann konnte er aber sein linkes Bein hochziehen, den Reißverschluß des linken Stiefels öffnen und seinen rechten Fuß hineinstoßen. Bald war er in den Wolken verschwunden, und als er herauskam und den Boden sehen konnte, feuerte er eine Signalpatrone ab. Er hatte seine Leuchtpistole gerade in seine Fliegerkombi zurückgesteckt, als er in einer kleinen Schonung mit jun-

gen Bäumen aufprallte. Als er zu gehen versuchte, schmerzte sein rechtes Fußgelenk, und er verließ seinen Landeplatz humpelnd. Mit zunehmenden Schmerzen hinkte er etwa zwei Stunden weiter, bis er zu einer kleinen Häusergruppe kam. Er feuerte eine weitere Signalpatrone ab, und dann hörte er Stimmen. Da er gehört hatte, daß deutsche Flieger schon irrtümlich für britische gehalten und von Zivilisten böse mißhandelt worden waren, rief er: »Deutscher Flieger – nicht schießen!« Ostheimer wurde in ein Haus gebracht, und kurz darauf traf ein Krankenwagen vom nahegelegenen Fliegerhorst Stendal ein, der ihn ins Lazarett brachte.
Zwei Tage später fand man Wittgensteins Körper nahe dem Wrack seiner Ju 88 – sein Fallschirm war nicht geöffnet. Man vermutet, daß er beim Absprungversuch vielleicht mit dem Kopf gegen das Leitwerk schlug, das Bewußtsein verlor und so seinen Fallschirm nicht mehr öffnen konnte. Er beendete sein Leben als der Nachtjäger mit den meisten Abschüssen. Matzuleit konnte sich, wie Ostheimer, mit dem Fallschirm retten. Am Tage nach seinem Tode wurden Wittgenstein die Schwerter zum Eichenlaub des Ritterkreuzes verliehen – Deutschlands zweithöchste Auszeichnung für Tapferkeit.
Wer Wittgensteins Leben und Laufbahn als Jagdflieger so abrupt und blutig ein Ende setzte, ist nicht bekannt. Friedrich Ostheimer bleibt überzeugt, daß der Prinz den Kanonen einer Mosquito zum Opfer fiel – aber kein Mosquito-Pilot hatte in jener Nacht einen Luftsieg gemeldet. Es ist nicht ausgeschlossen, daß Wittgenstein das unglückliche Opfer eines zufälligen Feuerstoßes eines britischen Bordschützen wurde, vielleicht aber auch den Bordwaffen eines anderen deutschen Jägers zum Opfer fiel. So etwas kam vor. Es wurde auch berichtet, daß der Mann, der ihn abschoß, möglicherweise der Heckschütze einer Lancaster der 156. Staffel war, die in der Nähe von Magdeburg selbst von einem Nachtjäger abgeschossen worden war. Diese Version jedoch ist nicht überzeugend: Magdeburg liegt etwa 50 Kilometer von Schönhausen, wo Wittgensteins Ju 88 aufschlug, entfernt – und Ostheimer sagt aus, daß die Maschine nahezu senkrecht abstürzte, nachdem sie so unerwartet vom Feuerstoß eines unsichtbaren Feindes getroffen wurde. Es gibt aber noch eine weitere Erklärung, und die ist einleuchtender.
Die Beteiligung von Mosquito, die den Angriff auf Magdeburg in der Nacht des 21./22. Januar 1944 direkt unterstützen sollten, war nur gering: Es nahmen nur drei Mosquito daran teil – zwei von der 141. Staffel und eine von der 239. Als Squadron Leader (Major) Hitchin von der 239. Staffel zu seinem Platz, West Raynham, zurückkehrte, berichtete er, daß er keine Feindberührung gehabt hätte. Die 141. Staffel, ebenfalls aus West Raynham, schickte zwei Serrate-Mosquito auf Patrouille im Raum Brandenburg, also zwischen Magdeburg und Berlin. Von diesen beiden hatte nur eine Feindberührung: Mosquito FII, DZ 303, geflogen von Flight Sergeant (Hauptfeldwebel) D. Snape, mit Flying Officer (Oberleutnant) L. Fowler als Radarnavigator. Die Maschine startete am 21. Januar um 21.35 Uhr und landete gut vier Stunden später wieder auf ihrem Platz. Die entsprechende Eintragung im Kriegstagebuch der Staffel ist sehr aufschlußreich:

> »Einsatz bei BRANDENBURG. Überquerung Feindküste 22.05 Uhr. Patrouille im Zielgebiet. Dabei um 23.15 Uhr südlich von Brandenburg in 6000 m Radarkontakt 20° links und hoch. Verfolgung 3-4 Minuten nur nach Bordradar, dann Sichtkontakt in 200 m, Annäherung im Sinkflug mit etwa 340 km/h. Positionslampen des Feindflugzeugs (Ju 88?) brennen. Kampf aufgenommen. Flugzeug am Rumpf hinter Kabine beschädigt. Schießen 4-5 Sekunden, beanspruchen aber keinen Luftsieg; erst Schießkamera auswerten. Danach auf Rückflug keine Feindberührung mehr, keine weitere Verfolgung. Feindküste 00.39 Uhr überquert, Landung 01.20 Uhr. Wetter: dünne Wolkenstreifen in 6000 m – Dunst über holländischer Küste – 6/10 dünne Wolken darunter – Sicht über 6000 m gut.«

Diese Aktion spielte sich exakt in dem Gebiet ab, in dem Wittgenstein abgeschossen wurde, und paßt auch in den Zeitrahmen. Wenn wirklich Snape für den Tod des Prinzen verantwortlich war, wäre das eine Ironie des Schicksals: Wie zuvor schon berichtet, hatte Wittgenstein selbst schon einmal eine Lancaster abgeschossen, die ihre Positionslampen eingeschaltet hatte - vielleicht hat ein menschlicher Fehler zum Tode des Mannes geführt, der sich so sehr bemüht hatte, Fehler zu vermeiden.

Der Januar ging mit drei schweren Großangriffen auf Berlin - am 27./28., 28./29. und 30./31. - zu Ende. Obwohl der Bombenwurf noch immer nicht massiert genug verlief, wurden in der Hauptstadt beträchtliche Schäden verursacht, und etwa eine Viertelmillion Menschen wurden ausgebombt. Am erfolgreichsten von den drei Großangriffen war der vom 28./29. Januar, als die Wolkendecke durchbrochen war und Zielmarkierung nach Sicht - zumindest teilweise - zuließ. Die Verluste des Bomberkommandos lagen jede Nacht bei über sechs Prozent, und insgesamt kehrten 112 von 1726 eingesetzten Bombern nicht zurück. Von den am 27. verlorengegangenen schweren Bombern beanspruchten Wim Johnen vier und Peter Spoden zwei für sich; Spoden allerdings schoß am 30. noch einen ab, womit er auf insgesamt neun Luftsiege kam. In derselben Nacht besiegte Otto Kutzner sein sechstes Opfer. Ein früherer deutscher Nachtjäger, der sich noch voller Trauer an die Nacht des 27./28. Januar 1944 erinnert, ist Wilhelm Seuss:

> »In dieser Nacht herrschte sehr starker Wind von etwa 180 km/h, und ich konnte zu unserem Platz in Erfurt nicht zurück. Mein Funker Bruno Zakrzewski hatte nicht die richtigen Funkunterlagen dabei, und als wir im Raum Leipzig waren, rief ich SOS und entschied, daß wir aussteigen sollten. Wir waren über drei Stunden in der Luft gewesen, und die Kraftstoffwarnlichter brannten schon. Was ich nicht wissen konnte war, daß mein Bordmechaniker die Fallschirm-Aufzugsleine schon gezogen hatte, während er noch in der Maschine war. Er hatte es mir nicht gesagt. Ich warf das Kabinendach ab, stand auf und war schon dabei, das Flugzeug zu verlassen, als er rief: "Herr Leutnant, Herr Leutnant, ich kann nicht raus!" Wir waren schon sehr tief, und es gab nichts, was ich hätte tun können. Ich stieß den Knüppel nach vorn und wurde hinausgeschleudert. Mein Mechaniker stürzte mit dem Flugzeug ab. Es war ein schreckliches Erlebnis für mich. Ich landete dann in der Gegend von Merseburg.«

Nach seinem ereignisreichen Flug nach Magdeburg in der Woche zuvor wurde Horace Pearce dazu eingeteilt, am 28./29. Januar Berlin anzugreifen. Er würde wieder die Halifax Mk V, Seriennummer LK 731, KN-K, fliegen, die ihn schon nach Magdeburg gebracht hatte, und er ertappte sich bei dem Gedanken, daß sie ihm vielleicht Glück bringen werde. Einige Wochen zuvor hatte Pearce im Platzverkehrskontrolldienst beobachtet, wie eine »K« von seiner Staffel, der 77., mit einer »K« von der 102. Staffel aus dem nahegelegenen Pocklington kollidiert war: Danach kam Squadron Leader Bickerdike, Pilot von Terry Bolters Besatzung, ums Leben - er hatte die Ersatz-K fliegen müssen. Der Glaube, daß manche Flugzeuge Unglück brächten, war unter den Besatzungen weit verbreitet. Pearce hätte sich keine Sorgen machen müssen: In seinem Flugbuch steht »peaceful trip« - allerdings ist »friedlich« sicherlich nicht der richtige Ausdruck, um einen Flug von achteinhalb Stunden zu beschreiben, der größtenteils über das besetzte Europa führte und über der am stärksten verteidigten Stadt Deutschlands ein Spießrutenlaufen zwischen Jägern und Flak des Gegners bedeutete. Auch wenn Pearce und seine Männer ihn ereignislos fanden - für die Staffel als Ganzes trifft das nicht zu: Die 77. verlor wieder vier Halifax, die zu den fünf kamen, die schon beim Magdeburg-Angriff verlorengingen. Binnen einer Woche hatte die Staffel 63 junge Männer verloren, und fast elf Prozent der eingesetzten Halifax kamen nicht zurück.

Nach einer Woche Urlaub und ein paar Flugstunden als H2S-Ausbilder für neue Besatzungen, während der er auf einen Piloten wartete, mit dem er seine 30 Einsätze vollenden konnte, fand sich John Chaloner auf dem Einsatzbefehl für den 30. Januar wieder. Das Ziel war Berlin, und er flog mit einem anderen Piloten – Warrant Officer Trevor Jupp, dessen Stehzeit beim Bomberkommando ebenfalls fast abgelaufen war – sowie den zwei Bordschützen seiner alten Besatzung, Percy und Fred; Percy hatte sich inzwischen von den Wunden seines Mannheim-Einsatzes im September erholt. Sie warfen ihre Bomben nach den Höhenmarkierungen über der Hauptstadt ab, und dann wurde Jupps Bomber zweimal von einem Nachtjäger des Typs Bf 110 angegriffen – aber glücklicherweise gaben Percy und Fred ihrem Piloten rechtzeitig Korkenzieher-Anweisungen und beschossen die Feindmaschine mit ihren 7,7-mm-MGs, so daß die Lancaster und ihre Besatzung heil davonkamen, während sie die Bf 110 als beschädigt meldeten. Flight Sergeant John Chaloner hatte jetzt 25 Feindflüge hinter sich, zehn davon gegen Berlin, und kurz darauf wurde ihm seine Ernennung zum Offizier eröffnet. Jetzt konnte er die drei Winkel mit der Krone von den Ärmeln seiner Fliegerkombi abtrennen und durch eine schmale Litze auf den Schulterklappen ersetzen. Am 17. Februar bestellte er eine Ausgehuniform mit Regenmantel, die ihn insgesamt £ 3.10.0d kosteten, und tags darauf fuhr er nach Lincoln und gab weitere £ 13.5.1d aus für vier Hemden, vier Paar Socken, Hosenträger, Schlafanzüge, Unterhemden und Unterhosen. Als Pilot Officer (Leutnant) verdiente er jetzt täglich knapp ein Pfund: Für diese großzügige Summe setzte er – wie Tausende anderer junger Männer auch – klaglos sein Leben aufs Spiel, wann immer ihm das befohlen wurde.

Nach dem Bombenangriff auf Berlin am 31. Januar 1944 ließ Harris 14 Tage lang keine Großangriffe mehr auf Deutschland fliegen. Die Verluste waren hoch gewesen, besonders bei seinen Halifax-Verbänden, und eine kurze Pause gab ihm die Möglichkeit, die Lücken zu schließen und neue Taktiken zu überdenken. So vergingen also die ersten zwei Wochen des Februar 1944 ohne Großangriffe – allerdings sorgten Serrate-Patrouillen, Mosquito der Leichten Nachtangriffskräfte, Minenleger und Versorgungsflüge zu Widerstandsgruppen in den besetzten Ländern dafür, daß die deutsche Luftverteidigung auf Trab und die Zivilbevölkerung weitgehend in Luftschutzkellern und -bunkern gehalten wurden. Die 617. Staffel, die die Ruhrtalsperren gesprengt hatte und jetzt Wing Commander (Oberstleutnant) Leonard Cheshire unterstand, führte in dieser Zeit zwei Nachtangriffe durch – am 8./9. Februar auf die Flugmotorenwerke Gnôme & Rhône in Limoges und vier Tage später auf eine Eisenbahnbrücke bei Anthéor in den Südalpen zwischen Frankreich und Italien. Seit dem denkwürdigen Angriff auf die Ruhrtalsperren hatte die Staffel versucht, eine Lösung zu finden, wie man Punktziele präzise markiert und mit Bomben belegt. Bislang hatte sie mit Oboe ausgerüstete Mosquito für den Abwurf von Zielmarkierungen eingesetzt, aber nicht sonderlich erfolgreich. Cheshire hielt es für aussichtsreicher, ein Ziel im Tiefstflug nach Sicht zu markieren – und jetzt wollte er seine These überprüfen. Der erste Angriff, ausgeführt von zwölf Lancaster, war ein Musterbeispiel für präzises Markieren und Bombardieren: Gnôme & Rhône wurde schwer beschädigt, allerdings wurde das Werk auch nur schwach verteidigt. Cheshire flog es sehr tief an und überflog es dann mehrfach, um die französischen Arbeiter vorzuwarnen und ihnen eine Chance zu geben, die Gebäude zu verlassen. Beim vierten Anflug markierte er das Ziel dann mit 14-kg-Phosphor-Brandbomben und Red-Spot-Bomben, und zehn der anderen elf Lancaster warfen daraufhin ihre 5444-kg-Minenbomben aus großer Höhe genau in das Ziel; die elfte Bombe fiel knapp daneben. Es war ein perfekt durchgeführter Luftangriff: Das Werk war fast vollständig zerstört, und die Verluste unter den Beschäftigten waren minimal.

Der Angriff auf die strategisch wichtige Brücke von Anthéor hingegen schlug fehl: Das Ziel, das eine kleine, aber steile Bucht an der italienischen Küste überspannte, wurde verbissen verteidigt, so daß sowohl Cheshires Flugzeug wie auch das seines Stellvertreters Squadron Leader Harold »Mick« Martin durch Flakbeschuß beschädigt wurden; Martin selbst wurde verwundet, sein Bombenschütze starb – Martin wich daher nach Korsika aus und landete dort. Obwohl Cheshire unerhörten Mut bewies, indem er das Ziel trotz heftigen Flakbeschusses sechsmal überflog, bevor er seine Zielmarkierungen setzte, traf keine der neun Lancaster mit ihren 5444 kg schweren Minenbomben. Es gab offensichtlich noch immer keine Alternative zu dem ziemlich ungenauen Abwurf der Zielmarkierungen aus größerer Höhe entweder nach Oboe oder bei weit entfernten Zielen nach H2S, dem dann ein Bombenteppich folgte, der eine maximale Verwüstung eines größeren Gebietes am Boden sicherstellen sollte.
Am 15. Februar spätnachmittags schickte Harris dann wieder eine gewaltige Streitmacht gegen Berlin: 891 Bomber, darunter 561 Lancaster und 314 Halifax – das Maximum an Offensivkraft, das er aufbieten konnte. Zahlenmäßig war das die größte Armada schwerer Bomber seit dem Tausend-Bomber-Angriff von Mitte 1942; während aber am 30./31. Mai 1942 auf Köln nur 1455 Tonnen abgeworfen wurden, trugen die 875 schweren Viermotorigen jetzt fast 2700 Tonnen über eine weit größere Entfernung zur deutschen Hauptstadt – im Durchschnitt über drei Tonnen pro Flugzeug. Zusätzlich zu diesem Großangriff flogen Mosquito Serrate-Patrouillen und Angriffe gegen Nachtjagdhorste der Luftwaffe, Stirling und Halifax legten Minen in der Kieler Bucht, das Geschwader 100 flog Einsätze der elektronischen Kampfführung, und ein kleiner Verband von 24 Lancaster führte einen Ablenkangriff auf Frankfurt/Oder durch.
Berlin mußte weiterhin leiden – aber dieses Leid konnte die Moral seiner Bevölkerung nicht brechen, und die durch die Bombenangriffe verursachten Zerstörungen konnten die Reichsregierung ebenfalls nicht dazu bewegen, über eine Kapitulation auch nur ernsthaft nachzudenken. Die Einwohner der Stadt waren in großer Zahl aufs Land evakuiert worden, und viele Regierungsbehörden waren – ob beschädigt oder nicht – in weniger verwundbare Gebiete ausgelagert worden. In ganz Deutschland, auch in Berlin, hatte man strategisch wichtige Industrien weitgehend aufgelockert, so daß die schweren Schäden, die die Bombenteppiche zwangsläufig nach sich zogen, die Produktion nicht entscheidend behinderten.
Der Angriff vom 15./16. Februar setzte nur die schon fast rituelle Routine fort, auf die »Big City« einzuhämmern, und verlief nach dem üblichen Muster: Wolkendecken, schwere, aber nicht massierte Bombardierung, ausgedehnte Zerstörung von Zivileigentum, geringe Schäden an Industrieanlagen, viele Bomben außerhalb des Stadtgebiets.
Und John Chaloner flog wieder nach Berlin. Dieses Mal hatte Jupp zwei australische Bordschützen mitgenommen, Warrant Officer Allwood und Flight Sergeant Hobbs – Chaloner war von ihrem Angriffsgeist tief beeindruckt. »Das«, so sein Kommentar, »war mal was ganz anderes. Die gingen vielleicht ran! Bei denen fühlte man sich richtig sicher!« Viele Bordschützen, so auch Percy und Fred, vertraten die Ansicht, man solle nicht auf einen deutschen Jäger schießen, der nicht angreift – sonst fordere man ihn nur heraus. Die beiden Australier hingegen nahmen alles unter Feuer, was ihnen in die Quere kam. An Einzelheiten dieses Einsatzes kann Chaloner sich nicht mehr genau erinnern, da er weitgehend ruhig verlief. Was er allerdings sehr gut im Gedächtnis hat, ist, daß dies sein letzter Angriff auf das gefürchtetste Ziel von allen war: Berlin. Seit Beginn seiner Stehzeit beim Bomberkommando hatte er 26 Angriffe geflogen, elf davon auf Berlin. Bei diesen elf Einsätzen allein waren 340 schwere Bomber verlorengegangen, fast 2400 Männer nicht zurückgekehrt.
Sein bisheriges Glück verließ Chaloner auch beim nächsten Großangriff am 19./20. Februar auf Leipzig nicht. Für das Bomberkommando war es einer der verlustreichsten Einsätze des ge-

samten Krieges: Harris bot 561 Lancaster, 255 Halifax und sieben Mosquito auf – und 78 der schweren Bomber kamen nicht zurück, 9,5 Prozent der eingesetzten Flugzeuge. Von den Halifax gingen 34 oder 13,3 Prozent verloren; weitere 27 kehrten um, bevor sie Feindgebiet erreicht hatten. Auch die Verlustrate der Lancaster – 7,8 Prozent – war hoch. Von den abgeschossenen Halifax stammten die meisten aus den älteren Baureihen Mk II und Mk V, und die Verluste dieser veralteten Flugzeuge zwangen Harris jetzt dazu, sie ab sofort völlig von Feindflügen gegen Deutschland auszuschließen.
Für die deutschen Nachtjäger hingegen war es eine erfolgreiche Nacht, obwohl ein Ablenkungsangriff durch minenlegende Stirling und Halifax auf die Kieler Bucht eine geringe Zahl von Jägern angezogen hatte. Mosquito hatten Flugplätze in Holland angegriffen, aber trotzdem war es dem deutschen Jägerleitoffizier gelungen, seine ersten Jäger in den Bomberstrom einzuschleusen, bevor er noch die Küste überquert hatte. Auch die Flak hatte besser abgeschnitten als üblich: Der Rückenwind war stärker gewesen als vorhergesagt, und viele Bomber waren schon vor den Pfadfindern über Leipzig eingetroffen, deren Navigatoren die Ankunftszeit mit gewohnter Präzision einhielten. Die Flak beanspruchte 20 Bomber für sich – viele von ihnen hatten über dem Ziel gekreist und auf die Zielkörper der Pfadfinder gewartet. Unerwartete Wolken über dem Ziel führten dann dazu, daß die Pfadfinder Höhenmarkierungen anstelle der geplanten Bodenmarkierungen setzen mußten. Die Höhenmarkierungen verschwanden jedoch sehr schnell in den Wolken, und so gab es nichts, worauf die Bombenschützen der Angreiferformation zielen konnten, und die Bomben fielen sehr weit auseinander. Die Nachtjäger wiederum waren recht erfolgreich, weitgehend aufgrund eines sehr hoch fliegenden Luftbeobachterflugzeugs, das den Kurs der Bomberflotte seit Überfliegen der holländischen Nordküste überwachte und nach dem Reportageverfahren durchgab, so daß die Zahme-Sau-Jäger sehr frühzeitig eingeschleust werden konnten. Zusätzlich warteten Einsitzer der Wilden Sau über Berlin. Zu den Luftsiegen der Nachtjagd zählten auch je fünf durch Oberfeldwebel Heinz Vinke und Feldwebel Rudolph Frank. Hauptmann Paul Zorner schoß binnen 30 Minuten eine Lancaster und drei Halifax ab, womit er jetzt 30 Luftsiege vorweisen konnte.
John Chaloner erinnert sich an die Beleuchterflugzeuge:

> »Auf dem Hinweg flog diese Dornier 217 parallel mit uns und warf Leuchtkörper entlang unserer Route ab – da höre ich plötzlich Maschinengewehrfeuer, und der Heckschütze, Phil Allwood, hatte sie einfach abgeschossen. Ich dachte: "Das tun wir doch nicht! Zumindest Percy tut so etwas nicht!" Das war noch vor dem Ziel, ich glaube, über der norddeutschen Tiefebene – da waren wir also über 300 Kilometer dem Ziel entgegengeflogen und hatten uns mit Leuchtkörpern markieren lassen: Und der hat überhaupt keine Hemmungen, knallt das verdammte Ding einfach ab! Das war was völlig Neues. Mit den Kerlen, dachte ich, könnte ich die letzten drei Feindflüge gut überstehen! Denn bei Percy und Fred war immer nur Leisetreterei die Devise!«

John Chaloners Dienstzeit beim Bomberkommando ging zu Ende, und wider alle Erwartungen war er noch immer am Leben. Noch drei Einsätze, und er hatte die »magischen 30« erreicht. In den verbleibenden neun Nächten des Februar wurden nur noch genau diese Anzahl Großangriffe geflogen, alle auf weit entfernte Ziele: Stuttgart, Schweinfurt und Augsburg – und John war bei allen dabei! Für Chaloner war Stuttgart ein Routineflug: »Schlechtwetter. Schnee auf den Feldern klar zu sehen. Ruhiger Trip.« Auch für das Bomberkommando war es ein »ruhiger Trip«: Er kostete nur neun Bomber. Harris probierte immer häufiger neue Taktiken aus, die die feindliche Jagdwaffe in die Irre führen sollten – und bei diesem Angriff am 20./21. Februar schickte

er zunächst eine große Anzahl von Schul- und Einsatzflugzeugen über die Nordsee, die die Jäger anlocken sollten, und dann flogen sieben Mosquito, die Unmengen Düppel ausstießen, um einen Großverband vorzutäuschen, nach München. Die nun schon üblichen Mosquito-Angriffe auf Fliegerhorste der Jäger fanden auch jetzt statt. Wiederum behinderten Wolken Pfadfinder wie Bomber, aber trotzdem konnten beträchtliche Schäden – wenn auch weit auseinanderliegend – erzielt werden.
Als seltenes Beispiel enger alliierter Zusammenarbeit bei Bombenangriffen starteten am 24. Februar abends 734 Maschinen des Bomberkommandos, um die Kugellagerfabriken in Schweinfurt anzugreifen. Am Tag zuvor hatten fast 300 Flying Fortress der amerikanischen 8. Luftflotte dieselben Werke als Teil des Unternehmens »Big Week« (»Woche der Entscheidung«) angegriffen, wobei elf Bomber und zehn Begleitjäger verlorengingen. General Spaatz hatte auch geringere Kräfte gegen Steyr und Gotha eingesetzt, und diese beiden Einsätze hatten ihn 52 Bomber gekostet. In Schweinfurt richteten die amerikanischen und britischen Großangriffe beträchtlichen Schaden an – da aber die Kugellagerwerke schon durch frühere Angriffe der Amerikaner schwer beschädigt worden waren, wodurch deren Kapazität erheblich eingeschränkt und die Fertigung verzögert wurden, waren die strategischen Folgen dieses Angriffs vom Februar 1944 geringer als erhofft.
Beim Angriff auf Schweinfurt wandte Harris eine neue Taktik an, indem er zwei Bomberflotten im Abstand von zwei Stunden auf das Ziel ansetzte – zunächst 392 Flugzeuge, dann 342. Dabei verlor er insgesamt 33 Bomber; fünf der Lancaster schickte Paul Zorner zu Boden, sie alle schlugen im Raum Stuttgart auf. Eine weitere Lancaster, die im Zweikampf mit einem Nachtjäger fast abgeschossen worden wäre, war die von Warrant Officer Jupp, der erst kürzlich mit dem DFC (Distinguished Flying Cross) ausgezeichnet worden war. Aber es war kein Jäger der Luftwaffe, der das Schicksal von Jupps Besatzung – und auch Chaloners – fast besiegelt hätte, sondern einer der RAF:

> »Am 24. ging's nach Schweinfurt, und da wurden wir über Brighton angeschossen und landeten in Wittering. Zu Beginn des Feindflugs wurden wir von einer Mosquito beharkt! Die eigene Abwehr! Wir flogen ab über Beachy Head, und da sagte der Bombenschütze: "Wir sind im Scheinwerfer" – und ich dachte, kein Problem, die können doch eine Lanc erkennen – und in der nächsten Minute gab's Explosionen im Cockpit, und es dämmerte uns, daß eine Mosquito uns aufs Korn genommen hatte. Die Bordschützen sahen die Mosquito hinter uns, aber sie unternahmen nichts. Sie traf den Unterrumpf unserer Maschine, durchtrennte die Sauerstoffleitung und zerstörte den P10-Kompaß. Weitermachen war jetzt nicht mehr drin, also kehrten wir um. Allerdings gab's da ein Problem: Zur gleichen Zeit wurde London von den Deutschen angegriffen. Da wir aber kaum eine Wahl hatten, nahmen wir Nordkurs direkt auf London, flogen weiter zur Bucht The Wash und warfen unsere Bomben dort ab. Über London gab's Scheinwerfer und so'n bißchen Flak – kein Vergleich zu Deutschland! Unser Ziel war Wittering, das damals ein amerikanischer Stützpunkt war; ich glaube, sie flogen dort Lightnings. Damals, meine ich, hatten sie dort noch nicht mal eine Landebahn. Aber ich erinnere mich, daß – als wir am nächsten Tag wieder hinfuhren, um unser Flugzeug abzuholen – dort neben uns eine Fortress abgestellt war, der die Nase fehlte: Damals flogen die deutschen Tagjäger Frontalangriffe, und sie hatten den Bombenschützen getroffen; überall klebte Blut und Hirn und so.«

In der Nacht vom 25. auf den 26. Februar 1944 griff Harris die historische Stadt Augsburg an. Bis dahin war Augsburg nie Ziel eines Großangriffs gewesen; nur im April 1942 hatte es einen verfrühten Angriff auf die dortigen MAN-Dieselmotorenwerke gegeben, für den der Führer dieses Angriffs, Squadron Leader J.D. Nettleton, das VC (Victoria Cross) bekommen hatte. Obwohl umstritten, da Augsburg eigentlich gar kein strategisches Ziel war, war der Angriff, Chaloners letzter, nach damaligen Maßstäben ein großartiger Erfolg. Wieder schickte Harris zwei Wellen von Bombern, die von Ablenkangriffen, Störflügen und Jagdbombern unterstützt wurden, so daß nur 21 von 594 Flugzeugen verlorengingen. Zum Ausgleich dafür wurde die Altstadt von Augsburg verwüstet. Es war eine klare Nacht, die Pfadfinder konnten nach Sicht präzise markieren, und da die Flak schwach war, konnten sich die Bombenschützen besser auf ihre Aufgabe konzentrieren als unter schwerem Flakbeschuß. Die Deutschen allerdings nannten das reinen und nackten Terror. Für John Chaloner wiederum war es der Schlußakkord seiner Dienstzeit beim Bomberkommando. Sein Tagebuch dazu: »Herrlicher Trip, keine Navigationshilfen – nehmen den Bodensee. Drei Minuten zu früh. Greifen mit Pfadfindern an. Newhaven-Sichtmarkierungen. Stadt klar erkennbar, sogar Dörfer an Kreuzungen. Treffen Südosten der Stadt.« In sein Flugbuch schrieb er: »Bombardieren Flußmündung nach Sicht.« Heute erinnert er sich:

> »Wir konnten Augsburg brennen sehen. Wir waren in der zweiten Welle: Etwa 400 Flugzeuge waren um Mitternacht über dem Ziel gewesen, und weitere 400 um vier Uhr morgens – oder so ungefähr. Sie warfen rund 2000 Tonnen Bomben ab. Ich war in der zweiten Welle, und schon am Bodensee sahen wir Augsburg in Flammen. Dann kamen wir hin, am Boden war's taghell, und wir bombardierten nach Sicht, so ganz nach Belieben. Wirklich: 'ne reine Kleinigkeit!«

Tags darauf traf die bestellte Ausgehuniform ein, und im April konnte sich Chaloner die rot-silbernen Streifen der DFM (Distinguished Flying Medal) über die linke Brusttasche nähen lassen.

Harris' taktische Finten schienen sich hinsichtlich seiner Verluste – sie nahmen offensichtlich ab – auszuzahlen: Er teilte seine Bomberströme öfter als früher auf, verzichtete auf die Markierung der Flugrouten, die nur Jäger anlockte, und benutzte, wann immer möglich, südlichere Routen, weil dort die Jagdkräfte viel schwächer zu sein schienen. Während die Verlustquote bei Angriffen gegen wichtige Ziele in Deutschland im Januar noch bei 6,5 Prozent und bei zwei vergleichbaren Angriffen im Februar sogar bei sieben Prozent gelegen hatte, lag die Quote bei den letzten drei Angriffen im Februar – Stuttgart, Schweinfurt und Augsburg – bei nur 3,3 Prozent. Harris faßte wieder Mut; in *Bomber Offensive* schreibt er: »Die neuen Taktiken wirkten sich fast unmittelbar aus.« Aber wieder einmal scheint er seinem eigenen Optimismus erlegen zu sein – drei Angriffe mit verringerter Verlustrate bedeuteten, statistisch gesehen, noch keinen Trend: Der Folgemonat bewies das mit bedrückender Eindringlichkeit.
Der schwarze Monat März begann zunächst mit einem noch vielversprechenderen Angriff auf Stuttgart: Von 557 Flugzeugen verlor er nur vier. Schlechtes Wetter am Boden führte dazu, daß die Messerschmitt und Junkers der Nachtjagd den Bomberstrom nicht finden konnten. Trotz Wolken über der Stadt wurde sie empfindlich getroffen, sogar wichtige Industrieanlagen wurden zerstört. Dann kam die Vollmondzeit, und die Angriffe auf weit entfernte Ziele wurden ausgesetzt bis zum 15./16. März, als Stuttgart einmal mehr bombardiert wurde: Dieses Mal fanden die Jäger, wenn auch spät, ihr Ziel, und 37 schwere Bomber kehrten nicht zurück.
Ziele in Frankreich – schließlich stand die Invasion bevor – beschäftigten das Bomberkommando jetzt mehr und mehr, und diese Angriffe waren, wie man sich denken kann, für die Besatzungen relativ ungefährlich. Die Masse der Nachtjäger war in der Reichsverteidigung eingesetzt, und in Frankreich hatte der Flugmeldedienst weniger Zeit, die Bomber zu orten, und außer-

dem hatten mögliche Ziele dort nur geringen Flakschutz. Bei 1085 Einsätzen gegen bedeutende Ziele in Frankreich zwischen dem 2. und 14. März gingen nur eine Lancaster und eine Halifax verloren. Die Einsätze zur direkten Unterstützung der bevorstehenden Invasion begannen in der Nacht von 6. auf den 7. März, als ein äußerst präziser und erfolgreicher Angriff – ohne Verluste – gegen den strategisch wichtigen Verschiebebahnhof von Trappes geflogen wurde; in der Nacht darauf wurde ein weiterer erfolgreicher Angriff gegen Bahnhöfe bei Le Mans durchgeführt: Auch hier ging von 304 eingesetzten Bombern kein einziger verloren. Zusätzlich zu den Großangriffen auf wichtige Ziele flogen die Flugzeuge des Bomberkommandos in dieser Zeit – mit einer Ausnahme – jede Nacht Mineneinsätze, Störangriffe, Flüge für die elektronische Kampfführung, zur Unterstützung der Résistance und dergleichen. Berlin blieb regelmäßiges Ziel der Mosquito, die die Hauptstadt und andere deutsche Städte ohne eigene Verluste angriffen. Aber die Abnahme der Verluste – wenn sie auch bei Führung und Besatzungen Hoffnungen erweckte – blieb Illusion: Noch vor dem April stieg die Zahl der Opfer wieder drastisch an.
Bei zwei Bombenangriffen am 18./19. und 22./23. März wurden weite Teile Frankfurts zerstört; beide Male nahmen mehr als 800 schwere Bomber sowie eine kleine Anzahl Mosquito daran teil. Von den insgesamt 1662 eingesetzten Viermotorigen kamen 55 nicht zurück, ein Durchschnitt von 3,3 Prozent – für ein wichtiges Ziel in Deutschland eine noch immer günstige Quote. Beim zweiten Angriff auf Frankfurt schossen Hauptmann Martin Becker von der I./NJG 6 in Mainz-Finthen und sein Funker Karl-Ludwig Johanssen sechs Bomber ab. Von diesen sechs erlegte Johanssen drei mit seinem nach hinten gerichteten, nicht gerade kampfstarken Maschinengewehr. Wie sein gefallener Namensvetter Ludwig erwies sich auch Martin »Tino« Becker als gefürchteter Gegner; in Kreisen der Nachtjagd nannte man ihn bereits den kommenden »Experten«. Paul Zorner, jetzt bereits unangefochtenes As, erzielte zwei weitere Abschüsse – seinen 36. und 37.
Zorners 38. Opfer erlag seinen Kanonen zwei Nächte später, am 24. März um 22.53 Uhr, aber die unglückliche Lancaster erwies sich als hartnäckiger Gegner: Zorner mußte fünfmal – dreimal mit Schräger Musik von unten und zweimal aus 100 m Entfernung von hinten – angreifen, bevor sie schließlich unterlag. Das Ziel dieser Nacht – »Battle of Berlin« – war wieder einmal die Hauptstadt: Harris bot in einer letzten Kraftanstrengung 811 Bomber gegen sie auf. Ob Harris das so gewollt hat oder die Entscheidung ihm durch die sinkenden Verluste aufgezwungen wurde, bleibt offen. Wie auch immer – die Wucht des Schlages, den das Bomberkommando in dieser Nacht einstecken mußte, kann auch auf den hartgesottenen Oberbefehlshaber ihre Wirkung nicht verfehlt haben: 8,9 Prozent der eingesetzten Bomber, 44 Lancaster und 28 Halifax, waren verloren, dazu rund 600 junge Männer. Was die Effektivität des Angriffs anbetrifft, verlief alles so wie immer: Diffuser Einsatz, hohe Schäden an Privateigentum, viele Bomben außerhalb der Stadtgrenzen Großberlins, in kleinen Dörfern oder unbesiedeltem Land. Starker Nordwind hatte die Bomberflotte auf der gesamten Route auseinandergetrieben, was einmal mehr bewies, daß die Hilfsmittel der Navigatoren nicht dazu taugten, mit unvorhergesehenen Wetterbedingungen fertig zu werden. Anders als sonst scheint die Masse der vermißten Bomber dieses Mal der Flak – und nicht den Jägern – zum Opfer gefallen zu sein, wohl weil vom Kurs abgekommene Bomber stark verteidigte Räume, das Ruhrgebiet eingeschlossen, überfliegen mußten.
In der Nacht des 26./27. März markierten Oboe-Mosquito Essen für 683 schwere Bomber – bei nur neun Verlusten. Die Zielmarkierung war präzise, und in einem erfolgreichen Angriff wurden große Zerstörungen erzielt, viele davon in Industrieanlagen. Eine weitere Formation von 70 Halifax, 32 Stirling und sieben Pfadfinder-Mosquito griff – ohne eigene Verluste – das nahegelegene Courtrai in Belgien an mit dem Ziel, dort Eisenbahnanlagen zu zerstören. Anders als erwartet war dieser Angriff ungenauer als der von Essen: Es wurde viel Privateigentum zerstört,

und 252 Menschen verloren ihr Leben. Zwar wurde das eigentliche Ziel ebenfalls getroffen – aber die Strecke war nach drei Tagen wieder befahrbar. Diese Nacht hielt aber auch für die deutsche Luftwaffe eine negative Überraschung bereit: Während die Nachtjäger nur acht Luftsiege melden konnten, verloren sie selbst 20 Maschinen. Vermutlich fielen die meisten davon Bordschützen der RAF zum Opfer, einige vielleicht sogar der eigenen Flak, denn die Serrate-Flugzeuge des Geschwaders 100 machten keinen Luftsieg geltend, sondern meldeten nur eine in der Nähe von Essen beschädigte Ju 88. Von den acht Abschüssen gingen drei Lancaster an Paul Zorner und ein Bomber an Wilhelm Seuss von der IV./NJG 5. Es war Seuss' zweiter Luftsieg und sein erster mit Schräger Musik. Wie er sagt, war das ganz einfach: Er flog ein fremdes Flugzeug, da seine Maschine noch nicht mit Schräger Musik ausgerüstet war, und mußte nichts weiter tun, als unter sein Opfer zu gleiten und zwischen die beiden linken Motoren zu zielen. Warum die linke Seite bevorzugt wurde, weiß er nicht, aber er sagt, das sei etwas, das ihm von erfolgreichen Flugzeugführern regelrecht eingebleut worden sei.

Nach den schweren Verlusten des Berlin-Angriffs zwei Nächte zuvor war die 1,3-Prozent-Quote von Essen eine Erleichterung. Vielleicht zahlten sich Harris' taktische Manöver ja doch aus, und die Verluste des Berlin-Angriffs waren nur ein Ausreißer? Am 30. März gab Harris Startbefehl für knapp 800 Bomber, die Nürnberg angreifen sollten – ein wichtiges Ziel nicht nur wegen seiner industriellen, sondern auch wegen seiner politisch-symbolischen Bedeutung als Stadt der Reichsparteitage. Sechs Staffeln des Pfadfinder-Geschwaders 8 und 41 Bomberstaffeln nahmen daran teil. 20 Mosquito des Geschwaders 100 flogen Serrate-Einsätze, und weitere 35 Mosquito des Geschwaders 2 griffen feindliche Flugplätze an und flogen Störangriffe gegen Städte im Ruhrgebiet. Mehr als 50 schwere Bomber legten südlich von Helgoland Minen; ihr Anflug erfolgte zeitgleich mit dem der Hauptstreitmacht in der Hoffnung, daß er Nachtjäger auf sich zog.

Über diesen Angriff, der sich zu einem Debakel für das Bomberkommando entwickelte, ist viel geschrieben worden. Es genügt hier festzustellen, daß der Angriff, bislang völlig unüblich, bei Mondschein erfolgte und die gewählte Route die Angreifer über lange und leicht zu verfolgende Strecken durch Gebiete führte, die den Nachtjägern sofort zugänglich waren. Umstritten ist vor allem eine 320 km lange Teilstrecke von einem Punkt etwa 50 km südlich von Brüssel bis zu einem Punkt leicht nördlich des Ziels, wo die Formation dann auf Südkurs abdrehte. Um den Planern jedoch gerecht zu werden: Es läßt sich kaum eine Route finden, die weniger gefährlich gewesen wäre. Durch seine geographische Lage war Nürnberg ein in jedem Fall sehr riskantes Ziel, weil jeder mehr oder weniger direkte Anflug die Bomber mit Sicherheit durch die Nachtjagd-Schwerpunkte in Holland und Norddeutschland oder aber durch die Lücke zwischen den starken Flakkräften im Ruhrgebiet und im Raum Frankfurt geführt hätte. Zudem wollte Harris das wahre Ziel der Reichsverteidigung gegenüber verschleiern in der Hoffnung, daß die Nachtjäger in die falsche Richtung geschickt würden. Es ist auch nicht auszuschließen, daß der Nachrichtendienst der RAF zu diesem Zeitpunkt noch nicht voll erkannt hatte, wie sich das deutsche Nachtjagdsystem entwickelt hatte – daß die Zahme Sau, das Einsickern in den Bomberstrom, bereits Schwerpunkt war und die Wilde Sau, die Massierung von Jägern über dem Ziel, verdrängt hatte.

Auch das Wetter beeinflußte das Unternehmen. Wie es scheint, hatten frühe Wettervorhersagen hohe Bewölkung angekündigt, die das Licht des Fast-Vollmonds abschwächen würde, und der Angriff war dann aufgrund dieser Vorhersage geplant worden. Er wurde allerdings nicht verschoben, als ein Wettererkundungsflug meldete, daß sich die erwartete hohe Bewölkung nicht entwickeln werde, und daß das Ziel – von dem man vorher fest angenommen hatte, es werde wolkenlos sein – nunmehr wolkenverhangen sein werde. Zu der veränderten Bewölkung kam

auch ein Wind, der nicht der Vorhersage entsprach: Er trug dazu bei, daß die Bomberformation auseinandergetrieben wurde.
Als die Deutschen die Sendungen der RAF, deren Funksprechverkehr und H2S-Abstrahlungen während Boden- und Flugüberprüfungen der Bomberstaffeln am Morgen und am Nachmittag des 30. März überwachten, war ihnen schnell klar, daß ein nächtlicher Großangriff bevorstand. Wegen des Vollmonds schien ihnen das etwas überraschend, und sie nahmen an, daß es wohl ein Kurzstreckenangriff sein werde, vermutlich auf das Ruhrgebiet. Schon am frühen Abend wurde den Nachtjägern Alarmbereitschaft befohlen, und kurz vor 23.00 Uhr erfaßte der Flugmeldedienst die ersten Maschinen. Die anfängliche Flugrichtung der Bomber – Südostkurs ab der Scheldemündung – schien die Vermutung zu bestätigen, daß das Ruhrgebiet angegriffen werde, und unter dieser Voraussetzung führten die Jäger Alarmstarts durch. Zu diesem Zeitpunkt – und das wirkte sich zum Schicksal der RAF- und Commonwealth-Besatzungen aus – spielte es schon keine Rolle mehr, ob das Ziel im Ruhrgebiet oder weiter östlich lag: Die Aufgabe des deutschen Jägerleitoffiziers (JLOs) war es, seine Jäger in den Bomberstrom einzuschleusen – und das tat er mit Erfolg. Die Massierung der von den Angreifern ausgestoßenen Düppel, die die feindlichen Funkmeßgeräte am Boden stören und einzelne Flugzeuge weitgehend verbergen sollten, markierte deutlich den Flugweg der Bomber. Zu dieser Zeit waren immer mehr deutsche Jäger mit dem düppelfesten Bord-Funkmeßgerät SN-2 und der Schrägen Musik ausgerüstet, von der die Besatzungen der schweren Bomber und – wie es scheint – auch der Nachrichtendienst des Bomberkommandos noch gar nichts wußten.
Die ersten Abfangansätze fanden statt, kurz nachdem die Bomber für die lange Teilstrecke nach Bayern auf Ostkurs abgedreht hatten. In vielen Analysen und vorwurfsvollen Nachübungen des Nürnberg-Einsatzes hat man die Tatsache überzeichnet, daß die Route der Bomber sehr dicht an dem Nachtjäger-Treffpunkt »Ida« bei Bonn-Hangelar vorbeiführte. In Wirklichkeit gab es zwei Treffpunkte dieses Namens: einen geographischen, der meist angeführt wird, und ein Funkfeuer südöstlich von Aachen. Aber die Nähe der Bomberroute zu Jägertreffpunkten wird stets überbewertet: Es war damals unmöglich, eine Route quer durch Deutschland zu planen, die nicht sehr dicht an dem einen oder anderen Treffpunkt vorbeigeführt hätte. Taktisch richtig allerdings war, daß der deutsche Jägerleitoffizier – und genauso handelte er – seine Nachtjagdgruppen in erster Linie zu »Ida« führte und zu »Otto«, in der Nähe von Frankfurt und ebenfalls nahe der Bomberroute gelegen. Als der Kampfverband dann weiterflog und mehr und mehr Jäger anzog, kam noch ein meteorologisches Detail zum Tragen: Einige der in klarem Wetter fliegenden Bomber zogen Kondensstreifen hinter sich her, die den Kurs der Bomberflotte deutlich markierten.
Als dann die ersten Bomber das Zielgebiet erreicht und ihre Bomben abgeworfen hatten, waren bereits etwa 80 Lancaster und Halifax abgeschossen, überwiegend von Jägern. Die Formation war jetzt weit auseinandergezogen – vor allem wegen der falschen Windvorhersage, aber auch, weil einige der Besatzungen wegen der Abschüsse rundum vorsätzlich vom Kurs abgewichen waren. Das Ziel war wolkenverhüllt, so daß weder Pfadfinder noch Bomber präzise zielen konnten, und die Bomben fielen so erbärmlich weit auseinander, daß es auch den Deutschen nicht gelang, Nürnberg überhaupt als Ziel des Angriffs zu erkennen. Viele Besatzungen beispielsweise warfen ihre Bomben im Raum Schweinfurt ab – 100 km weiter nordwestlich. Zudem trat wieder einmal der »Rückstau-Effekt« deutlich zutage. Das eigentliche Ziel – Nürnberg – wurde nur geringfügig beschädigt.
Die Unsicherheit der Deutschen, was denn nun eigentlich das wirkliche Ziel der britischen Bomber sei, wirkte sich aber auch vorteilhaft für die RAF aus: Die einmotorigen Wilde-Sau-Jäger der Jagdgeschwader 300, 301 und 302, die sich üblicherweise über dem – erkannten – Ziel versammelten und sich dort ihre Bomber schnappten, blieben in dieser Nacht weitgehend erfolg-

los – wäre der Angriff massierter ausgefallen, hätte die Wilde Sau sich über einem erkannten Ziel versammeln und dem Bomberkommando noch höhere Verluste zufügen können. Einige der einmotorigen Jäger jedoch drangen in den Bomberstrom ein und erzielten dort auch zwei Abschüsse; andererseits fielen drei Wilde-Sau-Flugzeugführer im Luftkampf: Oberfeldwebel Willy Rose von der III./JG 301 sowie Oberfeldwebel Friedrich Hill und Unteroffizier Erwin Völkel von der III./JG 302. Die III./JG 302 war sehr früh in Oldenburg gestartet, als der Flugmeldedienst noch glaubte, das Ruhrgebiet sei das Ziel, und die III./JG 301 folgte etwas später von Zerbst nahe Magdeburg aus, als feststand, daß die Bomber tief ins Reichsgebiet eindringen würden.
Auf dem Rückflug griffen sich die deutschen Jäger dann unter den weit verstreuten Bombern erneut ihre Opfer, so daß die offizielle Zahl der nicht heimgekehrten Maschinen schließlich bei 95 lag. Weitere neun Flugzeuge verunglückten dann noch in Großbritannien – auch die von Pilot Officer Cyril Barton von der 578. Staffel, dessen Halifax in der Nähe von Ryhope im County Durham abstürzte; er bekam posthum das VC (Victoria Cross) verliehen. Viele Bomber kamen beschädigt zurück, manche mit schwer verwundeten Soldaten an Bord. Es gab nur wenige Staffeln, die in dieser Nacht weder Verluste noch Beschädigungen hinnehmen mußten, andere wiederum traf es hart: Die 101. Staffel verlor sechs Lancaster, die 51. Staffel fünf Halifax, und die 158. und die 514. Staffel verloren je vier Flugzeuge.
Die Nachtjagd allerdings hatte reiche Beute gemacht, und etliche Flugzeugführer konnten Mehrfachabschüsse verbuchen. Unter ihnen war auch Martin »Tino« Becker von der I./NJG 6. Mit seiner Bf 110 ohne Schräge Musik war er frühzeitig in den Bomberstrom eingesickert und hatte binnen 30 Minuten drei Lancaster und drei Halifax zu Boden geschickt, womit er seinen Erfolg vom Frankfurt-Angriff in der Vorwoche wiederholte. Ein weiterer Luftsieg stand noch aus – zunächst aber mußte er in Mainz-Finthen zwischenlanden und auftanken; dann startete er wieder. Dieses Mal wurde er von einem JLO im kaum noch praktizierten Himmelbettverfahren an eine heimfliegende Halifax herangeführt, die er mit seinen Bordkanonen in die Tiefe sandte, was seine nächtliche Strecke auf sieben erhöhte. Dieses letzte Opfer war die Halifax LK 800 der 429. (Bison-) Staffel des kanadischen Bombergeschwaders 6, die – gesteuert von Pilot Officer K.H. Bowly – in Leeming, Yorkshire, gestartet war. Die gesamte Besatzung konnte abspringen, bevor ihre Maschine südlich von Luxemburg abstürzte; fünf Männer gerieten in Kriegsgefangenschaft, zwei flohen und kehrten nach Großbritannien zurück. Kurz darauf erhielt Martin Becker aus den Händen Adolf Hitlers das begehrte Ritterkreuz.
Leutnant Wilhelm Seuss, der sich – wir erinnern uns – zuvor selbst noch als »feige« bezeichnet hatte, erzielte vier Luftsiege. Er erinnert sich dieser Nacht so:

> »Ich war in der 11. Staffel des NJG 5 in Erfurt. Tags darauf sollte ich Urlaub bekommen, und ich wollte weg. Ich hatte mir gedacht: Wenn bis 23.00 Uhr kein Alarm ist, kommen sie auch nicht mehr – dann kann ich am nächsten Morgen los. Jedenfalls war ich ziemlich sicher, daß – wegen des Mondes – kein Angriff stattfinden würde, auch wenn uns am Nachmittag noch eine Mosquito Richtung Leipzig überflogen hatte. Als dann Alarmbereitschaft befohlen wurde, war ich wirklich überrascht und wunderte mich, was da vor sich ging. Ich hatte doch meinen Koffer nach Mond gepackt!
> Mein Flugbuch zeigt, daß ich um 23.17 Uhr startete, also muß der Alarm so um elf Uhr ausgelöst worden sein. Wir wurden zu einem Funkfeuer bei Offenbach geschickt; ich glaube, es hieß "Otto". Sobald ich dort ankam, konnte ich die ersten "Christbäume" der Pfadfinder sehen – und dann sah ich die ersten Bomber abstürzen, einen nach dem anderen. Ich flog weiter und folgte den Wracks am Boden. Dann sah ich im Scheinwerfer eine Lancaster und schoß sie ab. Ich hätte die Bomber auch mit meinem SN-2 auffassen

können, aber das war gar nicht nötig: Die Formation flog noch recht eng, und sehr bald hatte ich zwei weitere abgeschossen. Dann sah ich noch eine und schob mich unter sie – aber meine Schräge Musik hatte keine Munition mehr, und mein Funker mußte erst noch die Trommel wechseln. Das dauerte drei oder vier Minuten, und ich blieb unter der Viermot – aber die merkten nichts. Dann, gerade als ich schoß, kippte er zu einer Seite ab und flog genau durch meinen Feuerstoß; er fing sofort an zu brennen.
Ich hätte in der Formation bleiben und noch mehr abschießen können, aber ich hatte einfach genug: Ich war mit den Nerven fertig und hatte das Gefühl, ich würde uns alle gefährden, wenn ich jetzt noch weitermachte. Also flog ich zurück nach Erfurt und landete. Gleich nach der Landung kam eine Mosquito und griff den Fliegerhorst an – und meine 110 hatte ein Loch in der Luftschraube.«

Ein anderer deutscher Flieger, der sich noch deutlich an die Nacht des Angriffs auf Nürnberg erinnert, ist Walter Heidenreich, der – wie schon berichtet – seit April 1942 Funker von Oberleutnant Günther Köberich war. Köberich hatte bislang zwölf Luftsiege, darunter auch eine amerikanische Consolidated B-24 Liberator, die er am 18. November 1943 am Tage abgeschossen hatte. Beim Angriff auf Stuttgart am 15. März 1944 hatten Köberich und Heidenreich drei Lancaster abgeschossen. Jetzt waren sie bei der II./NJG 2 in Quakenbrück nördlich von Münster und flogen eine Ju 88 R-2 mit SN-2 und Schräger Musik. Von den nach oben feuernden Bordkanonen war Köberich begeistert. Er hatte von Quakenbrück aus auf Südkurs gerade den Raum Köln erreicht, als Heidenreich auf seinem SN-2 ein Signal auffaßte und Köberich Anweisungen erteilte, um ihm zu folgen. Sie kamen nur langsam näher, und als das Signal stärker wurde, sah Heidenreich, daß irgend etwas nicht stimmte: Das Signal war viel zu stark. Die erste Ortung war über etwa 5 km erfolgt, und als sie weniger als 1000 m heran waren, hatten sie Sichtkontakt und erkannten auch, weshalb das Funkmeßsignal so ungewöhnlich gewesen war: Da flogen zwei Lancaster sehr dicht nebeneinander her. Köberich brachte seine Junkers von hinten unten heran und nutzte so den dunklen Boden unter sich, der ihn den Blicken der Lancaster-Bordschützen entzog. Bald hatte er einen der Bomber in seinem »Revi« (Reflexvisier) im Kabinendach und gab einen kurzen Feuerstoß ab. Aus irgendeinem unerfindlichen Grund enthielt seine Schräge Musik aber Leuchtspurmunition, und Heidenreich war vorübergehend geblendet. Normalerweise enthielt die Schräge Musik keine Leuchtspurgeschosse: Sie hätte die Besatzung nur geblendet und die Position des Jägers verraten. Jeder Schuß traf, und die Lancaster geriet in Brand. Köberich brach nach einer Seite weg, um einer Explosion des Bombers zu entgehen, und glitt unter die andere Viermot. Noch ein kurzer Feuerstoß, und auch die fing Feuer. »Eine Zeitlang«, berichtet Heidenreich, »flogen beide weiter geradeaus, beide brennend. Dann kippte eine nach links ab und schlug am rechten Rheinufer auf, und die zweite stürzte auf das andere Ufer. Beim Aufprall schienen sie in alle Richtungen auseinanderzubersten, sehr farbig – rot und grün und gelb. Ich nehme daher an, daß es Pfadfindermaschinen waren. Wir landeten woanders, und so bekamen wir keine Bestätigung. Ich weiß nicht, ob man sie gefunden hat, und ich weiß auch nicht, ob einer von den Jungs da noch rausgekommen ist – aber vielleicht hatten sie dafür ja noch Zeit.«
Es gab tatsächlich einen Überlebenden: Dem Funker eines der beiden Flugzeuge gelang noch der Absprung. Wie Heidenreich vermutet hatte, waren es Pfadfinder-Maschinen, beide von der 156. Staffel in Upwood, zwei der vier Lancaster, die diese Staffel in jener Nacht verlor. Eine wurde von dem australischen Warrant Officer Jack Murphy geflogen, die andere von dem norwegischen Luftwaffenhauptmann Finn Johnsen. Beide waren erfahrene Bomberpiloten: Murphy flog seinen 50. Feindflug.

Nur wenige würden wohl bestreiten, daß der Angriff auf Nürnberg – für sich gesehen – eine klare Niederlage des Bomberkommandos war. Aber wie soll man Harris' »Battle of Berlin« einstufen, zu der der Nürnberg-Angriff als der letzte dieser Einsätze schließlich zählt? Hier gehen die Meinungen auseinander. Die offiziellen Historiker – Sir Charles Webster und Dr. Noble Frankland, der im Kriege selbst Navigator des Bomberkommandos war – haben keinerlei Zweifel: »Vom Einsatzerfolg her gesehen, war die "Battle of Berlin" mehr als ein Fehlschlag: Es war eine Niederlage.«[1] Group Captain (Oberst) Dudley Saward, Leitender Radartechniker des Bomberkommandos seit 1942, sieht das in seiner Biographie des früheren Oberbefehlshabers völlig anders: »Die Aussage, das Unternehmen Berlin sei ein Fehlschlag gewesen, wird von den Tatsachen nicht getragen. Eine Untersuchung der Ergebnisse beweist nicht Fehlschlag, sondern Erfolg.«[2]

Für und wider diese Ansichten ist viel geschrieben worden, und je mehr darüber geschrieben wird, desto dogmatischer werden die Standpunkte vertreten, desto mehr wird versucht, den ungeheuer komplexen Vorgang zu vereinfachen, desto mehr werden die Ursachen vernebelt. Der Stadt Berlin, ihrer Bevölkerung und ihrer Industrie wurden schwere Schäden zugefügt, und der Preis, den das Bomberkommando an Menschen und Material dafür zu zahlen hatte, war hoch. Harris war Opfer seines eigenen Hanges zu großspurigen Ankündigungen geworden, die seinen unbeirrbaren Glauben an die Bombardierung von Städten unterstützen sollten. Immer wieder wird angeführt, der erste Teil der Prognose des Oberbefehlshabers – der Verlust von 400 bis 500 Bombern – sei ja schließlich eingetreten: Zwischen November 1943 und März 1944 kehrten allein von Angriffen auf Berlin 466 schwere Bomber nicht zurück. Und immer wieder wird angeführt, der zweite Teil seiner Prognose – die Angriffe auf Berlin würden den Sieg bringen – sei nicht eingetreten: Also sei die »Battle of Berlin« ein Fehlschlag gewesen. Tatsächlich beweist beides überhaupt nichts – es beweist nur eines: Harris machte eine vorschnelle Aussage, und diese Aussage erwies sich als falsch.
Die Gegenseite, unter anderem vertreten von Dudley Saward, trägt die Statistiken der Schäden zusammen, die industriellen und anderen kriegswichtigen Einrichtungen in Berlin zugefügt wurden, addiert die gar nicht meßbaren Auswirkungen der Bomben auf die Moral der Deutschen hinzu, setzt dagegen die Verluste des Bomberkommandos und kommt unter dem Strich zu einem Sieg für Harris.
Die Antwort liegt vermutlich irgendwo in der Mitte: Die Argumente beider Seiten enthalten Elemente der Wahrheit. Zwar hat es dann noch über ein Jahr gedauert, bis das Deutsche Reich kapitulierte – aber wer kann denn mit irgendwelcher Sicherheit sagen, um wieviel er länger gedauert hätte, wenn das Bomberkommando nicht Harris' Flächenbombardierungs-Weisungen gefolgt wäre, so kompromißlos grausam sie auch waren? Und was – auch diese Frage muß, wenn auch nur rhetorisch, erlaubt sein – wäre denn die Alternative gewesen? Wie schon die Schlacht um Berlin ganz klar beweist – die zusammengefaßten Erfahrungen der nächtlichen Bombenwürfe der vergangenen viereinhalb Jahre einmal völlig außer acht gelassen – war das Bomber kommando trotz Gee, Oboe, H2S und Pfadfindern schlichtweg noch immer außerstande, Ziele, die weiter entfernt lagen, auch nur halbwegs präzise zu finden und dann auch noch zu treffen. Aber hätte Harris deswegen seinen Plan, den Krieg in das Land des Feindes zu verlagern, aufgeben sollen?

[1] *Official History*, Teil II, Kapitel 5, Seite 193.
[2] *»Bomber« Harris*, Kapitel 19, von Dudley Saward, 1984 veröffentlicht von Cassell Ltd and Buchan & Enright Ltd

KAPITEL 11

Vorbereitungen für Overlord

April bis Juni 1944

Im Dezember 1943, als die endgültige Entscheidung getroffen wurde, das Festland Europas in absehbarer Zeit zu erobern, war General Dwight David Eisenhower zum Obersten Befehlshaber der Alliierten Streitkräfte ernannt worden; im Monat darauf übernahm er diese Aufgabe. Air Chief Marshal (General) Sir Arthur Tedder wurde kurz darauf sein Stellvertreter. Mit Wirkung vom 14. April 1944 wurden – in Vorbereitung der Invasion, die den Decknamen »Operation Overlord« (»Unternehmen Lehnsherr«) trug – die Vereinigten Britischen und Amerikanischen Bomberstreitkräfte Eisenhower unterstellt. Das allerdings bedeutete noch nicht, daß die bisherigen Grundsätze der Bombenangriffe abrupt geändert worden wären: Schon vorher war – in Anbetracht der bevorstehenden Invasion und der wachsenden Bedrohung durch die deutschen V-Waffen – der Schwerpunkt von Zielen in Deutschland auf Ziele in Frankreich verlagert worden. Zu den Zielen in Frankreich zählten auch die des sogenannten »Transportation Plan« (»Projekt Verkehrswege«), der auf die Abriegelung der feindlichen Nachschubverbindungen abzielte. Denn das Bomberkommando hatte schließlich mit Hilfe seiner Mosquito und der bewährten Kurzstrecken-Navigationshilfe Oboe und, kürzlich erst eingeführt, Gee-H bewiesen, daß seine Lancaster und Halifax unter günstigen Bedingungen durchaus in der Lage waren, überraschend präzise Nachtangriffe auf Ziele innerhalb der Reichweite dieser Systeme zu fliegen. So verlief der Übergang von Harris' absoluter Fokussierung auf Ziele in Deutschland auf Ziele, die das Bomberkommando jetzt in Unterstützung der Invasion in Frankreich angreifen mußte, relativ glatt.

Schon 1943 hatte das Oberkommando der Luftwaffe seine Jagdverbände zunehmend sehr kurzfristig von Flugplatz zu Flugplatz verlegt, manchmal sogar täglich in dem Bemühen, der steigenden Bedrohung durch die amerikanischen Luftstreitkräfte und das Bomberkommando taktisch auszuweichen – nunmehr jedoch, nachdem die Angriffe auf Ziele in Frankreich zunahmen und nicht mehr zu verkennen war, daß die Invasion nur noch eine Frage der Zeit war, mußten diese Verbände nach Frankreich und Belgien vorverlegt werden. Das bedeutete häufig aber auch, daß die Gruppen rein geographisch von der Luftflotte Reich, verantwortlich für die Reichsverteidigung, in den Bereich der Luftflotte 3, zuständig für Frankreich, überwechselten. Das hatte dann häufig zur Folge, daß diese Verbände oder Einheiten einsatzmäßig Divisionen unterstanden, denen sie organisch gar nicht angehörten, was wiederum zu ziemlichem Durcheinander bei der Versorgung und besonders beim Fernmeldewesen führte. Trotzdem aber blieb die Nachtjagd, obwohl der Herstellung von Tagjägern immer mehr Vorrang eingeräumt wurde, eine erhebliche Bedrohung für das Bomberkommando – auch wenn sie unter zunehmenden Schwierigkeiten zu leiden hatte, wie ein Nachtjäger beschreibt.

Leutnant Otto Heinrich Fries war Technischer Offizier der II./NJG 1. In der RAF gehörte ein Technischer Offizier nicht dem fliegerischen Dienst an, sondern war spezialisierter Techniker – in der deutschen Luftwaffe hingegen machte das ein Einsatzflugzeugführer in Nebenfunktion. Fries hatte bereits mehrere Luftsiege mit der Bf 110 erzielt. Anfang 1944 gehörte seine Gruppe zu denen, die nach Frankreich verlegt wurden. Ihr neuer Flugplatz war St. Dizier, südwestlich von Verdun. Fries mochte diesen Platz nicht: Obwohl die Startbahn ausreichend lang war, war der Platz selbst sehr schmal und an allen vier Seiten von Wasser umgeben – an drei Seiten von Kanälen und an der vierten von der Marne. Die große Flugzeughalle, die sie für Wartungs- und Instandsetzungsarbeiten benutzten, lag außerhalb des Platzes, und um sie zu erreichen, mußten die Flugzeuge über eine sehr buckelige Holzbrücke rollen oder gezogen werden. Wenn Fries mit einem Flugzeug darüberrollte, hatte er bei Erreichen des höchsten Punktes der Brücke stets das ungute Gefühl, sein Flugzeug werde einen Kopfstand machen. Um das auszuschließen, näherte er sich der Brücke relativ schnell, und wenn er dann den höchsten Punkt erreicht hatte, gab er noch mehr Gas und zog die Steuersäule bis an den Bauch zurück, damit der Propellerstrahl das Heck fest an den Boden drückte. Fries weiter über St. Dizier:

> »Auch die Baracke, in der sie allnächtlich Bereitschaft schoben, lag jenseits der Marne; ein schmaler, schwankender Holzsteg führte hinüber. Sie stand etwa hundert Meter vom Ufer der Marne entfernt in einem dichten Buchenwald. Als es dann wärmer wurde, war der Waldboden innerhalb eines Tages mit Tausenden gelber Narzissen übersät. Die Räume der Bereitschaftsbaracke stanken penetrant nach Fußbodenöl und abgestandenem Tabaksrauch, obwohl Fenster und Türen tagsüber weit offen standen. Sie stellten daher, als die Nachttemperatur erträglicher wurde, ihre Liegestühle vor die Baracke und genossen den melodischen Gesang der Nachtigallen; es mußten einige Dutzend sein, die sich allnächtlich produzierten. Er konnte sich nicht erinnern, je in seinem Leben gehört zu haben, daß so viele Nachtigallen gleichzeitig sangen – es war ein Ohrenschmaus! Trotzdem war ihm der Wald auf eine unerklärliche Weise unsympatisch. Er hatte keine stichhaltige Erklärung dafür, es war ein reines Gefühl, das dann allerdings eines Nachts bestätigt wurde: Als sie nach dem Ende der Bereitschaft zu dritt auf einem Beiwagen-Krad zu ihrer Unterkunft in der Stadt fuhren, wurden sie aus dem Wald heraus beschossen – dies geschah allerdings auf der dem Flugplatz abgekehrten Seite des Waldes. Die Geschosse, dem Knall nach mußten sie aus einer Pistole abgefeuert worden sein, pfiffen ihnen nur so um die Ohren. Es war ihnen zwar bekannt, daß sich die Aktivitäten des Maqui von Woche zu Woche steigerten, aber daß er sich bereits im Wald, also in allernächster Nähe ihres Flugplatzes eingenistet hatte, das erfuhren sie recht handfest erst in diesem Augenblick. Sie vermieden es danach, die Bereitschaftsbaracke im Wald zu benutzen, und sorgten dafür, daß der Holzsteg abgebrochen wurde. Zur Bereitschaft machte man ihnen einen Raum im Gefechtsstand frei.«

Fries beschreibt dann, wie in das Offiziersquartier in der Stadt eingebrochen wurde: Die Diebe stahlen deutsche Uniformen, ließen eine beträchtliche Summe Bargeld aber liegen. Doch die französische Résistance war nicht die einzige Störung, mit der sich die Luftwaffe herumschlagen mußte:

> »Es war die Zeit, in der die Alliierten mit der Vorbereitung der Invasion begannen. In der Morgenfrühe kam der "Aufklärer vom Dienst" in großer Höhe angeschwirrt und fotografierte. Bald danach hing der Himmel voller Thunderbolts, Mustangs und Lightnings, die auf alles schossen, was sich auf Rädern bewegte. Die Nachschubzüge konnten daher nur nachts fahren; tagsüber wurden sie auf Rangiergleisen abgestellt. Es wiederholte sich alltäglich das gleiche Spiel: Gegen Abend kamen Jabos und griffen die Bahnhöfe an, die auf Grund der Aufklärerfotos von den Kommandostellen der Briten und Amerikaner als

lohnend erkannt worden waren. Die Bahnhöfe wurden auf beiden Seiten durch Bombenwürfe auf die Gleiskörper dicht gemacht, so daß Züge nicht mehr ausfahren konnten. In der Nacht kam dann ein gutes Dutzend Bomber der R.A.F. und zerstörte das Bahngelände mit den abgestellten Nachschubzügen, sofern es die Reparaturkolonnen nicht geschafft hatten, in der relativ kurzen Zeit zwischen Dämmerung und Angriff wenigstens ein Gleis wieder instand zu setzen, damit die Züge aus dem Bahnhof herausgeschoben werden konnten.
Fast jede Nacht starteten sie auf die "Bahnhofsbomber", wie sie von ihnen genannt wurden – aber auch jede Nacht war der britische "Fernnachtjäger vom Dienst" rechtzeitig am Platz, um den Flugbetrieb zu stören, was ihm auch gelegentlich gelang – er hatte immer ein paar Bomben dabei, aber zum Glück warf er meistens daneben. Trotzdem ging er ihnen ganz schön auf die Nerven! Sie wandten einige Tricks an, um seine Chancen möglichst gering zu halten.
Der erste Trick war, ihn zum Bombenwurf auf den Notlandepfad zu verleiten statt auf ihre Betonpiste, die sie ja zum Start benötigten. Auf der Grasnarbe zu starten war kein einfaches Unternehmen, weil die Fläche des Rollfeldes äußerst uneben war. Es gab sogar eine Fülle von Karnickellöchern. Wenn sie das Sirren der Mosquito über dem Flugplatz hörten, dann wußten sie, daß in spätestens einer halben Stunde der Startbefehl zum Einsatz kommen würde. Sie ließen den "Kameraden von der anderen Feldpostnummer" erst einige Runden über den Platz drehen und schalteten dann für etwa eine halbe Minute den Notlandepfad ein, der auf dem Rasen des Rollfeldes angelegt war. Nach einer Minute wiederholte sich das Spiel, immer wieder wurde die Lampenreihe ein- und ausgeschaltet. Auf diese Weise täuschten sie einen regen Startbetrieb vor und irgendwann fielen dann die Bomben auf die vermeintliche Startbahn. Wenn dann ihr Start befohlen wurde, mußten sie zwar immer noch mit einem Bordwaffenangriff rechnen, aber nicht mehr mit den weitaus unangenehmeren Bomben.
Ein weiterer Trick war, daß sie beim Start jede nur mögliche Vorsicht walten ließen: Schon beim Anrollen nahm der Funker Sprechverbindung mit dem Gefechtsstand auf. Die Startbahnbeleuchtung forderte er jedoch erst dann an, wenn der Flugzeugführer die Maschine in Startposition gebracht hatte. Leuchteten die Lampen der Startbahn auf, dann schob er sofort die Hebel auf Vollast, um möglichst schnell in die Luft zu kommen. Sowie er abgehoben hatte, wurden die Lampen wieder ausgeschaltet.
Die größten Chancen, ungeschoren davon zu kommen, hatte die Besatzung, die als erste startete. So entspann sich allnächtlich ein Wettrennen um den ersten Start.
Nach dem harten Winter mit seinen zahlreichen Verlusten brachte die Gruppe kaum mehr als acht Maschinen zum Einsatz, meistens waren es jedoch weniger, oft nur zwei oder drei. So war es nur ein relativ kurzer Zeitraum, der für den Start der gesamten Gruppe benötigt wurde – im Hinblick auf die Aktivitäten des britischen Fernnachtjägers war dies natürlich sehr günstig.
Die Tarnboxen, in denen sie ihre Maschinen untergebracht hatten, standen in größeren Abständen um den Platz. Sie waren mit Splitterschutzwänden versehen und durch kurze Stichstraßen an die Rollbahn angeschlossen, die den Flugplatz vollständig umrundete. Die der normalen Startposition nach Westen am nächsten gelegene Box gehörte dem Kommandeur. Seine Box – er war der Technische Offizier der Gruppe – folgte als nächste, dann kamen die Boxen der vierten Staffel. Jenseits des Startpunktes waren die Maschinen der fünften und der sechsten Staffel untergebracht. Was die Zahl der Besatzungen anlangte, so hatte ihre Gruppe zu dieser Zeit praktisch kaum noch die Stärke einer

normalen Staffel – in den verflossenen Spätherbst- und Wintermonaten hatten sie herbe Verluste hinnehmen müssen.«

In der Nacht des 6./7. April wurde Fries' Gruppe etwa eine Stunde vor Mitternacht Sitzbereitschaft befohlen. Zwar gab es in dieser Nacht keine Angriffe durch schwere Bomber, aber Mosquito flogen in Deutschland und den besetzten Ländern Ablenk-, Stör-, Täusch- und Jagdbombereinsätze. Es war eine kalte Nacht, und die deutschen Besatzungen saßen frierend in ihren Maschinen und warteten auf das Leuchtsignal, das ihnen den Start freigab. Schließlich kam es auch, und Fries ließ die Motoren an und begann, schnell zu rollen. Dann mußte er scharf abbremsen, um nicht mit der Bf 110 seines Kommandeurs Major Eckart-Wilhelm von Bonin zusammenzustoßen, der ebenfalls mit Tempo aus seinem Unterstand herausrollte. Auf Anforderung des Funkers in der Kommandeursmaschine leuchtete die Platzbefeuerung auf, und von Bonin rollte, ohne die Startposition einzunehmen, mit Vollgas die Startbahn entlang. Sobald seine Räder abgehoben hatten, erlosch die Befeuerung, und Fries rollte an – so dicht hinter dem Kommandeur, daß er erst noch warten mußte, bis sich die Luftturbulenzen, die von Bonins Luftschrauben stammten, gelegt hatten, bevor er die Platzbefeuerung anforderte. Sein Funker Staffa gab die Anforderung durch, und Fries' Bf 110 rollte an. In diesem Moment detonierte ein flammender Blitz links von seinem Flugzeug, und er fühlte, wie ihn irgend etwas am Kopf traf. Für einen Sekundenbruchteil drohte er das Bewußtsein zu verlieren, dann aber riß er instinktiv die Gashebel zurück, trat in die Bremsen und schwang von der Startbahn. Er rollte zurück zu seinem Unterstand, wo er mit seiner Besatzung die Schäden untersuchte, die die Bombe der Mosquito angerichtet hatte. Ein Splitter hatte zwischen Funker und Bordschützen das Seitenfenster der Kabine durchschlagen, aber niemanden getroffen. Was Fries am Kopf getroffen hatte, war ein mittelgroßes Betonstück, das vermutlich bei Explosion der Bombe aus der Startbahn gerissen worden war; es hatte das Plexiglas des Einstiegs durchschlagen. Die Funkmeßantennen waren verbogen, und Rumpf, Flächen wie Leitwerk wiesen zahlreiche Dellen und Löcher unterschiedlicher Größe auf. Die Wiederinstandsetzung der Maschine dauerte eine volle Woche.
Im Herbst 1943 und im darauffolgenden Winter hatte die Effektivität von Hajo Herrmanns Wilde-Sau-Einsitzern nachgelassen; sie waren immer weniger in der Lage, sich auf die Kombination von Schlechtwetter, unzureichend ausgebildeten Flugzeugführern – die alten Blindflugexperten waren mehr und mehr auf der Strecke geblieben – und die kompromißlosen Einsatzforderungen ihres Kommandeurs einzustellen. Die Zahme Sau mit ihrer Infiltration und die zweimotorigen Jäger der Wilden Sau hingegen bewährten sich immer besser, und hinzu kam, daß eine unverhältnismäßig hohe Zahl einsitziger Jäger, die bei Tage dringend benötigt wurden, bei nächtlichen Einsätzen – meist durch Flugunfälle – beschädigt oder zerstört wurden: All dies führte am 16. März 1944 zur Auflösung von Hajo Herrmanns 30. Jagddivision. Nur einige der kleineren Gruppen und Staffeln von Einmotorigen blieben für die Nachtjagd und zu Erprobungszwecken erhalten: Zu Beginn des Jahres war eine neue Nachtjagdgruppe, NJGr 10, aufgestellt worden, die zum Beispiel an der Entwicklung von Nachtjagdgerät und -taktiken arbeitete, und Teile des JG 300 bildeten jetzt die 1./NJGr 10 unter Hauptmann Friedrich Karl Müller, »Nasenmüller«, dem erfolgreichsten von Herrmanns früheren Freibeutern. Die Rolle der drei Geschwader der 30. Jagddivision – JG 300, JG 301 und JG 302 – wurde von Nachtjagd auf Allwetterjagd abgeändert, und Herrmann wurde Kommandeur der 1. Jagddivision in Döberitz, die sowohl Tag- als auch Nachtjagdstaffeln umfaßte und für die Luftverteidigung des Raumes Berlin verantwortlich war.
Anfang April 1944 konnte das Bomberkommando täglich auf durchschnittlich 1000 viermotorige Bomber zurückgreifen, und ihre Zahl wuchs ständig. Nur eine kleine Anzahl der unzuläng-

lichen Halifax Mk II und Mk V war noch im Einsatz. Der gegen Harris' Bomber kämpfende General Schmid verfügte über nahezu 80 Verbände und Einheiten, die meisten von ihnen Gruppen auf Fliegerhorsten, Einsatz- und Feldflugplätzen in Deutschland, Frankreich, Holland, Belgien und Dänemark. Auf dem Papier entsprach deren Stärke in etwa der Stärke des Bomberkommandos, aber ihre tatsächlich Stärke – Fries' Bericht schildert das ja sehr eindringlich – lag weit darunter. Und wenn man dann den Klarstand betrachtete, sank diese Zahl noch weiter, auf durchschnittlich etwa 400 Flugzeuge und Besatzungen, die jede Nacht gegen die Bomber aufgeboten werden konnten.

Nach den hohen Verlusten des Angriffs auf Nürnberg wurde erst am 11./12. April wieder eine deutsche Stadt von schweren Bombern angegriffen, und die lag ziemlich nah: Aachen. Mittlerweile allerdings widmeten sich Mosquito dem Reichsgebiet, während die schweren Bomber unter minimalen Verlusten Ziele in Frankreich angriffen. Die geringe Eindringtiefe der Bomber, die dort ihre Ziele angriffen, gaben den deutschen Nachtjägern nur wenig Zeit, ihre Beute zu finden. Die Nacht ihres größten Erfolgs war der 10./11. April, als sie bei einem Angriff auf Bahnziele bei Tergnier südlich von St. Quentin die Mehrzahl der zehn abgeschossenen Halifax für sich beanspruchen konnten.

In dieser Nacht flog Horace Pearce die Halifax V mit der Seriennummer LL 126, KN-W. Er bombardierte sein Ziel mit Erfolg und war bereits auf dem Rückflug, als er in der Nähe von Amiens von einem Jäger angegriffen wurde:

> »Das Feindflugzeug griff von hinten links an, und der Heckschütze begann mit seinem Monolog: "Entfernung zum Feind 400 m, kommt näher. Cockpitlichter aus; fertig für Korkenzieher!" Sofort hörte ich das Hämmern des Heckstand-Maschinengewehrs über die Bordsprechanlage. Das Feindflugzeug hatte uns ebenfalls beschossen, aber nicht getroffen. Ich wußte das aber nicht und wartete noch immer auf Ivors Befehl für den Korkenzieher – aber der kam nicht. Dafür stellte ich fest, daß Ivor das Feuer eingestellt hatte, und fragte mich, ob er wohl getroffen sei. Auch der Bordmechaniker Fred Archbold machte sich deswegen Sorgen und wollte schon nach hinten gehen, um nachzusehen, was los war – da hörte ich Ivor über die Bordsprechanlage: "Alten Kurs wieder aufnehmen. Der belästigt uns nicht mehr!" Ich fragte zurück: "Was ist da hinten los, Taffy? Was ist mit dem Korkenzieher?" Anstatt hierauf zu antworten, berichtete er, der Feindjäger sei bis auf 300 m rangekommen, und da habe er, Ivor, das Feuer eröffnet und den Jäger getroffen; er sei dann explodiert. Der gesamte Angriff hatte nur wenige Sekunden gedauert und konnte vom Oberrumpf-Bordschützen Ray Brooks bestätigt werden; Brooks konnte sich am Feuer nicht beteiligen, da das Leitwerk der Halifax in der Schußlinie lag. Ivor hatte sich klug verhalten: Hätte er, als das feindliche Feuer direkt über seinem Heckstand lag, den Korkenzieher angeordnet, dann hätte sich das Flugzeugheck mit seinem Waffenstand direkt in die Schußlinie erhoben. Er hatte den richtigen Moment abgewartet, und dann hatte er's ihm gegeben. Gordon Edwards sah das brennende Wrack abstürzen, und ich legte das Flugzeug auf die Seite, so daß ich es am Boden brennen sehen konnte. Für diese Leistung und auch andere, bei denen Ivor wesentlichen Anteil an der Sicherheit von Flugzeug und Besatzung hatte, wurde ihm kurz darauf die DFM (Distinguished Flying Medal) verliehen.«

In dieser Nacht hatte die 77. Staffel Glück: Sie verlor keine einzige Maschine. Die Besatzungen der Staffel beobachteten jedoch die Abstürze von Bombern anderer Staffeln, glaubten das aber nicht. Das Kriegstagebuch der Staffel enthält die Eintragung: »Amiens zur französischen Küste

– nur leichte Flak. Im Zielgebiet bis zu 20 Scheinwerfer. Etwa zehn der neuen "Vogelscheuchen"-Leuchtkörper bei Heimflug über Frankreich gemeldet.«
In den letzten Monaten hatten die Bomberbesatzungen von einer steigenden Zahl dieser neuen »Vogelscheuchen« berichtet – ein neues Phänomen heftiger und lodernder Explosionen in der Nähe des Bomberstroms. Das seien, so glaubten sie allen Ernstes, Spezialgranaten, die die Deutschen abschossen, um Flugzeugexplosionen vorzutäuschen und die Moral der Bomberbesatzungen zu untergraben. Die Ironie dabei ist, daß die Deutschen derartige Granaten gar nicht hatten: Was die Besatzungen sahen, waren tatsächlich explodierende Bomber, höchstwahrscheinlich Opfer von Nachtjägern, die von unten mit der noch nicht bekannten Schrägen Musik angriffen.
Um diese Zeit teilte Harris seine Angriffe häufig auf und schickte in derselben Nacht starke Kräfte zu Zielen in Deutschland und Frankreich sowie kleinere Formationen auf Ablenk- und Mineneinsätze. Jede Nacht schwärmten Mosquito aus, die – relativ unverwundbar – auf Ziele im gesamten Reich Störangriffe flogen. Sehr selten nur wurde eine Opfer der Kanonen eines Nachtjägers, so wie die Serrate-Mosquito, die in der Nacht vom 20./21. April südöstlich von Antwerpen abstürzte, abgeschossen von Paul Zorner.
Auch in der Nacht darauf waren die Mosquito wieder unterwegs, dieses Mal galt der Hauptangriff Aachen. Hinsichtlich der Massierung des Bombenwurfs war er recht erfolgreich; allerdings kamen neun von 341 eingesetzten Lancaster nicht mehr zurück – alle neun waren die Beute von nur zwei Jagdfliegern geworden: Hauptmann Helmut Bergmann von der III./NJG 4 schickte sieben in die Tiefe, und Heinz-Wolfgang Schnaufer, Gruppenkommandeur der IV./NJG 1, die beiden anderen.
Paul Zorners nächster Erfolg stellte sich am 22./23. April ein: Es war einer der 29 viermotorigen Bomber, die die Reichsverteidigung, vor allem die Nachtjagd, von den 577, die Düsseldorf angriffen, abschoß. Der Angriff auf Düsseldorf war konzentriert und effektiv – er bewies einmal mehr, wie verwundbar Städte waren, die näher an den Stützpunkten der Bomber lagen und damit innerhalb der Reichweite von Oboe und Gee-H.
Unter den Lancaster, die Düsseldorf am 22./23. April angriffen, war auch eine, die Pilot Officer (Leutnant) Oliver Brooks flog. Seine Erlebnisse dieser Nacht verdeutlichen einmal mehr die Gefahren, die ganz gewöhnliche junge Männer am nächtlichen Himmel Europas auf sich nehmen mußten. Sie zeigen aber auch, in welcher Weise sich diese »gewöhnlichen« jungen Männer den Herausforderungen stellten.
Statistisch waren die Besatzungen, die ihre Einsätze beim Bomberkommando von Herbst 1943 bis Frühjahr 1944 fliegen mußten, in noch höherem Maße den Gefahren von Tod, Verwundung oder Gefangenschaft ausgesetzt als Besatzungen, die zu anderen Zeiten des Krieges Feindflüge unternahmen. Zwar hat es immer kurze Perioden und natürlich auch einzelne Einsätze gegeben, deren Verlustquoten besonders hoch waren – aber bei einer Stehzeit von 30 Feindflügen wurde das auch ausgeglichen durch Einsätze mit vergleichsweise geringen Verlusten. Die Betonung liegt hier auf dem Wort »vergleichsweise«: Bomber über Deutschland zu fliegen war von Natur aus ein sehr gefährlicher Auftrag, aber selbst das war zu gewissen Zeiten gefährlicher als zu anderen. Die Besatzungen der Bomber waren ohne Zweifel tapfere Männer, die durch das plötzliche Fehlen vertrauter Gesichter in ihrer Staffel und die veröffentlichten Verlustzahlen stets daran erinnert wurden, wie gering ihre Überlebenschancen waren. Und trotzdem: Mit wenigen Ausnahmen flogen sie, bis ihre Einsatzzeit durchgestanden war oder sie – noch wahrscheinlicher – selbst zu den Verlusten zählten. Für die meisten der Gefallenen kam der Tod schnell – wenige letzte Momente des Grauens in einer brennenden Maschine, die der Erde entgegenheulte, und dann die Erlösung. Für andere zog sich der Todeskampf in die Länge in dem

aussichtslosen Bemühen, eine angeschlagene Maschine und verwundete Kameraden allen Widrigkeiten zum Trotz doch noch in Sicherheit zu bringen, was dann in einem Grab endete, das - an Land oder auf See - nur zu oft nicht gekennzeichnet, ja nicht einmal bekannt war. Und aus diesem Nährboden stillschweigender Tapferkeit erwuchsen zahlreiche Heldentaten, verwoben mit außerordentlichem fliegerischen Können, von denen viele gar nicht bekannt wurden, weil die, die darin verstrickt waren, fielen und nicht mehr berichten konnten. Einige allerdings gaben die Stafette weiter.

Oliver Brooks war als Feldwebel und Pilot zur XV. Staffel in Mildenhall, Suffolk, versetzt worden und hatte seinen ersten Einsatz - Minenlegen - im Oktober 1943 mit einer Stirling durchgeführt. Seine Einführung in das Bombardieren von Städten fand in der Nacht des 22./23. November statt, als Berlin angegriffen wurde - der letzte Luftangriff auf Ziele in Deutschland, an dem noch Stirling teilnahmen. Im Dezember rüstete die XV. Staffel auf Lancaster um, und am 20. Januar 1944 flog Brooks, nunmehr Pilot Officer, seinen ersten Feindeinsatz mit Lancaster. Wieder war Berlin das Ziel. Als er dann am 30./31. März an dem verlustreichen Angriff auf Nürnberg teilnahm, hatte er insgesamt bereits 16 Feindflüge hinter sich. Beim Anflug auf das Ziel überlebten er und seine Besatzung den Angriff einer Ju 88; sie brachten ihre beschädigte Lancaster sicher wieder nach Mildenhall zurück. Der nächste Einsatz, für den sie eingeteilt wurden, war der vom 22./23. April gegen Düsseldorf. Wieder wurde die schwer geprüfte Rheinstadt hart getroffen: Die starke Massierung von Bomben in der Altstadt, in Derendorf und Oberbilk ließ die Zahl der ausgebombten Familien in der Stadt auf über 10.000 hochschnellen - 29.300 Menschen waren davon betroffen. Zudem starben in dieser Nacht - trotz der vielen Bunker und Luftschutzkeller - weit über 1000 Menschen. Am nächtlichen Himmel trat die Nachtjagd in Aktion, und von 596 eingesetzten viermotorigen Bombern gingen 29 verloren. Unter den erfolgreichen Jagdfliegern waren auch Paul Zorner, der bei Aachen eine Viermotorige abschoß, und Georg-Hermann Greiner, dessen Opfer ins Zielgebiet stürzte. Zorner konnte jetzt auf 43 Luftsiege zurückblicken, Greiner auf 20. Wie üblich, war das Flakfeuer über Düsseldorf stark. Unter den Abwehrkräften waren auch einige Einsitzer von Hajo Herrmanns Wilder Sau, die jetzt nicht mehr ausschließlich Nachteinsätze, sondern Allwettereinsätze flogen.

Brooks flog die Lancaster Mk III, LS-W, Fertigungsnummer ND 763, ausgerüstet mit Merlin-Motoren von Packard. Zusätzlich zur normalen Besatzung war noch ein achter Mann an Bord, Flight Lieutenant (Hauptmann) John Fabian, Navigationsoffizier der Staffel, der Einsatzerfahrung mit dem H2S sammeln wollte: Brooks Flugzeug war eines der ersten der Staffel, das dieses Gerät an Bord hatte. Alles verlief glatt, bis in 6600 m Höhe die Bomben ausgeklinkt wurden, ausgerichtet auf die roten Bodenmarkierungen, die die Pfadfinder exakt in das Zentrum Düsseldorfs geworfen hatten. Dann aber griff eine Fw 190 der Wilden Sau von hinten an, schoß den linken äußeren Motor in Brand und beschädigte die Hydraulik der Maschine so nachhaltig, daß beide Waffenstände außer Gefecht gesetzt wurden. Fast gleichzeitig explodierte eine schwere Flakgranate unter dem Rumpf der Lancaster, verursachte weitere Schäden und verwundete den Bombenschützen Allen Gerrard so schwer, daß er binnen Minuten starb. Granatsplitter trafen auch Bordfunker Flight Sergeant (Hauptfeldwebel) L. Barnes am Bein und trennten es fast ab. Oberrumpf-Bordschütze Sergeant (Feldwebel) Ron Wilson und Navigator Flight Sergeant Ken Pincott erlitten leichtere Splitterwunden, Wilson am Ohr und Pincott an einem Finger. Der Angriff der Fw 190 oder die Flakgranate hatten zudem einen Kurzschluß in der Bordelektrik des Flugzeugs verursacht, der nun seinerseits im Rumpf einen Brand auslöste. Die Lancaster - Brooks kämpfte mit der Steuerung - verlor erschreckend schnell an Höhe, und als er sie wieder unter Kontrolle hatte, zeigte sein Höhenmesser nur noch 4200 m an. Ron Wilson schaffte es zwar, den Brand im Rumpf zu löschen, aber das Feuer hatte drei Fallschirme der Besatzung

beschädigt: Ein Absprung war jetzt nicht mehr möglich. Ron Wilson und der überzählige Navigator John Fabian versuchten noch, die Blutung an Barnes' Bein abzubinden, schafften das aber nicht, und Barnes starb.
Mit Nordwestkurs in Richtung Großbritannien überquerte Brooks' angeschlagene Maschine die holländische Küste in 900 m Höhe: Sie hing nur noch in der Luft und machte über Grund kaum noch 160 km/h. Auch eine Notwasserung kam nicht mehr in Frage: Das Schlauchboot, das in der Tragfläche untergebracht war, war durch die Flakgranate, die zwei Besatzungsmitglieder getötet hatte, ebenfalls zerstört worden. Brooks beschloß zu versuchen, Woodbridge zu erreichen, einen der drei speziellen Notlandeplätze an der Ostküste Großbritanniens, die Flugzeuge in Luftnot anfliegen konnten: Dort gab es breite und lange Betonlandebahnen und alles für Notfälle erforderliche Gerät - Entnebelungsanlagen, Feuerlöschfahrzeuge, Krankenwagen, schweres Bergungsgerät, medizinische Versorgung und dergleichen mehr. John Fabian übernahm die Navigation, während der reguläre Navigator Ken Pincott im Sitz des gefallenen Bordfunkers saß und SOS um SOS funkte. Erst später erfuhr er, daß der Bomber zu tief flog und seine Notrufe deswegen nicht empfangen werden konnten. Der linke äußere Motor war abgestellt, der rechte äußere lief nur gedrosselt, und alles, was entbehrlich war, einschließlich Waffen und Munition, war abgeworfen worden: So überquerte die stark beschädigte Lancaster die Küste Großbritanniens in nur noch 150 m Höhe. Alle Notlandebahnen, auch Woodbridge, verliefen von Ost nach West, damit beschädigte Maschinen im Direktanflug zur Landung ansetzen konnten - und das zahlte sich jetzt aus, denn Brooks hatte weder die Zeit noch die Höhe für die sonst üblichen Verfahrenskurven bei einer Landung. Höhen- und Seitenrudertrimmung waren ausgefallen, das Fahrwerk konnte nicht ausgefahren werden, und die Bombenklappen waren in der Stellung »offen« verriegelt. Der Kraftstoff wurde bereits knapp - aber das war durchaus von Vorteil, da dann weniger brennen konnte, wenn etwas schief ging. Brooks setzte seine Lancaster sanft auf den Bauch, und bald waren er und die anderen Überlebenden im Sanitätsrevier zwecks Untersuchung und Behandlung. Das Flugzeug war mittlerweile durch eine Bergungsmannschaft von der Landebahn geschoben worden.
Nach einem derartigen Erlebnis, könnte man meinen, stünden ein Kurzurlaub oder wenigstens eine kurze Zeit ohne Einsätze bevor - weit gefehlt: In der übernächsten Nacht bombardierten Brooks und seine Besatzung, mit Ersatz für die Gefallenen Barnes und Gerrard an Bord, Karlsruhe. Zweimal wurde Brooks' Maschine von Scheinwerfern eingefangen, und wieder wurde er von einem Nachtjäger angegriffen, aber jedesmal konnte er der Gefahr entkommen. Über diesen Einsatz schreibt Brooks: »Unser Kommandeur Wing Commander (Oberstleutnant) Watkins war früher Beobachter, und mit der XV. flog er gewöhnlich als Bombenschütze. Ich glaube, es war sein dritter Einsatz. Er war bereits hochdekoriert und ein großartiger Kommandeur. Nach dem Angriff auf Düsseldorf, von dem wir ja alle etwas durcheinander zurückkamen, steigt der doch bei uns ein und fliegt mit nach Karlsruhe! So ein Kerl war das!«
Am 21. Juni 1944 flog Flight Lieutenant Brooks - im Mai nach dem Düsseldorf-Einsatz war er befördert und sofort mit dem DFC (Distinguished Flying Cross) ausgezeichnet worden - seinen letzten Einsatz. Auch John Fabian und Ken Pincott hatten ihre Orden bekommen, Fabian einen Streifen zum DFC und Pincott die DFM (Distinguished Flying Medal). Am 5. Juli besuchte King George VI Mildenhall und heftete Brooks und Pincott ihre Orden nachträglich persönlich an die Brust. Sie hatten sich diese Auszeichnungen wirklich verdient. Heute - gut 50 Jahre danach - äußert sich Brooks eher zurückhaltend über sein DFC:

»Auf eines möchte ich unbedingt hinweisen: Ob jemand überlebte, ausgezeichnet wurde oder dergleichen - es war ein reines Glücksspiel! Gerade habe ich Brickhills Buch

The Dambusters noch einmal gelesen. Wie Micky Martin, Dave Shannon, Gibson, Cheshire überlebten, was sie durchmachten, brillante Piloten, die sie ja waren – aber sie müssen ein unglaubliches Glück gehabt haben! Verglichen mit ihren Taten ist mein Verdienst bescheiden. Aber selbst so glaube ich, daß ich verdammtes Glück hatte: Ich flog ja nur dreißig Einsätze – einige von denen aber über hundert! Sie überflogen das Ziel auch mehrfach, und zwar im Tiefflug, wenn sie ihre Zielmarkierungen absetzten, manchmal sogar ziemlich lange. Wir griffen doch nur an – und dann nichts wie weg!«

Zusätzlich zu Woodbridge in Suffolk, wo Brooks landete, gab es noch zwei weitere Notlandeplätze an der Ostküste, eine bei Manston in Kent und eine bei Carnaby in Yorkshire. Sie waren alle speziell so entworfen, gebaut, ausgerüstet und personell besetzt, daß sie für Flugzeuge sorgen konnten, die in Luftnot waren oder anderweitig Unterstützung brauchten – sei es als Folge von Feindeinwirkung, Wetter oder wegen des Zusammentreffens unglücklicher Umstände. Es waren eindrucksvolle Flugplätze.

Die überwältigende Mehrheit der Flugzeuge, die auf diesen »Emergency Landing Grounds« oder »ELGs« aufsetzten, waren natürlich Maschinen der Bomberkommandos und der USAAF, die von Deutschland zurückkehrten, und aus diesem Grunde lagen sie auch dicht an der Küste und hatten Ost-West-Landebahnen. Der erste in Dienst gestellte Platz, Woodbridge, hatte seinen ersten »Kunden« am 18. Juli 1943 – eine amerikanische B-17 Flying Fortress. Die Landebahn war 4100 m lang und 230 m breit. Da eine normale Landebahn nur halb so lang und nur 45 m breit war, ist leicht zu erkennen, daß hier – verglichen mit einem normalen Bomberflugplatz – die zehnfache Fläche zur Verfügung stand. Durch ihre Lage an der Küste waren diese Plätze nicht so nebelgefährdet wie weiter landeinwärts. Ein Pilot, der bei Tageslicht die Plätze anflog, sah vor sich eine riesige Betonplatte mit sehr wenigen Gebäuden in der Nähe – das war absichtlich so geplant worden, denn dann gab es weniger Hindernisse, in die eine außer Kontrolle geratenes Flugzeug hineinrasen konnte. Acht Flugzeugabstellplätze konnten insgesamt 50 Flugzeuge aufnehmen.

Die Betonfläche war in drei parallel verlaufende Landebahnen aufgeteilt, die nachts jeweils in unterschiedlichen Farben beleuchtet wurden – in Grün die Südbahn, in Weiß die Mittelbahn und in Gelb die Nordbahn. Anfliegende Flugzeuge wurden meist angewiesen, die Landebahn zu nehmen, die ihrem Zustand am besten entsprach: Umgeleitete und unbeschädigte Flugzeuge oder Maschinen mit Kraftstoffmangel wurden zur Nordbahn dirigiert, leicht beschädigte Maschinen zum Mittelstreifen, und stark beschädigte Maschinen, die eine Bruchlandung versuchten, nahmen die Südbahn. Falls erforderlich – und wenn dafür noch Zeit war – wurde ein Schaumteppich am Ende der Südbahn ausgebreitet, um die Landung stark beschädigter Bomber sicherer zu gestalten. Ab Juni 1944 wurden die Notlandebahnen auch mit Entnebelungsanlagen versehen: Rohrleitungen an beiden Seiten der Landebahnen versorgten eine ganze Serie von Brennern mit Kraftstoff. Die von diesen Brennern ausgehende intensive Hitze ließ die Luft aufsteigen, wodurch sich der Nebel lichtete und die waagerechte Sicht zunahm. Wenn jemand auf einem Platz landete, dessen Entnebelungsanlage in Betrieb war – andere Plätze wurden nach den Notlandeplätzen ebenfalls damit ausgerüstet –, dann boten ihm die vielen Flammen mit ihrem schwarzen Rauch ein abschreckendes, aber auch willkommenes Bild. Es war wie der Anflug auf die Hölle: Man spürte einen alarmierenden Ruck, wenn das Flugzeug – für die Landung dicht über dem Boden und mit gedrosselten Motoren – in das Konvektionsfeld einflog, und dann, wenn das Fahrwerk aufsetzte, rasten die Flammenreihen zu beiden Seiten vorüber, und ihre sichtbare Gefährlichkeit erinnerte den Piloten daran, sich darauf zu konzentrieren, um keinen Preis von der Mittellinie der Landebahn abzukommen. Aber man wußte auch,

daß man – gäbe es diese Anlagen nicht – ohne Kraftstoff hätte abstürzen können oder das Flugzeug hätte aufgeben müssen, wie es bei Nebel nicht selten geschah.
Die Notlandeplätze waren mit mechanischem und medizinischem Gerät so ausgerüstet, daß sie mit fast jedem Notfall fertig werden konnten – einschließlich Planierraupen, Kränen, Bruchbergungswagen, Feuerlöschfahrzeugen, ferngesteuertem Feuerlöschgerät, Krankenwagen und dergleichen. Zu Bruch gegangene Bomber wurden, wie Brooks' Lancaster, einfach zur Seite geschoben oder gehoben, um die Landebahn für weitere Anflüge freizumachen.

Verschiebebahnhöfe in Laon bei Reims waren weitere Ziele, die in der Nacht des Großangriffs auf Düsseldorf mit Bomben belegt wurden. Ein Flugzeugführer, der in dieser Nacht einen britischen Bomber besiegte, war Otto Fries. Sein Flugzeug, die Bf 110 C9+GC, war erst kürzlich mit Schräger Musik ausgerüstet worden, und es war sein erster Einsatz mit der aufwärts feuernden Waffe. Nachdem er ziemlich lange gewartet hatte, wurde er vom Boden angewiesen, Kurs auf den Bomberstrom zu nehmen, und bald hatte sein Funker Staffa ein Echo auf seinem SN-2. Langsam schob Fries seine Messerschmitt unter den ahnungslosen Bomber, den er als Stirling identifizierte. Er fand es unbequem, den Kopf zurücklehnen zu müssen, um durch das Reflexvisier im Kabinendach auf den Bomber zielen zu können, und dabei gleichzeitig das Flugzeug zu steuern. Dann aber war er in Schußposition und wollte das Feuer eröffnen – aber nicht die Schräge Musik, sondern die Bordwaffen im Bug der Bf 110 schossen: Er hatte den falschen Knopf gedrückt. Einem Ungeübten, sagt er, konnte so ein Fehler leicht unterlaufen. Es gab zwei Auslöser, »Löffel« und »Knopf« genannt. Der Knopf saß an der Steuersäule, wurde mit dem rechten Daumen betätigt und löste die Schräge Musik aus. In normalem Flug war er gegen versehentliches Abdrücken durch den Löffel abgedeckt, eine löffelähnliche Schutzkappe, die man nach unten klappen konnte, um den Knopf betätigen zu können. Um die Dinge aber noch zu komplizieren, war der Löffel selbst der Auslöser für die vorwärts schießende Kanone und die MGs – ihn hatte Fries gedrückt, anstatt ihn nach unten zu klappen und den Knopf für die Schräge Musik zu drücken. Zu Vorteil für Fries – und zum Nachteil für die Besatzung der Stirling – hatten die Männer der RAF seinen Feuerstoß nicht gesehen, und beim nächsten Mal machte er keinen Fehler: Er sah, wie die Geschosse seiner Kanone die linke Fläche zwischen den Motoren trafen. Fries zählte sieben Fallschirme, die aus der Feindmaschine kamen, dann kippte sie ab und stürzte nach unten, wo sie schließlich in einem Feuerball explodierte.
In der Nacht des Großangriffs auf Karlsruhe am 24./25. April wurde von 16 Mosquito und 244 Lancaster ein kleinerer Angriff auf München geflogen. Mit Ausnahme von zehn Lancaster gehörten alle Flugzeuge Staffeln des Bombergeschwaders 5 an, dessen Kommodore Sir Ralph Cochrane zu Zielmarkierung und Präzisionsangriffen andere Ansichten vertrat als Donald Bennett, dem die Pfadfinder unterstanden. Cochrane stand so hoch in der Gunst von Harris, daß der ihm Einsätze mit Verfahren gestattete, die von den sonst im Bomberkommando üblichen abwichen. Münchens Entfernung von Großbritannien und seine Lage so tief im Süden machten es zu einem schwierigen Ziel. Cochrane befürwortete eine Zielmarkierung durch tieffliegende Mosquito – ein Gedanke, der ursprünglich vom Kapitän der 617. Staffel, Wing Commander Leonard Cheshire, stammte –, und bei diesem Einsatz markierten vier Mosquito, von Piloten der 617. Staffel und Cheshire selbst geflogen, Zielpunkte in der Stadt aus Schornsteinhöhe, wobei sie konzentriertem Feuer der leichten Flak trotzten und das Ziel mehrfach im Zickzack überflogen, bis sie sicher waren, daß sie ihre Zielmarkierungen an exakt den richtigen Positionen abwarfen. Sobald die Zielkörper gesetzt waren, fungierte Cheshire als Bomberführer, indem er der Streitmacht hoch über sich Anweisungen gab, während sie ihre Spreng- und Brandbomben abwarfen. Ergebnis war ein äußerst präzises Bombardement, und kurz darauf wurde Cheshire das VC

(Victoria Cross) verliehen für diesen Angriff und die vielen anderen, an denen er teilgenommen hatte.
Ein Angriff auf Schweinfurt zwei Nächte später, der ähnlich ausgelegt war, erwies sich dann wieder als Fehlschlag. Dieses Mal waren die Mosquito, die das Ziel markierten, von der 627. Staffel, die erst kürzlich von Bennetts Leichten Nachtangriffskräften zum Bombergeschwader 5 übergewechselt waren, und ihre Markierungen waren ungenau. Der Wind war stärker als vorhergesagt und brachte den Zeitplan der Lancaster durcheinander: Als die Masse das Ziel erreichte, waren die Markierungen schon ausgebrannt. Vielleicht hatte die Nachtjagd nach dem Angriff auf München einen weiteren auf Süddeutschland erwartet – jedenfalls fanden die Nachtjäger ihren Weg in den Strom der schweren Bomber und schossen 21 Lancaster ab: 9,1 Prozent. Ein größerer Verband von nahezu 400 Bombern, von denen nur sieben verlorengingen, richtete schwere Schäden in Essen an, während ein erfolgreicher Angriff auf Eisenbahnanlagen bei Villeneuve-St-Georges durch 217 Maschinen nur einen Bomber kostete.
Trotz der hohen Verluste beim Angriff auf Nürnberg vier Wochen zuvor setzte Harris jetzt erneut einen Großverband bei Mondlicht auf ein weit entferntes Ziel in Deutschland an: Friedrichshafen am Bodensee, ein wichtiges Ziel, da die Fabriken dort unter anderem Panzergetriebe herstellten. Die südwestliche Lage von Friedrichshafen bedeutete, daß die Bomber – anders als beim Angriff auf Nürnberg – die Gebiete starker Nachtjagdkräfte meiden konnten. Insgesamt 150 Schulflugzeuge wurden über die Nordsee geschickt, um einen Angriff auf Norddeutschland vorzutäuschen, und 24 Mosquito der Leichten Nachtangriffskräfte bombardierten Stuttgart; zudem wurden noch zwei schwere Angriffe durch 223 beziehungsweise 144 Bomber auf Bahnknotenpunkte in Frankreich geflogen. Das Debakel von Nürnberg wiederholte sich zwar nicht, doch obwohl die Nachtjagd erst spät im Zielgebiet eintraf, konnte sie einige Erfolge verbuchen und 18 Bomber abschießen. Ein Angriff auf das französische Montzen zog die in Frankreich stationierten Nachtjäger auf sich: Sie schickten 15 Bomber zu Boden – mit 10,4 Prozent eine höhere Quote als beim Hauptangriff auf Friedrichshafen.
Paul Zorner fügte seinen Luftsiegen drei weitere hinzu, und Otto Kutzner schoß seinen elften Bomber ab. Heute, nachdem so viel Zeit seit den geschilderten Ereignissen verstrichen ist, fällt es den Fliegern häufig schwer, zwischen der einen oder anderen Nacht zu unterscheiden. Für einen der Jagdflieger jedoch ist die Nacht des RAF-Angriffs auf Friedrichshafen unvergeßlich.
Wie zuvor beim Angriff auf Nürnberg hielt man – wegen des Fast-Vollmonds und der dünnen Wolkendecke, gegen die die Bomber sich abzeichnen würden – einen Angriff für unwahrscheinlich. Die Flugzeugführer der frisch aufgestellten III./NJG 6 in Hagenau, südlich von Straßburg, hatten eigentlich eine Feier für diese Nacht vorbereitet, aber ihre Hoffnung auf ein fröhliches Gelage verwandelte sich in Enttäuschung, als ihnen Bereitschaft befohlen wurde. Oberleutnant Wim Johnen, Kapitän der 5. Staffel, startete um 00.48 Uhr am Morgen des 28. April 1944. Er flog eine nagelneue Bf 110 G-4 mit der Kennung C9+ES, die er erst kürzlich von den Werkstätten in Parchim abgeholt hatte. Sie war mit dem neuesten Funkmeßgerät SN-2, dem H2S-Peiler Naxos und Schräger Musik ausgestattet. Johnens regulärer Bordmechaniker Oberfeldwebel Mahle – der Mann, der die allererste und selbstgebastelte Schräge Musik in einen Nachtjäger eingebaut hatte – flog mit ihm, aber sein eigentlicher Funker Feldwebel Grasshoff war auf Urlaub; er wurde durch den Luftnachrichtenoffizier der Gruppe, Leutnant »Brinos« Kamprath, vertreten. Kamprath, der noch keine Einsätze geflogen hatte und deshalb auch noch keine Orden trug, hatte den brennenden Ehrgeiz, das Eiserne Kreuz zu erlangen, das üblicherweise für die Beteiligung an einem Abschuß verliehen wurde. Ihm war gesagt worden, ein Einsatz mit Johnen sei ein sicherer Weg, dieses Ziel zu erreichen. Was Johnen nicht wußte war, daß Mahle dem unerfahrenen Kamprath erzählt hatte, es sei üblich, eine Flasche Cognac mit an Bord zu neh-

men, um den Abschuß des Feindbombers feiern zu können. Und Johnen wußte auch nicht, daß Kamprath zuvor das Funk-Schlüsselmaterial für den Monat Mai bekommen hatte und diese Dokumente – in eklatanter Mißachtung bestehender Befehle – nun bei sich hatte.
Es dauerte nicht lange, und Kamprath erfaßte die ersten Echos mit seinem SN-2. Kamprath braucht Johnen jetzt nur noch in die entsprechende Richtung zu dirigieren, so daß der fast unmittelbar darauf das Flugzeug vor sich sah – eine Lancaster. Aber die klare Sicht und der weiße Wolkenteppich unterhalb erwiesen sich als zweifelhafter Vorteil: Als Johnen die Lancaster sehen konnte, sah deren Heckschütze auch Johnens Bf 110. Als Johnen den Angriff begann, ließ der RAF-Pilot seine schwere Maschine nach links unten wegkippen – der Beginn eines Korkenziehers. Johnen manövrierte sich unter den Bomber, und gerade als er das Feuer mit seiner Schrägen Musik eröffnete, sah er, wie Leuchtspurmunition vom Heckstand der Lancaster seine linke Fläche traf. Er drehte leicht ab und erkannte, daß die Lancaster zu brennen begann. Als deren Besatzung absprang, zählte er acht Fallschirme – dann explodierte der Bomber, und seine Trümmer torkelten wie brennende Fackeln zur Erde.
Dann machte Johnen in der Nähe einen weiteren Bomber aus, der brennend an Höhe verlor, und forderte von Kamprath Instruktionen, bekam aber keine Antwort. Er rief Mahle, aber auch der antwortete nicht. Dann hörte er ein gluckerndes Geräusch über die Bordsprechanlage – die beiden tranken den »üblichen« Toast auf den Erfolg! Johnen brachte seine Besatzung zurück in die Wirklichkeit, indem er harte Manöver mit der Maschine flog: Die Cognacflasche entglitt ihnen und zersplitterte, und zwei sehr kleinlaute Besatzungsmitglieder meldeten sich auf der Bordsprechanlage.
Über Friedrichshafen schoß Johnen seinen zweiten Bomber ab, und kurz darauf manövrierte er sich über dem Bodensee gerade in Schußposition für den dritten, als dessen Heckschütze seine Messerschmitt traf, die Kraftstofftanks durchlöcherte und den linken Motor in Brand setzte. Völlig überrascht konnte Johnen zwar das Feuer löschen, mußte den Motor aber stillegen und die Luftschraube in Segelstellung bringen. Gleich darauf fand er sich von etwa 20 Scheinwerfern eingefangen und schoß ein Erkennungssignal ab. Die Scheinwerfer erloschen – aber jetzt wurden am Boden grüne Signale abgefeuert, und die Befeuerung eines nahegelegenen Flugplatzes leuchtete auf: Das war ein unmißverständlicher Befehl zur Landung. Johnen erkannte jetzt, daß sie über der Schweiz waren. Wenn beide Motoren einwandfrei gelaufen wären, sagt er, dann hätte er die Landebahn angeflogen, als ob er landen wolle, und wäre dann im letzten Moment durchgestartet und im Tiefstflug entkommen – so aber konnte er nur ihren Anweisungen folgen: Wo Scheinwerfer waren, da war auch Flak! Ein Fluchtversuch Richtung Deutschland hätte bedeutet, das Schicksal herauszufordern – also landete er mit einem intakten Motor.
Johnen war auf dem Schweizer Flugplatz Dübendorf bei Zürich gelandet. Als erstes sah er bei der Landung zahlreiche amerikanische B-17 und B-24 auf den Abstellplätzen aufgereiht: Bomber, die in der neutralen Schweiz notgelandet waren. Wim Johnen schildert, was danach geschah:

> »Als wir gelandet waren, kamen die Amerikaner aus dem Offizierskasino, und wir gingen alle zusammen hinein – das war natürlich noch in der Nacht, so etwa zwei bis drei Uhr, und für die Amerikaner war der Krieg vorbei, weil sie ja nicht ausgetauscht wurden. Natürlich hatten sie den Lärm gehört, die Schießereien und all das – und jetzt nahmen sie uns auf ihre Schultern und trugen uns ins Kasino. Das wurde vielleicht ein Fest! Deutsche Flieger, amerikanische Flieger, Schweizer Flieger – wir machten durch bis etwa sieben Uhr morgens. Und es gab kein böses Wort! Ich muß auch sagen, daß die Schweizer sehr freundlich waren: Sie quetschten uns nicht aus, sondern waren sehr korrekt.
> 1944 wußten wir doch schon – wir durften nur nicht darüber sprechen –, daß der Krieg

verloren war. Alle Anzeichen sprachen dafür: In Rußland war die Wehrmacht auf dem Rückzug, und die deutschen Städte versanken durch die Luftüberlegenheit der Briten und Amerikaner in Schutt und Asche. Nur die Führung sprach ständig von neuen Raketen, neuen Wunderwaffen, von V1 und V2. Aber selbst die Führung muß doch gewußt haben, daß der Krieg aussichtslos war. Ich werde nie verstehen, warum sie dem deutschen Volk nicht einfach gesagt haben, daß der Krieg verloren sei und es die Waffen niederlegen müsse: Das hätte Hunderttausende von Menschenleben gerettet!«

Die Schweizer behandelten die Deutschen sehr gut, und der deutsche Luftwaffenattaché an der Botschaft in Bern schickte ein Telegramm nach Berlin, dessen wichtigster Satz lautete: »Johnen und Besatzung in Dübendorf gelandet.« Korrekter wäre es gewesen, wenn der Attaché das Wort »notgelandet« verwendet hätte, denn in der Reichshauptstadt interpretierte man den Wortlaut dahingehend, daß Johnen und seine Besatzung Fahnenflucht begangen hätten. In Deutschland wurde sofort die Gestapo tätig, und die Familien von Johnen, Kamprath und Mahle wurden verhaftet und ins Gefängnis gesperrt: Allerdings erfuhren die Flieger dies erst, als sie Ende Mai 1944 – nach einem durchaus vergnüglichen Urlaub in einem neutralen Land – in die Heimat entlassen wurden. Was den zuständigen Dienststellen am meisten Sorge bereitete war, daß die Messerschmitt das neueste Modell war, ausgerüstet mit SN-2, Naxos und Schräger Musik: All das, so glaubte man, sei den Alliierten noch gar nicht bekannt. In der Schweiz, nahm man an, sei es für Briten und Amerikaner ein leichtes, Zugang zu dem Flugzeug zu bekommen – mit möglicherweise verheerender Wirkung auf die Schlagkraft der Nachtjagd. Es ist nicht bekannt, ob Berlin wußte, daß Kamprath die Schlüsselunterlagen für April und Mai bei sich hatte: Die Schweizer allerdings hatten die Besatzung nicht durchsucht, und so waren diese Unterlagen nicht bloßgestellt worden.

Berlins erster Plan, entworfen von Reichsführer SS Heinrich Himmler, war, eine Sabotagegruppe verdeckt in die Schweiz zu schleusen, die die Messerschmitt auf dem Flugplatz sprengen sollte. Es gab verschiedene Varianten dieses ersten Plans – von verdeckter Infiltration bis zu einem direkten und offenen Angriff auf Dübendorf durch Fallschirmjäger. Der Mann, der dieses Unternehmen führen sollte, war SS-Standartenführer Otto Skorzeny, der im September 1943 Mussolini auf dem Gran Sasso befreit hatte. Dann jedoch setzte sich Zurückhaltung durch: Die Schweizer »Neutralität« begünstigte Deutschland weitaus mehr als die Alliierten, und Hitler wollte die guten Beziehungen nicht gestört sehen, was unweigerlich eingetreten wäre, wenn irgendeine aggressive Handlung unternommen worden wäre. Die deutsche Abwehr erfreute sich einer engen Zusammenarbeit mit der Schweizer Militärischen Aufklärung, und über diesen Kanal erkauften sich die Deutschen die Kooperation der Schweiz und verhinderten damit, daß alliierte Nachrichtendienste Zugang zu Johnens Messerschmitt bekamen.

Zwar lehnten die Schweizer es ab, das Flugzeug an Deutschland zurückzugeben – aber als Gegenleistung für die Erlaubnis, zwölf einmotorige Jäger des Typs Bf 109 G-6 zu einem günstigen Preis von den Deutschen erwerben zu dürfen, sprengten die Schweizer die Maschine selbst. Am 18. Mai 1944 ging die Bf 110 G-4 mit der Kennung C9+ES in Gegenwart einer Technikergruppe aus Deutschland in Flammen auf, und am nächsten Tag wurden die Bf 109 überführt. Was die Schweizer zu diesem Zeitpunkt noch nicht wußten war, daß die Maschinen mit gebrauchten Motoren ausgestattet waren. Interessanterweise war das 1951 Gegenstand einer Gerichtsverhandlung, die zum Ergebnis hatte, daß Messerschmitt und Daimler-Benz, die Hersteller dieser Motoren, der Schweiz dafür eine Entschädigung zu zahlen hatten.

Die Reaktion der Luftwaffe selbst auf die willkürliche Verhaftung, die Einkerkerung und die Verhöre der Familienangehörigen von Johnen, Kamprath und Mahle durch die Gestapo war extreme Abscheu, die bis zu Göring hinaufreichte. Als feststand, daß Johnen und seine Besatzung nicht mit der Absicht zu desertieren in der Schweiz gelandet waren, sondern weil ihre Maschine im Luftkampf beschädigt worden war, wurden die Angehörigen entlassen mit der Auflage, mit niemandem über diesen Vorfall zu sprechen. Um den Ereignissen vorzugreifen: Im November 1944 wurde Johnen - nach weiteren Luftsiegen - das Ritterkreuz verliehen, und General Beppo Schmid schrieb einen Brief an Johnens Vater Dietrich:

»Sehr geehrter Herr Johnen,

ich benütze den Anlaß der Verleihung des Ritterkreuzes an unseren Oberleutnant Johnen, um auch Sie und Ihre Gattin herzlich zu beglückwünschen. Ihr Sohn ist für uns nicht nur der vorbildliche Offizier und der ausgezeichnete Nachtjäger, sondern auch ein lieber Kamerad, den wir alle gerne haben. Wenn wir uns daher mit ihm über die Verleihung dieser hohen und wohlverdienten Auszeichnung freuen, so will ich nicht versäumen, auch Ihnen, seinen Eltern, zu danken, daß Sie uns und dem ganzen deutschen Volke einen so prächtigen Sohn schenkten.
Ich habe mit Bestürzung und aufrichtiger Anteilnahme davon erfahren, daß Sie anläßlich der damaligen Notlandung Ihres Sohnes in der Schweiz verhaftet und längere Zeit festgehalten wurden, manche Unannehmlichkeiten zu erdulden hatten. Wir bedauerten dies sehr. Ich bitte Sie, sehr geehrter Herr Johnen, zur Kenntnis zu nehmen: Ich, alle Vorgesetzten und Kameraden Ihres Sohnes waren von der Pflichttreue und lauteren Gesinnung Ihres Sohnes immer überzeugt. Wir haben nicht einen einzigen Augenblick daran gezweifelt, daß nur eine Verkettung von vielen störenden Umständen die Ursache sein konnte, daß Johnen nach schwierigsten Nachtkampf den Heimathafen nicht mehr finden konnte.
Ich hoffe, Sie und Ihre Angehörigen haben diese peinliche Stunde längst überwunden. Wenn aber auch nur die Spur einer Kränkung für Sie zurückgeblieben ist, so bitte ich Sie, uns zu glauben, daß wir alle Ehre und guten Ruf Ihrer Familie voll und ganz anerkennen.
Ich begrüße Sie mit meinen besten Wünschen für eine glückliche Zukunft in einem siegreichen Deutschland!«

(Unterschrift) SCHMID

Nach Friedrichshafen verging fast ein Monat, bevor ein weiterer Großangriff gegen ein deutsches Ziel geflogen wurde, aber es verging kaum eine Nacht, in der das Bomberkommando nicht unterwegs und tätig war: Zwei Nächte nach der Bombardierung von Friedrichshafen bewiesen kleinere Verbände von Mosquito und Lancaster von Cochranes Bombergeschwader 5 einmal mehr ihre Fähigkeit, kleine Ziele genau zu treffen - ein Sprengstoffwerk bei Bordeaux, eine Flugzeugfabrik bei Oslo und ein weiteres Sprengstoffwerk und die Michelin-Reifenfabrik in Clermont-Ferrand, alles ohne eigene Verluste.
Jegliche Selbstzufriedenheit jedoch, die durch die ermutigend niedrigen Verluste bei Angriffen auf Ziele in Frankreich aufgekommen sein mag, wurde in der Nacht des 3./4. Mai erschüttert, als Harris einen großen Verband Lancaster gegen Mailly-le-Camp aufbot, östlich von Paris und etwa 80 km südlich von Reims gelegen. Hier befand sich nach Angaben der Nachrichtendienste ein großes militärisches Lager, das als Panzerdepot und Ausbildungszentrum für bis zu 10.000 Soldaten der Wehrmacht diente. Um die französischen Verluste so gering wie möglich zu hal-

ten, mußte der Bombenwurf so präzise wie möglich ausfallen, und Harris plante einen sehr kurzen und massierten Angriff. Hierfür gab es vor allem zwei Gründe: Erstens wollte Harris den deutschen Nachtjägern so wenig Zeit wie möglich einräumen, den Bomberstrom zu finden und zu infiltrieren, und zweitens – wichtiger noch – wollte er so viele deutsche Soldaten wie möglich töten oder ausschalten, damit sie nicht gegen die bevorstehende Invasion eingesetzt werden konnten: Ein kurzer und harter Angriff, so hoffte er, würde ihnen keine Zeit mehr lassen, noch die Schutzräume aufzusuchen. Die Zeit über dem Ziel wurde auf Mitternacht festgesetzt, weil dann die meisten Soldaten im Lager sein würden, und der Angriff sollte 29 Minuten dauern. Da Präzision unabdingbar war, sollte Wing Commander Cheshire als Pfadfinderführer vier Mosquito des Bombergeschwaders 5 anführen, um den ersten von drei Zielpunkten zu markieren, die ausgewählt worden waren, um eine gute Verteilung der Bomben auf die große Lagerfläche zu gewährleisten, und Lancaster des Geschwaders 5 sollten dann mit dem eigentlichen Angriff beginnen. Wenn Cheshire, der das Zielgebiet tief überflog, mit der Plazierung der Zielkörper zufrieden war, sollte er über Funk den Anführer der Hauptstreitmacht, Wing Commander Deane, ermächtigen, als Bomberführer den Angriff zu übernehmen.

Der Angriff auf Mailly-le-Camp war sehr sorgfältig geplant worden. Cheshire zum Beispiel flog einen Scheinangriff auf einen deutschen Flugplatz, bevor er seine Zielkörper abwarf – er sollte den Eindruck eines vereinzelten Jagdbombers erwecken, der nichts mit dem Bomberverband zu tun hatte, dessen Kurs wiederum einen Angriff auf Deutschland anzudeuten schien. Und die schweren Bomber, die in großer Höhe anflogen, um einen Angriff tief nach Deutschland hinein vorzutäuschen, sollten den Bombenwurf im Tiefflug in etwa 1500 m Höhe durchführen.

Die Sicht war gut, die Mosquito setzten ihre Zielkörper punktgenau, und Cheshire beauftragte Deane, seine Bomber heranzuführen; sie kreisten im Norden in einer Warteschleife. Ab diesem Zeitpunkt jedoch wurde der Plan nicht mehr eingehalten. Der Hauptgrund dafür war, daß Deanes Funksprechsender nicht richtig abgestimmt war und darüber hinaus ein amerikanischer Soldatensender seine Durchsagen stark überlagerte.

Cheshire und seine Mosquito-Piloten bemühten sich nach Kräften, den Angriff neu zu ordnen, und schließlich gelang es Squadron Leader (Major) Sparks, Deanes Stellvertreter als Bomberführer, den Kontakt zur Hauptstreitmacht wiederherzustellen und sie in einen Angriff zu führen, der sich dann als sehr präzise erwies. Diese Verzögerung hatte jedoch den Nachtjägern Zeit gelassen, das Zielgebiet zu erreichen. Für die deutschen Flugzeugführer, die das Glück hatten, daran teilzunehmen, war es der wohl leichteste und einträglichste Auftrag, der ihnen jemals vorgegeben worden war. Der Wartepunkt, um den eine große Anzahl von Bombern kreiste und darauf wartete, zum Bombenwurf abberufen zu werden, war am Boden von einem hellen gelben Leuchtkörper markiert – auf ihn steuerten die ein- und zweimotorigen Nachtjäger zu und erzielten reiche Beute unter den unglücklichen Lancaster: Beim Anflug auf das Ziel wie beim Rückflug waren die Jäger unter ihnen, so daß am Ende des Luftangriffs 42 Lancaster am Boden lagen. Die erfolgreichste deutsche Besatzung war die von Hauptmann Helmut Bergmann von der II./NJG 4 in Juvincourt nordwestlich von Reims: Sie schoß sechs Bomber ab. Martin Drewes von der III./NJG 1 im nahegelegenen Athies-Laon zerstörte fünf. Und Hauptmann Werner Hoffmann, Stellvertretender Gruppenkommandeur der I./NJG 5, erhöhte mit seinem Funker Oberfeldwebel Köhler und seinem Mechaniker Unteroffizier Modl die Zahl seiner Luftsiege auf 30, indem er zwei Lancaster über dem Ziel zu Boden schickte.

Trotz Pannen und Verzögerungen aber lag der Bombenteppich – dank der hervorragenden Arbeit von Cheshire und Sparks – genau im Ziel. Die Verluste auf seiten des Feindes, so stellte man später fest, lagen weit unter den Erwartungen: Nur etwas mehr als 200 Deutsche kamen bei dem Angriff ums Leben. Unter der französischen Bevölkerung gab es zum Glück keinerlei Ver-

luste. Andererseits wurden etwa 300 Besatzungsmitglieder aus Großbritannien und dem Commonwealth vermißt; die meisten von ihnen verloren ihr Leben. Unter den Maschinen, die verlorengingen, war auch die des stellvertretenden Bomberführers Squadron Leader Sparks - seine gesamte Besatzung überlebte jedoch, und Sparks gelang es, zu entkommen und sich kurze Zeit später nach Großbritannien durchzuschlagen. Unterkünfte und Werkstätten des Lagers wurden stark beschädigt und eine große Anzahl von Fahrzeugen vernichtet, darunter 37 Panzer. Wie so häufig ist es auch hier nicht möglich, aufgrund dieser Schäden abzuschätzen, welchen Einfluß dieser Bombenangriff auf die Schlachten der Invasion gehabt hat, die im Folgemonat beginnen sollten. Was der Angriff auf Mailly-le-Camp jedoch beweist ist, daß - trotz der vorangegangenen Erfahrungen mit den Angriffen auf die Talsperren im Ruhrgebiet - Voraussagen etwaiger Ergebnisse einzelner Luftangriffe, selbst wenn sie präzise erfolgen, meist zu optimistisch ausfallen.
Der Mai des Jahres 1944 war ein Monat starker Aktivitäten und erfreulich geringer Verluste; viele Feindflüge auf Invasionsziele in Frankreich waren reine Routine. Allerdings gab es, wie in Mailly-le-Camp, auch gelegentliche Rückschläge, wenn die Dinge aus dem einen oder anderen Grund schiefliefen - insgesamt jedoch führte die geringere Verlustrate, zusammen mit dem Bewußtsein, einen Beitrag zur bevorstehenden Invasion zu leisten, zur lang ersehnten Stärkung der Moral der Bomberbesatzungen. Im Mai flog das Bomberkommando - zusätzlich zu Versorgungs- und Ablenkflügen sowie Mineneinsätzen - 9261 Angriffe gegen Feindziele und verlor dabei 243 Maschinen: Insgesamt waren es 11.353 Einsätze mit 274 vermißten Flugzeugen. Abgesehen von dem Angriff auf Mailly-le-Camp, der sehr verlustreich war, gingen in diesem Monat nur in vier Nächten mehr als 20 Maschinen verloren: In diesen Nächten wurden massiv Ziele in Deutschland angegriffen. Wenn man von den Zahlen der Großangriffe auf Deutschland einmal absieht, sinkt die Verlustrate für Luftangriffe auf Ziele in Frankreich auf 1,7 Prozent. Die Verluste für relativ nahegelegene Ziele in Deutschland hingegen - 97 von 1758 eingesetzten Bombern oder knapp über 5,5 Prozent - bewiesen nachhaltig, daß man in den deutschen Luftraum nicht ungestraft eindringen konnte. Fritz Habicht, der im Mai 1944 Funker und Funkmeßbeobachter bei der 3./NJG 1 war, erzählt anschaulich, wie die Einsätze damals abliefen:

»Ab Frühjahr 1944 versuchten die englischen Fernnachtjäger vom Typ "Mosquito" in immer stärkerem Maße unsere erfolgreichen Einsätze mit der Heinkel 219 (Uhu) zu stören bzw. zu verhindern.
Entsprechend der Großwetterlage ahnten wir oft schon am späten Nachmittag, was in den Abend- und Nachtstunden wohl auf uns zukommen würde. Einer von vielen Einsätzen soll hier als Beispiel geschildert werden, wo bei nur kurzer Darstellung des eigentlichen Luftkampfes der Start und die Landung ziemlich ausführlich geschildert werden. Die Nacht vom 10. auf 11. Mai 1944 versprach eine "Nacht der langen Messer" zu werden. Nur wenig Mondlicht und eine geschlossene Wolkendecke würden gute Angriffsbedingungen für die viermotorigen Tommy's gewähren.
Nach der Einsatzbesprechung sitzen wir vom Fliegenden Personal in der Baracke am Liegeplatz, spielen Doppelkopf oder nehmen eine Mütze voll Schlaf, als Vorgabe für eine wahrscheinlich lange, schlaflose Nacht. Aus den Lautsprechern der Platzanlage tönt leise Musik, die plötzlich von der Stimme des Einsatzleiters vom Turm unterbrochen wird: "Achtung, an alle Besatzungen! Starker Funkverkehr in England. Mit Großeinsatz ist bald zu rechnen!" - Wieder Musik "...das Karussell, das dreht sich immer rund herum...". Warten. Da - wieder die krächzende Stimme aus dem Lautsprecher: "Achtung! Mehrere Mosquitos im Anflug auf Venlo. Mit Bombenwurf ist in Kürze zu rechnen, voraussichtlich in

ca. 15 Minuten!" - Wir können mit unseren relativ schweren Nachtjagd-Maschinen gegen diese in 9000 bis 10.000 m Höhe anfliegenden, schnellen Gegner kaum etwas unternehmen und müssen warten.
Da - wieder der Turm: "Achtung! Es befinden sich die ersten schweren Bombenverbände über dem Kanal mit Kurs auf Nordwest-Deutschland! Achtung! Sitzbereitschaft für die 1., 2. und 3. Staffel! Achtung! Sofort Sitzbereitschaft!"
Wir gehen oder fahren zu unseren Maschinen und steigen an Bord. Hier überprüfen wir nach dem Anlegen der Fallschirme alles, der Pilot den Steuer- und Motorenbereich, ich als Funker und Navigator sämtliche Funk- und Peilgeräte sowie das Bordradar "SN-2". Dann schalte ich sofort auf Empfang - gerade zur rechten Zeit - , um vom Turm zu hören: "Achtung, an alle Adler[1]! Auf Bumerang[2] -Leitstrahl 8 Mosquitos, Hanni 9,5, im Anflug auf Heimat. Bombenwurf in 3 Minuten!" Und wieder etwas Musik "zum Tanzen und Träumen". - Einzelne Flakgeschütze eröffnen das Feuer auf die anfliegenden Schnellbomber, die aber kaum zu treffen sind. - Jetzt wieder ein Funkruf vom Turm: "Achtung! In wenigen Sekunden Bombenwurf!"

Und dann kracht es in kurzen Abständen auf dem Platz, offensichtlich auch auf dem Rollfeld. Wir sitzen in unseren Maschinen, die noch in den Boxen stehen. Ducken und Kopfeinziehen - instinktmäßig, aber zwecklos! Also Daumen drücken und "schön tapfer sein"! Stille, keine Musik mehr, nur Rauschen im Kopfhörer. Aber da ist wieder das verflixte Krächzen, dann der Befehl: "Achtung an alle Adler! Startbefehl! Reihenfolge Adler 11 bis 39! Rollen Sie zur 'Lampe' und achten Sie auf Trichter und Zeitbomben am 'Bahnsteig'! - Achtung, sofort Startbefehl zum Funkfeuer 'Biber'! Hals- und Beinbruch!" Nach kurzer Stille ertönt wieder mal leise Musik "...Komm zurück...!"
Wir rollen abgedunkelt los, nur gelegentlich mit dem Scheinwerfer blinkend. Abgeblendete Leuchtpfade weisen uns den Weg zur Startbahn. Da - wieder der Turm: "Achtung Adler! Größte Vorsicht! Indianer sind am Platz! Fahren Sie in kurzen Abständen ab und tampen Sie nach 'Biber'!" - Indianer, das sind Mosquitos, die als Fernnachtjäger uns beim Start mit Bomben und Bordwaffen erwischen wollen. - Bombentrichter, Zeitbomben und Splitter auf der Piste, darüber die lauernden Indianer! Prost Sauerstoff! Was haben wir doch eine sonnige Jugend!
Aber es geht gut, wir stehen am Start: "Hier Adler 31 fertig zum Abfahren!" "Victor, Adler 31, fahren Sie ab, mit Hals- und Beinbruch!" Mein Flugzeugführer, Oberleutnant Nabrich, Staffelführer der 3. Staffel, jagt unsere G9+AL über die Piste, dem schwach sichtbaren Leuchthorizont entgegen. Ich starre nach hinten, um uns vor Überraschungen zu sichern. Der Start ist geschafft; hurra, wir sind raus vom Platz! Kein Indianer hinter uns? Bis jetzt nicht. Im riskanten Tiefflug mogeln wir uns zuerst mal aus dem Flugplatz-Bereich heraus.
Da - ein Aufschlagbrand hinter uns, Freund oder Feind? - Aber wir müssen jetzt ran, mit Kurs auf "Biber", ein Funkfeuer nördlich der Scheldemündung. Wir steigen in die Wolkendecke und bereiten uns auf den eigentlichen Einsatz vor.
Beim Durchstoßen der Wolken lauert uns ein neuer Feind auf, nämlich die Vereisung. Aber diesmal ist sie gnädig; die gefährliche Schicht ist nur einige hundert Meter dick und somit schnell zu überwinden. Über den Wolken begrüßen uns die Sterne zur freien Jagd

[1] Adler war das Rufzeichen der Gruppe.
[2] Bumerang war der Deckname für Oboe.

über Holland. Die Leitstelle in Arnheim gibt uns jetzt laufend Informationen über Standort und Kurs der viermotorigen "Dicken Autos". Mein SN-2-Radar arbeitet – leider nur der Flughöhe entsprechend – einwandfrei. Da – voraus blitzen Feuerstöße, ein heller Fleck wird größer, ein Bomber stürzt brennend, in flacher Kurve trudelnd ab. Gleich sind wir im Bomberstrom.
Jetzt habe ich im Radarschirm die ersten Erfassungen, aber noch ziemlich verzerrte "Zacken". Plötzlich rüttelt es unsere "Mühle" durch. Propellerböen einer vorausfliegenden Maschine! Kumpel oder Tommy? Schnell wächst ein Zielzacken im Schirm; ich übernehme die direkte Kursführung und leite meinen "Kutscher" mit schnellen Zurufen an das Ziel heran: "2000 m voraus, voraus, höher, schwach rechts, voraus, jetzt etwas links, links, jetzt voraus, noch 1000 m, voraus, etwas tiefer, schwach links. Achtung noch 500 m voraus, etwas tiefer... Achtung! Jetzt mußt Du ihn voraus etwas höher sehen!" – Ein Schrei von Jupp: "Da ist er!" Auch ich sehe nun den viermotorigen Kasten, voraus in etwa 300 m, etwas höher, vor dem hellen Sternenhimmel! Es ist offensichtlich eine "Lancaster", die mit leichten Abwehrbewegungen ihren Kurs Richtung Ruhrgebiet zieht. Die lauernden Bordschützen haben uns gewiß noch nicht bemerkt. – Inzwischen lasse ich meinen Peilrahmen rotieren zur ständigen Standortkontrolle und passe gleichzeitig nach hinten auf. Trotz der unruhigen Flugbewegungen des Gegners manövriert mein Kutscher uns allmählich hinten, etwas tiefer an den Viermotorigen heran. Bei einem Abstand von knapp 100 m zieht mein Pilot schnell höher, und wir greifen an! Unsere sechs 2-cm-Kanonen hämmern ihren grausigen Rhythmus; die Garbe liegt gut; die linke Tragfläche der Lancaster mit den Backbordmotoren brennt! – Verzweifelt erwidern die gegnerischen Bordschützen unser Feuer. Vergeblich! Wir tauchen nach links unten weg, während der Bomber hell brennend an Höhe verliert. Schemenhaft öffnen sich Fallschirme, die brennende Maschine stürzt jetzt steil trudelnd ab. Jupp und ich schreien unseren Siegesruf in den Äther: "Adler 31 einmal Horrido! Adler 31 einmal Horrido!" Die Bodenstation antwortet mit Gratulation und erhält dann gleich eine Standortbestimmung mit dem Ort, wo inzwischen der Bomber mit Aufschlagbrand zerschellt ist. (Dieses Navigationsergebnis mußte wegen der Anerkennung des Abschusses auf 5 km genau sein und von Boden- oder Luftzeugen mit übereinstimmender Uhrzeit bestätigt werden.)
Inzwischen hat der Bomberstrom das Ruhrgebiet erreicht. Sein Weg von der Scheldemündung bis zum Ziel, quer über Holland, ist von Aufschlagbränden markiert, die wohl hauptsächlich auf abgeschossene Bomber hinweisen. Aber voraus leuchtet uns der unbeschreibliche, höllische Feuerzauber eines Luft-Großangriffes entgegen. Bildhaft huscht durch unsere Kampfspannung der Gedanke an die gequälten Menschen dort unten, die jetzt in den Bunkern erzittern oder in ihren Häusern sterben.
Wir aber greifen noch einen Bomber mit erkennbarer Trefferlage und unter starker Gegenwehr an, müssen aber wegen des Flak-Sperrfeuers befehlsgemäß abdrehen. – Plötzlich beginnt unser linker Motor zu "lahmen", d.h. er läuft unregelmäßig wegen eines Schadens oder wegen eines leichten Treffers. – Jetzt heißt es, schnell und heil nach Venlo kommen. Ich mache eine Eigenpeilung zum Heimat-Funkfeuer und dirigiere meinen Kutscher auf den entsprechenden Kurs.
Im allmählichen Sinkflug nähern wir uns, das Heimat-Funkfeuer ansteuernd, unsrer Basis Venlo. Nach dem Durchstoßen der Wolkendecke heißt es wieder aufpassen, daß sich kein englischer Fernjäger an uns hängt. Denn diese "Kameraden der Gegenpartei" lauern gerne an unserem optischen Blinkfeuer, das etwa 10 km vom Platz entfernt, auch sol-

chen Besatzungen noch heimleuchtet, deren Funkanlage ausgefallen ist.
Wir melden dem Turm, daß wir nach erfolgreichem Einsatz wegen Motorschadens landen müssen und umfliegen zunächst in sicherem Abstand den noch völlig abgedunkelten Platz. Nach und nach melden sich noch mehr Rückkehrer und auch fremde Besatzungen von anderen Nachtjagd-Einheiten. Die meisten schreien noch, vom Luftkampf erregt, ihre Erfolge zusammen mit der Landeanmeldung in den Äther.
Endlich werden wir gerufen: "Adler 31, Sie können einfahren; achten Sie auf Indianer am Platz! Melden Sie sich kurz vor dem 'Gartenzaun'!"
Wir wissen, daß nun am Boden alles für unsere sichere Landung getan wird. Der Landepfad, der Leuchthorizont und die Hindernisbefeuerung sind klar zum schnellen Einschalten. Die Flaksoldaten achten auf etwaige feindliche Verfolger, denn unser Bordradar ist in Bodennähe nicht funktionsfähig.
Jetzt beginnt aber gleich die Landung! Wir liegen mit 300 m Höhe auf genauem Einflug-Kurs, noch wenige Kilometer vom Platz entfernt. Jetzt kommt wieder Schwerarbeit für den Kutscher. Sinkflug, Kurs halten, Landeklappen in entsprechende Stellung bringen, Geschwindigkeit regulieren und dann das Fahrwerk ausfahren. Ich starre auf meinen Höhenmesser und nach hinten, höre aber auch gleichzeitig auf die Lande-Peilzeichen. Kurz vor dem Überfliegen der letzten Funkbake rufe ich zum Turm: "Bitte Christbaum für Adler 31!" Im gleichen Moment leuchtet uns die eingeschränkte Platzbefeuerung entgegen. Zwei leichte Flakscheinwerfer tasten blitzschnell den Luftraum hinter uns ab, und so rauschen wir der Landebahn entgegen. Wir setzen auf, ein, zwei leichte Hopser, und ...die Erde hat uns wieder! Sofort nach unsrer Landemeldung erlöschen wieder alle Lichter, bis der nächste einschwebt. Sobald die Maschine ausgerollt ist, schwenken wir von der Piste ab und rollen zum Liegeplatz, wo wir mit Blinkzeichen von unsrem Ersten Wart eingewinkt werden. – Alle wollen jetzt wissen, wie der Einsatz gewesen ist. Mit einigen Worten erfahren sie das Wichtigste und machen sich dann gleich an die Überprüfung der Maschine.
Wir fahren mit dem PKW zum Gefechtsstand, um unseren Einsatzbericht zu erstatten. Danach machen uns Sekt, Zigaretten und die freudig-erregten Gespräche erst richtig bewußt, daß wir wieder einmal davon gekommen sind. Obwohl nach den Meldungen des Geschwader-Gefechtsstandes die Verluste der Gegner mit einigen Dutzend schwerer Bomber sehr beachtlich sind, kehrten unsere Kameraden fast alle zurück. Nach unseren starken Verlusten im vergangenen Winter, läßt uns der heutige Einsatz wieder mehr auf unser Glück vertrauen.
Draußen ist es inzwischen hell geworden; wir fahren in unsere Unterkunft und fallen todmüde in die Kojen. Man denkt noch einmal kurz an die gefährlichsten Momente und Situationen des Einsatzes, rechnet die freien Stunden aus, die man vielleicht noch genießen kann...«

Während Hunderte schwerer Bomber und Mosquito ausschwärmten und relativ kleine Ziele in den besetzten Ländern recht genau trafen, verging kaum eine Nacht, in der in Deutschland nicht die Sirenen heulten, den Schlaf der Bevölkerung unterbrachen und sie in ihre Luftschutzräume schickten – Mosquito der Leichten Nachtangriffskräfte flogen derweil mit hoher Geschwindigkeit in großer Höhe ein, warfen ihre Bomben ab und verschwanden wieder; sie erreichten sogar Berlin. Durch Harris' Aufteilung seiner Kräfte wurde der Auftrag der Nachtjagd erheblich erschwert: Es wurde jetzt schwieriger, die kleineren Bomberströme zu finden, die über den Kanal kamen, als in die viel größeren und längeren Bomberverbände des vergangenen Win-

ters einzudringen. Darüber hinaus nahmen die Störungen und überlagernden Sendungen der Flugzeuge des Sondergeschwaders 100 ständig zu. Trotzdem aber beanspruchte die deutsche Nachtjagd von den insgesamt 274 Abschüssen aller Einsätze des Monats Mai allein 243 für sich. Dabei ist interessant, daß das Bomberkommando nach eigener Einschätzung von den Verlusten dieses Monats nur 137 den Jägern, 50 aber der Flak und den Rest unbekannten Gründen zuschrieb, ein Verhältnis von 2,75 zu eins. Die deutschen Zahlen andererseits ordnen 243 der Nachtjagd und nur 31 der Flak zu, ein Verhältnis von nahezu acht zu eins. Die deutschen Zahlen sind zwar nicht ganz exakt, weil die Meldungen der Jäger oft übertrieben waren – aber trotzdem: Da die deutsche Luftwaffe die Meldungen ihrer Jagdflieger gnadenlos überprüfte, bevor sie sie bestätigte, können diese Übertreibungen nur geringfügig sein. Der Zahlenvergleich ist ein klares Anzeichen dafür, daß das Bomberkommando selbst zu diesem späten Zeitpunkt des Luftkrieges noch immer die Schlagkraft der deutschen Nachtjagd unterschätzte.
Grundsätzlich waren Nachteinsätze gegen Ziele in Frankreich weniger verlustreich als gegen Ziele in Deutschland. Allerdings gab es jetzt außer Flak und Nachtjägern auch noch andere Gefahren: Mit der zunehmenden Massierung von Bombern über den einzelnen Zielen nahm auch das Risiko eines Zusammenstoßes eigener Bomber ständig zu. Im Mai 1944 hatte sich Flight Sergeant Thomas Terry, ein Bordschütze, zum zweiten Mal beim Bomberkommando verpflichtet. Sein Pilot war Squadron Leader Robertson, und in der Nacht des 10./11. Mai griffen sie mit ihrer Halifax III, MH-L von der 51. Staffel, Eisenbahnanlagen bei Lens zwischen Arras und Lille an. Tom Terry schildert den Vorgang:

> »Lens war ein Verkehrsziel, das in Vorbereitung des "D-Day" ausgewählt worden war. Verglichen mit Zielen in Deutschland war das hier einfach: Wir erreichten das Zielgebiet, die Flak war nur schwach, und Feindflugzeuge sahen wir überhaupt nicht. Also bombardierten wir brav unseren Zielpunkt, drehten ab und nahmen Kurs auf die Heimat. Etwa zehn Minuten später tat es einen fürchterlichen Schlag: Das Flugzeug schien gerammt worden zu sein. Nachdem wir viel Höhe verloren hatten, bekam Robbie das Flugzeug wieder unter Kontrolle. Der Oberrumpf-Bordschütze meldete, daß eine Halifax mit uns zusammengestoßen sei – unsere rechte Tragfläche sei stark beschädigt, und die obere Hälfte des rechten Seitenruders sei bis zum Höhenleitwerk abrasiert; das Höhenruder selbst sei ebenfalls ramponiert. Zum Glück hatten die Motoren nichts abbekommen. Obwohl das Flugzeug rechts keine Steuerflächen mehr hatte, entschloß sich Robbie für die Rückkehr nach Großbritannien. Die Küste überquerten wir nördlich der Themse. Unsere Funknotrufe wurden nicht beantwortet, aber dann sahen wir einen Platz mit Sandra-Befeuerung. Robbie befahl der Besatzung, über dem Platz abzuspringen, aber der Bombenschütze blieb drin, um ihm bei der bevorstehenden Landung zu helfen. Irgendwie gelang Robbie dann sogar eine gute Landung. Der Flugplatz war Stansted, ein Stützpunkt der amerikanischen 8. Luftflotte mit Flying Fortress und Marauder.«

Das Flugzeug, mit dem Terry zusammengestoßen war, war eine Halifax von der 10. Staffel des Bombergeschwaders 4 – erstaunlicherweise überlebte auch sie den Zusammenstoß in der Luft. Mosquito abzuschießen schien ein nahezu unlösbares Problem zu bleiben. Trotzdem meldete die Nachtjagd im Mai vier Abschüsse – aber keine davon war von den Standard-Nachtjägern Bf 110 oder Ju 88 zerstört worden. In der Nacht des 6./7. Mai meldete Oberleutnant Baake von der 3./NJG 1 bei einem Angriff auf Leverkusen den Abschuß einer Mosquito mit einer He 219 A-2, und Hauptmann Friedrich Karl Müller von der 1./NJG 10 beanspruchte in der Nacht des 24./25. Mai einen Luftsieg mit seiner Fw 190 A-6. Ein weiterer Flugzeugführer, der mit der her-

vorragenden, wenn auch in zu geringer Stückzahl hergestellten He 219 Erfolg verbuchen konnte, war Feldwebel Rauer von der 1./NJG 1 in Venlo: Er schoß zwei der drei Mosquito ab, die in dieser Nacht vermißt wurden. Das war das einzige Mal während des Zweiten Weltkriegs, daß ein deutscher Jagdflieger in einer Nacht mehr als eine abgeschossene Mosquito meldete. Bei über 1000 Einsätzen, die die Mosquito im Mai flogen, kamen nur zwölf Maschinen nicht zurück.
Die ständig wachsende Stärke der Mosquito-Flotte war – zusammen mit ihrer erstaunlichen Vielseitigkeit – ein Faktor von zunehmender Bedeutung im Kampf zwischen dem Bomberkommando und der deutschen Luftverteidigung. Im Mai 1944 waren bereits 14 Mosquito-Staffeln des Bomberkommandos voll einsatzbereit – sieben beim Sondergeschwader 100, sechs beim Pfadfindergeschwader 8 und eine, die 627. Staffel, beim Bombergeschwader 5. Darüber hinaus hatte auch die 617. Staffel, ebenfalls dem Bombergeschwader 5 unterstellt, neben ihren Lancaster eine Anzahl Mosquito im Einsatz. Die Schilderung typischer Mosquito-Einsätze einer Nacht des Mai 1944 vermittelt einen Einblick in die Vielseitigkeit dieses wahrscheinlich besten Mehrzweck-Kampfflugzeugs, das je in den Einsatz gelangte.
In der Nacht des 19./20. Mai beauftragte das Pfadfindergeschwader 8 insgesamt 22 Mosquito, die meisten davon mit Oboe ausgerüstet, Eisenbahnziele bei Boulogne, Orléans, Amiens und Le Mans für Luftangriffe durch Lancaster und Halifax zu markieren. Mit Ausnahme des Ziels bei Amiens, das wolkenbedeckt war, waren diese Luftangriffe sehr genau. Für einen Einsatz des Bombergeschwaders 5 mit 113 Lancaster markierten vier Mosquito Eisenbahnanlagen in der Stadt Tours. Sechs Mosquito markierten die Stellungen von zwei Küstengeschützen bei Le Clipon und Merville für jeweils etwa 60 schwere Bomber, und weitere fünf Mosquito flogen nach Mont Couple, um dort ihre Zielkörper auf eine Funkmeßstellung für eine Welle von 39 Lancaster abzuwerfen. In Verfolgung seiner Bombardements griff Harris mit 29 Mosquito der Leichten Nachtangriffskräfte Köln an, acht weitere flogen Serrate-Einsätze, und 23 starteten zu Störangriffen gegen Nachtjagdplätze der deutschen Luftwaffe.
Oboe war jetzt schon mehr als ein Jahr im Einsatz, und die Deutschen hatten sich zunächst schwergetan einzusehen, daß ein neues elektronisches Zielsuchgerät im Einsatz war, und – nachdem sie dies erkannt hatten – sein Betriebsverfahren zu untersuchen und Gegenmaßnahmen einzuleiten. Im Mai 1944 jedoch wußten sie genau, wie Oboe arbeitete. Sie hatten Oboe nach dem gekrümmten Flugweg, den die Pfadfinder beim Zielanflug zurücklegten, »Bumerangverfahren« getauft und mobile Störsender entwickelt, die sie »Anti-Bumerang-Gerät« nannten: ABG 23 und ABG 24. Auch ein Oboe-Verfolgungsgerät, das »Naxburg«, war gebaut worden – eine Kombination des Jägerleit-Funkmeßgeräts Würzburg mit dem H2S-Verfolgungs-Bordgerät Naxos. Ein Problem allerdings konnten die Deutschen nie völlig lösen: Wie man die in großer Höhe schnell fliegenden Mosquito, die Oboe an Bord hatten, abschoß – ihre Nachtjäger hielten es für praktisch unmöglich, sie mit herkömmlichen Methoden abzufangen.
Am 24. Mai 1944 gab der für die Ausbildung der Flugabwehr der Luftwaffe zuständige Offizier, Generalleutnant von Axthelm, eine Denkschrift mit dem Titel »Bekämpfung der Bumerang-Flugzeuge« heraus: Sie betonte die ernste Bedrohung und die Präzision dieser Angriffe und beschrieb detailliert, wie das Verfahren arbeitete; auch die eingesetzten Mosquito-Staffeln wurden korrekt identifiziert. »Unseren Mosquito-Jägern ist es bisher nicht gelungen, diese Flugzeuge vor Beginn ihrer Pfadfindertätigkeit oder vor dem Bombenwurf abzuschießen«, stellte sie fest und kam zu dem Schluß, daß in absehbarer Zukunft die einzig wirksame Waffe gegen Oboe-Flugzeuge die Flak bleibe. Auf seiten der Jäger bestand Hauptmann Friedrich Karl Müller auf der Aufstellung und Ausbildung einer Anti-Mosquito-Gruppe, der I./NJG 10; ihm selbst gelang, wie schon erwähnt, in der Nacht nach Herausgabe der Axthelm-Denkschrift der Abschuß einer Mosquito in der Nähe der holländischen Stadt Roermond. Die Erfolge der Nachtjagd gegen die Mosquito je-

doch erhärten von Axthelms Feststellung: Einschließlich Müllers Luftsieg hatte sie seit Major Lents erstem Abschuß im April des Vorjahres lediglich weitere sieben Mosquito vom Himmel geholt - vier mit Bf 110, zwei mit He 219, eine mit Bf 109 und jetzt eine mit Fw 190.
Am 24./25. Mai kostete ein Angriff auf Bahnanlagen in Aachen - den Knotenpunkt für Verkehr zwischen dem Ruhrgebiet und Frankreich - das Bomberkommando 18 Halifax und sieben Lancaster. Und wieder einmal sprach die Aufteilung der Verluste für sich: 2,7 Prozent bei den teilnehmenden Lancaster, 11 Prozent bei den Halifax. Oberleutnant Schnaufer von der IV./NJG 1 in St.Trond in Belgien schoß fünf Maschinen ab, vier Halifax und einen nicht identifizierten Bomber, alle binnen 14 Minuten; seine Opfer stürzten im Raum Tilburg-Eindhoven zu Boden. Harris hatte zwei wichtige Ziele vorgegeben: die Bahnhöfe von Aachen-West und von Rothe Erde. Während die Ergebnisse gegen Aachen-West zufriedenstellend ausfielen, entging der Bahnhof Rothe Erde schweren Schäden - also schickte Harris drei Nächte später eine weitere Bomberformation, dieses Mal von acht Mosquito und 162 Lancaster, deren Ergebnisse besser waren, aber zwölf Lancaster kosteten. Es war der letzte Großangriff auf Ziele in Deutschland vor der Invasion.

KAPITEL 12

Overlord, Normandie und Öl

Juni bis August 1944

Der unschätzbare Beitrag des Bomberkommandos – nach Wochen, in denen die Deutschen sturmreif gebombt wurden – zur Invasion selbst muß hier nicht sonderlich hervorgehoben werden. In der Nacht vom 5. auf den 6. Juni 1944, der Nacht der Landung, flog das Kommando insgesamt 1211 Einsätze und verlor dabei nur acht Flugzeuge. Fast 1000 Lancaster und Halifax hämmerten auf Küstengeschützbatterien in der Normandie ein, während andere Maschinen Ablenk-, Unterstützungs- und Störflüge unternahmen. Besonders ausgebildete Besatzungen der 617. und der 218. Staffel, die sehr genau navigierten, warfen große Mengen Düppel so ab, daß sie auf den Funkmeßanzeigen des Feindes den Eindruck erweckten, als ob umfangreiche Flottenverbände sich langsam, aber beständig über den Kanal nach Boulogne und Le Havre vorschoben – weit nördlich des tatsächlichen Landungsraums. Andere Bomber warfen Fallschirmjäger- und Geräteattrappen abseits des Ziels als weitere Ablenktaktik ab. Gegen die Tausendplus-Armada des Bomberkommandos konnte die deutsche Luftwaffe lediglich 59 Nachtjäger aufbieten, und nur einem – einer He 219 der 3./NJG 1 in Venlo, geflogen von Hauptmann Heinz Strüning – gelang der Abschuß eines Bombers. Eigenartigerweise erzielte ein Flugzeugführer des Bomberverbandes KG 51 mit einer Me 410 mehr Erfolg. Die Me 410 war eigentlich als Zerstörer und Schnellbomber entwickelt worden, aber bei den Nachtjagdverbänden war nur eine kleine Anzahl davon eingesetzt – versuchsweise, im großen und ganzen aber glücklos. In der zweiten Hälfte des Jahres 1943 waren zwei Gruppen des KG 51 aufgestellt worden, deren Aufgabe es war, Bomber- und Jagdbombereinsätze gegen die Britischen Inseln zu fliegen. Einige Maschinen des KG 51 waren in den frühen Morgenstunden des 6. Juni gestartet, und einem Flugzeugführer, Hauptmann Helmut Eberspächer, gelang der Abschuß von drei Bombern.

Zur selben Zeit flog Horace Pearce die stark verbesserte Halifax Mk III; die 77. Staffel hatte im Mai darauf umgerüstet und gleichzeitig von ihrem Flugplatz Elvington nach Full Sutton verlegt, das ganz in der Nähe lag. Zwei Einheiten der Freien Franzosen, die 346. und die 347. Staffel, hatten Elvington daraufhin übernommen. Pearce erinnert sich an den »D-Day«:

> »Es war in der Nacht des 5. Juni nur Sekunden vor dem Anlassen der Motoren, als ein Dienstwagen mit jeder Menge "Lametta" im Auflockerungsraum vorfuhr: Uns wurde gesagt, daß die Zerstörung unseres Ziels lebenswichtig für die Schiffe und Truppen der Invasion sei. Bis dahin hatten wir geglaubt, wir sollten nur mal wieder eine weitere Küstenbatterie bombardieren.
>
> Wir flogen die Halifax III MZ 697 "L" und hatten neun 450-kg- und vier 225-kg-Sprengbomben für eine Küstenbatterie bei Maisy an Bord. Wir hatten allerdings schon vermutet, daß dies kein gewöhnlicher Einsatz war, denn bei der Flugvorbesprechung war immer wieder betont worden, daß Routen, Wendepunkte und Höhen strikt einzuhalten seien.
>
> Der Start verzögerte sich dann aber, weil NA 511 "C" nicht in die Luft kam, als sie nach dem Startanlauf das Ende der Startbahn erreichte: Das Flugzeug rutschte weiter über die

Felder, aber zum Glück konnte die Besatzung, obwohl sie verwundet war, das Wrack noch rechtzeitig verlassen.
Wir anderen mußten warten und rechneten schon mit einer anderen Startbahn – aber nein: Wir mußten schließlich auf derselben Startbahn starten und über das brennende Wrack fliegen in der Angst, die Bomben könnten unter uns hochgehen. Sie explodierten aber nicht, und wir kamen alle heil raus.
Das Ziel wurde aus 3200 m Höhe bombardiert, Zielpunkt war die Mitte eines Bündels von roten und grünen Zielkörpern, und der Angriff dauerte vom Anfang bis zum Ende genau zehn Minuten. Marineverbände konnten wir auf dem Rückflug nicht erkennen, aber wir sahen einige Transportflugzeuge mit Truppen auf dem Weg in die Normandie.«

Für die Nachtjagd entwickelte sich der Kampf um die Normandie, die mit der Invasion begann, zu einer hektischen, oft konfusen Periode. Als Antwort auf die Landung und das anschließende Vorrücken der Alliierten wurden viele Tag- und Nachtjagdverbände aus dem Reich nach vorne verlegt, um in die Kämpfe einzugreifen. In den Nachtstunden wurde die Schlacht zwischen dem Bomberkommando und der Nachtjagd zu einem Schachspiel riesigen Ausmaßes: Die deutschen Kommandeure versuchten, die nächsten Züge des Bomberkommandos vorauszusehen und gruppierten ihre Verbände – sowohl im Reich als auch in den besetzten Ländern – entsprechend um. Fast täglich wurden Nachtjagdgruppen verlegt, was zu erheblichem Durcheinander und – verständlicherweise – auch zu sinkender Moral auf seiten der Flieger und ihres Bodenpersonals führte. Darüber hinaus wurde während des Normandie-Feldzugs auch der elektronische Krieg beträchtlich ausgeweitet: Funk- und Funkmeß-Störungen bewirkten beim deutschen Flugmelde- und Jägerleitdienst und den Nachtjagdbesatzungen erhebliche Verwirrung.
In dieser Zeit wurden die Nachtjäger zusätzlich zu ihrer Rolle als Abfangjäger auch als Jagdbomber eingesetzt, indem sie die anglo-amerikanischen Invasoren im Tiefflug angriffen. Da die Besatzungen für diese Art der Kriegführung nicht ausgebildet waren, mußten sie einen hohen Preis dafür zahlen. Vom Höhepunkt ihrer Effizienz beim Angriff auf Nürnberg im März 1944 begann die Nachtjagd nunmehr zu relativer Wirkungslosigkeit abzusteigen, ein Abstieg, der allerdings auch gelegentliche Nächte beinhaltete, in denen sie harte Schläge austeilen konnte. Es zeichnete sich ab, daß das Bomberkommando der Luftüberlegenheit bei Nacht immer näherkam und so mit der bereits bestehenden Luftüberlegenheit der Alliierten bei Tage gleichziehen würde.

Obwohl sich die Einsätze der viermotorigen Bomber in den ersten Wochen nach der Invasion schwerpunktmäßig gegen Ziele in Frankreich richteten, wurde der deutschen Bevölkerung kaum eine Atempause gegönnt: Fast jede Nacht waren die Mosquito des Sondergeschwaders 100 und der Leichten Nachtangriffskräfte im Einsatz, und zwar in steigender Zahl. Indem wir der Chronologie unseres Buches leicht vorgreifen und auf die Bemerkungen über die Unverwundbarkeit der Mosquito und die Qualitäten der He 219 zurückkommen, scheint dies eine geeignete Stelle zu sein, den Bericht des Funkers Fritz Habicht von der 3./NJG 1 über zwei Begegnungen zwischen diesen beiden Maschinen einzufügen:

»Mein Flugzeugführer Olt. Joseph Nabrich, Staffelführer der 3. Staffel, erhielt nach langem Drängen zusätzlich eine "frisierte", um die Panzerung und vier Kanonen erleichterte He 219, um damit speziell Mosquitos zu jagen. – Es mögen 20 vergebliche Einsätze gewesen sein, die wir im Frühling 1944 außer unsrer normalen Einsätze von Venlo aus geflogen waren. Sie brachten uns nur eigenes Flakfeuer, Höhenkrankheit und einen länge-

ren Kurvenkampf ohne Schußwechsel mit einer Nachtjagd-Mosquito ein. Doch bald sollte es anders kommen!
Am 10. Juni, gegen 22.00 Uhr, flogen wir über der Zuider See in 9800 m Höhe unsre Wartekreise, als unsre Bodenstation plötzlich das Nahen eines leichten Kampfverbandes meldete. Wir wurden über Funk sehr rasch in den etwas niedriger fliegenden Mosquito-Verband eingeschleust und spürten die ersten Propellerböen. Nach einigen Minuten hatte ich im SN-2-Radar eine klare Erfassung auf 6 km Entfernung. Der Gegner flog so schnell, daß wir ihn trotz Wegdrückens unsrer Überhöhe erst im Raum Osnabrück optisch erfaßten. Wir setzten uns zunächst etwa 30 m unter ihn und identifizierten ihn wirklich als Mosquito. Nun hieß es, diesen seltenen Vogel vorsichtig anzupirschen und gleich voll zu treffen. Während ich noch unseren Standort bestimmte, griff mein Kutscher an und schoß, um die beiden Engländer zu schonen, in den linken Motor und die Fläche. Der Motor brannte zunächst stark, dann schwächer. Die Mosquito begann jetzt leicht brennend Vollkreise zu fliegen, allerdings unter langsamen Höhenverlust. Nach etlichen Minuten – wir wollten gerade von oben einen zweiten Angriff fliegen – explodierte die Feindmaschine mitsamt der Luftmine. Durch die Druckwelle schmierten wir ziemlich ab; der Kutscher fing aber unsere 219 noch über der Wolken-Obergrenze in 4000 m Höhe ab. Nach einer Runde über der Aufschlagstelle machten wir dann "Reise-Reise", landeten ohne Schwierigkeiten in Venlo und erlebten bei unserem Gefechtsbericht Überraschung und freudige Anerkennung bei Kameraden und Vorgesetzten.
Von der Mosquito fand man weit verstreut am nächsten Morgen nur kleine Bruchstücke; so war sie durch die Explosion zerfetzt worden. Und die zwei englischen Flieger? Sie wurden fast unversehrt gefangengenommen und berichteten uns persönlich einige Tage danach von ihrem Fliegerglück. Sofort nach unserem Angriff waren sie bei eingeschalteter Kursautomatik ausgestiegen und heil am Boden angekommen. Sie glaubten zunächst, sie seien einer neuen Flak-Waffe erlegen, weil sie in dieser Höhe mit keinem Nachtjäger gerechnet hatten.
Kaum 24 Stunden später, am 11. Juni gegen 23.00 Uhr, rauschten wir schon wieder hinter einigen Mosquitos her, in Richtung Berlin. Diesmal brauchten wir noch mehr Zeit, an einen 9700 m hoch fliegenden Schnellbomber heranzukommen, weil uns die größere Höhe fehlte. Endlich, westlich von Salzwedel konnte ich ihn meinem Flugzeugführer als Mosquito zur optischen Erfassung übergeben. Mit Routine pirschten wir uns wieder heran, hatten allerdings Schwierigkeiten, zum Schuß zu kommen, da der Gegner starke Abwehrbewegungen flog. Schließlich ließen zwei Feuerstöße mit deutlicher Trefferwirkung den Tommy senkrecht nach unten wegstürzen. Nach vielen Sekunden bangen Wartens bestätigte uns ein riesiger Explosionsblitz unter der Wolkendecke den Aufschlag. Noch während meiner Abschußmeldung zum Boden begann unser rechter Motor zu bocken. Offentsichtlich war er bei der langen Vollgastour überanstrengt worden. Jedenfalls mußten wir schnell runter, auf irgendeinen Platz in der Nähe. Mein PAN-Ruf wurde sofort von Perleberg angenommen, wo wir dann auch kurze Zeit später landeten. Was staunten wir, als wir vom diensthabenden Horstoffizier und einigen Mädchen mit Blumen am Rollfeld begrüßt wurden. Man hatte über Funk von unserem seltenen Waidmannsglück erfahren.«

In den sechs Nächten, die der Invasion folgten, ließ Harris – zur Unterstützung der alliierten Truppen, die sich noch immer bemühten, ihren Brückenkopf an der französischen Küste auszubauen – 3279 Einsätze gegen taktische Ziele fliegen; sie kosteten ihn 79 Bomber. Obwohl

noch immer nicht unbedeutend, stärkte die jetzt doch geringere Verlustrate zusammen mit dem Gefühl, einen direkten und spürbaren Beitrag für den Sieg zu leisten, die Moral der Bomberbesatzungen nachhaltig. Am Tage führten die amerikanischen schweren Bomber zusammen mit zahllosen leichteren Flugzeugen der Alliierten Bombenwürfe und Angriffe auf Bodenziele im Tiefflug durch – mit verheerender Wirkung: Nie zuvor war die Schlagkraft von Luftstreitkräften derart massiv und wirksam vorgeführt worden, eine Schlagkraft, die sicherstellte, daß sich die blutigen Stellungskriege des Ersten Weltkriegs nicht wiederholten und der Blutzoll, den die Frontsoldaten zahlen mußten, weitaus geringer ausfiel.
Zusätzlich zu den taktischen Aufgaben schälte sich für die Bomber jetzt eine neue Rolle heraus. Im Zuge der alliierten Planungen für Overlord hatte es zwangsläufig viele Gespräche – und auch Meinungsverschiedenheiten – über Vorrangziele gegeben. Harris, der im taktischen Bereich Eisenhowers Befehle durchaus akzeptierte, vertrat unverändert seine Auffassung, daß der beste strategische Beitrag, den das Bomberkommando leisten könne, die Bombardierung deutscher Industriestädte sei. Bei einer Invasions-Vorbesprechung am 25. März 1944 in London, die Marshal of the Royal Air Force (kein Äquivalent; entspräche 5-Sterne-General) Sir Charles Portal, Chef des Generalstabs der RAF, leitete und an der unter anderem auch General Eisenhower und die höheren Kommandeure von RAF und USAAF teilnahmen, ließ Harris durchblicken, daß er nicht davon überzeugt sei, daß das »Projekt Verkehrswege«, das bei dieser Besprechung angenommen wurde, sich wirkungsvoll umsetzen lasse. Er bezweifele, sagte er, daß seine Bomber – selbst mit Oboe – die ihm zugewiesenen Verkehrsziele in der verfügbaren Zeit zerstören könnten. Major General (Generalmajor) Kennedy vom Kriegsministerium hatte sich dafür ausgesprochen, die schweren Bomber noch stärker gegen taktische Punktziele einzusetzen, und das Protokoll der Besprechung erwähnt, daß Harris »sich nachdrücklich gegen den von General Kennedy vorgeschlagenen Plan aussprach: Er werde Punktziele vermutlich häufiger angreifen müssen, da dieser Auftrag die Kapazität seines Kommandos überfordere. Wenn er jedoch seine Angriffe auf deutsche Städte fortsetze, werde er die Verkehrswege des Feindes ebenfalls treffen. Er werde die Angriffe auf Verkehrsziele natürlich soweit wie möglich fliegen, aber er könne General Eisenhower nur warnend darauf hinweisen, daß ein Erfolg weitgehend zufällig sei – es könne klappen, könne aber auch mißlingen. Er ziehe es vor, weiterhin Städte in Ostdeutschland anzugreifen, solange die Nachtstunden dies noch zuließen.«
Es läßt sich nicht mehr klären, ob Harris wirklich bezweifelte, daß seine Bomber die für Punktziele in Frankreich erforderliche Präzision erreichen konnten, oder ob seine Glaube an den Wert der Flächenbombardements so unerschütterlich war – manche würden es »zwanghaft« nennen –, daß er alle Argumente dafür heranzog. Schließlich hatte das Bomberkommando bei der Vorbereitung der Invasion ja bereits bewiesen, daß es – unter günstigen Bedingungen – durchaus in der Lage war, bei Nachtangriffen in Präzision mit den schweren Tagbombern der Amerikaner gleichzuziehen.
In der Zwischenzeit sprach man sich unter alliierten Kommandeuren, unter Wissenschaftlern und Wirtschaftsfachleuten für eine Konzentration auf Ziele der Ölindustrie aus, sobald die alliierten Armeen fest auf dem Kontinent Fuß gefaßt hatten und taktische Luftunterstützung nicht mehr so dringend benötigt wurde. Die Konzentration auf das Öl und seine Derivate war einfach zu erklären: Ohne Öl konnte sich nichts Mechanisches mehr bewegen – wenn man dem Feind den Zugriff auf diese lebenswichtige Flüssigkeit verwehrte, konnte man seine Kriegsmaschinerie völlig lahmlegen. Das war eigentlich einleuchtend, aber frühere Versuche sowohl der RAF wie auch der USAAF, die Ölversorgung zu unterbinden, waren – besonders bei weit entfernten Zielen – fehlgeschlagen. Viel Zeit war vergangen, seit der Stellvertretende Generalstabschef der RAF im Januar 1941 optimistisch verkündet hatte: »Unter der Voraussetzung, daß wir

unsere gegenwärtigen Angriffe auf die feindlichen Raffinerien fortsetzen, wird die Kraftstofflage dem Feind schon im Frühjahr 1941 Kopfschmerzen bereiten.« Zum einen hatte es sich als schwierig erwiesen, die Bomben so zu plazieren, daß sie den gewünschten Schaden anrichteten, und zum anderen hatte die Stärke der feindlichen Nachtjagd bei derartigen Einsätzen zu viele Flugzeuge und Besatzungen gekostet. Aber die Zeiten hatten sich geändert: Die amerikanischen Fortress und Liberator konnten jetzt tief nach Deutschland einfliegen – schließlich hatten sie den deutschen Tagjägern bereits erhebliche Verluste zugefügt, und zudem genossen sie den Schutz des hervorragenden Fernjägers Mustang. Näher gelegene Ölziele konnte das Bomberkommando mit Hilfe von Oboe und Gee-H präzise treffen, und wenn die Front sich erst einmal auf Deutschland zubewegte, konnte man auch Ziele tief im Reich angreifen. Eigenartigerweise wird in der Weisung für Overlord, die Eisenhower am 17. April 1944 herausgab, Öl überhaupt nicht erwähnt. Kugellager und Flugzeuge mit ihren Komponenten waren schon vorher offiziell als Vorrangziele eingestuft worden, und Lieutenant General (Generalleutnant) Carl Spaatz, künftiger Oberbefehlshaber der Amerikanischen Strategischen Luftflotten in Europa, hatte schon immer die Ölindustrie für das beste Ziel gehalten – ein weiteres »Allheilmittel«, wie Harris, der diese Auffassung nicht teilte, sagen würde. Spaatz und Harris waren sich charakterlich ähnlich: Sie waren beide von halsstarriger Eigensinnigkeit – jeder interpretierte die Weisungen, die von Vorgesetzten kamen, so, wie sie am besten in seine Angriffstheorie paßten. So hatte Spaatz bereits im Mai begonnen, Ziele der Ölindustrie anzugreifen – und klar erkennbare Erfolge damit erzielt.
Die amerikanische 15. Luftflotte, die von Italien aus operierte, hatte im April 1944 mit Angriffen auf Ölziele begonnen, indem sie Einsätze gegen die ausgedehnten rumänischen Ölfelder bei Ploesti flog, und im Mai hatte Spaatz von England aus Ölziele in Deutschland angreifen lassen, so auch die wichtigen Raffinerien von Leuna bei Leipzig. Auf Enigma gestützte Geheimdienstberichte ließen erkennen, daß diese Angriffe sehr erfolgreich waren und die Deutschen, die für ihren Zweifrontenkrieg nunmehr Unmengen Kraftstoff brauchten, sich zunehmend Sorgen machten, wie sie die Kraftstoffversorgung für die Fortführung des Krieges sicherstellen konnten. Air Chief Marshal (General) Arthur Tedder, Stellvertretender Oberster Befehlshaber, hatte sich davon überzeugen lassen, daß Angriffe auf das Öl die besten Aussichten hatten, die deutsche Kriegsmaschine lahmzulegen, und von diesem Zeitpunkt an nutzte er seinen Einfluß auf Harris und unterstützte die Öloffensive. Erstes Ergebnis war ein Angriff von 303 Lancaster und Mosquito in der Nacht des 12./13. Juni auf die Nordsternraffinerien für synthetischen Kraftstoff in Gelsenkirchen; in dieser Nacht flogen weitere 671 Flugzeuge des Bomberkommandos Luftangriffe gegen Nachschublinien in Frankreich, dazu kamen dann noch die jetzt bereits üblichen Funkstör-, Ablenk-, Jabo- und Zermürbungsangriffe. Die Angriffe auf Frankreich kosteten 23 Flugzeuge oder 3,4 Prozent der teilnehmenden Maschinen, und 17 oder 6,1 Prozent kamen von dem gefährlicheren Einsatz gegen Gelsenkirchen nicht zurück. Gute Oboe-Markierung durch Pfadfinder-Mosquito und präziser Bombenwurf der Hauptstreitmacht führten hier zu einem äußerst erfolgreichen Angriff. Obwohl taktische Invasionsziele Hauptauftrag des Bomberkommandos blieben, führte Harris in zwei weiteren Juninächten die Öloffensive fort.
Am 16./17. Juni zogen die Raffinerien für die Herstellung synthetischen Kraftstoffs in Sterkrade im Ruhrgebiet 321 Bomber auf sich – von ihnen wurden 31, fast ein Zehntel der Angreifer, abgeschossen, die meisten von Nachtjägern. Ein noch größerer Verband bombardierte V1-Stellungen in Frankreich ohne Verluste. Ob man nach Deutschland oder nach Frankreich geschickt wurde konnte für die Besatzungen den Unterschied zwischen Leben und Tod bedeuten. 25 Halifax der 77. Staffel in Full Sutton waren unter den Bombern, die Sterkrade angriffen. Horace Pearce schreibt dazu:

»Mit MZ 697 "L" starteten wir um elf Uhr nachts; wir hatten 15 225-kg-Bomben an Bord. Über Holland stießen wir auf eine geschlossene Wolkendecke, die auf 2100 bis 2400 m hinaufreichte; über dem Ziel stieg sie dann auf 4800 m an und war massiv. Zunächst war es schwierig, einen Zielpunkt zu finden, da wir tief in den Wolken nur ein diffuses Glühen der Zielkörper wahrnahmen. Beim Bombenangriff überlagerten sich dann aber grüne Zielmarkierungen, die höher explodierten, mit dem Glühen in den Wolken, und um 01.26 Uhr griffen wir aus 6000 m Höhe an.
Flakgranaten detonierten unablässig über und unter uns, aber in unserer Höhe war etwas weniger los. Wir erreichten den Flugplatz ohne Zwischenfälle und landeten um 03.35 Uhr: Jetzt mußten wir feststellen, daß die Verluste hoch waren – die Bomber hatten 31 der über 300 beteiligten Maschinen verloren, eine Verlustquote von 9,7 Prozent. Das Bombergeschwader 4 traf es am schlimmsten: Es verlor zwölf von 93 Flugzeugen, also gut zwölf Prozent. Bei der Nachbesprechung erfuhren wir, daß von 25 beteiligten Maschinen der 77. Staffel sieben nicht zurückgekehrt waren.«

Die Erfahrungen der Besatzungen von Full Sutton in dieser Nacht verdeutlichen einmal mehr nicht nur die täglichen – oder in diesem Fall: nächtlichen – Rückschläge bei Feindflügen, sondern auch den ungewissen Ausgang von Bombenangriffen auf Punktziele, wenn das Wetter ungünstig war. 25 Besatzungen wurden zu diesem Einsatz eingeteilt; zwei von ihnen konnten allerdings wegen mechanischer Probleme nicht starten – so blieben 23 übrig. Ein Pilot stellte an einem Motor heftige Vibrationen fest und kehrte um, nachdem er seine Bomben in die Nordsee geworfen hatte. Er landete auf dem Notlandeplatz Carnaby, womit jetzt nur noch 22 Bomber Kurs auf Sterkrade hielten. Daher repräsentieren die sieben, die nicht zurückkehrten, fast ein Drittel der Maschinen, die tatsächlich das Ziel angriffen. Hauptmann Martin Drewes, der um 00.35 Uhr in Leeuwarden gestartet war, machte zwei Lancaster geltend – es ist aber wahrscheinlicher, daß eines seiner Opfer die Halifax NA 508 »A« der 77. Staffel war: Sie stürzte auf dem Rückflug über Holland ab; es gab keine Überlebenden. Von den 15 Bombern, die heil nach Großbritannien zurückkehrten, meldeten drei Luftkämpfe mit Nachtjägern, zwei weitere meldeten Sichtkontakt. Drei Halifax machten auf anderen Flugplätzen Notlandungen. Eine der zunächst vermißt geglaubten Halifax notwasserte in der Nordsee, nachdem sie im Luftkampf mit einer Ju 88 stark beschädigt worden war; die Bordschützen meldeten die Ju 88 als zerstört. Zum Glück konnte die gesamte Besatzung von einem Torpedoboot an Bord genommen und gerettet werden.
Der Bombenangriff auf Sterkrade, der durch dicke Wolken erfolgte, erwies sich als verstreut, und die Raffinerie wurde nur geringfügig beschädigt. Alle Besatzungen berichteten von Zielkörpern, die in den Wolken verschwanden und nur noch als farbiges Glühen zu sehen waren. Einige der Besatzungen von Full Sutton behaupteten, sie hätten nach Zielkörpern abgeworfen, zehn weitere jedoch sagten, sie hätten nach geschätzter Ankunftszeit bombardiert. Geschätzte Zeiten und Positionen jedoch können um Minuten und damit Kilometer abweichen, womit »Bombenwurf nach Ankunftszeit« kaum mehr als eine beschönigende Umschreibung dafür ist, daß man seine Bomben ausklinkt in der Hoffnung, wenigstens irgend etwas zu treffen.
Der Bombenschütze einer der abgeschossenen Halifax der 77. Staffel, Flying Officer (Oberleutnant) Jack Stewart Nott, entging der Kriegsgefangenschaft und wurde vom holländischen Widerstand unter die Fittiche genommen. Unglücklicherweise jedoch war es der Gestapo gelungen, die Widerstandsgruppe, die seine Flucht zu steuern versuchte, zu unterwandern: Am 8. Juli wurde er zusammen mit zwei weiteren RAF-Fliegern erschossen, als einige Angehörige der Gestapo in Zivil in ihr Haus in Tilburg, in dem sie sich versteckt hielten, eindrangen und das Feuer eröffneten.

Ein weiteres Beispiel, könnte man sagen, für »deutsche Grausamkeit«. Aber in der Nacht vor dem Angriff auf Sterkrade hatte es einen Vorfall gegeben, der auch die andere Seite des Charakters der Deutschen beleuchtete; er wird hier angeführt, obwohl er leicht außerhalb der zeitlichen Abfolge liegt. Der Bordfunker Walter Heidenreich, der hier schon mehrfach erwähnt wurde, flog jetzt mit einer neuen Besatzung. Sein bisheriger Flugzeugführer, Oberleutnant Günter Köberich, war im April bei einem amerikanischen Tagangriff auf den Fliegerhorst Quakenbrück ums Leben gekommen; Heidenreich war an zwölf Abschüssen Köberichs beteiligt gewesen. Sein neuer Flugzeugführer war Leutnant Erich Jung, und der dritte Mann der Besatzung der Ju 88 war Oberfeldwebel Hans Reinnagel, der Bordmechaniker. Ihr Verband, die II./NJG 2, war auf den Flugplatz Coulommiers, etwa 50 km östlich von Paris, verlegt worden und sollte an der Schlacht um die Normandie teilnehmen. In dieser Nacht war ihnen gesagt worden, sie sollten Paris nach dem Start südlich umfliegen, Kurs auf die Kanalküste nehmen, dann bis Dieppe patrouillieren und Gelegenheitsziele am Boden angreifen. Über diesen Einsatz berichtet Erich Jung:

> »Dieser Flug war unser 19. gemeinsamer Nachteinsatz und der 7. in den Invasionsraum. Bei den bisherigen Einsätzen waren wir immer Paris südlich umfliegend an- und abgeflogen.
> Bei den Einsätzen hatten wir wiederholt beobachtet, daß in dem von deutschen Truppen besetzten Teil an einigen Stellen bei unserem Anflug Lichtzeichen vom Boden gegeben wurden, die nach Überflug nicht mehr aufleuchteten. Es wurde allgemein vermutet und angeblich auch belegt, daß dies Zeichen der RESISTANCE für Versorgungsflüge aus England seien. Amtlich bestätigt wurde dies dem fliegenden Personal aber nicht.
> Bei diesem Invasionseinsatz beobachteten wir diese Zeichen auch wieder.
> Nach Durchführung unseres Auftrages, vermutlich zwischen 2.00 Uhr und 2.30 Uhr, stiegen wir im Raum Dieppe mit Süd-Süd-Ost Kurs auf 4 – 5000 m, um nach Coulommiers zurückzufliegen.
> Die Flughöhe wurde meist bei Rückflügen angestrebt, da dann das SN-2 eingeschaltet werden konnte und Annäherungen anderer Maschinen erfaßt wurden.
> Nach etwa 30 Minuten führte mich der Funker an ein Ziel, das westlich von uns auf Gegenkurs ankam. Durch das Einkurven hatten wir verhältnismäßig schnell die gleiche Geschwindigkeit und waren direkt unter dem Viermotorigen. Die Maschine flog schnurgerade ihren Kurs Richtung Küste/England, die Heck- und Bugwaffen hingen herunter, so daß man den Eindruck hatte, sie wären gar nicht besetzt. Jedenfalls fühlte sich die Besatzung ziemlich sicher. Der Abschuß mit "Schräger Musik" wäre hier schulmäßig verlaufen und sicher gewesen.
> Reinnagel schaltete die Waffen erst auf wiederholte Aufforderung ein, aber mit dem Hinweis, daß ich nicht sofort schießen sollte, er habe jetzt die einmalige Gelegenheit, uns am Objekt zu zeigen, was man beim Angriff alles beachten müsse, wohin man am besten schießen sollte und wie der Abwehrkreis der gegnerischen Waffen ist.
> Hans Reinnagel hatte schon mehr als 300 Nachtjagdeinsätze und war bei 53 Abschüssen beteiligt. Walter Heidenreich hatte etwa 70 Nachtjagdeinsätze und war bei 22 Abschüssen beteiligt. Ich flog meinen 38. Einsatz und hatte erst 3 Abschüsse. Davon zwei mit Reinnagel und Heidenreich, bei denen ich mich ihrer Meinung nach als jüngster und unerfahrenster ziemlich dusselig angestellt hatte. Die Belehrung sei doch wohl angebracht.
> Die Einweisung ging also weiter. Über den Auftrag der Maschine waren wir uns einig und rätselten nur noch, ob sie in Südfrankreich wohl sogar gelandet war. Das Gespräch kam

auch auf die Besatzung: Wieviel Mann? Was hatte jeder einzelne zu tun? Wo kam er her? Waren alle Engländer? Verheiratet? Kinder? Vielleicht warteten am Landeplatz Familienangehörige.
Hans meinte, seine vierjährige Tochter würde auch auf ihn warten. Dies gab wohl Anstoß zu meinem plötzlichen Drehen auf Gegenkurs Richtung Coulommiers.
Hans schaltete die Waffen aus und jeder von uns hing seinen Gedanken nach. Bis zur Landung wurde wohl kein Wort mehr gesprochen.«

Das Buch *The Bomber Command War Diaries* (Middlebrook und Everitt) erwähnt kein Flugzeug, das in dieser Nacht Einsätze für die Résistance geflogen hätte, allerdings wurden mehrere Ziele in Frankreich angegriffen. Es ist möglich, daß der viermotorige Bomber, den Jung verschonte, eine Lancaster des Bombergeschwaders 5 war, die von einem Luftangriff auf ein Kraftstoffdepot bei Châtelleraut, zwischen Poitiers und Tours, zurückkehrte.
In der Nacht des Angriffs auf Sterkrade flogen Maschinen der 199. Staffel des Sondergeschwaders 100 ihren ersten »Mandrel-Screen« (»Mandrel-Schutzschirm«) genannten Einsatz. Wie zuvor bereits erwähnt, war Mandrel ein Bordstörgerät, das auf den Frequenzen des deutschen Flugmeldedienstes arbeitete. Der Schutzschirm bestand aus einer Anzahl von Flugzeugen, von denen jedes acht besonders leistungsstarke Störgeräte mitführte, die ein breites Frequenzband abdeckten. Diese Maschinen flogen – gewöhnlich über See – Warteschleifen, so daß sie den Flugweg der Bomber bestreichen konnten. Es wurde bald ständige Taktik der Bomber, erst spät diesen Mandrel-Schutzschirm zu verlassen: Das beraubte die deutsche Luftverteidigung ihrer gewohnten frühen Kenntnis über Größe, Position und Kurs der Angriffsformation.
Am 13. Juni begann der schon lange erwartete V1-Angriff (V1 = Vergeltungswaffe Nr. 1), bei dem von zehn der unbemannten Flugzeuge, die von Abschußrampen im Raum Pas-de-Calais abgefeuert worden waren, vier London trafen und sechs Zivilisten in Bethnal Green töteten. Die Bedrohung wurde schnell intensiver: Am 16. stürzten 74 der revolutionären Fernwaffen auf London. Jetzt wurde der Druck auf das Bomberkommando, diese Abschußstellungen zu vernichten, immer stärker. Für die Besatzungen waren diese Einsätze generell ein »Spaziergang«, denn ihre Verluste waren nur gering. So griffen zum Beispiel in der Nacht des Luftangriffs auf Sterkrade, der bereits erwähnt wurde, über 400 Bomber vier V1-Stellungen an und warfen ihre Bomben nach Zielkörpern ab, die von Oboe-Mosquito gesetzt worden waren – ohne eigene Verluste. Dann, am 21./22. Juni, ging es wieder nach Deutschland: Luftangriffe auf Raffinerien synthetischen Kraftstoffs bei Wesseling südlich von Köln und bei Scholven-Buer im Ruhrgebiet. Obwohl in Buer Oboe und in Wesseling H2S benutzt worden waren, führte eine tiefliegende Wolkendecke, die die Zielmarkierungen schluckte, dazu, daß die Bomben der insgesamt 256 eingesetzten Maschinen nicht im Ziel lagen. Beim Angriff auf Buer bei Duisburg gingen acht Lancaster verloren, aber sehr viel mehr Beute machte die Nachtjagd unter den Bombern, die Wesseling angriffen und bis auf fünf alle dem Bombergeschwader 5 angehörten: Drei Lancaster-Staffeln – die 44., 49. und die 619. Staffel – verloren je sechs Flugzeuge von insgesamt 37 vermißten Bombern. Nach Prozenten war das eine der höchsten Verlustraten des ganzen Krieges. Allein zwei Jagdgruppen, die I. und die II./NJG 1, schossen 20 Maschinen ab – fünf davon gingen auf das Konto von Hauptmann Modrow.
Als der nächste Großangriff auf Deutschland erfolgte, was erst einen Monat später der Fall war, waren Wesseling und Buer erneut die Ziele. Dieses Mal waren beide Luftangriffe erfolgreich und kosteten nur fünf der 364 Bomber. In der Zwischenzeit stürzte sich das Bomberkommando – meist ziemlich ungestraft – auf Ziele in Frankreich, vor allem V1-Stellungen und Bahnanlagen. Nur gelegentlich konnten die deutschen Jagdflieger die Bomber bekämpfen: So zum Beispiel

in der Nacht des 7./8. Juli, als 208 Lancaster und 13 Mosquito ein unterirdisches V1-Depot bei St. Leu d'Esserent angriffen: Dieses Mal waren es einmotorige Allwetterjäger der I./JG 301, die den größten Schaden anrichteten – sie schossen allein 20 der 29 vermißten Lancaster ab. Erich Jung, Walter Heidenreich und Hans Reinnagel flogen eine Ju 88 R-2 mit der Kennung 4R+AP, als das Bomberkommando St. Leu d'Esserent angriff, und schossen zwei viermotorige Bomber ab. Sie waren in Coulommiers gestartet, wollten aber in Villaroche, etwa 40 km südöstlich von Paris, landen. Als sie dann jedoch die Platzrunde von Villaroche erreichten, teilte man ihnen eine Landenummer zu und sagte ihnen, es werde etwa 20 Minuten dauern, bis sie aufgerufen würden. Daraufhin beschlossen sie, anstatt zu warten lieber zum Heimatplatz Coulommiers zurückzufliegen, und drehten in 150 m Höhe auf Nordostkurs, wobei sie Schlangenlinien flogen – das Standardverfahren gegen Angriffe feindlicher Fernnachtjäger. Bald darauf erkannten sie vor sich den Platz, und Heidenreich wollte sich gerade über Funk melden und um Landeerlaubnis bitten – Erich Jung berichtet, was dann geschah:

> »Nach der Abmeldung in Villaroche hatte der dortige Bodenfunker sofort in Coulommiers angerufen und mitgeteilt, daß wir kämen, vermutlich aber einen feindlichen Fernnachtjäger dran hätten. Er hätte dies beim Abflug gemerkt, uns aber nicht mehr informieren können.
> Beim Hinschauen zum Platz stellte ich den Webeflug ein. Diesen kurzen Moment des Geradeausfluges nutzte der Verfolger zum ersten Feuerstoß. Ausgezeichnet geschossen. Treffer in der linken Fläche zwischen Kanzel und Motor. Sofort lange Flamme. Ich sah wie sich die Blechbeplankung – wie beim Öffnen einer Ölsardinenbüchse – nach hinten rollte.
> Hans Reinnagel hat sofort reagiert. Mit dem linken Fuß die Bodenklappe abgeworfen, den Funker losgeschnallt, vom Sitz gezogen und durch die offene Einstiegsluke fallen lassen. Sofort schnallte er mich los, packte mich an Brust und Seite und zog mich im Zurückfallen mit vom Sitz, so daß wir fast gemeinsam die brennende Maschine verließen.
> Bei meinem freien Fall und Fallschirmziehen überflog mich die Mosquito und schoß zum zweiten Mal. Unsre Landepunkte. Heidenreich – 200 m – Reinnagel – 100 m – Jung – 500 m brennende Maschine. Es war Reinnagels 7. Fallschirmabsprung.«

In derselben Nacht erzielte der Flugzeugführer einer Einsitzigen einen seltenen Erfolg: Er schoß eine Mosquito ab. Oberleutnant Fritz Krause von der 1./NJGr 10, der Erprobungsgruppe unter Hauptmann Friedrich Karl Müller, hob am 8. Juli um 00.40 Uhr morgens in Werneuchen nordöstlich von Berlin ab. Er flog eine Fw 190 A-5, die versuchsweise mit einem Heckwarngerät des Typs Neptun J-2 (FuG 217) ausgerüstet worden war. Der Flugmeldedienst hatte Mosquito im Anflug auf Berlin gemeldet, und Krause stieg über der Hauptstadt auf 8500 m Höhe. Um 01.48 Uhr sah er knapp unter sich ein zweimotoriges Flugzeug im Lichtkegel von Scheinwerfern. Mit Vollast nahm er Kurs auf die Mosquito und eröffnete aus 200 m Entfernung das Feuer, dabei traf er den rechten Motor. Die Flak von Berlin schoß aber noch immer, also feuerte Krause ein Erkennungssignal ab, als er die RAF-Maschine, die jetzt Rauch des beschädigten Motors hinter sich herzog, ein zweites Mal angriff. Er flog noch zwei weitere Angriffe und sah auch jedesmal Treffer; in einer Höhe von 2000 m jedoch verlor er seine Beute aus den Augen. Als er in Werneuchen landete, stellte man fest, daß sein Flugzeug mit dem Öl der Mosquito verschmiert war, und kurz darauf wurde gemeldet, daß um 01.55 Uhr eine britische Maschine brennend an dem Punkt abgestürzt war, den Krause als vermutlichen Aufschlagpunkt angegeben hatte. Es gab einen Überlebenden: Flight Lieutenant (Hauptmann) E.V. Saunders.

Nachdem die V1-Angriffe auf London die Regierung zunehmend beschäftigten – 2000 der unbemannten Waffen waren gegen die britische Hauptstadt allein im Juni abgeschossen worden und hatten fast 2000 Tote unter der Zivilbevölkerung verursacht, und Anfang Juli waren es schon 120 pro Tag – wurde nun ein Großteil der Kräfte des Bomberkommandos auf die Abschußstellungen im Raum Pas-de-Calais angesetzt. Bei Tage besaßen die Alliierten fast die Luftherrschaft, so daß die deutschen Jäger die schwerfälligen Viermotorigen, die ja eigentlich eine leichte Beute für Jagdflugzeuge waren, nicht mehr belästigten. Daß die deutschen Tagjäger sich nicht mehr wirkungsvoll wehrten, lag zu einem nicht geringen Teil an der von Spaatz initiierten Ölоffensive sowohl der USAAF als auch des Bomberkommandos; sie bereitete den Deutschen bereits große Sorgen. Im Juli gingen nur insgesamt zwölf Bomber bei Angriffen auf die sogenannten »Ski-Stellungen« verloren, von denen die fliegenden Bomben abgeschossen wurden – sechs bei Tage und sechs bei Nacht. Interessant an diesen Zahlen ist, daß 3400 Einsätze bei Tage und nur etwa 1400 bei Nacht geflogen worden waren – bei gleichen Verlusten an Maschinen. Nur wenige Monate zuvor war es noch undenkbar gewesen, daß Halifax und Lancaster bei Tageslicht über die französische Küste eingeflogen wären: Hätten sie das getan, hätten die Bf 109 und Fw 190 sie einfach vom Himmel geholt.
Nachdem das Bomberkommando nunmehr relativ unbehelligt über Frankreich operierte und in Unterstützung der alliierten Armeen, die aus ihren Brückenköpfen in der Normandie vorrückten, taktische Ziele und V1-Abschußrampen zerbombte, war Harris momentan nicht in der Lage, seine bevorzugte Offensive gegen deutsche Städte im gewünschten Umfang fortzusetzen. Trotz der generell geringen Verluste in Frankreich wurde er gelegentlich daran erinnert, daß die Nachtjagd, obwohl ihre Schlagkraft bereits gelitten hatte, noch immer ein Faktor war, mit dem er rechnen mußte: In der Nacht des 18./19. Juli wurden Bahnanlagen in Aulnoye und Revigny von insgesamt 242 Lancaster angegriffen – beide Angriffe, besonders der gegen Revigny, erforderten ein tieferes Eindringen in das europäische Festland als die Schläge gegen die V1-Rampen; die deutschen Nachtjäger fanden die Lancaster des Bombergeschwaders 5 auf ihrem Weg nach Revigny und schossen 24 davon ab, fast ein Viertel der Formation. Die 619. Staffel setzte 13 Lancaster gegen Revigny ein, und nur acht kamen zurück. Auf seiten der Luftwaffe meldete Fahnenjunker-Oberfeldwebel Herbert Altner von der III./NJG 3 in Laon-Athies fünf abgeschossene Lancaster.
Im Zuge der Ölоffensive zogen im Juli auch die Raffinerien von Wesseling, Buer, Bottrop, Homberg und Wanne-Eickel, alle im Ruhrgebiet oder nahebei und mithin innerhalb der Reichweite von Oboe, die Aufmerksamkeit der schweren Bomber auf sich. Das Ruhrgebiet war für die Bomber noch immer ein gefährliches Ziel: Der Angriff vom 20./21. Juli kostete 20 der 158 eingesetzten Bomber, zwei davon fielen Hermann Greiner zum Opfer – sein 35. und 36. Luftsieg.
Obwohl V1-Stellungen, Ölziele und die Unterstützung der in der Normandie vorrückenden alliierten Truppen noch immer Vorrang hatten, gelang es Harris trotzdem, vor Ende Juli noch vier Großangriffe gegen deutsche Städte fliegen zu lassen. Der erste, am 23./24. Juli gegen Kiel, war mit 629 beteiligten Bombern der größte seit Mai. Die veränderten Taktiken überraschten die Deutschen völlig, und umfangreiche und komplexe elektronische Gegenmaßnahmen, Täuschung und Unterstützungseinsätze trugen mit dazu bei, daß nur vier schwere Bomber vermißt wurden. Aber obwohl der Angriff auf Kiel zahlenmäßig stark war, war er doch nur ein Teil der in dieser Nacht ausgeteilten Schläge, die sich auf 1118 Einsätze beliefen und nur fünf Bomber kosteten. Die während der letzten zwei oder drei Monate abnehmenden Verluste bedeuteten, daß die Produktion der schweren Bomber ihre Verluste endlich deutlich übertraf. Auch das weitsichtige Ausbildungsprogramm für Besatzungen trug nun seine Früchte: Es gab keinen Mangel an ausgebildeten Männern, die in die Waffen der Zerstörung kletterten. Kiel, in jeder Hinsicht

ein bedeutendes Ziel, erlitt schwere Zerstörungen, besonders im Gebiet um den Hafen und die U-Boot-Werften. In der folgenden Nacht begann Harris mit einer Offensive von drei Luftangriffen auf die Industriestadt Stuttgart: Am 24./25. Juli schickte er 614 Bomber, am 25./26. 550 und am 28./29. Juli 496. Mit der großen Zahl von Bombern, die ihm jetzt zur Verfügung standen, konnte er diese Kräfte einsetzen, ohne die vorgegebenen Vorrangziele zu vernachlässigen. Die drei Angriffe kosteten 72 Lancaster und Halifax, 4,3 Prozent der eingesetzten Bomber. Der Angriff, bei dem die meisten Bomber – 39 – verlorengingen, war der letzte. Hauptmann Walter Knickmeier, zuvor erfolgreicher JLO in Deelen und jetzt Einsatzoffizier des NJG 1, erinnert sich an diese Nacht und verweist auf Schwächen des deutschen Flugmelde- und Jägerleitsystems:

»Bei den ersten Angriffen auf Stuttgart war die Nachtjagd nicht sehr erfolgreich. Ich wurde von Oberst Wittmer, Chef des Stabes der Luftflotte Reich, angerufen. Zu der Zeit, von der ich spreche, lag die I. Gruppe in Venlo, die II. in Eindhoven, die III. in Leeuwarden und die IV. in St. Trond in Belgien; der Geschwaderstab war noch in Deelen. Mir wurde befohlen, nach Stuttgart-Echterdingen zu fliegen: Wittmer sagte mir, daß ein schwerer Angriff auf Stuttgart erwartet würde und wir uns keinen weiteren Mißerfolg mehr leisten könnten – Göring habe sich schon wegen der schwachen Leistungen beschwert. 20 km westlich von Stuttgart war ein Gefechtsstand eingerichtet worden; er war mit dem Funkmeßgerät "Jagdschloß" ausgestattet. Das war eine neue Generation von Funkmeßgeräten – heute alltäglich, damals aber revolutionär: Es hatte einen rotierenden Schreibstrahl und zeigte rundum die gesamte Luftlage. Drei dieser Geräte waren damals in Betrieb – eines bei Stuttgart, eines zur Verteidigung von Berlin und eines an der Unterelbe, das Hamburg abdeckte. Das Jagdschloß arbeitete im Zentimeterbereich, was bedeutet, daß die Echos sehr kleine Punkte waren; seine Reichweite betrug mindestens 120 km. Es war phantastisch! Technologisch war es das fortschrittlichste Jägerleitgerät, das es damals gab – ärgerlich war nur, daß die Technischen Offiziere in den Stellungen unerfahren waren und keine Übung als JLOs besaßen. Mir war unverständlich, warum dort kein Experte saß, der die Jäger in den Bomberstrom einschleuste. Als ich mich näher damit befaßte, mußte ich feststellen, daß es dort nicht einmal eine zuverlässige Verbindung zur Kanalküste gab, von wo aus man uns hätte vorwarnen können. Es ist schwer, das Ausmaß der grundsätzlichen Fehler, die wir machten, zu beschreiben und auch die unintelligente Art, wie wir das Gerät einsetzten.

Als erstes besorgte ich mir die Plätze der verschiedenen Jagdstaffeln, die ich zur Verteidigung Stuttgarts einsetzen konnte, und die vermutliche Anflugrichtung der Bomber. Dann vergewisserte ich mich, daß es in 120 km um Stuttgart Funkfeuer gab, wo ich meine Jäger versammeln konnte. Denn es war ja schließlich wichtig, Funkfeuer im Erfassungsbereich des Jagdschloßgeräts zu finden.

Es war ziemlich spät in der Nacht, als der Bomberstrom eintraf. Ich erinnere mich, daß wir ein perfektes Bild von seinem Anflug hatten. Ich glaube, der Verband kam über Frankreich und teilte sich dann in drei Formationen auf. Ich konnte aber die Jäger, die vom NJG 1 kamen und mithin sehr erfahren waren, in den Strom einschleusen, und dann erfolgte Abschuß auf Abschuß. Ich glaube, die meisten Luftsiege erzielten wir auf dem Weg zum Ziel.

Später in dieser Nacht rief mich der Kommandierende General Beppo Schmid an: Er fragte mich, wie solch ein Ergebnis möglich sei. Ich konnte ihm nur sagen: "Hier sind die Bomber, hier sind die Jäger – welchen Kurs müssen sie fliegen, um in den Bomberstrom einzudringen?" Das Gerät wurde nicht gestört. Ich sagte ihm dann, es sei unverzeihlich, daß die Leistungen dieses Geräts nicht voll ausgeschöpft würden. Ich hatte die Jägerleitung direkt vom Bildschirm per Sprechfunk durchgeführt. Am nächsten Tag mußte ich nach Jüterbog fliegen und Einzelheiten berichten. General Huth, der Divisionskommandeur, war da, machte seinen Führungsoffizieren die Hölle heiß und sagte: "Ich werde Hauptmann Knickmeier in Ihre Verbände schicken, und jeder - von den Nachrichtentruppen bis zum Geschwader mit seinen Staffelkapitänen - wird sich seine Vorstellungen von der Nachtjagd anhören."

Wenn ich mich richtig erinnere, war die RAF wegen dieser Niederlage geschockt: Sie kostete viele Besatzungen, und in den nächsten zwei Wochen gab es keinen Großangriff auf Deutschland mehr.«

Es war tatsächlich eine kostspielige Nacht für die RAF: Zusätzlich zu den 39 Bombern, die gegen Stuttgart verlorengingen, wurden weitere 22 von 307 abgeschossen, die Hamburg hart treffen sollten - dort allein verlor sie 154 Besatzungsmitglieder gegenüber 265 getöteten Einwohnern am Boden; die Gesamtverlustquote betrug 7,6 Prozent. Und wieder litten die Halifax am meisten: Zwar wurden sie gegen Stuttgart nicht eingesetzt, aber von den 187 gegen Hamburg aufgebotenen Halifax kehrten 18 - fast zehn Prozent - nicht zurück. Die Staffel, die am meisten blutete, war die 431. (Iriquois-) Staffel, eine Einheit des kanadischen Bombergeschwaders 6: Von den 17 gestarteten Maschinen kamen fünf nicht zurück. Fast genauso schlimm traf es die kanadische 408. (Goose-) Staffel.

Walter Knickmeier erinnert sich richtig. In den Wochen nach den Angriffen auf Stuttgart und Hamburg gab es einige Wochen lang keine Großangriffe auf Deutschland mehr - aber das lag nicht an den hohen Verlusten, die das Kommando in dieser Nacht einstecken mußte: Harris verfügte jetzt über Flugzeuge und Besatzungen im Überfluß. Ziele in Frankreich waren immer noch Schwerpunkt seiner Kräfte. In der letzten Juliwoche brachen die alliierten Truppen massiv aus ihren Brückenköpfen in der Normandie aus, und seine Bomber wurden gebraucht, um die schnellen Vorstöße nach Frankreich hinein, die dann folgten, zu unterstützen.

Am 30. Juli zum Beispiel setzte das Bomberkommando am Tage 662 schwere Bomber und 30 Mosquito ein, um deutsche Stellungen in Zielrichtung der amerikanischen Vorstöße zu bombardieren. Am 1. August griffen 777 Bomber V1-Stellungen an, und diese Zahl wurde zwei Tage später noch übertroffen, als 1114 Bomber gleichartige Ziele angriffen. Und in der Nacht vom 7. auf den 8. August führten über tausend Lancaster, Halifax und Mosquito verheerend genaue Bombenangriffe auf deutsche Truppenkonzentrationen vor den alliierten Verbänden durch - sie demonstrierten die extreme Präzision, die jetzt unter den richtigen Bedingungen erzielt werden konnte, indem man Oboe, einen Bomberführer und gut ausgebildete und eingewiesene Bombenbesatzungen verwendete.

Obwohl es noch Nester verbissenen Widerstands gab, bedeutete der Zusammenbruch der deutschen Fronten in Frankreich, daß Harris seine Aufmerksamkeit jetzt wieder Deutschland zuwenden konnte: Am 15. August schickte er - als Auftakt der Wiederaufnahme seiner strategischen Offensive - 1004 Bomber bei Tage zum Angriff auf neun Nachtjagdflugplätze in Holland und Belgien. Alle Angriffe lagen im Ziel, und nur drei Lancaster gingen verloren. Am selben Tag begann die »Operation Anvil« (»Unternehmen Amboß«): Alliierte Truppen landeten in Südfrankreich und begannen ihren schnellen Vorstoß nach Norden. Im Osten standen die Sowjetarmeen angriffsbereit an der ostpreußischen Grenze und tief in Polen, und die baltischen Staaten, die Tschechoslowakei, Ungarn und Rumänien wurden belagert. In Italien kämpften die Deutschen eine erbitterte Abwehrschlacht gegen die vorrückenden Alliierten. Hitler sprach noch immer von »Wunderwaffen«, die Niederlagen in Siege verwandeln würden - aber seine V1-Angriffe ge-

gen Großbritannien waren bereits ins Stocken geraten. Anfang September waren alle seine V1-Abschußstellungen in Frankreich überrannt. Zwar gab es noch Stellungen in Belgien und Holland, und die Deutschen hatten auch begonnen, die V1 von speziell umgerüsteten He-111-Kampfflugzeugen abzuschießen, aber die Bedrohung nahm jetzt merklich ab. Zusätzlich zum Verlust der Stellungen auf seiten der Deutschen hinderten Flak und Jäger der Briten und auch der neue Strahljäger Meteor einen Großteil der V1 daran, ihre Ziele überhaupt noch zu erreichen. Zwar mußte man noch mit der weitreichenden ballistischen Rakete V2 rechnen, aber die Besetzung Frankreichs durch alliierte Truppen hatte auch diese Bedrohung beträchtlich vermindert: Viele Abschußstellungen für die V2, die hier für einen Angriff auf London gebaut worden waren, waren zerstört worden.
Deutschland, stark angeschlagen, blutete aus allen Wunden. Es hatte die Luftherrschaft bei Tag und nunmehr auch bei Nacht fast völlig verloren. Die Bevölkerung litt furchtbar und kam nicht mehr zur Ruhe. Die Invasionsfront rückte vorwärts, im Osten gab es ungeheuerliche Verluste. Und doch sollte es noch Monate dauern, bis dieses Volk am Boden lag und aufgab.

Kapitel 13

Und wieder das Reich

August bis Dezember 1944

Nachdem Harris die Invasion und den Kampf um die Normandie direkt unterstützen mußte, war er gezwungen gewesen, die Rolle seines Kommmandos im Krieg gegen Deutschland erheblich abzuändern. Bis zum Frühjahr 1944 war seine Bomberflotte fast völlig unabhängig gewesen, aber die Erfahrungen in Frankreich hatten gezeigt, daß schwere Bomber - wenn die Umstände günstig waren - präzise und mit beträchtlicher Wirkung gegen Ziele, die kleiner waren als Städte, eingesetzt werden konnten; mit anderen Worten, daß die Lancaster und Halifax, wenn sie ihre Einsätze mit den Bodentruppen koordinierten, eine wichtige taktische Rolle übernehmen konnten.

Zusammen mit den schweren Bombern der USAAF und den zahllosen taktischen Flugzeugen der Alliierten, die kühl und gnadenlos Verkehrswege, feindliche Truppenaufstellungen, Stützpunkte, Flugplätze, V-Waffen-Stellungen und Nachschubdepots angriffen, hatte das Bomberkommando nunmehr bei Tage die hohe Luftüberlegenheit genutzt, die die Alliierten über Frankreich errungen hatten. Von Juni bis einschließlich August 1944 fielen gewichtsmäßig fast sechsmal mehr Bomben auf Ziele in den besetzten Ländern als auf Deutschland selbst, viele davon auch bei Tage. In derselben Periode hatte sich das Öl ganz klar als wichtigstes Ziel erwiesen. Trotzdem aber ließ Harris durch derartige Überlegungen seinen Glauben, daß die Zerstörung deutscher Städte die Hauptaufgabe seiner schweren Bomber sei, nicht erschüttern. In gewissem Umfang teilte sogar Carl Spaatz diese Ansicht, da er - obwohl praktisch Initiator der wiederauflebenden Öloffensive - ebenfalls mehr freie Hand für die Wahl der Ziele seiner Fortress und Liberator anstrebte, um die zunehmende Schwäche der deutschen Tagjagd nutzen zu können, eine Schwäche, die sein Kommando durch die Grundregel herbeigeführt hatte, Flugzeugwerke am Boden und die Jäger selbst in der Luft zu vernichten. Spaatz teilte jedoch nicht Harris' Ansicht, die Luftangriffe könnten die Moral der deutschen Bevölkerung in den Industriestädten derart beeinträchtigen, daß dies einen Einfluß auf den Ausgang des Krieges habe. Mitte August - die Schlacht um die Normadie war jetzt gewonnen, und die alliierten Truppen stießen schnell durch Frankreich vor - sahen sich beide Bomberflotten in der Lage, ihre Anstrengungen wieder mehr auf das Reich zu konzentrieren.

Harris nutzte die größere Schlagkraft seiner Verbände, die ihm nun zur Verfügung stand, indem er in der Nacht vom 16. auf den 17. August fast 1200 Bomber, darunter 461 Lancaster, gegen Stettin und 348 Lancaster und Halifax gegen Kiel eindetzte, beides Hafenstädte an der Ostsee. Eintausendplus-Einsätze in einer Nacht waren jetzt die Norm für das Bomberkommando - etwas ganz anderes als Harris' Paradestück »Unternehmen Millennium« gegen Köln vom Mai 1942. Und die Flugzeuge, die er jetzt einsetzte - Lancaster, Halifax III und Mosquito -, konnten mehr, größere und bessere Bomben schleppen und auch präziser werfen als bislang. Die Bombenangriffe waren auch nicht mehr so verlustreich: Hatte ein Luftangriff auf Stettin im April 1943 durch eine vergleichbare Bomberformation noch 21 Bomber gekostet, so gingen dieses Mal nur noch fünf verloren. Auch der Luftangriff auf Kiel forderte kaum Verluste - er kostete weitere fünf Bomber.

Gegen diese Kräfte sah sich die deutsche Nachtjagd, die noch Ende März 1944 den Höhepunkt ihrer Erfolge erlebt hatte, immer schwächer werden. Als die Bomber nach Beginn der Offensive immer stärker geworden waren, mußte auch die Nachtjagd reagieren und entwickelte sich zu einer Organisation von beträchtlicher Komplexität. Trotz der eindrucksvollen Erfolge, die man an der Zahl der abgeschossenen Bomber messen konnte, war es ihr aber nicht gelungen, auf lange Sicht die Schlagkraft zu entwickeln, die die Zerstörung deutscher Städte verhindern konnte.

Für den unvorhersehbar schnellen Zusammenbruch von Schmids Nachtjagd gab es eine Reihe grundlegender Ursachen. Viele ihrer früheren Erfolge beruhten auf der Fähigkeit der JLOs, die Jäger so rechtzeitig zu starten, daß sie in den Bomberstrom eindringen konnten – diese Möglichkeiten waren aber plötzlich nicht mehr gegeben, weil den vorrückenden Alliierten neue und weitreichende Funkmeßgeräte des Flugmeldedienstes und Einsatzplätze in die Hände gefallen waren. Der um sich greifende Mangel an Kraftstoff machte sich jetzt bemerkbar, so daß nicht nur Einsatzflüge, sondern sogar Ausbildungsflüge eingeschränkt werden mußten. Die Verluste an Besatzungen, besonders den erfahrenen, waren hoch gewesen, sowohl bei den nächtlichen Luftkämpfen als auch bei den vergeblichen Angriffen auf Bodenziele nach der Invasion, so daß jetzt die Mehrzahl der Männer, die die Junkers, Messerschmitt und Heinkel flogen, jung und unerfahren waren: Der Blutzoll, den diese Neulinge der Nachtjagd zu entrichten hatten, war hoch. Dann gab es noch immer die Mosquito, für die Jäger in der Luft wie am Boden eine allgegenwärtige und gefürchtete Gefahr. Und Harris' bei Einsätzen zur Unterstützung der Invasion entwickelte Taktik, seine Kräfte aufzuteilen und mehr und mehr Scheinangriffe zu fliegen, hatte die Möglichkeiten der deutschen JLOs, ihre Kräfte am richtigen Ort zur richtigen Zeit zu bündeln, noch zusätzlich eingeschränkt. Seit im Juli eine Ju 88, die mit SN-2 ausgerüstet und von einer unerfahrenen Besatzung geflogen worden war, irrtümlich in Woodbridge gelandet war, konnte das Bomberkommando die Funkmeßgeräte der Nachtjäger wirkungsvoll mit Düppeln stören, die in ihren Abmessungen auf dieses längerwellige Funkmeßgerät zugeschnitten waren. Und zu all diesen ungünstigen Faktoren kam noch, daß nicht nur die Funkmeßgeräte, sondern auch die äußerst komplexen Fernmeldeverbindungen der deutschen Nachtjagd mit zunehmendem Erfolg durch das Sondergeschwader 100 und andere Störflugzeuge im Einsatz behindert wurden.

Sowohl die Funksprechverbindungen als auch die verschiedenen Möglichkeiten, die Jäger nach Sicht oder anderweitig in die Bomberströme einzuschleusen, hatten sich pragmatisch entwickelt, nachdem Kammhubers Himmelbettsystem sich im Sommer 1943 als zu unflexibel erwiesen hatte. Zwar gab es das Himmelbettverfahren noch in begrenztem Umfang in einigen Gebieten als eine Option der Jägerleitung, generell jedoch waren Variationen von Wilder Sau und Zahmer Sau mit freier Jagd die Grundlage der Luftverteidigung des Reichs bei Nacht. Es hatte viele Aktionen des Sondergeschwaders 100 und entsprechende Reaktionen seitens der Nachtjagd gegeben, aber die Aufgabe der Bordfunker/Funkmeßbeobachter in den Nachtjägern war immer komplizierter und verwirrender geworden, und zwar so sehr, daß in einigen Nachtjägern, besonders den Ju 88, jetzt ein weiteres Besatzungsmitglied an Bord war, das das Funkmeßgerät bediente, während der herkömmliche Funker sich um Navigation und Sprechfunk kümmerte. Den Nachtjagdbesatzungen stand eine verwirrende Fülle elektronischer wie visueller Hilfsmittel zur Verfügung, um die Bomber ausfindig zu machen. Da gab es die Bordfunkmeßgeräte, die sie einsetzten, wenn sie in der Nähe der Bomberströme waren. Es gab das SN-2 mit einer Modifikation kurzer Reichweite, den Naxos-H2S-Peiler und in einigen Flugzeugen auch das Heckwarngerät Neptun. Andere wiederum waren mit dem Flensburggerät ausgestattet, das die Signale des Jägerwarngeräts Monica der Bomber auffaßte; zudem gab es zwei Typen der Freund-

Feind-Kennung, Erstling und Neuling, die das Sondergeschwader 100 gern anpeilte, so daß die Nachtjagdbesatzungen die Geräte nur widerwillig einschalteten, was dann wiederum Verwirrung bei den JLOs und Flakkanonieren hervorrief.
Der Bordfunker eines Nachtjägers hatte eine Vielzahl von Frequenzen zur Verfügung, auf denen er Informationen bekam, anhand derer er den Bomberstrom finden konnte, um sich dann in ihn hineinzuschleichen: Es gab die Geschwaderbefehlswelle und die Gruppenbefehlswelle, die auf unterschiedlichen Frequenzen arbeiteten, darüber hinaus die Reportagen auf Divisions-, Korps- und Gaufrequenzen, dazu noch die sogenannte »Herrmann-Welle«, eine Reportagewelle, die ursprünglich für die Einsitzigen der Wilden Sau gedacht war, die aber auch die herkömmlichen Jäger nützlich fanden. All diese Frequenzen plus die einzelnen Jägerleitfrequenzen arbeiteten auf unterschiedlichen Wellenlängen und wurden in Morsezeichen über leistungsstarke Funkfeuer der Luftflotten und Korpsführungswellen, die ebenfalls auf getrennten Frequenzen arbeiteten, ergänzt und unterstützt. Zusätzlich zu all diesen Reportage- und Führungskanälen gab es dann die Funkfeuer, die die Richtung wiesen und Warteräume kennzeichneten, sowie die Funkfeuer der Fliegerhorste. Zivile Rundfunksender benutzte man ebenfalls zu Peilzwecken oder hörte ihre Luftschutz-Warnmeldungen ab, so daß die Besatzungen – wenn sich die Notwendigkeit ergab – auf diese Weise erfahren konnten, welche Stadt in dieser Nacht angegriffen wurde. Ein weiteres Hilfsmittel, die Bomber aufzuspüren, bot der Soldatensender »Anne-Marie«: Er brachte Musikprogramme, und wenn die Nachtjäger keinen störungsfreien Kanal fanden, konnten sie hier das generelle Gebiet ausfindig machen, das die Bomber ansteuerten – Tanzmusik kennzeichnete den Raum Berlin, Seemannslieder standen für den Raum Hamburg, Walzer für Wien und so fort. Einige Nachtjagdgruppen benutzten sogenannte »Fühlungshalter«-Flugzeuge, die gewöhnlich von erfahrenen Flugzeugführern gesteuert wurden, den Bomberstrom ausfindig machten und in ihm mitflogen, wobei sie den anderen Jägern Position, Höhe und Kurs des Pulks durchgaben.
Trotzdem aber waren die Störungen der RAF über Sender am Boden und in der Luft so allumfassend, daß die Nachtjäger bei ihrer Suche nach den schwer aufzuspürenden Bombern oft auf Sichtsignale zurückgreifen mußten.
So feuerte die Flak an zahlreichen Orten des Reichs bestimmte Kombinationen von Signalgranaten ab: Zwei Signalgranaten übereinander kennzeichneten Berlin, drei nebeneinander Nürnberg, vier Signalgranaten nebeneinander standen für Emden und so weiter. Scheinwerfer bildeten bestimmte Kombinationen: Memel zum Beispiel markierten zwei gekreuzte Strahlen, Hamburg vier Strahlen, die zweimal den Buchstaben »V« zeigten, Wien der Buchstabe »X«. Dann gab es Scheinwerferalleen, die die Navigation unterstützten: Die Lichtkegel schienen in Abständen von etwa 30 km senkrecht in die Höhe und markierten eine Verbindung zwischen zwei Flugplätzen, so daß Nachtjäger in Luftnot einen Platz zum Landen finden konnten. Darüber hinaus wurden Flugweg, Wendepunkte und Ziele des Bomberstroms von Beleuchtergruppen markiert, meist Ju 88, die hoch über dem Strom und den angegriffenen Städten flogen und ihre Leuchtkörper abwarfen. Zusätzlich setzten einige Nachtjagdverbände sogenannte »Führerflugzeuge« ein, die – ähnlich den Fühlungshaltern – den Bomberstrom, wenn sie ihn entdeckt hatten, für die anderen Flugzeuge ihres Verbandes mit bestimmten Farbsignalen kennzeichneten.
Diese enorm komplizierten Einrichtungen jedoch waren – besonders soweit sie auf Funkwellen beruhten – sehr leicht zu stören. Das Sondergeschwader 100 der RAF hatte in den Monaten, die der Invasion vorausgingen, und im Kampf um die Normandie viel an Wissen, Praxis und Einsatzkapazität hinzugewonnen, so daß Ende August die Funkverbindungen der Nachtjagd buchstäblich mit Störungen überschwemmt waren. Was das Aufspüren der feindlichen Bomber und das Dirigieren des Jägers in ihre Nähe anbetraf, war der Funker noch immer der wichtig-

ste Mann an Bord, aber auch die besten von ihnen fanden es jetzt praktisch unmöglich, die Störungen der Briten zu überwinden, und die neuen und unerfahrenen Funker – sie stellten ohnehin die Mehrheit – neigten, bildlich gesprochen, dazu, sich geschlagen zu geben und die Hände zu heben. Von jetzt an waren die Erfolge, die die Nachtjäger noch erringen konnten, eher das Ergebnis von Zufällen als von straffer Führung, und die Gesamtverluste der Bomber wurden nachts immer geringer.
Als die Verluste erfahrener Besatzungen immer mehr anstiegen, wurden Männer aus verschiedenen anderen Tätigkeitsbereichen, vor allem Kampfflieger, der Nachtjagd zugeführt, wo sie dann mit nur minimaler Umschulung in den Einsatz geschickt wurden. Solch ein Mann war Hans Angersbach. Angersbach war Ordonnanz im Kasino des Stabes des NJG 1 im holländischen Zeitz gewesen und hatte sich Anfang 1943 freiwillig zur Ausbildung als Besatzungsmitglied gemeldet. Im September dieses Jahres war er als Bordmechaniker zum KG 30 versetzt worden, das damals Ju 88 flog, und am 14. März 1944 flog er seinen ersten Bombereinsatz gegen London. Im Juni hatte Angersbach vier weitere Einsätze gegen Großbritannien hinter sich – einen gegen London, einen gegen Portsmouth und zwei gegen Plymouth. Dann wurde die III./KG 30 aufgelöst, und Angersbachs Besatzung wurde zu den Nachtjägern versetzt. Nach einer kurzen Schulungsperiode landete er am 28. August 1944 bei der I./NJG 2 in Kassel-Rothwesten; sie flog ebenfalls Ju 88. Zwei Nächte später, als das Bomberkommando Stettin angriff, stieg die schlecht ausgebildete Besatzung zu ihrem ersten Einsatz auf. Sie hatten gerade 3000 m Höhe erreicht, als ein Motor Feuer fing, und die drei Besatzungsangehörigen – Flugzeugführer Helmut Calgeer, Bordfunker Gerd Lutz und Hans Angersbach selbst – mußten mit ihren Fallschirmen abspringen. Bei der Landung erlitten sie unterschiedliche Verletzungen und mußten zunächst ins Lazarett. Damit war ihr erster Einsatz bei der Nachtjagd nicht sonderlich vielversprechend verlaufen.

Die Nacht vom 29. auf den 30. August 1944 war für das Bomberkommando wieder verlustreich: 5,7 Prozent der 402 Lancaster, die Stettin angriffen, und 7,9 Prozent der 189 Lancaster des Bombergeschwaders 5, das Königsberg heimsuchte, waren verlorengegangen – die meisten durch Nachtjäger. Es gab noch immer keinen Anlaß für Selbstzufriedenheit, besonders dann nicht, wenn die Luftangriffe tief in das Innere des Reichs führten.
Viele Einsätze des Bomberkommandos fanden Anfang September bei Tage statt. Feindstellungen in und um den belagerten Hafen von Le Havre wurden zwischen dem 5. und 10. September zum Beispiel sechsmal hintereinander von einer großen Streitmacht viermotoriger Bomber angegriffen.
Die von holländischem Gebiet aus operierenden deutschen Nachtjäger waren noch immer ein Störfaktor, daher wurde am 3. September ein Großverband von 663 Lancaster und Halifax, unterstützt von acht Mosquito, aufgeboten, um deren sechs Flugplätze in Holland anzugreifen: Volkel, Gilze-Rijen, Soesterberg, Eindhoven, Deelen und Venlo. Da klares Wetter herrschte, war der Bombenwurf verheerend genau, und nur eine Halifax kehrte nicht zurück. Als junger Navigator war Sergeant (Feldwebel) Peter Charlesworth[1] mit dabei, er flog seinen ersten Einsatz mit der Halifax III MH-Y von der 51. Staffel und schreibt:

> »Wir waren eine sehr junge Besatzung: Der Skipper, Flight Sergeant (Oberfeldwebel) Len Berry, war 23 Jahre alt und trug einen Oberlippenbart, daher nannten wir ihn manchmal "Papa". Ich hatte in der Vorwoche meinen 20. Geburtstag gefeiert, war aber noch

[1] Der Name ist ein Pseudonym: Aus persönlichen Gründen möchte der Navigator seinen wirklichen Namen nicht genannt wissen.

nicht einmal der jüngste: Ich glaube, daß einer unserer Bordschützen und der Bordmechaniker 18 oder 19 waren – also lag unser Schnitt so etwa bei 20. Wir waren doch kaum mehr als Schuljungen. Aber wir kamen sehr gut miteinander aus, und ich kann mich erinnern, daß sich bereits eine richtige Kameradschaft entwickelt hatte. Trotz der verständlichen Anspannung, die uns überkam, wenn Luftangriffe geflogen wurden, hatten wir doch viel Spaß bei allem, was wir machten. Für den Anfang war Venlo ein Klassetrip: Man hatte uns erzählt, Tagangriffe über kurze Strecken seien ein Spaziergang, aber ich war natürlich trotzdem nervös – schließlich ging's ja das erste Mal ins Unbekannte. Das Wetter war nicht allzugut, und der Start wurde über drei Stunden lang verschoben, aber schließlich hoben wir um 15.45 Uhr ab. Wir waren noch nicht weit draußen, da spielte unser Fernkompaß verrückt – also drehten wir um zum Platz. Aber dann änderten wir unsere Meinung doch noch: Die Vorstellung, unseren allerersten Einsatz zu verpatzen, war uns unerträglich – also drehten wir um und gingen wieder auf Ostkurs. Wir stiegen, und als wir durch die Wolken stießen, sahen wir ein eindrucksvolles Bild: Hunderte von viermotorigen Bombern flogen alle in dieselbe Richtung, das gab uns schon Selbstvertrauen. Das Ziel war klar zu sehen, und unsere Bomben fielen präzise; das bestätigte sich später, als die Luftbilder entwickelt waren. Das Flakfeuer über Venlo war ziemlich heftig und auch genau – ich schaute aus dem Bug, als wir zum Bombardieren ansetzten, und spürte einen Anflug von Furcht, als ich den Himmel vor uns mit lauter kleinen schwarzen Wölkchen übersät sah, die von explodierenden Flakgranaten stammten. Über dem Ziel, kurz bevor wir die Bomben ausklinkten, detonierte eine Flakgranate sehr dicht an der Spitze der linken Tragfläche – später sahen wir dann, daß wir 16 Löcher in der Fläche und im äußeren Motor hatten. Der Rest dieses Einsatzes verlief ohne Zwischenfälle; nur war das Wetter über Yorkshire wieder sehr schlecht, so daß wir in Carnaby landen mußten. Von den fast 700 Flugzeugen, die die Flugplätze in Holland bombardierten, kam nur eines nicht zurück.«

Dieser Luftangriff war nur einer von vielen, die jetzt gegen deutsche Jägerflugplätze geflogen wurden. Venlo war so stark beschädigt worden, daß es zwei Tage später evakuiert werden mußte – zunächst jedoch hatte man die Bombenkrater in einer der Startbahnen auffüllen müssen, damit die Flugzeuge überhaupt starten konnten. Es ist schwierig, wenn nicht sogar unmöglich, sich die Gefühle der deutschen Soldaten zu diesem Zeitpunkt des Krieges vorzustellen – die Niederlage kam immer näher und mit ihr alle damit verbundenen Unwägbarkeiten. Das Tagebuch eines Nachtjagdfunkers von der I./NJG 1 in Venlo verrät jedoch einiges über diese Gedanken:

»31.8.1944: Ich glaube nicht mehr an einen Sieg. Bestenfalls an einen Waffenstillstand und Kapitulationsvertrag unter günstigen Umständen im Hinblick auf unsere noch weitgehend intakte Wehrmacht. Was es sonst wird, wird der Teufel wissen! Jedenfalls, erstmal gehts mit alter Zähigkeit weiter. Solange das Reich noch kämpft, gibt es für seine Soldaten kein Besinnen. Und was dann kommt – abwarten! Irgendwie werden wir uns ja durchschlagen.

1.9.1944: Gestern abend hat es mir gestunken, daß wir keine Mosquitojagd mehr machen. Es war ein Angriff auf Köln und Leverkusen, bei dem alles genau über uns abflog. Dabei klarste Vollmondnacht und laufend Scheinwerfererfassungen. Das hätte Erfolgsmöglichkeiten gegeben. Heute morgen wieder mit Fliegeralarm geweckt. Drei Jabos machten die Gegend unsicher, fuhren ein paar Tiefangriffe auf den Platz und warfen ein paar Bömbchen. Irgendwo scheint Munition zu brennen.

2.9.1944: Wir haben viele neue Besatzungen bekommen, größtenteils von der Kämpferei, die ja aufgelöst wird. Aber was nützen die vielen Besatzungen, wenn kein Sprit und keine Maschinen da sind! Hauptmann Modrow hat gestern vom Divisionskommandeur das Ritterkreuz bekommen und Schneider das Deutsche Kreuz in Gold und dazu die Beförderung zum Feldwebel. Und vor ein paar Monaten noch kam er bei uns als neuer Funker an. War Gefreiter und sah irgendwie dürftig aus. Und heute Feldwebel, Deutsches Kreuz in Gold, 30 Abschüsse. So eine Erfolgsserie! Kann man es mir da übelnehmen, daß es mir schwerfällt, den dummen Neid zurückzudrängen. Heute kamen auf Lastwagen viele wild anzusehende Soldaten von der Westfront an uns vorbei. Wohl irgendwelche Rückverlegungen. Sie erzählten von wilder Auflösung, von Räumung Belgiens usw. Natürlich fanden solche Reden auch bei vielen von uns ihren Widerhall.
4.9.1944: Gestern am Sonntag war der Tommy wieder hier. Zuerst mit Jabos und eine Stunde später mit ca. 70 Viermot. In etwa 3000 m Höhe bei klarstem Wetter kamen sie einzeln (!) an und warfen ihre Bomben. Man konnte ganz genau sehen, wie die Eier aus den Kästen herausfielen. Einen Flakabschuß konnte ich beobachten. Im ganzen aber soll die Platzflak drei Abschüsse haben. Aber kein Jäger weit und breit zu sehen. Dabei waren die Tommies fast ohne Jagdschutz da. Es war mehr als beschämend! Da hätte man mit der 219 sogar noch Chancen gehabt! Sie warfen diesmal schwere Bomben und die Startbahnen waren abends noch nicht wieder klar. Im übrigen bereitet sich alles auf die in den nächsten Tagen sicher erfolgende Verlegung vor. Überall wird gepackt. Finnland hat uns nun auch verlassen. Wie lange werden wir noch durchhalten können?
10.9.1944: Wir sind heimgekehrt ins Reich. Das Drama Venlo hat seinen Abschluß gefunden. In der Nacht vom 5. auf 6.9.1944 wurden die letzten Sachen gepackt, der letzte Start von Venlo war für den nächsten Morgen vorgesehen. Und um 09.00 Uhr hatte auch die letzte Maschine abgehoben. Eine kurze Aufregung noch, als jemand durchgab: "Kamerad vor mir abgeschmiert!" Doch hier stellte sich heraus, daß doch alles heil angekommen war. Unsere Verlegung war also glatt und programmgemäß verlaufen. Die Räumung des Horstes aber war das Drama. Es muß eine Flucht, keine Räumung gewesen sein. In Venlo wurde das Verpflegungslager gesprengt. Tausende von Kilo wertvollster Lebensmittel gingen so verloren. Und ein paar wenige km weiter standen die Deutschen vor den Zollschranken und sahen zu. Im Horst plünderten die Holländer Tausende von Matratzen. Betten, Sessel der Offiziere usw. usw. wurden weggeschleppt. Alles Sachen, die in Deutschland so bitter nötig sind. Die Verpflegungsvorräte im Kasino wurden gesprengt. Kaninchen, Hühner, Schweine liefen herrenlos umher. Neben den Straßen und im Ort lagen beschlagnahmte Fahrräder herum. Zahllose Radiogeräte aus Wohltätigkeitsfonds wurden zerstört, weil in dem Durcheinander der Räumung des Platzes niemand wußte, was mit ihnen geschehen sollte.
Zwischen all dem Wirrwarr die von Westen herflutenden deutschen Rückmarschkolonnen der Wehrmacht. Jeder glaubte, hinter der nächsten Ecke schon den ersten englischen Tank zu sehen. Der Initiative eines Oberfeldwebels, der gerade vom Urlaub kam, gelang es, eine Ju 88, die schon gesprengt werden sollte, noch zu starten, ehe die Startbahn zerstört wurde. Und jetzt eine Woche später, ist der Tommy immer noch weit entfernt. Schon fahren einzelne Kommandos der Dienststelle hin, um noch Sachen zu bergen. Der Horst ist inzwischen von Infanterie belegt worden, die die Holländer mit Schießen heraustrieb. Hitlerjungen aus dem Reich kamen vorübergehend zum Schanzen. Am letzten Tage nach dem Angriff auf den Platz wurden aus der Stadt Venlo wahllos Holländer aufgegriffen und zum Trichter-Zuschaufeln aufs Rollfeld geschickt. Wer ge-

muckt hätte, wäre erschossen worden. Abends kam eine Ju 52 mit Waffen. Sie machte Bruch, weil sie in einen Bombentrichter rollte, und die Waffen, MGs, MPs, Pistolen, Karabiner, Munition usw. wurden gegen Zigaretten [an die Soldaten] verkauft.«

Münster-Handorf in Westfalen, wohin die I./NJG 1 verlegte, nachdem sie Venlo so überstürzt verlassen hatte, war einer der größten und bestausgerüsteten Fliegerhorste Deutschlands mit ausgedehnten Wartungs- und Reparatureinrichtungen für viele Flugzeugtypen. Aber wie fast alle Plätze der Luftwaffe hatte auch Handorf unter den Aufmerksamkeiten der alliierten Bomberflotten gelitten:

»10.9.1944: Wir aber saßen von morgens 10.00 Uhr bis nachmittags auf der Straße vor einem eingestürzten Haus in Münster-Handorf und warteten, was aus uns werden sollte. Der Horst sieht furchtbar aus. Kaum ein heiles Gebäude, alles elend zerfetzt und zerschlagen und ausgebrannt. Werftgebäude zusammengebrochen mit den Maschinen noch darunter, Wohnblocks ohne Fenster und Dächer, Straßen und Plätze mit unheimlich großen Bombentrichtern und ein zerlöchertes Rollfeld, das ist Münster-Handorf! Und in den Trümmern spielt sich das Leben ab, so gut es eben geht. Wir wurden bei Anbruch der Dunkelheit endlich zu einem Barackenlager außerhalb des Horstes gebracht, wo wir uns mehr recht als schlecht einquartierten. Nach ein paar Tagen sind wir dann...«

Während Luftangriffe auf nahegelegene Ziele bei Tage, denen die deutschen Tagjäger praktisch nichts mehr entgegenzusetzen hatten, sich als wirksame und auch wirtschaftliche Methode erwiesen, den Krieg nach Deutschland hineinzutragen, ließ Harris sich von seinem grundsätzlichen Ziel, deutsche Städte zu zerstören, nicht abbringen. In der Nacht vom 11. auf den 12. September zum Beispiel setzte er 226 Lancaster und 14 Mosquito, alle vom Bombergeschwader 5, auf die kleine Stadt Darmstadt an, die bisher fast verschont geblieben war. Es war ein verheerender Angriff, der den Anspruch des Geschwaderkommodores Cochrane stärkte, seine Markierungs- und Bombenwurfverfahren seien effizienter als die von Bennetts Pfadfindern. Präziser Bombenwurf unter hervorragenden Wetterbedingungen schufen einen Feuersturm von Hamburger Dimensionen: 10.000 bis 15.000 Menschen verloren ihr Leben, und bis zu 70.000 der 120.000 Einwohner wurden ausgebombt. Aber Darmstadt lag tief genug in Deutschland, um die Nachtjäger rechtzeitig zu alarmieren und starten zu lassen – sie fanden den Bomberstrom und schossen zwölf Lancaster ab. Zwei dieser Luftsiege beanspruchte Peter Spoden vom NJG 6 für sich.
Daß die Nachtjagd aber noch immer nicht völlig erledigt war, zeigte sich einmal mehr am 12./13. September, als 17 von 387 Lancaster, die Frankfurt angriffen, und vier von 217, die Stuttgart bombardierten, in die Tiefe geschickt wurden. Was sich jetzt jedoch änderte, war die Präzision, mit der das Bomberkommando navigierte und seine Ziele fand: Jetzt nämlich standen Navigationshilfen wie Gee bis weit nach Deutschland hinein zur Verfügung. Die Bombardements beider Ziele verliefen massiert und genau, und viele Menschen wurden getötet. Aber das gelang nicht immer so: Die Besatzungen von 483 schweren Bombern, die drei Nächte später, an einem Freitag, Kiel angriffen, meldeten, daß der Angriff »stark massiert« erfolgt sei, und die Sonntagsausgabe der *News of the World* berichtete unter der Schlagzeile »Kiel erneut ein Flammenmeer«: »Am Ende des Luftangriffs waren im Hafen schwere Brände ausgebrochen, und die Besatzungen konnten den Feuerschein noch sehen, als sie schon knapp 200 km entfernt auf dem Heimflug waren.« In Wahrheit jedoch waren viele der Bomben außerhalb der Stadt gefallen, nur im Hafengebiet und in der Altstadt wurden geringe Zerstörungen erzielt. Nur zwei Lancaster und

vier Halifax wurden abgeschossen, vermutlich durch Flak. Für die deutsche Nachtjagd war die Nacht eine Enttäuschung: Sie wurde durch 44 Mosquito, die Berlin und andere Ziele angriffen, in die Irre geführt, zudem flogen 164 schwere Bomber einen Scheinangriff über die Nordsee sowie Mineneinsätze vor Norwegen und Dänemark. Und wie es jetzt üblich war, war auch das Sondergeschwader 100 beteiligt. Diese Unterstützungseinsätze kosteten das Bomberkommando fünf weitere Flugzeuge, ein höherer Prozentsatz als beim Hauptangriff, wobei – äußerst unüblich – auch vier Mosquito unter den Opfern waren. Aber immerhin betrugen die Gesamtverluste nur 1,3 Prozent. Kiel war Peter Charlesworths sechster Feindflug, und sein erster bei Nacht:

»Ich schlenderte in die Navigationsabteilung, und da hatte jemand an die Tafel gekritzelt: "Heute Nachteinsatz". Das alarmierte mich, denn ich hatte mich darauf eingestellt, meine Stehzeit mit Tagangriffen zu verbringen, aber jetzt mußte ich mich mit den neuen Tatsachen abfinden...

Bei der Flugvorbesprechung nannte Wing Commander (Oberstleutnant) Ling den Einsatz die "monatliche Aufwartung des Bomberkommandos in Kiel". Unsere Zuladung bestand aus einer 900-kg-Bombe, der Rest waren Brandbomben. Man sagte uns, wir sollten uns auf Gegenwehr der feindlichen Jäger einstellen. Mit ziemlich gemischten Gefühlen gingen wir hinaus zu Victor, unserem Flugzeug für diesen Einsatz. Mir kam das wie mein erster Feindflug vor: Seit Beginn der Navigationsausbildung hatte man uns beigebracht, daß Nachtflüge eher die Regel als die Ausnahme seien. Und dann kam die eher freudige Überraschung, daß die Halifax einen Großteil der Tagangriffe der RAF flogen.

Es war noch hell, als wir abhoben. Wir flogen in 650 m Höhe bis zum 7. östlichen Längengrad, um eine Kaltfront zu unterfliegen und den Gegner zu überraschen, und dann stiegen wir auf die Angriffshöhe von 6500 m. Wir überquerten Schleswig-Holstein, wo uns die Flak schon unter Feuer nahm und Scheinwerfer wie die tastenden Finger eines Blinden den Himmel absuchten.

Es ist unbeschreiblich, wie langsam wir uns vorkamen, als wir uns dem Ziel näherten: Ich dachte, die letzten fünf Minuten würden nie vorbeigehen. Schließlich waren dann aber unsere Bomben raus, und wir drehten vom Ziel ab, wobei wir ständig den Kurs änderten, um der Massierung von Flak und Scheinwerfern zu entkommen. Plötzlich kam Smilers Stimme über die Bordsprechanlage: "Korkenzieher links, Skip – schnell, mach schon!" Es riß mich aus dem Sitz, und meine Karte schwebte über mir, als Len den Knüppel hart zur Seite stieß. Hinterher sagte er, er sei sich sicher, daß wir über die Senkrechte hinausgewesen wären. Eine Focke-Wulf 190 war uns gefolgt, aber zum Glück konnten wir sie abschütteln. Auch Johnny sah querab ein zweimotoriges Flugzeug, möglicherweise eine Me 410, aber entweder hatten die uns nicht gesehen, oder sie waren an etwas anderen interessiert. Bas sah es auch.

Bis zur Küste folgten uns Flak und Scheinwerfer, konnten aber nichts ausrichten. Dann runter auf 650 m – Landung, Befragung und Schlaf. Und am Tag darauf – Urlaub!«

Diese Einsätze wurden den ganzen September hindurch fortgesetzt: Tagangriffe auf Frankreich, überwiegend im Raum Calais, und Nachtangriffe auf Deutschland. Am 17. fand die alliierte Luftlandeoperation bei Arnheim statt, und das Bomberkommando flog Einsätze zu ihrer Unterstützung. Hermann Greiner von der IV./NJG 1 – er war drei Monate zuvor zum Hauptmann befördert worden und konnte jetzt auf 37 Luftsiege zurückblicken – flog in dieser Nacht von Dortmund aus, wohin seine Gruppe vom Flugplatz Leeuwarden in Holland zurückverlegt worden war. Er war noch nicht lange in der Luft, als – ohne Vorwarnung – seine Bf 110 von den Bord-

kanonen einer Mosquito beschossen wurde. Trotz eines brennenden Motors konnte Greiner die Maschine unter Kontrolle behalten und einem zweiten Angriff des britischen Eindringlings entgehen. Er rief seinen Funker Oberfeldwebel Kissing und befahl ihm abzuspringen. Als er keine Antwort erhielt, wurde ihm klar, daß Kissing bei dem Angriff verwundet worden sein mußte. Da er seinen Funker nicht seinem Schicksal überlassen wollte, beschloß Greiner, bei ihm zu bleiben und eine Landung mit der Messerschmitt zu versuchen. Zum Glück war er dicht genug bei Düsseldorf, fand seinen Flugplatz und machte dort – mit dem brennenden Motor – eine Bruchlandung. Kissing allerdings hatte einen Kopfschuß erhalten und war bereits tot.
In der Nacht des 19./20. September griffen fast 300 Bomber Mönchengladbach und Rheydt an, zwei Zwillingsstädte zwischen Düsseldorf und der holländischen Grenze. Vier Lancaster und eine Mosquito gingen verloren; die Mosquito wurde von Wing Commander Guy Gibson, dem Bomberführer bei diesem Angriff, gesteuert. Sein tapferes Soldatenleben, das ihm zahlreiche Orden und Auszeichnungen eingebracht hatte, endete, als sein Flugzeug auf dem Heimflug über Holland brennend abstürzte. Sein Navigator, Squadron Leader (Major) J.B. Warwick, teilte sein Schicksal.
Was mit Gibsons Mosquito geschehen war, konnte nie ganz geklärt werden. Gibson war während des gesamten Luftangriffs über dem Ziel geblieben und hatte den schweren Bombern Anweisungen durchgegeben, und es gab keinerlei Anzeichen, daß er in Schwierigkeiten war. Er flog die einzige Mosquito, die in dieser Nacht vermißt wurde, und nur ein deutscher Jagdflieger beanspruchte den Abschuß einer Mosquito für sich: Oberleutnant Kurt Welter von der 10./JG 300, einer von Hajo Herrmanns erfolgreichsten Wilde-Sau-Flugzeugführern; er flog eine Fw 190 A-8. Mit derselben Maschine hatte er schon in der Nacht zuvor seinen ersten Mosquito-Abschuß geltend gemacht; es könnte die gewesen sein, die von einem Luftangriff auf Bremerhaven nicht zurückkehrte. Kurt Welter meldete seinen dritten Mosquito-Angriff in der Nacht des 27./28. September, als die RAF Kaiserslautern angriff – britische Unterlagen besagen allerdings, daß in dieser Nacht alle Mosquito sicher zum Platz zurückkehrten. Welter beendete den Krieg mit dem Ruf des erfolgreichsten Mosquito-Jägers: Von seinen insgesamt 61 Luftsiegen sollen mindestens sechs Opfer »Wooden Wonders« gewesen sein. Es gibt sogar Quellen, die ihm bis zu 25 Mosquito-Abschüsse zusprechen, aber derartige Schätzungen erscheinen bei weitem zu extrem. Ein Teil des Problems liegt in dem Umstand, daß Welter durchaus im Ruf stand, zweifelhafte Luftsiege geltend zu machen. Es war nicht so einfach, Luftsiege zu überprüfen, die Wilde-Sau-Flugzeugführer in ihren einsitzigen Maschinen meldeten, wie es das bei zweisitzigen herkömmlichen Nachtjägern war: Zum einen hatten die zweimotorigen Jäger einen Funker an Bord, der meist ziemlich genau angeben konnte, wo die Beute am Boden aufgeschlagen sein mußte, und zum zweiten erzielten die einsitzigen Jäger die Masse ihrer Abschüsse über dem Zielgebiet, wo es schwierig war festzustellen, welche Bomber von Flak und welche von Jägern abgeschossen worden waren.
Auch Hermann Greiner brachte die Nacht des Luftangriffs auf Mönchengladbach und Rheydt Erfolg: Mit einem neuen Funker anstelle von Oberfeldwebel Kissing schoß Greiner zwei der vier Lancaster ab, die das Bomberkommando verlor.

Von den schwachen Anfängen im November 1943 waren die Leichten Nachtangriffskräfte des Bombergeschwaders 8 Ende September 1944 auf fünf Staffeln angewachsen; sie konnten nun in jeder beliebigen Nacht 60 oder noch mehr Mosquito einsetzen, um die deutsche Luftverteidigung in die Irre zu führen, zu stören oder abzulenken. Im September flogen sie 22 Nachtangriffe auf Ziele in Deutschland, wobei im Durchschnitt jedesmal knapp 50 Maschinen eingesetzt wurden. Häufig war das Ziel Berlin – aber Bennett hielt den Feind im Ungewissen, indem er seine Aufmerksamkeit vielen Zielen im Reich zukommen ließ: Damit stellte er sicher, daß die Luftschutzsirenen überall aufheulten und die Arbeiter ihre Arbeitsplätze verlassen und Schutzräume aufsuchen mußten, während die, die schon geschlafen hatten, um ihren Schlaf gebracht wurden, zudem wurden Jäger und Flak alarmiert und diese Kräfte im Hinblick auf das Hauptziel getäuscht, wenn es überhaupt eines gab. Die Mosquito waren eine schlagkräftige Waffe, nicht nur wegen ihrer Unverwundbarkeit - von den über 1000, die Deutschland im September angriffen, kamen nur sieben nicht zurück -, sondern auch wegen des beträchtlichen Schadens, den sie anrichten konnten. In der letzten Septembernacht flogen 63 Mosquito der Leichten Nachtangriffskräfte nach Deutschland: 46 nach Hamburg, sechs nach Aschaffenburg, sechs nach Heilbronn und fünf nach Sterkrade - und keine ging verloren. In seinem Buch *Feuersturm über Hamburg* berichtet Hans Brunswig über diesen Luftangriff; er war damals im Führungsstab der Hamburger Feuerwehr. Die Luftschutzsirenen heulten - zum 169. Mal in diesem Krieg - um 21.07 Uhr, und die ersten Bomben fielen bereits eine Minute später: Beweis für die Geschwindigkeit, mit der die Mosquito sich näherten. Der Alarm dauerte 45 Minuten, in denen nach Schätzungen 107 Sprengbomben und 180 Brandbomben abgeworfen wurden; sie töteten 103 Menschen und verwundeten 259. Später, nach Abflug der Bomber, wurden weitere 215 Menschen aus den Trümmern geborgen, 95 von ihnen tot. Etwa 1560 Opfer wurden ausgebombt. Offizielle Statistiken stuften Angriffe wie diesen als »kleineren Einsatz« ein - obwohl ihre Verluste und Zerstörungen jetzt höher lagen als die vieler früherer Angriffe mit schweren Bombern.

Um Deutschland allein durch Bombenangriffe in die Knie zu zwingen, brauchte das Bomberkommando - so Harris früher einmal - eine Flotte von 4000 schweren Bombern. Weitere Forderungen an Kriegshaushalt und Produktionskapazitäten, andere Prioritäten, die von gesamtstrategischen Überlegungen diktiert wurden, sowie konkurrierende Ansprüche auf Rohstoffe seitens Heer und Marine führten jedoch dazu, daß er dieses Ziel nie auch nur annähernd erreichte. Und trotz seines zielstrebigen Charakters und seiner Entschiedenheit erlaubte ihm der Führungsstab der RAF nie, die Bomber, die er tatsächlich hatte, ausschließlich zur Auslöschung deutscher Städte einzusetzen: Wie er in *Bomber Offensive* selbst schreibt, wurden während des Krieges nur weniger als die Hälfte der Kräfte des Bomberkommandos für Flächenangriffe freigegeben. Davon ausgehend, daß er, während er das Bomberkommando führte, durchschnittlich weit weniger als 1000 Bomber zur Verfügung hatte, mußte er - so rechnet er vor - mit nur etwa einem Achtel der Stärke auskommen, die er gefordert hatte, um sein Ziel, Deutschland ohne eine Invasion im Westen niederzuwerfen, erreichen zu können. Wie auch immer: Harris verfügte jetzt über eine Flotte von weit über 1000 Bombern, und - was noch mehr zählte - seine Ziele waren nahezu ohne Luftabwehr.

Die Amerikaner hatten eine Flotte schwerer Bomber, die zahlenmäßig, wenn nicht sogar in Bombenzuladung, noch stärker war, und zusätzlich hatten Briten wie Amerikaner starke taktische Luftflotten. Der Führungsstab der RAF hatte - in Übereinstimmung mit dem Stellvertretenden Obersten Befehlshaber und dem Kommandierenden General der Amerikanischen Strategischen Luftflotten in Europa - Mitte Oktober beschlossen, die Flugzeugmassen sowohl strategisch wie taktisch zusätzlich zu Angriffen auf ihre Vorrangziele Öl, Verkehrswege und Kfz-Produktion einzusetzen, um den Deutschen mit ihrer Luftmacht vor Augen zu führen, wie unsinnig eine Fortsetzung des Krieges war. Damit hatten sie aber auch - zumindest indirekt - eingeräumt, daß Harris' Theorie, durch massive Bombenangriffe den Sieg erringen zu können, eine gewisse Gültigkeit hatte. Frühere Weisungen hatten immer Lippenbekenntnisse für den moralischen Effekt der Bombenangriffe enthalten, aber dies hier war etwas anderes - eine definitive Billigung von Harris' Konzept. Unter dem Decknamen »Hurricane« (»Wirbelsturm«) beauftragte die Weisung den Obersten Befehlshaber, sich zu allererst auf Ziele im Ruhrgebiet zu konzentrieren und »dem

Feind in Deutschland« auf dem Kriegsschauplatz »generell die starke Luftüberlegenheit der alliierten Luftflotten zu demonstrieren und ihm die Einsicht in diese starke Luftüberlegenheit und die Aussichtslosigkeit weiteren Widerstands zu vermitteln«. So griffen dann also am 14. Oktober über 1000 schwere Bomber der RAF bei Tage Duisburg an, während 1250 amerikanische Fortress und Liberator Köln und andere Ziele bombardierten; beide Verbände führten starken Jagdschutz mit. Das Bomberkommando verlor 14 Flugzeuge, die Amerikaner sechs. Und in der Nacht war das Bomberkommando erneut im Einsatz: Wieder griffen über 1000 Maschinen Duisburg an; sieben Bomber gingen verloren. Und das war noch nicht alles: Zusätzlich zu den über 1000 Bombern, die bei Nacht Duisburg bombardierten, flogen 240 Maschinen des Bombergeschwaders 5 einen erfolgreichen Angriff auf Braunschweig. Mit Unterstützungseinsätzen hatte allein das Bomberkommando binnen 24 Stunden insgesamt 2500 Einsätze geflogen.
Und so verging der Oktober des Jahres 1944 – und wieder war man dem Ende des Krieges und dem unvermeidlichen Sieg der Alliierten einen Monat näher. Im Westen waren praktisch ganz Frankreich und Belgien in Händen der Alliierten, und es war nur noch eine Frage der Zeit, wann auch Holland fiel. Die deutsche Grenzstadt Aachen war von den Amerikanern besetzt worden. Im Osten hatte die Rote Armee im Oktober Bulgarien, Rumänien – einschließlich seiner ausgedehnten Ölfelder – und einen Großteil Ungarns überrannt. Aber noch immer gaben die von allen Seiten bedrängten Deutschen nicht auf, und das pausenlose und gnadenlose Einhämmern auf ihr Land wurde bei Tag und bei Nacht fortgesetzt. Mit dem Zusammenbruch der deutschen Tagjagd hatte ein gestärktes Bomberkommando im Oktober insgesamt 6724 Tageinsätze schwerer Bomber veranlaßt und dabei nur 50 Maschinen verloren. Die Zahlen der Nachteinsätze waren noch beeindruckender: Von 8072 eingesetzten Bombern kehrten nur 54 nicht zurück. Im gesamten Monat Oktober hatte das Bomberkommando nur neun Maschinen mehr verloren als bei dem fehlgeschlagenen Angriff auf Nürnberg Ende März. Für die Deutschen schwang das Pendel jetzt in die Gegenrichtung: Ihre Nachtjäger meldeten im Oktober 58 Abschüsse – noch im Januar waren es über 300 gewesen. Mit durchschnittlichen Verlustraten von unter einem Prozent war die Moral der Lancaster- und Halifax-Besatzungen jetzt hoch. Für die Nachtjagd hingegen waren die Aussichten trübe: Ihre Erfolge waren gering, ihre Verluste hoch – und tief im Inneren spürten sie, daß die Niederlage unvermeidlich war. Bei den immer selteneren Gelegenheiten, bei denen ihnen der Kraftstoffnachschub überhaupt noch gestattete, gegen die große Zahl von Bombern aufzusteigen, die Verwüstung über ihr Land brachten, zeigte sich ihnen die Hoffnungslosigkeit ihres Tuns in den immer schlimmer werdenden Bränden in den Städten unter ihnen – und doch setzten sie den Kampf verbissen und hartnäckig fort.
Dann kam der November und brachte schwere Nachtangriffe der RAF auf Köln mit sich. Danach, in der Nacht des 2./3. November, war Düsseldorf wieder an der Reihe und mußte leiden. Von den 961 viermotorigen Bombern gelang es der deutschen Nachtjagd, die Masse der 19 Maschinen, die nicht zurückkamen, zu vernichten.
Der Luftangriff auf Düsseldorf verlief sehr massiert und verursachte schwere Schäden in der Stadt und hohe Verluste unter der Bevölkerung. Bisher hatte Düsseldorf seinen schwersten Angriff am 23. April 1944 erlebt, aber jetzt enthielt der offizielle Bericht der Stadtführung den Satz: »Der Terrorangriff vom 23. April hatte zwar alle vorherigen Großangriffe hinsichtlich Intensität und Auswirkungen übertroffen, aber dieser letzte Angriff wurde mit einer Härte durchgeführt, wie sie der Luftschutz von Düsseldorf noch nie erlebt hatte.« Der erfolgreichste Jagdflieger dieser Nacht war Oberfeldwebel Willi Morlock von der I./NJG 1: Er flog eine He 219 und war einer der zehn Jäger, die bei Eintreffen der Bomber über der Stadt kreisten – er war in Münster-Handorf gestartet und schoß jetzt sechs Bomber ab; nur zwei Tage später jedoch verlor auch er sein Leben. Auch für die II./NJG 2 in Köln-Butzweilerhof, dicht am Ziel gelegen, war es eine gute

Nacht: Der erfolgreichste Flugzeugführer dieser Gruppe war ihr Kommandeur Major Paul Semrau – er erzielte bei diesem Einsatz seinen ersten Abschuß um 19.17 Uhr und seinen vierten 23 Minuten später. Oberleutnant Erich Jung meldete drei Luftsiege, und die Feldwebel Peter Oberheid und Erich Kubetz machten je einen geltend. Für Erich Kubetz war es der erste Abschuß.
Zwei Nächte später konnte die Nachtjagd wiederum Erfolge verbuchen – gegen 749 Bomber, die die Industriestadt Bochum im Herzen des Ruhrgebiets angriffen, und gegen 176 Lancaster und Mosquito, die den Dortmund-Ems-Kanal nördlich von Münster bombardierten. Insgesamt lagen schließlich 23 Halifax und acht Lancaster am Boden – bis auf eine Maschine gingen alle auf das Konto der Nachtjäger. Von den Flugzeugführern, die zwei Nächte zuvor bereits über Düsseldorf siegreich waren, schoß Paul Semrau sein 43. Opfer ab, Erich Jung und Walter Heidenreich ihr 16. und 17., Peter Oberheid sein viertes und Erich Kubetz sein zweites. Zu den weiteren erfolgreichen Jagdfliegern gehörten Hauptmann Heinz Rökker von der I./NJG 2 (Kassel) mit vier Abschüssen, Hauptmann Hans-Heinz Augenstein von der IV./NJG 1 (Dortmund) mit drei und Hauptmann Hermann Greiner vom gleichen Verband mit zwei Luftsiegen. Feldwebel Neumann von der III./NJG 1 (Fritzlar) erzielte seine ersten beiden Luftsiege.
Oberleutnant Fritz Krause von der I./NJG 11 – in dieser Gruppe war die Einsitzergruppe I./NJG 10, die speziell Oboe bekämpfte, aufgegangen – hob um 19.12 Uhr in Bonn-Hangelar ab. Krause war der Offizier, der, wie schon berichtet, am 8. Juli über Berlin eine Mosquito abgeschossen hatte. Drei Nächte später mußte er – ebenfalls über Berlin – seine Fw 190 aufgeben, nachdem er von der eigenen Flak in etwa 8100 m Höhe getroffen worden war. Und am 8. September mußte er einmal mehr seinen Fallschirm benutzen, als er eine speziell für Luftkämpfe in großen Höhen modifizierte Bf 109 H flog – das »H« stand für Höhenjäger: Bei diesem Flug war der Hochleistungskompressor seines Daimler-Benz-605-Motors in 9000 m Höhe explodiert und hatte sein Flugzeug in Brand gesetzt; später nahm man Sabotage als Ursache an. Über den Angriff auf Bochum am 4. November berichtet er:

> »Ich flog wieder eine Bf 109 H, und es war mein 213. Einsatz. Ich mochte die Fw 190 viel lieber als die Messerschmitt: Nächtliche Starts und Landungen in der Bf 109 waren sehr schwierig – man kann durchaus sagen, daß es kriminell war, Flugzeugführer damit starten zu lassen. Sie hatte ein sehr schmales Fahrwerk und neigte zum Ausbrechen und Überschlagen. Viele Flugzeugführer verloren so ihr Leben, besonders die unerfahrenen. Auch die Landung war äußerst gefährlich. Wenn man allerdings erstmal in der Luft war, dann war sie sehr stabil und gut nach Instrumenten zu fliegen. Für einen Jagdflieger war sie vielleicht sogar zu stabil, denn wenn man sie in ein heftiges Manöver zwang, wollte sie immer in ihre normale Fluglage zurückkommen – wie ein Flugmodell.
> In einem Einsitzer Nachtjagd zu betreiben, ist von sich aus schon schwierig. Man darf ja nicht vergessen, daß man nachts häufig keinen Horizont erkennt, also muß man sich stark auf seine Instrumente konzentrieren. Und das ist im Scheinwerferlicht besonders schwierig, weil es sich im Kabinendach widerspiegelt und einen blendet und verwirrt. Und wenn man in eine Kurve geht, sieht man die Sterne am Himmel und die verschiedensten Lichter am Boden – auch das ist verwirrend. Und dann hatten wir ja noch ein Funkmeßgerät. Mit all diesen Aufgaben den Himmel nach feindlichen Bombern abzusuchen, war eine undankbare Aufgabe: Man mußte versuchen, das zu tun, was in einem herkömmlichen Nachtjäger drei Mann taten. Die Idee war ja an und für sich nicht schlecht, aber sie überforderte einen.
> Trotzdem gelang es mir, beim Angriff auf Bochum bald nach dem Start eine Lancaster abzuschießen. Da war ich noch gar nicht auf Einsatzhöhe, weil ich noch weitersteigen soll-

te, um Mosquito anzugreifen. Soweit ich mich erinnern kann, war ich so etwa in 3600 m. Als ich die Lancaster sah, griff ich sie an. Es ist ein ziemliches Erlebnis, einen viermotorigen Bomber mit einem so leichten Flugzeug wie der Bf 109 anzugreifen: Man spürt die Turbulenzen, und die gesamte Maschine rüttelt und schüttelt. Das Ziel ist, sich in geringer Entfernung dahinterzusetzen und dann die Nase für den Feuerstoß hochzuziehen. Ich war in einer guten Position und hatte zwei- oder dreimal gefeuert, und dann schossen Flammen und weißer Rauch aus dem rechten Innenmotor. Ich hatte mich so auf mein Opfer konzentriert, daß ich gar nicht mitbekam, wie eine weitere Lancaster rechts neben mir herflog. Sie begann zu schießen, und da gab es für mich kein Entkommen mehr: Mein Flugzeug erhielt eine große Anzahl Treffer, und ich kann mich nur noch erinnern, daß ich das Instrumentenbrett auf dem Schoß hatte. Jetzt gab es nur noch eins: Kabinendach abwerfen, Nase hochziehen und mich mit einem Knüppelstoß hinausschleudern – so wie wir das gelernt hatten.

Ich erreichte den Boden in der Nähe einer Kleinstadt namens Radevormwald, östlich von Remscheid. Ich war in etwa 3000 m Höhe ausgestiegen und ziemlich weit abgetrieben worden. Aber ich hatte Glück, denn ich landete auf einer Viehweide: Nur 30 oder 40 m entfernt war ein großes Betonbecken, das von starken Stacheldrahtverhauen umgeben war – ich mag gar nicht dran denken, wie's mir ergangen wäre, wenn ich dort aufgeschlagen wäre! Ich war natürlich ziemlich aufgeregt. Dann näherten sich mir zwei dunkle Gestalten, die Russisch miteinander sprachen, und das machte mich auch nicht gerade fröhlicher. Aber sie arbeiteten auf dem Bauernhof und waren sehr gut behandelt worden, also waren sie kein bißchen aggressiv. Das war binnen weniger Monate mein dritter Fallschirmabsprung, und ich hatte nur kleinere Verletzungen davongetragen: Kratzer, Schrammen und Prellungen, aber nichts ernstes.«

Halifax der Bombergeschwader 4 und 6 (kanadisch) stellten die Masse der Maschinen, die das Bomberkommando in dieser Nacht verlor. Schlimmer noch traf es die 346. Staffel der Freien Franzosen, die als »Groupe Guyenne« in Elvington in Yorkshire lag: Sie verlor fünf der 16 Halifax, die sie nach Bochum geschickt hatte. Wahrscheinlich war Krauses Opfer keine Lancaster, sondern eine der französischen Halifax – beide Bombertypen sahen sich nachts sehr ähnlich und wurden häufig verwechselt. 20 Halifax der 51. Staffel, ebenfalls vom Bombergeschwader 4, flogen nach Bochum; drei davon gingen verloren. Eine Besatzung, die nicht zurückkehrte, war die von Len Berry, der noch immer Krone und Streifen eines Flight Sergeant trug, nicht wissend, daß seine Ernennung zum Pilot Officer (Leutnant) an genau diesem Tag eingetroffen war. Berrys Navigator Peter Charlesworth schreibt:

»Wir flogen MH-W, die "Winsome Waaf" ("Hübsche Luftwaffenhelferin"): Es war unser siebter Einsatz in diesem Flugzeug, insgesamt der 15. Mit an Bord war ein Ersatzbordschütze für den Oberrumpf, ein Kanadier namens Buzz Burrows – Bob Heseltine hatte sich erkältet und konnte nicht fliegen. Auf dem Hinflug und über dem Ziel, dem wir kräftig eins auf den Deckel gaben, gab es keinerlei Schwierigkeiten; nur die Flak schoß unermüdlich. Hinter dem Ziel gingen wir auf etwa 2100 m Höhe runter, und wir hatten gerade den nächsten Wendepunkt in der Nähe von Aachen passiert, da gab es plötzlich ohne Vorwarnung eine Reihe von Explosionen, und mir war klar, daß wir getroffen waren. Es ist mir aber nicht möglich, genau zu sagen, was dann geschah: Es ging alles so schnell. Wir waren fast senkrecht im Sturzflug. Len Berry brüllte: "Raus!" Ich bestätigte den Befehl, das hatten wir so gelernt, aber er schrie: "Zum Teufel nochmal – aussteigen!" Ich hat-

te mir angewöhnt, über Feindgebiet meinen Fallschirmsack nicht abzulegen, und zum Glück trug ich ihn auch jetzt noch, so dauerte es nur wenige Sekunden, aufzustehen, die Klappe des Notausstiegs unter meinem Sitz zu öffnen und das Flugzeug zu verlassen. Draußen sah ich dann, daß mein Fallschirmsack nicht mehr an meiner Brust hing, sondern irgendwo über meinem Kopf schwebte: Das Gurtzeug mußte sich noch vor dem Öffnen des Fallschirms irgendwie gelockert haben, aber ich konnte den Sack runterziehen und die Aufzugsleine betätigen. Ein Gefühl der Angst ist mir nicht in Erinnerung. Als sich der Fallschirm öffnete, sah ich Winsome Waaf auf dem Boden unter mir aufschlagen, und dann – fast gleichzeitig – landete auch ich. An ein Herabschweben kann ich mich nicht erinnern: Ich muß also wohl schon ziemlich tief gewesen sein, als der Fallschirm meinen freien Fall beendete.
Ich war benommen und durcheinander, und es war sehr dunkel. Mein Fallschirm hing an irgend etwas fest, denn ich schwang langsam hin und her. Ohne nachzudenken, öffnete ich die Schnelltrennkupplung zum Gurtzeug und fiel zu Boden. Vermutlich hatte ich mich automatisch auf einen längeren Sturz eingestellt – aber tatsächlich bin ich wohl nur wenige Zentimeter gefallen. Das gab mir sehr zu denken: Ich hätte länger warten sollen, bevor ich mich frei machte, denn ich konnte ja in einem Baum hängen oder an irgendeinem Gebäude und hätte dann viel tiefer fallen können. Offensichtlich ist mein Körper durch irgendwelche Strom- oder Telefonkabel gefallen, nur mein Fallschirm eben nicht.
Dann hörte ich eine Stimme: "Allemand?" Ich beeilte mich mitzuteilen, daß ich kein Deutscher war: "Non, je suis Anglais!" Jetzt näherte sich mir ein Mann mit einem langen und gefährlich aussehenden Gewehr, das auf mich gerichtet war. Er nahm mich mit in ein nahegelegenes Haus, wo meine Nationalität überprüft und ich dann sehr herzlich begrüßt wurde. Einige Zeit später wurde Johnny Davies, mein Bordfunker, hereingebracht. Wir waren in Marche-en-Famenne in Belgien gelandet, ganz kurz hinter den alliierten Linien. Johnny und ich waren die einzigen Überlebenden – die anderen hatten keine Zeit mehr gehabt, noch rauszukommen. Daß Winsome Waaf, Johnny und ich alle innerhalb weniger hundert Meter den Boden erreichten belegt, daß wir in geringster Höhe ausgestiegen sind und froh sein können, noch am Leben zu sein.«

In den letzten Novembertagen des Jahres 1944 änderte das Bomberkommando ständig seine Ziele und Methoden, allerdings wurden jetzt auf einzelne Ziele kaum mal mehr als 300 Bomber angesetzt. Nach den 961 schweren Bombern, die am 2. November Düsseldorf angegriffen, und den 720, die am 4. Bochum bombardiert hatten, betrug die Höchstzahl bei einem Luftangriff auf Duisburg in der letzten Novembernacht 551 Bomber. Bei Tag wie bei Nacht, vor allem aber bei Tag, waren Anlagen der Ölindustrie Vorrangziele von Harris' Angriffen auf Deutschland. Die Erfolge wechselten von sehr gut bis zu bescheideneren Ergebnissen. Ein weiteres Merkmal, wie sich die Bomberoffensive entwickelte, war, daß der Oberbefehlshaber jetzt die Bombergeschwader 3 und 5 vermehrt für Spezialangriffe einsetzte. Das Bombergeschwader 3 experimentierte mit Zielmarkierung und Bombenwurf nach Gee-H, und auch Geschwader 5 setzte seine Zielkörper selbst, vorwiegend mit H2S. Die nächtlichen Verluste lagen im Verhältnis zwar über denen des Oktober, waren aber trotz allem nur gering. Von den im November gegen Deutschland geflogenen rund 9000 Einsätzen kamen nur 98 Flugzeuge nicht zurück – eine Verlustquote von etwas mehr als einem Prozent. Von diesen Verlusten entfielen 47 auf die Großangriffe gegen Düsseldorf und Bochum. Die Mosquito bewiesen auch weiterhin ihre beeindruckende Vielseitigkeit und Unverwundbarkeit: Bei fast 1700 Einsätzen gingen nur zehn ver-

loren. Deutsche Nachtjäger schossen im November insgesamt 87 Bomber ab. Tagsüber – da sich die Tagjagd kaum noch sehen ließ – gingen nur 43 von 4500 schweren Bombern verloren, und alle 171 Pfadfinder-Mosquito kehrten sicher zu ihren Plätzen zurück.
Der Bordmechaniker Unteroffizier Hans Angersbach, dessen erster Nachtjagdeinsatz am 29./30. August, wie beschrieben, für ihn und die anderen Besatzungsangehörigen fast in einer Katastrophe geendet wäre, war nach kurzem Lazarettaufenthalt zu seiner Staffel zurückgekehrt. Bei ihrem nächsten Einsatz hatten er und Flugzeugführer Calgeer sich einen Ersatzbordfunker besorgt, da Gerd Lutz noch immer nicht genesen war. Angersbachs zweiter Einsatz verlief zwar nicht so traumatisch wie der erste, stand aber ebenfalls unter einem ungünstigen Stern. Ihr Ersatzfunker, ein Neuling, erwies sich als unfähig, über dicken Wolken ihre Position zu bestimmen, und Calgeer war schon so weit, daß er die Aufgabe des Flugzeugs befehlen wollte – als das Glück ihnen zu Hilfe kam, die Wolken aufbrachen und sie mit terrestrischer Navigation zu ihrem Platz zurückfanden. Danach war Gerd Lutz wieder zu ihnen gestoßen, und am 4. November flogen sie ihren dritten Einsatz, dieses Mal gegen die Bomber, die Bochum angriffen. Angersbach erinnert sich, daß er über dem Ziel, das er als »Flammenmeer« beschrieb, zu spät eintraf, um die Bomber noch abzufangen. Am 11. November schließlich starteten Calgeer und seine Besatzung zum vierten Einsatz mit ihrer Ju 88. Über Dortmund wurde ihr Flugzeug von Flakfeuer getroffen, und sie mußten wieder abspringen. Calgeer, der dieses Mal schwerer verwundet worden war, mußte zurück ins Lazarett. Es war der vierte und letzte Nachtjagdflug dieser Besatzung: Sie hatten keine Abschüsse erzielt, dafür aber zweimal aussteigen müssen. Ihr Glücksstern hatte zwar entschieden, daß ihre Nachtjägerkarriere nicht von Ruhm gekrönt sein werde, damit aber auch ihre Aussichten erhöht, den Krieg zu überleben. Für jedes Besatzungsmitglied in diesem Krieg war es entscheidend, »Lady Luck« auf seiner Seite zu haben – auch wenn sie ihre Gunst wahllos verteilte. Erfahrung und fliegerisches Können konnten zwar die Überlebenschancen erhöhen, konnten aber – nach abschließender Analyse – ihre Launen nicht beeinflussen. In der Nacht des 17. November 1944 lächelte sie einem gewisseen Frank Faulkner und seiner Besatzung zu, auch wenn es ein kokettes und aufreizendes Lächeln war.
Faulkner hatte seine üblichen 30 Feindflüge als Bordschütze bei der 12. Staffel abgeleistet. Zu diesen Einsätzen hatten auch die gewohnten Begegnungen mit Jägern, Flakschäden und andere Gefahren gehört. Sein dreißigster Einsatz, der eigentlich ja sein letzter sein sollte, war ein Tagangriff auf Essen am 25. Oktober: Seine Lancaster war von Flak an Fahrwerk und Tragfläche getroffen worden, schaffte es aber noch heil nach Hause. Drei Tage später wurde er zum Pilot Officer ernannt. Da die Staffel auf einen neuen Bordschützenausbilder wartete, der von der Zentralen Bordschützenschule in Mamby zuversetzt werden sollte, fragte man Faulkner, ob er die Tätigkeit vertretungsweise übernehmen könne. Da Wickenby ihm gefiel, stimmte er zu – und erst danach sagte man ihm, daß der jeweilige Bordschützenausbilder weiter Einsätze fliegen müsse: Also verpflichtete er sich freiwillig für fünf weitere Feindflüge. Da der Rest seiner Besatzung schon versetzt war, konnte er nur noch als Ersatzschütze mitfliegen.
Freiburg im Breisgau, eine wunderschöne Universitätsstadt mit einer alten gotischen Kathedrale, direkt am Schwarzwald gelegen, war für die zehn Mosquito und die 341 Lancaster, die in dieser Nacht den Angriff flogen, ein leichtes Ziel. Als Ziel war es an sich nur von geringer Bedeutung: Es gab dort praktisch keine Industrie, und es war auch noch nicht angegriffen worden. Wie fast jede andere Stadt auch hatte es aber einen Bahnhof, und so konnte man es in die generelle Kategorie der Verkehrsziele einreihen. Eine weitere Rechtfertigung für den Bombenangriff war, daß man dort starke deutsche Truppen vermutete, die sich dem Vorstoß der Amerikaner in Frankreich entgegenstemmen sollten, die nur noch etwa 50 km westlich der Stadt standen. Der Angriff lief mit Oboe, das aus mobilen Stellungen heraus arbeitete, die man im befreiten Frankreich aufgestellt hatte. Flak spielte in Freiburg keine Rolle, und so konnte der An-

griff sehr massiert durchgeführt werden. Der Bahnhof wurde nicht getroffen, aber die Verluste waren mit nahezu 3000 Toten und viertausend Verwundeten sehr hoch. Nur 75 der Toten gehörten der Wehrmacht an. Bei dem Angriff ging eine Lancaster verloren, aber Faulkners Besatzung hatte Glück: Ihr Flugzeug überlebte. Faulkner weiter:

> »Als Ersatzmann fühlte ich mich nie ganz wohl, und beim Angriff auf Freiburg hatte ich vorher niemanden von meiner Besatzung gekannt. Wir starteten um 16.05 Uhr, Skipper war Flying Officer (Oberleutnant) Jock Murison. Zweiter Pilot war der Kanadier Pilot Officer Kerluk. Das einzige, an das ich mich von der Besatzung noch erinnere, war, daß auch der Bombenschütze Kanadier war. Ziel unseres Angriffs waren Eisenbahn und Truppenansammlungen.
>
> Der Flug zum Ziel war ereignislos, aber beim Bombenzielanflug hörte ich in deutlich kanadischem Dialekt: "Bomben weg! Motor rechts innen weg!" Mein unmittelbarer Gedanke war, daß das für einen Motor ein sehr unpassender Moment sei, sich einfach abzumelden. Aber dann dämmerte mir, daß die Aussage des Bombenschützen wörtlich gemeint war: Der Motor rechts innen fehlte tatsächlich – er war glatt weggeschossen worden. Der mittlere Oberrumpfturm war ebenfalls beschädigt, möglicherweise von Teilen des Merlin-Motors. Vielleicht war ja selbst die gute alte Lanc nach solch einer Behandlung kaum noch flugfähig – aber wir schafften es zurück nach Großbritannien. Der Skipper entschied sich, was nicht überraschte, für Manston: Wir brauchten alle Hilfe, die wir bekommen konnten.
>
> Was dann geschah zeigt, wie man unter Streß die Akzente falsch setzen kann. Als wir uns Manston über die Nordsee näherten, wurden wir angewiesen, Notlandepositionen einzunehmen; also verließ ich meinen Heckstand. Ich war sechs Stunden in ihn eingekerkert gewesen, und ich habe von Natur aus eine schwache Blase. Als ich über die Bordtoilette nach vorn kletterte, wurde die Versuchung zu groß: Ich war besessen von dem Gedanken, ich könne bei der bevorstehenden Bruchlandung das Unvorstellbare tun und mich einnässen. Also hielt ich an der Toilette, legte mein Fallschirmgurtzeug ab (in etwa 30 m Höhe glaubte ich darauf verzichten zu können), meine Schwimmweste (die ich, wenn ich zurückdenke, durchaus noch hätte brauchen können) und öffnete mehrere Lagen meiner Fliegerkombi. Der nächste Teil dieses Unternehmens war der schwierigste, da ich völlig durchgefroren war – mit allen unvermeidlichen Konsequenzen. Auf der anderen Seite erinnere ich mich an die größte Erleichterung, die ich je erlebt habe, damals wie heute. Bedauerlicherweise jedoch hatte ich in der Eile vergessen, mich in die Bordsprechanlage einzustöpseln, und so konnte mein Skipper, jetzt ohnehin mit der Landung voll beschäftigt, von seinem Heckschützen nicht erfahren, daß er sicher seine Notfallposition eingenommen hatte – das heißt, bis ich dort eingetroffen war und mich einstöpselte, nur Sekunden, bevor wir den Boden berührten.«

Der Dezember verging ähnlich wie die beiden Vormonate: Luftangriffe auf Verkehrsziele, Ölziele und Städte – Industriestädte und andere – herrschten vor, aber es wurde auch eine große Anzahl von kleineren und Unterstützungseinsätzen geflogen: Minenlegen, Funkstörungen, Angriffe der Leichten Nachtangriffskräfte und Fernjägereinsätze durch Mosquito sowie gelegentliche Hilfsflüge für Widerstandsgruppen in den Teilen Europas, die noch nicht eingenommen waren. Nachts wurden etwa doppelt soviele Angriffe geflogen wie tagsüber; die Gesamtzahl beläuft sich auf etwa 12.500 Einsätze durch schwere Bomber und 2000 durch Mosquito. Verluste gab es zwar noch immer, aber sie blieben niedrig: 30 Lancaster und Halifax am Tage und 104 bei

Nacht, ein genereller Durchschnitt von etwa einem Prozent. Nur neun Mosquito kamen von ihren Einsätzen nicht zurück.
Die Nachtjagd meldete die Abschüsse von 81 schweren Bombern und vier Mosquito: Es war der Niedergang der Nachtjagd der deutschen Luftwaffe. An Flugzeugen herrschte kein Mangel, weil die organisatorischen Fähigkeiten der Deutschen, mobilisiert und gelenkt von Albert Speer, sichergestellt hatten, daß die Produktion von Jagdflugzeugen nicht nur gehalten, sondern sogar noch gesteigert werden konnte. Im Dezember 1944 standen der Nachtjagd 980 Flugzeuge zur Verfügung, allerdings führten Kraftstoffmangel und die ständigen Angriffe auf Jägerplätze durch Mosquito bei Nacht und durch Jagdbomber am Tage dazu, daß im gesamten Dezember nur 1070 Messerschmitt, Junkers und Heinkel gegen die fast 12.000 alliierten Bomber aufstiegen, die über das Reich herfielen. Gegen deutsche Nachtjäger in der Luft setzten die britischen Fernjäger ihr zerstörerisches Werk fort, so daß 114 deutsche Nachtjäger entweder abgeschossen wurden oder aufgrund von Luftkampfschäden, schlechtem Wetter oder Fehlern der Besatzungen abstürzten; eine unbekannte Zahl wurde zudem am Boden zerstört. Neue und unerfahrene Besatzungen stellten die Mehrheit derjenigen, die diese Periode nicht überlebten. In den Gruppen tauchten neue Gesichter auf, wurden ein paar Wochen oder auch nur ein paar Tage lang gesehen und verschwanden dann wieder – genauso war es beim Bomberkommando 1943 und Anfang 1944 gewesen. Aber auch erfahrene Besatzungen mußten weiterhin sterben: Im Dezember verlor die Nachtjagd sieben Jagdfliegerasse, die zusammen 172 alliierte Bomber abgeschossen hatten, von denen die meisten von der RAF kamen – das sind mehr als sieben komplette RAF-Staffeln. Es waren Hauptmann Heinz Strüning vom NJG 2, der Heiligabend 1944 nach 56 Luftsiegen sein Leben verlor, Hauptmann Hans-Heinz Augenstein vom NJG 1 (46 Abschüsse), Hauptmann Hans-Karl Kamp vom NJG 4 (23), der in der letzten Nacht des Jahres ums Leben kam, Hauptmann Hermann Leube vom NJG 3 (22), Leutnant Heinz Roland vom NJG 1 (15 Luftsiege) und Oberleutnant Wolfgang Tonn vom NJG 1, der, als er starb, etwa zehn Bomber abgeschossen hatte. Die Macht, die dem Bomberkommando jetzt zugewachsen war, läßt sich auch daran ermessen, daß Harris nunmehr in einer einzigen Nacht über 1300 Bomber einsetzen konnte, wie er es am 17./18. Dezember tat, als Duisburg und Ulm die Ziele waren.
Am 16. Dezember ging die Wehrmacht im Rahmen der Ardennenoffensive nochmals zum Angriff über. Aber als das vorherrschend schlechte Wetter aufgeklart hatte, kamen die alliierten Luftstreitkräfte zum Zuge, vornehmlich mit verheerenden Jagdbomberangriffen auf Bodenziele am Tage. Die verworrene Lage am Boden ließ den Einsatz schwerer Bomber generell nicht angeraten erscheinen, aber das Bomberkommando leistete seinen Beitrag, indem es am 19. Koblenz angriff, einen Engpaß für Nachschubgüter der Front, und am 2. Weihnachtsfeiertag St. Vith in den Ardennen.
Am 28. Dezember wurde Peter Spoden bei einem Aufklärungsflug über Bastogne im Tiefflug von eigener 2-cm-Flak brennend abgeschossen. Ihm gelang bei Stadtkyll in der Eifel eine Bruchlandung. Alle vier Besatzungsmitglieder der Ju 88 überlebten mehr oder weniger verletzt und konnten sich vor der Explosion aus der Maschine retten.
Mitte Dezember wurden Peter Charlesworth und Johnny Davies, die am 4. November den Abschuß der Halifax MH-W überlebt hatten, einer anderen Besatzung zugeteilt. Der Überfluß an Besatzungen hatte in diesen nicht mehr so angespannten Tagen dazu geführt, daß sie nicht mehr als Ersatzleute oder »Springer« mitfliegen mußten. Flying Officer Freddy Fairweather hatte Navigator, Funker und Mechaniker bei einem Angriff auf Osnabrück verloren, und so füllten jetzt Charlesworth, Davies und Warrant Officer (Oberstabsfeldwebel) Taffy Isaacs diese Lücken. Nach einigen Eingewöhnungsflügen flogen sie in der Nacht des 30./31. Dezember mit Freddy Fairweather ihren ersten Einsatz; Ziel war der Verschiebebahnhof Kalk in Köln. Es war ein erfolgreicher Angriff, und nur zwei Viermotorige gingen verloren. Peter Charlesworth erinnert sich:

»Ich hatte Angst, hoffte aber, man würde es mir nicht anmerken. Johnny übrigens auch, wie er mir später eingestanden hat. Freddy war ein fähiger Pilot, und der Rest der Besatzung waren anständige Kerle. Aber mit dem Tod von Len Berry und den anderen aus meiner ersten Besatzung hatte ich junge Kameraden verloren, die einfach die besten Freunde waren, die ich je gehabt hatte. Ich hatte auch das Vertrauen und den Glauben daran verloren, daß ich den Krieg überleben würde. Johnny und ich hatten uns zwar vorgenommen, mit Freddy mehr Einsätze zu fliegen als mit Len, aber wenn ich heute an die Feindflüge zurückdenke, steht mir immer meine erste Besatzung lebhaft vor Augen. Meine Erinnerungen an den zweiten Teil meiner Frontverwendung sind nur verschwommen, und bei diesem unscharfen Bild gibt es nur ein starkes Gefühl - das Gefühl der Angst. Jedesmal, wenn ich sah, daß wir auf dem Einsatzbefehl standen, und das sichere Wissen, so zumindest erschien es mir damals, daß ich diesen Tag oder diese Nacht nicht überleben würde. Heute weiß ich natürlich, daß die Feindflüge in dieser Phase des Krieges schon relativ ungefährlich waren, und vielleicht war mir logisch auch damals schon klar, daß die Chancen, abgeschossen zu werden, gering waren. Zum Glück habe ich das Gefühl, daß die anderen in meiner Besatzung meine Furcht nicht bemerkt haben - vielleicht ging es ihnen, nach den Erfahrungen mit Osnabrück, ja auch ähnlich. Vielleicht hatten ja alle Bomberbesatzungen in gewisser Weise Angst - aber ich habe keine Möglichkeit, ihre Angst mit meiner zu vergleichen. Zwei Dinge aber stehen jetzt fest. Erstens habe ich mein Tagebuch, das ich geführt habe, als ich mit Len und den anderen Jungs flog, nicht mehr fortgeführt; ich hatte einfach nicht die Kraft dazu, und es machte auch keinen Spaß mehr. Und zweitens habe ich, wenn wir über dem Ziel waren, nie aus dem Flugzeug geschaut, weil ich mir jedesmal sicher war, daß wir getroffen werden würden - und ich konnte die explodierenden Flakgranaten einfach nicht ertragen. Das war natürlich nicht logisch: Wenn ich schon getroffen werden sollte, dann würde ich auch getroffen werden - ob ich nun hinschaute oder nicht. Ich pflegte mich auf mein Gee-Gerät, mein H2S und meine Karten zu konzentrieren - auf alles, was mich von dem Geschehen da draußen ablenken konnte.«

In der Nacht darauf endete das Jahr 1944; 1945 begann. In den frühen Morgenstunden des 1. Januar begann die Luftwaffe mit ihrem »Unternehmen Bodenplatte«: In einem letzten, verzweifelten Bemühen, wenigstens einen Teil der verlorenen Luftüberlegenheit zurückzugewinnen und die deutsche Ardennenoffensive zu unterstützen, bot die Luftwaffe über eintausend Jäger und Jagdbomber auf - viele von unerfahrenen Flugzeugführern geflogen -, um alliierte Flugplätze in Belgien, Nordfrankreich und Südholland anzugreifen. Die Nachtjagd stellte verschiedene Staffeln für die Pfadfinderrolle. Für die Luftwaffe war dieses Unternehmen ein Desaster. Zwar gelang es, etwa 200 alliierte Flugzeuge zu zerstören oder stark zu beschädigen, die meisten davon am Boden, aber die Deutschen selbst verloren etwa 300, die meisten davon mit ihren Besatzungen. Der Angriff kostete sie darüber hinaus eine Unmenge Kraftstoff, der kaum noch ersetzt werden konnte. Bodenplatte kennzeichnete das endgültige Ende der deutschen Tagjagd und nahm gleichzeitig der Nachtjagd einen weiteren Teil ihrer ohnehin schon stark eingeschränkten Schlagkraft.

Kapitel 14

Die letzten Monate

Januar bis Mai 1945

Die Weisung des Führungsstabs der RAF, nach der der Oberbefehlshaber des Bomberkommandos Anfang des Jahres 1945 arbeitete, datierte vom 1. November 1944. Sie ihrerseits beruhte auf einer Weisung der Alliierten Stabschefs, die zwei wichtige Zielbereiche vorgaben: »die deutsche Kraftstoffindustrie, und hier besonders das Erdöl (Benzin)« sowie »die deutschen Verkehrswege«. Den zweiten Zielbereich hatten die Stabschefs durch den Zusatz »mit besonderem Schwerpunkt Ruhrgebiet« ergänzt. Weiterhin hieß es: »Wenn Wetter oder taktische Umstände Einsätze gegen die obengenannten Ziele nicht zulassen, sind wichtige Industriegebiete im Bombenblindwurf oder mit anderen Techniken anzugreifen. Soweit es jedoch einsatzmäßige und andere Umstände zulassen, haben die Angriffe der Zerschlagung von Ölindustrie und Verkehrswegen zu dienen.«

Unzufrieden mit Weisungen, die ihm vorschrieben, wie er seine Bomber einzusetzen habe, hatte Harris auf sein Exemplar geschrieben: »Das geht mir zu sehr ins Detail« – aber trotz dieses kleinlichen Anflugs von Auflehnung gegen Vorgesetzte ließ ihm die Weisung tatsächlich beträchtlichen Spielraum, wenn es um die Auswahl bestimmter Ziele ging. Das Ruhrgebiet war eine faire Vorgabe, denn dort gab es nicht nur viele Raffinerien, sondern auch zahlreiche Verkehrsverbindungen; zudem war es insgesamt ein riesiges »wichtiges Industriegebiet«. Darüber hinaus hatte Harris seine eigene Liste deutscher Städte, die er eine nach der anderen auszulöschen entschlossen war, und nirgendwo in der Weisung gab es eine Definition des Begriffs »wichtiges Industriegebiet«, was bedeutete, daß er – wenn er das so wollte – jedes seiner gewünschten Ziele angreifen konnte, ohne des offenen Ungehorsams bezichtigt werden zu können. Interessant an dieser Weisung der Stabschefs, die ja nicht nur an das Bomberkommando der RAF, sondern auch an die USAAF ging, war zudem, daß Bombenblindwurf nunmehr formell als akzeptable Angriffsmethode anerkannt wurde, obwohl sich die Amerikaner bis dahin offen zum Präzisionsbombenwurf nach Sicht bekannt hatten.

Wie sich dann erwies – und entgegen den Mythen, die sich seit Kriegsende um ihn rankten –, hielt sich Harris sehr eng an die November-Weisung: Er griff viele Kraftstoff- und Verkehrsziele an und ließ nur sehr wenige Luftangriffe fliegen, die man als einfaches »Städtebombardieren« einstufen konnte. Die Präzision, obwohl noch längst nicht garantiert, hatte erheblich zugenommen, nachdem technische Hilfsmittel wie Oboe und Gee-H überall zur Verfügung standen, die Bombenwurfverfahren waren verbessert worden, und – sehr wichtig – der feindliche Widerstand erlahmte mehr und mehr.

Als das Jahr begann, wurde Deutschland von allen Seiten bedrängt, und die Tagjagd der Luftwaffe leistete nur noch symbolischen Widerstand. Ende Januar war die Ardennenoffensive, Deutschlands letzte Hoffnung, trotz der Tapferkeit der Bodentruppen gescheitert. Aber noch immer sprach die Goebbelssche Propagandamaschinerie vom Endsieg und von Wunderwaffen, mit denen er errungen werden könne.

Allerdings gab es tatsächlich zwei neue Waffen – oder besser: eine neue Waffe und ein erst kürzlich eingeführtes Hilfsmittel –, die eine vage Hoffnung auf zumindest ein Hinausschieben des

Endes aufkommen ließen. Die deutschen Strahljäger Messerschmitt Me 262 flogen jetzt in so ausreichender Zahl ihre Einsätze, daß die alliierten Truppenführer befürchteten, sie könnten ihre Luftherrschaft im Westen gefährden. Und die mit Schnorcheln ausgerüsteten U-Boote, die lange Unterwasserfahrten ohne aufzutauchen unternehmen konnten, da sie die Frischluft für ihre Dieselmotoren über ein Rohr ansaugten, kämpften noch immer mit besorgniserregendem Erfolg. Diese beiden Dornen im Fleisch der alliierten Befehlshaber führten Mitte Januar 1945 dazu, daß sie ihre Weisung überarbeiteten und Flugzeugwerke und U-Boot-Ziele darin aufnahmen. Das waren Vorsichtsmaßnahmen – aber schließlich erlangte keine der beiden Bedrohungen noch eine wesentliche Bedeutung.
Als die Wochen verstrichen und die westlichen Alliierten und die Sowjets Deutschland von allen Seiten in die Zange nahmen, wurde der Unterschied zwischen strategischen und taktischen Zielen immer belangloser, und mit abnehmendem Widerstand der deutschen Jagdwaffe stieg die Macht der alliierten Bomber. Die Liberator und Fortress konnten sich jetzt bei Tage, die Lancaster, Halifax und Mosquito bei Tage wie bei Nacht fast frei im Reich bewegen und gnadenlos angreifen, was immer sie wollten. Nur anhaltend schlechtes Wetter – wie besonders im Januar und Februar – konnte ihre Handlungsfreiheit noch einschränken. Und zusätzlich zu den schweren Bombern gab es die zahllosen Jagdbomber der Alliierten, die im Tiefflug über die Landschaft strichen und mit hoher Feuerkraft speziell zugewiesene Ziele oder Gelegenheitsziele angriffen, indem sie nahezu alles unter Feuer nahmen, was sich bewegte oder auch nur entfernt nach einem militärischen Ziel aussah: Kraftfahrzeuge, Eisenbahnen, Gebäude, Truppenansammlungen, Landmaschinen, Flugplätze, Kasernen, Funkmeßstellungen, Schiffe auf Kanälen – alles wurde beschossen. Im Durcheinander des Krieges blieben tragischerweise selbst pflügende Bauern, Schulomnibusse und Fuhrwerke mit Flüchtlingen und Kindern nicht veschont. So systematisch war noch nie ein zivilisiertes Land zertrümmert worden. Industrie und Wirtschaft Deutschlands wurden unbarmherzig zerstört, und die Verwüstung seiner Städte nahm ein Ausmaß an, das man sich heute kaum mehr vorstellen kann. Aber noch immer war das Oberkommando der Wehrmacht, hypnotisiert und beherrscht von Adolf Hitler, nicht zur Kapitulation bereit.
Die Moral der deutschen Zivilbevölkerung war, besonders in den zerbombten Städten, schon lange gebrochen worden. Aber was bedeutet das eigentlich? Der Wille zum Kampf war geschwunden – aber gab es denn für den deutschen Durchschnittsbürger, Mann oder Frau, eine andere Lösung, als stumm abzuwarten, was das Schicksal brachte? Viereinhalb Jahre zuvor hatte sich Großbritannien schon der sicheren Niederlage gegenübergesehen – und hatte sich auch nicht unterworfen. Aber so kann man das nicht vergleichen! Großbritannien kannte damals den »Geist von Dünkirchen«, 1940 waren seine Städte nicht dem Erdboden gleichgemacht worden, zwischen der Insel und den deutschen Armeen lagen über 30 Kilometer Wasser, das Land hatte einen neuen und charismatischen Führer, der nur Blut, Mühen, Tränen und Schweiß versprach: Und trotzdem herrschte Hoffnung! Für den deutschen Durchschnittsmenschen gab es keine Hoffnung, er konnte nur auf das Eintreffen der, wenn er Glücke hatte, amerikanischen oder britischen Truppen warten oder, wenn er dieses Glück nicht hatte, der gefürchteten Roten Armee. In manchen Kreisen, besonders auch in der Luftwaffe, gab es vage Hoffnungen, daß es zwischen den Westalliierten und den Sowjets zu einer militärischen Konfrontation kommen könne und die Wehrmacht dann auf seiten der Amerikaner und Briten kämpfen werde, womit Deutschland sich einen Rest von Unabhängigkeit und Selbstachtung bewahren konnte. Aber in extremen Situationen neigt der Mensch oft dazu, sich – anstatt der unangenehmen Wahrheit ins Gesicht zu sehen – den kühnsten Hoffnungen hinzugeben, die dann fast unausweichlich in Enttäuschungen verrinnen.
So war es auch im Rest des Reiches. Im Januar nahmen die Sowjets Warschau ein, und Ungarn kapitulierte; im März wurde Köln besetzt, der Rhein überquert, und die letzte V2 traf

Großbritannien; im April fiel Wien, die sowjetische Offensive auf Berlin begann, das Ruhrgebiet wurde besetzt, und die amerikanischen und sowjetischen Truppen reichten sich bei Torgau an der Elbe die Hand. Dann entfiel mit Hitlers Selbstmord das letzte Hindernis für eine bedingungslose Kapitulation: Sie fand eine Woche später statt. Und während all dies geschah, setzte das Bomberkommando seine pausenlose Vernichtungsoffensive fort, und die deutsche Nachtjagd focht nachts ihren verzweifelten und aussichtlosen Kampf gegen die Angloamerikaner.

Im Januar flog das Bomberkommando in erster Linie Nachteinsätze. Tagangriffe wurden von verhältnismäßig kleinen Verbänden – von bis zu 150 Bombern – vor allem gegen das Ruhrgebiet geflogen; die Verluste beliefen sich dabei durchschnittlich auf ein Prozent. Bei Nacht waren die Verluste fast doppelt so hoch: Von 7300 Einsätzen kehrten 134 schwere Bomber nicht zurück. Offizielle deutsche Quellen machen 117 Luftsiege der Nachtjäger geltend. In den Nachtstunden konnte Harris naturgemäß weiter entfernte Ziele angreifen lassen: Nürnberg, München, Leuna und Magdeburg waren unter den Zielen. Die schwersten Verluste traten am 5./6. Januar bei einem Luftangriff auf Hannover auf; er kostete 23 Halifax und acht Lancaster. Mit 4,8 Prozent der eingesetzten Bomber lagen die Verluste damit weit über dem Durchschnitt der damaligen Periode. Der erfolgreichste deutsche Flugzeugführer war Hauptmann Georg-Hermann Greiner, der im November zuvor Heinz-Wolfgang Schnaufer als Gruppenkommandeur der IV./NJG 1 abgelöst hatte, der Kommodore des NJG 4 wurde. Zwischen 19.12 Uhr und 19.22 Uhr schoß Greiner vier Bomber, drei Lancaster und eine Halifax, über Hannover ab – vier schwere Bomber und 28 Besatzungsmitglieder wurden so binnen zehn Minuten ausgelöscht. In derselben Nacht meldete Oberleutnant Kurt Welter den Abschuß einer Mosquito. Vier von 138 der hochfliegenden zweisitzigen Maschinen, die in dieser Nacht über Deutschland eingesetzt waren, kehrten nicht zurück. Welter flog einen der »Wundervögel«, in die man so viel Hoffnung gesetzt hatte, den Strahljäger Me 262, und es war sein zweiter Abschuß mit diesem Flugzeugtyp; der erste gelang ihm zwei Nächte zuvor.

Nach seinen vielen Erfolgen – zunächst als einer von Herrmanns Wilde-Sau-Flugzeugführern, danach mit der Mosquitojägerstaffel 10./JG 300 – war Welter Ende 1944 nach Rechlin versetzt worden, wo ihm eine kleine Einheit unterstand, die noch von Herrmann aufgestellt worden war, um die Tauglichkeit der Me 262 als Nachtjäger zu erproben: das »Kommando Welter«. Herrmann war die Me 262 erstmalig Mitte 1943 geflogen und war so beeindruckt von ihren Steuereigenschaften, ihrer Wendigkeit, Steigleistung und Geschwindigkeit, daß er Göring empfohlen hatte, sie als Nachtjäger einzusetzen. Göring hatte den Gedanken belustigt abgelehnt. Viel später jedoch – und viel zu spät, um sich noch auf die Luftschlacht auszuwirken – wurde Herrmanns Vorschlag ernster genommen. Die ersten paar Maschinen, die Welter überlassen wurden, waren umgerüstete zweisitzige Schulflugzeuge, die mit dem Funkmeßgerät Lichtenstein SN-2 und dem H2S-Peiler Naxos ausgerüstet waren. Dann wurde das SN-2 durch das FuG 216 Neptun V ersetzt. Neptun war ursprünglich ein Heckwarngerät gewesen, war dann aber zum Abfangjagd-Funkmeßgerät vor allem für einsitzige Jäger weiterentwickelt worden: Es hatte nur einen Bildschirm und konnte so vom Flugzeugführer leichter überwacht werden. Das Kommando Welter wurde später zur 10./NJG 11. Welter selbst schoß insgesamt drei Mosquito mit der Me 262 ab – die einzigen Erfolge, die die wenigen Maschinen des Kommandos erzielen konnten. Wie in der Tagjagd war der deutsche Strahljäger zu spät in den Einsatz gelangt, um im Luftkrieg noch eine entscheidende Rolle zu spielen.

Herbert Kümmritz, der als Bordfunker mit Prinz zu Sayn-Wittgenstein geflogen war, flog auch im Kommando Welter:

»Ich stieß im Januar 1945 zu Welters Einheit. Welter hatte auf die Me 262 umgeschult und hatte sie voll in der Hand. Dann wurde das "Geheimkommando Welter" aufgestellt. Zunächst waren die Maschinen einsitzig, aber bald war offenkundig, daß – wie bei früheren Nachtjägern auch – zwei Männer benötigt wurden, dazu ein Bordfunkmeßgerät. Wir hatten auch Verluste: Die Flugzeugführer stürzten damit ab oder mußten aussteigen, so wie das auch bei Herrmanns Wilder Sau war. Dann kam der Befehl, das Kommando auf zweisitzige Maschinen mit Lichtensteingerät umzurüsten. Als ich dort war, hatte das Kommando vier oder fünf davon. Dann übten wir mit dem Funker an Bord, aber wir hatten nicht viel Erfolg, und es gab auch Abstürze. Aber die Aussichten waren gut, und mit guten Besatzungen konnte man was bewegen. Nur: Fünf oder sechs Flugzeuge waren nicht genug.

Und natürlich brauchen Strahlflugzeuge große Flugplätze mit einer langen Startbahn von bis zu 2000 m – wir nannten sie "Silberplätze". Aber als dann die Alliierten vorrückten, ging ein Platz nach dem anderen verloren. Dazu kamen die ständigen Bombenangriffe. In Magdeburg zum Beispiel wurden wir ausgebombt. Von dort verlegten wir dann nach Lübeck, wo wir wieder ausgebombt wurden. Dann flogen wir von der Autobahn Hamburg-Lübeck aus; das war bereits im April 1945. Anschließend verlegten wir nach Schleswig, und dort ging der Krieg zu Ende. Wir hatten fünf oder sechs intakte Maschinen, die wir den Briten übergaben. Ich weiß nicht, wieviele Abschüsse die Staffel erzielte – ich selbst war an keinem beteiligt. Gegen Kriegsende hatte ich den Eindruck, daß Welter genug hatte: Er wollte nicht mehr weitermachen, sondern am Leben bleiben. Er flog nicht mehr viel, sondern beschäftigte sich mit Organisation und dergleichem.«

Wenn man die Zahl der abgeschossenen Bomber betrachtet, schienen – mit 117 Luftsiegen im Januar 1945 nach den mageren Ergebnissen von September bis einschließlich Dezember – die Erfolge der Nachtjagd wieder aufzuflammen. Grund hierfür war die Tatsache, daß mit der Besetzung Frankreichs durch die Alliierten nahezu jeder Luftangriff den Luftraum des Reichs verletzte. Während zuvor viele der Formationen des Bomberkommandos nahegelegene Ziele in Frankreich oder kurz hinter der deutschen Grenze angegriffen hatten und schon auf dem Rückflug waren, bevor die Nachtjagd den Bomberstrom finden konnte, bedeuteten jetzt die meisten Großangriffe, daß der Strom einen weiten Anflug über deutsches Gebiet zurücklegen mußte und es für die Nachtjäger einfacher war, ihn zu finden und zu unterwandern. Alle Einsätze, bei denen zehn oder mehr Bomber verlorengingen – Hannover (31), München (15), Leuna (10), Magdeburg (17) und Zeitz (10) – hatten lange Anflugwege. Aber auch die deutsche Nachtjagd zahlte für ihre Erfolge: Sie verlor 47 ihrer eigenen Maschinen.

Die Statistiken des Februar zeigen, daß das Bomberkommando etwa 2700 Einsätze bei Tage gegen Deutschland fliegen ließ. Nachts waren es über 13.000, von denen mehr als 10.500 von viermotorigen Bombern geflogen wurden. Wenn man vorsichtig annimmt, daß jeder schwere Bomber im Schnitt drei bis vier Tonnen Bomben mitführte, braucht man nicht viel Phantasie, um sich die Unmengen von Spreng- und Brandmunition vorzustellen, die in einem Zeitraum von 28 Tagen auf ein nahezu wehrloses Deutschland hinabregneten. Die Nachtjagd beanspruchte 185 Luftsiege bei noch einmal 47 eigenen Verlusten für sich – aber das scheint übertrieben, da das Bomberkommando im Februar bei allen Feindflügen nur 164 Flugzeuge verlor. Was jedoch festgehalten werden sollte ist, daß es im Februar 1945 mehr Mehrfachabschüsse durch einzelne Nachtjägerasse gab als in jedem anderen Kriegsmonat. So meldeten etwa Günther Bahr und Heinz-Wolfgang Schnaufer je sieben Abschüsse in einer Nacht, während Gerhard Raht, Johannes Hager und Heinz Rökker jeweils sechs errangen. Es gab aber noch einen weiteren Rekord, der die Verluste des Bomberkommandos betraf: Diese Luftsiege – von Bahr, Schnaufer, Hager und Rökker, die zusammen 26 Bomber abgeschossen hatten – geschahen alle in einer Nacht, der des 21./22. Februar, als die Verluste bei Angriffen auf Duisburg, Worms und den Mittellandkanal sich auf 34 schwere Bomber beliefen; somit waren etwa 240 Besatzungsmitglieder aus Großbritannien, dem Commonwealth und den verbündeten Ländern den Kanonen von nur vier deutschen Flugzeugführern zum Opfer gefallen. In derselben Nacht erzielte Hermann Greiner seinen 47. und 48. Luftsieg, Peter Spoden seinen 20.

Der wohl bekannteste Luftangriff, den das Bomberkommando 1945 – vielleicht sogar während des gesamten Zweiten Weltkriegs – flog, fand im Februar statt: In der Geschichte des Luftkriegs wird inzwischen das Wort »Dresden« mit Bombenterror gleichgesetzt, und weil es sein Werk war, hat damit bedauerlicherweise auch Harris' Ansehen und das der Männer, die für ihn flogen, gelitten. Es ist hier nicht beabsichtigt, diesen Großangriff zu verteidigen oder zu verurteilen, das würde zu nichts führen – aber eine kurze Erklärung scheint mir angebracht, um zu versuchen, das Geschehen verständlich zu machen.

Die Moral der Deutschen zu erschüttern oder sogar möglichst zu brechen war in Großbritannien stets von den meisten, wenn nicht allen politischen und RAF-Führern als Hauptaufgabe des Bomberkommandos akzeptiert worden, und das Recht nächtlicher Luftangriffe auf deutsche Städte war von Medien und Bevölkerung stets voll mitgetragen worden. Man hatte Harris die Führung des Bomberkommandos anvertraut, weil er zur Zeit seiner Amtsübernahme der militärische Führer war, von dem man am ehesten erwartete, daß er die Bomberoffensive effizient und rücksichtslos durchsetzen werde. Es steht außer Frage, daß er selbst ein starker Verfechter der Bombardierungen war – aber genauso muß man erkennen, daß er sie nicht ins Leben gerufen hat: Er führte sie aus.

1944 landeten die Westalliierten auf dem europäischen Festland, und da auch die Sowjets im Osten unaufhaltsam vorrückten, schien das Ende dieses Krieges nun endlich in Sicht. Aber die Deutschen kämpften verbissen weiter, und so wurde man das ungute Gefühl nicht los, sie könnten doch noch – in letzter Minute – mit Überraschungen aufwarten, die die Lage wieder verändern würden. Flugzeuge neuer Technologie waren schon da, die U-Boote waren eine ständige Bedrohung, zwei Vergeltungswaffen waren bereits im Einsatz, und darüber hinaus gab es nachrichtendienstliche Meldungen und Gerüchte über weitere Wunderwaffen. Die Hauptsorge aber war, und davon wußte nur eine Handvoll Menschen, daß die Deutschen in der Lage sein könnten, eine Atombombe herzustellen. Das bedeutete, daß man alles daransetzen mußte, um das Ende der Feindseligkeiten herbeizuführen; zudem war Großbritannien kriegsmüde und sehnte sich nach einem schnellen – aber natürlich siegreichen – Ende. Ein Weg dorthin war, die Bombenangriffe zu verstärken und Deutschland zur Unterwerfung zu zwingen. Im August 1944 entwickelte der Stabschef der RAF, Sir Charles Portal, einen Plan mit dem Decknamen »Thunderclap« (»Donnerschlag«). Thunderclap sah die Bombardierung einer Reihe von ausgewählten Städten in Deutschland vor für den Fall, daß solche Großangriffe im Zuge anderer Entwicklungen eine Revolte des deutschen Volkes auslösen könnten. Der Plan wurde nicht sonderlich begeistert aufgenommen, aber es wurde beschlossen, ihn in den Panzerschränken zu belassen und wieder hervorzuholen, sobald die Umstände geeigneter erschienen und eventuellen Erfolg versprachen.

Anfang 1945 wurde Thunderclap erneut in Erwägung gezogen. Jetzt waren neue Fakten eingetreten, die eine koordinierte Bomberoffensive erforderten: Die Sowjets drangen in das Reich ein, und es gab starke politische und praktische Argumente dafür, daß Amerikaner wie Briten alles unternahmen, um den Sowjets zu helfen. Jetzt schien es an der Zeit, Portals Plan in die Tat umzusetzen. Allerdings war das Hauptziel nun nicht mehr, die Moral der Deutschen zu brechen, sondern das Vorrücken der Sowjets zu unterstützen. Die Vereinigten Nachrichtendienste sahen Vorteile in einer Reihe von Angriffen, die innerhalb kurzer Zeit durchgeführt werden sollten, auf Berlin, Leipzig, Dresden und Chemnitz – alles bedeutende Verkehrsknotenpunkte. Man hoffte nicht nur, daß die Zerstörung von Straßen und Schienen innerhalb dieser Städte den Transport von Verstärkungen und Nachschubgütern an die Front verhindern würde, sondern man rechnete auch damit, daß die Blockierung dieser Städte das deutsche militärische Transportwesen in diesem Gebiet nachhaltig durcheinanderbringen würde, indem der Exodus der zahllosen Fahrzeuge, Truppen und Flüchtlinge nach Westen unterbunden wurde. Auf diese Weise, so hoffte man, würde man die Straßen, die von diesen Städten nach Osten zur Front führten, blockieren können.

Portal, von dem Thunderclap ja stammte, war über diese Abänderung seines Plans nicht begeistert, und Ende Januar schaltete sich der Premierminister persönlich ein. Er bat den Luftfahrtminister um seinen Rat in dieser Sache und war ungehalten, als Sir Archibald Sinclair ihm eine lauwarme Antwort übermittelte. »Gestern abend«, schrieb Churchill zurück, »habe ich Sie nicht gefragt, ob wir den deutschen Rückzug von Breslau bombardieren sollten, sondern ich wollte wissen, ob jetzt nicht Berlin und andere Großstädte in Ostdeutschland lohnende Ziele darstellen.« Als Antwort auf diese eindeutige Rüge des Mannes, der letztlich für die Kriegführung der Briten verantwortlich war, schickte Sinclair am 27. Januar 1945 folgenden Vermerk an Churchill: »Der Führungsstab der RAF schlägt vor, daß ... die verfügbaren Kräfte gegen Berlin, Dresden, Chemnitz und Leipzig eingesetzt werden sowie alle anderen Städte, in denen schwere Bombenangriffe nicht nur für die Evakuierung aus dem Osten, sondern auch für die Heranführung von Truppen aus dem Westen wichtige Verkehrsverbindungen zerstören... Der Einsatz von Nachtbombern erscheint für die Zerstörung dieser Industriestädte am sinnvollsten.« Churchill nahm von diesem Vermerk Kenntnis, äußerte sich aber nicht dazu. Das wurde zu Recht als schweigende Zustimmung gewertet.

All dies geschah im Vorfeld der Konferenz von Jalta, die am 4. Februar begann. Bei einer Besprechung, wie der Westen ihnen am besten helfen könne, schlugen die Sowjets selbst vor, Verkehrswege hinter der Front zu bombardieren, vor allem sollten die alliierten Bomber die »Zentren von Berlin und Leipzig lähmen«. Die Tatsache, daß diese Forderung so kurz nach der Formulierung von Thunderclap in seiner modifizierten Form von den Sowjets vorgetragen wurde, bedeutete, daß dieses Unternehmen nunmehr durchgeführt werden mußte. In der Zwischenzeit hatten auch die Amerikaner ihre Teilnahme zugesagt – damit war das Schicksal Dresdens besiegelt.

Das Unternehmen Thunderclap begann in der Nacht vom 13. auf den 14. Februar, als das Bomberkommando insgesamt 800 Bomber in zwei Wellen mit drei Stunden Abstand gegen Dresden ansetzte, während eine weitere starke Formation eine Raffinerie für synthetischen Kraftstoff in Böhlen bei Leipzig bombardierte. An dem Angriff auf Dresden war für die damalige Zeit nichts Besonderes – weder wie er geplant noch wie er durchgeführt wurde. Die erste Welle von etwa 250 Bombern – alle vom Bombergeschwader 5, das seit Januar von Air Vice Marshal (Generalmajor) H.A. Constantine geführt wurde – griff kurz nach 22.00 Uhr an, wobei die geschwadereigenen Methoden für Markierung und Bombenwurf angewandt wurden. Da im Zielgebiet Wolken lagen, war der Angriff nur halbwegs erfolgreich; dieselbe Bewölkung hatte zufällig auch beim Angriff auf Böhlen – kurz vor dem Angriff auf Dresden – zu verstreutem Bombenwurf geführt. Eine größere Streitmacht von etwa 550 Lancaster traf die unglückliche Stadt dann kurz nach Mitternacht – jetzt war der Himmel wolkenlos. Der Bombenwurf, der dieses Mal in traditioneller Form nach von Pfadfindern gesetzten Zielkörpern durchgeführt wurde, war sehr präzise und massiert. Wie im Juli 1943 in Hamburg war die Wetterlage auch hier so, daß sich nach

Ausbruch der Brände – und die Lancaster hatten einen hohen Anteil Brandbomben an Bord – ein Feuersturm entwickelte. Die Anzahl der darin Umgekommenen wird sich wohl nie ermitteln lassen. Schätzungen sprechen von 30.000 bis 100.000 Menschen. Vermutlich liegt die Zahl irgendwo bei 50.000 – das entspräche auch der Anzahl der Opfer in Hamburg. Tags darauf griffen die Amerikaner Dresden am Tage an, und das wiederholten sie am 15. Februar: Zweifellos aber war es die zweite Welle britischer Bomber, die die schlimmsten Verwüstungen anrichtete und die meisten Opfer forderte.
In Dresden stellte sich praktisch keinerlei Fliegerabwehr den Bombern entgegen. Die Stadt hatte sich nie gegen Luftangriffe verteidigen müssen, und die meisten der wenigen Flakgeschütze waren an die Front abgezogen worden. Die Verwirrung – teils ausgelöst durch die elektronischen Störungen des Sondergeschwaders 100, teils durch die mangelhafte Organisation des Jägerleitsystems – war so groß, daß nur sehr wenige Nachtjäger Alarmstartbefehl erhielten, und die, die tatsächlich starteten, wurden von Funkfeuer zu Funkfeuer geschickt und bekamen die Bomber nie zu sehen. Der Angriff kostete das Bomberkommando lediglich acht Lancaster, von denen zwei in Frankreich abstürzten.
In der folgenden Nacht ließ Harris einen zweiten Thunderclap-Angriff fliegen, dieses Mal auf Chemnitz, etwa 65 km südwestlich von Dresden. Auch hier erschienen zwei Wellen schwerer Bomber im Abstand von drei Stunden über der Stadt. Gleichzeitig gab es noch einen Angriff auf eine Raffinerie in Rositz bei Leipzig. Auf Chemnitz waren über 700 Lancaster und Halifax angesetzt, auf Rositz 225 Lancaster. Zusätzlich bot das Bomberkommando insgesamt 367 Flugzeuge – darunter 197 Mosquito und 21 Störflugzeuge – für verschiedene Unterstützungs-, Täusch-, Ablenkungs- und Angriffseinsätze auf. Und wieder herrschte in der deutschen Jägerleitorganisation große Verwirrung, aber diesmal hatte die Nachtjagd mehr Erfolg als beim Angriff auf Dresden: Sie schoß 23 Bomber der RAF vom nächtlichen Himmel. Der Angriff selbst war kein sonderlicher Erfolg: Das alte Problem, Wolken über dem Ziel, bedeutete, daß die Pfadfinder Höhenmarkierungen abwerfen mußten, so daß – nahezu unvermeidlich – der Bombenwurf verstreut ausfiel. Für Peter Charlesworth war Chemnitz der 23. Feindflug:

»Mit acht Stunden Flugzeit war Chemnitz der längste Einsatz meiner Zeit beim Kommando; die meisten unserer Angriffe dauerten fünf bis sechs Stunden. Genau kann ich mich an diese Nacht nicht mehr erinnern: Für einen Navigator waren diese Einsätze praktisch alle gleich. Einige waren halt länger als andere, und bei manchen war man in besserer Stimmung als bei anderen. Ein längerer Feindflug erzeugte aber auf jeden Fall mehr Beklommenheit als ein kurzer. Wenn ich dann jedoch erstmal in der Luft war, waren Kurshalten und Zeitberechnen meine Hauptaufgaben: So war der Geist abgelenkt und beschäftigte sich nicht mit der Gefahr. Weil Chemnitz so weit weg war, hatte ich vor dem Start vermutlich mehr Angst als gewöhnlich – aber daran kann ich mich wirklich nicht mehr erinnern. Nur eins ist mir im Gedächtnis haften geblieben. Bei der Flugbesprechung wurden uns feierlich postkartengroße Union Jacks aus Pappe mit einer Schnur daran übergeben: Wenn wir über dem Ziel stark beschädigt würden, sollten wir auf Ostkurs gehen und über russisch besetztem Gebiet abspringen – die Front sei nicht mehr weit entfernt. Außer dem Union Jack standen auf der Karte in kyrillischen Buchstaben die Worte "Ya Anglichanin" – "Ich bin Brite". Diese Karten sollten wir uns um den Hals hängen, um den Russen zu zeigen, daß wir Freunde seien und nicht Feinde. Ich habe mir oft vorgestellt, wie mich ein schwerbewaffneter, schießwütiger, möglicherweise des Lesens unkundiger sowjetischer Soldat aus den Weiten Usbekistans dabei beobachtet, wie ich am Fallschirm vom nächtlichen Himmel schwebe mit meiner kleinen Flagge um den

Hals – ich möchte mal wissen, was der gemacht hätte! Zum Glück ergab sich dieser Fall nicht, und der Flug verlief ohne Vorkommnisse. Das Ende des Krieges war klar abzusehen, und – was für mich noch wichtiger war – auch das Ende meiner Frontverwendung beim Kommando. Vielleicht würde ich ja doch noch überleben!«

Zehn Tage später mußte eine weitere deutsche Stadt so bluten wie Dresden. Wie Dresden war auch Pforzheim bisher ziemlich unbehelligt durch den Krieg gekommen. In der Nacht des 23./24. Februar sollte sich das ändern: Unter günstigen Bedingungen warf eine Flotte von fast 400 Bombern über 1500 Tonnen Brand- und Sprengbomben auf Pforzheim. In der engbebauten Altstadt entwickelte sich auch hier ein Feuersturm, der sie völlig zerstörte und dabei 17.000 bis 18.000 Menschen tötete. Nach Hamburg und Dresden waren dies auf dem europäischen Kriegsschauplatz die meisten Opfer, die je ein Luftangriff gefordert hatte. Der Einsatz kostete das Bomberkommando zwölf Lancaster, von denen zwei Oberleutnant Peter Spoden, um 20.11 Uhr und 20.14 Uhr, zu Boden schickte:

»Als die USA in den Krieg eintraten, sagte mein Vater mir, jetzt sei ein Sieg nicht mehr möglich: Er erinnerte sich an 1917. Ich glaubte ihm nicht und brauchte Jahre, bis ich einsah, daß er recht hatte. Der 20. Juli 1944, als das Attentat auf Hitler stattfand, bedeutete für uns Offiziere zunächst das Kriegsende – als dann aber die Briten weiterhin jede Nacht kamen und unsere Städte niederbrannten, stiegen wir wieder auf und versuchten, sie abzuschießen.
Ich erinnere mich, daß ich Pforzheim besuchte, nachdem es nachts von mehreren hundert Lancaster bombardiert worden war. Binnen 20 Minuten waren von seinen 80.000 Einwohnern 18.000 verbrannt, überwiegend Frauen und Kinder. Ich kann nicht beschreiben, was ich in dieser brennenden und stinkenden Stadt sehen mußte. Ich fühlte mich so hilflos und war völlig verzweifelt, als ich die Überlebenden in ihren Kellern schreien hörte und nicht helfen konnte, weil nicht genügend Räumgeräte zur Verfügung standen. Nach dem Krieg allerdings wurde mir klar, daß sich in London und Warschau vergleichbare Szenen abgespielt haben müssen, ebenfalls mit unschuldigen Menschen.«

Im Februar 1945 hatte es weit mehr Nachtangriffe als Tagangriffe auf Deutschland gegeben. Nachdem sich das Wetter gebessert hatte und die deutsche Tagjagd sich nach wie vor nicht mehr rührte, verkehrte sich die Lage im März ins Gegenteil: Die schweren Bomber flogen über 9000 Einsätze bei Tag und weniger als 8000 bei Nacht. Im Hinblick auf die Tonnage der abgeworfenen Bomben war dieser März der führende Monat des gesamten Krieges. Ziele der Kraftstoffproduktion hatten Vorrang, aber es gab auch Angriffe auf Städte im Ruhrgebiet und im Rheinland. Die Angriffe waren allerdings eher taktischer als strategischer Natur, da diese Ziele jetzt direkt hinter der Front lagen. Vier Tage nach dem schweren Tagangriff auf Köln am 2. März zum Beispiel fiel die Stadt den Amerikanern in die Hände.
So kurz vor dem Ende des Krieges bereitete die Gefahr, über Großbritannien von feindlichen Jägern angegriffen zu werden, den Besatzungen des Bomberkommandos keine großen Sorgen mehr. Nach Hitlers Entscheidung von 1941, daß Feindbomber über Deutschland und nicht über Großbritannien abzuschießen seien, war die Fernnachtjagd eingestellt worden. Ende 1944 jedoch befaßte man sich auf seiten der Deutschen wieder mit dem Gedanken, Fernjäger auf der anderen Seite des Kanals einzusetzen, und plante ein »Unternehmen Gisela«. Wie im Falle der Ardennenoffensive, des Unternehmens Bodenplatte, kann man sich jedoch kaum vorstellen, daß

diejenigen, die es planten und durchführten, noch daran geglaubt haben könnten, es werde den Ausgang des Krieges beeinflussen.
Am Abend des 3. März 1945 flogen zwei mittlere Bomberverbände je einen Angriff gegen Kamen im östlichen Ruhrgebiet und gegen eine Brücke über den Dortmund-Ems-Kanal bei Ladbergen. Zudem gab es natürlich die üblichen Unterstützungs-, Ablenk- und Elektronik-Störeinsätze. Beim Kamen-Einsatz gingen über Deutschland keine Bomber verloren, aber den anderen Bomberstrom konnten sich die Nachtjäger einreihen: Sie schossen sieben Lancaster ab. Während die britischen Bomber ihre Ziele angriffen, lief Unternehmen Gisela an, und die ersten von etwa 200 Nachtjägern der Luftwaffe, alles Ju 88, starteten und nahmen Kurs auf Großbritannien, wo sie 20 RAF-Flugzeuge abschossen und weitere beschädigten. Rund 40 Ju 88 gingen jedoch ebenfalls verloren oder wurden beschädigt, meist durch Abstürze auf dem Rückflug nach Deutschland aufgrund schlechten Wetters oder fehlerhafter Navigation im Tiefflug.
Einer der Flugzeugführer, die am Unternehmen Gisela teilnahmen und es auch überlebten, war Leutnant Günther Wolf. Er kam aus dem kleinen Dorf Wurgwitz, das etwa acht Kilometer von Dresden entfernt liegt, und war in der Nacht des RAF-Angriffs zu Hause gewesen. »Dresden war grauenvoll«, sagt er, »selbst aus dieser Entfernung. Aber wir Nachtjäger waren derartige Anblicke ja gewöhnt. Alles, was ich bei anderen Städten von oben gesehen hatte, sah ich jetzt vom Boden aus, aber Gott sei Dank aus größerer Entfernung! Es war ein eigenartiges Gefühl, am Boden zu sein und von oben bombardiert zu werden – und nichts tun zu können, um sich zu schützen. Viel, viel schlimmer, als in der Luft zu sein. Ein völlig anderes Gefühl!« In der Nacht des Unternehmens Gisela schoß Wolf eine Lancaster ab, vermutlich eine der 44. (rhodesischen) Staffel, die dann brennend bei Grannington in Lincolnshire abstürzte, wobei die gesamte Besatzung ums Leben kam. Hier sein anschaulicher Bericht über die Vorgänge jener Nacht:

> »Für diesen Einsatz wurden wir in Lüneburg zusammengezogen. Für uns Nachtjäger, die wir ja gewöhnt waren, über eigenem Gebiet zu fliegen, war das etwas völlig Neues: Erstmalig in unserem Leben mußten wir die Nordsee überqueren, und man mußte uns für diesen Flug eigens einen Zusatztank in die Ju 88 einbauen.
> Wir wurden in die Flugabwehr und die Sperrballone in der Nähe der Humber-Mündung eingewiesen, und dann – am 3. März um 17.15 Uhr – flogen wir nach Wittmundhafen und landeten dort. Um 23.21 Uhr starteten wir erneut und landeten dort erst wieder um 02.56 Uhr am nächsten Morgen.
> Wir flogen alle einzeln und hielten eine Höhe von 30 Metern über dem Wasser ein, um nicht von feindlichen Funkmeßgeräten aufgefaßt zu werden. Das Wetter war schön, und wir konnten die Meeresoberfläche sehen. Ich flog irgendwo zwischen Wash und Humber nach Großbritannien ein. Als wir uns der Küste näherten, gab ich Gas und stieg höher – und plötzlich befanden wir uns mitten unter den zurückkehrenden Bombern. Wir konnten sie auf unserem Funkmeßgerät sehen. Weniger schön an der ganzen Angelegenheit war, daß es an der Küste viele Suchscheinwerfer gab: Gerade als wir die Küste überquert hatten, schaute ich mal schräg nach unten und sah eine Reihe von Scheinwerfern, die den Himmel absuchten, und dann sahen wir eine Anzahl von Scheinwerfern, die stillstanden und direkt nach oben zeigten – möglicherweise die Anflugschneise eines Flugplatzes. Ich folgte ihnen und kam zu einem Flugplatz: Dort flog eine Lancaster die Platzrunde, und die Platzbefeuerung war eingeschaltet. Ich fuhr Klappen und Fahrwerk aus, um meine Fahrt ihrer Geschwindigkeit anzupassen, und dann schoß ich sie ab. Auf dem Rückflug kamen wir in der Nähe von Hull vorbei, und wir waren überrascht, als wir sahen, daß die Kais beleuchtet waren. Es schien gar keine Verdunklung zu

geben. Wir schossen auf die Lampen, und da gingen sie aus. Wir flogen sehr tief über die Humber-Mündung, weil wir uns sagten: Wenn es hier Sperrballone gibt und wir fliegen den Fluß entlang, dann werden wir wohl nicht in eines ihrer Kabel fliegen, da die auf dem Festland verankert sind. Und dann flog ich direkt in einen Schiffskonvoi. Ich hatte denselben Konvoi schon auf dem Hinflug nach Großbritannien gesehen, aber da war er noch weiter südlich. Ich hatte gar nicht mehr an ihn gedacht. Sie bereiteten uns einen sehr heißen Empfang, das können Sie mir glauben, und wir entkamen ihnen nur, indem wir so tief runtergingen, daß sie sich gegenseitig beschossen hätten, wenn sie auf uns gefeuert hätten. Das Ganze dauerte allerhöchstens zwei Minuten – aber die erschienen mir endlos: In diesen zwei Minuten habe ich mehr Ängste ausgestanden als während des gesamten restlichen Krieges!
Unser nächstes Problem war dann, daß die Wettervorhersage höchst ungenau war. Der Wind hatte aufgefrischt und deutlich die Richtung gewechselt, so daß wir vom Kurs abtrieben. Wir hatten uns ausgerechnet, daß wir die deutsche Küste bei Borkum erreichen würden. Funkkontakt mit Wittmundhafen konnten wir nicht herstellen, aber dann hatten wir das Glück, durch ein Wolkenloch kurz ein Leuchtfeuer zu sehen. Wir erfaßten seine Morsezeichen und suchten ihn auf unseren Karten in der Nähe von Wittmundhafen, konnten ihn aber nicht finden. Dann sagte der Funker, es sei Leeuwarden – zunächst konnten wir gar nicht glauben, daß wir so weit abgetrieben waren. Aber dann – wir hatten zum Glück noch genügend Kraftstoff – nahmen wir Kurs auf Wittmundhafen und landeten dort kurze Zeit später.
Viele meiner Kameraden verloren in dieser Nacht ihr Leben. Viele mußten aus Spritmangel notlanden oder abspringen. Einer stürzte in die Dünen der holländischen Küste, weil er zu tief flog. Die Verluste von Gisela beruhten in erster Linie auf Schlechtwetter und Kraftstoffmangel – kaum mal auf Feindeinwirkung. Für die folgende Nacht rechneten wir wieder mit einem Feindflug, denn wir waren fest überzeugt, daß die Briten noch gar nicht mitbekommen hatten, daß Krieg war. Tags darauf machten wir entsprechende Vorschläge, aber unsere Vorgesetzten waren daran nicht mehr interessiert.«

Wenige Nächte später beanspruchte Günther Wolf einen weiteren möglichen Luftsieg über eine Lancaster für sich, dieses Mal jedoch über Deutschland. Der Luftkampf mit der Lancaster fand in den frühen Morgenstunden des 7. März statt, und in seinem Flugbuch steht »Hamburg«. Allerdings hat das Bomberkommando Hamburg in dieser Nacht gar nicht angegriffen – vermutlich war Wolfs Gegner eine der 197 Lancaster des Bombergeschwaders 5, die den kleinen Hafen Saßnitz auf Rügen angreifen sollten, das ziemlich weit im Osten liegt. Ein weiterer Flugzeugführer, der Grund hat, sich an den 7. März 1945 zu erinnern, ist Otto Kutzner, der an diesem Abend aufstieg und eine Halifax abschoß. Aber während Wolf nach seinem Luftkampf sicher landete, sollte dies Kutzners letzter Einsatzflug werden.
Kutzner war ein durchschnittlich erfolgreicher Jagdflieger; er flog als Feldwebel im NJG 3 eine Ju 88. Er hatte sowohl Glück wie auch Pech gehabt und mehrere Bruchlandungen überlebt, wenn auch mit schweren Verletzungen, auch zwei Fallschirmabsprünge – den letzten Heiligabend 1944. Hier sein Bericht über den 7. März 1945:

»Endlich, am 7. März 1945, flog ich wieder Einsätze. Wir starteten um etwa neun Uhr abends mit unserer Ju 88 D5+BZ. Unser Funkgerät war ausgefallen, aber wir wußten, daß wir nördlich von Lüneburg freie Jagd fliegen sollten. Erst zeigte uns die Flak, in welche Richtung wir zu fliegen hatten, und dann sahen wir Bomben aufschlagen. Als wir dann am Ziel eintrafen, war der Luftangriff schon fast vorüber. Aber wir beschlossen, dort zu bleiben und abzuwarten, was passiert, und wir hatten Glück: Ein Nachzügler, eine Halifax, tauchte direkt vor uns auf, und wir schossen sie in Brand - aber um ihr zu folgen und zu sehen, wo sie abstürzte, hätten wir in die Flakzone von Kiel einfliegen müssen, und mit der dortigen Flak hatte ich so meine Erfahrungen. Also kümmerte ich mich nicht mehr um die brennende Halifax, sondern beschäftigte mich mit dem Rückflug nach Bodensicht. Heute, wo alles ruhig ist und keine Gefahren drohen, mag man das ja anders sehen, aber damals war Deutschland sehr eng gewesen, reichte nur noch von der Oder bis zum Rhein: Also erschien es uns am besten, nach Süden zu fliegen und uns einen Landeplatz zu suchen. Und das taten wir auch.

Ich kann mich heute nicht mehr genau erinnern, wie das Wetter war, aber ich glaube, es war eine durchbrochene Wolkendecke, so daß wir nicht alles unter uns sehen konnten. Schließlich sahen wir eine Landebahn, aber wir wußten nicht, um welche es sich handelte - sie konnte ja schon in Feindeshand sein. Wir überflogen sie, aber nach der Länge der Platzbefeuerung erschien sie uns doch sehr kurz, zu kurz für eine Ju 88. Also flogen wir weiter nach Süden, fanden aber nichts Geeignetes. Daher flogen wir zu dem Platz zurück und maßen ihn mit der Stoppuhr, um festzustellen, ob eine Landung überhaupt möglich war. Dann sahen wir am Boden ein grünes Licht, was bedeutete, daß wir Landeerlaubnis hatten - obwohl ich bis dahin noch kein rotes Notlandesignal abgeschossen hatte, weil wir noch genügend Sprit hatten, um auf Höhe zu gehen und abzuspringen. Aber da ich Grün gesehen hatte, beschloß ich, eine Landung zu versuchen, und drehte zum Landeanflug ein.

Was dann passierte, weiß ich nur aus Berichten anderer. Der Fliegerhorst war Göttingen, und seine Landebahn war eigentlich zu kurz für eine Nachtlandung. In der Anflugschneise standen zwei Güterzüge. Wie gesagt: Was passiert ist, weiß ich nur aus Erzählungen, denn als nächstes wachte ich in einem weißen Bett in einem Keller auf - von Kopf bis Fuß bandagiert, beide Beine geschient und im Streckverband. Auch mein Kopf war verbunden, und in dem Moment, als ich zu Bewußtsein kam, gab man mir eine Spritze in den Arm, um mich zu beruhigen. Offensichtlich hatte ich den ersten Zug noch überflogen, dann aber den zweiten gestreift, möglicherweise mit dem Fahrwerk: Das Flugzeug überschlug sich und prallte auf - und ich wurde hinausgeschleudert. Die anderen Besatzungsmitglieder starben in der Maschine; sie brannte lichterloh. Munition explodierte, und der Rettungsdienst konnte nicht zu ihnen, um sie herauszuholen. Anscheinend habe ich immer wieder nach meiner Besatzung gefragt und versucht, mich von den Verbänden zu befreien, um zu ihnen zu gelangen - jedenfalls gab man mir ständig Beruhigungsspritzen. Es war allen verboten worden, mir zu sagen, daß meine Männer tot waren, denn ich soll immer wieder gesagt haben, wenn sie umgekommen wären, wolle ich auch nicht mehr leben.

Nach einer Woche entwickelte sich Wundbrand in meinem linken Bein, und es mußte amputiert werden. Aus demselben Grund stand auch mein rechter Fuß auf der Kippe - aber im letzten Moment sagten sie, sie wollten versuchen, ihn zu retten. Sie meinten, sie könnten ihn ja immer noch später abnehmen, wenn sie keinen Erfolg damit hätten. Viele Leute haben mir gesagt, ich könne mich glücklich schätzen, in Göttingen verunglückt zu sein, wo ich in der Universitätsklinik behandelt werden konnte.

Zusätzlich zu den Beinverwundungen hatte ich schwere Kopfverletzungen, schwere Armverletzungen, schwerverletzte Augen, wahrscheinlich weil ich gegen das Visier geprallt bin. Ich lag in Göttingen und dann in Bad Lauterberg von März 1945 bis Mai 1947 im Krankenhaus; dann erst kam ich wieder unter Menschen. Zunächst lebte ich bei meinen Eltern in Magdeburg, 1953 jedoch verließ ich die Ostzone und ging in den Westen. Ich beziehe hundert Prozent Invalidenrente, und mit einem abgenommenen Bein und einem verkrüppelten Fuß – was fast auf dasselbe rauskommt – waren alle Träume, einmal wieder fliegen zu können, Illusion. Das war für mich anfangs hart – aber mir blieb ja keine Wahl! Ich mußte mich schließlich damit abfinden, auf viele schöne Dinge, die das Leben zu bieten hat, verzichten zu müssen.«

Die Bombereinsätze, die im März 1945 die schwersten Verluste zu beklagen hatten, waren alle Nachtangriffe. In der zweiten Hälfte des Monats gab es nur drei Einsätze, von denen zehn oder mehr Bomber nicht zurückkehrten – gegen die Raffinerie von Lützkendorf am 14./15., gegen Hagen am 15./16. und gegen Nürnberg am 16./17.; die Verluste betrugen 18, 10 beziehungsweise 24 Bomber. Es waren die letzten zweistelligen Verluste dieses Krieges. Bei diesen drei Luftangriffen fanden auch die letzten Luftsiege statt, bei denen einzelne Nachtjäger fünf oder mehr Bomber abschossen: Aus dem Pulk, der Lützkendorf angriff, schoß Hauptmann Martin Becker von der I./NJG 6 neun Bomber heraus – genau die Hälfte der Gesamtverluste. Es war die höchste Anzahl von Luftsiegen, die je eine deutsche Nachtjagdbesatzung erzielt hatte, und es gab noch einen weiteren Rekord: Tino Beckers Funker Leutnant Karl-Ludwig Johanssen schoß drei der neun Bomber mit seinem nach hinten gerichteten Zwillings-MG ab. Zwei Tage später wurde Johanssen daraufhin das Ritterkreuz verliehen, und er war einer der ganz wenigen Funker, der diese begehrte Auszeichnung erhielt. Rein zufällig war es auch beim Angriff auf Hagen in der folgenden Nacht ein einzelner Nachtjäger, der den Bombern genau die Hälfte ihrer Verluste zufügte: Hauptmann Gerhard Raht von der I./NJG 2 schickte fünf in die Tiefe.
Der letzte Mehrfachluftsieg über fünf oder mehr Bomber gelang Oberleutnant Erich Jung und seinem Funker Walter Heidenreich, indem er von den 277 Lancaster, 231 davon vom Bombergeschwader 1, die Nürnberg angriffen, acht abschoß; Heidenreich schickte einen davon mit seinem Bord-MG zu Boden. Die Nachtjäger waren in den Bomberstrom schon eingedrungen, bevor er sein Ziel erreicht hatte. Die erste Lancaster, die abstürzte, war PB 785 von der 576. Staffel in Fiskerton: Sie war um 21.00 Uhr mit einer Ju 88 kollidiert, die 30 Minuten zuvor in Böblingen gestartet war; die sieben Briten und vier Deutschen in den beiden Flugzeugen kamen dabei ums Leben. Am Steuer der Ju 88 hatte Major Gerhard Friedrich, Gruppenkommandeur der I./NJG 6, gesessen; er hatte 30 Luftsiege errungen. Noch zwei weitere Kommandeure unter den Ju-88- und Bf-109-Besatzungen waren erfolgreich: Major Hoffmann, Kommandeur der I./NJG 5, erzielte drei Luftsiege, und Major Herbert Lütje, Kommodore des NJG 6, einen. Von den gestarteten Unteroffizieren schoß Oberfeldwebel Schmidt seinen 12., 13. und 14. Bomber ab. Auch Tino Becker und Wim Johnen waren – mit je einer Lancaster – unter den erfolgreichen Flugzeugführern.
Für den Angriff auf Nürnberg wurden 32 Lancaster-Besatzungen der beiden in Wickenby in Lincolnshire stationierten Staffeln, der 12. und der 626., eingeteilt. Obwohl Nürnberg weit entfernt war und der Angriff auf diese Stadt ein Jahr zuvor erhebliche Verluste verursacht hatte, gab es – zu diesem Zeitpunkt des Krieges und bei generell nur noch geringen Verlusten – keinen vernünftigen Grund, sich besondere Sorgen zu machen. Trotzdem kamen sechs Lancaster der 12. Staffel und eine von der 626. Staffel nicht zurück, und für 25 Männer ihrer Besatzungen war es der allerletzte Flug ihres Lebens. Sechs der Flugzeuge, die sicher zum Heimatplatz zurückkehrten, meldeten Luftkämpfe mit Nachtjägern, und etliche andere hatten Flugzeuge brennend abstürzen sehen.
Die Lancaster PD 393, UM-N2 von der 626. Staffel, wurde in dieser Nacht von Flight Lieutenant (Hauptmann) John Cox geflogen. Sein Bericht über den Einsatz vermittelt einen lebhaften Ein-

druck davon, was es bedeutete, zu diesem späten Zeitpunkt des Krieges Mitglied einer Bomberbesatzung zu sein:

> »Meine Besatzung hatte zwei Drittel ihrer Verwendung beim Kommando abgeleistet und war daher schon recht erfahren. Wir waren bereits am 2. Januar 1945 über Nürnberg gewesen; es hatte zwar Momente der Aufregung gegeben, aber es machte uns nichts aus, noch einen zweiten Trip dorthin zu unternehmen. Mein regulärer Heckschütze hatte tags zuvor einen Unfall mit dem Motorrad gehabt und war daher durch einen Belgier ersetzt worden, den wir zwar nicht kannten, der aber einen guten Ruf hatte. Die Aufzeichnungen, die ich mir bei der Flugvorbesprechung machte, zeigen, daß wir ab 21.30 Uhr in drei Wellen bombardieren sollten, wobei jede Welle nach drei Minuten das Ziel verlassen haben sollte. Unser Flugzeug war für die zweite Welle von 21.33 Uhr bis 21.36 Uhr eingeplant; wir sollten aus 6000 m Höhe auf einem Kurs von 084° unsere Bomben abwerfen. Pfadfinder-Mosquito sollten um 21.26 Uhr Leuchtkörper setzen, denen dann rote Zielkörper mit grünen Kaskaden folgen sollten. Wenn das Ziel zu sehen war, sollten rote Zielkörper abgeworfen werden, ergänzt durch grüne. Die Bomber sollten zwischen 5400 und 6000 m Höhe gestaffelt fliegen. Die Bombenzuladung bestand aus einer 1810-kg-Sprengbombe und 6480 Brandbomben.
> Die Nachtjäger waren ziemlich aktiv gewesen, besonders südlich von Stuttgart, und wir hatten etliche Bomber in die Tiefe gehen sehen. Es gab zwar schwere Flak, aber uns machten die Nachtjäger mehr Sorgen, und wir flogen erfolgreich Ausweichbewegungen, als unser Heckschütze eine Ju 88 hinter uns – aber außerhalb Schußweite – meldete. Als wir uns Nürnberg näherten, sahen wir Massen von Scheinwerfern, aber sie waren uns nicht lästig, nur daß sie eben unsere Silhouetten deutlicher sichtbar machten. Um 21.24 Uhr waren wir kurz vor dem Ziel und bereiteten uns auf den Bombenzielanflug vor; unsere Bombenklappen waren allerdings noch nicht offen.
> Ohne jegliche Warnung wurden wir plötzlich von unten angegriffen, und der Mittelrumpf stand in Flammen. Flammen und beißender Rauch züngelten nach vorn in Richtung Cockpit. Über die Bordsprechanlage hörte ich nichts von meiner Besatzung. Fast gleichzeitig verlor ich über die Lanc die Kontrolle, und wir gingen in einen steilen Sturzflug über – ich bin überzeugt, daß sie abmontiert hatte oder die Verbindung zu einer Steuerfläche durchtrennt worden war.
> In Anbetracht der Art unserer Bombenlast verstehe ich noch heute nicht, warum wir nicht explodierten, denn ich hatte den Eindruck, daß die Brandbomben brannten. Ich gab sofort Befehl zum Aussteigen, wußte aber nicht, ob dieser Befehl auch verstanden wurde. Bombenschütze, Bordmechaniker, Navigator und Heckschütze sprangen, aber der Oberrumpfschütze und der Bordfunker waren vermutlich entweder verwundet, oder die Flammen verhinderten den rettenden Sprung. Der Bomben- und der Heckschütze wurden nach dem Sprung knapp 50 Kilometer von der Absturzstelle gefangengenommen. Der Bordmechaniker überlebte nicht, und ich kann nur vermuten, daß er beim Sprung gegen ein Teil unserer Maschine geprallt ist; wir stürzten ja steil nach unten. Der Fallschirm des Navigators öffnete sich nicht; der Kamerad wurde im nahegelegenen Dorf Burgoberbach beigesetzt. Ich selbst war vermutlich nur noch wenige hundert Meter hoch, als ich raussprang: Ich sah die Lanc am Boden direkt unter mir explodieren, und Sekunden später schlug ich etwa 300 Meter von dem brennenden Flugzeug entfernt auf dem Boden auf. Ein komplizierter Bruch meines rechten Beins führte in den folgenden drei Jahren zu einer Reihe von Knochentransplantationen in Lazaretts der RAF, und En-

de 1948 wurde ich schließlich schwerbeschädigt aus der RAF entlassen.
Ich denke, daß man die ausnehmend schweren Verluste dieser Nacht der Tatsache zuschreiben muß, daß es eine klare Nacht war und es den deutschen Nachtjägern schon sehr frühzeitig gelang, sich in den Bomberstrom einzuschleusen. Ab Stuttgart waren wir sehr verwundbar. Nürnberg war ja schon immer ein "heißes" Ziel. Vielleicht hätten diejenigen, die die Route festlegten, aus vorhergegangenen Erfahrungen lernen sollen.«

John Cox und seine Besatzung waren Oberleutnant Erich Jung zum Opfer gefallen. Die Lancaster UM-N2 war Jungs 23. Luftsieg – und sein dritter in dieser Nacht. Es ist interessant, Auszüge aus einem deutschen Bericht, der auf einer Befragung Erich Jungs beruht, über die Geschehnisse dieser Nacht den Erinnerungen John Cox' gegenüberzustellen:

»"Platz genommen" hatte am 16. März 1945 in Langendiebach die Besatzung Jung/Heidenreich/Reinnagel in ihrer 4R+AN, einer Ju 88 G-6 mit der Werknummer 620 045. Langendiebach war zwar kein sehr schöner, aber ein brauchbarer Platz; das allerdings auch nicht mehr, seitdem ein amerikanischer Viermot-Verband einen Bombenteppich präzise über die Startbahn gelegt hatte, wobei auch einige Unterkünfte und Hangars getroffen wurden. Was blieb, war ein schmaler, etwa 800 m langer Geländestreifen in Nord-Süd-Richtung, auf dem direkt von den Hallen aus gestartet wurde. Eine Nachtlandung auf diesem "Handtuch" war beim besten Willen nicht möglich, deshalb waren für "nächtliche Niederkünfte" die Flugplätze von Babenhausen und Rhein-Main vorgesehen.«[1]

Der Bericht beschreibt dann Jungs Start mit der Ju 88 um 20.14 Uhr, als ein Bomberstrom im Anflug über Frankreich gemeldet wurde. Jung flog zum Funkfeuer »Otto«, wo er kreisend auf Feindbomber wartete. Heidenreich stellte die Reportage der Stellung »Dachs« bei Darmstadt ein, die bestätigte, daß die Bomber noch immer nach Osten flogen. 4R+AN drehte auf einen Kurs, der sie in den Bomberstrom bringen würde. Der Bericht fährt fort:

»Einen häufigen "Blick in die Röhre" (in der linken Gerätekonsole) konnte sich der Bordfunker bei der herrschenden Wetterlage ersparen, gute Bodensicht und klarer Himmel berechtigten zu der Annahme, daß einzelne oder im Pulk fliegende Maschinen mit dem Auge zu erkennen sein würden.
Und so war es auch. Nachdem sie etwa 20 Minuten in der Luft waren, sahen sie die ersten "Kuriere" vor sich von links nach rechts kreuzen. Die Sicht konnte gar nicht besser sein. Die Ju 88 befand sich im Planquadrat "BS" zwischen Straßburg und Stuttgart – genau mitten im Bomberstrom. Es waren zwischen 20 und 30 Bomber, die in geöffnetem Verband Kurs Ost-Nord-Ost Nürnberg zustrebten, dazwischen die Anton-Nordpol. Die Tommies müssen ihrer Sache sehr sicher gewesen sein, oder aber sie hielten die doch wesentlich kleinere Ju 88 für eine eigene Maschine, denn Abwehrbewegungen flog nicht einer der dicken Brummer.«

Der Bericht beschreibt weiter, wie Jung und Heidenreich sieben Lancaster in weniger als 20 Minuten abschossen. Einige davon schoß Jung mit seiner Schrägen Musik ab, einige mit den vorwärts gerichteten Bordkanonen. Nach dem siebten Luftsieg überprüfte Jung Kraftstoff und Munition: Laut Anzeige waren seine Kanonen fast verschossen – also beschloß er, sich eine Landebahn zu suchen. Den Rest Munition hob er sich für Notfälle auf:

[1] Aus *Achtmal Pauke Pauke in einer Nacht*, veröffentlicht im *Jägerblatt* August/September 1982.

»Mit Kurs WNW wurde der Heimflug zum Rhein-Main-Gebiet angetreten, als Reinnagel etwa 20 km vor Würzburg rechts oben ein Licht ausmachte, das sich bewegte. Bei dem klaren, sternenübersäten Himmel setzte eine solche Schnellerkennung schon ein außergewöhnliches Sehvermögen voraus. Reinnagel dirigierte seinen "Kutscher" an das Licht heran, und – tatsächlich, eine "Lancaster" mit eingeschalteten Positionslampen. Jung ließ die 4R+AN etwas zurückfallen, um den Angriff von hinten anzusetzen, nahm dabei das Steuerhorn etwas an sich heran. Mit der eigenen Feuereröffnung spuckte es auch aus dem Heckstand des Gegners; in dieser Nacht die erste Gegenwehr! Jung, Heidenreich und Reinnagel hörten das Klacken der Einschläge in der linken Tragfläche. Drüben fing der Bomber an zu brennen und zog einen immer größer werdenden Feuerschweif bis zum Aufschlag hinter sich her.
Nun hieß es, schnell einen Landeplatz zu finden, der Tourenzähler des linken Triebwerks machte unmißverständlich darauf aufmerksam. Kitzingen und Wertheim "Fehlanzeige". Also weiter nach Zellhausen, dort kannte man sich aus. Nach etwa 20 Minuten unten das klar erkennbare Band des Mains, und wenig weiter eine magere Landebahnbefeuerung – Zellhausen. Schon beim Anschweben spürte Jung, daß er etwas zu weit kommen würde, seitlich waren schon viele Lampen vorbeigeflitzt, bevor das Fahrwerk rumpelnd aufsetzte. Bremsen brachte nicht viel, die roten Hindernisleuchten kamen immer näher. Später, bei Tageslicht, erkannte man, daß die Rotleuchten große Bombentrichter markierten. Die Ju 88 geriet mit dem linken Federbein in eine flache Mulde – aus dem flotten Rollen wurde ein abrupter Ringelpietz.«

Auch Walter Heidenreich erinnert sich an seinen persönlichen Erfolg in dieser Nacht:

»Der, den ich abschoß, war unsere Nummer zwei oder drei. Die Bomber waren über und unter uns. Wir sind schon vorher oft in Bomberströme eingeschleust worden und hatten dann einen oder zwei oder einzeln fliegende Bomber gesehen – aber diesmal waren die Bomber überall: Es war phantastisch. Ich hatte schon etliche Male auf Viermots geschossen, aber jedesmal hatten meine MGs nach drei oder vier Schuß Ladehemmung gehabt. Dann kam mir einer ins Visier, und ich sagte zu meinem Flugzeugführer: "Da ist einer in einer günstigen Position. Laß mich's noch mal versuchen. Nimm's Gas raus." Auch diesmal klemmten meine Mgs – aber erst, nachdem ich einen langen Feuerstoß von 94 Schuß abgegeben hatte! Danach begann seine linke Tragfläche zu brennen: Ich habe das heute noch vor Augen.
Er war der einzige, der in dieser Nacht das Feuer erwiderte. Er kippte wie eine brennende Fackel nach unten. Es war der einzige Abschuß, der mir während meiner gesamten Einsatzzeit gelang.
In dieser Nacht konnten wir unsere Kameraden nicht informieren und sie in den Bomberstrom einführen; das war nicht vorbereitet worden. Wenn wir nur Leuchtpistolen oder so was ähnliches gehabt hätten, dann hätten wir das tun können, aber so waren wir ganz allein. Es wäre so einfach gewesen, noch weitere Jäger in den Strom zu bringen, und wir hätten noch viel mehr Bomber abschießen können. Man konnte sie gar nicht verfehlen.«

Jungs acht Luftsiege in einer Nacht schoben ihn auf der abschließenden Liste der Mehrfachabschuß-Asse auf Platz drei, hinter Martin Becker und Wilhelm Herget. In jener Nacht erzielte er seinen 28. – und letzten – Luftsieg in diesem Krieg. Seine Maschine, die 4R+AN, stieg nie wieder auf: Sie wurde von deutschen Truppen gesprengt, als neun Tage später amerikanische Lastensegler auf dem Einsatzhafen Zellhausen landeten.

Mit der Verteidigung von Nürnberg hatte die deutsche Nachtjagd in jeder Hinsicht ihr Pulver verschossen. Das Bomberkommando ritt jetzt euphorisch auf einer Woge des Erfolgs und genoß seine relative Unverwundbarkeit. Von nun an lag der schwerste Verlust bei einem Angriff auf ein nächtliches Ziel bei neun Lancaster – es war der äußerst präzise Luftangriff des Bombergeschwaders 5 auf eine Raffinerie für synthetischen Kraftstoff in Böhlen bei Leipzig fünf Nächte später. Im April beherrschten noch immer Kraftstoff produzierende Anlagen die Ziellisten, aber es gab auch Flächenangriffe mit geringen Verlusten auf Häfen wie Hamburg oder Kiel in Norddeutschland, wo die Bodentruppen langsamer vorankamen als im Süden. Wie ein Boxer, der seinen Gegner benommen in die Seile getrieben hat und entschlossen ist, den Kampf zu beenden, trommelte Harris ohne Pardon und fast nach Belieben auf Deutschland ein, um sicherzustellen, daß es sich nicht noch in letzter Minute wieder erholte. Tagsüber hämmerten sowohl Amerikaner wie Briten auf Deutschland ein, wobei allein die RAF über 4000 Einsätze flog, und nachts bot die RAF um die 5500 Einsätze auf. Insgesamt pendelten sich die Verluste an schweren Bombern bei weniger als 0,6 Prozent ein. In der Nacht vom 3. auf den 4. Mai 1945 – dem Tag, an dem Teile der Wehrmacht kapitulierten – griff ein Mosquito-Verband Kiel an, weil man glaubte, von dort würden Truppen nach Norwegen verschifft, und 89 Flugzeuge des Sondergeschwaders 100 flogen Einsätze der elektronischen Kampfführung. Zwei Halifax und eine Mosquito gingen dabei verloren. Die beiden Viermotorigen gehörten zur 199. Staffel – und sie wurden nicht durch Feindeinwirkung zerstört, sondern weil sie südlich von Kiel in der Luft zusammengestoßen waren. Alle 16 Mann an Bord kamen beim nachfolgenden Absturz ums Leben – die letzten von fast 50.000 Besatzungsmitgliedern des Bomberkommandos, die den vielen Gefahren, die die Feindflüge mit sich brachten, zum Opfer fielen.

Die Besatzungen aus Großbritannien, dem Commonwealth und den alliierten Ländern kamen jetzt zur Ruhe und zum Nachdenken. Mit unstrittiger Berechtigung – wie es damals schien – und unter dem Beifall der Nation schauten sie mit Trauer zurück auf den Verlust so vieler ihrer Kameraden und Freunde, waren aber auch stolz darauf, die schrecklichen Gefahren tapfer gemeistert und den gestellten Auftrag nach bestem Können erfüllt zu haben. Erst Jahre später kamen Zweifel auf, ob ihre Taten vertretbar waren, und diese Zweifel erstreckten sich dann auch auf die Männer selbst. Zweifel, die auf Kritik beruhten – manchmal ehrlich betroffen, vielfach ohne jegliches Verständnis, häufig gedankenlos, oft von sehr zweifelhaften persönlichen, politischen oder pazifistischen Motiven getrieben. Aber die Besatzungen schauten nicht nur zurück, sondern blickten auch nach vorn auf einen anderen Krieg – dieses Mal auf dem fernöstlichen Kriegsschauplatz –, auf weitere Einsätze und erneute Verluste. Das war eine Aufgabe, der sie sich sicherlich mit derselben stoischen Gelassenheit und Tapferkeit gestellt hätten, wie sie sie am Himmel über Deutschland gezeigt hatten. Daß es dazu nicht mehr kam, war ironischerweise direkter Erfolg der Atombombe, die mit zwei grauenvollen Luftangriffen die Theorie des Flächenbombardements, des Städteverwüstens, des Terrorbombens – nennen Sie es, wie Sie wollen – rechtfertigte: Sie gewann den Krieg und erwies sich danach als wirkungsvolles Instrument zur Erhaltung des Weltfriedens.

Für die deutschen Flieger, die im Durcheinander, ja Chaos der bevorstehenden Niederlage gefangen waren, waren die letzten Wochen des Krieges eine Periode, die geprägt war von einer komplizierten und oft auch abnormen Mischung aus Pflichterfüllung, Ohnmacht, gefaßter Hinnahme des Unvermeidlichen und dem Willen zur Selbsterhaltung. Danach kam die Gefangenschaft, und dann die Rückkehr in eine unbeschreiblich zugerichtete Heimat. Dabei gab es so

viele Schicksale, wie es Männer gab – aber einige dieser Schicksale vermitteln vielleicht einen Eindruck, wie es den deutschen Fliegern in den Wirren der letzten Kriegstage und den ersten Tagen des Friedens erging.
Oberleutnant Rudolf Szardenings beendete den Krieg als Staffelkapitän der 7./NJG 3. Er hatte am 3. März am Unternehmen Gisela teilgenommen und war über der Nordsee von einem Schiffskonvoi unter Feuer genommen – möglicherweise war es derselbe Konvoi, der auch Günther Wolf so erschreckt hatte. Szardenings war in Ütersen nordwestlich von Hamburg stationiert:

> »Meine letzte Feindberührung fand kurz vor dem Ende – am 8. April – über Hamburg statt, als Bruno Rupp von meiner Staffel einen Bomber abschoß. Das letzte Mal flog ich am 3. Mai: von Ütersen nach Husum; wir starteten um 04.54 Uhr. Die Briten hatten die Elbe erreicht, und am Tag zuvor hatten sie Ütersen angegriffen; ich selbst hatte versucht, sie mit einem Flakgeschütz abzuwehren. Also setzten wir uns in den frühen Morgenstunden nach Husum ab. Am Abend trafen wir uns im Kasino, um das Ende des Krieges zu feiern. Da stieß ein Vorauskommando der Briten zu uns; sie gaben uns Zigaretten und dergleichen, und wir gaben ihnen welche von unseren. Am nächsten Tag mußten wir unsere Flugzeuge in Reihe aufstellen, und sie entfernten Höhen- und Seitenruder. Dann wurden wir in ein provisorisches Lager gebracht, und nach ein paar Wochen in ein Gefangenenlager bei Eiderstedt.
> Als ich während des Krieges in Schleswig stationiert war, hatte ich dort ein paar Bauern kennengelernt, die ich nach dem Krieg aufsuchte. Mein Zuhause lag in der russischen Zone. Bei Schleswig nahm mich einer dieser Bauern mit Pferd und Wagen mit, und ich arbeitete die nächsten zwei Jahre als Landarbeiter bei ihm – Ausmisten, Melken, Pflügen und so. In der Zwischenzeit hatten meine Eltern es fertiggebracht, von Ostpreußen nach Sachsen zu kommen, und ich besuchte sie mit dem Zug: Ich reiste nachts in Güterzügen. Als ich dann zurückkam, hatten die Briten auf dem Bauernhof eine Hausdurchsuchung vorgenommen und als Souvenirs all die Dinge gestohlen, die ich gerettet hatte – Uniformstücke, Orden und dergleichen. Dagegen konnte ich nichts mehr unternehmen. All meine weltlichen Besitztümer hatte ich in einem kleinen Köfferchen aufgehoben.«

Major Paul Zorner, der den Krieg mit 59 bestätigten Luftsiegen abschloß, war im Oktober 1944 im Raum Wien Gruppenkommandeur der II./NJG 100 geworden:

> »Im Februar 1945 verlegten wir auf eine Graspiste bei Linz. Die amerikanischen Truppen waren nur noch zehn oder zwölf Kilometer entfernt, aber es herrschte dichter Nebel mit Sichtweiten von manchmal nur 50 Metern; er hatte ihren Vormarsch zum Erliegen gebracht. Am 4. Mai 1945 wurden wir dann nach Prag-Ruzyn befohlen. Die Lage war chaotisch, und ich erinnere mich, daß wir vom Stab ein Fernschreiben bekamen, in dem stand, daß "Göring zum Feind übergelaufen" sei oder so ähnlich. Als ich angewiesen wurde, nach Prag zu verlegen, war das Wetter so entsetzlich, daß ich es nicht über mich brachte, meinen Flugzeugführern den Start zu befehlen – ich sagte ihnen, das solle jeder für sich entscheiden. Wir markierten uns eine Startbahn, indem wir etwa alle 15 Meter kleine Zweige in den Boden steckten, und als wir zum Start rollten, konnten wir nicht mal den vierten Zweig sehen: Also betrug die Sicht nur rund 45 Meter. Elf Besatzungen, meine eingeschlossen, glaubten, es schaffen zu können. Eine wurde auf dem Flug nach Prag-Ruzyn abgeschossen.

Am 6. Mai gab es in der Tschechoslowakei einen Aufstand, und als der ausbrach, war ich mit einem Beiwagengespann unterwegs zum Korpsgefechtsstand. Wir waren 40 Kilometer nördlich von Prag, und ich beschloß umzukehren. Etwa 15 Kilometer vor dem Flugplatz wurden wir von einer Gruppe Männer aufgehalten, die alle ihre Hände auf dem Rücken hielten. Sie fragten uns, wohin wir wollten, und ich sagte ihnen, zum Flugplatz Prag-Ruzyn. Daraufhin erwiderten sie, das ginge nicht – wir sollten zurückfahren. Es waren Tschechen. Wir drehten um. Ich saß im Beiwagen, und einer meiner Staffelkapitäne fuhr. Beim Wegfahren sah ich dann, wie einer von ihnen mit einer Pistole auf mich zielte. Ich hatte unter der wasserdichten Abdeckung des Beiwagens bereits meine Pistole gezogen: Jetzt schoß ich. Ich weiß aber nicht, ob ich ihn getroffen habe.
Wir versteckten uns irgendwo in den Wäldern, bis es dunkel wurde, und in dieser Dunkelheit schlugen wir uns nach Ruzyn durch. Wir konnten beobachten, wie die Flugzeuge – eines nach dem anderen – starteten. Ein Verbindungsflugzeug, eine Arado 69, war aber noch da, und damit flogen der Staffelkapitän und ich am nächsten Morgen nach Saaz bei Marienbad. Als wir dort eintrafen, stellten wir fest, daß die anderen Mitglieder meiner Besatzung ein Auto und zwei Panzerfäuste ergattert und sich damit auf dem Landweg durchgeschlagen hatten. Dann griff die Wlassow-Armee an, und am 8. Mai folgte die Kapitulation. Wir hatten keinen Sprit, folglich konnten wir nicht das tun, was wir am liebsten gemacht hätten: zu starten und zu den Amerikanern zu fliegen – also organisierten wir uns ein Auto und fuhren nach Westen. Auf diese Weise erreichten wir tatsächlich die amerikanischen Linien, aber sie ließen uns Offiziere nicht durch und wollten auch den anderen Dienstgraden keine Passierscheine geben, folglich ging ich zurück zu meinen Männern, und wir lebten sieben Tage im Freien. Dann kamen die Russen, und wir wurden gefangengenommen. Ich wurde erst im Januar 1950 in die Heimat entlassen – fast fünf Jahre später.«

Obwohl er in russische Hände fiel, erging es Paul Zorner immer noch besser als Hajo Herrmann, der ebenfalls von den Russen festgesetzt wurde. Obwohl er damals Oberst war, war er gleichzeitig Divisionskommandeur – ein Dienstposten, der normalerweise mit einem Generalmajor besetzt wird. In den Augen der Russen war er mithin General und damit automatisch Kriegsverbrecher. Er verbrachte zehn Jahre in russischer Kriegsgefangenschaft, bevor er nach Deutschland zurückkehrte.

Peter Spoden, inzwischen mit 23 Jahren und mit 24 Luftsiegen Hauptmann, wurde im März 1945 Nachfolger des im Kampf gefallenen Majors Gerhard Friedrich und übernahm die I./NJG 6. Ende April erhielt er vom Geschwaderkommodore Herbert Lütje den Auftrag, den alten Traditions-Flugplatz Schleißheim nördlich von München, den 1912 die königliche bayrische Fliegertruppe errichtet hatte und der später Nachtjagdschule wurde, im Erdkampf zu verteidigen. Spoden ließ die wenigen Ju 88, für die es ohnehin keinen Kraftstoff mehr gab, in die Luft sprengen. Der Waffenmeister hatte die Bord-MGs und 2-cm-Waffen schon vorher ausgebaut, und man ging am Waldesrand von Oberschleißheim in Erdgräben in Stellung. Spoden berichtet darüber:

»Wir waren etwa 200 Mann, meistens ältere Männer und Bodenpersonal; die Jungen hatte man schon vorher an die Ostfront geschickt. Trotz meiner Jugend hatten die Männer Vertrauen zu mir und es gab keine Zeichen von Disziplinlosigkeit. Laut und deutlich hatte ich ihnen vorher gesagt, daß nur auf meinen Befehl hin geschossen werden dürfe. Am frühen Morgen des 29. April 1945 rollten links und rechts von uns auf den Straßen hunderte von US-Panzern vorbei auf München zu. So viele Panzer hatten wir Flieger im ganzen Krieg nicht gesehen. Gegen 10.00 Uhr, rechtzeitig nach der amerikanischen Frühstückspause, fuhren in etwa 1000 Meter Entfernung 7 graue Omnibusse vor, aus denen mehr als 500 US-Infanteristen ausstiegen und in breiter Front auf den Fliegerhorst Schleißheim losmarschierten. Wir befanden uns in guter Deckung und auch die über uns befindlichen Artillerieflieger hatten uns noch nicht entdeckt. Wenn ich jetzt Feuerbefehl gegeben hätte, wäre sicher eine große Anzahl der US-Soldaten von unseren 2-cm-MKs und MPs getroffen worden, aber mir war auch klar, daß uns die Panzer anschließend furchtbar eingedeckt hätten. Also rief ich: "Hat einer einen weißen Lappen?" Ich habe noch nie so viele weiße Tücher gesehen! Die Männer hatten die Fallschirme zerschnitten und sich daraus Halstücher gefertigt. Ich fühlte mich nicht wohl, als ich aus dem Graben kroch und den Amerikanern zuwinkte. Aber die Boys aus den USA winkten gleich mit den Helmen zurück, und wir gerieten in Gefangenschaft zu den berüchtigten Rheinwiesen, wo noch viele von uns an Hunger und Auszehrung sterben sollten. Aber das ist eine andere Geschichte.«

Oberst Herrmann, Zorner und Spoden waren Offiziere, und es ist vielleicht angemessen, den letzten persönlichen Bericht über das Kriegsende einem niedrigeren Dienstgrad der Nachtjagd zu überlassen: Unteroffizier Hans Angersbach. Sein letzter Einsatzflug – wir erinnern uns – fand im November 1944 statt, als er einmal mehr mit dem Fallschirm zur Erde zurückkehrte. Angersbach, heute Landwirt, über sein Kriegsende:

»Der Wehrmachtsbericht meldete nordwestlich von Hersfeld schwere Kämpfe, das war ja bei uns zu Hause. Wir kamen nach Tagen nach Stade, erlebten auch dort noch einen Bombenangriff mit Christbäumen über uns, der Dreck flog uns um die Ohren, von dort ging es nach Wismar, dann nach Rerik, ein General hielt uns noch eine große Rede: Das Vaterland sei in höchster Gefahr, wir sollten es noch an der Elbe verteidigen. Er wurde ganz schön ausgelacht.

Die Reichsbahn brachte uns noch an die Elbe, im Morgengrauen Tieffliegerangriff, die Toten und Verletzten wurden ausgeladen, der Zug fuhr weiter. An der Elbe ging es in Stellung, und zwar am diesseitigen Ufer wurde ein Brückenkopf gebildet, und zwar bei Neu-Darchau. 100 Panzer sollten noch vor uns sein, man sagte uns nicht was für welche, wir sollten es bald erfahren. Gerade mit dem Löffeln der kargen Mahlzeit beschäftigt, gab es Alarm und eine wilde Schießerei. Die Panzer waren da, es waren amerikanische. Offensichtlich hatte es bei ihnen Verletzte gegeben, die Rotkreuz-Flagge wurde gezeigt, eine Feuerpause trat ein. In der Abenddämmerung fuhren die Panzer in den Ort hinein, Schweine fingen an zu quietschen: Ob man die Wurstkammer mal auffüllen wollte?

Die meisten schlugen sich seitlich in die Büsche, auch ich hatte das vor, als plötzlich noch ein Oberfähnrich aus dem Dunkeln auftauchte, er wollte noch Krieg führen, ich hatte die Nase voll. Es ging in Richtung Elbe, Sturmboote brachten uns ans jenseitige Ufer, am Elbdamm hatte jeder sich eine Unterkunft für die nächsten Tage einzurichten, man nannte sie Schützenlöcher. Nur durch einen Weg unterbrochen lag direkt hinter mir ein kleiner Bauernhof mit Reetdach, etwa 200 m links von mir ein schöner, großer Bauernhof, ebenfalls mit Reet gedeckt. Obenauf ein Storchennest, die Störche waren schon von ihrer Afrikareise zurück. Die Amerikaner schossen wahllos mit Granatwerfern in die Gegend, doch eines morgens pfiffen Panzergranaten über meine Unterkunft und zerfetzten das Reetdach hinter mir, dann galten die Schüsse dem schönen Bauernhof mit dem

Strochennest, er ging in Flammen auf. Mir klingen noch heute die Schreie der Störche in den Ohren.
Ein Ereignis stimmt mich noch heute nachdenklich, ein Wachtposten mußte in seinem Schützenloch von mir abgelöst werden, er verließ sein Loch, ich ging etwa 20 m weiter in eins, dieser unwillkürliche Entschluß sollte mein Leben retten, in den zwei Stunden meiner Wache schlug eine Granate genau in das Loch, worin ich eigentlich sitzen sollte. Es gibt Dinge im Leben, die kann man sich nicht erklären.
Ein Spähtrupp der Amerikaner, der bei Nacht im Schlauchboot über die Elbe kam, wurde gefangen genommen. Gert mußte beim Troß abgeblieben sein. Rechts von uns begann eines morgens heftiges Artilleriefeuer, über uns kurvten drei Beobachtungsmaschinen, wir bekamen den Befehl uns vom Elbdamm abzusetzen, dabei bekamen wir dann auch gleich die gute Zusammenarbeit von Artillerie und Beobachtungsflugzeugen zu spüren. Unsere Gruppe mußte ein Stück über freies Gelände, plötzlich drei einschlagende Granaten links von uns, dann drei einschlagende Granaten rechts von uns, ja und dann haben wir uns schnell in den nahen Wald verduftet. Die Nacht verbrachten wir nur in einiger Entfernung vom Amerikaner, wir hörten die ersten englischen Laute. Im Morgengrauen hieß es wieder: "Vorwärts Kameraden wir müssen zurück." Die nächste Nacht verbrachten wir in einem Pferdestall eines Gutshofes, Goldenbou war der Name, im Morgengrauen fuhr dann der Panzerkeil der Amerikaner an uns vorüber. Wir machten uns den Weg zurück, den wir am Vorabend gekommen waren. Ein Jeep der Amerikaner, der uns entgegen kam, machte flugs kehrt und fuhr im großen Bogen um uns herum. In Vehlan begann dann am 3.5.1945 meine Gefangenschaft. Die einzelenen Stationen Himbergen, Vennebeck, Hesselheide, Lollar, Ziegenhain, Bebra. Am 30.5.1945 war ich zu Hause. Gert war wohl im Juli bei uns, Helmut wohl Anfang August. Es gäbe ja noch viel zu berichten, es fällt einem auch immer noch etwas ein, doch draußen beginnt der Frühling und damit wird die Zeit knapp zum Schreiben.«

Getöse und Gebrüll waren jetzt verklungen, Führer und Geführte abgetreten. Die Geschichte entschied, daß einige zu Ruhm, Ehre und Macht aufstiegen, andere sterben mußten, wieder andere auf Ablehnung stießen oder in Vergessenheit gerieten. Und die Flieger sowohl des Bomberkommandos als auch der Nachtjagd, die sich so erbittert bekämpft hatten, die, die es überlebt hatten, begannen ein neues Leben – jeder auf seine eigene Weise. Und während sie älter werden, vielleicht auch weiser, vielleicht sogar einfühlsamer, stellen sie sich immer die gleiche Frage: Warum?
Auf diese Frage gibt es keine Antwort.

Fachbegriffe

Antreten 270!	Gehen Sie auf Kurs 270°!
Bereitschaft	Besatzung wartet im Bereitschaftsraum auf Startbefehl
Berühre!	Ich habe Sichtkontakt zum Flugziel!
Dudelsack	Elektronische Funkstörung
Dunkle Nachtjagd (Dunaja)	Radargeführte Nachtjagd ohne Scheinwerfer
Düppel	Nach dem Ort des ersten Abwurfs (Gut Düppel im Süden Berlins) benannte Streifen aus Aluminiumfolie, die zur Störung von Radaranlagen aus Flugzeugen abgeworfen werden (Streifenlänge = halbe Wellenlänge)
Emil!	Ich habe Radarkontakt zum Flugziel!
Entlausen	Elektronische Gegenmaßnahmen ergreifen!
Erstling	Elektronische Freund-Feind-Kennung im Flugzeug
Express fahren!	Geschwindigkeit erhöhen!
Fernnachtjagd	Nachtjagd über große Entfernungen, besonders über Feindgebiet
Flugziel (Ziel)	Jedes Flugzeug (Bomber, Jäger, Jagdbomber, Aufklärer), das abgeschossen werden soll
Frage!	Ich brauche Informationen! (Beispiele: Frage Viktor! – Haben Sie verstanden? Frage Marie! - Entfernung zum Ziel?)
Halten!	Geschwindigkeit verringern!
Helle Nachtjagd (Henaja)	Nachtjagd mit Hilfe von Suchscheinwerfern
Himmelbett	Radargestütztes Führungsverfahren der Nachtjagd; anders als beim Reportageverfahren werden die Jäger nicht nur informiert, sondern direkt zum Ziel geführt
Horrido!	Ab etwa 1944: Ziel zerstört! (Zuvor: Sieg heil!)
Indianer	Feindjäger
Jägerleitung	Führung von Jägern zum Flugziel per Sprechfunk und Radar
Kirchturm	Flughöhe des Ziels
Kombinierte Nachtjagd (Konaja)	Nachtjagd mit Scheinwerfern, Jägern und Flak
Kurier	Schwerer Bomber
Leichentuch	Von Scheinwerfern angestrahlte Wolken, auf denen sich die Silhouetten der Bomber abzeichnen

Lisa!	10° nach links drehen!
Marie	Entfernung zum Flugziel
Nachtjagd	Abschuß von Flugzielen in der Dunkelheit
Neuling	Elektronische Freund-Feind-Kennung im Flugzeug
Parasit	Elektronische Freund-Feind Kennung des Bodenradars
Pauke!	Ich greife an!
Reportage	Jägerleitverfahren mit allgemeinen Angaben (Position, Höhe, Kurs, Geschwindigkeit, Anzahl der Flugziele) über die Bomberverbände; die Jäger manövrieren sich selbst in Schußposition
Rolf!	10° nach rechts drehen!
Salto!	Vollkreis (360°) fliegen! (Um Distanz zum Flugziel zu halten)
Sieg Heil!	Bis etwa 1944: Ziel zerstört! (Danach: Horrido!)
Sitzbereitschaft	Besatzung sitzt im Flugzeug und wartet auf Alarmstartbefehl
Startbereitschaft	Besatzung rollt zum Startpunkt
Tagjagd	Abschuß von Flugzielen bei Tageslicht
Tampen 180!	Fliegen Sie Kurs 180°!
Viktor!	Verstanden!
Wilde Sau	Freie Nachtjagd, ursprünglich mit einsitzigen Jägern
Zahme Sau	Nachtjagd nach dem Reportageverfahren

Literaturhinweise

Deutschsprachige Literatur:

Aders, Gebhard: Die Geschichte der Deutschen Nachtjagd. Stuttgart: Motorbuch Verlag 1978.
Becker, Hans-Jürgen: Messerschmitt Bf 109. Stuttgart: Motorbuch Verlag 1996.
Brunswig, Hans: Feuersturm über Hamburg. Stuttgart: Motorbuch Verlag 1987.
Brütting, Georg: Das Buch der deutschen Fluggeschichte. Stuttgart: Drei Brunnen Verlag 1979. Band 3.
Der Luftkrieg über Deutschland. 1939 - 1945. München: Deutscher Taschenbuch Verlag 1963. Reihe dtv dokumente.
Girbig, Werner: Im Anflug auf die Reichshauptstadt. Stuttgart: Motorbuch Verlag 1973.
Girbig, Werner: Jagdgeschwader 5 - Eismeerjäger. Stuttgart: Motorbuch Verlag 1975.
Girbig, Werner: Start im Morgengrauen. Stuttgart: Motorbuch Verlag 1978.
Held, Werner - Nauroth, Holger: Die deutsche Nachtjagd. Stuttgart: Motorbuch Verlag 1995.
Herrmann, Hajo: Bewegtes Leben. Stuttgart: Motorbuch Verlag 1987.
Holliday, Joe: Mosquito. Das hölzerne Wunderflugzeug des II. Weltkriegs. Stuttgart: Motorbuch Verlag 1973.
Irving, David: Die Tragödie der Deutschen Luftwaffe. Frankfurt/Berlin/Wien: Verlag Ullstein 1970.
Jansen, A.: Wespennest Leeuwarden. Hollandia B.V. 1976.
Johnen, Wilhelm: Duell unter den Sternen. Richard Bärenfeld Verlag 1956.
Morgan, Hugh: Me 262 »Sturmvogel / Schwalbe«. Stuttgart: Motorbuch Verlag 1997.
Munson, Kenneth: Die Weltkrieg-II-Flugzeuge. Alle Flugzeuge der kriegführenden Mächte. Stuttgart: Motorbuch Verlag 1995.
Price, Alfred: Luftschlacht über Deutschland. Stuttgart: Motorbuch Verlag 1996.
Revie, Alexander: War ein verlorener Haufen. Die Geschichte des Bomber Command der Royal Air Force. Stuttgart: Motorbuch Verlag 1974.
Speer, Albert: Erinnerungen. Berlin: Propyläen Verlag 1969.
Steinhoff, Johannes: In letzter Stunde. Verschwörung der Jagdflieger. München: Paul List Verlag 1974.
Ziegler, Mano: Turbinenjäger Me 262. Stuttgart: Motorbuch Verlag 1993.

Englischsprachige Literatur:

Bennett, D.C.T.: Pathfinder. Frederick Muller 1958.
Boyle, Andrew: Trenchard. Boyle 1962.
Donnelly, Larry: The Whitley Boys. Air Research Publications 1991.
Green, William: Warplanes of the Third Reich. Macdonald 1970.
Harris, Sir Arthur: Bomber Offensive. Collins 1947.
Hastings, Max: Bomber Command. The Dial Press 1979.
Hecks, Karl: Bombing 1939 - 45. Robert Hale 1990.
Lovell, Sir Bernard: Echoes of War. Adam Hilger 1991.

Merrick, Ken: By Day and Night. Ian Allan 1989.
MacBean, John A. und **Hogben, Arthur S.:** Bombs Gone. Patrick Stephens 1990.
Middlebrook, Martin: The Battle of Hamburg. Scribner 1981.
Middlebrook, Martin: The Peenemünde Raid. Allen Lane 1982.
Middlebrook, Martin, und Everitt, Chris: The Bomber Command War Diaries. Viking 1985.
Middlebrook, Martin: The Berlin Raids. Viking 1988.
Price, Alfred: The Last Year of the Luftwaffe. Arms and Armour 1991.
Price, Alfred: The Bomber in World War II. Macdonald 1976.
Pritchard, David: The Radar War. William Kimber 1989.
Saward, Dudley: »Bomber« Harris. Cassell 1984.
Saward, Dudley: Victory Denied. Buchan and Enright 1985.
Webster, Sir Charles, und Frankland, Noble: The Strategic Air Offensive against Germany 1939 - 1945. London: Her Majesty's Stationery Office 1961.

Index